W0325702

AtV

Heinrich Hannover wurde 1925 in Anklam geboren und ging dort zur Schule. 1943 wurde er Soldat und kehrte als Pazifist aus dem Krieg zurück. Jurastudium in Göttingen 1946 bis 1950. Dann drei Jahre Referendar im Bremer Justizdienst. 1954 wurde er in Bremen als Rechtsanwalt zugelassen. Sein 1966 erschienenes, zusammen mit Elisabeth Hannover-Drück verfaßtes Buch »Politische Justiz 1918–1933« wurde ein Standardwerk. 1986 wurde er von der Humboldt-Universität zu Berlin, 1996 von der Universität Bremen mit dem Ehrendoktor ausgezeichnet. Hannover, der sich auch als Autor zahlreicher Kinderbücher einen Namen machte, hat fünf erwachsene Kinder. Er lebt heute in Worpswede bei Bremen.

Wann immer die radikalen Kritiker der Bundesrepublik vor Gericht kamen, stand ihnen Heinrich Hannover als Anwalt zur Seite. Seine Fälle, die ihn in den deutschen Gerichtssälen zu einem unbequemen Strafverteidiger machten, zeigten immer wieder, daß mit dem Rechtsstaat, der nach dem Unrechtssystem der Nazis – aber oft noch mit seinen Juristen – in Deutschland entstanden war, mitnichten alles zum besten bestellt war. Seine Plädoyers legten den Finger direkt auf die Wunde der deutschen Justiz und damit auch der Bundesrepublik.

Rückblickend setzt Heinrich Hannover mit der Schilderung seiner spektakulärsten und interessantesten Fälle auf eine bislang nicht dagewesene, unerhörte Art und Weise die Geschichte der Bundesrepublik Deutschland zusammen. Heinrich Hannover ist ein sezierender Chronist seiner Zeit. In seinen Erinnerungen gibt er uns Einblicke in die aufregende Arbeit eines engagierten Rechtsanwalts, die eine entlarvende Innenansicht unseres Staates liefern.

Der zweite Band *Die Republik vor Gericht. 1975–1995* ist beim Aufbau-Verlag erschienen.

Heinrich Hannover

Die Republik vor Gericht 1954–1974

Erinnerungen
eines unbequemen Rechtsanwalts

Aufbau Taschenbuch Verlag

Mit 60 Abbildungen

ISBN 3-7466-7031-4

2. Auflage 2001
Aufbau Taschenbuch Verlag GmbH, Berlin

Umschlaggestaltung Torsten Lemme
unter Verwendung des Fotos »Straßenschlacht
vor dem Berliner Landgericht am 4. 11. 1968«
von Alex Waidmann, Ullstein-Bilderdienst
Druck Clausen & Bosse, Leck
Printed in Germany

www.aufbau-taschenbuch.de

Meinen Kollegen und Partnern Volkert Ohm,
Bernhard W. Docke, Armin von Döllen,
Almut Hannover und Thomas Piegeler

Inhalt

Vorbemerkung – Wie dieses Buch entstanden ist ... 9

1. Noli me tangere. Eine Jugend in Deutschland (1925–1954) ... 13
2. Die erste Pflichtverteidigung (1954) ... 42
3. Das Goslarer Stahlhelmtreffen von 1955 ... 51
4. Der Düsseldorfer Friedenskomitee-Prozeß (1959/60) 57
5. Kriegsdienstverweigerung im Hitler-Staat als Widerstand? Der Fall Georg B. (1961) ... 81
6. Die Kriminalisierung kommunistischer Meinungsäußerungen (1961–1965) ... 85
7. Die Kriminalisierung deutsch-deutscher Kontakte (1962) ... 97
8. Das dritte Urteil gegen einen kommunistischen Widerstandskämpfer. Der Fall Willi Meyer-Buer (1963) 105
9. Die beleidigten Kriegsverbrecher. Der Fall Lorenz Knorr (1963–1972) ... 129
10. Die totale Kriegsdienstverweigerung der Zeugen Jehovas (1962–1965) ... 142
11. Staatsgewalt gegen gewaltlose Ostermarschierer (1963) ... 155
12. Eine Demo gegen den Vietnamkrieg und die Reaktion der Staatsgewalt (1967) ... 169
13. Der 2. Juni 1967 und die Folgen. Die Störung schahfreundlicher Jubelperser in Hamburg ... 180
14. Die Entführung des Komponisten Isang Yun. Ein vergessenes Geheimdienstverbrechen aus dem Jahre 1967 ... 186
15. Die Bremer Straßenbahnunruhen vom Januar 1968 . 212
16. »Landgraf werde hart!« Eine unzüchtige Schülerzeitung (1968/69) ... 223
17. Der Völkermord in Vietnam und die Ehre der Politiker. Der Fall Hermann Sittner (1968) ... 237

18. Ostern 1968. Der Mordanschlag auf Rudi Dutschke und die Folgen 250
19. Die »Umtriebe« des Leutnants Volmerhaus (1969) . 261
20. Ein Fall von »Landfriedensbruch«. Daniel Cohn-Bendits Sprung über die Barriere (1968) 274
21. Grünes Licht für den Straßenverkehr. Oder: wie jugendliche Demonstranten den Landfrieden brachen (1968) 285
22. Der Fall Günter Wallraff. Die Verfolgung eines kritischen Journalisten (1968 und 1975) 300
23. Die gestörte Karriere eines Schreibtischtäters. Der Fall Arthur Sahm gegen Otto Freiherr von Fircks (1970–1977) 316
24. Macht kaputt was euch kaputt macht! Ein Angriff von links (1970/1971) 335
25. Mein erster »Terroristen-Prozeß«. Der Fall Werner Hoppe (1972) 342
26. Eine schwierige Mandantin: Ulrike Meinhof (1970 bis 1974) 368
27. Anwaltliche Redefreiheit auf dem Hauklotz. Die ehrengerichtliche Aburteilung von Justizkritik (1974 bis 1978) 395
28. Der Fall Peter-Paul Zahl. Keine Gnade für ein Fehlurteil (1973–1982) 409
29. Der Mord an Carmen Kampa. Ein Unschuldiger auf der Anklagebank (1971–1976) 431

Rechtswege 465
Glossar 469
Register 485
Quellennachweis 492
Bildnachweis 493

Vorbemerkung
Wie dieses Buch entstanden ist

Auf dem Dachboden meiner Anwaltspraxis haben ein paar hundert Akten, alphabetisch in Regalen geordnet, alle Entsorgungen und Umzüge überdauert. Ich hatte sie bei der Ablage von Akten abgeschlossener Verfahren sogleich ausgesondert und als »interessante Fälle« gekennzeichnet, die nicht in Vergessenheit geraten sollten. Die ältesten reichten bis ins Jahr 1954, das Jahr meiner Anwaltszulassung, zurück. Ich dachte, daß sich vielleicht eines Tages Historiker oder Doktoranden für diese Akten interessieren würden. Denn ich hatte das Glück, an vielen Verfahren beteiligt zu sein, die eng mit der Geschichte der Opposition und des Widerstands gegen Restauration, Remilitarisierung, Atomwaffen, Notstandsgesetze und andere Staatsaktionen der herrschenden Klasse verknüpft waren.

Die Akten füllten schließlich Regale von etlichen Metern Breite und nahmen Platz weg, der für neuere abgelegte Akten benötigt wurde. Und als ich Mitte der neunziger Jahre, kurz vor meinem siebzigsten Geburtstag, beschloß, mich aus dem aufreibenden forensischen Kampf zurückzuziehen, und immer noch niemand nach diesen Akten gefragt hatte, stand ich vor der Frage, ob die papierenen Überbleibsel meiner Justizerfahrungen nicht doch dem Zerreißwolf überantwortet werden sollten.

Aber da machte mein Freund Christoph Schminck-Gustavus, Professor für Rechtsgeschichte an der Universität Bremen, mir den Vorschlag, in einer seiner Seminarveranstaltungen seinen Studenten und Studentinnen über einige meiner Fälle zu berichten. Ich holte mir nach und nach einige dieser Akten vom Dachboden, blätterte und las in den mürbe und staubig gewordenen Papieren und ließ Erinnerungen wieder wach werden, die ich dann, beginnend mit dem Sommersemester 1995 in wöchentlichen, später in zweiwöchentlichen Abständen einer interessierten Zuhörerschaft, vorwiegend jungen

Menschen, vortrug. Unter meinen Zuhörern waren Studienanfänger, auch Studenten anderer Fachbereiche (Soziologen und Politikwissenschaftler) und Gasthörer (u.a. Lehrerinnen), so daß ich einen Darstellungsstil finden mußte, der auch die juristische Seite der geschilderten Fälle für Nichtjuristen verständlich machte. Auch wurde mir aus Fragen und Diskussionsbeiträgen meiner jungen Zuhörer klar, daß man den zeitgeschichtlichen Hintergrund vieler Prozesse nicht als allgemein bekannt voraussetzen kann. Und vor allem entdeckte ich, daß es in meinem Kopf eine Fülle persönlicher Erinnerungen gibt, die auch über stenografische Prozeßmitschriften und Tonbandaufnahmen von Plädoyers und ganzen Hauptverhandlungen wieder lebendig wurden, so daß ich meinen Zuhörern mehr bieten konnte, als dies anderen Bearbeitern meiner Akten möglich gewesen wäre. Warum also auf Doktoranden und Historiker warten? Das war der Anfang eines Plans, selbst ein Buch über eine Auswahl meiner interessantesten Fälle zu schreiben.

Ich begann, das, was ich den Teilnehmern meiner nunmehr schon seit sechs Semestern veranstalteten Seminare in freier Rede erzählt hatte, nachträglich aufzuschreiben. Und so entstanden im Verlaufe von drei Jahren die Entwürfe zu etlichen Kapiteln. Ich bat mir beim Aufbau-Verlag eine ungewöhnlich lange Frist bis zur Ablieferung des Manuskripts aus (1. 4. 1998), weil ich meine Texte noch einem weiteren Test unterwerfen wollte, nämlich der Kritik sachkundiger Freunde, die auch Erfahrungen aus eigener kreativer Arbeit einbringen konnten. Wir kamen in drei Lesekreisen, meistens in meinem Worpsweder Häuschen, in kurzen Abständen zusammen. An die Vorlesung eines oder mehrerer Kapitel schlossen sich regelmäßig lange Diskussionen an, bei denen Einwände, Fragen und Änderungsvorschläge kamen, die zu wesentlichen Verbesserungen vieler Kapitel geführt haben. Zum ersten Lesekreis gehörten: Karl Fruchtmann, Janet Fruchtmann, Helmut Hafner und Alfred Paffenholz; zum zweiten: Margot Overath, Peter Müller, Rolf Gössner, Heide Schneider-Sonnemann, Roland Steiner und Johanna Steiner; zum dritten: Volkert Ohm, Bernhard Docke, Armin von Döllen, Almut Hannover, Thomas Piegeler und Erika Wolters; mal bei diesem und mal bei jenem Lesekreis dabei: Christoph Schminck-Gustavus; und immer dabei: meine Lebensgefährtin Doris Wegener, die auch dafür sorgte, daß die Gäste nicht nur wegen der geistigen Kost kamen. Ihnen allen möchte ich auch an dieser Stelle noch einmal sehr herzlich danken.

Danken möchte ich auch Frau Dr. Annette Anton, die als Lektorin des Aufbau-Verlages meine Arbeit verständnisvoll betreute und den Titel »Die Republik vor Gericht« gefunden und gegen hundert andere Vorschläge des Autors und seiner Freunde erfolgreich verteidigt hat.

Ich hoffe, daß auf diese Weise ein Buch entstanden ist, das auch solchen Lesern und Leserinnen, die deutsche Gerichtsbarkeit, insbesondere Strafjustiz, bisher nur von ferne kannten, einen kritischen Blick auf diese Institution eröffnet. Wer mein, zusammen mit Elisabeth Hannover-Drück geschriebenes, Buch *Politische Justiz 1918–1933* kennt, wird die Fortsetzung von Traditionslinien erkennen, die zum Nachdenken über die Entwicklungstendenzen deutscher Geschichte Anlaß geben.

Worpswede, Juli 1998 *Heinrich Hannover*

1. Noli me tangere
Eine Jugend in Deutschland (1925–1954)

Daß ich einmal Kommunisten und andere »Staatsfeinde« anwaltlich vertreten würde, ist mir nicht an der Wiege gesungen worden. Mein Elternhaus war gutbürgerlich, der Vater als Facharzt für Chirurgie und Chefarzt des Städtischen Krankenhauses in Anklam, einer vorpommerschen Kleinstadt von 18000 Einwohnern, ein angesehener Mann von konservativer deutschnationaler Gesinnung, die Mutter, eine ehemalige Lehrerin, musisch begabt (sie hatte eine schöne, ausgebildete Sopranstimme und spielte sehr gut Klavier), war politisch indifferent, aber immer der Ansicht meines Vaters. »Noli me tangere« (Berühre mich nicht) nannte mein Vater sein Haus in der Friedländer Straße, in das wir 1929 einzogen – ich wurde in diesem Jahr vier –, und darin drückte sich sein Bedürfnis aus, von der Welt in Ruhe gelassen zu werden. Er hatte gegen die Wünsche der Baubehörde auf der Grundstücksgrenze zur Straße hin Mauern durchgesetzt, die so hoch waren, daß man nicht in den Garten schauen konnte. Abends wurden vor allen Fenstern des Erdgeschosses hölzerne Rollos mit Donnergetöse heruntergelassen. Ich wuchs in dem Bewußtsein auf, daß hier ein Stück heile Welt war, in die niemand eindringen durfte.

Die Gefahr drohte von den Kommunisten, das war mir schon als Kind eingetränkt worden. Einmal zeigte mir meine Mutter vom Fenster meines Zimmers im ersten Stock aus einen Kommunisten, der auf der anderen Straßenseite stand und den *Pulverturm*, das Anklamer Kommunistenblättchen, verkaufte. Ich spüre noch heute das Gefühl, das ich dabei hatte: Gott sei Dank, daß unser Haus feste Türen hat. Einmal wachte ich nachts auf und rannte schreiend ins Schlafzimmer meiner Eltern: »Die Kommunisten haben mein ganzes Zimmer voll Plakate geklebt!« Mein Vater nahm mich an die Hand, kam mit in mein Zimmer und machte Licht. Da verschwanden die Plakate, es war nur der Lichtschein der Straßenlaternen gewesen.

Auch mein Freund Uwe, der neben mir auf der Schulbank saß, hatte mir Angst vor Kommunisten gemacht. Uwe war der Sohn eines Arztes, der schon vor 1933 bei Umzügen die braune Uniform und die Rangabzeichen eines SA-Sturmbannführers getragen hatte. Schon als Achtjähriger war Uwe ins Deutsche Jungvolk, die Kinderorganisation der Hitler-Jugend, eingetreten und hatte mir ein Koppelschloß mit der sogenannten Siegrune geschenkt, das ich dann auch mit Stolz trug. Eines Tages, als wir mit unseren Rollern umherfuhren, Uwe mit Braunhemd, ich immerhin mit Siegrune, kam ein Mann auf uns zu, den Uwe als Kommunisten zu kennen glaubte. Uwe kenntnisreich: »Der will uns verhauen.« Wir türmten sicherheitshalber. Mein kindliches Rechtsgefühl sagte mir, daß mich wegen des Koppelschlosses niemand verhauen dürfe, und ich holte mir Rechtsrat bei dem Polizisten, der an einer Ecke des Marktplatzes den Verkehr regelte – in meinen Augen eine Respektsperson, ein Repräsentant staatlicher Autorität. Mit väterlichem Lächeln erteilte er mir die Auskunft: »Trag ruhig das Koppelschloß, mein Junge.« Und die Welt war wieder in Ordnung. Ein anderes Mal hatte ein Halbwüchsiger, den Uwe ebenfalls zum Kommunisten erklärte, ihm einen Hakenkreuzwimpel vom Roller gerissen und dazu die Drohung ausgesprochen, er solle sich damit nicht noch einmal sehen lassen.

Die beängstigende und verrückte, aber auch faszinierende Welt der Erwachsenen, in der es miteinander konkurrierende,

Im Kindesalter mit Vater und Mutter

verschieden uniformierte, singende Marschkolonnen auf den Straßen gab, Fahnen, und Leute, die den rechten Arm zackig mit »Heil Hitler!« zum Gruß erhoben, bezogen wir Kinder in unsere Spiele und Phantasien ein. Zu Geburtstagen und Weihnachten wuchs das kriegerische Spielzeugarsenal an, Militärfahrzeuge aller Art, Kanonen und Soldaten, marschierende SA- und SS-Männer in braunen und schwarzen Uniformen. Auch einen Hitler mit beweglichem Arm gab es, der, wenn ich es richtig erinnere, für drei Groschen zu haben war, während die Standardausführung einen Groschen kostete. Er marschierte als einziger nicht, sondern stand mit geschlossenen Füßen, so daß man ihn in den schwarzen Blech-Mercedes hineinstellen und grüßen lassen konnte. Spiele, die oft davon begleitet wurden, daß die braun Uniformierten draußen wirklich vorbeimarschierten, die genagelten Stiefel im Gleichschritt bedrohlich aufs Straßenpflaster klatschend und mit schmetterndem Gesang:

Die Straße frei den braunen Bataillonen
Die Straße frei dem Sturm-Abteilungs-Mann
Es schaun aufs Hakenkreuz voll Hoffnung schon Millionen
Der Tag für Arbeit und für Brot bricht an.

Unsere Einstellung zu den Nazis war nicht ganz unironisch. Eine rostige Konservendose, deren Form und Farbe uns an die steifen Schirmmützen der SA-Leute erinnerte, wurde zum »Nazi-Eimer« ernannt und diente als Fußball. Aber es überwog die Bewunderung für die Hitler, Göring und Goebbels und deren markige antikommunistischen Sprüche. Mein Freund Günter und ich phantasierten uns in langen Wechselgesprächen zu Herrschern erfundener Länder, in denen es keine Kommunisten gab, so daß alle herrlich und in Freuden leben konnten, vor allem schöne Uniformen und Orden trugen. Uniformen und Orden, das waren die Fetische unserer Kinderphantasien, ein Kult, der sicher damit zusammenhing, daß in unserer Familie ein 1917 im Ersten Weltkrieg gefallener Bruder meines Vaters in hohen Ehren gehalten wurde. Ein großes gerahmtes Foto, das ihn in der Uniform eines Offiziers der kaiserlichen Marine zeigte, und sein Offiziersdolch mit silberner Kordel hingen im sogenannten Herrenzimmer an der Wand. Auch die Orden meines Vaters aus dem Ersten Weltkrieg spürten wir in irgendeiner Kiste auf dem Boden auf und betrachteten und betasteten sie immer wieder ehrfürchtig. Einen Uniformumhang, den wir ebenfalls auf dem Boden fanden und »Kriegsmantel« nannten, durften wir als Verdeck für ein im Garten aus Brettern und ausrangierten Radachsen gebautes »Auto« benutzen; das kam uns fast wie eine Entweihung dieses mottenzerfressenen Kleidungsstücks vor. Eines unserer Spiele bestand darin, aus einem großformatigen zweibändigen Werk »Die deutschen Befreiungskriege 1806–1815« Uniformstücke und Orden in der Weise herauszusuchen, daß jeder sich zunächst eine Farbe wünschte und dann aus den Schlachtengemälden die der Farbe entsprechenden Kleidungsstücke und Auszeichnungen zusammenstellte. Soldat sein und das Vaterland verteidigen schien uns das Höchste. Der schönste Vogel in einem selbstgemalten Vogelbuch mit erfundenen Vögeln – es liegt noch in einer meiner Schubladen – erhielt den Namen »Soldat«.

Der *Hitler-Junge Quex* war uns Kindern durch einen mit erstklassigen Schauspielern besetzten, perfekt gemachten Film als Identifikationsfigur nahegebracht worden; ein sympathischer Junge, der gegen den Widerspruch seines kommunistischen Vaters zum Kämpfer für die Hitler-Bewegung wird und den schließlich die bösen Kommunisten erschießen. Auch als Buch hat mich der *Hitler-Junge Quex* begeistert und zu Tränen gerührt. »Utz kämpft für Hitler« hieß ein anderes Buch dieser Jahre. Und aus »Pimpf im Dienst«, das mir die Mutter einer Freundin schenkte, bezog ich meine ersten Kenntnisse in Kartenlesen, Geländebeschreibung, Schießen und Exerzierreglement. »Ich bin Adolf Hitlers kleiner Soldat« hieß ein Lied, das wir in der Schule zweistimmig singen mußten. Und auch die von den Nazi-Propagandisten geschickt gemachte Schülerzeitung »Hilf mit« trug dazu bei, daß wir zu wissen glaubten, wer die Guten und wer die Bösen waren.

Als ich endlich selbst – und zwar auch schon als Achtjähriger – die begehrte Uniform, das Braunhemd, die kurze schwarze Hose und das schwarze Halstuch mit dem Lederknoten, tragen durfte, ließ die Enttäuschung nicht lange auf sich warten. Das kollektive Gehampel auf dem Exerzierplatz, wie überhaupt das erzwungene Gemeinschaftsleben in Lagern, Heimen und Kasernen, war nicht meine Sache; ich habe Hitler-Jugend und später Reichsarbeitsdienst und Wehrmacht als deprimierenden Einbruch in die Privatheit meines Lebens empfunden, noch nach Jahrzehnten in Alpträumen wieder auftauchend.

Sommer 1932. Im weißen Matrosenanzug bei der Geburtstagsfeier meines Freundes Günter (links neben mir). Sein Bruder Helmut dirigiert.

Meine widerwillige Haltung gegenüber den Zwangsgemeinschaften des nationalsozialistischen Staates empfand ich damals als Mangel, zumal ich spürte, daß sie meinen Eltern mißfiel. »Das ist deine Zukunft«, sagte mein Vater, und ich verstand ihn so, daß er mir zwar eine andere Zukunft gewünscht hätte, daß man sich aber anpassen müsse.

»Wählst du Hitler?« hatte ich ihn einmal gefragt, als ich die auf ein Telegrafenhäuschen gemalte Parole »Wählt Hitler!« mit ersten Lesekenntnissen entziffert hatte. Es muß bei der Reichspräsidentenwahl 1932 gewesen sein, als die Deutschen zwischen Hindenburg, Hitler und Thälmann zu wählen hatten. Denn seine Antwort war: »Nein, ich wähle Hindenburg.« Hindenburg, das war für ihn der große Feldherr des Ersten Weltkrieges, der kaiserliche Generalfeldmarschall, der ein Stück deutsche Herrlichkeit von vorgestern verkörperte, an die auch das Bismarck-Bild über dem Schreibtisch meines Vaters erinnerte. Für andere – auch die SPD hatte zur Wahl Hindenburgs aufgerufen – war er der Garant für die Einhaltung der Verfassung. Hindenburg wurde dann aber der Mann, der am 30. Januar 1933 Hitler mit der Bildung einer Regierung beauftragte. Anstelle der deutsch-nationalen schwarz-weiß-roten Fahne wurde nunmehr bei feierlichen Anlässen die Hakenkreuzfahne über unserem Haus aufgezogen und das Bismarck-Bild eines Tages durch ein Foto des »Führers« Adolf Hitler ersetzt.

Hitlers sogenannte Machtergreifung war in Berlin mit einem von den Nazis gekonnt inszenierten Begeisterungstaumel gefeiert worden, der über den Rundfunk auch in unser Haus übertragen wurde. Mit der Aufgeregtheit eines Fußballreporters schilderte der Sprecher, wie die endlosen Kolonnen der SA und SS mit Fackeln an ihrem Führer, dem neuen Reichskanzler Adolf Hitler, und dem alten Reichspräsidenten Paul von Hindenburg vorbeimarschierten, die nebeneinander am Fenster der Reichskanzlei standen und feierlich herunter grüßten. Und dann war Dr. Joseph Goebbels, der künftige Reichsminister für Volksaufklärung und Propaganda, am Mikrophon, der vor der Geräuschkulisse der singenden Marschkolonnen mit wirkungsvoll zurückgenommener Stimme sagte: »Jetzt sind wir die Herren von Deutschland«. Da wurde eine revolutionäre nationale Aufbruchsstimmung vermittelt, die berauschend wirkte.

Hitler imponierte nicht nur uns Kindern als einer, der reden und sich durchsetzen konnte. Auch in der Welt der Erwachsenen passierten wunderliche Dinge, die uns auf einer kindlichen Verständnisebene vermittelt wurden. Die demokratischen Parteien verschwanden, sang- und klanglos, nachdem sie dem Ermächtigungsgesetz für Hitler im Reichstag zugestimmt und damit die Demokratie ihrem ärgsten Feind ausgeliefert hatten. Nur die SPD, die gegen das Gesetz stimmte, und die KPD, deren 81 Abgeordnete bereits verhaftet oder ermordet oder untergetaucht waren, haben diesen Selbstmord der Demokratie nicht mitgemacht. Wir glaubten der Nazi-Lüge, daß die Kommunisten den Reichstag angezündet hätten, und fanden es in Ordnung, daß sie eingesperrt wurden. Vor ihnen brauchte man also keine Angst mehr zu haben.

In der Welt der Erwachsenen gab es einen kollektiven Zulauf zu den Organisationen der NSDAP (National-Sozialistische Deutsche Arbeiter-Partei), dem sich diese schließlich nur durch jahrelange Aufnahmesperre zu erwehren wußte. Mein Vater war 1933, wie überdurchschnittlich viele Ärzte, Mitglied der SS geworden, die damals als die »feinere« Organisation gegenüber der »proletenhaften« SA galt, und der NSDAP beigetreten. Durch seine Berufsarbeit voll in Anspruch genommen, hat mein Vater in der SS keinerlei politische Aktivität entfaltet und war mit Sicherheit nicht an deren Verbrechen beteiligt, aber die formale Mitgliedschaft hat später genügt, ihn nach seinem Tode als »Kriegsverbrecher« zu enteignen, eine Maßnahme der sowjetischen Besatzungsmacht, die einen ironischen Schlußpunkt unter das Kapitel »Noli me tangere« setzen sollte.

Auch mein Großvater mütterlicherseits, Arzt in Festenberg in Schlesien, ein durchaus kritischer Kopf, der mit den »kleinen

Mit diesem Pressefoto illustrierte mein Großvater seinen begeisterten Augenzeugenbericht über das Breslauer Sängerbundesfest 1937. Er glaubte, in einer »großen Zeit« zu leben. Und nicht nur er.

Hitlers«, wie er die braunen Funktionäre der unteren Ebene nannte, dauernd in Fehde lag, war von Hitler selbst begeistert. Er schickte mir von der Olympiade in Berlin 1936 eine Postkarte mit den Fahnen der beteiligten Nationen und vom Sängerbundesfest in Breslau 1937 einen langen Brief, in dem er als Augenzeuge schilderte, wie Tausende von Menschen in stundenlangem Zug an Adolf Hitler vorbeizogen und wie schließlich »die vom Begeisterungstaumel ergriffenen Frauen« die Sperrketten durchbrachen, unter den Armen der SS-Männer hindurchschlüpften und ihrem »Führer« die Hände entgegenstreckten. Ein Zeitungsausschnitt mit einem Foto lag bei und bestätigte seinen Bericht. Hitler als der große Volksheld, der die Ketten des Versailler Diktats von 1919 zerbrochen und den Deutschen wieder eine Wehrmacht gegeben hatte, die bereitstand, ein Großdeutsches Reich mit Österreich und Sudetenland und den angeblich nötigen Lebensraum im Osten zu erobern.

Nur von Großmutter Hannover kamen kritische Töne zu Hitler und den Nazis. Aber ich sagte mir: sie ist eben nicht mit der Zeit gegangen. Sie las Bücher über Kaiser Wilhelm in seinem holländischen Exil und über das Schicksal der russischen Zarenfamilie. Und darum nahm ich es nicht ernst, wenn sie von einer jüdischen Familie in ihrer Stadt Güstrow erzählte, in der ein Junge, der von der Schule habe abgehen müssen, seine Mutter gefragt habe: »Warum bin ich denn ein Jude?«

Uns Kindern schien – ebenso wie vielen Erwachsenen – mit

Hitlers sogenannter Machtergreifung alles besser geworden zu sein. Die Nazis hatten Arbeit und Brot versprochen, und man glaubte, Beweise zu sehen, daß sie ihr Versprechen hielten. Jeserich, ein stadtbekanntes Original, hatte jahrelang auf der Straße Trompete geblasen und sich mit dem Bemerken »Ich habe eben ein bißchen Musik gemacht« bettelnd an der Haustür gemeldet. Nun fuhr er plötzlich hoch auf dem mit Pferden bespannten gelben Postwagen als Paketzusteller vorbei. »Den hat Adolf auch in Brot gesetzt«, sagte mein Vater am Frühstückstisch. Daß der wirtschaftliche Aufschwung mit Wiederaufrüstung und Kriegsvorbereitung erkauft war, hat er, wenn überhaupt, wohl erst sehr viel später begriffen.

Mitunter nagte an mir das Gefühl, daß ich eigentlich nicht in eine Zeit paßte, in der harte Männer gefragt waren und die gehorsame Eingliederung in militante Organisationen als staatsbürgerliches Ideal galt. Ich erinnere mich, daß ich in meinen ersten Schuljahren viel länger als andere Kinder meiner Umgebung in der Phantasiewelt meiner Kinderbücher gelebt habe. Wenn ich *Das Land der 36000 Wünsche* von Maurois oder *Fridolin der Osterhase* von Kutzer und Holst aufschlage, kann ich noch heute kindliche Entrückungen und Kümmernisse von damals nachvollziehen, die mich sehr viel mehr ausfüllten als die Anforderungen der realen Welt. Noch bis in meine Jungvolkzeit hinein begleiteten mich Grimms Märchen. Ich werde nie vergessen, daß mein Jungzugführer – ein widerlicher Kerl, der ein sadistisches Vergnügen daran hatte, seine »Lieblinge« in der Weise Kniebeugen machen zu lassen, daß er ein Fahrtenmesser unter ihrem Hintern aufstellte – sich bei mir Grimms Märchen ausgeliehen und nie zurückgegeben hat.

Ich hätte in der Braunhemdumgebung, die ich als Achtjähriger herbeigesehnt und dann sehr bald als lästig und angstmachend abgelehnt hatte, nicht darüber reden mögen, daß ich Mozart liebte und viel lieber in seiner Zeit gelebt hätte. Ich hätte meinen Jungvolk- und Hitler-Jugend-Kameraden nicht davon erzählen mögen, was ich zu Hause spielte, was ich las, was ich schrieb und was meine Phantasie beschäftigte. Zu meinem zwölften Geburtstag hatte ich einen Bücherschrank mit einer Schreibplatte bekommen. Und da saß ich dann und träumte mich in andere Welten. Eines der kindlich versponnenen Machwerke, die da entstanden, hieß »Im Raketenluftschiff zum Mars«, ein anderes »Die Geschichte von den verwunschenen Blutbuchen«, und angeregt durch die Lektüre auf einer mit

Etwa 1937. Als Zwölfjähriger (dritter von rechts) im Zwangskollektiv. Der Gauleiter von Pommern, Schwede-Coburg, besichtigt das Jungvolk-Fähnlein »Sturmgesellen« in Anklam. Im Hintergrund sein imposanter Mercedes (vielleicht war es auch ein Horch oder ein Stoewer), für den ich mich damals mehr interessierte als für die kriegerischen Sprüche des Nazi-Führers.

zwei Freunden unternommenen einwöchigen Tour mit Fahrrad und Zelt durch Mecklenburg, versuchte ich mich sogar an einem Krimi »Der Falschmünzer«, bei dem sich am Ende der Detektiv als der Täter herausstellte. Noch als 16jähriger dichtete ich Texte für Kinderopern nach Märchen der Brüder Grimm und hoffte auf einen neuen Mozart, der sie eines Tages komponieren sollte. Das war 1941, Mozarts 150. Todesjahr, dessen im deutschen Rundfunk in einer langen Folge von Sendungen, von denen ich keine verpaßte, gedacht wurde. Es war aber auch das Jahr, in dem Hitlers Armeen in die Sowjetunion einfielen und alle paar Tage Sondermeldungen über gewonnene Kesselschlachten, vernichtete Panzer, eingebrachte Kriegsgefangene und eroberte Gebiete aus dem Rundfunk tönten.

Auch was ich in diesem Lebensalter las, entsprach wohl nicht dem erwünschten ideologischen Schulungsprogramm der Zeit. Meine Helden waren Karl Mays Old Shatterhand und Winnetou. Und Felix Graf Luckner, dessen Buch *Seeteufel* ich mehrmals mit Begeisterung gelesen habe. Die Schilderung seines abenteuerlichen Seemannslebens verband sich für mich mit dem, was mir über Onkel Carl, den gefallenen Bruder meines Vaters, erzählt worden war, von dessen Seereisen in ferne Länder es viele Fotos und Ansichtspostkarten gab. Das faszinierendste Buch aus dem Bücherschrank meines Vaters war

Kanada wirklich erlebt von Max Hinsche, der neun Jahre als Trapper und Jäger in der unendlichen Einsamkeit der damals noch unberührten kanadischen Urwälder gelebt hatte. Auch Goethe, dessen Werke mir mein Vater zur Konfirmation schenkte, Schiller, den ich aus demselben Anlaß vom Großvater bekam, und vor allem Lessing gehörten zu meiner unzeitgemäßen Lektüre. Lauter wohltuende Fluchten aus der politischen Gegenwart.

Mein Verhältnis zur Schule war zwiespältig. Einerseits hatte ich keine Mühe, den Lernstoff zu bewältigen – von Mathematik und Chemie abgesehen, zwei Fächer, die mir immer rätselhaft geblieben sind –, und schrieb gern Aufsätze. Andererseits bemühte ich mich um Anpassung an den Durchschnitt, seit ich wußte, daß mein Idol Graf Luckner ein schlechter Schüler gewesen war, und ich aus seinem Mund bei einem Vortrag in Anklam den vom Publikum beifällig beklatschten Ausspruch gehört hatte: »Der Primus in der Schule ist nicht immer der Primus im Leben.« Das hat mich in pubertärer Unsicherheit tief getroffen und eine bis zum Ende meiner Schulzeit andauernde Phase bewußter Obstruktion gegen viele Lernangebote der Schule ausgelöst, die ich später sehr bedauert habe. Vor allem Englisch und Französisch haben darunter gelitten.

In der sogenannten Volksschule, die ich von 1932 bis 1936 besuchte, pflegten bestimmte Lehrer Prügelstrafen vor den Augen der Klasse zu vollstrecken. Es waren immer wieder dieselben Kinder, durchweg aus der sozialen Unterschicht stammend, an denen sie ihre grausame Lust ausließen. Einübung in Klassenjustiz. In der sogenannten Oberschule setzte sich dieser Lernprozeß in sozialer Ungleichbehandlung fort, höhere Schüler wurden nicht geprügelt, während unsere Altersgenossen auf der Volksschule weiterhin der Prügelpädagogik ausgesetzt waren. Wir nutzten die neue Freiheit zu allerlei Streichen, die den betroffenen Lehrern sicher nicht so viel Spaß wie uns gemacht haben. Leider waren auch Lehrer betroffen, deren wissenschaftliche Kompetenz und menschliche Qualität mehr Aufmerksamkeit und Rücksichtnahme verdient hätten, so Dr. Eichhoff, Shakespeare-Forscher und Philosoph, trotz formaler Parteimitgliedschaft ein Gegner des Nazi-Regimes, mit dem ich noch nach dem Krieg freundschaftliche Verbindung hatte.

Unser Klassenlehrer, bei dem wir Deutsch, Latein und Geschichte hatten, gehörte zu denen, die keine pädagogischen Probleme hatten. Er war ein überzeugter Nazi und Kreispropagandaleiter der NSDAP. Aufsatzthemen, in denen sich unsere Gesinnung testen ließ: »Der Führer spricht«, »Jede Revolution will einen neuen Menschen«, »Kein Mensch gedeihet ohne Vaterland« und »Der letzte Mann« (Beschreibung eines Bildes, auf dem der letzte Mann eines untergehenden Kriegsschiffes die Reichskriegsflagge hochhält). Seine Bereitschaft, den von ihm gerühmten Heldenmut in die Tat umzusetzen, stand nicht auf gleicher Höhe, was ihm meine Verachtung eintrug. Unter Hinweis auf seine Kurzsichtigkeit wußte er sich dem Kriegsdienst zu entziehen. Als der Krieg zu Ende ging, setzte er sich rechtzeitig in den Westen ab und brachte es in der Bundesrepublik zum Schulleiter.

Bei diesem Obernazi erfuhren wir ganz unverblümt, wie das Dritte Reich mit seinen politischen Gegnern umging. Er beschrieb uns genüßlich, wie Kommunisten und Sozialdemokraten in den Konzentrationslagern mit sinnlosen Arbeiten schikaniert würden, wie sie Steine auf eine Schiebkarre laden und von einer Ecke des Lagerplatzes zur anderen und wieder zurück fahren müßten. Von Judenvernichtung war nicht die Rede, aber das Feindbild des Juden und das Gefasel von der jüdischen Weltverschwörung und der Gefahr für das deutsche Blut waren allgegenwärtig. Judentum und Bolschewismus, das waren die beiden nebulös miteinander verschlungenen Weltfeinde, die die Nazipropaganda den Deutschen – und zwar nicht nur uns Kindern und Halberwachsenen – zu suggerieren wußte. Und allzu viele haben, wie ihre Bereitschaft zu den entsetzlichen Verbrechen an Juden, Kommunisten und russischen Kriegsgefangenen zeigen, daran geglaubt.

Uns wurde beigebracht, daß das darwinistische Prinzip des »survival of the fittest«, zum »Recht des Stärkeren« verfälscht, auch in der menschlichen Gesellschaft gelte, und daß die Geschichte nicht danach frage, wieviele Menschen zuvor sterben mußten, um die Herrschaft des Stärkeren durchzusetzen. Beispiele genug bot die Geschichte an. Wer fragt noch nach dem Völkermord an den Armeniern, soll Hitler gesagt haben, und in der Tat, man sucht dieses unter deutscher Mitwirkung begangene türkische Massenverbrechen des Jahres 1915 in gängigen Geschichtsbüchern noch heute vergeblich. Man muß wohl einmal diese mörderische, Völker- und Menschenrechte mißachtende Logik als typische Nazi-Ideologie begriffen haben, um sie im kollektiven Denken der Gegenwart allenthalben als solche wiederzuerkennen. Wer regt sich schon darüber auf, daß in der

Türkei wiederum ein Völkermord (mit deutschen Waffen) stattfindet, daß ein ganzes Volk durch Aushungerung zur Aufgabe des Sozialismus gezwungen werden soll (Kuba-Embargo), daß amerikanische Truppen das kleine Grenada vereinnahmen, eine unvollständige Liste von Anwendungsfällen des Rechts des Stärkeren, auf die Hitler sich hätte berufen können, wenn er sie noch erlebt hätte.

Daß ich mir schon damals ein Stück Skepsis bewahrte, mag daran gelegen haben, daß ich Freunde hatte, deren Eltern der Nazi-Ideologie kritisch gegenüberstanden und gleichwohl, oder vielleicht gerade deshalb, bei meinen Eltern hohes Ansehen genossen. Das galt für unseren Nachbarn von gegenüber, den Zahnarzt Dr. Friedrich Roling, den Vater meiner Freunde Helmut und Günter, einen stillen und bedächtigen Mann, der sich allen im Nazistaat erwarteten Mitgliedschaften entzog und mit seiner Familie am Heiligabend in die Kirche ging, statt die alljährliche Weihnachtsrede von Rudolf Heß im Radio anzuhören. Da gab es den von den Nazis 1933 als Ministerialbeamter im Mecklenburg-Schwerinschen Justizministerium entlassenen, später als Amtsrichter wieder eingestellten und nach Anklam versetzten Juristen Hans Lachmund und dessen Frau Margarethe, die Eltern meines Freundes Peter, die schon in der Weimarer Republik in demokratischen Parteien (DDP und SPD) aktiv gewesen waren und in der Nazi-Zeit – wie ich allerdings erst nach dem Ende des Dritten Reiches erfuhr – Verbindung zu Widerstandsgruppen hatten, auch internationale Verbindungen (Pazifisten, Quäker) pflegten und Kontakte zu deportierten Juden und inhaftierten Freunden hielten und ihnen durch Paketsendungen halfen. In dem Buch *Lebenszeichen aus Piaski* (hg. von Else Rosenfeld und Gertrud Luckner, München 1968) sind Briefe der jüdischen Eheleute Erich und Cläre Silbermann (er Grundstücksmakler, sie Klavierlehrerin in Anklam) an Frau Lachmund nachzulesen; sie waren 1940 nach Polen deportiert worden und mußten dort unter primitivsten Bedingungen leben, bis sie in einem Vernichtungslager ermordet wurden.

Auch mein Freund Kurt Bernheim entstammte einer Familie, die im Nazi-Reich gefährdet war, sein Vater, ein Berufskollege meines Vaters, galt nach nazistischer Rassenideologie als »Halbjude«, der jüdische Großvater war ein hochangesehener Wissenschaftler an der Greifswalder Universität gewesen. Der einzige Jude, an den ich mich aus meiner Kindheit erinnern kann, war der Architekt, von dem mein Vater sein Haus »Noli me tangere« bauen ließ; auch er paßte nicht in das gehässig verzerrte Bild, das die Nazipropaganda vom Juden zeichnete. Durch meinen Freund Willi Griese, dessen Vater alter Sozialdemokrat war, hatte ich auch einen Einblick in die proletarische Szene, in der sich übrigens auch meine ersten vier Lebensjahre abgespielt hatten, als wir noch in einer Mietwohnung in der Breiten Straße gewohnt hatten.

Auf sonntäglichen Waldspaziergängen in der weiteren Umgebung meiner Heimatstadt weckte mein Vater in mir die Liebe zur Natur und den Wunsch, eines Tages Förster zu werden. Es war sein eigener Berufswunsch gewesen, den er nicht hatte verwirklichen können, weil seinerzeit die Forstlaufbahn geschlossen gewesen sei, wie er sagte. Und so tat er nun alles, um seinem Sohn diesen schönen Beruf zu ermöglichen. Durch Vermittlung eines Forstmeisters, den mein Vater als Patient kennengelernt hatte, wurde ich dem Landesforstmeister in Stettin vorgestellt und bekam tatsächlich die ersehnte Zulassung zur höheren Forstlaufbahn in Pommern.

Am 17. Mai 1943 wurde ich zum Reichsarbeitsdienst eingezogen, ebenso wie meine Klassenkameraden von der Lilienthal-Oberschule mit einem »Reifevermerk« versehen, aber ohne Abitur. Im August desselben Jahres wurde ich Soldat, »Division Hermann Göring«. In seiner Eigenschaft als Reichsforstmeister hatte der spätere Hauptangeklagte des Nürnberger Kriegsverbrecherprozesses verfügt, daß Forstanwärter ihren Kriegsdienst in der nach ihm benannten Division abzuleisten hätten. Auch eine weitere Bedingung der Zulassung zum Forstberuf hatte ich mit der Naivität eines 17-jährigen noch schnell erfüllt, ohne darin irgendein Problem zu sehen: vier Wochen vor meiner Einberufung erhielt ich die Mitteilung, daß meinem Antrag auf Mitgliedschaft in der Partei – der einzigen Partei, die es in diesem Staat gab – stattgegeben sei. Meiner Zukunft als Forstmeister im deutschen Wald hätte nichts mehr im Wege gestanden. Aber es war Krieg, und es sollte nur noch zwei Jahre dauern, bis die aus dem Kinderlied bekannte Zeile »Pommerland ist abgebrannt« bittere Wirklichkeit wurde und die Nachfrage nach deutschen Forstleuten auf ein Minimum schrumpfte.

Von Ende August 1943 bis zum Tag der Kapitulation, 8. Mai 1945, war ich Soldat der deutschen Wehrmacht. Ausbildung in Holland, Fronteinsätze in Italien und ganz zum Schluß in der

Im April 1944 ließ ich mich bei einem Fotografen in Cortina d'Ampezzo für meine Eltern in Uniform fotografieren. In Cortina d'Ampezzo hatte ich einige Monate im Lazarett gelegen.

Gegend von Görlitz und Bautzen. Schön waren nur die Monate, die ich Anfang 1944 in Cortina d'Ampezzo, an Lungenentzündung erkrankt, im Lazarett (Hotel Bellavista) und im Erholungsheim (Hotel Villa Argentina) verbringen konnte, von einem Wiener Internisten, Professor Dr. Lapp, ungewöhnlich lange an diesem friedensmäßig sicheren Ort festgehalten und mit großzügigen Ausgangsgenehmigungen in die herrliche Gebirgslandschaft für mein allmähliches Gesundwerden belohnt. Die übrige Zeit war die schlimmste meines Lebens, an die ich mich nicht gern erinnere, aber immer wieder erinnert werde. Schlimmer als die Erinnerungen an das eigentliche Kriegsgeschehen verfolgen mich die an das militärische Zwangssystem, diesen erzwungenen Verzicht auf Individualität und persönliche Freiheit, der auch die Grundlage des KZ-Systems bildete. Diese Assoziation taucht immer wieder auf, wenn ich Erlebnisberichte aus den Konzentrationslagern lese. Ich weiß, daß ich das wirkliche KZ nicht überlebt hätte.

Aber auch den Krieg habe ich nur mit viel Glück überlebt. Das wäre ein 18jähriges Leben gewesen, mit dem andere ihre Politik hätten machen können. Mir fällt oft ein Kamerad aus Kassel ein, mit dem ich während der militärischen Ausbildung in Holland auf einer Stube gelegen habe, der kurze Zeit vor mir zum Fronteinsatz nach Italien gekommen und schon in den ersten Tagen auf eine Mine gelaufen und tödlich verwundet wor-

Meine Eltern – Dr. med. Heinrich Hannover (1893 bis 1945) und Charlotte Hannover, geb. Bley (1895 bis 1945) – im Jahr 1944, ein Jahr vor ihrem Freitod.

den war. Auf dem Sterbebett hatte er einen Abschiedsbrief an seine Eltern geschrieben, der vor der ganzen Kompanie als mustergültig verlesen wurde, ein Hoheslied auf den Sinn seines Lebens und Sterbens im Sinne der damals herrschenden Ideologie. Was wäre aus diesem jungen Menschen geworden, wenn er ein längeres Leben gehabt hätte? Vielleicht ein bekannter Sänger – er hatte eine schöne Tenorstimme und hat uns oft sentimentale Lieder vorgesungen –, vielleicht ein Mitkämpfer gegen Krieg, Militarismus und neuen Faschismus. Er kann sich nicht dagegen wehren, wenn Politiker in heuchlerischem Ritual etwa auch an seinem Grabe Versöhnungsgesten austauschen, um vergessen zu machen, daß sie gegen neue Feinde weiter rüsten.

Es waren nur ganz »normale« Kriegshandlungen, die ich miterlebt habe, keine spektakulären »Kriegsverbrechen«, die, wie uns später in Kriegsdienstverweigerersachen immer wieder belehrend entgegengehalten wurde, von deutschen Soldaten nicht mehr verlangt werden. Aber es reichte mir.

Ein paar alptraumhafte Szenen haben sich meinem Gedächtnis eingeprägt:

Januar 1944, südlich von Rom, die Amerikaner sind in Nettuno gelandet. Wir haben uns eingegraben. Man darf den Kopf am Tage nicht über die Deckung heben, die Scharfschützen haben sich auf uns eingeschossen. Der Klappspaten wird zum lebenswichtigen Gerät. Ich hatte keinen, hatte ihn mir von einem Kameraden leihen müssen. Zwischen den Linien liegt ein toter amerikanischer Soldat. Ich sehe, daß er einen Klappspaten hat. Nachts krieche ich aus meinem Schützenloch, hin zu dem Kameraden in der anderen Uniform, drehe ihn um und nehme mir seinen Spaten vom Gürtel. Ich komme heil zurück.

Eiskalte Nächte, in denen wir mit sinnlosen Stellungswechseln um den Schlaf gebracht wurden, ich rannte als sMG-Schütze 3 (sMG = schweres Maschinengewehr, der Schütze 3 war für das Tragen der Munition zuständig) auf dem Bahndamm von Littoria hinter meiner Gruppe her, zwei Munitionskästen von je zehn Kilogramm Gewicht an den Armen hängend, viel zu schwer für den 18jährigen, ich blieb völlig erschöpft zurück, warf mich nicht mehr hin, wenn in der Nähe Granaten einschlugen, dachte: wenn mich eine trifft, ist die ganze Quälerei vorbei.

Endlich mal in einem Haus, in dem man sich aufwärmen konnte. Ein Kamin brannte, in dem wir alles Holz, das wir fanden, verbrannten. Dann zerbrach einer die Tür eines Schrankes und warf die Scheite ins Feuer. Wir waren ja in Feindesland und das Haus von seinen Bewohnern verlassen. Da erscheint eine junge Italienerin, sieht, wie wir ihre Möbel verbrennen, geht stumm durchs Zimmer und verschwindet. Plötzlich schämten wir uns, und einer sprach es aus: »Eigentlich sind wir ja Schweine.«

Oder: Eine nächtliche Szene in Bautzen, April 1945. Wir sind in der verlassenen Wohnung einer Arztfamilie, die offenbar vom gedeckten Abendbrottisch weggelaufen ist, sitzen mit Maschinengewehr und anderen Schußwaffen an den Fenstern und warten darauf, daß aus der gegenüberliegenden Schule, die in Flammen steht, feindliche Soldaten flüchten. Und dann sehen wir sie laufen und halten drauf, dumm, schießgeil und respektlos vor menschlichem Leben. Erst Jahre später habe ich angefangen, darüber nachzudenken, wie Menschen dazu gebracht werden, ohne die Spur einer Gewissensregung auf lebende Menschen in anderer Uniform zu schießen.

Oder: Nach der vorübergehenden Rückeroberung eines deutschen Dorfes bei Bautzen, April 1945, kniet ein gefangener russischer Soldat, ein älterer, bäuerlich aussehender Mann, in einem Vorgarten, die Hände über dem Kopf gefaltet. Mehrere deutsche Soldaten stehen um ihn herum und hören sich an, was einer der Kameraden, der russisch versteht, dolmetscht. Der Russe erzählt von seiner Familie, seinen Kindern. »Ich weiß, daß ihr mich erschießen werdet«, sagt er. Ich gehe beklommen weg. Es soll einen Befehl gegeben haben, keine Gefangenen mehr zu machen.

Als ich bei der Vorbereitung dieses Kapitels in alten Papieren kramte, fand ich den Tagesbefehl des Kommandierenden Generals unseres Panzerkorps vom 20. April 1945, dem letzten Geburtstag des »Führers«. Ein Schreibmaschinendurchschlag auf hauchdünnem Papier, kleingefaltet, »allen Soldaten des Btl. bekanntzugeben«.

Morgen tretet Ihr erneut zum Angriff gegen den Bolschewisten an, der, wenn auch unter sehr hohen Verlusten, wieder in unsere deutsche Heimat einbrechen konnte.

Heute habe ich zu jedem Satz Fragen, die ich damals nicht stellte. Wieso »wieder einbrechen«? Wer hatte diesen Krieg angefangen? Wer war in wessen Land eingebrochen?

Von jedem Einzelnen von Euch hängt es ab, ob die vormarschierenden Feindhorden zum Stehen gebracht werden. In Eurer Hand liegt das Schicksal von Millionen deutscher Frauen und Kinder.

Ja, so sieht die Rechtfertigung des Soldatenhandwerks noch heute aus. Man muß vormarschierende Feindhorden zum Stehen bringen und Frauen und Kinder schützen. Nach den Ursachen und versäumten Alternativen des Krieges wird nicht gefragt.

Und so endete der Tagesbefehl des Generals:

Es lebe unser deutsches Volk!
Es lebe unser Führer Adolf Hitler!

Am 27. April 1945, elf Tage vor Kriegsende, dann ein Angriff, wie wir ihn bei Geländespielen schon seit der Schulzeit hundertmal geübt hatten, ohne mehr als den sportlichen Spaß am Abenteuer im Kopf zu haben. Aber diesmal war es Ernst. Zunächst noch ein »Erfolgserlebnis«: Mit einer erbeuteten russischen Panzerabwehrkanone treffen wir einen russischen Panzer am gegenüberliegenden Waldrand. Er geht in Flammen auf, wir jubeln. Kein Gedanke daran, daß dort junge Menschen verbrennen, auf deren Rückkehr ihre Mütter vergeblich warten werden. Aber dann rücken wir durch ein Waldstück vor, das kaum Deckung bietet, und werden prompt mit Sprenggranaten beschossen. Unmittelbar neben mir wird ein Kamerad tödlich getroffen. Mehrere Verwundete. Ein Granatsplitter trifft mich im Nacken, wenige Zentimeter neben der Wirbelsäule. Einen weiteren Splitter fängt das Magazin der russischen Beutewaffe auf, die ich am Koppel trage. Ich werde vom Sanitäter verbunden und am folgenden Tag mit dem Sanitätskraftwagen abtransportiert. Unterwegs in einer Ortschaft nochmals unter Granatbeschuß. Alles geht irgendwo in Deckung, nur ich mit meiner schmerzenden Verwundung muß bewegungsunfähig im Wagen liegenbleiben. Da lernt man auch als Atheist sicherheitshalber das Beten. Eine Granate schlägt drei Meter neben dem Wagen in das Haus, in dessen Hof man mich abgestellt hat, mehrere Splitter durchschlagen das Fahrzeug, Schotter prasselt auf sein Dach, ich komme lebend und ohne neue Verletzungen davon.

»Tragen Sie ein Amulett?« fragte mich vor Jahren ein Röntgenarzt, als er den russischen Granatsplitter auf dem Bildschirm entdeckte. Er steckt immer noch an derselben Stelle, dicht neben der Wirbelsäule. Ich verdanke ihm wahrscheinlich mein Leben, das sonst vielleicht in einem russischen Kriegsgefangenenlager oder einem sibirischen Bergwerk geendet hätte. Denn dank dieser Verwundung gehörte ich zu den Kolonnen, die durch die nördliche Tschechoslowakei nach Westen strömten und der Umzingelung durch russische Panzerverbände entgingen. Rechtzeitig am 8. Mai 1945, dem Tag der deutschen Kapitulation, langten wir in Karlsbad an, wo amerikanische Truppen standen, und gaben unsere Waffen ab.

Auch die zwei Wochen, die ich im amerikanischen Kriegsgefangenenlager, einem riesigen eingezäunten Gelände auf dem Flugplatz in Eger, zubringen mußte, sind mir unvergeßlich. Wir kampierten dort unter freiem Himmel ohne Zelte oder sonstigen Wetterschutz. Aber wir waren abgehärtet. Was wirklich schlimm war: die Amerikaner erklärten sich für die Ernährung unzuständig, und zwar, wie man hörte, mit der Begründung, daß wir nicht Kriegsgefangene im Sinne des Völkerrechts, sondern »entwaffnete Deutsche« seien. Die »entwaffneten Deutschen« hatten im Lager gleich wieder Kompanien gebildet, die sehr unterschiedlich mit Lebensmitteln versorgt waren. Ich hatte das Pech, zu einer Kompanie zu gehören, die über keine Vorräte verfügte. Für uns war die Beschaffung von Lebensmitteln lebensgefährlich. Vor den Kartoffelmieten auf dem Lagergelände standen tschechische Posten Wache, die rücksichtslos schossen. Wir mußten also bei anderen Kompanien klauen. Mit zwei Kameraden, die ich im Lager kennengelernt hatte, einem Feldwebel und einem Unteroffizier (ich selbst hatte es zum Fahnenjunker-Unteroffizier gebracht), bildete ich eine Überlebensgemeinschaft – man könnte auch sagen: eine kriminelle Vereinigung –, die nachts das Nötige besorgte und tagsüber daraus irgendwas zusammenkochte. Eine bei völliger Dunkelheit beschaffte Aktentasche voll Mehl war mein größter Erfolg. »Man könnte zum Verbrecher werden«, schrieb ich damals in mein Tagebuch. Verbrecher *werden*? *Waren* wir es nicht längst? Wir Soldaten einer Armee, die den bewaffneten Arm eines verbrecherischen Regimes darstellte? Was war eine geklaute Aktentasche mit Mehl gegen die kriminelle Tat, auf Menschen zu schießen? Wir waren wohl die erste Generation, die überhaupt darüber nachdachte, welche moralische Rechtfertigung es eigentlich für das Töten im Kriege gibt. »Soldaten sind Mörder«, hatte Kurt Tucholsky schon 1931 geschrieben. Aber erst jetzt gab es eine für diese Frage sensibilisierte Öffentlichkeit, die sich von Wolfgang Borcherts Drama »Draußen vor der Tür« und seinen die Kriegsmentalität problematisierenden Kurzgeschichten angerührt fühlte. Wir jungen Kriegsheimkehrer von 1945 waren die Generation, mit der sich künftig kein Krieg mehr machen ließ. So sah ich es damals. Und ich gehöre zu denen, die auch bei dieser Haltung geblieben sind.

Am 22. Mai 1945 begann für mich die Freiheit. Ich gehörte zu den ersten, die aus dem amerikanischen Kriegsgefangenenlager Eger entlassen wurden, weil ich eine Heimatadresse in der amerikanischen Besatzungszone, die von Verwandten in Kassel, angegeben hatte. Um zwei Uhr mittags wurden wir auf einen offenen amerikanischen Lastkraftwagen verfrachtet – fünfzig Mann stehend in fürchterlicher Enge – und hatten noch zwölf Stunden Fahrt zu überstehen, bis wir um zwei Uhr nachts vor dem Kasseler Rathaus abgesetzt wurden, wo ich noch ein paar Stunden auf die erste Straßenbahn warten mußte. In der Erinnerung sind die Strapazen ausgelöscht und nur das Glücksgefühl geblieben: Frei!

Da fuhr ich nun, 19 Jahre alt, mit schäbigen, verschmutzten, blaugrauen Uniformstücken bekleidet, alle meine Habe in einem kleinen Beutel, mit der Straßenbahn durch eine von

Bomben zerstörte Stadt, wurde von anderen Fahrgästen angesprochen, ob jetzt alle Soldaten nach Hause kämen, und mußte die Frage einer Frau beantworten, ob ich zufällig ihren Sohn kenne, von dem sie mir ein Foto in Wehrmachtsuniform zeigte. Man sagte mir, wo ich umsteigen und wo ich aussteigen müsse, um zum Mühlbachweg zu kommen. Ich bin da, das Haus meiner Verwandten ist heil, mir fällt ein Stein vom Herzen, als ich meine Tante am Küchenfenster sehe. Sie denkt einen Augenblick, da komme ihr Hans-Jürgen, mein Vetter. Aber der war noch in den letzten Kriegstagen in Ostpreußen gefallen.

Das war meine Stunde Null. Der Krieg war aus, die Hitlerei zu Ende, man konnte Hoffnung schöpfen, ein ziviles Leben zu führen, die Zwänge der militärischen und militärähnlichen Apparate fielen von einem ab, man wurde wieder Mensch, arm und ausgehungert, aber frei. Man war unter Menschen, die sich – das glaubte ich jedenfalls – darin einig waren: Nie wieder Krieg!

Im September 1945, vier Monate nach meiner Rückkehr aus Kriegsgefangenschaft, kam eine Postkarte, die ich an meine Eltern geschrieben und von einem amerikanischen Captain hatte über die Zonengrenze schmuggeln lassen – es gab damals noch keinen Post- oder Telefonverkehr zwischen den hermetisch voneinander abgeriegelten Besatzungszonen –, mit dem Vermerk zurück: »Beide durch Freitod aus dem Leben geschieden«. Ich wußte, daß eine ausreichende Dosis Morphium für diesen Zweck seit langem bereitgelegen hatte, aber ich hatte nicht ernstlich damit gerechnet, daß meine Eltern Anlaß haben könnten, sich das Leben zu nehmen. Allerdings hatte ich keine Ahnung, was sich in den letzten Kriegstagen in meiner Heimatstadt abgespielt hatte. Das erfuhr ich erst, als ich im November 1945 die Reise nach Anklam gewagt hatte, ein mit heute unvorstellbaren Strapazen und Risiken verbundenes Unternehmen – heimliches Überschreiten der militärisch gesicherten Zonengrenze, sieben Stunden Anstehen nach Fahrkarten für eine Teilstrecke, überfüllte Züge mit demolierten Sitzen und beschädigten Fenstern, unvorhergesehene Aufenthalte wegen Maschinenschäden oder um Gegenzüge auf dem einen von der Demontage verschonten Gleis abzuwarten, Übernachtungen in überfüllten Wartesälen, angstmachende Gerüchte von Übergriffen russischer Soldaten, Hunger und Kälte. Ankunft in einer weitgehend zerstörten Stadt. Mein Elternhaus unzerstört, aber von anderen Menschen bewohnt, der Familie eines Berufskollegen und Freundes meines Vaters, der sich ein Schurkenstück geleistet hatte, von dem noch die Rede sein wird. Unsere treuen Nachbarn, die Familie Roling, traf ich, allerdings ohne meinen Freund Helmut, der in Rußland erfroren (»für Führer, Volk und Vaterland gefallen«) war, ebenso wie viele hilfsbereite Freunde meiner Eltern lebend und mehr oder weniger unbeschädigt an und hörte, was sich ereignet hatte.

Anlaß für den Entschluß meiner Eltern war ein von der sowjetischen Militärregierung verkündeter Aufruf, daß sich alle Parteimitglieder zu melden hätten. Meine Eltern hatten sich bei den Nachbarn, der Familie Roling, verabschiedet und für mich einen Abschiedsbrief hinterlassen, in dem mein Vater schrieb: »Jetzt bin ich noch Herr meiner Entschlüsse.« Die Vorstellung, in einem Lager zu enden, war ihm unerträglich; auch für mich ein fürchterlicher Gedanke. Vergeblich hatten die Nachbarn versucht, meine Eltern von ihrem Entschluß abzubringen, mindestens meiner Mutter, die weder Parteimitglied noch sonst organisiert war, auszureden, mit in den Tod zu gehen. Und viele Freunde meinten, daß meinen Eltern kein Haar gekrümmt worden wäre. Auch mußte ich meine Eltern gegen den Vorwurf einiger Freunde in Schutz nehmen, bei ihrem Schritt nicht genügend an ihren einzigen Sohn gedacht zu haben, der damals 19jährig als Soldat in Schlesien und Sachsen gegen die Russen kämpfte. Meine Chance, den Krieg zu überleben, werden sie nicht hoch eingeschätzt haben; seit Wochen war keine Feldpost mehr angekommen. Es herrschte Endzeitstimmung. Die deutsche Luftwaffe hatte noch ein letztes Ruhmesblatt an ihre Fahnen geheftet und nach dem vom »Führer« befohlenen Grundsatz, den Russen nur verbrannte Erde zu hinterlassen, den schönen, in Jahrhunderten gewachsenen Stadtkern von Anklam zerstört und in Flammen aufgehen lassen. Das hatte den russischen Vormarsch nicht aufhalten können. Die siegreichen Soldaten hatten durch ihr Verhalten – Vergewaltigungen und Plünderungen – Angst und Schrecken unter der Bevölkerung verbreitet und eine Selbstmordepidemie ausgelöst. Auch meine Eltern sind von betrunkenen russischen Soldaten in ihrem Haus mit dem Messer bedroht und beraubt worden. 600 Menschen haben sich in dieser 18000 Einwohner zählenden Stadt das Leben genommen und sind in Massengräbern eingescharrt worden. Ähnliche furchtbare Zahlen sind aus anderen Städten, insbesondere der Nachbarstadt Demmin, bekannt geworden.

Und es sind wirklich Menschen in russische Gefangenenlager gekommen, denen zu Recht oder zu Unrecht vorgeworfen wurde, dem Nazi-Staat gedient zu haben. Während mein Klassenlehrer, dieser fanatische Obernazi, ungeschoren davonkam, wurde ein anderer Lehrer, ein harmloser Mann, der wohl nur, um seine Ruhe zu haben, Mitgliedsbeiträge bei der NSDAP gezahlt hatte, ins Lager Neubrandenburg verbracht, wo er ziemlich erbärmlich umgekommen ist. Auch Hans Lachmund, der Vater meines Freundes Peter, der zusammen mit ein paar anderen beherzten Männern dafür gesorgt hat, daß die Stadt Greifswald nicht das Schicksal ihrer in Flammen stehenden Nachbarstadt Anklam erlitt, sondern kampflos und unzerstört an die Rote Armee übergeben wurde, einer der viel zu wenigen Widerstandskämpfer, die das Nazi-Reich überlebt hatten und nun für den Aufbau eines demokratischen Staatswesens zur Verfügung standen, wurde am 26. Mai 1945 vom NKWD, dem russischen Geheimdienst, verhaftet, der Kollaboration mit den Nazis beschuldigt und nach fünfjähriger Lagerhaft in einem der berüchtigten Waldheimer Prozesse zu 25 Jahren Zuchthaus und Vermögensverlust verurteilt. Das von den Waldheimer Richtern gehorsam nachvollzogene unverständliche Verdikt der sowjetischen Besatzungsmacht beruhte, wie Hans Lachmund selbst vermutete, auf seinen freimaurerischen Aktivitäten, die weder den Nazis noch den Sowjets gefielen. Vergeblich bemühte seine Frau sich 1951 in einer mit 25 Zeugnissen von Antifaschisten belegten Eingabe an den Ministerpräsidenten der DDR, Otto Grotewohl, seine Freilassung zu erwirken. Erst am 15. 4. 1954, also nach fast zehn Jahren Freiheitsberaubung, wurde Hans Lachmund im Gnadenwege aus dem Zuchthaus entlassen.

Bei aller Not, die es in dieser ersten Nachkriegszeit gab – vor allem den Hunger habe ich in schrecklicher Erinnerung –, war es doch eine Zeit der großen Hoffnungen und des kreativen Neuanfangs. Ich glaubte an die Möglichkeit einer Demokratie ohne Ausgrenzung von Minderheiten, und ich glaubte an die Möglichkeit eines menschenwürdigen Sozialismus. Damals sagte Kurt Schumacher, der Vorsitzende der SPD, den ich bei einer Versammlung unter freiem Himmel in Kassel reden hörte:

Solange es in Deutschland möglich ist, daß sich große Vermögen in der Hand verantwortungsloser Privater sammeln, ist die Demokratie in Deutschland nicht gesichert. Im Gegensatz zu den Ländern der alten Demokratie des Westens können Kapitalismus und Demokratie in diesem Lande nicht nebeneinander existieren.

Daß das kapitalistische System den Hitler-Faschismus und den Krieg hervorgebracht hatte, war damals bis in die CDU hinein (Ahlener Programm) im öffentlichen Bewußtsein. Da kamen Menschen aus den Konzentrationslagern des Nazistaates, die einen besseren Kampf gekämpft hatten als wir, Kommunisten und Sozialdemokraten vor allem, die Widerstand gegen Hitler geleistet hatten und dafür eingesperrt und gequält worden waren. Es waren nicht allzu viele, die den Terror und das große Morden überlebt hatten. Sie wurden die Demokraten der ersten Stunde, mit denen die Besatzungsmächte die wichtigsten Posten in den Landesregierungen, der Verwaltung und der Justiz besetzten. Nazibeamte, tief verstrickt in die Verbrechen des Systems, wurden beurlaubt. Auch leitende Direktoren der Industrie, die mit ausländischen Zwangsarbeitern und KZ-Häftlingen die Waffen für Hitlers Krieg produziert hatten, wurden vorübergehend abgesetzt. Generäle und Offiziere waren arbeitslos oder saßen als Kriegsverbrecher in den Gefängnissen der Besatzungsmächte. Eine Umkrempelung der Gesellschaft, die zu schönen Hoffnungen zu berechtigen schien. Daß die alten Machteliten schon bald zurückkehren sollten, ahnte ich damals noch nicht.

Ich genoß es, wieder Zivilist zu sein. Bei meinen Kasseler Verwandten hatte ich ein Dach über dem Kopf gefunden und nahm meine neue Lebensplanung tatkräftig in die Hand: Nachholung des Abiturs und Bemühungen, in den Forstdienst übernommen zu werden. Aber weder in Mecklenburg, wo ich bei dem zuständigen Mann in Schwerin vorsprach und eisige Ablehnung erfuhr, noch in Hessen konnte man mich brauchen. Auch sieben Monate Waldarbeitertätigkeit konnten daran nichts ändern.

Was sollte ich werden? Der Gedanke, nach Kanada auszuwandern und dort ein Leben als Trapper und Jäger zu führen, blieb ein schöner Traum. Ich verfolgte ihn nicht sehr ernsthaft, weil mir doch leise Zweifel gekommen waren, ob meine ursprüngliche Berufswahl, die sehr von meinem Vater beeinflußt war, wirklich meinen eigentlichen Wünschen und Fähigkeiten entsprach. Auch der Arztberuf kam für mich nicht in Frage, das wußte ich schon frühzeitig, weil ich bei meinem Vater miterlebt hatte, daß eine gewissenhafte Berufsauffassung den Verzicht auf ungestörte Freizeit und Nachtruhe mit sich brachte – unvergeßlich ist mir ein Heiligabend, an dem mein Vater ins Krankenhaus gerufen wurde, weil er ein Kind operieren mußte, das sich einen Löffel in den Gaumen gestoßen hatte –, und weil mir außerdem klar war, daß ich operative Eingriffe in den menschlichen Körper einfach nicht über mich bringen würde. Als ich einmal in Carl Ludwig Schleichs »Besonnte Vergangenheit« von einer Operation las, bei der der Schädel eines Menschen aufgesägt wurde, hatte ich meinen Vater gefragt, ob er so etwas auch machen müsse und wie er das aushalten könne. Seine Antwort war verblüffend einfach: »Ja, ich weiß ja, daß ich dem Menschen damit helfen kann.« Ich bewunderte und verehrte ihn sehr und habe mir die Hochachtung vor dem Arztberuf bis heute bewahrt. Aber das war nichts für mich.

Daß ich das Zeug zum Rechtsanwalt hätte, hat als erster unser Nachbar Dr. Roling ausgesprochen, als er meine Aktivitäten bei den Behörden in Anklam und Schwerin verfolgte, bei denen ich mich um die Aufhebung der Enteignung meines Elternhauses und seines Inventars bemühte. Sicher hat mein verletztes Rechtsgefühl in eigener Sache dazu beigetragen, daß ich mich für das Jurastudium entschied – übrigens von Anfang an mit der Zielvorstellung, Rechtsanwalt zu werden –, aber ich will meine Berufswahl nicht ideologisch überhöhen; mir fiel einfach nichts Besseres ein. Wie sehr mich der Anwaltsberuf eines Tages faszinieren, erheben, aber auch erdrücken würde, habe ich damals noch nicht geahnt.

Im Wintersemester 1946/47 begann ich, in Göttingen zu studieren, unter ziemlich ärmlichen Verhältnissen, viel Hunger, wenig Geld, ein Mangel, dem ich abzuhelfen suchte, indem ich in der Mensa Kartoffeln schälte oder andere Arbeiten übernahm, auch mit unzerbrechlichen Kämmen und Rasierklingen von Haustür zu Haustür zog. Noch mancherlei politische Unsicherheiten. Eine Studentenverbindung »Die Gleichen« – angeblich nach zwei Bergen bei Göttingen so benannt – entpuppte sich nach einigen Jahren (nämlich 1950, als der anfängliche Umerziehungseifer der westlichen Besatzungsmächte der antikommunistischen Neuorientierung wich) als Burschenschaft »Alemannia«. Ein Verein, den ich wieder verließ, als meine mit dem Grundsatz »Ehre, Freiheit, Vaterland« offenbar unvereinbare anwaltliche Vertretung von Kriegsdienstverweigerern ruchbar geworden war und eine Kontroverse auslöste, die mit dem Austritt einer größeren Anzahl von Bundesbrüdern – ich glaube, es waren 22 – endete.

Der Kampf um das Eigentum an meinem Elternhaus und dem gesamten, ebenfalls enteigneten Inventar war gewissermaßen mein erster Rechtsfall, zu einer Zeit, als ich noch weit davon entfernt war, wirklich Rechtsanwalt zu werden. Die Rechtmäßigkeit der Enteignung war selbst nach den damals geltenden Vorschriften der Militärregierung in mehrfacher Hinsicht fragwürdig. An dem für die Enteignung maßgebenden Stichtag lebte mein Vater nicht mehr, so daß praktisch ich als sein Erbe enteignet wurde. Auch machte ich geltend, daß mein Vater kein »Kriegsverbrecher« gewesen ist. Darüber hinaus konnte ich Zeugnisse von Menschen beibringen, die meinen Vater als einen Mann kennengelernt hatten, der sich nicht scheute, den Fürsprecher auch für politisch Andersdenkende und im Nazi-Reich Gefährdete zu machen. So hatte er sich für den Mann unserer langjährigen Putzfrau, einen Kommunisten, eingesetzt, als dieser beschuldigt wurde, an einer Aktion in der Anklamer Zuckerfabrik beteiligt gewesen zu sein, bei der einem Hitler-Bild die Augen ausgestochen worden waren. Vielleicht hat die Reputation meines Vaters dazu beigetragen, daß der Mann freigelassen wurde. Noch zur Zeit des Thälmann-Mordprozesses, Mitte der achtziger Jahre, erfuhr ich von meiner Mandantin, der Thälmann-Tochter Irma Gabel-Thälmann, daß sie in Anklam alte KPD-Genossen getroffen habe, die mit großer Hochachtung von meinem Vater gesprochen hätten. Aber es half alles nichts, eines Tages bekam ich einen nicht näher begründeten Bescheid, daß die Enteignung endgültig sei und weitere Einsprüche nicht mehr bearbeitet würden.

Das Klischee vom Nazi-Verbrecher, das der Enteignung zugrunde lag, traf auf meinen Vater also sicher nicht zu. Aber ausgerechnet einer, der das sehr gut wußte, ein Berufskollege meines Vaters, hatte die Enteignung in Gang gesetzt. Er war nicht nur Berufskollege meines Vaters, sondern ein Duzfreund, was von Seiten meines Vaters eine seltene Auszeichnung war. Es gab nur noch einen Kollegen in Anklam, mit dem mein Vater sich duzte, einen ehemaligen Freimaurer, der im Nazi-Reich einige Schwierigkeiten hatte. Woher er den letzteren kannte, weiß ich nicht. Den anderen kannte er aus einem Club (Ruderclub?), in dem man sich mit Du und dem ersten Buchstaben des Familiennamens anredete. Dieser Herr, der »liebe B«, ein lautstarker, kontaktfreudiger Mann, der öfter, als meinen sehr zurückgezogen lebenden Eltern lieb war, in unserem Hause auftauchte, hängte sein Mäntelchen flugs nach dem Winde, als es opportun wurde, in Anklam Kommunist zu sein, und trat der KPD bei. Und denunzierte meinen Vater als Nazi. Nach erfolgter Enteignung erwarb dieser falsche Freund fast die gesamte bewegliche Habe meiner Eltern zu Spottpreisen, alles in allem zu 3713 Reichsmark, einer damals praktisch wertlosen Währung. Im Kaufpreis enthalten war auch die Einrichtung der Arztpraxis zu 135 Reichsmark. So billig ist wohl selten ein Arzt zu einer Praxiseinrichtung gekommen. Und er zog mit seiner Familie in mein nunmehr im Volkseigentum stehendes Elternhaus ein – sein eigenes Haus war von den Russen besetzt –, sich anderen erstaunten Arztkollegen gegenüber mit der Behauptung rechtfertigend, er wolle dem jungen Hannover sein Erbe retten. Als der junge Hannover dann im November 1945 wider Erwarten wirklich wieder auftauchte, war davon nicht mehr die Rede. Bei einem meiner Besuche im Elternhaus habe ich den Herrn angeschrien: »Mein Vater würde sich im Grabe umdrehen, wenn er wüßte, was er an Ihnen für einen Freund gehabt hat.« Einmal versuchte der »liebe B«, dem ich allmählich lästig wurde, mich von der Volkspolizei verhaften zu lassen. Seine Beschuldigung, ich wolle Möbel »in den Westen verschieben« und habe auch keine Aufenthaltserlaubnis, ließ sich Gott sei Dank widerlegen. Der Mann hat übrigens ein trauriges Ende gefunden. Er fiel bei der neuen Staatsgewalt in Ungnade, als bekannt wurde, daß er im Hause ein riesiges Hamsterlager an Lebensmitteln angelegt hatte, mit denen er sich in der damaligen Notzeit seine ärztlichen Leistungen hatte entgelten lassen. Die gehamsterten Lebensmittel wurden im Schaufenster eines Fahrradgeschäfts ausgestellt. Der »liebe B« hat sich im Gefängnis erhängt.

An der Rechtslage änderte sich dadurch nichts. Das Haus blieb Volkseigentum, wurde zeitweise von der SED und anderen Organisationen benutzt; das Inventar verblieb den Erben des falschen Freundes, mit Ausnahme einiger Stücke, die ich ihm in harten Auseinandersetzungen abgehandelt hatte. Mit anderen Worten: mein erster Rechtsfall endete mit einem Mißerfolg. Daran hat auch die Beitretung der DDR zur BRD nichts geändert, die Auslöschung der Geschichte ging nur bis 1949 zurück.

Zu den Erinnerungsstücken aus meiner Noli-me-tangere-Zeit, die ich aus meinem Elternhaus retten konnte, gehörten Fotoalben und von meinem Vater aufgenommene 16-mm-Filme. Ich habe sie im September 1947 bei einer meiner Reisen in die alte Heimat auf abenteuerliche Weise über die militärisch

Eines der aus meinem Elternhaus geretteten Fotos. Ein Bild aus dem Sommer 1931, als meine Noli-me-tangere-Welt noch in Ordnung war. Die Großeltern Bley (außen links und außen rechts) und Großmutter Hannover (rechts neben mir) zu Besuch im Garten meines Elternhauses in Anklam (links neben mir meine Eltern; Großvater Hannover, Kaufmann und großherzoglicher Hoflieferant in Güstrow, war schon 1928 verstorben).

gesicherte deutsch-deutsche Grenze gebracht. Zusammen mit zwei Reisegefährten, die ich unterwegs kennengelernt hatte, bin ich kurz vor der Grenzstation mit meinem Gepäck aus dem fahrenden Zug gesprungen, nachdem wir den Lokomotivführer mit ein paar Zigaretten bestochen hatten, langsam zu fahren. Wir hatten von anderen Reisenden gehört, daß auf dem Grenzbahnhof russische Soldaten die Zuginsassen durchsuchten und alles beschlagnahmten, was ihnen verdächtig erschien. Ich wäre sicher mindestens die Filmrollen losgeworden. Obwohl der Zug immer noch viel zu schnell fuhr, sprangen wir mit dem Mut der Verzweiflung und überschlugen uns im Schotter des Bahndamms, aber abgesehen von blutenden Hautabschürfungen passierte uns glücklicherweise nichts. Wir umgingen den Grenzort auf Waldwegen, liefen aber doch einem Polizisten in die Arme. Er erwies sich als »menschlich«, wie ich in meinem Tagebuch vermerkte, und ließ uns laufen.

Ich war auch zu DDR-Zeiten, also nach 1949, ein paarmal in dem durch Um- und Anbauten kaum noch wiederzuerkennenden Haus, das einmal mein Elternhaus war, auch in dem mit scheußlichen Baracken vollgebauten Hof, der einmal unser

Garten war. Einmal durfte ich auch die jetzt als Dienstzimmer von SED-Funktionären dienenden Räume im Obergeschoß sehen, die einmal mein Kinderzimmer und das Schlafzimmer meiner Eltern waren. Sosehr ich den großen Revolutionär Lenin respektiere, als riesige Plakatfigur an der Wand des früheren Schlafzimmers meiner Eltern hat er mich gestört. Die makabre Realisierung einer kindlichen Angstphantasie. Mein »Noli me tangere« war unwiederbringlich verloren.

Daß ich Anwalt von Minderheiten werden und die Geschichte des neuen Demokratieversuchs auf deutschem Boden aus der Sicht politischer, intellektueller und religiöser Opposition – einer trotz freiheitlicher Verfassungsgrundsätze ständig von Illegalisierung bedrohten Opposition – miterleben würde, hatte ich mir zur Zeit meines Studiums noch nicht träumen lassen. Ich konnte noch nicht unterscheiden zwischen den hehren Worten und den unterschwelligen politischen Gesinnungen ehemaliger Nazis, von denen es an der Göttinger Universität in den ersten Nachkriegsjahren eine Menge gab. Und ich begriff das Recht noch nicht als ein Machtinstrument der jeweils Herrschenden, das zu politischen Zwecken mißbraucht werden kann.

Ich wußte nichts von der aufregend rechtsfeindlichen Geschichte des politischen Strafrechts. Und ich habe auch die Referendarzeit in Bremen noch in relativer politischer Naivität verbracht, ohne nachzufragen, was eigentlich die Richter und Staatsanwälte, mit denen ich da umging, in der Nazizeit getan hatten. Aber es gab schon Irritationen, die mich nachdenklich machten. Wieso mußte ich bei Beginn der Referendarzeit eine Erklärung unterschreiben, daß ich nicht Mitglied bestimmter Organisationen sei, die in einer Liste aufgeführt waren. Darunter nicht nur die Kommunistische Partei Deutschlands (KPD), eine damals noch nicht verbotene Partei, sondern auch die Vereinigung der Verfolgten des Naziregimes (VVN). Hatte ich doch gerade erst gelernt, daß die Ausgrenzung der Kommunisten aus dem demokratischen Kräftespiel, ihre Verurteilung wegen Vorbereitung zum Hochverrat und ihre Einsperrung in Zuchthäusern und Konzentrationslagern ein Unrecht gewesen war, das wiedergutgemacht werden mußte.

Daß ich 1950, nach bestandenem 1. Staatsexamen beim OLG Celle, nach Bremen ging, hatte einen ziemlich materiellen Grund: Nordrhein-Westfalen und Bremen waren damals die einzigen Bundesländer, die Referendaren ein Gehalt zahlten. Es war anfangs nicht viel – 135 DM monatlich –, aber buchstäblich besser als gar nichts. Bremen war mir als Kind von der Waterkant die sympathischere Wahl, und ich habe sie nicht bereut, Bremen ist mir zur zweiten Heimat geworden.

Die Hoffnung, nach bestandenem 2. Staatsexamen (1954) in die Praxis eines vielbeschäftigten Bremer Rechtsanwalts eintreten zu können, bei dem ich schon als Referendar intensiv gearbeitet hatte, wurde enttäuscht, da mein Mentor, ein nach Kriegsende wegen NSDAP-Mitgliedschaft aus dem Amt entfernter Richter, zum Hanseatischen Oberlandesgericht Hamburg zurückgerufen wurde, bevor ich die Voraussetzungen der Anwaltszulassung erfüllte. So übernahm die Praxis ein anderer, und ich wagte den Versuch, mich als Einzelanwalt selbständig zu machen. Und ich hatte Glück. Ich konnte sehr günstig gelegene Räume anmieten, mit Blick auf die Liebfrauenkirche und den Bremer Marktplatz, und fing mit einem schreibmaschinenkundigen weiblichen Lehrling, also einem denkbar sparsamen Personalkostenapparat, einer mir von einem Kollegen zum Abschreibungswert überlassenen mechanischen Schreibmaschine und einer einfachen Büroausstattung im Stil der fünfziger Jahre – deren Sessel mir noch heute gute Dienste leisten – an zu arbeiten. In der Schreibtischschublade hielt ich für die erwartete Kundschaft aus besseren Kreisen eine Kiste Zigarren bereit. Und ich hatte einiges dafür getan, die mir angekündigten Schwierigkeiten, als Nichtbremer Eingang in die honorige Bremer Gesellschaft zu finden, zu überwinden. »In Bremen ist man Kaufmann«, hatte ich gehört. Und so bestand der Freundeskreis, in dem ich mich schon bald nach meiner Übersiedlung nach Bremen im Jahre 1950 befand, vorwiegend aus Kaufleuten.

Alles ließ sich gut an. Aus der Praxis des älteren Kollegen, bei dem ich als Referendar gearbeitet hatte, kamen einige Mandanten zu mir. Darunter gleich zu Anfang ein wichtiger Großkunde, der Bremische Haus- und Grundbesitzerverein, der mich mit einer Fülle von Aufträgen versorgte. So widmete ich mich mit Eifer den Nöten und Sorgen von Haus- und Grundbesitzern, darunter auch Kaufleute und Firmen, deren Schuldnern ich den Prozeß machte. Ein hoffnungsvoller Anfang für einen jungen Anwalt, der das Zeug in sich spürte, zum juristischen Interessenvertreter kapitalkräftiger Kreise zu werden. Aber es sollte anders kommen.

2. Die erste Pflichtverteidigung (1954)

Man kann es angesichts meiner damaligen politischen Einstellung als Ironie des Schicksals oder als Zumutung bezeichnen, daß die Bremer Justiz mir als eine meiner ersten anwaltlichen Aufgaben die Verteidigung eines Kommunisten zudachte. Es war üblich, Berufsanfängern durch Pflichtverteidigerbestellungen über die Schwierigkeiten des Anfangs hinwegzuhelfen. Und so wurde ich, wenige Wochen nach meiner am 8. Oktober 1954 erfolgten Anwaltszulassung zum Pflichtverteidiger eines Kommunisten, dem vorgeworfen wurde, zusammen mit anderen des Landfriedensbruchs, des Aufruhrs, des Auflaufs, des Widerstands gegen die Staatsgewalt und der versuchten Gefangenenbefreiung schuldig geworden zu sein. Eine Verteidigeraufgabe, die bestimmend für mein ganzes weiteres Berufsleben werden sollte.

Der Angeklagte hatte im November 1953 an einer Demonstration teilgenommen, bei der etwa sechzig Arbeitslose vom Arbeitsamt über den Wall zur Ruine des im Kriege beschädigten Theaters gezogen waren, um einer Forderung Nachdruck zu verleihen, ihnen zu Weihnachten eine Beihilfe (Kohlen- und Kartoffelgeld) zu gewähren. Die Polizei hatte bei der Anmeldung der Versammlung die Auflage gemacht, daß die Demonstration an der Theaterruine enden müsse, damit die am selben Tage im Rathaus stattfindende Sitzung der Bremer Bürgerschaft nicht gestört werde. Den Demonstranten wurde lediglich gestattet, eine dreiköpfige Delegation zum Rathaus zu entsenden, um ihre Forderungen zu vertreten.

Die Versammlung löste sich denn auch, wie von der Polizei gewünscht, am vorgeschriebenen Ort auf, nachdem eine Delegation gewählt und zum Rathaus geschickt worden war. Die Demonstrationsteilnehmer entfernten sich in kleineren und größeren Gruppen nach verschiedenen Richtungen. Der größte Teil bewegte sich jedoch durch die Bischofsnadel in Richtung Innenstadt.

Bis dahin war alles friedlich verlaufen. Aber nun geschah folgendes: Der Einsatzleiter der Polizei befürchtete, daß die Arbeitslosen nun doch zum Rathaus gehen würden, und ließ die Bischofsnadel, eine schmale Verbindungsstraße zum Domshof und zum Stadtzentrum, absperren. Vor der aus elf Beamten bestehenden Sperrkette stauten sich nunmehr die Menschen, die ins Stadtzentrum wollten, darunter auch Passanten, die an dem Umzug nicht beteiligt gewesen waren und deren Zahl an diesem Tag besonders groß war, weil auf dem Domshof Wochenmarkt stattfand. Es kam zu Unmutsäußerungen aus der Menge, die binnen kurzem auf achtzig bis hundert Personen angeschwollen war. Die später als Zeugen vernommenen Polizisten wollten auch Rufe wie »Wir werden den Abgeordneten die Maske vom Gesicht reißen! Auf zum Rathaus! Zeigt denen, was eine Harke ist!« gehört haben. Jedenfalls kam es dann zum Einsatz des Gummiknüppels und zur Festnahme eines Demonstrationsteilnehmers namens Becker, der, nach Aussagen der Polizeibeamten, gerufen haben soll, man solle sich nicht um die »paar Polizisten« kümmern, sondern mit Gewalt zum Rathaus vordringen. Der von mir zu verteidigende Angeklagte Rühmann* soll nunmehr zusammen mit einem anderen Demonstrationsteilnehmer versucht haben, diese Festnahme zu verhindern, indem er einen der Beamten von hinten zurückgerissen habe. Über die weitere Behandlung meines Mandanten hieß es später im Urteil des Landgerichts, vor dem die Sache angeklagt wurde:

Nunmehr kam der Polizeimeister S. seinen beiden Beamten zu Hilfe, so daß Becker, der selbst keine Gegenwehr leistete, nicht befreit wurde. Rühmann und D. wurden gleichfalls festgenommen. Rühmann erlitt bei dem Handgemenge eine Verwundung über dem Auge.

Ich hatte Zeugen dafür benannt, daß Rühmann sich nicht an einem der Beamten vergriffen hatte, daß er vielmehr zweimal grundlos von dem Polizeimeister S. geschlagen worden war. Das erste Mal, als er sich niedergebückt hatte, um heruntergefallene Transparente aufzuheben, das zweite Mal, nachdem er infolge des ersten Schlages zu Boden gefallen war. Dieser zweite Schlag hatte meinen Mandanten am Auge getroffen und dazu geführt, daß die Sehkraft des Auges nahezu erloschen ist.

* Name geändert

Dafür, daß ich diese Zeugen in naivem Vertrauen auf ein Wahrheitsermittlungsinteresse der Staatsanwaltschaft und des Gerichts schon vor der Hauptverhandlung benannt hatte, hätten mich reaktionäre Justizreformer gewiß gelobt. Denn eines ihrer stereotyp wiederkehrenden Argumente, mit denen sie eine unwissende Öffentlichkeit traktieren, geht bekanntlich dahin, Rechtsanwälte würden die Hauptverhandlung durch Anträge in die Länge ziehen und dadurch eine schnelle Abwicklung der Prozesse verhindern. Aber zwischen dem, was ich auf der Universität über Wahrheitsfindung und faires Verfahren gelernt hatte, und dem, was ich in der Praxis kennenlernte, klaffte eine Lücke, die ich erst nach und nach mit desillusionierenden Erkenntnissen ausfüllte.

Denn was passierte mit den von mir benannten Zeugen? Sie wurden von der Staatsanwaltschaft ebenfalls angeklagt, weil ja auch sie an der »öffentlichen Zusammenrottung« teilgenommen haben mußten, die nach der damaligen Gesetzesfassung zum Straftatbestand des Aufruhrs und des Landfriedensbruchs gehörte. Und damit waren sie als Zeugen ausgeschaltet und nach gängigem Juristenverständnis unglaubwürdig. Kam hinzu, daß sie, ebenso wie Rühmann, Kommunisten waren, was schon allein genügt hätte, Richtern und Schöffen die bekannte Brille zu verpassen, die zu einseitiger Rechtsblindheit führt.

Daß politische Vorurteile meine Verteidigeraufgabe ungeheuer erschwerten, begriff ich schon bei dieser ersten Kommunistenverteidigung. Hatte ich sie doch bisher selbst geteilt und wußte daher nur zu gut, wie es in den Köpfen der Richter und Schöffen aussah. In meinen Notizen für das Plädoyer, die ich in der seit über vierzig Jahren auf dem Boden aufbewahrten Akte Rühmann fand, lese ich mit gewisser Rührung, welche naiven Appelle ich damals an das Gericht richten wollte oder gerichtet habe:

KPD-Mitgliedschaft nicht strafbar.

Anklageschrift stellt kommunistische Natur des Erwerbslosenausschusses in den Vordergrund.

Stimmungsmache gegen die Angeklagten.

Gericht möge sich davon freihalten.

Nur Gesetzesverstöße abzuurteilen, nicht KPD-Eigenschaft.

Als Pflichtverteidiger keine Rechtfertigung der kommunistischen Ideale der Angeklagten zu geben, sondern nur mitzuhelfen, das Recht zu finden.

Daß Anlaß bestand, politische Vorurteile zu Lasten der Angeklagten zu befürchten, hatte die Formulierung der Anklageschrift hinreichend deutlich gemacht. Bevor diese zur Darstellung des eigentlichen Sachverhalts kam, verbreitete sich der Verfasser lang und breit über den politischen Charakter der Demonstration. Da war zu lesen – wohlgemerkt: zu einer Zeit, als die KPD noch eine legale Partei war und auch kommunistische Abgeordnete die Interessen ihrer Wähler in der Bremer Bürgerschaft vertraten! –, daß die Arbeitslosendemonstration vom 25. November 1953 ein Protestmarsch des »sog. Arbeitslosenausschusses, einer kommunistischen Tarnorganisation«, gewesen sei. Nach dem durch die Währungsreform bedingten Anwachsen der Arbeitslosigkeit im Jahre 1948 hätten sich in verschiedenen Teilen der Bundesrepublik örtliche Erwerbslosenausschüsse gebildet, die zunächst bestrebt gewesen seien, auf politisch neutraler Basis die wirtschaftlichen Verhältnisse der Arbeitslosen zu bessern, deren Arbeitseinsatz zu ermöglichen und bei den örtlichen Kommunalverwaltungen Erleichterungen und Unterstützungen für die Erwerbslosen und ihre Familien zu erwirken. Sodann heißt es in der Anklageschrift:

Über ihren örtlichen Bereich hinaus haben diese Vereinigungen jedoch erst im Frühjahr 1951 Bedeutung gewonnen, nachdem sich in der KPD die Ansicht durchgesetzt hatte, daß bei den zumeist in dürftigen wirtschaftlichen Verhältnissen lebenden Arbeitslosen ein für ihre umstürzlerische Tätigkeit günstiger Nährboden gegeben sei. Sie setzte daher alle möglichen Mittel ein, diese Erwerbslosenausschüsse durch finanzielle Unterstützung und durch die Gestellung von Agitatoren und Funktionären für ihre politischen Zwecke zu gewinnen, und erreichte es auch nach kurzer Zeit, die maßgebenden Funktionen in den Ausschüssen an sich zu reißen.

Ich will mich jetzt nicht mit einer Analyse dieser an antikommunistische Einstellungen appellierenden Tiraden aufhalten, die nicht einmal den Schein der Objektivität und der politischen Neutralität wahrten und mit den eigentlichen Tatvorwürfen überhaupt nichts zu tun hatten. Sie zielten so offensichtlich darauf ab, das Gericht gegen die Angeklagten einzunehmen und ihnen von vornherein die Glaubwürdigkeit zu versagen, daß diese Strategie der Staatsanwaltschaft auch einem Anfänger auf der Verteidigerbank nicht verborgen bleiben konnte. Nur noch ein weiterer Satz aus diesem Anklagepamphlet:

Auch in Bremen dient der sog. Arbeitslosenausschuß der kommunistischen Wühlarbeit.

Im Unterschied zur Anklageschrift liest sich das Urteil des Landgerichts vom 27. Dezember 1954 so, als hätten politische Überzeugungen der drei Berufsrichter und der beiden Schöffen bei der Wahrheitsfindung keine Rolle gespielt. Weder ist die Parteimitgliedschaft der Angeklagten erwähnt, noch ist von dem Arbeitslosenausschuß und seinem angeblich der kommunistischen Wühlarbeit dienenden Zweck die Rede. Zuviel politische Enthaltsamkeit, um glauben zu können, daß die wirklichen Gründe des Urteils mitgeteilt worden sind.

Denn in der Sache war die Verteidigung chancenlos. Ein Antrag, die Verhandlung gegen die von der Verteidigung ursprünglich als Entlastungszeugen benannten Mitangeklagten abzutrennen, um ihre zeugenschaftliche Vernehmung zu ermöglichen, wurde abgelehnt. Und so tat das Gericht denn auch ihre meinen Mandanten entlastenden Aussagen mit einem einzigen Satz beiläufig ab:

Diese Einlassung der Angeklagten Rühmann und D. ist durch die Beweisaufnahme widerlegt worden, obwohl sie von einigen Mitangeklagten und vor allem auch von dem Zeugen Scheufler teilweise bestätigt worden ist. Der Zeuge S. hat mit aller Bestimmtheit bekundet, Rühmann und D. hätten in der festgestellten Weise versucht, Becker zu befreien. Der Zeuge G. hat dies hinsichtlich Rühmann bestätigt, ebenso der Zeuge R. hinsichtlich D.

Das Gericht hat also den beteiligten Polizeibeamten (S., G. und R.) geglaubt, obwohl mindestens bei S. zu bedenken gewesen wäre, daß dieser ein eminentes Interesse haben mußte, sich gegen den Vorwurf der Körperverletzung im Amt und gegen Schadensersatzansprüche wegen der meinem Mandanten zugefügten schweren Augenverletzung zu schützen. Demgegenüber hatte das Gericht die Aussagen der an der angeklagten Gefangenenbefreiung völlig unbeteiligten Mitangeklagten, die ihren Angeklagtenstatus nur ihrer Zeugenbenennung durch den Verteidiger verdankten, mit folgender Erwägung abgetan:

Daß die Mitangeklagten und auch der Zeuge Scheufler in dem Gedränge und Tumult diesen Vorfall nicht gesehen haben, ist zumindest nicht unmöglich und daher auch mit den Angaben der Zeugen S., G. und R. vereinbar.

Dieser Satz hat zu allem Überfluß noch den Schönheitsfehler, daß er die Aussagen der Mitangeklagten und des Zeugen Scheufler falsch wiedergibt. Sie hatten keineswegs bekundet, den Vorfall nicht gesehen zu haben. Sie hatten ihn anders gesehen, nämlich so, wie ihn Rühmann und D. geschildert hatten. Mindestens mit der Aussage des Zeugen Scheufler hätte das Gericht es sich nicht ganz so leicht machen dürfen. Scheufler war, wie das Urteil vermerkt, an der Demonstration »maßgeblich beteiligt«, auf seine Veranlassung war die Versammlung an der Theaterruine aufgelöst worden, aber eine Beteiligung an strafbaren Handlungen in der Bischofsnadel hatte offenbar selbst die Staatsanwaltschaft ihm nicht vorwerfen können. Dieser Zeuge hat in der Hauptverhandlung vor dem Landgericht nach meinen stenographischen Notizen wörtlich gesagt:

Rühmann wollte Transparente aufheben und hat dabei zwei Schläge bekommen. Er hat nicht versucht, Becker zu befreien. Das hätte ich sehen müssen, da ich unmittelbar daneben stand.

Daß Rühmann verurteilt wurde – er bekam zwei Monate Gefängnis wegen Widerstandes gegen die Staatsgewalt in Tateinheit mit versuchter Gefangenenbefreiung und zwar ohne Bewährung – empörte mich. Die für ihn eingelegte Revision wurde vom Bundesgerichtshof als »offensichtlich unbegründet« verworfen. Eine gegen den Polizeimeister S. erstattete Strafanzeige wegen schwerer und gefährlicher Körperverletzung und wegen Meineids wurde vom Oberstaatsanwalt dahin beschieden, daß der Beweis einer strafbaren Handlung nicht erbracht sei.

Auch die Begründung, mit der eine Strafverfolgung gegen S. abgelehnt wurde, ist bemerkenswert. In dem Bescheid des Oberstaatsanwalts vom 10. Oktober 1955 ist zu lesen:

Da S. und G. die in erster Linie Betroffenen waren, besteht kein Anlaß, den sich ergänzenden Aussagen dieser beiden Polizeibeamten über den Vorfall zu mißtrauen.

Ein seltener Fall, daß den Aussagen der Betroffenen der Vorzug gegeben wird gegenüber Aussagen von Zeugen, die an dem Vorfall unbeteiligt waren.

Demgegenüber reichen die widerspruchsvollen Aussagen der von Ihnen benannten Zeugen nicht aus, das Gegenteil festzustellen.

Die angeblichen Widersprüche waren von der Art, ob Rühmann in dem Augenblick, als er geschlagen wurde, Transparente aufheben wollte oder nicht, ob er gebückt oder aufrecht stand. Aber die Schläge waren von allen Zeugen gesehen worden, und der Zustand des Auges bestätigte ihre Darstellung. Und »am Ausgang des Verfahrens interessiert« war einzig und allein der Kronzeuge der Staatsanwaltschaft, der Polizeimeister S., der nicht nur strafrechtliche, sondern wegen des am Auge seines Opfers eingetretenen Dauerschadens auch zivilrechtliche Konsequenzen zu fürchten hatte. Die Unterstellung, daß die von mir benannten Zeugen am Ausgang des Verfahrens interessiert seien, war demgegenüber nichts als eine üble Verdächtigung, die näher zu begründen man bei Kommunisten wohl nicht für nötig hielt. Eine Rechtlosstellung von Kommunisten, die mein Rechtsgefühl verletzte, obwohl ich zu dieser Zeit die antikommunistische Einstellung der an dem Verfahren beteiligten Staatsdiener – von den Richtern bis zu den Polizisten – prinzipiell teilte.

Zur Durchführung einer Beschwerde gegen den Bescheid des Oberstaatsanwalts kam es gleichwohl nicht. Mein Mandant ließ mich wissen, daß er an einer Bestrafung des Polizeimeisters S. nicht mehr interessiert sei. Er hatte in direkter Verhandlung mit der Staatsanwaltschaft erreicht, daß die ihm auferlegte Gefängnisstrafe im Gnadenwege zur Bewährung ausgesetzt wurde. Seine Einschätzung, was ein von der Staatsgewalt mißhandelter Kommunist in unserem Lande erreichen konnte, war wohl realistischer als die seines Anwalts, der noch voller rechtsstaatlicher Ideale steckte.

Nun muß noch von den anderen Angeklagten die Rede sein, die mit Rühmann auf der Anklagebank gesessen hatten. Gegen den Schlosser Karl D., den ein anderer Anwalt verteidigt hatte, wurde ebenfalls eine Freiheitsstrafe von zwei Monaten Gefängnis verhängt. Das Verfahren gegen Becker wurde nach dem Straffreiheitsgesetz von 1954 eingestellt. Die übrigen Angeklagten – der Schlachter Ludwig Grotewold, der Bäcker Teo Stüwe, die Hausfrau Frieda Rosenkranz, die Plätterin Frieda Entelmann und die Arbeiterin Erna Wassermann – wurden freigesprochen. Ihnen hatte schon die Anklage nicht vorwerfen können, daß sie etwas mit der angeblichen Gefangenenbefreiung und den Widerstandshandlungen zu tun hatten. Die Anklagepunkte Teilnahme an Aufruhr und Auflauf (zwei inzwischen aufgehobene Paragraphen des Strafgesetzbuchs) und Landfriedensbruch konnten auch nach Ansicht des Landgerichts nicht zur Verurteilung führen, weil nicht bewiesen war, daß die in der Bischofsnadel angestaute Menschenmenge eine »Zusammenrottung« im Sinne des Gesetzes war und es für den Tatbestand des Auflaufs – die Bestimmung des damaligen § 116 bedrohte den Teilnehmer einer auf einer öffentlichen Straße versammelten Menschenmenge, der sich nach dreimaliger Aufforderung durch den zuständigen Beamten nicht entfernte, mit Strafe – am Nachweis fehlte, daß die dreimalige Aufforderung, sich zu entfernen, tatsächlich gehört werden konnte.*

Diese Freisprüche waren, glaube ich, für meine weitere Anwaltstätigkeit von entscheidender Bedeutung. Denn diese fünf Angeklagten, denen keine Pflichtverteidiger beigeordnet waren, hatten mich am zweiten Verhandlungstag als Wahlverteidiger beauftragt (eine Mehrfachverteidigung war damals noch zulässig). Und so kam es, daß ihre Freisprüche mir gewissermaßen als Verdienst zugerechnet wurden, obwohl ich zugeben muß, daß die gegen diese Angeklagten erhobene Anklage auf so schwachen Füßen stand, daß sie wohl auch ohne mein Engagement freigesprochen worden wären. Aber wie auch immer. Die Sache trug, wenn man so will, zu meinem Ruhme bei. Ich war von einem Tag auf den anderen »der Kommunistenverteidiger« in Bremen geworden. Ein fragwürdiger Ruhm, wie ich bald merken sollte. Denn alle Hoffnungen, auch Klientel aus Kreisen der Bremer Kaufmannschaft zu erwerben, konnte ich, sobald sich meine Verteidigertätigkeit für Kommunisten herumsprach, begraben.

In Otto Kirchheimers Klassiker *Politische Justiz* las ich später:

> Die Beziehungen, die ein Anwalt zu Beginn seiner beruflichen Tätigkeit mit einer bestimmten Kundschaft aufnimmt, können seine gesamte künftige Praxis beeinflussen. (S. 368)

Und auch dies ist in Kirchheimers Buch nachzulesen:

> Der Anwalt mag seine strikt fachmännische Dienstleistung vom politischen Anliegen des Angeklagten noch so sorgsam und umsich-

* Zu Aufruhr, Auflauf und Landfriedensbruch siehe auch die entsprechenden Stichworte im Glossar

tig abgrenzen; das braucht nicht zu hindern, daß in der Öffentlichkeit das eine mit dem anderen gleichgesetzt wird. Bei einer Umfrage der Juristischen Fakultät der Universität Pittsburgh waren 92 Prozent der befragten Studenten der Meinung, daß das Publikum den Anwalt in politischen Strafsachen mit der Schuld des Angeklagten identifiziere; fast 50 Prozent erklärten, sie würden solche Fälle nicht übernehmen, und vier Fünftel dieser Vorsichtigen führten als Grund die Angst vor einer feindseligen öffentlichen Meinung an. (S. 371)

Ich hatte mir meine neue »Kundschaft« nicht ausgesucht. Vielleicht wäre der Bremer Haus- und Grundbesitzerverein, dem ich schon in den ersten Wochen meiner Anwaltstätigkeit eine Fülle von Mandaten verdankte, mein Auftraggeber geblieben. Vielleicht hätte meine Mitgliedschaft in einem Kegelclub, die mir freundschaftliche Beziehungen zu angesehenen Bremer Kaufleuten und Unternehmern einbrachte, auch auf beruflichem Gebiet Früchte getragen. An sich waren das die Leute, die den Stallgeruch des großbürgerlichen Hauses teilten, aus dem ich stammte. Aber die Weichenstellung dieser ersten Pflichtverteidigung sorgte dafür, daß ich mir mein berufliches Betätigungsfeld nicht mehr nach Belieben aussuchen konnte. So bin ich der Anwalt der kleinen Leute, der politisch oder religiös verfemten Minderheiten, der gegen das kapitalistische System und neue Einmischung in Krieg und Völkermord aufbegehrenden Generation geworden. Eine Aufgabe, die ich dann mit zunehmender innerer Beteiligung wahrgenommen habe.

3. Das Goslarer Stahlhelmtreffen von 1955

Als Anfang der fünfziger Jahre die Regierung des CDU-Bundeskanzlers Dr. Konrad Adenauer die (west-)deutsche Wiederbewaffnung auf ihre Fahnen geschrieben hatte, wandelte sich das politische Klima in diesem Lande. Die Generäle und Admirale, die Hitlers verbrecherischen Krieg mitzuverantworten hatten, meldeten sich wieder zu Wort und forderten die Rehabilitierung ihrer von alliierten Militärgerichten als Kriegsverbrecher verurteilten Kameraden. Und beflissen machte sich die Bundesregierung diese Forderung zu eigen und pochte bei ihren westlichen Freunden auf Begnadigungen. Im Kampf gegen ihren einstigen Alliierten, die sozialistische Sowjetunion, besannen sich die Westmächte auf gemeinsame Interessen der kapitalistisch organisierten Staaten und stellten sie über das noch vor kurzem gemeinsam mit ihren Moskauer Alliierten beschworene Prinzip, den Hitler-Faschismus mit Stumpf und Stiel auszurotten. Der kalte Krieg gegen die Sowjetmacht gab Hitlers alter Garde eine neue Chance. Sie wurden als neue Bundesgenossen gegen den neuen Weltfeind gebraucht, eine Rolle, für die sie als traditionelle Antikommunisten bestens geeignet schienen. Ihre antikommunistische Gesinnung ließ ihre Beteiligung an den Massenmorden im Dienste Hitlers verzeihlich erscheinen. Und so öffneten sich aufgrund von Gnadenerlassen der westalliierten Hochkommissare in den fünfziger Jahren die Gefängnistore für alle von ihren Militärgerichten zum Teil zu hohen Freiheitsstrafen verurteilten Kriegsverbrecher.

Einer von denen, die freikamen, war der von einem englischen Militärgericht zum Tode verurteilte, später zu lebenslänglicher Haft begnadigte Generalfeldmarschall Kesselring, einst Befehlshaber einer Heeresgruppe in Italien. Ihm war angelastet worden, für die Erschießung von 335 italienischen Zivilisten in den Ardeatinischen Höhlen bei Rom am 24. 3. 1944 und für weitere 1087 Tötungen italienischer Zivilisten verantwortlich zu sein, unverhältnismäßige und deshalb völkerrechtswidrige

Repressalien für Attentate italienischer Partisanen. Dieser Mann gehörte zu den alten Mitkämpfern Hitlers, die sich jetzt wieder zu Wort meldeten, um den Wehrgedanken im deutschen Volk zu stärken und den Krieg gegen die Sowjetunion, den Hitler verloren hatte, nun doch noch zu gewinnen. Als Bundesführer des Stahlhelm, einer neugegründeten Frontkämpferorganisation mit unheilvoller Tradition, betrat er wieder die politische Bühne und wurde als Sprecher für eine Kundgebung angekündigt, die am 11. Juni 1955 in Goslar stattfinden sollte.

Der Deutsche Gewerkschaftsbund rief zu einer Gegenkundgebung auf, die am gleichen Tage in Bad Harzburg veranstaltet werden sollte. Einige der Busse, die an diesem Tage nach Bad Harzburg fahren sollten, landeten jedoch in Goslar, so daß sich dort eine von der Presse auf etwa 2000 Personen geschätzte Menge von Gegendemonstranten einfand, die den Protest gegen das Stahlhelmtreffen vor Ort trugen. Unter den Gewerkschaftern, die in Goslar gegen das Auftreten des Herrn Kesselring und seines Stahlhelm protestierten, gehörten der Elektriker Herbert Krebs, der Tischler Heinrich Stelljes und der Motorenschlosser Hans-Albertus Müller. Ein politisches Engagement, das ihnen ein Strafverfahren eintragen sollte, für das sie mich als Verteidiger beauftragten.

Die Anklageschrift warf ihnen vor, »in der Absicht, nicht verbotene Versammlungen oder Aufzüge zu verhindern oder zu sprengen oder ihre Durchführung zu vereiteln, grobe Störungen verursacht zu haben« (Vergehen nach § 21 des Versammlungsgesetzes vom 24. 7. 1953), Krebs und Stelljes außerdem, »einem Beamten, welcher zur Vollstreckung von Gesetzen, von Befehlen und Anordnungen berufen ist, in der rechtmäßigen Ausübung seines Amtes durch Gewalt Widerstand geleistet zu haben« (Widerstand gegen die Staatsgewalt, § 113 StGB), weiter Stelljes und Müller, »andere öffentlich beleidigt zu haben« (§ 185 StGB). Sie hätten, so hieß es in der Anklageschrift, »mit Schmähreden gegen die Veranstalter und die die Veranstaltung schützende Polizei die Bevölkerung zur Versammlungssprengung aufgewiegelt«, Krebs und Stelljes bei ihrer Festnahme um sich geschlagen oder versucht, sich loszureißen, Stelljes und Müller die polizeiliche Maßnahme der Platzräumung mit Pfui-Rufen begleitet, Müller außerdem geschrien: »Pfui, pfui, ihr Knechte – Deutsche gegen Deutsche!«

Die Angeklagten beriefen sich vor Gericht auf ihre pazifistische Einstellung und ihr Recht auf freie Meinungsäußerung.

Sie gehörten den Jahrgängen 1925 bis 1928 an, einer Generation also, die den Krieg noch als furchtbare Realität am eigenen Leibe erfahren hatte.

Krebs hatte einen Bruder verloren, der mit einem U-Boot untergegangen war. Sein Schwiegervater war in amerikanischer Kriegsgefangenschaft gestorben. Krebs selbst war seit dem 1. 5. 1944 Soldat gewesen und an der Westfront eingesetzt worden. Er berichtete, daß von zwei Kompanien, die eine Gesamtstärke von 700 Mann hatten, nur dreißig übriggeblieben sind. Er war aus englischer Kriegsgefangenschaft im August 1945 entlassen worden.

Stelljes, der jüngste der Angeklagten, berichtete, daß sein Vater im Krieg eingezogen wurde, obwohl er zehn Kinder zu versorgen hatte. Er kam mit einer Gasvergiftung zurück. Ein Bruder ist im Osten gefallen, drei Brüder wurden verwundet, einer davon schwer. Er selbst sei nicht mehr zum Kriegseinsatz gekommen.

Müller war 1943 Soldat geworden, als Pionier in Rußland eingesetzt (vor Leningrad und im Mittelabschnitt bei Witebsk), hatte den Rückzug nach Ostpreußen miterlebt und mußte Weihnachten 1944 bei der Ardennen-Offensive mitmachen, jenem letzten, verzweifelten Versuch Hitlers, das Kriegsglück zu wenden, der noch unzählige junge Menschen auf beiden Seiten das Leben gekostet hat. Er war in amerikanischer Gefangenschaft bis Juni 1946.

Ein paar Stichworte, um das politische Bewußtsein der von mir verteidigten Männer verständlich zu machen, die in dem Goslarer Stahlhelmtreffen und dem Auftreten des Herrn Kesselring eine ungeheure Provokation und eine Gefahr für die weitere politische Entwicklung in der Bundesrepublik sahen, der jeder, der aus der Vergangenheit gelernt hatte, entgegentreten mußte.

Sie waren mit dieser Einschätzung nicht allein. Die Gewerkschaftszeitung *Welt der Arbeit* hatte am Tage vor dem Goslarer Spektakel geschrieben:

Der Stahlhelm hat es für notwendig gehalten – und Bundes-, Landes- und städtische Behörden haben ihn dabei unterstützt –, ein Bundestreffen in Goslar durchzuführen. »Der Arbeitgeber«, Zeitschrift der Bundesvereinigung Deutscher Arbeitgeberverbände, hat es für notwendig gehalten, die gewerkschaftlichen Proteste gegen diese Aktion in eine Reihe mit der Propaganda der SED gegen die Bundesrepublik zu stellen ... Der »Stahlhelm, Bund der Frontsoldaten«, hat in der Republik von Weimar eine verhängnisvolle Rolle gespielt.

Hakenkreuz im Orden, schwarz-weiß-rot das Band

Die *Münchner Illustrierte* vom 25. Juni 1955 brachte einen Bildbericht.

Das Blatt verwies darauf, daß der Stahlhelm einer der Hauptträger jener Harzburger Front war, in der sich 1932 die Konservativen aller Schattierungen mit den Nationalsozialisten zum Sturz der Republik zusammentaten.

In *Metall*, der Zeitung der IG Metall, war am 8. Juni 1954 zu lesen, daß der Vorstand dieser Gewerkschaft das bevorstehende Stahlhelmtreffen als »eine Provokation aller demokratischen und friedliebenden Menschen« bezeichnet habe. Der Stahlhelm sei schon einmal mitschuldig geworden am Zusammenbruch unseres demokratischen Staates.

Es ist eine wichtige Aufgabe der Gewerkschaften, zu verhindern, daß die Feinde der Demokratie wieder den demokratischen Staat von innen aushöhlen.

Was dann am 11. Juni 1955 in Goslar geschah, las sich im dpa-Bericht (hier wiedergegeben nach *Hamburger Morgenpost* vom 13. 6. 1955) so:

Zu Tumulten und Zwischenfällen kam es am Sonnabend bei dem Bundestreffen des »Stahlhelm« in der alten Kaiserstadt Goslar, wobei über 20 Demonstranten von der Polizei verhaftet wurden ... Gegenüber dem alten Gebäude der Kaiserpfalz in Goslar hatten sich etwa 2000 Jugendliche aufgestellt, die jede anmarschierende Stahlhelmgruppe und Fahne mit lautem Pfeifen empfingen und in Sprechchören »Faschisten raus, Kesselring raus« und ähnliches riefen.

Hakenkreuz im Orden . . .

„Dem Sehnsuchtsziel des ganzen Volkes gilt unsere Arbeit" - so sagen sie

Erst nachdem die Demonstranten in Seitenstraßen abgedrängt wurden, konnte die Kundgebung ohne neuen Zwischenfall fortgesetzt werden.

Im Urteil des Landgerichts Bremen vom 19. 3. 1956, das als Berufungsinstanz mit drei Berufsrichtern und zwei Schöffen (einem Sozialgerichtsinspektor und einem Studienrat) tätig wurde und die Angeklagten wegen Vergehens gegen § 21 des Versammlungsgesetzes zu Geldstrafen von 100 DM (Krebs) und 60 DM (Stelljes) beziehungsweise wegen Beleidigung zu einer Geldstrafe von 140 DM (Müller) verurteilte, liest sich die Sache so:

Als die Kundgebungsteilnehmer sich versammelten, begann ein anhaltendes Johlen und Schreien unter der Menschenmenge.

Der Angeklagte (Krebs) schrie mit. Als Kesselring auf dem Versammlungsplatz eintraf, bildeten sich Sprechchöre, die laut und anhaltend den Ruf »Kesselring raus« ausbrachten. Der Angeklagte Krebs beteiligte sich an diesen Sprechchören und schrie wiederholt »Kesselring raus«.

Um auch die subjektiven Voraussetzungen einer Strafbarkeit festzustellen, heißt es bezüglich Krebs und Stelljes lapidar, sie hätten gewußt, »daß es nicht zulässig ist, solche Kundgebungen zu stören«.

Die Juristen, die dieses Urteil formulierten, hatten sicher nicht den leisesten Zweifel, daß sie damit Recht sprachen. Das Grundrecht der freien Meinungsäußerung und der Versammlungsfreiheit, die Demonstrationsfreiheit, die auch den als Gegendemonstranten versammelten Gewerkschaftern zustand, kommt in dem Urteil nicht vor. Alles, was die Verteidigung zu dieser verfassungsrechtlichen Seite der Sache gesagt hatte, war den tauben Ohren von Richtern und Schöffen gepredigt, für die mit der polizeilichen Entscheidung für die Versammlungsfreiheit des Stahlhelm und gegen die Versammlungsfreiheit der Gewerkschafter alles klar war.

Was den Angeklagten Müller anging, so konnte das Landgericht nicht feststellen, daß er sich an den Sprechchören auf dem Versammlungsplatz beteiligt hatte, und sprach ihn vom Vorwurf der Versammlungsstörung frei. Aber es glaubte dem als Zeugen vernommenen Polizeiwachtmeister L., daß es Müller gewesen sei, der den Polizeibeamten zugerufen habe: »Adenauerknechte!«, »Pfui, Deutsche gegen Deutsche!«, obwohl der Angeklagte dies nachdrücklich bestritt. Das Gericht ließ sich bei dieser Beweiswürdigung auch nicht durch die Tatsache irritieren, daß L. die angeblichen Ausrufe Müllers früher anders gehört haben wollte (»Pfui, pfui, ihr Knechte!«) und dies so in erster Instanz vor dem Schöffengericht beeidigt hatte.

Und es störte auch nicht weiter, daß der Polizeibeamte L. es für richtig gehalten hatte, Müller mit dem Gummiknüppel zu schlagen. In L.s Polizeideutsch hieß das: »unter Anwendung des Gummiknüppels festgenommen«. Er hatte dies früher mit der Behauptung gerechtfertigt, Müller sei nicht freiwillig mitgekommen. Davon war später nicht mehr die Rede. Und es war auch sicher nicht das angemessene Mittel, um einen Menschen zum Mitkommen zu veranlassen.

»In was für einem Staat leben wir eigentlich?« sagte einer der Angeklagten nach dem Urteil. Da wird eine Veranstaltung dieser neo-militaristischen Organisation und das öffentliche Auftreten eines als Kriegsverbrecher verurteilten Generalfeldmarschalls der Hitler-Armee polizeilich geschützt, während demokratisch gesinnte Gewerkschafter, die gegen diesen Spuk protestieren, polizeilich verprügelt und von der Justiz wegen Versammlungsstörung und Beleidigung der Polizei verurteilt werden. Die drei Angeklagten und ihr Verteidiger verließen den Gerichtssaal mit dem Gefühl, daß in diesem Staat, der nach seiner Verfassung und den Sonntagsreden seiner Politiker eine freiheitliche Demokratie sein und den Hitler-Faschismus hinter sich gelassen haben soll, etwas nicht in Ordnung ist.

4. Der Düsseldorfer Friedenskomitee-Prozeß (1959/60)

Am 10. November 1959 begann vor einer Sonderstrafkammer des Landgerichts Düsseldorf der Prozeß gegen führende Mitglieder des Friedenskomitees der Bundesrepublik Deutschland. Ich war der jüngste von fünf Verteidigern in dem größten politischen Strafprozeß, den die Bundesrepublik bis dahin erlebt hatte. An 56 Verhandlungstagen spielte sich, von der westdeutschen Medienöffentlichkeit kaum beachtet, ein Verfahren ab, bei dem es aus der Sicht der Anklage darum ging, die Expansion des Kommunismus unter dem Deckmantel der Friedensbewegung zu verhindern, aus der Sicht der Verteidigung aber um den Versuch, die Opposition gegen eine friedensgefährdende Regierungspolitik durch politische Diffamierung und Kriminalisierung auszuschalten.

Den Angeklagten wurde in der Anklageschrift des Generalbundesanwalts vorgeworfen, sich als Rädelsführer in einer verfassungsfeindlichen Organisation betätigt zu haben (damaliger § 90a StGB*). Außerdem wurde das Friedenskomitee als Geheimbund (damaliger § 128*) und als kriminelle Vereinigung (§ 129*) qualifiziert. Eine Anklage, die in der Bundesrepublik nicht weiter auffiel, weil sie ins Bild einer von sogenannten »kommunistischen Tarnorganisationen« wimmelnden politischen Öffentlichkeit paßte, die aber im Ausland Aufsehen erregte, weil das Friedenskomitee Teil einer Weltfriedensbewegung war, die außer im faschistischen Spanien des General Franco nur in der Bundesrepublik Deutschland mit den Mitteln des Strafrechts als angeblich kommunistisch gesteuert verfolgt und unterdrückt wurde.

Die Anklage richtete sich gegen sieben Persönlichkeiten, die aus unterschiedlichen ideologischen Richtungen zur Friedensbewegung gestoßen waren, die sich aber in einem für die politisch-juristische Bewertung wichtigen Punkt einig waren: wer den Frieden will, darf sich nicht scheuen, mit Kommunisten an einem Tisch zu sitzen. Das aber war auf dem Höhepunkt des

* siehe Glossar

Die Angeklagten des Düsseldorfer Friedenskomitee-Prozesses vor dem Gerichtsgebäude. Von links nach rechts: Pastor Johannes Oberhof, Verlagsleiter Gerhard Wohlrath, Diplom-Dolmetscher Walter Diehl, Pfarrer und Staatsrat a. D. Erwin Eckert, Industriearbeiter Gustav Thiefes und Versicherungsangestellter Erich Kompalla.

kalten Krieges verpönt. Mit Kommunisten wird nicht verhandelt, das war das Grundprinzip Adenauerscher Politik, gegen das sich die Angeklagten versündigt hatten. Da waren angeklagt:

1. der Pastor Johannes Oberhof aus Bremen, Jahrgang 1905, parteilos;

2. der frühere Pfarrer Erwin Eckert, Jahrgang 1893, SPD-Mitglied von 1911 bis 1931, seitdem Mitglied der KPD;

3. der Diplom-Dolmetscher Walter Diehl, Jahrgang 1927, SPD-Mitglied von 1948 bis 1950, seitdem parteilos;

4. der Verlagsleiter Gerhard Wohlrath, Jahrgang 1907, Mitglied der KPD seit 1928;

5. der Industriearbeiter Gustav Thiefes, Jahrgang 1921, Mitglied der KPD seit 1951;

6. der Versicherungsangestellte Erich Kompalla, Jahrgang 1921, Mitglied der KPD von 1948 bis 1954;

7. die frühere SPD-Stadträtin Edith Hoereth-Menge, Jahrgang 1888 (das gegen sie gerichtete Verfahren wurde wegen schwerer Erkrankung eingestellt).

Die Anklageschrift verzichtete darauf, in der sonst üblichen Weise die Lebensläufe und persönlichen Verhältnisse der Angeklagten darzustellen. Alles, was man über sie erfährt, steht auf den Seiten 175 ff. der Anklageschrift unter der Überschrift »Betätigung der Angeschuldigten«. Der Absatz über Oberhof beginnt:

Der Angeschuldigte Oberhof ist seit Jahren durch staatsfeindliche Tätigkeit in Erscheinung getreten.

Eine Wertung, die schon durch ihr widerliches Polizeideutsch (»in Erscheinung getreten«) auffällt und Opposition gegen die Remilitarisierungspolitik der Regierung Adenauer kurzerhand als »staatsfeindliche Tätigkeit« definiert.

Die ehemalige SPD-Stadträtin Edith Hoereth-Menge wird so eingeführt:

Auch die Angeschuldigte Edith Hoereth-Menge ist durch ausgedehnte staatsfeindliche Tätigkeit seit langem bekannt.

Und dann folgen jeweils die Daten von Reden und Veröffentlichungen der Angeklagten im Rahmen der Friedensbewegung, die damit von vornherein als »staatsfeindlich« und kriminell gekennzeichnet ist.

Hinsichtlich Walter Diehl, der als aktiver Christ zur Friedensbewegung gekommen war, sah der Appell der Anklage an antikommunistische Vorurteile so aus:

Der Angeschuldigte Diehl gehört zu den maßgeblichen Funktionären der kommunistischen Friedensbewegung.

Damit war die Friedensbewegung schon in der Anklage kurzerhand zur »kommunistischen Friedensbewegung« erklärt.

Zu Eckert, der nun wirklich Kommunist war, teilt die Anklageschrift mit, daß er »Mitglied der KPD war und für diese auch dem Landtag von Baden-Württemberg angehörte«. Nichts von der bewegenden Lebensgeschichte dieses mutigen und prinzipientreuen Mannes, der, nach seinen Worten, »völlig vernichtet« aus dem Ersten Weltkrieg zurückgekommen war, »im Innersten bedrückt, daß ich das alles mitgemacht hatte«, der dann aktiver Friedenskämpfer wurde, sowohl in seinem Beruf als Pfarrer in Meersburg und Mannheim als auch im »Bund religiöser Sozialisten« und in der SPD, und noch vor 1933 gegen den Hitler-Faschismus kämpfte und vor neuer Kriegsgefahr warnte. Die Nazi-Justiz verurteilte ihn wegen Vorbereitung zum Hochverrat zu drei Jahren und acht Monaten Zuchthaus. Nach dem Zweiten Weltkrieg, nunmehr Mitglied der KPD, wurde er Staatsrat in der ersten südbadischen Regierung und Staatskommissar für Wiederaufbau. Als er sich

1949 in Mannheim zur Oberbürgermeisterwahl stellte, konnte er – als Kommunist! – immerhin 35 % der Stimmen auf sich vereinen. Eckert war zeitlebens ein unbequemer Mann, ein unabhängiger Kopf, mit dem auch seine eigene Partei, die KPD, ihre Schwierigkeiten hatte; sie beanstandete bei ihm eine »Verneinung der führenden Rolle der Partei« und »mangelnde Linientreue«.

Auf der Verteidigerbank sah ich mich neben Anwaltskollegen, die in politischen Prozessen über langjährige Erfahrung verfügten. Dr. Walther Ammann, Heidelberg, und Dr. Diether Posser, Essen, hatten in mehreren Kommunistenprozessen vor dem Bundesgerichtshof in erster und einziger Instanz verteidigt und waren die Initiatoren des alljährlich in Frankfurt am Main tagenden »Initiativausschusses für die Amnestie und der Verteidiger in politischen Strafsachen«. Posser, der seine Anwaltspraxis zusammen mit Dr. Dr. Gustav Heinemann, dem früheren Bundesinnenminister und nachmaligen Bundespräsidenten, betrieb, wurde später Minister der nordrhein-westfälischen Landesregierung. Prof. Dr. Friedrich Karl Kaul, als Autor vieler Bücher und Fernsehsendungen (»Fragen Sie Professor Kaul«) in der DDR populär und geachtet, in der Bundesrepublik als »SED-Anwalt« und »Staranwalt der DDR« in bestimmten Kreisen gehaßt wie der Teufel, stellte ein ganzes Büro auf die Beine, das in einem Düsseldorfer Hotel residierte und uns bei der Ausarbeitung von Beweisanträgen und anderen Prozeßmaterialien unterstützte. Und nicht zuletzt Denis Nowell Pritt, britischer Kronanwalt, Jahrgang 1887, international berühmt vor allem durch seine Rolle als Vorsitzender des Reichstagsbrandgegenprozesses 1933 in London, gab dem Düsseldorfer Prozeß auch auf der Verteidigerbank ein internationales Gepräge. Von ihm stammte die klassische Antwort auf die gegen Ende der Hauptverhandlung gestellte Frage eines Journalisten, welches Urteil er erwarte: »Ich denke, das Urteil vom 10. November 1959« (der Tag des Prozeßbeginns). Das war die feine englische Art, über die politischen Vorurteile der Richter zu sprechen. Und in der Tat hatte die Verteidigung in diesem Verfahren, wie sich zeigen sollte, nicht die geringste Chance, einen Beitrag zur Wahrheitsfindung zu leisten und in den Köpfen der Richter und Schöffen irgendetwas zu verändern.

Die Anklage des Generalbundesanwalts – sie wurde vor dem Landgericht Düsseldorf, an das der Bundesgerichtshof die Sache abgegeben hatte, von der örtlichen Staatsanwaltschaft ver-

Der britische Kronanwalt D. N. Pritt begrüßt die Angeklagten. Links stehend: Erwin Eckert und Walter Diehl.

treten – folgerte die angebliche Verfassungsfeindlichkeit der Ziele und der Tätigkeit des Friedenskomitees aus Schriften und Reden seiner Mitglieder, deren Inhalt als »systematische Verächtlichmachung der Bundesregierung« und anderer »führender Persönlichkeiten« bezeichnet wurde. Um daraus ein »verfassungsfeindliches« Verhalten zu machen, wurde den Autoren dieser Veröffentlichungen eine verfassungsfeindliche Absicht unterstellt. Ihnen sei es nur zum Schein um den Frieden, in Wirklichkeit aber um die Umwandlung der Bundesrepublik in eine »Volksdemokratie« gegangen. Eine zentrale Behauptung der Anklage, für die sie den Beweis aus der »Gesamttendenz« der Veröffentlichungen des Friedenskomitees und der auf seinen Veranstaltungen gehaltenen Referaten und Ansprachen herleiten wollte.

Die Verteidigung bestritt die verfassungsfeindliche Zielsetzung des Friedenskomitees und machte darauf aufmerksam, daß es in einer Demokratie das legitime Anliegen der Opposition ist, »das Vertrauen der Bevölkerung zur Regierung zu untergraben« – so einer der Vorwürfe der Staatsanwaltschaft – und daß hierzu im Hinblick auf die Rüstungspolitik der Regierung Adenauer auch aller Anlaß bestanden habe. Das prozessuale Konzept der Verteidigung bestehe darin, daß sie

die von der Anklage selbst angeführten einzelnen Stellungnahmen des Friedenskomitees bzw. der Angeklagten aufgreift und nachweist, daß jede dieser einzelnen Stellungnahmen von gegebenen Tatsachen ausgeht, auf einer sachlich zutreffenden Beurteilung dieser Tatsachen beruht und nicht gegen die Bundesrepublik als Staat oder gegen ihre verfassungsmäßige Ordnung, sondern ausschließlich gegen eine bestimmte, von der derzeitigen Bundesregierung betriebene Politik gerichtet ist. Wenn dies nämlich für jede einzelne Stellungnahme bewiesen wird, dann ist der Anklagevorwurf widerlegt, die einzelnen Stellungnahmen hätten in ihrer »gesamten Tendenz« einen verfassungswidrigen Charakter gehabt. Die Summe verfassungsmäßiger, sachlich wie politisch berechtigter Stellungnahmen kann niemals eine verfassungswidrige Gesamttendenz sein.

Am zehnten Verhandlungstag hatte sich zwischen einem der Angeklagten und einem der beisitzenden Richter ein Dialog ergeben, der uns Hoffnung machte, es werde wirklich zu einer Beweisaufnahme über die sachliche Berechtigung der Veröffentlichungen des Friedenskomitees kommen. Walter Diehl hatte über die zeitgeschichtlichen Hintergründe eines von der Staatsanwaltschaft eingeführten Dokuments der Friedensbewegung gesprochen und betont:

Niemand, der sich um die Feststellung der Wahrheit bemüht, kann an den historischen Tatsachen, wie sie damals lagen, vorübergehen. Und ich glaube, daß es auch Aufgabe des Gerichts ist, diese historischen Tatsachen zu prüfen.

Darauf unterbrach ihn Richter Köhler, ein Richter, für den das Gebiet der politischen Strafjustiz seinerzeit noch Neuland war, und sagte:

Sie sprechen von geschichtlichen Tatsachen. Das waren Ihre Ansichten über die historische Entwicklung. Ich wollte nur darauf hinweisen: für historische Tatsachen brauchen wir natürlich Beweise.

Als dann die Verteidigung, beginnend mit dem 23. Verhandlungstag, umfangreiche Urkundenbeweisanträge vorlegte, war das Interesse des Gerichts an einer Aufklärung der historischen Tatsachen geschwunden. Dem ersten Antrag wurde zwar noch entsprochen und mit der Verlesung der Urkunden begonnen. Als dann weitere Anträge folgten – insgesamt wurden es 20 Beweisanträge –, lehnte das Gericht eine Verlesung fast durchweg ab. Diese Wende wurde eingeleitet durch eine Stellungnahme der Staatsanwaltschaft. Während sie dem ersten Antrag der Verteidigung noch vorbehaltlos zugestimmt hatte, äußerte sie nunmehr, die beantragte Verlesung der vorgelegten

Dokumente stelle »einen Mißbrauch des Strafverfahrens zum Zwecke des politischen Kampfes« dar.

Für die Verfasser der Anklage war alles, was das Friedenskomitee über eine von der Politik der deutschen Bundesregierung und ihrer amerikanischen Verbündeten geförderte Kriegsgefahr publiziert hatte, einem Phantom gewidmet. Kriegsgefahr ging für sie einzig und allein von der Sowjetunion aus, die von Adenauer zum »Todfeind« erklärt worden war, eine Einschätzung, die von den fünf Herren, drei Berufsrichtern und zwei Schöffen, die hinter dem Richtertisch saßen, mit Emphase geteilt wurde. Es war schon nach den ersten Eindrücken, die wir von der Richterbank gewannen, eigentlich sinnlos, diesem in seinen politischen Ansichten festgelegten Gremium erläutern zu wollen, welche konkreten Anlässe zu ernster Sorge die Weltfriedensbewegung und ihr 1949 gegründeter deutscher Zweig, das Friedenskomitee, angesichts der gegen die Sowjetunion gerichteten Rüstungspolitik gehabt hatte. Da war nicht die Spur von Aufgeschlossenheit für die umfassende Informationsstrategie, die wir Verteidiger und unsere Mandanten vor diesen fünf zufälligen Repräsentanten des »Volkes« entwickelten, sondern nur Abwehr und Feindseligkeit, die den vermeintlichen Abgesandten des Todfeindes galt.

Nicht wir, sondern die Anklage hatte den politischen Kampf in den Gerichtssaal getragen, wenn sie die verfassungsfeindliche Zielsetzung des Friedenskomitees mit Zitaten aus seinen Veröffentlichungen belegen wollte, die sie als »systematischen Hetzfeldzug« gegen den Bundeskanzler (Adenauer) und andere »maßgebliche Politiker« bewertete. Sobald wir nun aber anfingen, diese Bewertung zu entkräften, indem wir Beweise dafür anboten, daß alle Publikationen des Friedenskomitees sich auf konkrete Sachverhalte bezogen, die auch von anderer Seite in vergleichbarer Weise kritisiert worden waren, dann hieß es plötzlich, daß wir eine Beweisaufnahme über politische Thesen und Werturteile erzwingen wollten, die nichts mit dem Anklagevorwurf zu tun hätten. Wir befanden uns, obwohl laut Kalender im Jahr 1960, plötzlich in einer Situation, die einer der Verteidiger, nämlich der Kollege Dr. Ammann, schon als Verteidiger vor nationalsozialistischen Sondergerichten kennengelernt hatte. Damals hatte das Heimtückegesetz von 1934 »gehässige, hetzerische oder von niedriger Gesinnung zeugende Äußerungen über leitende Persönlichkeiten des Staates oder der NSDAP«, die geeignet waren, »das Vertrauen des

Volkes zur politischen Führung zu untergraben« mit Strafe bedroht. Auch damals gab es keine Chance, den Wahrheitsgehalt der angeklagten Äußerungen als Argument der Verteidigung einzubringen. Ammann und Posser haben an diese Parallelität erinnert, freilich ohne damit selbstkritische Besinnung bei den in Düsseldorf amtierenden Richtern und Staatsanwälten auszulösen. Sie wußten, daß sie bei dem für politische Strafsachen zuständigen Strafsenat des BGH Rückendeckung finden würden, der die Untergrabungstheorie schon wiederholt auf »kommunistische Tarnorganisationen« angewendet hatte.

Ebenso sicher waren sie ihrer Sache, wenn sie fast alle Beweisanträge der Verteidigung ablehnten, mit denen wir die historischen Tatsachen ins Bewußtsein der Richter heben wollten, auf die sich die inkriminierten Publikationen des Friedenskomitees und der Angeklagten bezogen.

Das Gericht interessierte sich nicht für unsere mit vielen Urkunden belegte Beweisbehauptung, daß die Wiederaufrüstung der Bundesrepublik durch einen selbständigen Schritt des Bundeskanzlers Dr. Adenauer eingeleitet wurde, der im Widerspruch zu öffentlichen Erklärungen des Bundeskanzlers stand und gegenüber der Öffentlichkeit jahrelang verschleiert worden ist. Es interessierte sich nicht für Beweismittel, aus denen sich die Unwahrheit der für die angebliche Notwendigkeit der Wiederaufrüstung vorgebrachten Behauptungen ergab. Noch heute liest man in gängigen Geschichtswerken die damals von den Interessenten der Aufrüstung in die Welt gesetzte Lüge, daß der im Juni 1950 ausgebrochene Krieg in Korea mit einem Eindringen nordkoreanischer (kommunistischer) Truppen in das friedliche Südkorea begonnen habe, eine Geschichtsfälschung, die als Beweis für die angebliche militärische Aggressivität der Sowjetunion und ihrer Satelliten herhalten mußte und bei der Beratung des 1. Strafrechtsänderungsgesetzes von 1951, mit dem die bundesrepublikanische Kommunistenverfolgung begann, argumentativ ausgeschlachtet wurde. Noch im Januar 1958, als Adenauers CDU Atomwaffen für die Bundeswehr wollte, wurde das Korea-Märchen aufgewärmt, worauf Gustav Heinemann als Sprecher der SPD im Bundestag sagte: »Die Koreageschichte sieht anders aus, als sie damals erzählt wurde.« Wie es wirklich war, konnte man in Heinz Kraschutzkis 1957 erschienenem Buch *Die verborgene Geschichte des Korea-Krieges* und in neuerer Zeit in dem Taschenbuch *Südkorea. Kein Land für friedliche Spiele* (1988) nachlesen. Es stand aber auch schon in unserem Beweisantrag Nr. 3, einem der zwanzig Beweisanträge, deren Beweismittel das Düsseldorfer Gericht nicht zur Kenntnis nehmen wollte, obwohl es sich um sogenannte präsente Beweismittel handelte, die nach der damaligen Fassung des § 245 StPO nur ganz ausnahmsweise, nämlich im Falle der Verschleppungsabsicht oder der Verfahrensfremdheit, abgelehnt werden durften.

Zur Ablehnung des Korea-Beweisantrages habe ich später (in meiner Revisionsbegründung) ausgeführt:

Mit den im Beweisantrag 3) benannten und vorgelegten Urkunden, deren Verlesung das Gericht abgelehnt hat, sollte die Legende zerstört werden, daß der Korea-Krieg ein Beweis für die kommunistische Aggressionsgefahr sei. Zu den Dogmen des kalten Krieges, mit denen wir alle seit Jahren leben, gehört in erster Linie die These von der Aggressionsgefahr aus dem Osten. Sie wird tagtäglich straflos gepflegt. Ob man ihr noch straflos entgegentreten darf, wird der Ausgang dieses Verfahrens zeigen.

Am 36. Verhandlungstag (9. 2. 1960) lehnte das Gericht Beweisanträge der Verteidigung mit folgender Begründung ab:

... Soweit die Angeklagten sich darauf berufen, daß die in den Urkunden niedergelegten politischen Einschätzungen teilweise denjenigen ähnlich sind, die das Westdeutsche Friedenskomitee oder einzelne Angeklagte vertreten hätten, liegt diese Tatsache völlig neben der Sache.

In verfassungstreuer Absicht geäußerte politische Werturteile sind strafrechtlich wertneutral.

Damit hatte das Gericht die Katze aus dem Sack gelassen. Es glaubte schon zu wissen, was es eigentlich erst ermitteln sollte. Ich sagte in meiner Stellungnahme (laut stenographischer Mitschrift durch einen von der Verteidigung beauftragten Stenographen):

In der Begründung des heutigen Beschlusses wird davon gesprochen, daß politische Äußerungen in verfassungstreuer Absicht strafrechtlich wertneutral seien. Dieser Satz lautet in seiner Umkehrung, daß die Absichten der Angeklagten als verfassungsfeindlich angesehen werden.

Auch den Vorwurf des Gesinnungsstrafrechts mußte das Gericht sich anhören. Oder wie Posser es ausdrückte:

Es kommt überhaupt nicht darauf an, ob eine Äußerung wahr ist oder ob sie nicht wahr ist, sondern entscheidend ist nur, *wer* sie gemacht hat.

Die angeblich verfassungsfeindliche Absicht der Angeklagten müsse anhand von Tatsachen festgestellt werden, und die erste Feststellung, die der Wahrheitsfindung diene, sei doch die, ob die Erklärungen des Friedenskomitees und der Angeklagten wahr gewesen seien oder nicht. Posser:

Wenn nämlich wahr ist, daß z. B. die Regierung der Bundesrepublik Deutschland sich während der ersten Legislaturperiode bemüht hat, die Wiederaufrüstung gegen die geschriebene Verfassung durchzudrücken, und damit nach Ansicht vieler Leute Verfassungsbruch getrieben hat, dann kann man nicht sagen, daß die Behauptungen (des Friedenskomitees) in dieser Richtung ein »systematischer Hetzfeldzug« seien.

Das gleiche müsse gelten,

... wenn es wahr ist, daß der Herr Bundeskanzler (Adenauer) vor dem Bundestag und auch sonst in der Öffentlichkeit über den Inhalt der sowjetischen Deutschland-Noten beispielsweise Erklärungen abgegeben hat, die in allen Punkten erweislich unwahr sind.

Die Wahrheit dieser und anderer dem Friedenskomitee als Teil seiner »kommunistischen Wühlarbeit« vorgeworfenen Tatsachenbehauptungen wollte das Gericht nicht hören. Unbeeindruckt von Argumenten und Protesten der Verteidiger setzte es seine Strategie fort, jede Beweiserhebung über die Fragwürdigkeiten der Adenauerschen Politik und die seiner amerikanischen Verbündeten abzuschneiden und damit der Verteidigung die Basis zu entziehen, die den angeblichen Hetzfeldzug des Friedenskomitees als verfassungsmäßige Opposition gegen eine friedensgefährdende Regierungspolitik definiert sehen wollte. So lehnte das Gericht am 41. Verhandlungstag (22. 2. 1960) weitere Beweisanträge der Verteidigung ab, die zum Gegenstand hatten, daß die Bundesregierung die Grundsätze der friedlichen Koexistenz ablehne und maßgebliche Kreise der Bundesrepublik mit der Remilitarisierung und atomaren Rüstung einer friedlichen Koexistenz widersprechende Ziele verfolgten. Diesmal verstieg sich das Gericht in der Begründung seines Beschlusses zu der Behauptung, es sei *offenkundig*, daß die Bundesregierung die Grundsätze der friedlichen Koexistenz *nicht* ablehne. Die beantragte Beweiserhebung sei daher überflüssig.

Posser – sonst ein Mann der maßvollen Rede – steigerte sich in seinem Zorn über die Beweisverweigerung des Gerichts zu der Bemerkung, wenn man alle unsere Beweisanträge ablehne, fände er es ehrlicher, die Angeklagten durch Verwaltungsakt ins Konzentrationslager einzuweisen, statt uns Verteidiger als rechtsstaatliches Dekor zu mißbrauchen. Wie wenig es in diesem Verfahren auf exakte Beweise ankam, hatte sich schon bei der polizeilichen Beschlagnahme des Archivs des Friedenskomitees gezeigt. Man hatte diese in jahrelanger Arbeit gesammelten und archivierten Dokumente einfach durchs Fenster auf die Straße geworfen. Ich werde nie vergessen, wie Walter Diehl die Stimme versagte, als er darüber berichtete.

Wir zwangen dem Gericht die Vernehmung von fast fünfzig Zeugen auf, indem wir ihnen vor der Tür des Gerichtssaals durch einen Gerichtsvollzieher eine Ladung in die Hand drücken ließen und sie dadurch zu »präsenten Beweismitteln« im Sinne des Gesetzes machten, die nach der damaligen Fassung des Gesetzes auch gegen den Willen des Gerichts vernommen werden mußten. Es handelte sich durchweg um Zeugen, deren verfassungstreue Gesinnung selbst von der Anklagebehörde nicht bezweifelt werden konnte, Persönlichkeiten aus dem In- und Ausland, die entweder selbst der Weltfriedensbewegung angehörten oder mit ihr oder einzelnen ihrer Mitglieder, insbesondere den Angeklagten, in Berührung gekommen waren und über die Ziele der Bewegung und ihre Aktivitäten Auskunft geben konnten. Darunter der spätere Bundespräsident Dr. Gustav Heinemann, Kirchenpräsident Dr. Martin Niemöller und andere durch ihre Opposition gegen die internationale Rüstungsmafia bekannt gewordene Politiker und Theologen, Parlamentsabgeordnete, Bischöfe, Professoren, Journalisten, Gesandte, Juristen, Ärzte, Künstler, Staats- und Kommunalbeamte aus aller Welt.

Sie alle betonten, daß es bei den Veranstaltungen der Weltfriedensbewegung, an denen die Angeklagten als deutsche Vertreter teilgenommen hatten, um die Beseitigung der Kriegsursachen, insbesondere auch um die Verhinderung der deutschen

Wiederaufrüstung, gegangen sei, nicht aber um die kommunistische Weltrevolution oder – so die auf die kleinkarierte Begriffswelt deutscher Staatsanwälte zurückgestutzte Fragestellung – um die Übertragung der Verhältnisse in der DDR auf die Bundesrepublik.

Wir Verteidiger nutzten die Gelegenheit, Zeugen, die in der Zeit, auf die sich die Anklage bezog, im politischen Raum eine Rolle gespielt hatten, nach den geschichtlichen Hintergründen zu befragen, gegen deren Einbringung in den Prozeß durch Urkundenbeweise sich das Gericht so zähe wehrte. Zähneknirschend mußten sich Richter und Schöffen nun doch anhören, was sie nicht hören wollten, Berichte kompetenter Zeitzeugen, die das voll bestätigten, was die Angeklagten über die geschichtlichen Voraussetzungen ihrer Friedensarbeit gesagt hatten.

Neben Martin Niemöller, der sich vom U-Boot-Kommandanten im Ersten Weltkrieg zum Pazifisten entwickelt, schon gegen Hitler opponiert und KZ-Haft erlitten hatte und nun innerhalb der evangelischen Kirche zu den entschiedensten Gegnern der deutschen Wiederbewaffnung gehörte – auch ihm war die Beschimpfung als Verräter und Kommunist nicht erspart geblieben –, waren es insbesondere der frühere Oberbürgermeister von Mönchengladbach und Mitbegründer der CDU Wilhelm Elfes und Gustav Heinemann, die das zeitgeschichtliche Hintergrundwissen der Richter und Schöffen aufgebessert hätten, wenn diese bereit gewesen wären, liebgewonnene Vorurteile in Frage zu stellen.

Elfes berichtete von einem mit Dr. Adenauer geführten Gespräch aus dem Jahre 1948 – damals waren die beiden CDU-Politiker noch befreundet –, in dem Adenauer ihn gefragt hatte, was er von einem Krieg gegen Rußland halte, »um die Russen nach Osten zurückzudrängen«. Und Heinemann, der am 31. August 1950 als Bundesinnenminister der Regierung Adenauer zurückgetreten war, nachdem bekannt geworden war, daß Adenauer in einem Alleingang den Westmächten eine Beteiligung deutscher Soldaten an einem gegen die Sowjetunion gerichteten Militärbündnis angeboten hatte, wurde von uns Verteidigern zu den Gründen dieses damals Aufsehen erregenden Schrittes befragt.

Heinemann hatte seinerzeit eine Begründung gegeben, die in eine grundsätzliche Kritik der Adenauerschen Remilitarisierungspolitik mündete. Er hatte dem Kanzler, ähnlich wie dies

Zwei der annähernd fünfzig prominenten Zeugen aus der Weltfriedensbewegung, deren Vernehmung vor dem Düsseldorfer Landgericht wir Verteidiger durch direkte Ladung erzwangen: Rechts der Dekan von Canterbury, Hewlett Johnson, damals 86 Jahre alt, Mitglied des Weltfriedensrates; daneben Professor John Desmond Bernal, Atomforscher und Physiker an der Universität London, Vorsitzender des Weltfriedensrats.

seitens des Friedenskomitees geschehen war, den Vorwurf gemacht, das seiner Partei bei der Bundestagswahl 1949 erteilte Mandat mißbraucht zu haben, indem er die deutsche Wiederbewaffnung beschlossen habe, ohne die Bevölkerung über ihr Einverständnis mit dieser Kehrtwendung seiner Politik zu befragen.

Heinemann wiederholte als Zeuge sinngemäß, was er damals zur Begründung seines Rücktritts erklärt hatte (*Stuttgarter Zeitung* vom 18. 10. 1950):

Einige Überlegungen werden uns Deutschen besonders obliegen. Ein europäischer Krieg unter unserer Beteiligung wird für uns nicht nur ein nationaler Krieg sein, wie für die anderen betroffenen Völker, sondern obendrein ein Krieg von Deutschen gegen Deutsche. Er wird sich, wie die Dinge liegen, auf deutschem Boden abspielen. Wer auch immer die erste Schlacht gewinnt – der Stoß geht in deutsches Land, im Westen oder Osten …

Angesichts dieser Situation haben wir wahrlich bis zum äußersten ein Lebensinteresse daran, daß eine friedliche Lösung gefunden wird. Was für Rußland und seine Satelliten auf der einen Seite und für die Westmächte auf der anderen Seite zwar ein todernstes Spiel um die Existenz ist, aber immerhin noch eine Chance des Gewinnens oder doch des Überlebens in sich schließt, ist für uns mit höchster Wahrscheinlichkeit der Tod, weil wir das Schlachtfeld eines beiderseitigen totalen Vernichtungswillens sind. Natürlich kann Deutschland jederzeit von den anderen zum Schlachtfeld gemacht werden. Aber wir legitimieren unser Deutschland selbst als Schlachtfeld, wenn wir uns in die Aufrüstung einbeziehen …

Und zu dem demokratieverachtenden Stil, in dem Adenauer die Remilitarisierung Westdeutschlands durchgesetzt hat, sagte Heinemann mit der ihm eigenen vornehmen Zurückhaltung:

Der Bundeskanzler denkt in den Formen autoritärer Willensbildung und des stellvertretenden Handelns. Streiten wir dabei nicht um Verfassungswortlaute. Wo ein Wille zur Mitbeteiligung des Volkes vorhanden ist, gibt es auch Wege, um diese Mitbeteiligung aufzuschließen. Wir werden unser Volk nur dann demokratisch machen, wenn wir Demokratie riskieren. Wenn in irgendeiner Frage der Wille des deutschen Volkes eine Rolle spielen soll, dann muß es in der Frage der Wiederaufrüstung sein …

Er sei Anfang der fünfziger Jahre davon überzeugt gewesen, sagte Heinemann als Zeuge,

… daß die allgemeine politische Entwicklung in höchst gefährlichen Wegen verlief, und zwar vor allen Dingen intoniert von der amerikanischen Seite mit dem Ziel, den Osten unter militärischen und politischen Druck zu setzen.

Heinemann sprach davon, wie Adenauer mit der sowjetischen Note vom März 1952 umgegangen sei, die den Entwurf eines Friedensvertrages mit Gesamtdeutschland und die Wiedervereinigung auf Grund freier Wahlen unter der Bedingung militärischer Neutralität angeboten hatte. Er erwähnte Adenauers Rede in Siegen am 16. März 1952, in der er diese Note als einen Fetzen Papier bezeichnet hatte. Man hat damals nicht mit der Sowjetunion verhandelt, sondern auf eine Politik der militärischen Stärke gesetzt, wohlgemerkt zu einem Zeitpunkt, als die DDR, über deren vierzigjährige Dauer nach ihrer Auflösung scheinheilige Krokodilstränen vergossen wurden, erst drei Jahre alt war.

Heinemann war auch auf die amerikanische Politik des sogenannten Roll-back eingegangen, die in den Jahren nach 1951 darauf abzielte, 17 zur Sowjetunion gehörende Länder zu »befreien« – ein Ziel, das damals nur durch Krieg erreichbar gewesen wäre. Bundeskanzler Adenauer hatte damals von der »Neuordnung ganz Osteuropas« gesprochen. Dazu Posser, der, wie auch wir anderen Verteidiger, immer wieder an den gesunden Menschenverstand der Richter und Schöffen appellierte:

Ja, tangiert das denn nicht die Integrität der Staaten, hier der Sowjetunion? Wie können Sie dann aber sagen: es ist offenkundig, daß die Bundesregierung die Integrität der Sowjetunion anerkennen und respektieren will?

Wir haben trotz der immer wiederholten Weigerung des Gerichts, Beweisangebote der Verteidigung zur Kenntnis zu nehmen, lange an der Fiktion festgehalten, es mit einer an Wahrheitsfindung interessierten Instanz zu tun zu haben. Als am 44. Verhandlungstag (1. 3. 1960) wiederum Beweisanträge der Verteidigung zurückgewiesen wurden – übrigens mit der bemerkenswerten Begründung, in den Beweisthemen würden die Politik der Bundesregierung und die Verhältnisse in der Bundesrepublik unter Anklage gestellt –, war das Maß voll. Wir zogen alle Beweisanträge, soweit die Beweiserhebung noch nicht durchgeführt war, zurück und gaben dazu eine Erklärung ab, in der wir feststellten, daß das Gericht offensichtlich das Vorbringen der Anklage mit anderen Maßstäben messe als das der Verteidigung.

Es hätte in der Logik unseres Verzichts auf weitere Beweiserhebung gelegen, auch auf Plädoyers zu verzichten. Aber so weit wollten wir nicht gehen. Vielleicht blieb ja doch eine Chance, den Herren hinter dem Richtertisch mit Appellen an den gesunden Menschenverstand dazu zu verhelfen, sich von den herrschenden Bewußtseinsstrukturen frei zu machen. Und so haben wir die Zeit der Herren noch vier Tage lang für Verteidigerplädoyers und einen fünften Tag für die Schlußworte der Angeklagten in Anspruch genommen.

Posser ging in seinem Plädoyer auf die Verbindungen des Friedenskomitees zur KPD und SED ein und entnahm der Anklage eine Theorie der Kontaktschuld, mit der die angeblich verfassungsfeindlichen Zielsetzungen begründet wurden. Es wäre eine jammervolle Friedensbewegung gewesen, sagte er, die diese Verbindung nicht gesucht hätte und daran vorbeigegangen wäre, daß der Frieden gerade in einem Land, in dem sich Besatzungsmächte gegenüberstehen, in dem zwei deutsche Staaten gegeneinander bewaffnet und verschiedenen

Die Angeklagten (von links vorn nach rechts hinten: Oberhof, Eckert, Diehl, Wohlrath, Thiefes und Kompalla) und ihre Verteidiger (von rechts nach links: Dr. Friedrich Karl Kaul, Berlin (stehend), Dr. Walther Ammann, Heidelberg (vorgebeugt), Dr. Diether Posser, Essen, und ich). Eine der in der Bundesrepublik äußerst seltenen Fotoaufnahmen im Gerichtssaal aus damaliger Zeit, die kurz vor Eintritt der Richter und Schöffen angefertigt werden konnte. Der britische Kollege Pritt war in diesem Augenblick noch nicht an seinem Platz.

Militärblöcken angeschlossen sind, besonders gefährdet ist. Kaul hatte in seinem Plädoyer den amerikanischen Publizisten William Schlamm zitiert, der damals in der Bundesrepublik herumreiste und Vorträge hielt, die in der These gipfelten, daß der Kommunismus »am Frieden gedeiht, Frieden will, im Frieden triumphiert«, und daraus die zynische Forderung ableitete, dem Kommunismus mit Waffengewalt entgegenzutreten. Pritt hatte den Antikommunismus, die »Grundtorheit unserer Epoche« (Thomas Mann), zu seinem Thema gemacht. Und Ammann faßte noch einmal alles zusammen, was in diesem Prozeß an beängstigenden Entwicklungstendenzen in der Bundesrepublik zur Sprache gekommen war.

In diesem Kreis gestandener Strafverteidiger fühlte ich mich als einer, der noch zulernen konnte, und wurde wohl auch von den anderen so gesehen. Ich erinnere mich an die sanfte Kritik eines der Senioren: »Herr Kollege, im politischen Prozeß muß man jede Äußerung vermeiden, die als Distanzierung von den Mandanten aufgefaßt werden könnte«, aber auch an das väterliche Lob des Kronanwalts D. N. Pritt: »Sie fragen wie ein englischer Anwalt.«

Als jüngstem auf der Verteidigerbank war mir das uninteressanteste Rechtsthema zugeteilt worden: der Vorwurf der Geheimbündelei (der inzwischen aufgehobene § 128). Aber das eigentliche Thema dieses Prozesses war die Politik, die hinter der Anklage stand. Und dazu hatte ich auch einiges zu sagen.

Ich zitierte einen Ausspruch Konrad Adenauers auf dem CDU-Parteitag 1959, wonach man die Opposition am besten dadurch überwinde, daß man ihr mit einem nicht zu schweren Holzhammer auf den Kopf haue, und ich beschrieb die Holzhammermethoden, mit denen dieses Prinzip in die Tat umgesetzt wurde. Aus einem Aufsatz von Erich Kuby zitierte ich den Satz, daß die Kommunisten, »welche in unserem Staat in der Propaganda die Rolle der Juden unter Hitler spielen«, dazu herhalten müßten, eine freie, vernünftige Diskussion der Politik der Regierung zu verhindern, und sprach von dem Zusammenhang zwischen einer Politik des kalten Krieges und der Gefahr einer Wiederbelebung nazistischer Ideen.

Einer interessierten Öffentlichkeit (wie groß ist sie?) sind inzwischen die Dokumente zugänglich, aus denen sich die schon 1945 beginnenden amerikanischen Planungen zur Vernichtung der Sowjetunion durch einen mit Atomwaffen geführten Angriffskrieg ergeben. Karl Heinz Roth hat 1985 mit der Veröffentlichung begonnen und Jürgen Bruhn (*Der Kalte Krieg oder: Die Totrüstung der Sowjetunion*) hat darauf aufbauend 1995 zum ersten Mal in deutscher Sprache die Rolle der US-Denkfabriken bei der Erstellung von atomaren Kriegsführungsszenarien und Bedrohungslegenden und ihre Verflechtung mit der amerikanischen Rüstungsindustrie, dem Pentagon und der US-Regierung analysiert. Welche Rolle bei dieser gegen die Sowjetunion und zeitweise auch gegen China gerichteten Vernichtungsstrategie Hitlers alte Garde spielte, hat Christopher Simpson 1988 dokumentiert (*Der amerikanische Bumerang. NS-Kriegsverbrecher im Sold der USA*). Wir kannten zur Zeit des Friedenskomitee-Prozesses nur einen Teil der barbarischen Realität, aber selbst den wollten die fünf im Namen des Volkes judizierenden Herren nicht zur Kenntnis nehmen.

Ich zitierte Äußerungen deutscher Politiker, die von der »Befreiung der Ostgebiete« gesprochen hatten und eine Erklärung, die Adenauer am 22. Januar 1960 vor dem Papst abgegeben hatte:

»Ich glaube, daß Gott dem deutschen Volk in den jetzigen stürmischen Zeitläufen eine besondere Aufgabe gegeben hat, Hüter zu sein für den Westen gegen jene mächtigen Einflüsse, die vom Osten her auf uns einwirken.«

Dieses gefährliche Wort, das gerade in Polen und in anderen Staaten östlich unseres Vaterlandes mit großer Empörung aufgenommen worden ist, also in Ländern, die wir schon einmal aus einem vermeintlichen deutschen Sendungsbewußtsein heraus überfallen haben, wird von Herrn Dr. Heinemann in der »Stimme der Gemeinde« wie folgt kommentiert:

»Überall erregt das Wiederaufleben des deutschen Sendungsbewußtseins Unruhe und Unbehagen. Wie stehen wir selbst dazu? Wie lange wollen wir uns solche Erneuerung einer blanken Nazi-Theologie in unser aller Namen gefallen lassen?«

Ja, meine Herren, dem Friedenskomitee ist oft vorgeworfen worden, daß es Vergleiche mit der nazistischen Zeit, mit der Ausdrucksweise der Nazis getroffen habe. Ich darf Ihnen ein Zitat aus jenen Tagen bringen, wo auch vom Sendungsbewußtsein die Rede ist, von der Gottgewolltheit des Nationalsozialismus:

»Über allem stand Gottes Hand. Sie hat den Führer und seine Bewegung sichtbarlich geleitet. Und so wie er uns seinen Segen gab, so hat er ihn den anderen versagt. Zwar riefen sie ihn mit lautem Munde an von ihren Kanzeln und Parteitribünen, aber ihr Werk war nicht sein Werk, ihr Glaube nicht sein Glaube und ihr Wille nicht sein Wille. Es ist kein Zufall, daß Millionen Menschen in Deutschland der heiligen Überzeugung sind, daß der Nationalsozialismus mehr als Politik ist, daß sich in ihm Gottes Wort und Wille verkündet, daß das Bollwerk, das er gegen den Bolschewismus aufrichtete, nach seiner höheren Fügung gedacht ist als letzte Rettung der abendländischen Kulturwelt vor der Drohung der asiatischen Gottesfeindschaft.«

Ich verriet dem Gericht auch, von wem das stammte, und ich glaube, man hörte es nicht gern: von Dr. Joseph Goebbels, dem Propagandaminister des Dritten Reiches (*Vom Kaiserhof zur Reichskanzlei* S. 12f.).

Unter den zahlreichen Briefen, die dem Gericht, den Staatsanwälten, den Angeklagten und den Verteidigern zugegangen waren, befand sich einer, der mich in besonderer Weise berührt hatte. Er stammte vom Kreisfriedensrat meiner Heimatstadt Anklam und nannte als Absenderadresse: Philipp-Müller-Straße 43. Ich stutzte. Die Straße hieß früher (und heißt jetzt wieder) Friedländer Straße. Und das Haus Nr. 43 war einmal mein Elternhaus. Das sagte ich dem Gericht. Und ich erwähnte auch, daß es 1945 enteignet worden ist und daß sich meine Eltern in diesem Hause wenige Tage nach dem Einmarsch russischer Truppen das Leben genommen haben. Weiter sagte ich:

Glauben Sie mir: wenn ich dieselbe emotionale Haltung hätte, die diese Vorgänge damals, 1945, in mir ausgelöst haben, würde ich heute hier nicht stehen. Aber mir ist eines klar geworden: Daß ich für diese Vorgänge niemanden verantwortlich machen kann, gegen niemanden Haß haben darf als gegen den Krieg (und, so würde ich heute hinzufügen, gegen dessen Urheber). Und mir ist darum klargeworden, daß es heute unsere Aufgabe ist, mit solchen Männern wie Erwin Eckert zusammenzuarbeiten, einem Mann, der schon vor 1945 gewarnt hat, der damals, weil er für den Frieden eintrat, eingesperrt worden ist.

Ich ließ mein Plädoyer ziemlich emotional ausklingen. Der Antrag auf Freispruch sei zu wenig, wir hätten diesen Männern auf der Anklagebank zu danken. Sie hätten es auf sich genommen, trotz größter Widerstände gegen die Aufrüstungspolitik der Bundesregierung zu kämpfen. In Wirklichkeit säßen sie für uns alle auf der Anklagebank. Wir hätten ihnen insbesondere auch dafür zu danken, daß sie sich für den Atombombenversuchsstop und gegen die atomare Bewaffnung eingesetzt haben. Ich erinnerte daran, daß infolge der 1945 auf Hiroshima und Nagasaki abgeworfenen Atombomben noch heute – 1960 – jedes siebente Kind in Japan mit Mißbildungen auf die Welt komme.

Wir tragen die Verantwortung für unsere Kinder und die Kinder der ganzen Welt. Ich will hoffen, daß uns nicht erst die Augen geöffnet werden, wenn unsere Kinder ohne Augen auf die Welt kommen! Nur für Überlebende wird es Freiheit in der Welt geben!

Ein leidenschaftliches Engagement, zu dem ich noch heute und mehr denn je stehe, nachdem eines meiner Kinder 1969 im Alter von sieben Jahren an Leukämie verstorben ist, jener unheilbaren Blutkrankheit, an der schon viele Kinder sterben mußten, seit die Atmosphäre durch Atombomben, Atomkraftwerke, Atommüllager und plutoniumbeladene Weltraumraketen verseucht wird, deren Notwendigkeit uns Industrielobbyisten und deren Politiker noch immer glauben machen wollen.

Das Urteil, das nach fast fünfmonatiger Verhandlungsdauer am 8. April 1960 verkündet wurde, sprach die Angeklagten der

Rädelsführerschaft in einer verfassungsfeindlichen Vereinigung schuldig. Eine Verurteilung wegen krimineller Vereinigung und Geheimbündelei erfolgte nicht, da das Gericht die Veröffentlichungen des Friedenskomitees zwar als »verfassungsfeindlich«, nicht aber als »systematischen Hetzfeldzug« qualifizierte, und weder eine Finanzierung aus DDR-Quellen noch eine Geheimhaltung der »wahren Ziele« des Friedenskomitees bewiesen werden konnte. Aber es reichte auch so zu Gefängnisstrafen: für Diehl ein Jahr, Eckert neun Monate, Wohlrath sechs Monate, Thiefes fünf Monate, Oberhof drei Monate und eine Geldstrafe von 500 DM für Kompalla. Diehl sollte nach dem Willen der Düsseldorfer Richter und Schöffen seine Strafe im Gefängnis absitzen, während die anderen Gefängnisstrafen zur Bewährung ausgesetzt wurden.

Für die Richter und Schöffen der Düsseldorfer Strafkammer war das Friedenskomitee nichts anderes als eine von der SED gesteuerte Institution zur Übertragung der Verhältnisse in der DDR auf die BRD. Alles, was die Angeklagten und ihre Verteidiger gegen diese These der Anklage vorgebracht hatten, war an ihnen wirkungslos abgeprallt. Die Urkundenbeweise, die wir mühevoll zusammengetragen hatten, hatten sie nicht zur Kenntnis genommen, und auch die Zeugen, die sie widerwillig hatten anhören müssen, hatten sie nicht beeindruckt. Von der weltbürgerlichen Freiheit des Denkens, die sich in den Aussagen vieler dieser Zeugen offenbart hatte, hatten die Herren hinter dem Richtertisch keinen Hauch verspürt. Für sie waren das entweder Leute, die bewußt mit Kommunisten »gemeinsame Sache« machten oder die keine Ahnung von der »kommunistischen Gefahr« hatten. Im Urteil las sich das so:

Die vorsichtige Behandlung des WFK (Westdeutsches Friedenskomitee; so hieß es in der Anfangsphase) durch die KPD, die das WFK dazu benutzte, den Boden für die Errichtung eines kommunistischen Regimes in der Bundesrepublik zu bereiten, führte dazu, daß sich eine Reihe von Persönlichkeiten des öffentlichen Lebens in der Bundesrepublik dem WFK zur Verfügung stellte. Viele von ihnen haben den wirklichen Charakter der Organisation nicht erkannt. Wenngleich die Zielsetzung des WFK eindeutig in den mit kommunistischen Schlagworten und Phrasen durchsetzten Veröffentlichungen erkennbar ist, bedarf es doch eines kritischen Lesens dieser Schriften, um den kommunistischen Hintergrund zu erkennen. Es gehörte zudem eine ungefähre Vorstellung von der kommunistischen Lehre und Zielsetzung dazu, um die weitgehende Übereinstimmung der Ziele des WFK mit jenen der Kommunisten festzustellen. Diese mangelte aber gerade solchen Persönlichkeiten, die ihr Leben aufrichtig und kompromißlos in den Dienst der Sache des Friedens gestellt hatten und deswegen vom WFK gewonnen worden waren. Die Mehrzahl der von der Verteidigung benannten und vom Gericht gehörten Personen haben aus diesem Grunde auch erklärt, daß sie irgendwelche verfassungsfeindlichen Tendenzen in Veröffentlichungen nicht bemerkt hätten.

Natürlich war auch alles in den Wind gesprochen, was die Angeklagten in ihren Prozeßerklärungen zu den Zeugenaussagen gesagt hatten. Ihre Kritik an Adenauer und dem Stil, in dem er die Wiederbewaffnung unbekümmert um demokratische Spielregeln durchboxte, galt als »verfassungsfeindlich«, obwohl untadelige Zeugen wie Heinemann, Elfes und Niemöller dasselbe gesagt hatten. Dasselbe galt für Themen wie Krieg auf deutschem Boden, Deutsche gegen Deutsche, Erschwerung der Wiedervereinigung, die, wie sich besonders eindrucksvoll aus Heinemanns Zeugenaussage ergeben hatte, von Adenauers Regierungspolitik provoziert und nicht etwa Erfindungen kommunistischer Propaganda waren. Die Angeklagten hatten bei diesen Richtern und Schöffen nur antikommunistische Vorurteile bestätigt, wenn sie in Übereinstimmung mit vielen der vernommenen Zeugen daran erinnert hatten, daß alle Versuche, die breite oppositionelle Volksbewegung gegen die Wiederaufrüstung der Bundesrepublik organisatorisch zu bündeln und die Volksmeinung im Wege einer Volksbefragung zu ermitteln und zur Geltung zu bringen, als kommunistisch diffamiert und mit verwaltungs- und strafrechtlichen Mitteln behindert und schließlich zum Erliegen gebracht worden waren.

Auch der enorme Kostenaufwand, um fünfzig Zeugen aus aller Welt nach Düsseldorf kommen zu lassen, wurde bei diesen Richtern und Schöffen nur als Bestätigung dafür gewertet, daß das Friedenskomitee und seine Prozeßführung von der SED finanziell unterstützt wurde, was nur heißen konnte, daß man nicht den Frieden, sondern die kommunistische Weltrevolution fördern wollte. So wurde die aus Australien angereiste Journalistin Lady Jessy Street lediglich gefragt, wer ihre Reise bezahlt habe. Die Zeugin, Gattin des höchsten Richters in Sidney, antwortete mit stolzer Verachtung, daß sie diese Kosten selbst getragen habe.

Die interessanteste Persönlichkeit auf der Anklagebank war für mich der damals 32jährige Diplomdolmetscher Walter Diehl, ein unabhängiger Kopf, hochintelligent, gut informiert und sehr engagiert, dessen führende Rolle in der Weltfriedensbewegung es ebenso wie die betont christliche Motivation seiner Friedensarbeit zu einem Problem machten, ihn als willfährigen Mitläufer einer SED-geleiteten Tarnorganisation hinzustellen. Aber auch damit wurde das Gericht fertig. Aus der Urteilsbegründung:

Seine Intelligenz sowie die Tatsachen, daß er bis 1951 Theologiestudent war und daß er parteilos war, nutzte er in Kenntnis der Zielsetzung des WFK in demagogischer Weise aus, um der Organisation den Verdacht einer kommunistischen Tarnorganisation zu nehmen. Hierbei scheute er nicht davor zurück, sich den Mantel eines »wahren« Christen umzuhängen. Obwohl Diehl bereits 1951 den wirklichen Charakter einer kommunistischen Tarnorganisation, der FDJ, klar erkannt hatte (er war aus der FDJ ausgetreten und hatte dafür eine Begründung gegeben, die für seine geistige Unabhängigkeit und sein politisches Unterscheidungsvermögen sprach; H. H.), setzte er sich bis in die Hauptverhandlung hinein voll und ganz für dieselben Ziele ein, wie sie die FDJ auch anstrebt (gerade Diehls Differenzierung hätte den Richtern zu denken geben sollen; H. H.). Die Hauptverhandlung ist auf ihn ohne jeden Eindruck geblieben. Diehl hat an Gefährlichkeit nichts eingebüßt.

Diesen Teil der Urteilsbegründung konnte selbst der 3. Strafsenat des BGH so nicht stehen lassen, der im übrigen die Revision aller Angeklagten verwarf. Ob jemand ein Christ, ein »wahrer« Christ oder nur ein Heuchler sei, hänge von Maßstäben ab, die der Beurteilung durch Gerichte in aller Regel entzogen seien. So kam auch Diehl in einer erneuten Verhandlung vor dem Landgericht noch zu einer Strafaussetzung zur Bewährung.

Unsere gegen die Beweisverhinderungsstrategie des Landgerichts erhobenen Revisionsrügen fertigten die Karlsruher Bundesrichter mit einer Begründung ab, die auch sie als stramme Antikommunisten auswies. Die von der Verteidigung aufgestellten Beweisbehauptungen hätten »außer Zusammenhang mit dem Gegenstand des Verfahrens« gestanden. Daraus, daß die »Weltfriedensbewegung« und das »Friedenskomitee« – beide vom BGH in Anführungszeichen gesetzt – die in den abgelehnten Beweisanträgen behaupteten Bestrebungen verfolgt oder nicht verfolgt hätten, werde gegen die Angeklagten kein strafrechtlicher Vorwurf hergeleitet. Mit anderen Worten: der Beweis für die Anklagebehauptung, das Friedenskomitee sei eine von der SED/KPD gesteuerte kommunistische Tarnorganisation gewesen, deren Zwecke und Tätigkeit sich gegen die verfassungsmäßige Ordnung der Bundesrepublik gerichtet hätten, war zulässig; der Gegenbeweis, daß die Angeklagten und das Friedenskomitee andere Ziele oder »Bestrebungen« verfolgt haben, war unzulässig. Wörtlich heißt es weiter (BGHSt 17,344):

Diese Behauptungen stehen mit dem Anklagevorwurf in keinem noch so entfernten Zusammenhang, denn es liegt auf der Hand und ist überdies allgemeinkundig, daß eine Organisation aus taktischen Gründen öffentlich so tun kann, als ob sie nur für Frieden und Wiedervereinigung und gegen »Remilitarisierung« und Atombewaffnung einträte, und daß sie dennoch eine gegen die verfassungsmäßige Ordnung gerichtete kommunistische Tarnorganisation sein kann.

Nur das Geheimnis, wie eine Organisation, die gegen Remilitarisierung und Atombewaffnung eintrat, sich gegen den Vorwurf, eine kommunistische Tarnorganisation zu sein, schützen sollte, hat uns der BGH nicht verraten. Man braucht die Richter, die das Aus für das Friedenskomitee in der Bundesrepublik, einem Brennpunkt des Ost-West-Konflikts, verkündeten und damit auch der Weltfriedensbewegung einen tödlichen Schlag versetzten, nur beim Wort zu nehmen (»kommunistische Friedensbewegung«), um das Düsseldorfer Urteil und seinen Karlsruher Appendix wie einen Epilog auf kommunistische Friedensarbeit zu lesen. Ihre Beendigung durch Richterspruch haben die wenigen, die in Deutschland-West schon damals die Tragweite dieser Entscheidung erkannten, mit ohnmächtiger Wut und Enttäuschung zur Kenntnis genommen.

Auch die Angeklagten und wir Verteidiger waren über diesen Sieg politischer Borniertheit empört. Einer der Angeklagten, Pastor Johannes Oberhof, erlitt während der Düsseldorfer Urteilsverkündung einen Herzanfall, so daß die Verlesung der Urteilsgründe unterbrochen werden mußte. Ein anderer, Walter Diehl, antwortete mir auf den ermutigend gemeinten

Vorschlag, unser gesamtes Beweismaterial zu veröffentlichen, in tiefster Niedergeschlagenheit: »Wen interessiert das jetzt noch?« Der Vorschlag stammte von Gustav Heinemann, mit dem Posser und ich in der Zeit des Düsseldorfer Prozesses in privater Runde intensive, freundschaftliche Gespräche hatten. Er hatte einmal gesagt: »Jetzt habt ihr ja das ganze Material über die deutsche Wiederaufrüstungspolitik beisammen; seht nur zu, daß es nicht wieder auseinanderflattert.« Aber eine Veröffentlichung allein, ohne eine weltweite Organisation, die auf die öffentliche Meinung einwirkt und den Widerstand der Menschen gegen die unheimliche Macht des Rüstungskapitals und seiner Helfershelfer bewegt, bleiben die Dokumente einer menschliches Leben auf dieser Erde gefährdenden Politik nur ungelesenes Papier. Walter Diehl hatte in einer seiner Prozeßerklärungen ein eindrucksvolles Referat über die Bedeutung der öffentlichen Meinung in unserer Zeit gehalten und die Bemühungen der Weltfriedensbewegung beschrieben, an die ureigensten Lebensinteressen der Menschen zu appellieren. Zu den im Düsseldorfer Prozeß erörterten Aktionen der Weltfriedensbewegung gehörte zum Beispiel der Stockholmer Appell vom März 1950, der das absolute Verbot der Atomwaffe als einer Waffe des Schreckens und der Massenvernichtung forderte. 500 Millionen Unterschriften hatten unermüdliche Mitarbeiter aller Hautfarben in allen Ländern der Welt gesammelt, eine heute mangels einer entsprechenden Organisation kaum wiederholbare Leistung.

Historisch wertvolle Akten werden nach Abschluß der Sache an das Staatsarchiv abgegeben. Mit den Akten des Friedenskomitee-Prozesses ist das nicht geschehen. Diese Akten sind laut Auskunft der Staatsanwaltschaft Düsseldorf »nach Ablauf der Aufbewahrungsfrist vernichtet« worden. Mit ihnen etwa 600 Dokumente zum neuen Rüstungswettlauf nach dem Ende des Zweiten Weltkriegs, die wir dem Gericht mit unseren Beweisanträgen übergeben hatten.

5. Kriegsdienstverweigerung im Hitler-Staat als Widerstand? Der Fall Georg B. (1961)

Es hat nur wenige gegeben, die den Kriegsdienst in der Wehrmacht des nationalsozialistischen Staates verweigert haben. Zu wenige. Das war auch die Meinung des Bundesgerichtshofes, aber nicht etwa, um die wenigen, die diesen Heldenmut aufgebracht haben, als Widerstandskämpfer anzuerkennen und ihnen für erlittene Freiheitsentziehung und körperlich-seelische Beschädigungen Wiedergutmachungsansprüche zuzusprechen, sondern als Argument gegen die Entschädigungswürdigkeit eines solchen Verhaltens. Es waren zu wenige, als daß man von einem sinnvollen Widerstand hätte sprechen können. So der Grundgedanke eines Urteils des IV. Zivilsenats des BGH vom 12. Juli 1961, das in der kritischen Öffentlichkeit des In- und Auslandes ein ungeheures Aufsehen erregte und fast durchweg »mit äußerster Bestürzung zur Kenntnis genommen« und wegen seines »erschreckenden Maßes an juristischer Enge und politischem Unverständnis« (so Äußerungen aus der SPD-Bundestagsfraktion) getadelt wurde.

Ich hatte in diesem Verfahren den Dreher Georg B. vor dem Landgericht und dem Hanseatischen Oberlandesgericht Bremen anwaltlich vertreten. Seine Entschädigungsansprüche für wegen Kriegsdienstverweigerung erlittene Haft- und Strafkompaniezeiten hatte das Landesamt für Wiedergutmachung in Bremen mit der Begründung abgelehnt, daß die Bestrafung von Kriegsdienstverweigerern nicht typisch nationalsozialistisch sei, sondern auch in anderen Ländern praktiziert werde. Dem hatte das Landgericht Bremen beigepflichtet und unsere Klage mit Urteil vom 15. 1. 1960 abgewiesen.

Unsere Berufung gegen dieses Urteil hatte dann beim Hanseatischen Oberlandesgericht Erfolg gehabt. Mit Urteil vom 30. 11. 1960 hatte das Oberlandesgericht meinem Mandanten für 67 Monate Freiheitsentziehung eine Entschädigung zuerkannt, die sich trotz des kümmerlichen Tagessatzes von 5 Mark pro Tag immerhin auf 10050 DM belief.

Nach den Feststellungen des Oberlandesgerichts hatte der 1914 geborene und in sozialdemokratischer Tradition erzogene Georg B. den Einberufungsbescheid, der ihm Anfang September 1939 unmittelbar nach Kriegsbeginn zugestellt wurde, zerrissen und ihm keine Folge geleistet, weil er das nationalsozialistische Regime aus seiner politischen Haltung ablehnte und den Krieg als einen von Hitler provozierten Angriffskrieg betrachtete. Einige Tage später sei er festgenommen und von einem Kriegsgericht zu 3 ½ Jahren Festungshaft verurteilt worden. Daß dem Kriegsgericht die politische Gegnerschaft des Klägers bekannt gewesen sei, folgerte das OLG aus dem von einer Zeugin bestätigten Umstand, daß er in der Verhandlung als »roter Lump« bezeichnet worden sei. Zwei Jahre seiner Strafzeit habe er in der Festung Torgau verbüßt, dann sei er zu einem Strafbataillon versetzt worden. In der Folgezeit habe er sich in den Lagern Blechhammer und Obertraubling befunden und sei schließlich in Rußland zu Schanzarbeiten eingesetzt worden. Hierbei habe er sich geweigert, Minen zu legen, da er an der Aufstellung von Mordwaffen nicht habe mitwirken wollen. Er sei daraufhin von einem Feldgericht erneut zu einer anderthalbjährigen Freiheitsstrafe verurteilt worden, die er wiederum in der Festung Torgau und sodann bei einem Strafbataillon verbüßt habe. Von dieser im Raum Mährisch-Ostrau zu Schanzarbeiten eingesetzten Einheit habe er sich 1945 beim Herannahen der russischen Truppen absetzen können und sei auf Umwegen in ein Lazarett nach Döbeln gelangt.

Soweit der wesentliche, im Urteil des Oberlandesgerichts festgestellte äußere Sachverhalt. Auch die subjektiven Voraussetzungen eines Entschädigungsanspruchs wegen der erlittenen Freiheitsentziehung hatte das Oberlandesgericht bejaht: der Kläger habe sich aus Gründen politischer Gegnerschaft zum Nationalsozialismus geweigert, das nationalsozialistische Regime durch aktive Teilnahme am Kriege zu unterstützen.

Die Richter des Oberlandesgerichts (Prof. Dr. Arndt, Kohlmann und Tholen) hatten sich auch darüber Gedanken gemacht, ob ein Recht zum Widerstand mit dem Hinweis auf die Erfolglosigkeit verneint werden könne. Ob das Verhalten des Klägers wirklich gänzlich erfolglos, also eine sinnlose Demonstration gewesen sei oder bei anderen Personen doch psychologische Wirkungen gezeitigt habe, sei kaum zu beurteilen. Überdies könne bei Widerstandshandlungen, die allein den Täter gefährden, die Rechtmäßigkeit nicht vom Wirkungsgrad abhängig gemacht werden. Der Kläger habe jedenfalls das seinen Verhältnissen Entsprechende getan, um einem als rechtswidrig erkannten Herrschaftssystem seine Unterstützung zu verweigern.

Da waren die Bundesrichter Ascher, Raske, Johannsen, Wüstenberg und Dr. Graf, die als Revisionsgericht mit der Sache befaßt wurden, ganz anderer Meinung. Die Kriegsdienstverweigerung des Klägers sei nicht geeignet gewesen, der NS-Gewaltherrschaft in nennenswertem Ausmaß Abbruch zu tun, denn der Kräfteausfall für die deutsche Wehrmacht sei verschwindend gering gewesen. Auch eine propagandistische Wirkung seiner Handlung könne nicht festgestellt werden, denn »der Kläger konnte nach der damaligen politischen Lage nicht erwarten, daß auf sein Beispiel hin noch andere – oder überhaupt irgendeiner – gleichfalls den Wehrdienst verweigern werde«. Ein gegen eine bestehende Unrechtsherrschaft geleisteter Widerstand könne nur dann als sinnvoll und eine diesen Widerstand ahndende staatliche Maßnahme nur dann als Unrecht angesehen werden, »wenn die Widerstandshandlung nach ihrer Art und ihrem Gewicht wenigstens eine gewisse Aussicht bietet, in bezug auf die Übel der bestehenden Unrechtsherrschaft eine wirkliche Wende zum Besseren herbeizuführen«. Sie müsse nach ihren »Beweggründen, Zielsetzungen und Erfolgsaussichten als ein ernsthafter und sinnvoller Versuch zur Beseitigung des bestehenden Unrechtszustandes gewertet werden können ...« Von dieser Art sei der Widerstand der Männer des 20. Juli 1944 gewesen. Die Tat des Klägers aber sei »eine Einzelaktion« geblieben, »die an den bestehenden Verhältnissen nichts zu ändern vermochte, während der Kläger sich dadurch unmittelbar der Gefahr aussetzte, zum Tode verurteilt zu werden, und in jedem Falle auch über seine Familie – seine Ehefrau stand damals kurz vor der Geburt ihres ersten Kindes – schweres Leid brachte«. Durch eine andere rechtliche Bewertung seiner Handlung würde er »unberechtigterweise vor jenen bevorzugt, die es – möglicherweise bei ebenfalls eindeutiger grundsätzlicher Ablehnung der NS-Gewaltherrschaft – auf Grund ebenso gewissenhafter Abwägung aller Umstände als ihre Pflicht angesehen haben, sich dem Wehrdienst, wie er von der staatlichen Gewalt von ihnen gefordert wurde, nicht zu entziehen, und für die dieser Entschluß ebenfalls schwere Opfer und Gefahren mit sich brachte«.

Aus der Fülle kritischer Kommentare, die dieses Urteil des Bundesgerichtshofs auslöste, sei hier nur ein Satz zitiert, den Marion Gräfin Dönhoff in der *Zeit* (vom 5. 1. 1962) geschrieben hat:

> Der arme Dreher, hätte er 1939 gewußt, daß man von ihm erwarte, er müsse entweder der NS-Herrschaft Abbruch tun oder aber sein Gewissen zum Schweigen bringen, und hätte er gewußt, daß das ersehnte demokratische »Vierte Reich« seine Opposition gegen Hitlers »Drittes Reich« deshalb für sinnlos hält, weil sie keinen Erfolg hatte, er wäre gewiß nicht nur am Unrechtsstaat, sondern auch am Rechtsstaat verzweifelt.

Die einhellige Ablehnung des BGH-Urteils vom 12. 7. 1961 bleibt gültig, obwohl die Sache des Drehers Georg B. eine enttäuschende Entwicklung nahm. Es stellte sich nämlich heraus, daß B. über seine Kriegsdienstverweigerung und deren Folgen im Detail Angaben gemacht hatte, die durch neue Aktenfunde widerlegt wurden. Ich sah mich, da mein Vertrauen mißbraucht worden war, genötigt, das Mandat niederzulegen, und weiß nicht, was aus Georg B. geworden ist. Schade, daß es diesen einsamen Helden offenbar gar nicht gegeben hat. Es war also noch einer weniger.

Die Richter des Bundesgerichtshofs hätten sich, wenn der wirkliche Sachverhalt früher bekannt geworden wäre, die Offenbarung ihrer politischen Gesinnung ersparen können. Ihr aufsehenerregendes Urteil vom 12. 7. 1961 blieb ein Phantomurteil, eine juristische Stilübung am untauglichen Objekt, an der sich ablesen ließ, wie sie die Weigerung, an einem verbrecherischen Angriffskrieg mitzuwirken, einschätzten. Ich denke, ihr damals als skandalös empfundenes Urteil ist gar nicht so weit entfernt von noch immer virulenten Gesinnungen, wie sie in Protesten gegen die Ausstellung des Hamburger Instituts für Sozialforschung über Verbrechen der Wehrmacht und in der langjährigen parlamentarischen Ablehnung einer Rehabilitierung der wenigen überlebenden Deserteure der Hitler-Wehrmacht zum Ausdruck gekommen sind. Und für den nächsten Krieg sind wir gewarnt: wer zu staatlich befohlenen Verbrechen nein sagt, tut es auf eigenes Risiko. Wenn es zu wenige sind, die nein sagen, handeln sie kriminell. Der Mitläuferstaat ist von Juristen der Mitläufergeneration auch für die Zukunft juristisch programmiert.

6. Die Kriminalisierung kommunistischer Meinungsäußerungen (1961–1965)

Daß es im realen Kapitalismus unerwünscht ist, mit kommunistischem Gedankengut in Berührung zu kommen, hatte ich frühzeitig gelernt. Der Kommunist, den meine Mutter dem fünf- oder sechsjährigen Kind auf der Straße gezeigt hatte, war mir höchst gefährlich erschienen, obwohl er nichts weiter tat, als Zeitungen zu verkaufen. Aber diese Zeitungen mußten es in sich haben, wie schon ihr brisanter Name *Der Pulverturm* besagte. Der Pulverturm, ein jedem Anklamer vertrautes mittelalterliches Bauwerk, diente dem Kommunistenblättchen als grafischer Schmuck, verlieh ihm aber auch einen Hintersinn, der manche biedere Bürgerseele zittern machte. Meine Mutter wußte sicher mehr über den Mann, der da den Vorübergehenden sein Blättchen zum Kauf anbot, denn sie sagte: »Das ist Tiegs, der Anklamer Kommunistenführer.« Ein Satz, den ich nicht vergessen habe, bis dieser »Kommunistenführer« Tiegs eines Tages für mich überraschend ein Gesicht bekam, nämlich als ich im Anklamer Heimatkalender von 1987 seine Lebensgeschichte las. Erst mehr als ein halbes Jahrhundert nach dem schockierenden Kindheitserlebnis erfuhr ich, daß Tiegs der Sohn eines Arztes und selbst promovierter Jurist war, ein Mann, der wegen seines politischen Engagements arbeitslos geworden und damals wohl schon todkrank war (er ist im Februar 1933 als 42jähriger an der »Proletarierkrankheit«, der Schwindsucht, gestorben). Neben dem Bericht im Heimatkalender war ein Foto des Dr. Bruno Tiegs, das Gesicht eines sanften gebildeten Menschen, vor dem ich sicher keine Angst gehabt hätte, wenn meine Mutter mir mehr von ihm erzählt hätte. Aber vielleicht hätte ich auch schon viel früher angefangen, mich für das zu interessieren, was Kommunisten wie Bruno Tiegs damals, als es noch nicht zu spät war, über Hitler und die hinter ihm stehenden Mächte des Großkapitals geschrieben haben. Vielleicht hat auch im *Pulverturm* gestanden, was ich später in anderen kommunistischen Flugblättern las, die in alten Akten die Zeiten überdauert haben: »Wer Hindenburg wählt, wählt Hitler! Wer Hitler wählt, wählt den Krieg!« Bruno Tiegs hat die schreckliche Erfüllung kommunistischer Prophezeiungen nicht mehr erlebt. Damals wollte man sie nicht hören. Ich sehe ihn noch da stehen, mit einem Stapel Zeitungen auf dem Arm und die Passanten zögernd und unaufdringlich ansprechend; ich glaube, er ist nicht viele Exemplare des *Pulverturm* losgeworden.

Kein Eingriff in die politische Freiheit war in Deutschland je so unsinnig wie die Unterdrückung kommunistischer Meinungsäußerungen mit polizeilichen und justiziellen Mitteln. Aber die Angst der Herrschenden vor einer Revolutionierung der Köpfe hat eine spezifisch deutsche Justiztradition hervorgebracht, deren antikommunistische Urteilssprüche die Archive mit Dokumentationen geistiger Unfreiheit füllen. Dabei funktionieren die gedanklichen Abwehrmechanismen immer nach dem gleichen Muster: alles, was Kommunisten zur Tagespolitik, zu Krieg und Frieden, zum Faschismus und anderen den Menschen drohenden Gefahren sagen, mag noch so richtig sein, sie dürfen es nicht sagen, weil es letztlich der Vorbereitung der Weltrevolution dient. Und um dieses Fernziels willen müssen sie verfolgt und eingesperrt werden.

Nach dieser Logik liefen mehrere Prozesse ab, in denen es darum ging, daß die von mir verteidigten Angeklagten kommunistische Meinungsäußerungen verbreitet und damit die verbotene KPD unterstützt haben sollten.

Einer von ihnen, der Hamburger Verleger Herbert Reich, war nicht einmal Kommunist, sondern verstand sich als christlicher Sozialist und überzeugter Anhänger einer freiheitlich-demokratischen Grundordnung, die ihren mündigen Bürgern die Kenntnisnahme auch von Schriften kommunistischen Ursprungs nicht vorenthalten dürfe. Zu den von ihm gedruckten Schriften gehörten ein »Deutschlandplan des Volkes« und ein »Offener Brief«; beide enthielten, wie es später im Urteil des Landgerichts Hamburg vom 7. 12. 1961 vorwurfsvoll hieß, »kommunistisches Gedankengut« und waren »von Walter Ulbricht unterzeichnet«. Die Verurteilung des Angeklagten zu 9 Monaten Gefängnis mit Bewährung wegen Verstoßes gegen das KPD-Verbot wurde vom 3. Strafsenat des BGH (Vorsitzender: Dr. Jagusch) zwar wegen fehlerhafter Begründung der Strafzumessung aufgehoben, aber vom Landgericht am 16. 8. 1962, nunmehr mit revisionssicherer Begründung, wiederholt. In der Sache hatte der Jagusch-Senat dem Landgericht ohnehin recht gegeben:

Wer die verfassungsfeindliche Wühlarbeit des SED-Regimes gegen die Bundesrepublik in Kenntnis ihres Zwecks als Flugblattdrucker unterstützt, kann sich nicht damit entschuldigen, sein eigener Zweck dabei sei nur gewesen, Ost-West-Gespräche in Gang zu bringen und (oder) seiner schlechten wirtschaftlichen Lage aufzuhelfen, so wenig wie sich ein Brandstifter darauf berufen darf, auf das Niederbrennen des von ihm angezündeten Hauses sei es ihm nicht angekommen, sondern nur auf das Feuer.

Ein hübscher Vergleich, der sicher allen Biedermännern, die Häuser lieber mit Atomraketen anzünden, ohne weiteres eingeleuchtet haben wird.

Kam es im Fall Herbert Reich überhaupt nicht auf die Motivation des Angeklagten, sondern nur auf das »kommunistische Gedankengut« der von ihm gedruckten Schriften an, so wurde in einem anderen Fall umgekehrt nur die politische Gesinnung des Angeklagten gewogen, während den von ihm verfaßten Texten bescheinigt wurde, daß sie strafrechtlich nicht zu beanstanden waren.

Den Journalisten Paul Beu hatte ich vor dem 3. Strafsenat des Bundesgerichtshofs, der damals in bestimmten politischen Strafsachen in erster und letzter Instanz zuständig war, zu verteidigen. Er sollte nach der Anklageschrift des Generalbundesanwalts vom 21. 9. 1965 u.a. dadurch gegen das KPD-Verbot verstoßen haben, daß er die »Wühlarbeit« der verbotenen Partei unter den Hafen- und Werftarbeitern sowie den Seeleuten unterstützt habe, indem er in verschiedenen Zeitungen Artikel veröffentlichte, in denen er sich »offen« für die Ziele der KPD eingesetzt habe. Hinter dem Wort »offen« verbarg sich der Begriff »offene Arbeit«, mit dem die Rechtsprechung eine Form der politischen Betätigung von Kommunisten meinte, die sich im Rahmen der Gesetze hielt und nur deshalb bestraft wurde, weil sie von Kommunisten geleistet wurde.

In der Anklageschrift las sich das so:

Der Angeschuldigte beschäftigt sich in seinen Artikeln fast ausschließlich mit der sozialen Lage der Arbeiter im Küstengebiet und der Seeleute. Hierbei kommt ihm zugute, daß er durch seine Herkunft, seinen erlernten Beruf (Paul Beu hatte den Seemannsberuf erlernt und war einige Jahre zur See gefahren; H. H.) und durch seine mehrjährige Tätigkeit als hauptamtlicher Funktionär der KPD in Lübeck und anderen Städten des Küstengebiets mit den örtlichen Verhältnissen gut vertraut ist. Außerdem verfügt er über die Fähigkeit, durch geschickte Auswertung der Presse und der Fachliteratur den Anschein der Sachkunde zu erwecken. Er knüpft in seinen Artikeln immer an bestimmte tagespolitische Ereignisse an und setzt sich vorwiegend mit den Forderungen und Aktionen der Gewerkschaften auseinander. Dabei bemüht er sich, den Eindruck zu erwecken, als ginge es ihm nur darum, die Arbeit der Gewerkschaften zu unterstützen und das Los der »Werktätigen« zu verbessern. Tatsächlich verfolgt er jedoch das Ziel, Unzufriedenheit in der Arbeiterschaft zu schüren, sie zu immer neuen Forderungen anzustacheln und die Spannungen zwischen den Sozialpartnern zu vertiefen.

Der 3. Strafsenat des BGH (Vorsitzender: Kurt Weber), der über diese Anklage 17 Tage lang verhandelte – teils in Hamburg, teils in Karlsruhe –, verurteilte den Angeklagten am 16. 12. 1965 wegen Verstoßes gegen das KPD-Verbot in Tateinheit mit Geheimbündelei in verfassungsfeindlicher Absicht zu zwei Jahren Gefängnis, erkannte ihm die Fähigkeit zur Bekleidung öffentlicher Ämter, das Wahl- und Stimmrecht sowie die Wählbarkeit auf drei Jahre ab und zog seinen Personenkraftwagen, einen Mercedes 180 D, als Verbrechenswerkzeug ein.

Zur »offenen Arbeit« heißt es im Urteil:

Diese Artikel erfüllen als solche weder einen strafrechtlichen Tatbestand des Staatsgefährdungsrechts … noch des allgemeinen Strafrechts …, wenn der Angeklagte in ihnen auch eine scharfe Sprache führt und harte – teils offensichtlich übertriebene – Kritik übt. Die Artikel könnte auch ein nicht der verbotenen Partei angehörender Kommunist geschrieben haben, ohne sich dadurch einer Strafverfolgung auszusetzen. Der Angeklagte hat sie aber als bezahlter Funktionär der verbotenen KPD geschrieben und sich dadurch strafbar gemacht. Seine Artikel lagen im Interesse der verbotenen Partei, deren vordergründige Nahziele durch sie gefördert wurden.

So habe Beu die »Herstellung sachlicher Beziehungen zur DDR« und die »Aufnahme von Kontakten zum FDGB« verlangt, habe sich wiederholt gegen die Atombewaffnung des »deutschen Militarismus« sowie gegen alle Notstands- oder Notdienstgesetze ausgesprochen. Er habe das »hemmungslose Profitstreben« der »Monopolkapitalisten« gegeißelt, zu denen er insbesondere die »Bosse« der Werften zähle, die er als »gefräßige Haie« und als »ewig hungrige und gierige Seewölfe« bezeichne, die »die Arbeiter brutal ausbeuten«, statt ihnen den gerechten Lohn zu zahlen. »Für die Verhältnisse auf den Werften der SBZ« finde er dagegen nur anerkennende Worte.

Der Senat bescheinigte dem Angeklagten, daß er »kein blind ergebener und sturer Parteifunktionär« sei, sich vielmehr »eine gewisse Selbständigkeit bewahrt« habe und Charme und Humor besitze. Er sei »ein geschulter Kommunist, der von der Richtigkeit seiner politischen Anschauungen überzeugt« sei und »dadurch als politischer Agitator besonders überzeugend« wirke. Als Redner verstehe er es gut, sich auf den Kreis seiner Zuhörer einzustellen und diese in temperamentvoller Weise anzusprechen. »Er ist daher als Propagandist gefährlich ...«

Gefährlich für wen? »Solche Artikel« könnten »in der Arbeiterschaft die Nahziele der KPD« fördern, hieß es im Urteil. Warum sind solche engstirnig konservativen richterlichen Parteinahmen für die Interessen des Kapitals von denen, die von vielen immer noch als Interessenvertreter der lohnabhängigen Klasse angesehen werden, nie politisch hinterfragt worden? Hier war doch eine SPD gefordert, deren Opposition gegen Atomwaffen und Notstandsgesetze mit »Nahzielen der KPD« gleichgesetzt wurde. Ein Diffamierungseffekt, der von den erzkonservativen Karlsruher Richtern sicher billigend in Kauf genommen war. Die SPD, seit jeher ängstlich darauf bedacht, nicht mit Kommunisten verwechselt zu werden, hat denn auch ihre Opposition gegen die konservativen Strategien der kapitalistischen Parteien nie lange durchgehalten. Ein deutsches Trauerspiel mit open end.

Ich erhob für Paul Beu Verfassungsbeschwerde und rügte die Verletzung des Grundrechts auf freie Meinungsäußerung. Ein Kommunist könne nicht deshalb bestraft werden, weil er sich im Auftrage einer illegalen Partei legal verhalte, schrieb ich. Aber der 1. Senat des Bundesverfassungsgerichts (Dr. Müller, Dr. Stein, Ritterspach, Dr. Haager, Rupp-von Brünneck, Dr. Brox, Dr. Zeidler) wies durch Beschluß vom 14. 1. 1969 die Verfassungsbeschwerde zurück. Die 14seitige Begründung umspielt das eigentliche Problem mit einer juristischen Fingerübung über verfassungsrechtliche Selbstverständlichkeiten, die niemand in Frage gestellt hat, um dann in der hier allein interessierenden Frage zu der tiefschürfenden Erkenntnis zu kommen, daß die legale Arbeit von organisierten Kommunisten bestraft werden dürfe, weil die freiheitlich-demokratische Grundordnung nicht durch die einzelne Handlung als solche, sondern dadurch gefährdet werde, daß mit ihr die Ziele der verbotenen Partei weiter in organisierter Form verfolgt werden.

Die Scheu von Nichtjuristen, Urteilsbegründungen kritisch zu lesen, führt dazu, daß sich Richter solchen juristischen Nonsens leisten können, ohne daß sich ein Proteststurm erhebt. Allerdings ging es ja nur um Kommunisten, und das erklärt manches. Die Logik dieser Urteilsbegründung lief doch darauf hinaus: wenn der KPD zum Beispiel das Nahziel eingefallen wäre, sich hausfrauenfreundlich zu geben, hätte ein Journalist auch dafür bestraft werden können, daß er im Auftrage der Partei Kochrezepte veröffentlicht hätte.

Noch bevor es zu dem Urteil des Bundesverfassungsgerichts kam, das diesen juristischen Unfug absegnete, hatte ich Gelegenheit, vor dem Sonderausschuß des Deutschen Bundestags für die Strafrechtsreform meine Meinung zu dieser Art antikommunistischer Justizpraxis zu sagen. Am 23. Mai 1966 hatte ich die Ehre, neben Dr. Diether Posser vor diesem unter Vorsitz des früheren Generalbundesanwalts, jetzigen Bundestagsabgeordneten der CDU/CSU Dr. Max Güde und unter Mitwirkung von Dr. Dr. Gustav Heinemann tagenden Gremium als Sachverständiger angehört zu werden. Da habe ich auch den Fall Paul Beu vorgetragen, der zu dieser Zeit durch ein Eingreifen des Gesetzgebers noch zu einem für den freiheitlich-demokratischen Staat weniger blamablen Ergebnis hätte gebracht werden können. Ich sagte laut Protokoll:

Dieser Fall zeigt, daß ein Journalist, der sich auf Anweisung seiner Partei legal verhält, dadurch etwas Illegales tut … Die Bestrafung sogenannter »offener Arbeit«, wie sie im Falle Paul Beu erfolgt ist, dürfte bei weitem über das hinausgehen, was sinnvollerweise als Verstoß gegen das KPD-Verbotsurteil bestraft werden kann. Die KPD wäre am 17. August 1956 zweifellos nicht für verfassungswidrig erklärt worden, wenn ihre Führer und Mitglieder damals eine positive Einstellung zu der durch das Grundgesetz festgelegten verfassungsmäßigen Ordnung gefunden und sich legal verhalten hätten. Das Bundesverfassungsgericht hat den Kommunisten vielmehr gerade zum Vorwurf gemacht, daß sie keine positive Einstellung zur freiheitlichen demokratischen Grundordnung gefunden hätten. Nach der Rechtsprechung des 3. Senats des Bundesgerichtshofs soll es nun aber ein Verstoß gegen das Urteil des Bundesverfassungsgerichts sein, wenn Kommunisten sich legal verhalten, wenn sie etwas tun, was als solches jeder andere Staatsbürger unangefochten tun könnte ...

Der Bundesgerichtshof versperrt den Kommunisten den Weg, sich in unseren Staat zu integrieren und in ihm mit den gleichen politischen Rechten wie jeder andere Staatsbürger zu wirken, obwohl den Kommunisten nur eine ganz bestimmte Betätigungsform ihrer politischen Gesinnung durch das KPD-Verbotsurteil verwehrt ist, nämlich die Betätigung als Partei, d. h. die Betätigung im Rahmen einer Beteiligung an allgemeinen Wahlen mit dem Ziel, Sitz und Stimme in den Parlamenten unseres Staates zu erlangen. – Hier muß, da die Rechtsprechung versagt hat, die Strafrechtsreform eingreifen.

Das war sehr milde ausgedrückt. Ich hätte auch Dr. Adolf Arndt, den unbestechlichen Kronjuristen der SPD, zitieren können, der in einer Bundestagsrede im Februar 1957 gegen den damals (schon damals!) geplanten Entwurf eines »Maulkorbgesetzes« zum Schutz der Bundeswehr einen Vergleich gezogen hatte, der mir sicher eine Beleidigungsanklage eingebracht hätte. Das typische Beispiel einer totalitären Perversion des Rechts sei das Heimtückegesetz der Nazis, das sogar die Wahrheit für strafbar erklärte, wenn sie nur aus dem Gedanken einer Gegnerschaft zum Nationalsozialismus ausgesprochen oder verbreitet wurde. Die Regierungsvorlage weise die gleiche Denkstruktur auf. Das Gesetz müßte zur Folge haben, daß es nicht das Gleiche ist, wenn zwei das Gleiche tun, eben weil man sie bloß nach ihren Gedanken unterscheide. Ich habe es nicht gewagt, so unerhörte Vergleiche zu ziehen, denn hinter mir stand keine SPD-Fraktion, sondern nur der Anspruch auf Gleichbehandlung von Kommunisten.

Es hat auch in der Richterschaft einige Juristen gegeben, denen diese faktische Abschaffung des Grundrechts der freien Meinungsäußerung für Kommunisten Unbehagen verursachte. Ich bin zweimal von den Vorsitzenden der Gerichte, bei denen ich Kommunisten verteidigte, nach meinem Plädoyer außerhalb der Verhandlung angesprochen und mit dem Geständnis überrascht worden, daß man mir voll zustimme, aber durch eine feststehende höchstrichterliche Rechtsprechung gebunden sei. Aber immerhin gab es einige Urteile, die versuchten, dieser politischen Entrechtung von Kommunisten Grenzen zu setzen.

So habe ich im Jahre 1963 vor einer Strafkammer des Landgerichts Hamburg den Herausgeber der Zeitschrift *Blinkfüer*, Ernst Aust, verteidigt, dem in einer 235 Seiten umfassenden Anklageschrift von der Staatsanwaltschaft vorgeworfen wurde, er habe als verantwortlicher Chefredakteur dieser Wochenzeitung die Ziele der KPD/SED durch Propaganda gefördert, einen Hetzfeldzug gegen alle staatsbejahenden und staatstragenden Kräfte geführt und versucht, »den Boden für die Schaffung eines Staatswesens nach dem Muster des in der SBZ verwirklichten kommunistischen Herrschaftssystems zu bereiten«. Die Anklageschrift nannte eine Fülle von Paragraphen, gegen die Aust verstoßen haben sollte, von der Rädelsführerschaft in einer verfassungsfeindlichen Vereinigung, Geheimbündelei, Staatsverleumdung, Beleidigung und üblen Nachrede, bis zur Zuwiderhandlung gegen das KPD-Verbot. Und zitierte Artikel aus vielen Jahrgängen des Blattes, die diese Vorwürfe belegen sollten.

Aust hatte sich insbesondere dadurch unbeliebt gemacht, daß er in *Blinkfüer* nicht nur die westdeutschen Rundfunk- und Fernsehprogramme, sondern auch die der DDR abgedruckt hatte, obwohl die Blätter des Springer-Verlages – namentlich *Bild*, *Die Welt*, *Hamburger Abendblatt* und *Hör zu* – auf dem Höhepunkt des kalten Krieges den Abdruck der »mitteldeutschen« (»ostdeutsch« waren im damals herrschenden Sprachgebrauch Schlesien, Pommern und Ostpreußen!) Programme eingestellt hatten. Der Springer-Verlag hatte unter Ausnutzung seiner Machtposition versucht, den Verkauf von *Blinkfüer* zu boykottieren, indem er sämtlichen Zeitungs- und Zeitschriftenhändlern in Hamburg ein Rundschreiben zugesandt hatte, in dem er ihnen den Abbruch der Geschäftsbeziehungen androhte, wenn sie diese Zeitschrift weiterhin verkaufen würden. Springer war mit diesem Machtmißbrauch, gegen den sich Aust mit einer Klage gewehrt hatte, vom Bundesverfassungsgericht gestoppt worden und hatte inzwischen – Geschäft ist Geschäft! – den Abdruck der Ostprogramme längst wieder aufgenommen, nachdem ein Teil seiner Kundschaft zu *Blinkfüer* abgewandert war. Aber nun war die Hamburger Staatsanwaltschaft dabei, *Blinkfüer* das Lebenslicht auszublasen. Und

Pressefreiheit in Gefahr!

Wir klagen an

Blinkfüer 50 Pf

Hexenjagd auf Nonkonformisten

Es ist soweit! Am 8. Oktober 1963, um 9 Uhr beginnt vor der Großen Strafkammer I in Hamburg der Prozeß gegen „Blinkfüer". Wessen klagt man uns, wessen klagt man mich, den Herausgeber dieser Wochenzeitung, an? Man klagt uns an:

WAS IST BLINKFÜER?

Maßnahmen zur Unterdrückung der Pressefreiheit

daß ihr das nicht gelungen ist, war ein Erfolg , auf den ich, als die Hamburger Hauptverhandlung begann, kaum zu hoffen gewagt hatte.

Das am 6. Januar 1964 verkündete Urteil der Strafkammer (Vorsitzender: Dr. Rameken, Beisitzende: Landgerichtsrat Dr. Gees und Landgerichtsrätin Reisse, Schöffen: Bankangestellter Erich Kurtz und Tankstellenpächter Hubert Krins) sprach den Angeklagten nur wegen einzelner Artikel seiner Zeitschrift der Zuwiderhandlung gegen das KPD-Verbot in zwei Fällen schuldig, nicht aber, wie die Staatsanwaltschaft

(Anklagevertreter: Staatsanwalt Dose) gewollt hatte, wegen der Herausgabe von *Blinkfüer* insgesamt, was das Ende dieses Blattes bedeutet hätte. Außerdem befand das Gericht den Angeklagten in drei Fällen der Beleidigung und in zwei Fällen der Staatsverleumdung schuldig und diktierte ihm dafür insgesamt ein Jahr Gefängnis zu. Ein Kompromißurteil, mit dem sich sowohl der Staatsanwalt als auch der Angeklagte zufriedengaben.

Auch die Urteilsbegründung wich in vielem von dem ab, was man sonst aus der Giftküche des kalten Krieges aufgetischt bekam. Viele Seiten widmete das 162 Seiten umfassende Urteil – das wohl von Dr. Gees verfaßt war, der leider bald darauf an Leukämie jung verstorben ist – den Auswirkungen einer freiheitlichen Verfassung, der es angemessen sei, sich mit dem Kommunismus mit geistigen Waffen und nicht mit Strafen auseinanderzusetzen. Auch unerwünschte, unsachliche und auf verfassungsfeindlicher Gesinnung beruhende Kritik müsse in der freiheitlichen Ordnung der Bundesrepublik hingenommen werden, wenn nicht die Grundsätze dieser Ordnung Schaden erleiden sollen.

Als Verstoß gegen das KPD-Verbot hatte das Gericht lediglich den Abdruck von Wahlaufrufen unabhängiger Kommunisten zur Bundestagswahl 1961 gewertet. Fragwürdig genug, aber als Konzession an die Staatsanwaltschaft und den BGH als potentielle Revisionsinstanz unumgänglich. Weitere Verstöße gegen das KPD-Verbot konnte das Gericht als verjährt behandeln, nachdem es den von der Staatsanwaltschaft behaupteten Fortsetzungszusammenhang verneint hatte.

Fragwürdig auch eine Verurteilung wegen Beleidigung der Bundesregierung, in deren Namen der Bundeskanzler (Dr. Konrad Adenauer) Strafantrag gestellt hatte. Beleidigend sollte folgender Absatz aus einem *Blinkfüer*-Artikel sein:

Ja, ja, da drückt sie der Schuh. Eher wäre man in Bonn bereit, den Mann im Mond anzuerkennen, als eine Zone der militärischen Neutralität in Mitteleuropa. Denn solch ein konkreter Schritt zum Frieden und zur Entspannung würde ihre ganze militärpolitische Konzeption – nach Hallstein bis zum Ural – über den Haufen werfen. Wozu hat man denn all die »schönen« Panzer, Düsenjäger, Raketenabschußrampen gebaut, wenn man damit nicht ... Sie können sich einfach nicht an den Gedanken gewöhnen, daß es sich ausgebombt hat, daß niemand mehr, will er nicht seine eigene Vernichtung riskieren, mit dem Feuer spielen kann.

Um daraus eine Beleidigung zu machen, mußte der Text nach bewährtem Muster uminterpretiert werden. Das Gericht glaubte ihm entnehmen zu müssen, die Bundesregierung werde beschuldigt, »unter allen Umständen einen Krieg einer politischen Entspannung vorzuziehen«, sie handle entgegen besserer Einsicht und wolle den Krieg, nicht aber den Frieden. Es hätte dem Hamburger Gericht gut zu Gesicht gestanden, wenn es sich auch an dieser Stelle an die hehren Worte erinnert hätte, die es an anderer Stelle dem Grundrecht der freien Meinungsäußerung gewidmet hatte.

Sehr problematisch war auch die Verurteilung wegen Staatsverleumdung (damaliger § 131 StGB). Anlaß waren typischerweise Artikel, die sich kritisch mit der politischen Justiz auseinandersetzten, zu deren Sünden auch die Hamburger Rameken-Kammer schon manchen Beitrag geleistet hatte. In *Blinkfüer* vom 24. 11. 1961 hatte ein Artikel »Weihnachtssolidarität« gestanden, in dem es hieß:

Viele Bürger sitzen auch in diesem Jahr zu Weihnachten im Gefängnis. Getrennt von Frau und Kindern werden sie am Tage des Festes des Friedens hinter Gittern sitzen müssen, weil sie ihrer Überzeugung als Antifaschisten und Kriegsgegner treu blieben, weil sie mutig und aktiv gegen die atomare Aufrüstung und für die demokratischen Rechte in der Bundesrepublik in Wort und Tat kämpften. – Sie sind ihrer Freiheit beraubt, nicht deshalb, weil sie sich nicht den notwendigen Gesetzen des menschlichen Zusammenlebens einordnen wollten, sondern gerade deshalb, weil sie das Leben in Frieden und Freiheit erhalten wollten und sich darum jenen Politikern widersetzten, die durch ihre Rüstungspolitik den Frieden bedrohen.

Das war nach Auffassung des Gerichts – ebenso wie ein weiterer Artikel, in dem formuliert wurde, daß jemand »wegen seines Eintretens gegen die Atomkriegsgefahr« zu 3½ Jahren Gefängnis verurteilt worden sei – »Staatsverleumdung«. Die Behauptungen seien falsch, denn die gemeinten Personen seien »in Wahrheit bestraft worden, weil sie sich in strafbarer Weise für die KPD/SED betätigt« hätten. Die Zulässigkeit von Justizkritik soll also davon abhängen, ob auch die juristischen Begriffe übernommen werden, um deren Problematisierung es dem Kritiker gerade geht. Eine Verkennung des Rechts der freien Meinungsäußerung, die im Rahmen dieses sonst so erfreulich liberalen Urteils enttäuschte.

Aber wie auch immer, mit diesem Urteil war eine Bresche in die bisherige uferlose Bestrafung kommunistischer Meinungsäußerungen geschlagen. Und wir haben wohlweislich darauf verzichtet, es dem BGH zur Überprüfung vorzulegen. *Blinkfüer* konnte weiter erscheinen, und es hat sicher niemand, der dieses »kommunistische Gedankengut« gelesen hat, Schaden an seiner Seele genommen.

Die Strafrechtsreform von 1968 brachte auch auf dem Gebiet der Meinungsäußerungsdelikte einige Einschränkungen, ließ es aber bei der praktisch uferlosen Bestrafungsmöglichkeit wegen Verstoßes gegen das KPD-Verbot. Wenn die Strafverfolgung von Kommunisten wegen politischer Meinungsäußerungen gleichwohl – und zwar schon vor 1968 beginnend – nach und nach einschlief, dann war das weniger ein Verdienst des Gesetzgebers oder der Justiz, sondern eine Folge von Veränderungen, die sich auf politischem Felde entwickelt hatten. Innenpolitisch war mit der sogenannten Studentenbewegung ein neuer Feind entstanden, der die »kommunistische Gefahr« als Objekt der politischen Justiz ablöste. Außenpolitisch wurde Adenauers »Politik der Stärke« durch eine neue Politik des Ost-West-Ausgleichs ersetzt, da man endlich begriffen hatte, daß eine Verminderung der Kriegsgefahr und Fortschritte auf dem Wege zur deutschen Wiedervereinigung nur durch Verhandlungen mit der DDR zu erreichen waren. Plötzlich waren Thesen zum Bestandteil bundesdeutscher Realpolitik geworden, deren Propagierung durch Kommunisten noch vor kurzem als Verstoß gegen das KPD-Verbot bestraft worden war. Anlaß zum Nachdenken darüber, ob eine Gesellschaft, die durch geschichtliche Erfahrungen mit dem Hitler-Faschismus belehrt sein könnte, nicht besser getan hätte, auch Meinungsäußerungen von Kommunisten, und zwar selbst dann, wenn deren Warnungen und Zukunftsprognosen nicht schon einmal von der Geschichte bestätigt worden wären, als Bestandteil des öffentlichen Meinungsbildungsprozesses zu tolerieren und ernst zu nehmen, statt sie im Wege der politischen Justiz zu unterdrücken.

7. Die Kriminalisierung deutsch-deutscher Kontakte (1962)

Im Januar 1962 hatte ich bei einer Strafkammer des Landgerichts Lüneburg einen Mandanten zu verteidigen, dem vorgeworfen wurde, er habe durch die Teilnahme an einer vom FDGB, dem Gewerkschaftsbund der DDR, veranstalteten gesamtdeutschen Metallarbeiterkonferenz in Berlin-Karlshorst gegen das KPD-Verbot verstoßen und sich außerdem verfassungsfeindlicher Beziehungen (damaliger § 100d Abs. 2 StGB) schuldig gemacht. Obwohl ich damals schon einige Erfahrung in politischen Strafsachen hatte und auch wußte, daß die Lüneburger Richter als besonders stramme Antikommunisten galten, war ich doch naiv genug, an einen sicheren Freispruch zu glauben. Denn der Mann, den ich nach Lüneburg begleitete, war kein Kommunist. Er hieß Oleg von Brackel, stammte aus Riga, 1920 geboren, sein Vater war Buchhändler, er hatte das Schlosserhandwerk erlernt, wurde 1939 – wie die Lüneburger Richter später im Urteil formulierten – »in den Warthegau umgesiedelt« und zur Waffen-SS eingezogen, hat »am Rußlandfeldzug teilgenommen«, erlitt Granatsplitterverletzungen, die eine achtzigprozentige Kriegsbeschädigung zur Folge hatten, wurde mit dem Eisernen Kreuz I. und II. Klasse ausgezeichnet, geriet 1944 in russische Kriegsgefangenschaft, aus der er 1945 entlassen wurde, war 1947 von der britischen Besatzungsmacht wegen seiner früheren SS-Zugehörigkeit einige Monate in einem Lager interniert, fand nach seiner Entlassung Arbeit zunächst in der Landwirtschaft, dann in seinem Beruf als Schlosser. Er wurde Mitglied des Betriebsrats und ehrenamtlicher Funktionär der Gewerkschaft und kandidierte 1961 bei den Kommunalwahlen für den Gemeinderat seiner Wohngemeinde Harpstedt als Parteiloser auf der Liste der SPD.

Was dieser Mann aus seiner Lebensgeschichte gelernt hatte, war vor allem dies: Man darf sich nicht von »denen da oben« abhängig machen, sondern muß selbst nachdenken, was man verantworten kann. Und er war keineswegs mit der Politik des

CDU-Bundeskanzlers Dr. Konrad Adenauer einverstanden, die den Deutschen die Wiederaufrüstung und die einseitige, gegen die Sowjetunion gerichtete militärische Westintegration eingebracht hatte. Deshalb hatte er sich nicht gescheut, seiner Meinung auch durch Unterzeichnung von Aufrufen Ausdruck zu geben, deren Initiatoren und Mitunterzeichner als Kommunisten bekannt waren. Für die Lüneburger Richter ein Beweis, daß Oleg von Brackel eben doch die kommunistische Sache fördern wollte. So verlasen sie genüßlich einen von ihm mitunterzeichneten Aufruf der »Nationalen Front des demokratischen Deutschlands, Landesausschuß Bremen« – also einer in der DDR beheimateten Organisation –, in dem gegen die Ratifizierung der sogenannten Pariser Verträge opponiert wurde. Und in einer von derselben Organisation herausgegebenen Zeitschrift hatte er einen Aufsatz veröffentlicht, in dem er geschrieben hatte:

Deutschlands Jugend ist einmal durch die »kapitalistische braune Uniform« mit »Trara« und »Tamtam« irregeführt worden und später auf Grund der großen »Prophezeiungen« auf den Schlachtfeldern für die »abendländische Kultur« verblutet. Niemals darf es dazu kommen, daß durch Irreführung junge Menschen die besten Jahre ihres Lebens in Kriegsgefangenenlagern oder als Kriegsverbrecher darben, während die »Verantwortlichen« sich ihrer Verantwortung entziehen. Jede Wiederaufrüstung Westdeutschlands führt zu einem neuen Krieg; denn wozu brauchen wir Soldaten? Wer will uns angreifen? ...

Darum gilt es, den Älteren sowie den Jüngeren in allerhöchster Eile die Gefahr einer Wiederbewaffnung und die Notwendigkeit der Erhaltung des Friedens und des Lebens aufzuzeigen, sie vor den kapitalistischen Kriegsgewinnlern zu schützen und es zu verhindern, Soldaten aufzustellen, denn die Soldaten von heute werden morgen Kriegsverbrecher.

Für mich als Verteidiger und politischen Sympathisanten meines Mandanten waren das grundrechtlich geschützte freie Meinungsäußerungen, die nicht dadurch unzulässig wurden, daß sie in einer von Kommunisten herausgegebenen Zeitschrift veröffentlicht wurden – wer hätte sie sonst gedruckt? – und sich inhaltlich mit Auffassungen deckten, die auch von Kommunisten vertreten wurden. Aber gerade dies war für die Manipulateure der öffentlichen Meinung und deren gedankenlose

Nachplapperer hinreichender Grund, die aus dem Amerika der McCarthy-Ära stammenden Schablonen der »Kontaktschuld« und der »Konsensschuld« anzulegen und alles, was da von einem ehrlichen Mann wie Oleg von Brackel aus ernster Sorge um den Frieden geäußert wurde, als kommunistische Propagandafloskeln abzutun.

Es entsprach der aus eigener bitterer Lebenserfahrung gewachsenen politischen Haltung meines Mandanten, daß er sich auch von der offiziellen Verfemung von »Ostkontakten« nicht abschrecken ließ und im Oktober 1960 der Einladung zur »gesamtdeutschen Metallarbeiterkonferenz« in Berlin-Karlshorst gefolgt war.

Er hatte dort einen etwa zehn Minuten dauernden Diskussionsbeitrag geleistet, über den westdeutsche Staatsanwälte im *Neuen Deutschland*, der damals von der SED herausgegebenen Tageszeitung, folgendes nachlesen konnten:

Im weiteren Verlauf der Diskussion kritisierte der Bremer Betriebsrat von Brackel, daß auf dem westdeutschen Verbandstag nicht gesagt wurde, wie der Kampf organisiert werden muß. Wer, wie Richter (DGB), Kontakte mit der DDR und dem FDGB ablehnt, hat die Wiedervereinigung abgeschrieben. Wie anders als durch Kontakte könne man sich dann näher kommen. Stürmischer Beifall brandete auf, als der Betriebsrat sagte: »Wer auf den Zusammenbruch der DDR wartet, kann auf den Sankt-Nimmerleins-Tag warten.«

In dem Punkt hat er sich geirrt, wie viele andere auch. Daß und wie es zum Zusammenbruch der DDR kommen würde, konnte Oleg von Brackel damals nicht voraussehen. Aber dies sollten bald, als es nämlich den wirtschaftlichen Interessen der herrschenden Klasse entsprach, auch andere für richtig halten:

Wer Frieden und sozialen Wohlstand in der Bundesrepublik will, muß mit der DDR zusammenarbeiten, ob es ihm paßt oder nicht.

Damit hatte er die Toleranzschwelle westdeutscher Staatsanwälte überschritten, unter denen es, und zwar gerade in Lüneburg, einige gab, die sich schon bei Gerichten des Hitler-Staates fragwürdige Verdienste erworben hatten. In Dokumentationen, die Verfolgte des Naziregimes im Selbstverlag und fernab von den üblichen Vertriebswegen in kleiner Auflage herausgaben (z. B. die 1965 von dem ehemaligen niedersächsischen

Landtagsabgeordneten Ludwig Landwehr verfaßte Broschüre »NS-Juristen in Niedersachsen«), waren sie namhaft und für den »Geist von Lüneburg« verantwortlich gemacht worden, der sich in harten Urteilen gegen Kommunisten und eifriger Strafverfolgung gegen alle, die mit Kommunisten »gemeinsame Sache machten«, niederschlug. Auch Oleg von Brackel und sein Verteidiger sollten diesen Geist kennenlernen.

Die Lüneburger Richter verurteilten meinen Mandanten zu sieben Monaten Gefängnis, die zur Bewährung ausgesetzt wurden. Die Veranstaltung in Ostberlin habe eine verfassungsfeindliche Zielsetzung gehabt, nämlich die Ausbreitung des Herrschaftssystems der »Sowjetzone« auf das Gebiet der Bundesrepublik vorzubereiten. Der Angeklagte habe durch sein Auftreten auf dem Kongreß »die hinter dem Kongreß stehende Gesamtorganisation« unterstützt, nämlich die SED, den FDGB und die illegale KPD in Westdeutschland. Er sei deshalb sowohl wegen verfassungsfeindlicher Beziehungen als auch wegen Verstoßes gegen das KPD-Verbot zu bestrafen. Strafmildernd habe man ihm zugute gehalten, daß er »im Kriege seine Pflicht erfüllt« habe. Ein Satz aus der mündlichen Urteilsbegründung, den der Angeklagte und sein Verteidiger nur kopfschüttelnd zur Kenntnis nehmen konnten.

Oleg von Brackel verstand die Welt nicht mehr. Daß er als Soldat der Waffen-SS mit Hitlers Armeen in die Sowjetunion eingefallen und auf Moskau marschiert war, wurde ihm noch im Jahr 1962 als Verdienst angerechnet. Daß er sich in bewußter Abkehr von diesem in einem früheren Lebensabschnitt mitbegangenen Kollektivverbrechen zu einer politischen Haltung bekannte, die friedliche Verständigung auch mit der Sowjetunion und der von dieser Großmacht abhängigen DDR anstrebte, wurde als kriminelle Handlung eingestuft. Auch für seinen Verteidiger war dieses – weitgehend aus dem Urteil des BGH gegen Passarge u.A. vom 4. 10. 1958 abgeschriebene und vom BGH bestätigte – Urteil ein Tiefpunkt der Kalten-Kriegs-Justiz, mit dem sich die daran beteiligten Lüneburger und Karlsruher Richter ein trauriges Denkmal gesetzt haben.

Die Kriminalisierung deutsch-deutscher Kontakte durch bundesdeutsche Gerichte betraf auch Bürger der DDR, die in die Bundesrepublik einreisten und regelmäßig von irgendeiner DDR-Organisation, die bei der Genehmigung der Ausreise ein Wort mitzureden hatte, den Auftrag erhalten hatten,

Gespräche mit bestimmten Personen zu führen. Gespräche, die für jeden, der begriffen hatte, daß Miteinander-Reden besser ist als Aufeinander-Schießen, nicht dadurch kriminell werden konnten, daß sie möglicherweise auch dem Ziel der SED dienten, den westlichen Gesprächspartnern ein möglichst günstiges Bild der Verhältnisse in der DDR zu vermitteln und sie zu Reisen in die DDR zu ermuntern. Für die westlichen Hardliner des kalten Krieges jedoch gab es nur diese Sicht aus der Interessenlage der SED, die sich unschwer bis zu dem angeblichen Endziel verlängern ließ, »das Herrschaftssystem der Sowjetzone auf das Gebiet der Bundesrepublik auszubreiten«. Und so wurde manche Reise ahnungsloser DDR-Bürger in den freien Westen zu einem Horrortrip, der bei den Betroffenen einigermaßen verwirrende Eindrücke von westdeutscher Rechtsstaatlichkeit hinterlassen haben muß.

Es war ebenfalls Anfang der sechziger Jahre, daß ich einmal ins Hamburger Untersuchungsgefängnis gerufen wurde, um die Verteidigung eines Mannes zu übernehmen, der aus Leipzig eingereist war und sich Vorwürfen ausgesetzt sah, die er überhaupt nicht verstand. Er hatte seine in Hamburg lebende Mutter besuchen wollen, die er seit vielen Jahren nicht gesehen hatte, und zu seiner Freude endlich eine Reisegenehmigung bekommen. Seine Betriebsgewerkschaft hatte ihre Zustimmung erteilt und ihn bei dieser Gelegenheit gebeten, auch den X und den Y in Hamburg aufzusuchen, um sie zur Leipziger Messe einzuladen. Er hatte diesen Auftrag übernommen, ohne auch nur entfernt daran zu denken, daß dies nach westdeutschem Recht eine strafbare Handlung sein könnte.

Schon bald nach dem Grenzübertritt fiel er einem westdeutschen Polizisten auf, weil eine DDR-Zeitung aus seiner Jackentasche ragte. Der vernahm ihn wegen des Verdachts der Einfuhr verfassungsfeindlichen Schrifttums (damaliger § 93 StGB). Der Mann aus Leipzig – ich nenne ihn mal Traugott Ostmann – war erstaunt, daß es in der freiheitlichen Bundesrepublik einen solchen Paragraphen gab, der ihn an die politische Borniertheit in seiner Heimat erinnerte. Er erzählte – immer noch überzeugt, in einem freien Land zu sein – in aller Harmlosigkeit vom Zweck seines Besuchs, nämlich seine Mutter in Hamburg wiederzusehen, aber auch davon, daß seine Betriebsgewerkschaft ihn gebeten habe, den X und den Y zur Leipziger Messe einzuladen. Und fiel aus allen Wolken, als ihm eröffnet wurde, daß er damit eingestanden habe, für einen verfassungsverräterischen Nachrichtendienst tätig geworden zu sein (damaliger § 92 StGB).

Hätte er nicht so bereitwillig erzählt, wäre die Sache mit der Zeitung nicht über einen Anfangsverdacht hinausgediehen, weil sie nicht, wie es § 93 voraussetzte, zur Verbreitung eingeführt war. Aber die von Ostmann überbrachte Einladung zur Leipziger Messe an X und Y und deren Rückmeldung, das war eine handfeste Sache. Die Scharfmacher in Richterrobe hatten aus dem § 92 eine Waffe gemacht, mit der man auch Menschen wie unseren Mann aus Leipzig abfangen konnte. Das ging so: Die Betriebsgewerkschaft, die die Reise des Angeklagten befürwortet hat, ist Teil des FDGB; der FDGB ist »Transmissionsriemen« der SED für deren verfassungsfeindliche Zielsetzung, in der Bundesrepublik die Diktatur des Proletariats einzuführen; zu diesem Zweck unterhält der FDGB eine Nachrichtenorganisation, die um Beschaffung von Nachrichten aller Art bemüht ist; der Angeklagte Ostmann hatte sich bereit erklärt, die Nachricht zu beschaffen, ob X und Y bereit seien, zur Leipziger Messe zu kommen. Damit hatte unser Mann aus Leipzig sich nach dem Verständnis der Richter in einen »verfassungsverräterischen Nachrichtendienst« eingeordnet und wurde nach § 92 StGB zu einer Gefängnisstrafe verurteilt. Diese wurde zwar zur Bewährung ausgesetzt, denn man glaubte ihm, daß er in Zukunft Reisen in die Bundesrepublik vermeiden werde. Aber es wurde dafür gesorgt, daß er zwangsweise zur Grenze gebracht wurde, ohne den X und den Y zur Leipziger Messe eingeladen zu haben. Und auch seine Mutter hat vergeblich auf den Besuch ihres Sohnes gewartet. Ich werde seinen Kommentar nicht vergessen: »Etwas anders hatte ich mir die westliche Freiheit doch vorgestellt.«

Urteile wie die gegen Oleg von Brackel und Traugott Ostmann sind nur zu verstehen, wenn man sich noch einmal in eine Zeit zurückversetzt, in der eine christdemokratisch geführte Bundesregierung eine rigorose »Politik der Stärke« betrieb, die eine Wiedervereinigung Deutschlands lautstark propagierte, aber nur unter der Bedingung akzeptieren wollte, daß ganz Deutschland sich dem gegen die Sowjetunion gerichteten westlichen Militärbündnis anschließen dürfe. Da mit einem weltweiten Zusammenbruch des realsozialistischen Systems seinerzeit niemand rechnen konnte, hieß das aus damaliger Sicht: Wiedervereinigung entweder durch Krieg oder niemals. Daraus ergab sich der Grundkonflikt zwischen der von dem christdemokratischen Bundeskanzler Dr. Konrad Adenauer angeführten Mehrheit und der Opposition, einer Opposition, die sich als »Dummköpfe oder Verräter«, als »Kommunisten« oder deren »nützliche Idioten« beschimpfen lassen mußte oder als »verfassungsfeindlich« von der politischen Justiz abgeurteilt wurde. Die DDR war für Adenauer und seine Gefolgschaft nicht existent, ein »Unrechtsregime«, dessen internationale Anerkennung als Staat man zu blockieren versuchte. Für dieses im traditionellen Antikommunismus verharrende Denken blieb die 1949 im Gegenzug zur Gründung der westdeutschen Bundesrepublik gegründete Deutsche Demokratische Republik die »Sowjetische Besatzungszone«, die »SBZ«, die »sogenannte DDR«, mindestens wurde DDR in Anführungszeichen gesetzt. Selbst in notariellen Urkunden durfte dieser von der Bonner Politik und ihren Nachbetern geschnittene Staat nicht als DDR bezeichnet werden. Es gab eine entsprechende Verfügung des Ministeriums für gesamtdeutsche Fragen, auf die ich in meiner Eigenschaft als Notar hingewiesen wurde, als ich das verpönte Wort einmal in einer Urkunde verwendet hatte. Ich mußte eine ergänzende Urkunde erstellen und nahm nunmehr folgende Erklärung des Mandanten auf: »Nachdem ich von dem beurkundenden Notar darauf hingewiesen worden bin, daß das Wort DDR in notariellen Urkunden nicht vorkommen dürfe, erkläre ich, daß ich die sogenannte SBZ gemeint habe.« Dem Notariatsprüfer gefiel auch das nicht, aber er ließ es, meine Opposition respektierend, dabei bewenden.

Die offizielle Sprachregelung war Ausdruck einer Politik, die der DDR jede staatliche Legitimität absprach. Daraus folgte die Weigerung, mit Regierungsvertretern der DDR zu verhandeln oder auch nur deren Schreiben zu beantworten. Und daraus folgte weiter die Pönalisierung von Kontakten zu Organisationen, die als »Transmissionsriemen« der SED-Politik diskriminiert wurden. Wer Anfang der sechziger Jahre sich auf Gespräche und gemeinsame Veranstaltungen mit Leuten einließ, die diesen nach offizieller Bonner Richtlinie nichtexistenten Staat repräsentierten, und damit die auf Herstellung guter Nachbarschaft zu den sozialistischen Ländern gerichtete neue Ostpolitik der Regierung Willy Brandt vorwegnahm, riskierte, wegen »verfassungsfeindlicher Beziehungen« und wegen Verstoßes gegen das KPD-Verbot bestraft zu werden. Gorbatschows Ausspruch »Wer zu spät kommt, den bestraft die

Geschichte« läßt sich für die Deutschen dahin abwandeln: Wer zu früh kommt, den bestraft die politische Justiz.

Die massenhafte Abstrafung deutsch-deutscher Kontakte, die im damaligen Sprachgebrauch als »Ostkontakte« diffamiert wurden, drang nur ausnahmsweise ins öffentliche Bewußtsein der westdeutschen Bevölkerung, wenn es sich um besonders spektakuläre Fälle handelte. So die Bestrafung der Organisatoren der jahrelang geduldeten und mit Sonderzügen der Bundesbahn geförderten Aktion »Frohe Ferien für alle Kinder«, die seit 1954 billige Ferienreisen für westdeutsche Kinder in die DDR vermittelt hatten. Oder die Kriminalisierung deutsch-deutscher Sportlerkontakte mit der Begründung, daß der DTSB (Deutscher Turn- und Sportbund) der DDR eine Ersatzorganisation für die verbotene KPD sei. Aber grundsätzlich konnte dieser der Durchsetzung der Adenauerschen Außenpolitik dienende Mißbrauch des Strafrechts jahrelang in bundesdeutschen Gerichtssälen betrieben werden, ohne daß die Kritiker dieser Rechtsprechung – insbesondere der von dem Heidelberger Kollegen Dr. Walther Ammann federführend geleitete Initiativausschuß der Verteidiger in politischen Strafsachen – eine nennenswerte Resonanz in der von traditionellem antikommunistischem Kollektivhaß beherrschten Öffentlichkeit fanden.

Erst ein Fernsehbericht von Lutz Lehmann in *Panorama* vom 9. 11. 1964 brachte den Durchbruch und lenkte die Aufmerksamkeit der kritischen Öffentlichkeit auf dieses dunkle Kapitel deutscher Justizgeschichte.

Bundesdeutsche Richter, damals noch durchsetzt mit Juristen, die schon unter Hitler Kommunisten verurteilt hatten, führten in ungebrochenem Traditionsbewußtsein die von ihren Bonner Gesinnungsgenossen beginnend mit dem 1. Strafrechtsänderungsgesetz von 1951 beschlossene neue Kommunistenverfolgung mit einem politischen Eifer durch, der sich nicht durch rechtsstaatliche Bedenken irritieren ließ. Erst die neue Ostpolitik der Regierung Brandt ließ diese Form politischer Justiz stillschweigend einschlafen.

Inzwischen gibt es die deutsch-deutsche Grenze nicht mehr. Aber es gibt noch deutsche Juristen, die das Unrecht aburteilen, das an dieser Grenze geschehen ist. Ich vermisse noch die Wiedergutmachung des Unrechts, das an denen, die wegen unerwünschter Ost- und Westkontakte verurteilt worden sind, von deutschen Richtern begangen worden ist.

8. Das dritte Urteil gegen einen kommunistischen Widerstandskämpfer. Der Fall Willi Meyer-Buer (1963)

Einer der für meine eigene politische Bewußtseinsbildung bedeutsamsten Prozesse sollte das Verfahren gegen Willi Meyer-Buer werden, einen in Bremen sehr populären und auch von politische Gegnern hochgeachteten Kommunisten, der von 1946 bis zum KPD-Verbot des Jahres 1956 der Bremer Bürgerschaft als kommunistischer Abgeordneter angehört hatte, dem Stadtparlament noch bis 1959 als Mitglied einer Gruppe »Unabhängiger Sozialisten«. Man kannte ihn als brillanten Redner im Parlament und auf Volksversammlungen, man wußte, daß er als Widerstandskämpfer gegen den Hitler-Faschismus viele Jahre in Zuchthäusern und Konzentrationslagern zugebracht hatte, und man wunderte sich, »warum ist so einer Kommunist?«, weil er als erfolgreicher Kaufmann und Inhaber zweier gutgehender Geschäfte für Uhren, Gold- und Silberwaren eigentlich nicht zur Arbeiterklasse gehörte.

Die Anklage warf ihm vor, »gegen das KPD-Verbot verstoßen« zu haben – ein generalklauselartiger Straftatbestand, unter den sich praktisch jede politische Betätigung von Kommunisten bringen ließ –, indem er sich bei der Bundestagswahl 1961 um ein Bundestagsmandat als unabhängiger Einzelkandidat beworben und dabei nicht verschwiegen hatte, daß er nach wie vor Kommunist sei. »Wählen Sie den Kommunisten Meyer-Buer!« hatte er am Schluß einer Rede gesagt. Und in Flugblättern und anderen Veröffentlichungen hatte er daran erinnert, daß er sich viele Jahre lang als kommunistischer Bürgerschaftsabgeordneter für die Interessen der arbeitenden Bevölkerung eingesetzt hatte. Damit sagte er den Bremern, die ihn als Kommunisten kannten, nichts Neues. Aber es war der Anknüpfungspunkt für den Anklagevorwurf, es sei dem Angeklagten darum gegangen, die Erinnerung an die durch Urteil des Bundesverfassungsgerichts vom 17. 8. 1956 verbotene KPD wachzuhalten.

Die Hauptverhandlung (24. 4.–20. 5. 1963) vor einer mit drei

Berufsrichtern und zwei Schöffen besetzten Strafkammer des Landgerichts Bremen fand in der Öffentlichkeit einen großen Widerhall und unterschied sich dadurch von vielen anderen Verfahren der politischen Justiz, die ich als Verteidiger miterlebt habe. Über jeden Verhandlungstag wurde in Presse und Rundfunk ausführlich berichtet, und auch sonst war der Prozeß allgemeines Gesprächsthema. Selbst konservative Kollegen, von denen ich das nie erwartet hätte, sprachen mich auf die Peinlichkeit dieser Anklage an. Und ich glaube, auch die Richter und Schöffen fühlten sich nicht wohl in ihrer Haut.

Sie mußten sich zu Beginn der Verhandlung einen Lebenslauf anhören, wie ihn nur wenige Menschen in diesem Lande vorzuweisen hatten. 1911 als Sohn eines Bergwerksbeamten im Ruhrgebiet geboren, trat der Angeklagte nach Schule und kaufmännischer Lehre schon 1930 dem Kampfbund gegen den Faschismus und 1931 der KPD bei. Mit Hitlers Machtübernahme am 30. Januar 1933 begann zum ersten Mal im Leben des Kommunisten Meyer-Buer eine Zeit, in der es illegal war, sich als Kommunist zu betätigen. Am 19. Oktober 1933 wurde er verhaftet. Meyer-Buer schilderte, wie sich die polizeiliche Vernehmung abspielte: Vier Menschen waren gleichzeitig zur Vernehmung geholt worden. Einer wurde ins Vernehmungszimmer hineingeholt, die anderen drei mußten im Vorzimmer warten und mit dem Gesicht zur Wand stehend mit anhören, wie ihr Genosse im Vernehmungszimmer geschlagen wurde und vor Schmerz schrie. Schließlich war auch der Angeklagte dran, wurde über einen Tisch gezogen und brutal geschlagen, weil er sich weigerte, andere zu belasten. Das Polizeiprotokoll vom 20. 10. 1933 ist erhalten geblieben. Da heißt es:

Gelsenkirchen, den 20. 10. 33
Mit der Vernehmung des Beschuldigten Wilhelm Meyer* wurde abgebrochen, weil er sich die einzelnen Namen überlegen wollte und er auch weiter dem Sachverhalt nicht folgen konnte.
Unterschrift Krim. Asst.
Unterschrift Krim. Sekr.

Warum er dem Sachverhalt nicht folgen konnte, wird nicht mitgeteilt. Aber jeder weiß: Hier ist bis zur Vernehmungsunfähigkeit gefoltert worden. Dann geht es wie folgt weiter:

* Den Doppelnamen Meyer-Buer hat er erst später angenommen.

Nochmals vorgeführt erscheint der Wilhelm Meyer, zur Wahrheit ermahnt, und sagt aus:

Nachdem Meyer unter Vorhalt verschiedene Fragen beantworten sollte, verlangte er einen Schluck Wasser. In diesem Moment erhob er sich, lief blitzschnell zum Fenster, öffnete dasselbe, und ehe er von uns zurückgehalten werden konnte, sprang er aus dem Fenster und blieb im Gefängnishof bewußtlos liegen …

In einem Vermerk vom 2. 11. 33 heißt es:

Meyer war Mitglied der K.P.D. und war gleichzeitig dem Kampfbund gegen den Faschismus angeschlossen. Er kann als fanatischer Kommunist angesehen werden. Bei den stattgefundenen Gegenüberstellungen wollte er keine Person kennen und leugnete alles ab. Um seine Genossen nicht zu verraten, hat er einen Fluchtversuch unternommen, indem er bei der Vernehmung in einem unbewachten Augenblick aus dem Fenster sprang und sich innere Verletzungen zugezogen hat.

Willi Meyer-Buer litt unter den schweren Verletzungen, die er bei dem Sturz aus acht Meter Höhe und durch die Mißhandlung erlitten hat, bis zu seinem Lebensende. Er ist am 13. 7. 1997 politisch ziemlich vereinsamt gestorben.

Die Richter des Oberlandesgerichts Hamm, die am 26. 10. 1934 Willi Meyer-Buer und weitere vierzig Angeklagte wegen Vorbereitung zum Hochverrat zu Zuchthaus- und Gefängnisstrafen verurteilten, schrieben in die Gründe ihres Urteils, daß sie ihre tatsächlichen Feststellungen auf die »glaubwürdigen Geständnisse« stützten, die Meyer und andere Angeklagte bei ihrer polizeilichen Vernehmung gemacht hätten. Und wörtlich:

Für den Senat besteht kein Anlaß, an der Richtigkeit der früheren Angaben, die unter dem frischen Eindruck der polizeilichen Festnahme gemacht worden sind, zu zweifeln. Das um so weniger, als keiner dieser Angeklagten eine glaubhaft einleuchtende Erklärung dafür zu geben vermag, warum er bei seinen früheren Vernehmungen von der Wahrheit abgewichen sein will. Keiner dieser Angeklagten behauptet, daß er aus Furcht vor Mißhandlungen die Unwahrheit gesagt habe.

Deutsche Juristenlogik im Jahre 1934: Da niemand behaupten wollte, die erfolterten Geständnisse seien unwahr gewesen, kam es auf deren Zustandekommen nicht an.

Die Geständnisse bezogen sich auf Handlungen, die in irgendeiner Weise dem Ziel dienten, Reste des von den Nazis zerschlagenen Apparats der kommunistischen Partei aufrechtzuerhalten. Da gab es Angeklagte, die Pfennigbeträge für die notleidenden Familien verhafteter Genossen gespendet oder gesammelt hatten. Andere hatten flüchtige Genossen beherbergt. Einer hatte die Instrumente der Schalmeienkapelle einem anderen zur Aufbewahrung gebracht. Alles »Vorbereitung zum Hochverrat«. Denn – so lesen wir im Urteil des OLG Hamm aus dem Jahre 1934:

Die Unterstützung der KPD, die Förderung ihrer Ziele, das Eintreten und Werben für ihre !dee, ist Vorbereitung zum Hochverrat. Die KPD erstrebt, wie gerichtsbekannt ist, seit längerer Zeit die Änderung der Verfassung des Deutschen Reiches und die Errichtung einer Arbeiter- und Bauerndiktatur nach sowjetrussischem Muster. Nachdem sie eingesehen hat, daß sie dieses Ziel auf gesetzmäßigem Wege nicht erreichen kann, sucht sie auf dem Wege des gewaltsamen Umsturzes ans Ziel zu kommen. Jede Handlung, die geeignet ist, dieses Ziel herbeizuführen, mag sie nun in der Herstellung und Verteilung von Flugblättern, in dem Aufbau der zertrümmerten Organisation bestehen, mag sie durch Geldsammlungen für kommunistische Zwecke, durch Sicherstellung kommunistischer Vermögenswerte oder durch Unterstützung kommunistischer Funktionäre, insbesondere durch Beherbergung flüchtiger Kommunisten ausgeübt werden, stellt deshalb das Verbrechen der Vorbereitung zum Hochverrat dar ...

Daß den Angeklagten »unmöglich unbekannt« sein konnte, daß alles dies der Vorbereitung des Hochverrats diente, begründeten die Hammer Richter von 1934 so:

Das ist um so weniger anzunehmen, als durch die großzügige und umfassende Aufklärungsarbeit, die die nationale Regierung seit ihrem Bestehen und namentlich seit dem Reichstagsbrand geleistet hat, jedermann über die verbrecherischen Ziele der KPD und ihrer Nebenorganisationen aufgeklärt worden ist und jeder Volksgenosse darüber unterrichtet war, daß jede wie auch immer geartete Unterstützung kommunistischer Ziele ein Verbrechen gegen Volk und Staat darstellt.

Die antikommunistische Propaganda der Hitler und Goebbels und ihrer Medien als Argument für die Allgemeinkundigkeit der hochverräterischen Ziele der KPD. Unvorstellbar, daß diese Angeklagten von 1934 eine Chance gehabt hätten, Beweis für die Legitimität des kommunistischen Widerstandes gegen den damals erst in den Anfängen steckenden Naziterror anzutreten. Unvorstellbar, daß sie mit der »Wahrheit über den Reichstagsbrand« – so der Titel eines der bei Meyer gefundenen Flugblätter – oder mit der Warnung »Wer Hitler wählt, wählt den Krieg!« gehört worden wären.

Nur drei Verhandlungstage hatte das Gericht damals gebraucht, um mit 46 Angeklagten fertig zu werden. Sie waren fast durchweg »in vollem Umfang geständig«, wie man im Urteil lesen kann. Die Polizei hatte ganze Arbeit geleistet.

Wer diese alten, im Archiv des OLG Hamm erhalten gebliebenen Akten durchblättert, stößt auf erschütternde Briefe, in denen die Not der Opfer und die bürokratische Hartherzigkeit der Täter politischer Justiz dokumentiert sind.

Einer der Angeklagten, der 1909 geborene Arbeiter Hans Schmidt, wurde zu einer Gefängnisstrafe von einem Jahr und sechs Monaten verurteilt, weil er einer Frau, von der er wußte, daß sie »eine rührige Kommunistin« war, einmal 10 Pfennig für Angehörige der politischen Gefangenen gespendet und einmal für sie ein Paket mit Wachsbogen aufbewahrt hatte. Für Schmidt, der selbst nicht Mitglied der KPD war, hatten sich Nachbarn und andere Bekannte in mehreren Schreiben eingesetzt, weil er ein »rechtschaffener und tüchtiger Mensch« sei, sich nie politisch betätigt oder gar »staatsfeindlich« geäußert habe. Trotzdem wurde ein Gesuch seiner Mutter, ihrem Sohn zu ermöglichen, den schwer erkrankten Vater noch einmal lebend zu sehen, kaltschnäuzig abgelehnt. Am 4. 1. 1934 erfuhr Schmidt, daß sein Vater am 25. 12. 1933 gestorben war. Auch an der Beerdigung seines Vaters hatte dieser »Hochverräter« nicht teilnehmen dürfen.

Auch der Bergmann Robert Warich, Jahrgang 1901, hatte Geld für politische Gefangene gespendet, zweimal 10 und einmal 50 Pfennig. Das reichte für ein Jahr vier Monate wegen Vorbereitung zum Hochverrat. Die Akten enthalten ein Schreiben seiner Schwester an das Justizministerium, in dem die Not seiner Familie – vier kleine Kinder und eine »seelisch vollkommen zusammengebrochene Frau« – geschildert und unter Beteuerung der unpolitischen Haltung ihres Bruders um dessen Freilassung gebeten wird. Natürlich wurde auch dieses Gesuch im üblichen Amtsdeutsch abgelehnt. Wir wissen nicht, was aus Robert Warich, seiner Frau und seinen vier Kindern geworden ist. Auch die Richter, die ihn 1934 verurteilten, werden es zu keiner Zeit gewußt haben, denn es gehört zu den traditionellen Eigentümlichkeiten der Justiz, sich um ihre Opfer nicht zu kümmern.

Was der damals 22jährige Willi Meyer-Buer getan hatte, war da schon von anderem Format. Er hatte nach den Urteilsfeststellungen die Funktion eines Kuriers zwischen dem Instruktionsleiter und den Unterbezirken der verbotenen KPD und als solcher für den Ausbau der Unterbezirke zu sorgen und sie mit Instruktionsmaterial zu versehen. Dieser Tätigkeit habe er sich »mit großem Eifer und großem Erfolg« unterzogen. Und so hieß es denn in den Strafzumessungsgründen des Urteils von 1934:

Den Angeklagten Meyer konnte seine Jugend nicht vor dem Zuchthaus bewahren, denn gerade er hat in ganz besonders rühriger und erfolgreicher Weise gearbeitet und mit an der Spitze der illegalen KPD-Organisation in Gelsenkirchen gestanden.

Auf zwei Jahre und drei Monate Zuchthaus wegen Vorbereitung zum Hochverrat in Tateinheit mit einem Vergehen gegen das Waffengesetz – Meyer hatte bei seiner Festnahme eine Pistole und Patronen bei sich – lautete das Urteil.

Nach seiner Haftentlassung im Januar 1936 setzte Willi Meyer-Buer seine politische Arbeit für die illegale KPD fort und wurde schon im März dieses Jahres erneut verhaftet und zunächst in den Konzentrationslagern Esterwegen und Sachsenhausen eingesperrt. Was er dort miterlebt hat, gab das Bremer Landgerichtsurteil von 1963 in einem dürren Satz wieder:

In diesen Konzentrationslagern ist der Angeklagte Zeuge menschenunwürdiger Behandlung sowie brutaler Mißhandlungen und Tötungen von Insassen durch das Bewachungspersonal geworden.

Ich will einen Teil seines Berichts etwas ausführlicher zitieren:

Bei den Gefangenen im KZ-Lager Esterwegen gab es nur eine Bewegungsart: den Laufschritt. Im Laufschritt wurden wir auf die Baracke zugetrieben, in der die KZ-Kleidung ausgegeben wurde. Unterwegs wurde uns immer wieder befohlen, uns hinzulegen und vorwärts zu robben. Total erschöpft und durchgeschwitzt kamen wir endlich zur Effektenbaracke. Wir traten ein. Ein Häftling baute sich in strammer Haltung vor den zwei SS-Leuten auf und meldete, in der Effektenbaracke habe es keine besonderen Vorkommnisse gegeben.

Ein SS-Mann fragte uns, ob wir den Häftling, der eben seine Meldung erstattete, noch kannten. Der wurde nun aufgefordert, seinen Namen zu nennen. Es war Ernst Heilmann, Fraktionsvorsitzender der SPD im preußischen Landtag (1921–1933), der wegen seines extremen Antikommunismus in der organisierten Arbeiterschaft Deutschlands bekannt, aber auch berüchtigt war.

Wir erfuhren, daß Ernst Heilmann nach seiner Einlieferung ins KZ Esterwegen, die schon etwas länger zurücklag, von der SS gezwungen wurde, mit einer Kette um den Hals in einer Hundehütte zu leben und auf ihre Aufforderung zu bellen. Nicht genug mit dieser Marter sollte Heilmann gezwungen werden, seinen eigenen Kot zu verschlucken. Er weigerte sich, mit schlimmen Folgen für ihn.

Ernst Heilmann ist 1940 im KZ Buchenwald ermordet worden.

Meyer-Buer berichtete in der Bremer Hauptverhandlung von weiteren schrecklichen Quälereien, die von den SS-Mannschaften an KZ-Häftlingen verübt wurden. Ich will nur noch seinen Bericht über den Transport vom KZ Esterwegen ins KZ Sachsenhausen wiedergeben:

Die ganze Fahrt dauerte etwa 36 bis 40 Stunden. Der Bedürfniseimer war bereits nach ein paar Minuten übergelaufen. Da alle Bedürfnisse, die kleinen wie die großen, bis zu unserer Ankunft unaufschiebbar waren, entstand in dem Waggon eine unbeschreibliche Situation. Essensrationen hatten wir nicht mitbekommen, halb verhungert und verdurstet, verschmutzt von oben bis unten, warteten wir sehnsüchtig auf das Ende unserer Fahrt. Endlich war es soweit. In Sachsenhausen wurden wir mit Hunden, Peitschen und Schlagstöcken empfangen. Mit fürchterlichem Gebrüll trieben die SS-Mannschaften uns aus den Waggons. Einige Kameraden waren so entkräftet, daß sie ohne Hilfe nicht aussteigen konnten. Einer von uns starb auf dem Wege vom Bahnhof zum Lager Sachsenhausen. Auf der Fahrt hatte er einen stundenlangen Todeskampf, ohne jede Hilfe, zu überstehen.

Wem fallen bei diesen Schilderungen nicht die entsetzlichen Qualen ein, denen die jüdischen Menschen auf ihrem letzten

Transport ins Vernichtungslager ausgesetzt waren. Wem fällt nicht ein, daß auch ein Carl von Ossietzky, von der zivilisierten Welt 1936 als Träger des Friedensnobelpreises gefeiert, von der deutschen Justiz noch bis in unsere Tage als Landesverräter diffamiert, den Brutalitäten der SS-Schergen im KZ Esterwegen ausgeliefert war. Der Fall Meyer-Buer zwang die Bremer Öffentlichkeit, sich noch einmal der Schandtaten zu erinnern, die von deutschen Befehlsempfängern zur Zeit der Naziherrschaft an Kommunisten, Sozialdemokraten, Juden und anderen mißliebigen Menschen begangen worden sind. Und man mußte sich peinlicherweise auch daran erinnern, daß schon damals deutsche Richter an der Unterdrückung kommunistischer Gesinnung mitgewirkt hatten.

Die Bremer Richter von 1963 waren genötigt, zur Kenntnis zu nehmen, daß ihre Kollegen im Nazi-Reich die Betätigung kommunistischer Gesinnung mit ganz ähnlichen Gründen, wenn auch mit anderen Paragraphen, bestraft hatten. War es damals der Tatbestand der »Vorbereitung zum Hochverrat« gewesen, dessen Uferlosigkeit die Bestrafung jeder politischen Betätigung von Kommunisten erlaubte, so erfüllte jetzt der Tatbestand des Verstoßes gegen das KPD-Verbot (§§ 42, 47, BVerfGG) den gleichen Zweck. Am 14. 12. 1936 war Willi Meyer-Buer zum zweiten Mal vom OLG Hamm wegen »Vorbereitung zum Hochverrat« verurteilt worden, diesmal zu 4 Jahren und 6 Monaten Zuchthaus, die er bis zum 24. 9. 1940 in der Strafanstalt Münster verbüßte. Im Zuchthaus Münster hatte er einen Mann kennengelernt, der im Bremer Verfahren von 1963 als Zeuge auftrat und über diese Zeit aus dem Leben des Kommunisten Meyer-Buer berichtete. Es handelte sich um Erwin Welke, damals gleichfalls politischer Strafgefangener und inzwischen Bundestagsabgeordneter der SPD. Welke war damals als Heizer, Meyer-Buer als Kalfaktor der Zuchthauszentrale beschäftigt, so daß sie Verbindung miteinander aufnehmen konnten. Sie waren in der Lage, politische Häftlinge mit Nachrichten zu versorgen. Auch hatte Meyer-Buer Gelegenheit, an die Krankenbücher heranzukommen, und nahm in diesen Eintragungen vor, die eine ärztliche Verordnung zusätzlicher Lebensmittel für politische Gefangene vortäuschten. Auf diese Weise konnte er diesen Gefangenen Milch und Fett zukommen lassen. Die Sache wurde aufgedeckt und führte dazu, daß Meyer-Buer zunächst vier Wochen Dunkelarrest erhielt und sodann ein Jahr lang in strenger Einzelhaft verbringen mußte, wo er mit niemand sprechen durfte und keinerlei Beschäftigungsmöglichkeit hatte. Meyer-Buer schilderte, wie er sich durch Spiele mit einem Knopf vor dem Verrücktwerden geschützt hat. Nach Ablauf dieser Isolationszeit wurde er mit Schwerkriminellen auf eine Zelle gelegt, was ihn neuen Gefahren und Ängsten – Denunziationsdrohungen und Erpressungen – aussetzte.

Welke brachte bei seiner Zeugenvernehmung vor dem Bremer Landgericht sein Bedauern zum Ausdruck, seinen ehemaligen Leidensgenossen, den er in vier Haftjahren als »vorbildlichen Kameraden« kennengelernt hatte, »hier unter diesen Umständen wiedersehen zu müssen«.

Nach seiner Entlassung aus dem Zuchthaus Ende 1940 war Meyer-Buer nach Bremen gegangen und hatte dort eine Anstellung als Leiter der Buchhaltungsabteilung bei der Uhren- und Schmuckwarenfirma Grüttert erlangt. Wegen seiner guten Leistungen stieg er innerhalb eines Jahres zum Prokuristen auf. Als das Haus der Firma Grüttert bei einem Bombenangriff im August 1944 getroffen wurde, beteiligte sich Meyer-Buer daran, aus dem in Flammen stehenden Haus Menschen und Wertgegenstände zu retten. Dabei fiel das Haus in sich zusammen und begrub Meyer-Buer und drei weitere Personen unter Trümmern. Meyer-Buer gelang es, sich zu befreien. Trotz eigener schwerer Verbrennungen schleppte er die anderen Verschütteten, ein junges Mädchen und zwei Männer, aus der Ruine heraus. Während das Mädchen und einer der Männer später an ihren Verbrennungen starben, überlebte der andere Mann und sagte 1963 als Zeuge in der Bremer Hauptverhandlung aus. »Ich verdanke Herrn Meyer-Buer mein Leben.« Willi Meyer-Buer wurde damals mit schweren Verbrennungen, Kreislaufstörungen und einer Rippenfellentzündung in das Ausweichkrankenhaus Bassum verbracht.

Und noch eine für den Mut und die selbstlose Einsatzbereitschaft dieses Mannes bezeichnende Tat aus den letzten Kriegstagen kam in der Bremer Hauptverhandlung zur Sprache. Nachdem Bassum bereits durch englische Truppen besetzt war, hatte Meyer-Buer in Gesprächen mit deutschen Offizieren versucht, eine Brücke in dem Dorf Groß-Henstedt, wo er bei der Familie des Bürgermeisters Röpke Unterkunft gefunden hatte, vor der Sprengung zu bewahren. Diese Bemühungen blieben allerdings erfolglos. Wohl aber konnte Meyer-Buer erreichen, daß die deutschen Truppen von Groß-Henstedt aus

Willi Meyer-Buer, Vorsitzender der KPD-Fraktion in der Bremer Bürgschaft. Das Foto ist einer Broschüre entnommen, die 1955, also ein Jahr vor dem KPD-Verbot, als Rechenschaftsbericht über die von der kommunistischen Bürgerschaftsfraktion geleistete Arbeit veröffentlicht wurde. Als ich Willi Meyer-Buer 1963 wegen eines angeblichen Verstoßes gegen das KPD-Verbot verteidigte, wurde ihm auch von parlamentarischen Kollegen aus der SPD und der FDP das beste Zeugnis ausgestellt. Ein FDP-Senator: »Wäre Meyer-Buer nicht Kommunist, dann wäre er eine Zierde der Demokratie.«

nicht mehr auf die bei Bassum stehenden englischen Verbände schossen. Dann war Meyer-Buer zusammen mit den beiden Töchtern des Bürgermeisters Röpke mit einer weißen Fahne zu den Engländern gelaufen, hatte den englischen Kommandeur darüber unterrichtet, daß von Groß-Henstedt aus nicht mehr geschossen werde, und tatsächlich erreicht, daß Groß-Henstedt unzerstört blieb. Um diese Tat richtig zu würdigen, muß man wissen, daß in den letzten Kriegstagen noch viele Deutsche, die weiße Fahnen gehißt oder sonst versucht hatten, die Zerstörungen und das Morden zu beenden, von fliegenden Standgerichten zum Tode verurteilt und aufgehängt worden sind.

Mit dem Ende des Krieges und der Naziherrschaft brach die Zeit an, in der die Deutschen sich mehr oder weniger beschämt erinnerten, daß es auch ein anderes Deutschland gegeben hatte, das durch die relativ wenigen überlebenden Widerstandskämpfer repräsentiert wurde. Es war die Zeit, in der auch Willi Meyer-Buer gebraucht wurde. Seine selbstlose Arbeit für den Wiederaufbau einer demokratischen Verwaltung im kriegszerstörten Bremen ist auch von politischen Gegnern noch Jahrzehnte später vorbehaltlos anerkannt worden.

Mehrere prominente Zeugen äußerten sich im Mai 1963 vor

dem Bremer Landgericht zu Meyer-Buers Rolle als Abgeordneter und Fraktionsvorsitzender der KPD in der Bremer Bürgerschaft. Der Bürgerschaftspräsident August Hagedorn (SPD) und der Bürgerschaftsdirektor Wolfgang Müller (SPD) rühmten ihn als »sachlich und rührig in seinen politischen Aktionen« und als »Menschen anständiger Gesinnung und aufrechten Charakters«, wie der *Weser-Kurier* am 9. 5. 1963 schrieb. Er habe sich streng an die parlamentarischen Spielregeln gehalten. Weiter hieß es im Bericht des *Weser-Kurier*:

Der Angeklagte sei zwar ein leidenschaftlicher Anhänger seiner Partei gewesen, erklärte Müller, er habe sich jedoch wohltuend von anderen Kommunisten unterschieden, die der Zeuge kennengelernt hatte. »Die erschienen mir immer etwas sektiererhaft, fanatisch, Meyer-Buer dagegen war ein Mensch mit Humor, Witz, Charme und Intelligenz. Mit diesen Mitteln führte er seine Debatten in der Bürgerschaft.«

Müller entsann sich eines Gesprächs, das er vor dem Verbot der KPD mit Meyer-Buer geführt hatte. Damals habe er zum erstenmal gemerkt, daß der Angeklagte Zweifel an der politischen Linie seiner Partei gehabt hätte. Diese Zweifel hätten im Zusammenhang mit den von Chruschtschow auf dem 20. Parteitag der KPdSU geäußerten Stalinenthüllungen gestanden. »Das hatte ihn erschüttert, und er machte daraus kein Hehl.«

Der Vizepräsident der Bürgerschaft Heinz Meyer (SPD) schilderte den Angeklagten Meyer-Buer als sehr wortgewandt und rhetorisch gebildet. »Er gehörte zu den besten Rednern.«

Meyer-Buer habe sich striktest an die Geschäftsordnung gehalten. Er sei wohl durch seine guten und großen Reden aufgefallen, aber niemals durch Unsachlichkeit. Der Zeuge erklärte weiter, er habe zu den Abgeordneten gehört, die es bedauert hätten, daß Meyer-Buer nicht mehr Abgeordneter sein könne. Auf entsprechende Frage des Vorsitzenden begründete er diese Auffassung so:

Weil er einmal ein guter Kollege ist. Und es ist auch so, daß ein Abgeordneter, der mit Esprit und Schwung seine Auffassung vertritt, ein gern gesehener Parlamentarier ist. Man läßt es sich auch als Angehöriger der Regierungspartei gern gefallen, daß die Opposition einmal auf die Pauke haut und so Leben hineinbringt.

Leider kam die Zeugenaussage des Vizepräsidenten der Bürgerschaft in der Berichterstattung der Presse zu kurz, weil am gleichen Tage der Präsident des Senats, Bürgermeister Wilhelm Kaisen, vernommen wurde; deshalb wurde die Aussage Meyer hier aus einer privaten Mitschrift zitiert. Wilhelm Kaisen nutzte die Gelegenheit, eine alte politische Kontroverse mit Meyer-Buer auszutragen, indem er ihn einen »politischen Wirrkopf« nannte. Aus dem Bericht der *Bremer Nachrichten* vom 11. 5. 1963:

Ausgangspunkt für das Werturteil Kaisens über Meyer-Buer war die Frage des Verteidigers, ob der Angeklagte im Sommer 1945 für das vakante Amt eines Wohlfahrtsenators vorgesehen gewesen sei und ob Kaisen ihn dafür geeignet gehalten habe. Antwort: »Ich hätte es abgelehnt, Herrn Meyer-Buer in den Senat aufzunehmen« …

Frage des Verteidigers: »Wie können Sie sich, Herr Bürgermeister, erklären, daß Sie der einzige unter den bisher vernommenen Zeugen sind, der den Vorwurf erhebt, Herr Meyer-Buer sei ein politischer Wirrkopf?«

Kaisen: »Ich soll hier die volle Wahrheit sagen. Das ist meine persönliche Meinung. Was die anderen sagen, spielt keine Rolle. Wir sind hier nicht im Parlament!«

Verteidiger: »Wo leiten Sie Ihre Meinung her?«

Kaisen: »Es handelt sich auch darum, daß seine Zielsetzung wirr war.«

Eine weitere Frage des Verteidigers, ob dies an der KPD liege, beantwortete der Zeuge mit »Ja«.

Verteidiger: »Warum haben Sie dann die Herren Wolters und Ehlers akzeptiert?« (zwei Senatoren, die der KPD angehörten und später zur SPD überwechselten; H. H.)

Kaisen: »Ich hatte gewichtige Gründe, Herrn Meyer-Buer abzulehnen. Ich muß das als Bürgermeister verantworten. Das steht hier nicht zur Debatte.«

Wilhelm Kaisens Rolle als Zeuge im Meyer-Buer-Prozeß wird verständlich, wenn man folgende Passage aus einer Rede nachliest, die Meyer-Buer am 9. 6. 1961 als unabhängiger kommunistischer Bundestagswahlkandidat gehalten hatte und die auch Gegenstand der gegen ihn erhobenen Anklage war:

Im westlichen Ausland sind jetzt – besonders durch die im Eichmann-Prozeß sichtbar gewordenen Hintergründe starke Zweifel an der demokratischen Entwicklung in Westdeutschland laut geworden.

Die offiziellen Stellen in der Bundesrepublik, der Bundeskanzler (Adenauer; H. H.) an der Spitze, beeilen sich, zu erklären, daß die Welt die Wahrheit über die Verbrechen des Faschismus erfahren soll. Der Eichmann-Prozeß in Jerusalem sagt dem gesunden Menschenverstand, daß dieser millionenfache Mörder unmöglich seine Verbrechen allein begehen konnte. Er hat Tausende von Helfershelfern gehabt. Ein Heer von Mittätern, Anstiftern und Nutznießern, von wirtschaftlichen, juristischen, administrativen und militärischen Experten, die alle an seinem blutigen Geschäft beteiligt waren und die zum größten Teil unbehelligt in der Bundesrepublik leben.

So gehört der Bremer Kaufmann Kurt Becher (vgl. Karla Müller-Tupath, *Reichsführers gehorsamster Becher. Eine deutsche Karriere*) zu der Eichmann-Bande, die mit der Qual von Millionen Juden ihre Geschäfte machten. Der Fundus seines Millionenunternehmens wurde durch die Praktiken Eichmanns geschaffen. Nichts ist bisher geschehen, um den im Eichmann-Prozeß belasteten Becher vor Gericht zu stellen.

Der Senat der Freien Hansestadt Bremen erklärte sich damit einverstanden, daß Becher auf der traditionellen Schaffermahlzeit in Bremen die Deutschland-Rede halten sollte. Erst der Protest der jüdischen Gemeinde ließ es dem Senat ratsam erscheinen, Becher von der Rednerliste zu streichen. Das paßt ganz in die Landschaft des Herrn Kaisen, der sich ja auch nicht scheute, mit dem so schwer belasteten Oberländer* auf dem Domshof eine gemeinsame Kundgebung abzuhalten.

Ich bin vielen sozialdemokratischen Freunden persönlich bekannt. Mit vielen von euch, liebe Freunde von der SPD, verbinden mich persönliche Beziehungen. Ich fordere euch auf, fragt euren Bundestagsabgeordneten und Mitglied des sozialdemokratischen Parteivorstands Erwin Welke, mit dem ich gemeinsam in der Strafanstalt Münster unter schwersten Bedingungen politische Arbeit leistete, die uns fast an den Strick gebracht hätte, ob es Herrn Kaisen nicht Ehre gemacht hätte, statt mit Oberländer mit mir eine

* Theodor Oberländer war von 1953 bis 1960 Minister in der Regierung Adenauer. Er soll als Wehrmachtsoffizier 1941/42 in der Sowjetunion völkerrechtswidrige Erschießungen von Polen und Juden befohlen und auch eigenhändig Gefangene getötet haben. Das Oberste Gericht der DDR verurteilte ihn 1960 in Abwesenheit zu lebenslangem Zuchthaus, ein paralleles Verfahren der Staatsanwaltschaft Bonn wurde »wegen fehlenden Tatverdachts« eingestellt. 1993 hob das Landgericht Berlin auf Oberländers Antrag das DDR-Urteil als »rechtsstaatswidrig« auf. Theodor Oberländer bestritt bis zuletzt sämtliche Vorwürfe (vgl. *Der Spiegel* vom 29. April 1996 und vom 11. Mai 1998).

gemeinsame Kundgebung auf dem Domshof zu veranstalten. Fragt ihn, ob das Ansehen der SPD Bremens und der Bundesrepublik gestärkt worden wäre, wenn statt Becher ich die Aufforderung bekommen hätte, die Deutschland-Rede auf der Schaffermahlzeit zu halten.

Aber selbst Wilhelm Kaisen konnte seinem politischen Gegner Meyer-Buer ein gutes Zeugnis nicht ganz verweigern. So sagte er auf eine Frage des Gerichtsvorsitzenden, daß er Meyer-Buer aus der Zeit der Besatzungsmacht »in sehr guter Erinnerung« habe. Da habe er sich ohne jeden Eigennutz, sondern nur aus freiem Antrieb eingesetzt. Das müsse man ihm anrechnen.

Und auf eine weitere Frage des Vorsitzenden, ob Meyer-Buer als Parlamentsmitglied immer sachlich gewesen sei:

Es handelt sich doch um einen Geschäftsmann, der große Geschäfte aufgezogen hat, die man ja sachlich betreiben muß. Und diese Sachlichkeit war ihm auch im Parlament eigen.

Und auf die Frage des Vorsitzenden, ob er Meyer-Buer für einen Mann halte, der seiner Überzeugung immer treu geblieben sei, gab Kaisen eine Antwort, die vielleicht ein Bedauern verriet, daß dieser gesinnungstreue Kommunist nicht ebenso wie seine Kollegen Wolters und Ehlers von der KPD zur SPD übergewechselt war:

Ich halte ihn für einen Mann, der an einer politischen Wegkreuzung die falsche Richtung eingeschlagen hat.

Von den Aussagen weiterer prominenter Zeugen – darunter Generalstaatsanwalt Dr. Dünnebier und Justizsenator Dr. Graf (FDP) –, die sich durchweg positiv über den Menschen und Politiker Meyer-Buer äußerten, möchte ich nur noch die geradezu überschwengliche Formulierung des Senators Dr. Bortscheller (FDP) zitieren:

Wäre Meyer-Buer nicht Kommunist, dann wäre er eine Zierde der Demokratie.

Es half alles nicht. Maßgebend für das Gericht war die von der Staatsanwaltschaft vorgegebene Beweiserhebung darüber, ob Meyer-Buer mit seiner Einzelkandidatur zu den Bundestagswahlen 1961 den Weisungen der illegalen KPD gefolgt ist. Da kam ein Kriminaloberkommissar von der Sicherungsgruppe Bad Godesberg des Bundeskriminalamtes und sagte als Zeuge darüber aus, welche Übereinstimmungen er zwischen Meyer-Buers im Wahlkampf geäußerten politischen Thesen und dem Wahlprogramm der illegalen KPD und den Parolen anderer kommunistischer Einzelkandidaten festgestellt habe. Insgesamt seien 34 Einzelkandidaten in den verschiedenen Bundesländern aufgetreten, die früher der KPD angehört hätten. Von ihnen hätten sich 32 im Wahlkampf offen zum Kommunismus bekannt. Er habe zwar keine wörtliche, aber eine Übereinstimmung in den Gedankengängen zwischen dem Wahlprogramm der verbotenen KPD und den von den Einzelkandidaten verwendeten Argumenten festgestellt. So finde sich der im Wahlprogramm der KPD enthaltene Gedankengang »Krieg oder Frieden, atomare Aufrüstung oder allgemeine Abrüstung« in den Materialien von 11 Kandidaten, der Gedankengang »Keine Stimme der CDU/CSU!« bei 14 Kandidaten, der Gedankengang »die SPD habe ihre alten Forderungen über Bord geworfen« bei dem Angeklagten und 20 anderen Kandidaten, »Schluß mit der Atom- und Raketenrüstung« bei dem Angeklagten und 12 anderen Kandidaten, »Friedensvertrag mit der Bundesrepublik und der DDR« bei dem Angeklagten und 21 Kandidaten, »Gebt die erste Stimme dem unabhängigen Kandidaten und die zweite Stimme der DFU« bei drei weiteren Kandidaten. Nach dem Gedankengang »Verhindert die Notstandsgesetze« befragt, erklärte der Zeuge, er habe diesen Gedankengang bei 11 Kandidaten gefunden, nicht aber bei Herrn Meyer-Buer.

Bei der Befragung dieses Zeugen durch mich kam es zu folgendem Dialog:

Verteidiger: Haben Sie einmal ausgewertet, wieweit Kandidaten anderer Parteien die gleichen Forderungen erhoben haben?

Zeuge: Nein, das war nicht unsere Aufgabe.

Verteidiger: Ist Ihnen bekannt, daß auch die SPD gegen Notstandsgesetze aufgetreten ist?

Zeuge: Ich bin Kriminalbeamter und nicht Politiker.

Verteidiger: Hatten Sie Anweisung, bestimmte Sachkomplexe zu bearbeiten?

Zeuge: Nein.

Verteidiger: Also ist das nach Ihren eigenen Fähigkeiten und Ihrem eigenen Ermessen geschehen?

Zeuge: Ja.

Verteidiger: Dann ergibt sich doch die Frage, warum Sie die Notstandsgesetze mit einbezogen haben.

Zeuge: Die Ostpresse hat doch viel darüber geschrieben und auch der Freiheitssender 904, und deshalb haben wir diese Frage mit aufgenommen.

Verteidiger: Warum haben Sie dann nicht auch gegen die SPD ermittelt?

Zeuge: Weil ich dazu keinen Auftrag hatte.

Verteidiger: Haben Sie gehört, daß auch Kandidaten anderer Parteien dazu aufgefordert haben, nicht CDU zu wählen?

Zeuge: Ich hatte nur die 34 Kandidaten, die ehemalige KPD-Mitglieder waren, zu vergleichen. Ein anderer Auftrag lag mir nicht vor.

In meinem Plädoyer mokierte ich mich über diese Art der Beweisführung für verfassungsfeindliche Zielsetzungen. Wenn sich beispielsweise 13 von 34 Kandidaten die angebliche KPD-Forderung »Schluß mit der Atomrüstung!« zu eigen gemacht hätten, so könne ich mich nur wundern, daß es nicht mehr gewesen sind. Im übrigen könne man nicht erwarten, daß ein Kommunist seine politischen Überzeugungen aus der Bibel oder aus dem Parteiprogramm der CDU gewönne. Es sei das gute Recht des Angeklagten gewesen, das Wahlprogramm der KPD und andere kommunistische Schriften nicht nur zu lesen, sondern sich auch deren Gedanken zu eigen zu machen.

Und weiter:

Wer von uns glaubt im Ernst, daß dieser Mann eine Anweisung vom ZK der SED brauchte, um zu erkennen, welche Erscheinungen unseres politischen Lebens zur Besorgnis Anlaß geben, und daß ihm erst die SED/KPD den nötigen Impuls geben mußte, um gegen diese Erscheinungen zu opponieren? Nein, es geht bei dieser Anklage um etwas ganz anderes. Es geht darum, die Opposition durch Einschüchterung zu unterdrücken. Dieser Mann hat in seinem Leben schon so furchtbare Beispiele politischer Intoleranz erlebt, daß ihn eine Gefängnisstrafe nicht mehr schrecken kann. Aber wieviele sind es, die ihre Opposition gegen eine Politik der Atomrüstung und des kalten Krieges, gegen Notstandsgesetzgebung und faschistischen Ungeist aufrechterhalten, wenn sie hören, daß ein Mann ausschließlich wegen seines Bekenntnisses zu bestimmten durchaus legitimen oppositionellen Auffassungen bestraft worden ist?

Mein Plädoyer ersparte den Richtern auch nicht den Rückblick auf ihre Kollegen von 1934 und 1936:

Selten hat sich die Fragwürdigkeit politischer Strafjustiz so anschaulich offenbart wie am Beispiel des von mir verteidigten Angeklagten. Dreimal in seinem Leben hat er unter politischer Anklage vor den Schranken eines Gerichts gestanden, zweimal in einem Terrorstaat, das dritte Mal heute in einem Staat, der nach seiner Verfassung ein freiheitlich demokratischer zu sein beansprucht. In dem Leben dieses Angeklagten wird ein Stück deutscher Geschichte widergespiegelt ... Im Verlaufe einer einzigen Generation haben die Deutschen einen Obrigkeitsstaat mit einem Monarchen, der sein Amt von Gottes Gnaden ableitete, die Weimarer Republik, Hitlers Unrechtsstaat und schließlich den zweiten Versuch einer demokratischen Republik erlebt, Staatssysteme von so gegensätzlicher Natur, wie man es sich krasser nicht vorstellen kann. Aber bemerkenswerter als dieser schnelle Wechsel der Staatssysteme ist, daß ein Mann, der in diesem Deutschland seiner Überzeugung immer treu geblieben ist, immer auf ein und derselben Seite stand. Die Beamten, Generäle und Richter, die das autoritäre Regime des kaiserlichen Obrigkeitsstaates gestützt und mit Sozialistengesetzen und Kanonen gegen das Proletariat verteidigt hatten, waren auch die Beamten, Generäle und Richter der Weimarer Republik. Wer von Bismarck mit dem Terror des Sozialistengesetzes verfolgt worden war, galt auch in der ersten deutschen Republik als Staatsfeind, weil über diese Eigenschaft die Statthalter der Obrigkeit von gestern zu entscheiden hatten. Aber die gleiche beunruhigende Kontinuität besteht auch zwischen dem Staat von gestern und dem von heute. Wer Hitlers Unrechtsstaat als General oder Richter gefördert hat, kann auch heute noch General oder Richter sein. Und die Angeklagten von gestern sind auch die Angeklagten von heute. Nur eine kurze Periode deutscher Geschichte qualifizierte diesen Mann zur Mitarbeit in einer politischen Körperschaft unseres Staates, davor und danach stand er immer auf der Seite der Verfolgten. Weil er stets schnurgerade gegangen und nicht den verschlungenen Wegen manch anderer Politiker gefolgt ist, muß er sich heute anhören, er habe irgendwann den falschen Weg eingeschlagen. Dieser Mann hat sein Leben lang gegen diejenigen gekämpft, die mit dem jeweiligen Regime ihren Frieden gemacht hatten. Als Marxist hatte er frühzeitig erkannt, daß hinter der staatsrechtlichen und politischen Fassade des jeweiligen Staates immer ein und dieselben wirtschaftlichen Mächte standen und stehen. Er begriff, daß der Bismarck, der in der Reichstagssitzung vom 17. September 1878 erklärte, er habe »in den sozialdemokratischen Elementen einen Feind erkannt, gegen den der Staat, die Gesellschaft sich im Stande der Notwehr« befände, im Dienste desselben Großkapitals stand wie die Offiziere, die am 15. Januar 1919 Karl Liebknecht und Rosa Luxemburg ermordeten und die Richter und Staatsanwälte, die ihre Mörder laufen ließen. Er wußte, daß sich hinter den vaterländischen Phrasen, mit denen man deutsche Soldaten vier Jahre lang auf den Schlachtfeldern des Ersten Weltkrieges hatte verbluten lassen, die schamlosen Interessen der deutschen Schwerindustrie verbargen, deren Führer noch im August 1917 dem damaligen Reichskanzler in Sonderaudienz mitteilten, daß sie um das Erzgebiet von Longwy-Briey »noch zehn Jahre Krieg« führen wollten. Für ihn als Marxisten war es klar, wie es möglich sein konnte, daß »unabhängige« Richter die ärgsten Feinde der Demokratie schützten und republikanisch gesinnte Männer wie den späteren Friedensnobelpreisträger Carl von Ossietzky wegen Landesverrats bestraften, und warum von den 354 politischen Morden, die in den Jahren 1919–1922 von rechtsgerichteten Kreisen begangen wurden, 326 ungesühnt blieben, warum Reichswehr und Richterschaft die demokratische Republik gegenüber den Hochverrätern des Kapp-Putsches ungeschützt ließen. Ihn konnte es auch nicht überraschen, daß Richter, die für Morde und andere Gewalttaten nationaler Kreise die absonderlichsten Entschuldigungs- und Rechtfertigungsgründe gefunden hatten, dem nationalsozialistischen Gewaltregime sofort bereitwillig ihre Dienste zur Verfügung stellten und Menschen, die das deutsche Volk aufklären und vor einer Politik der Gewalt und des Krieges bewahren wollten, in Zuchthäuser und Gefängnisse warfen.

Fast dreißig Jahre haben jene Polizeiakten auf irgendeinem Dachboden vergraben geruht, aus denen für uns plötzlich lebendig wurde, was sich damals im Leben dieses Mannes zugetragen hat. Ich könnte mir vorstellen, daß auch Sie diese Flugblätter in jenen Polizeiakten mit einem Gefühl der Hochachtung betrachtet haben, zugleich aber mit dem unguten Gefühl: Was haben wir selbst damals gedacht und getan? Diese Flugblätter aus dem Jahre 1933 hatten Menschen unter den schwierigsten Bedingungen hergestellt und verbreitet, die schon damals erkannt hatten, wohin das Gewaltregime der Nationalsozialisten uns führen würde, Menschen, die auch bereit waren, für ihre Erkenntnis einzutreten und ihre Freiheit zu wagen. In einem dieser Flugblätter hätte man schon damals lesen können:

»Wir wollen keinen Krieg. Das schreibt heute die ganze Presse im Auftrage Hitlers. Was soll dann aber die gesamte militärische Ausbildung der SA und SS. Was sollen dann die ungeheuren Kriegsrüstungen der Industrie. Je lauter die Kapitalisten und in ihrem Auftrag Hitler, Göring, Goebbels usw. den Frieden verkünden, um so intensiver bereiten sie den Krieg vor.«

Und in einem anderen Flugblatt heißt es:

»Hitler führt Euch in die Katastrophe, in einen neuen mörderischen Krieg!« –

Das hat der Angeklagte 1933 gesagt. Wieviel Leid wäre unserem Volk erspart geblieben, wenn man ihn und seine politischen Freunde damals angehört hätte, statt sie in Gefängnissen, Zuchthäusern und Konzentrationslagern mundtot zu machen.

Vielleicht haben Sie in jenen Polizeiakten auch den Bericht über einen Schüler gelesen, der im Auftrage seines Vaters ein kommunistisches Flugblatt zur Polizei getragen hatte. Dieser Schüler hätte damals ich sein können. Mit dem, was ich heute weiß, mit dem, was wir in den drei Jahrzehnten seit jenen Tagen miterlebt haben, könnte ich es nicht mehr sein. Keiner von uns könnte heute jener Schüler oder jener Vater sein, der seinen Sohn mit einem Flugblatt zur Polizei schickte, auf dem geschrieben stand: »Wer Hitler wählt, wählt den Krieg!«

Und wer von uns möchte heute einer jener Richter gewesen sein, die dem Angeklagten Meyer-Buer im Oktober 1934 das Urteil gemacht haben, das ihn zum ersten Mal hinter Zuchthausmauern brachte?

Willi Meyer-Buers zweistündiges Schlußwort, das der Vorsitzende in seiner mündlichen Urteilsbegründung als »kommunistische Propagandarede« bezeichnete, war ein fulminanter Angriff auf die Anklagerede des Staatsanwalts, die er in der »Nachbarschaft der braunen Justiz« sah.

Der Staatsanwalt charakterisiert mich als »unbelehrbaren, fanatischen Verfechter der Ziele der KPD und SED«. Lesen Sie sich meine Urteile von 1934 und 1936 durch! Sie haben eine wortwörtliche Formulierung daraus entnommen. Unbelehrbar? Wodurch sollte ich belehrt werden, eines Besseren belehrt werden?

Unbelehrbar sind nach der Terminologie der Staatsanwaltschaft Menschen, die trotz Strafen immer wieder die gleichen »Verbrechen« begehen. Trotz Strafen – unbelehrbar. Ich kann mich nicht erinnern, wegen der mir angelasteten Beschuldigungen schon einmal vor einem Gericht in der Bundesrepublik gestanden zu haben.

Offensichtlich denkt der Staatsanwalt dabei an die Strafen, die ich im 3. Reich zudiktiert bekam, denn einem Angeklagten, der zum ersten Mal vor einem Gericht steht, kann man keine Unbelehrbarkeit vorwerfen.

Willi Meyer-Buer hatte im Laufe der Hauptverhandlung den Vorsitzenden jenes Gerichts charakterisiert, das ihn 1934 ins Zuchthaus geschickt hatte. Diesem Richter sei anzumerken gewesen, daß er ihn nicht gern verurteilt habe. Aber der Richter habe Kinder gehabt, an deren weiteres Fortkommen er denken mußte, und so habe er »sein Gewissen erschlagen«. An diese Wendung erinnerten die letzten Sätze des Schlußwortes:

Ein diabolisches Schicksal zwingt Sie, über einen Menschen zu Gericht zu sitzen, der sich immer dort hingestellt hat, wo das Leben anderer in Gefahr war. Mein Kampf gegen Krieg und Atomgefahr ist eine Handlung auch zum Schutze Ihrer Kinder. Ziehen Sie Ihr Gewissen zu Rate.

Auch die Bremer Richter und Schöffen, die 1963 über Willi Meyer-Buer zu Gericht saßen, mögen ihn nicht gern verurteilt haben. Sie hatten, was in Kommunistenprozessen ein seltener Ausnahmefall war, die Meinung des Volkes, in dessen Namen sie ihr Urteil sprechen sollten, gegen sich. Sie mochten denn auch dem Staatsanwalt nicht in allen Punkten folgen. So hielten sie es nicht für erwiesen, daß der Angeklagte auf Weisung der illegalen KPD-Führung gehandelt habe. Auch ein stillschweigendes Einverständnis der illegalen KPD zu einer Bundestagskandidatur des Angeklagten wollte man nicht unterstellen. Das Gericht meinte, der Angeklagte habe sich »durch seine gesellschaftliche Position deutlich von anderen Kommunisten unterschieden«, so daß nicht eindeutig entschieden werden könne, ob Meyer-Buer im Jahre 1961 noch das volle Vertrauen der illegalen KPD genossen habe. Auch finanziell habe der Angeklagte für seinen Wahlkampf keineswegs einer Unterstützung durch die illegale KPD bedurft. Aber entscheidend war der Gedanke, den wir schon aus dem Urteil des OLG Hamm aus dem Jahre 1934 kennen, daß jede wie auch immer geartete Förderung kommunistischer Fernziele – von denen die Richter natürlich Horrorvorstellungen haben – eine strafbare

Handlung sei. Damals anknüpfend an den Tatbestand der Vorbereitung zum Hochverrat, jetzt nach anderen Paragraphen, die im Ergebnis das Gleiche bewirken: die Ausschaltung kommunistischer Stimmen aus dem Konzert politischer Meinungsvielfalt.

Mit der Verkündung eines auf acht Monate Gefängnis lautenden Urteils, zur Bewährung ausgesetzt, taten die Richter ihre Pflicht. Ihre Pflicht? Man muß wohl richtiger sagen: ihr politisches Soll. Hatte doch auch die Regierung des Herrn Adenauer das ihrige getan, um durch »großzügige und umfassende Aufklärungsarbeit jedermann über die verbrecherischen Ziele der KPD und ihrer Nebenorganisationen aufzuklären« (wie es das Urteil von 1934 formuliert hatte). Und das war zu vollstrecken.

In meinem Plädoyer hatte ich darauf hingewiesen, daß sich im Urteil von 1934 Sätze finden, die sich sinngemäß, ja zum Teil wörtlich mit dem deckten, was der Staatsanwalt zur Begründung seines Strafantrags vorgetragen hatte.

Damals wie heute kam es nur darauf an, ob die Ziele der verbotenen KPD in irgendeiner Weise gefördert worden sind. Damals entsprach eine solche Rechtsprechung den von der Staatsführung verkündeten Prinzipien, bestimmte Gruppen von Staatsbürgern aus dem politischen Leben auszumerzen, Prinzipien, die schließlich in der physischen Vernichtung ungezählter Menschenleben geendet haben …

Heute widerspricht eine solche Rechtsprechung, die sich nicht an genau umrissenen Tatbeständen orientiert, sondern sich als Mitstreiter der antikommunistischen Ideologie versteht, gegen fundamentale Rechtsprinzipien unserer staatlichen Ordnung. Heute braucht niemand sein Gewissen zu erschlagen, um Rechtsprinzipien, die sich aus unserer freiheitlichen Verfassung ergeben, auch gegen eine höchstrichterliche Rechtsprechung durchzusetzen.

Aber das Urteil der Bremer Strafkammer vom 20. 5. 1963 bot keine Überraschung. Was da zu lesen war, kam mir hinreichend bekannt vor:

Durch die Vorbereitung seiner Kandidatur als kommunistischer Abgeordneter zur Bundestagswahl 1961 hat er die Bestrebungen und Ziele der verbotenen KPD bzw. der illegalen KPD/SED einschließlich ihrer verfassungsfeindlichen Fernziele bewußt in hohem Maße gefördert und fördern wollen. Obwohl der intelligente Angeklagte genau wußte, daß er nach dem ihm bekannten Urteil des Bundesverfassungsgerichts vom 17. 8. 1956 nicht berechtigt war, für die Ziele der verbotenen kommunistischen Partei politisch zu werben und deren Gedankengut in einem Wahlkampf zu propagieren, hat er sich über dieses Verbot hinweggesetzt, weil es ihm darum ging, die verbotene KPD auch in der politischen Situation des Bundestagswahlkampfes 1961 in Erinnerung zu bringen …

Als mit den Lehren des Kommunismus vertrauter ehemaliger profilierter Funktionär war es ihm darum zu tun, wieder einmal als Kommunist und zur Vorbereitung des Kommunismusses (sic!) – jeweils mit der Zielsetzung der verbotene KPD – eine Massenwirkung zu erzielen, um die kommunistischen Lehren nicht in Vergessenheit geraten zu lassen.

Daß sie damit zugleich auch dafür sorgten, ein spezifisch deutsches, durch furchtbare Traditionen belastetes Richterverständnis von Demokratie nicht in Vergessenheit geraten zu lassen, war den Richtern sicher nicht bewußt. Kein Wort zu der Problematik, daß den Bremer Wählern die Chance genommen wurde, mit Meyer-Buer einen Mann ins Bonner Parlament zu wählen, der sich im Widerstand gegen den Hitler-Faschismus und beim Wiederaufbau nach dem Kriege als allgemein anerkannter Demokrat bewährt hatte. Kein Wort zu der Tatsache, daß damals noch eine große Anzahl von Abgeordneten im Bundestag saß, die im Gegensatz zu Meyer-Buer dem Nazi-Regime treue Dienste geleistet hatte. Kein Wort zu der naheliegenden Frage, ob nicht gerade in Deutschland der radikale Widerspruch gegen das kapitalistische Wirtschaftssystem notwendiger Bestandteil eines dauerhaft funktionsfähigen parlamentarischen Systems sein müßte. Ein Parlament, in dem nur das politische Personal wechselt, das Privateigentum an den Produktionsmitteln aber nicht mehr in Frage gestellt wird, wird möglicherweise eines Tages einer außerparlamentarischen Opposition weichen müssen, die andere, weniger friedliche Wege suchen könnte, um die Macht des Kapitals zu brechen.

Die übliche Folge einer Verurteilung wegen »Verstoßes gegen das KPD-Verbot« war die Aberkennung aller Wiedergutmachungsansprüche aus der im Hitler-Staat erlittenen Zuchthaus- und KZ-Haft. Die rechtliche Handhabe dazu bot der § 6 des Bundesentschädigungsgesetzes, eine bösartige, gegen Kommunisten gerichtete Erfindung des Bonner Gesetzgebers, wonach diese Ansprüche denen entzogen werden konnten, die die freiheitlich-demokratische Grundordnung bekämpft hatten. Eine Voraussetzung, die im Falle einer Verurteilung wegen Verstoßes gegen das KPD-Verbot ohne weiteres angenommen wurde. Willi Meyer-Buer blieb dieser politische Tiefschlag des Rechtsstaats erspart, weil die zuständige Landesbehörde zwar einen Bescheid erließ, wonach ihm alle Wiedergutmachungsansprüche, insbesondere seine Rente, aberkannt wurden, dabei aber eine Frist versäumte. Wir vermuteten, daß diese Fristversäumnis nicht unabsichtlich erfolgt ist. Es mag einen aufrechten Behördenmitarbeiter gegeben haben, der dem schändlichen Urteil gegen Meyer-Buer nicht die Schande hinzufügen wollte, ihm auch noch die Ansprüche wegen der im Nazistaat erlittenen Freiheitsberaubung abzuerkennen.

Es muß aber an dieser Stelle gesagt werden, daß es Hunderte von Kommunisten in unserem Rechtsstaat gab und, soweit sie noch leben, immer noch gibt, die in den Zeiten des kalten Krieges in ähnlich anfechtbaren Verfahren ihre Wiedergutmachungsrenten wegen des ihnen in der Nazizeit zugefügten Unrechts verloren haben (vgl. Rolf Gössner, *Die vergessenen Justizopfer des Kalten Krieges*). Ein erneutes Unrecht, das eines Rechtsstaats unwürdig ist, mit dem aber die Politiker der großen Parteien die zuständigen Ministerialbeamten und die Juristen, die mit unerträglicher Selbstgerechtigkeit von einem Unrechtsstaat DDR sprechen, offenbar gut leben können. Die große Öffentlichkeit weiß von Unrecht, das woanders oder in vergangenen Zeiten geschehen ist, aber sie weiß nichts von dem Unrecht, das vor der eigenen Haustür und in unseren Tagen geschehen ist und noch geschieht.

Der von den PDS-Abgeordneten im Deutschen Bundestag eingebrachte Entwurf eines Gesetzes zur Behebung und Wiedergutmachung von politischen Ungerechtigkeiten in der Bundesrepublik Deutschland wurde von den Volksvertretern der Mehrheitsparteien am 27. Juni 1996 mit antikommunistischen Stereotypien abgetan, die jeden Willen vermissen ließen, rechtsstaatliche Defizite in der bundesrepublikanischen Justizpraxis des kalten Krieges zur Kenntnis zu nehmen. So erklärte der Abgeordnete Dr. Dietrich Mahlo (CDU/CSU):

Die Bundesrepublik Deutschland war auch während des kalten Krieges zu jeder Zeit Rechtsstaat. Urteile wurden von unabhängigen Gerichten in justizförmigen Verfahren und nach dem Wortlaut rechtsstaatlich einwandfreier Gesetze erlassen. Auch der politisch Andersdenkende konnte sich jederzeit auf das Grundrecht der Meinungsfreiheit in Art. 5 und auf das Widerstandsrecht nach Art. 20 Abs. 4 GG berufen.

Mit welchem Erfolg, wird in diesem Buch wiederholt dokumentiert.

Was er nicht durfte, war, die freiheitlich-demokratische Grundordnung gegen den in freien Wahlen erklärten Willen des Volkes mit Gewalt oder Aufruf zu Gewalt zu bekämpfen. Solches Verhalten war strafbar und konnte in schweren Einzelfällen zur Freiheitsstrafe führen.

Hat Willi Meyer-Buer, haben Oleg von Brackel und der Leipziger Traugott Ostmann (siehe Kapitel 7), haben Herbert Reich, Paul Beu und Ernst Aust (siehe Kapitel 6) zur Gewalt aufgerufen? Die Kommunistenverfolgung der fünfziger und sechziger Jahre war gerade dadurch gekennzeichnet, daß gewaltloses Verhalten, nämlich Meinungsäußerungen und sonstige zu den Selbstverständlichkeiten einer Demokratie gehörende politische Betätigungen, bestraft wurden, wenn es sich um Kommunisten oder um zu deren Sympathisanten ernannte Nichtkommunisten handelte. Gerechtigkeit gegenüber Kommunisten ist in der Bundesrepublik Deutschland bis in unsere Tage notleidend.

9. Die beleidigten Kriegsverbrecher. Der Fall Lorenz Knorr (1963–1972)

Darf man, geschützt durch eine freiheitliche demokratische Verfassung und deren Grundrechte, Hitlers Generäle und Admirale als Massenmörder bezeichnen? Die Verbrechen der deutschen Wehrmacht und deren Dokumentation in einer Ausstellung des Hamburger Instituts für Sozialforschung polarisieren die öffentliche Meinung bis in unsere Tage. Jedem Versuch, die bittere Wahrheit ans Licht zu bringen, begegnet die konservative Mehrheitsfraktion mit dem Argument, daß die Ehre der Beteiligten geschützt werden müsse. Waren es wirklich Ehrenmänner, die Hitlers Eroberungspläne in die Tat umgesetzt und mit Millionen deutscher Soldaten Mord und Brand in andere Länder getragen haben? Viele der verantwortlichen Befehlshaber waren von Gerichten der Siegermächte wegen völkerrechtswidriger Verbrechen zu hohen Strafen verurteilt, dann aber im Laufe der fünfziger Jahre, als man wieder deutsche Soldaten als Bollwerk und Speerspitze gegen den Weltkommunismus zu brauchen glaubte, vorzeitig entlassen und in alte Ehren, Gehälter und Pensionen eingesetzt worden.

Der christlich-demokratische Bundeskanzler Dr. Konrad Adenauer hatte den Generalleutnant a.D. Dr. Hans Speidel schon im Dezember 1948 um eine Denkschrift zur Frage der äußeren Sicherheit der Bundesrepublik gebeten, die dieser zusammen mit dem General der Infanterie a.D. Hermann Foertsch und dem Generalleutnant a.D. Adolf Heusinger verfaßte. Es war nur das Vorspiel zu weiteren Aufträgen an Generäle und Admirale der Hitler-Wehrmacht, die zu der »Himmeroder Denkschrift« vom Oktober 1950 führten, in der die Voraussetzungen für die Aufstellung »eines Deutschen Kontingents im Rahmen einer übernationalen Streitmacht zur Verteidigung Westeuropas« aufgelistet wurden. Darunter die Forderung: »Rehabilitierung des deutschen Soldaten«, »Freilassung der als ›Kriegsverbrecher‹ verurteilten Deutschen« und

»Ehrenerklärung für den deutschen Soldaten von seiten der Bundesregierung und der Volksvertretung«.

So wurde die Ehre deutscher Generäle und Admirale und ihrer Befehlsempfänger wieder zu einem leidenschaftlich verfochtenen Anliegen deutscher Politiker und Publizisten und zu einem wichtigen Rechtsgut, mit dessen Schutz sich die Justiz selbst in hoffnungslosen Fällen abzumühen hatte, um die Kritiker der Wiederaufrüstung zum Schweigen zu bringen.

Einer von denen, die nicht schwiegen, war mein späterer Mandant und Freund Lorenz Knorr, der am 22. Juli 1961 in Solingen eine Rede gehalten hatte, bei der er bestimmte namentlich genannte Generäle der Bundeswehr als »Nazi-Generale« und »Massenmörder« bezeichnet hatte. Wenn diesen Hitler-Generalen unsere Jugend auch weiterhin anvertraut werde, dann könne einem um die deutsche Zukunft bange werden.

Die Generäle Heusinger, Speidel, Foertsch und Kammhuber sowie der Admiral Ruge fühlten sich beleidigt und erstatteten Strafanzeige, ebenso der seinerzeitige Bundesverteidigungsminister Franz Josef Strauß. Ein Staatsanwalt, der an faschistischer Terrorjustiz beteiligt war – zwei von ihm erwirkte Todesurteile des Sondergerichts Prag gegen tschechische Staatsangehörige, die ihrer Gegnerschaft gegen Hitlers Krieg Ausdruck gegeben hatten, sind erhalten –, erhob die Anklage. Ein Richter, der unter Hitler als Ankläger am Sondergericht Wuppertal gewirkt hatte, saß dem Schöffengericht in Solingen vor, das als erste Instanz mit der Sache befaßt wurde.

Welche Gerechtigkeit hatte bei diesen Juristen ein Mann wie Lorenz Knorr zu erwarten, ein Politiker, der von Jugend an Antifaschist und Antimilitarist war und ein Leben lang geblieben ist! 1921 in Eger geboren, in einem aktiv sozialdemokratischen Elternhaus aufgewachsen, Schriftsetzerlehre, ab 1935 leitende Funktionen in der Gewerkschaftsjugend und in der Vereinigten Sozialistischen Jugend in Eger, 1938 nach dem Einmarsch der Hitler-Wehrmacht in die Tschechoslowakei verhaftet, nach Freilassung illegale antifaschistische Arbeit, 1940 Einberufung zur Wehrmacht, unter den 24 Überlebenden eines mit über 800 Soldaten bei der Überfahrt nach Afrika versenkten Schiffes, einer von vier Überlebenden eines aus zwölf Soldaten bestehenden »Himmelfahrtskommandos«, schwere Verwundung (Kopfverletzung, Verlust eines Auges), subversive Tätigkeit, zweimal wegen »Wehrkraftzersetzung« vor dem Kriegsgericht, Frühjahr 1945 zweite schwere Verwundung (bei

Bombenangriff verschüttet). Nach dem Krieg führende Funktionen in der Sozialistischen Jugend »Die Falken« und in der SPD. Er gehörte zuletzt dem jugend- und kulturpolitischen Ausschuß des Bundesvorstandes der SPD an und war Bundessekretär der Sozialistischen Jugend. Nachdem die SPD mit dem Godesberger Programm letzte sozialistische Positionen aufgegeben und sich der Politik des CDU-Kanzlers Adenauer immer mehr angenähert hatte, verließ Knorr 1960 die SPD und gründete zusammen mit anderen von ihrer Partei enttäuschten Sozialdemokraten die Deutsche Friedens-Union (DFU), eine Partei, die nach bewährtem Muster – Gustav Heinemann hatte mit der von ihm gegründeten Gesamtdeutschen Volkspartei (GVP) ähnliche Erfahrungen gemacht – als kommunistisch diffamiert wurde und bei Wahlen keine entscheidende Rolle spielen sollte.

Ein Teil der Presse, die den im Mai 1963 verhandelten Solinger Prozeß zur Kenntnis nahm, sekundierte dem Staatsanwalt, indem man die Ehre der Generäle mit politischer Diffamierung des Kritikers verteidigte. »Der Kurs des Lorenz Knorr« hieß der von einem anonymen Verfasser stammende Artikel, der über einen Pressedienst zum honorarfreien Abdruck vertrieben wurde und die von Knorr vorgelegte Dokumentation über die Schuld der Generäle als eine Sammlung von Fälschungen im Dienste des Weltkommunismus hinstellte. Antikommunistische Meinungslenkung, die damals übliche Begleitmusik zu politischen Prozessen, die sich nicht ganz totschweigen ließen.

Die von Lorenz Knorr in monatelanger Archivarbeit zusammengetragenen Dokumente waren alles andere als Fälschungen. Sie stammten zum großen Teil aus dem Material, das bereits dem Internationalen Militärgerichtshof in Nürnberg vorgelegen und zu den Todesurteilen gegen Keitel (von 1938 bis 1945 Chef des Oberkommandos der Wehrmacht) und Jodl (Chef des Wehrmachtsführungsstabes) geführt hatte. Knorr hatte aus diesem Material zur Vorbereitung des Prozesses eine Dokumentation »Die Schuld der Hitler-Generale an den Kriegsverbrechen von 1939–1945« zusammengestellt und darüberhinaus eine Fülle von Urkunden beschafft, mit denen die Verantwortung der Generalität und der Admirale an den ungeheuren Verbrechen der Hitler-Wehrmacht eindrucksvoll belegt wurde. Da konnte man noch einmal nachlesen, wie Hitler am 5. November 1937 den Oberbefehlshabern der Wehrmacht angekündigt hatte, daß es »zur Lösung der deutschen Frage ... nur den Weg der Gewalt« geben könne (sogenanntes Hoßbach-Protokoll), wie er seine Überfälle auf die Tschechoslowakei, auf Polen und die Sowjetunion im Einvernehmen mit der Generalität vorbereitet hat, wie die verheerenden Luftangriffe auf Rotterdam und Belgrad geplant wurden, wie beschlossen wurde, die Stadt Leningrad »vom Erdboden verschwinden zu lassen«, wie die Wehrmachtführung die Ausrottung von Judentum, Intelligenz, Geistlichkeit und Adel in Polen mitzuverantworten hatte, wie sie die Ermordung kriegsgefangener sowjetischer Soldaten nach dem »Kommissarbefehl« mitgemacht hat, wie sie maßloser Geiselerschießungen schuldig geworden ist ... Eine unendliche Liste furchtbarer Verbrechen.

Aus Lorenz Knorrs gründlicher Vorarbeit entstand eine Reihe von Beweisanträgen, in denen die den Massenmord-Vorwurf rechtfertigenden Taten der sich beleidigt fühlenden Herren detailliert aufgeführt und urkundlich belegt waren. Aber das Schöffengericht in Solingen sah keinen Anlaß, die angebotenen Beweise zur Kenntnis zu nehmen. In seinem Urteil vom 30. Mai 1963 befand es, daß der Ausdruck »Massenmörder« ein beleidigendes Werturteil sei, demgegenüber ein Wahrheitsbeweis unzulässig sei. Zwar erkannte das Gericht, daß der Wahrheitsbeweis auch für die Strafzumessung Bedeutung haben könne. Aber: »Es hätte zur gewissenhaften Erforschung der Wahrheit langer Ermittlungen und Untersuchungen bedurft.« Und die hielt das Gericht für entbehrlich, weil man dem Angeklagten bei der Strafzumessung zugutegehalten habe, »daß er bei seiner persönlichen Einstellung auf Grund der ihm zugänglich gewordenen Informationen einen Verdacht haben konnte«. Und so bewertete das Gericht die Ehre der als Massenmörder gescholtenen Generäle lediglich mit 300 Mark. Ein Urteil, gegen das nicht nur der Angeklagte, sondern auch die Staatsanwaltschaft Berufung einlegte, der Angeklagte mit dem Ziel des Freispruchs, die Staatsanwaltschaft, um eine Verurteilung zu Freiheitsstrafe durchzusetzen.

Über die Berufung hatte eine Strafkammer des Landgerichts Wuppertal zu entscheiden, deren Richter schon während der Verhandlung erkennen ließen, daß ihnen die Ehre der Hitler-Generäle wichtiger war als das Informationsinteresse der Öffentlichkeit. Als Lorenz Knorr einmal den Ausdruck Schreibtischtäter gebrauchte, gab einer der Richter durch eine kopfschüttelnde Rückfrage und entsprechendes Mienenspiel

Solidarische Proteste auf der Straße

zu erkennen, daß er den Ausdruck noch nie gehört hatte und für völlig abwegig hielt.

Lorenz Knorr trug in seiner Verteidigungsrede Anklagen gegen die beleidigten Militärs der Hitler-Wehrmacht vor, die mit konkreten Beweisanträgen der Verteidiger untermauert wurden. General Heusinger habe zum engsten militärischen Beraterkreis Adolf Hitlers gehört, er habe völkerrechtswidrige Angriffspläne ausgearbeitet, sei für die sogenannte Partisanenbekämpfung verantwortlich gewesen, die ein willkommener Vorwand für die geplante Ausrottung slawischer und jüdischer Bevölkerungsteile gewesen sei. General Speidel sei im besetzten Frankreich für die Erschießung von 500 Geiseln verantwortlich, auf seinen Befehl seien in Frankreich verhaftete Geiseln in die Vernichtungslager des Ostens deportiert worden. General Foertsch habe als Stabschef der 8. und später der 18. Armee die Aushungerung Leningrads zu verantworten, der etwa 400000 Menschen zum Opfer gefallen sind, auch habe er in seinem Kommandobereich völkerrechtswidrige Befehle gegen Partisanen gegeben und die mutwillige Zerstörung wirtschaftlicher und kultureller Einrichtungen befohlen. General Kammhuber trage die Verantwortung für die Bombardierung der Stadt Freiburg im Breisgau, die – wie Lorenz Knorr damals annahm — einen alliierten Luftangriff vorttäuschen sollte, in Wahrheit aber von deutschen Flugzeugen durchgeführt wurde;

57 Menschen seien dabei ums Leben gekommen.* Kammhuber habe außerdem 1938 eine »Studie« für Göring und Hitler ausgearbeitet, in der für den »kommenden Luftkrieg« die Bombardierung »feindlicher Großstädte«, wie Paris, London, Moskau, vorgesehen gewesen sei. Admiral Ruge schließlich sei als Mitglied des OKM und der Seekriegsleitung für völkerrechtswidrige Befehle mitverantwortlich, die im einzelnen aufgeführt wurden.

Es sei eine feige Ausrede, sagte Knorr, wenn sich diese Herren heute auf einen angeblichen Befehlsnotstand beriefen. Es habe Generäle gegeben, die Hitler den Befehl verweigert hätten und trotzdem am Leben geblieben seien. Die Generäle Heusinger, Speidel, Foertsch, Kammhuber und Admiral Ruge jedoch seien willige Befehlsempfänger gewesen. Nachdem Knorr die Frage, ob sich diese Generäle geändert und ob sie etwas aus der Geschichte gelernt hätten, untersucht und verneint hatte, kam er zu dem Schluß, daß nicht er, sondern die Generäle auf der Anklagebank sitzen müßten, wenn die Bundesrepublik wirklich jener Rechtsstaat wäre, für den sie sich ausgebe. Die Demokratie könne nicht mit Kriegsverbrechern aufgebaut werden, deshalb sei es im Interesse Deutschlands und seiner Nachbarn notwendig, über diese Generäle schonungslos die Wahrheit zu sagen.

Der Staatsanwalt bezog in seiner Anklagerede Positionen, die seit den Tagen der Weimarer Republik zum wohlbekannten Vokabular konservativer Juristen gehören. Der Angeklagte hätte sein Material den zur Verfolgung von Verbrechen zuständigen Behörden vorlegen können. Sein öffentlicher Angriff gegen die Generäle aber würde, wenn man das zuließe, zu chaotischen Zuständen führen. Eine Äußerung, die ich in meinem Plädoyer mit einem Satz aus dem Preußischen Allgemeinen Landrecht kommentierte: »Jeder gute Untertan zeige Mängel des öffentlichen Wesens der Obrigkeit an, mache aber davon kein Geräusch im Publikum.«

Ich zitierte in meinem Plädoyer – das war am 24. April 1964 – den inzwischen durch den Streit um das sogenannte Soldatenurteil wieder bekannt gewordenen Satz von Kurt Tucholsky: »Soldaten sind Mörder«, für den Carl von Ossietzky als verantwortlicher Redakteur der *Weltbühne* 1932 vor Gericht

* Heute geht man davon aus, daß die Bombardierung versehentlich erfolgte und als alliierter Luftangriff getarnt wurde (vgl. *Das Deutsche Reich und der Zweite Weltkrieg*, hrsg. vom Militärgeschichtlichen Forschungsamt, Bd. 6, Stuttgart 1990, S. 482).

gestellt und freigesprochen wurde. Und aus Carl von Ossietzkys Verteidigungsrede: »Was nützt den Toten des Weltkriegs die Ehre, die hier angeblich geschützt werden soll.« Um dann fortzufahren:

Die Gerichte haben die Ehre der Generäle so lange geschützt, bis sie ihre Dienste Hitler für seine Verbrechen zur Verfügung stellen konnten. Hitler ist tot, die Ehre der Generäle hat ihn überlebt. Heute stehen kleine Befehlsempfänger vor Gericht, der Mann, der geschossen hat, der Mann, der auf der Rampe in Auschwitz gestanden hat. Aber die Generäle, denen das Nürnberger Urteil in Aussicht gestellt hatte, daß sie einzeln nach dem Maß ihrer Schuld verfolgt werden sollten, sind straflos geblieben. Ihrer Ehre hat es nichts antun können, daß viele von ihnen mitschuldig geworden sind an den Verbrechen Hitlers, an dem Kommissarbefehl, dem Kugelerlaß, der Partisanenbekämpfung, der Judendeportation. Ihre Ehre ist schutzwürdig geblieben.

Und mein Plädoyer endete mit den Sätzen:

Im April1964 auf dem Wege zur Verhandlung vor dem Wuppertaler Landgericht. Vorn rechts von rechts nach links: der Journalist Peter Baumöller, Lorenz Knorr und ich; vorn links zwei ausländische Prozeßbeobachter, die britische Labour-Abgeordnete Ann Kerr und der Vizepräsident des dänischen Parlaments, Herluf Rasmussen; dahinter verdeckt Frau Elfriede Knorr; in der Mitte hinten links Rechtsanwalt Dr. Walther Ammann, rechts sein Mitarbeiter Dr. Konrad Neumann, mit dem ich diesen und mehrere andere Prozesse vorbereitet habe.

Ich habe die Hoffnung, daß unsere Generation erleben wird, daß man die Massenmörder bestraft und nicht diejenigen, die Massenmörder als Massenmörder bezeichneten. Es könnte sonst leicht sein, daß unsere Generation die letzte gewesen sein wird, die überhaupt gelebt hat.

Der Kollege Dr. Walther Ammann aus Heidelberg, mit dem zusammen ich Lorenz Knorr vor dem Landgericht Wuppertal verteidigte, protestierte in seinem Plädoyer gegen die Ablehnung der von der Verteidigung gestellten Beweisanträge, die auch dieses Gericht nicht für entscheidungserheblich gehalten hatte. Der Ausdruck »Massenmörder«, so führte Ammann aus, sei in diesem Fall keine Formalbeleidigung, sondern durch die Tatsachen gerechtfertigt, die in den vom Gericht nicht zur Kenntnis genommenen Beweisanträgen vorgebracht worden seien.

Die Strafkammer war anderer Meinung. Durch Urteil vom 27. April 1964 wurde unsere Berufung gegen das Urteil des Schöffengerichts verworfen und die Geldstrafe auf 2000 DM erhöht. Der Ausdruck »Massenmörder« sei eine formale Beleidigung, die nicht durch Wahrnehmung berechtigter Interessen gerechtfertigt werden könne. Wenn der Angeklagte die Generäle Heusinger, Speidel, Foertsch und Kammhuber sowie Admiral Ruge für den Tod der fünfzig Millionen Opfer des letzten Weltkriegs mitverantwortlich machen wollte, hätte er dies »auf eine andere, die Angegriffenen schonendere Art und Weise zum Ausdruck bringen können«. Die vom Angeklagten und seinen Verteidigern angebotenen Beweise für ganz konkrete Verbrechen interessierten auch dieses Gericht nicht. Es sei mißbräuchlich, so verkündete das Gericht, durch Aufstellen einer Formalbeleidigung im politischen Tageskampf »das Gericht zur Aufklärung eines nachgeschobenen Tatsachenkomplexes zu zwingen«. Es komme dem Angeklagten ersichtlich darauf an,

vor der Öffentlichkeit im Gerichtssaal als »Ankläger« der von ihm Beleidigten aufzutreten und damit ein politisches Ziel zu erreichen, nämlich den Anschein zu erwecken, daß die Führungsspitze der Bundeswehr das deutsche Volk wieder einer Katastrophe entgegenführt.

Wir legten Revision gegen das Urteil ein und hatten Erfolg. Mit Urteil vom 3. Dezember 1964 hob das Oberlandesgericht Düsseldorf das Urteil der Wuppertaler Strafkammer auf und

Nach der erfolgreichen Verhandlung beim Oberlandesgericht Düsseldorf am 3. Dezember 1964. Vorn rechts der Kollege Dr. Walther Ammann und ich, dahinter von rechts nach links: der dänische Journalist E. Jensen aus Kopenhagen, Mrs. E. Dales, London (Ehren-Sekretärin des »British Defense Committees for Victims of Nazi Persecution«), Lorenz Knorr (ganz hinten), ein Journalist der *Tribune*, London, Frau Elfriede Knorr.

verwies die Sache zu neuer Verhandlung und Entscheidung an das Landgericht zurück. In der Begründung hieß es, die Strafkammer hätte die Beweisanträge der Verteidigung nicht als unzulässig ablehnen dürfen. Die Beweisanträge hätten konkrete Behauptungen über Geschehnisse der jüngeren Zeitgeschichte auf bestimmte Personen bezogen. Sie seien nicht auf ein moralisches Kollektivurteil hinausgelaufen, sondern seien geeignet gewesen, die besonderen Vorwürfe zu belegen, die der Angeklagte gegen diese Personen erhoben hatte. Die behaupteten Tatsachen seien einem Beweis zugänglich gewesen.

In diesem Stadium des Verfahrens ergriff Lorenz Knorr eine neue Initiative. Mit Schreiben vom 12. 6. 1965 erstattete er gegen die Generäle Heusinger und Speidel Strafanzeige wegen Anstiftung bzw. Beihilfe zum Mord. Er tat also genau das, was der Staatsanwalt in der Wuppertaler Hauptverhandlung vermißt und empfohlen hatte. Und die Staatsanwaltschaft tat genau das, was Lorenz Knorr und dessen Verteidiger schon vorher erwartet hatten: Sie stellte die Ermittlungsverfahren gegen beide Generäle ein. Eine Beschwerde Knorrs wies der Generalstaatsanwalt in Köln am 19. 4. 1971 zurück.

Nun waren weitere sechs Jahre ins Land gegangen, in denen das Beleidigungsverfahren gegen Knorr wegen der ziemlich lustlos betriebenen Ermittlungen gegen Heusinger und Speidel geruht hatte. Ein weiteres Jahr später teilte der Vorsitzende der Wuppertaler Strafkammer mit, daß die Staatsanwaltschaft angeregt habe, das Verfahren gegen Lorenz Knorr gemäß § 153 StPO wegen Geringfügigkeit einzustellen. Und so geschah es dann. Durch Beschluß vom 3. Mai 1972 – also fast elf Jahre nach der »Tat« – beendete das Landgericht dieses Verfahren durch einen Einstellungsbeschluß, in dem die Kosten des Verfahrens, mit Ausnahme der dem Angeklagten erwachsenen notwendigen Auslagen, der Staatskasse auferlegt wurden.

Die »geringe Schuld« des Angeklagten, die eine Einstellung nach § 153 StPO voraussetzt, sah das Gericht in einer Schuldminderung »durch Zeitablauf und dadurch bedingte Verfahrensbelastung«. Die Belastung des Angeklagten mit seinen eigenen notwendigen Auslagen – Kosten für zwei Verteidiger, Reisen zu Gerichtsterminen und Besprechungen, Beschaffung von Beweismitteln usw., Kosten, die in die Tausende gingen – gab dem Gericht Gelegenheit, ihm in den Gründen des Beschlusses noch eins auszuwischen. Die aufgrund seiner Strafanzeigen eingeleiteten Ermittlungsverfahren seien eingestellt worden, weil sich die Vorwürfe als haltlos erwiesen hätten. Hieraus ergebe sich, daß jedenfalls hinsichtlich der Generäle Heusinger und Dr. Speidel die von dem Angeklagten auf der Versammlung in Solingen aufgestellten Behauptungen der Tatsachengrundlage entbehrten. Insoweit sei daher die Schuld des Angeklagten in hohem Maße wahrscheinlich.

Da hatten sich also deutsche Juristen mehr als ein Jahrzehnt mit der Frage beschäftigt, ob die Ehre von Generälen, die an Hitlers Kriegsverbrechen an maßgeblicher Stelle mitgewirkt hatten, verletzt sei, wenn man sie als Massenmörder bezeichnet. Und hatten letztlich nichts produziert als einen matten Einstellungsbeschluß, in dessen Kostenentscheidung sie den Vorwurf unterbrachten, eine Schuld sei in hohem Maße wahrscheinlich. Eine Schuld nicht etwa der Massenmörder, sondern dessen, der sie als solche bezeichnet hat. Und dieses Ergebnis brachten sie zustande, ohne je in öffentlicher Hauptverhandlung über die Tatsachen Beweis erhoben zu haben, die diesem Werturteil zugrundeliegen.

So ersparte man dem General Speidel eine öffentliche Erörterung der in einem Beweisantrag der Verteidigung vorgelegten

Schreiben und Berichte aus noch vorhandenen Akten des Militärbefehlshabers in Frankreich/Kommandostab und des Wehrwirtschafts- und Rüstungsstabes in Frankreich, aus denen sich ergab, inwieweit dieser am Aufbau der Bundeswehr maßgeblich beteiligte Herr an dem unbarmherzigen Vorgehen gegen Einwohner des besetzten Frankreichs, unberechtigten und harten Maßregelungen, Verhaftungen, Geiselerschießungen, Stellung und Deportation von Tausenden (auch Juden und Kommunisten) verantwortlich mitgewirkt hat. Kein Richter hat sie gelesen oder angehört.

Auch die den General Heusinger betreffenden Beweise erreichten nicht das Licht der Gerichtsöffentlichkeit: Urkunden aus den Akten des OKH (Oberkommando des Heeres) und seiner unterstellten Einheiten, geheime Kommandosachen, Geheimsachen, Chefsachen, Telegramme, Dienstanweisungen, Richtlinien, Schreiben, Meldungen, Briefe usw., die entweder die Unterschrift des Generals Heusinger trugen oder an dessen Abteilung und Dienststelle ergangen waren und seine Beteiligung an völkerrechtswidrigen Unternehmen, Operationen und Angriffen, an schärfsten Vergeltungsmaßnahmen und Erschießungen von Zivilisten, Geiseln etc. belegten; ferner Beweise für seine Anwesenheit im Ghetto von Warschau.

Auch der beleidigte General Foertsch brauchte sich nicht den Vorwürfen zu stellen, die Lorenz Knorr aus Urkunden über Kriegsverbrechen im Bereich der 18. Armee herleitete.

Und ebensowenig kamen die urkundlich belegte Verantwortung des Generals Kammhuber für den als Vorwand für deutsche Luftangriffe auf ausländische Städte benutzten Luftangriff auf Freiburg im Breisgau und die des Admirals Ruge für Verbrechen der deutschen Seekriegsführung in öffentlicher Hauptverhandlung zur Sprache.

Das von Lorenz Knorr mit immensem persönlichen Einsatz zusammengetragene Beweismaterial, mit dem ein Ausschnitt aus dem riesigen Panorama deutscher Kriegsverbrechen hätte bewiesen werden sollen, für die der Ausdruck Massenmord ganz unzureichend ist, verschwand sang- und klanglos auf irgendeinem Aktenboden und ist wahrscheinlich inzwischen vernichtet worden.

Eine Justiz, die an Aufklärung der historischen Wahrheit, die in dem Wort »Massenmörder« zusammengefaßt wurde, interessiert gewesen wäre, hätte in einem Bruchteil der Zeit, die sie der Reinwaschung von Hitlers Generälen gewidmet hat, zu einem Urteil kommen können, das der allzu kleinen Minderheit von antifaschistischen Kämpfern wenigstens nach Hitler das Recht der freien Rede gesichert hätte. Stattdessen setzte sie eine Tradition fort, die schon in den Tagen der Weimarer Republik die Verbreitung der Wahrheit über Generäle, über Aufrüstung und Kriegsvorbereitung unter Strafe stellte. Mal war es Landesverrat, mal Beleidigung. Namen wie Carl von Ossietzky und Kurt Tucholsky erinnern an die Schande einer deutschen Justiz, die den Massenmördern des NS-Staates den Weg geebnet hat, indem sie deren Kritiker durch Strafverfahren zum Schweigen zu bringen versuchte.

Mehr als 3000 Solidaritätsschreiben erhielt Lorenz Knorr aus aller Welt für seine tapfere Verteidigung in dem von gekränkten Hitler-Generälen veranlaßten jahrelangen Strafverfahren. Darunter Namen wie: Bertrand Russell, Linus Pauling, Martin Buber, Pietro Nenni, Arnold Zweig, Martin Niemöller, Wolfgang Abendroth, Helmut Gollwitzer, H.H. Kirst, Christian Geißler, Max von der Grün, Heinz Hilpert und Fritz Lamm. Eines der eindrucksvollsten Schreiben kam von dem Philosophen Günther Anders, dessen Buch *Die Antiquiertheit des Menschen* (1956) das bedrückende Szenario einer apokalypse-blinden Menschheit angesichts der Atombombe analysiert.

Sehr geehrter Herr Knorr!
Das nun dreißigjährige Feuer der Empörung, das auch nach dem Sturz der Infamie niemals hatte verglimmen dürfen – denn auch nach diesem war es uns ja niemals vergönnt, nicht empört zu sein –, dieses Feuer ist nun durch die Lektüre Ihrer Broschüre wieder zu offener Flamme angefacht worden. Wenn Formulierungen von Tatsachen, und zwar entsetzlichster Tatsachen, als Formalbeleidigungen verfolgt werden dürfen; wenn der Mut, Massenmord als das zu bezeichnen, was er ist, als strafwürdig verfolgt und geahndet werden darf, nicht aber der Massenmord; wenn das Urteil von einem Richter gefällt werden darf, der selbst nicht unbeteiligt gewesen war; wenn die Presse von einer »abgeleierten ›Massenmörder‹-Platte« sprechen, also auf die Langeweile spekulieren darf, die die Erwähnung des Entsetzlichen bereits erzeugt – dann ist dadurch das Zeichen für höchste Gefahr gegeben. Die Tatsache, daß Hunderttausende Ihrer Mitbürger und Millionen von Bürgern der Nachbarländer aufs tiefste beunruhigt sind, die ist unter solchen Umständen nicht nur begreiflich, zu dieser Unruhe sind sie

geradezu verpflichtet. Schuld an dieser Unruhe aber sind natürlich nicht Sie; die Unruhestifter sind vielmehr diejenigen, die Sie unerschrocken bloßgestellt haben. Die 50 Millionen, die, weil es vor dreißig Jahren zu wenige Warner Ihrer Art gegeben hatte, zugrunde gegangen sind, die können Ihnen nicht mehr Dank sagen. An ihrer Stelle haben es die Überlebenden zu tun.
Mit der größten Hochachtung
Ihr
Günther Anders

Zu seinem siebzigsten Geburtstag im Jahr 1991 wurde Lorenz Knorr eine Festschrift gewidmet. Mein Beitrag »Hitlers Generäle und deutsche Richter« endete so:

Es ist an der Zeit, die Weltbrandstifter von heute und morgen zu benennen. Eine richtig verstandene freiheitliche Verfassung gibt uns das Recht dazu, und das Beispiel eines Lorenz Knorr sollte uns den Mut geben, von diesem Recht Gebrauch zu machen.

10. Die totale Kriegsdienstverweigerung der Zeugen Jehovas (1962–1965)

Seit 1956 die Wehrpflicht wieder eingeführt wurde, bildete die anwaltliche Beratung und Vertretung von Kriegsdienstverweigerern viele Jahre einen Schwerpunkt meiner Berufstätigkeit. Ich habe die Verfahren, die ich vor Prüfungskammern für Kriegsdienstverweigerer und Verwaltungsgerichten bis hinauf zum Bundesverwaltungsgericht geführt habe, nicht gezählt, es waren sicher mehrere tausend. Darunter einige, die ich nie vergessen werde und über die zu berichten eine verlockende Aufgabe wäre. Aber nur einer Gruppe von Kriegsdienstverweigerern, die mir, obwohl ich ihrer Glaubensüberzeugung fernstehe, große Achtung abgenötigt haben, möchte ich ein Kapitel widmen, den Zeugen Jehovas.

In den sechziger Jahren fanden Hunderte von Strafprozessen gegen Mitglieder dieser Glaubensgemeinschaft statt, weil sie sich unter Berufung auf ihre religiöse Überzeugung weigerten, den gesetzlich vorgesehenen zivilen Ersatzdienst für anerkannte Kriegsdienstverweigerer abzuleisten. Nach ihrem Bibelverständnis besagt das Christuswort »So gebet dem Kaiser, was des Kaisers ist, und Gott, was Gottes ist!« (Matthäus 22, 21; Markus 12, 17; Lukas 20, 25), daß man dem Staat Steuern zahlen solle, alle anderen Dienstleistungen aber Gott schulde. Eine Interpretation, die sicher nicht die herrschende Meinung wiedergibt und denn auch von den Gerichten, die mit Anklagen gegen Zeugen Jehovas befaßt waren, zunächst heftig kritisiert wurde.

So glaubte das Landgericht Bückeburg in einem vom OLG Celle bestätigten Urteil vom 29. 6. 1962 zu wissen, daß der Ersatzdienst durch die Bibel nicht grundsätzlich verboten sei; das ergebe sich schon daraus, »daß bei Abfassung der Bibel ein Ersatzdienst, der an die Stelle eines Wehr- oder Kriegsdienstes trat, noch gar nicht bestand«. Und das OLG Braunschweig traute sich sogar ein Urteil darüber zu, ob der zivile Ersatzdienst mit der Lehre der Zeugen Jehovas selbst in Einklang steht:

Derartige Dienste entsprechen nicht nur der Würde des Menschen, sondern auch der von den »Zeugen Jehovas« gepredigten christlichen Lehre, insbesondere dem Gebote der christlichen Nächstenliebe.

Ausgehend von der Unterstellung, jeder Mensch müsse die Bibelinterpretation des Gerichts teilen, kam es in manchen Urteilen zu harten Vorwürfen gegen die »uneinsichtigen« jungen Angeklagten. Es handle sich beim Ersatzdienst um einen Samariterdienst, »den weder Christus noch die Bibel je verboten« habe (LG Stuttgart, 16. 10. 1962); »bei vernünftigen Überlegungen ... und bei gutem Willen ... müßte der Angeklagte dies erkennen« (SchG Frankfurt/Main, 5. 3. 1963); »es handelt sich bei ihm also um einen hartnäckigen, zumindest vorläufig nicht besserungswilligen Ersatzdienstverweigerer ...« (LG Stuttgart, 16. 1. 1963)

Wenn die religiöse Beurteilung des Ersatzdienstes nur eine Frage der richtigen Bibelinterpretation, der vernünftigen Überlegung und des guten Willens war, dann konnten die Gerichte sich natürlich eine Prüfung der an sich naheliegenden Rechtsfrage ersparen, ob es denn wohl mit dem im Grundgesetz garantierten Grundrecht der Glaubens- und Gewissensfreiheit vereinbar sei, Menschen ins Gefängnis zu stecken, die behaupteten, der von ihnen verlangte Dienst für den Staat sei mit ihrer Glaubensüberzeugung unvereinbar.

Je katholischer die Gegend, in der die Gerichte amtierten, um so intoleranter gingen sie mit der abweichenden Glaubenshaltung der Zeugen Jehovas um. Kamen die jungen Ersatzdienstverweigerer in nicht-katholischen Landstrichen mit Strafen davon, die vier oder fünf Monate Gefängnis (beim ersten Mal) nur selten überstiegen, so mußten sie in Bayern regelmäßig mit einem Jahr Gefängnis und mehr rechnen. Auch das Prozeßklima unterschied sich deutlich. Während man im Evangelischen doch mitunter das schlechte Gewissen der Richter zu spüren glaubte, die hier über Glaubensdinge zu Gericht saßen, hatte man im Katholischen eher das Gefühl, daß die Gelegenheit, Leute mit falschem Gesangbuch einzusperren, ganz gern genutzt wurde.

Aber nicht nur die religiöse Einstellung, auch das politische Bewußtsein der Richter schlug oft spürbar durch, wenn sie gefordert waren, einer gefährlichen Minderheit – und welche Minderheit wird von Konservativen nicht für gefährlich gehalten? – Toleranz zu erweisen. Solchen Richtern fehlte jede selbstkritische Distanz, wenn sie ohne mit der Wimper zu zucken ihrem Strafterror Beugecharakter zumaßen und dessen Wiederholung ohne Ende ankündigten. So zum Beispiel in einem Urteil des Landgerichts Braunschweig, nachdem die guten Zwecke des Ersatzdienstes aus der Sicht der Richter dargelegt waren:

Eine Grundanschauung, die solche Zwecke mißbilligt, muß als staatsfeindlich, asozial und unchristlich bezeichnet werden. Man gewinnt den Eindruck, daß Anschauungen dieser Art unbemerkt von den Anhängern der betreffenden Sekte absichtlich gesteuert werden, um Schwierigkeiten hervorzurufen. Da es sich diesmal um eine erstmalige Bestrafung handelt, kann man der Strafe im wesentlichen noch Beugecharakter beimessen. Es wird also festzustellen sein, ob der Angeklagte durch die Verbüßung vielleicht Vernunft annimmt. Wenn das nicht der Fall sein sollte, so scheint für jeden künftigen Fall der Dienstverweigerung eine Gefängnisstrafe erforderlich, die an Dauer mindestens der Zeit der Dienstverpflichtung gleichkommt. (LG Braunschweig, 8. 10. 1962)

Der Fliesenleger Ewald G. war nur einer von vielen Zeugen Jehovas, die ich wegen Verweigerung des zivilen Ersatzdienstes zu verteidigen hatte. Der beim Kreiswehrersatzamt in Stuttgart gebildete Prüfungsausschuß hatte ihn wegen seiner religiösen Überzeugung am 27. 3. 1957 als Kriegsdienstverweigerer anerkannt. Daß er aber darüberhinaus, wie alle Mitglieder seiner Glaubensgemeinschaft, auch den zivilen Ersatzdienst für unvereinbar mit Gottes Geboten erklärte, brachte ihn in Konflikt mit dem Strafgesetz.

Ewald G., Jahrgang 1937, war, ebenso wie seine Mutter und seine ältere Schwester, 1954 aus der evangelischen Kirche ausgetreten und zu den Zeugen Jehovas gegangen. Der Vater hatte diesen Schritt schon vier Jahre früher vollzogen, zwei jüngere Geschwister folgten noch nach, so daß inzwischen die ganze Familie sich zu dieser Religionsgemeinschaft bekannte.

Als ich das Verteidigermandat übernahm, war Ewald G. schon vom Amtsgericht Leonberg »wegen eines Vergehens der Dienstflucht i.S. des § 37 des Gesetzes über den zivilen Ersatzdienst« zu einer Gefängnisstrafe von zwei Monaten, ohne Bewährung, verurteilt. Seine strafbare Handlung wurde darin gesehen, daß er seiner Einberufung zum Dienst bei einem staatlichen Erziehungsheim nicht nachgekommen war. Der Amtsrichter hatte einige Mühe gehabt, den Sinn einer Strafe zu begründen, da er die »unerschütterliche Festigkeit« der, wenn auch »irrigen«, Glaubenshaltung des Angeklagten erkannt hatte. Und so schrieb er ins Urteil, es gehe allein darum, »daß die hartnäckige Weigerung, sich dem Gesetz über den zivilen Ersatzdienst zu beugen, geahndet werden muß«.

In meinem Plädoyer versuchte ich, das Berufungsgericht in Stuttgart – eine kleine Strafkammer, besetzt mit einem Berufsrichter und zwei Schöffen – davon zu überzeugen, daß der Angeklagte mit Rücksicht auf das in Artikel 4 Absatz 1 des Grundgesetzes verbriefte Grundrecht der Glaubens- und Gewissensfreiheit freigesprochen werden müsse. Es sei nicht Aufgabe der Justiz, darüber zu entscheiden, ob eine Glaubens- und Gewissenshaltung richtig oder falsch ist. Die verfassungsrechtliche Verbürgung der Glaubens- und Gewissensfreiheit sei 1949 in bewußter Abkehr von der Mißachtung dieser Rechte in der Nazi-Zeit erfolgt. Und ich erinnerte das Gericht mit konkreten Beispielen daran, wie die Nazis mit den Zeugen Jehovas umgegangen waren:

Die Strafverfolgung der Zeugen Jehovas (damalige Bezeichnung: Ernste Bibelforscher) hatte schon 1933 begonnen, nachdem ihre Organisation verboten worden war. »Rechts«-Grundlage für die Bestrafung war die berüchtigte nach dem Reichstagsbrand erlassene Notverordnung des Reichspräsidenten »zum Schutze von Volk und Staat« vom 28. 2. 1933, die nach ihrer Präambel der Abwehr kommunistischer Gewaltakte dienen sollte. Das Reichsgericht (Urteil vom 24. 9. 1935) fand eine strafbare Betätigung der Ernsten Bibelforscher im Sinne dieser Verordnung schon in der »Bekundung des Zusammengehörigkeitsgefühls, durch das die Beteiligten verbunden gewesen waren; so können Reden genügen, die eine Ermunterung für ›kommende bessere Zeiten‹ enthalten oder ein Sammeln von Beiträgen schon vermöge der darin liegenden seelischen Einwirkung auf die angegangenen Personen«.

Auch die Verurteilung nach § 129 StGB (kriminelle Vereinigung) wurde vom Reichsgericht gebilligt, weil es zur Beschäftigung der verbotenen Vereinigung gehöre, »Maßregeln der Verwaltung, z.B. die der Wehrkraft und dem Wehrwillen des Volkes dienenden, durch ungesetzliche Mittel, insbesondere die gegen das Gesetz verstoßende Versammlungstätigkeit zu verhindern oder zu entkräften«.

Anfangs gab es auch noch Freisprüche. So lehnte das Sondergericht Darmstadt (Urteil vom 26. 3. 1934) die Verurteilung von Ernsten Bibelforschern ab, die wegen Verstoßes gegen die Verordnung des Reichspräsidenten vom 28. 2. 1933 angeklagt waren. Begründung: Artikel 137 der Weimarer Verfassung (Recht der religiösen Vereinigungsfreiheit) gelte fort.

Zu diesem freisprechenden Urteil kam Widerspruch von einem Gerichtsassessor Dr. Dreher aus Dresden, der in der »Juristischen Wochenschrift« (1935, 1949f.) schrieb, die Ernsten Bibelforscher könnten sich nicht auf das Recht der religiösen Vereinigungsfreiheit berufen. Wörtlich:

Denn ihre Lehre, die jede weltliche Regierung als Werk des Satans hinstellt, gefährdet den Staat. Sie führt dazu, daß sich ihre Anhänger jeder staatsbürgerlichen Pflicht, vor allem der Wehr- und Wahlpflicht, entziehen. Derartiges ist für den totalen Staat untragbar.

Herr Dreher machte eine Karriere, die ihn über die Rolle des Ersten Staatsanwalts beim Sondergericht Innsbruck zum Ministerialdirigenten im Bundesjustizministerium klettern ließ, als welcher er nicht nur Gesetze formulierte, sondern auch kommentierte. Der »Dreher/Tröndle« ist noch heute der in der Gerichtspraxis meistbenutzte Handkommentar zum Strafgesetzbuch.

Aber zurück zu dem Dreher von 1935, der den Staat Adolf Hitlers durch die Ernsten Bibelforscher gefährdet sah. Er stimmte auch der Auffassung des Professors Ernst Rudolf Huber, Verfasser eines dickleibigen Lehrbuchs des nationalsozialistischen Verfassungsrechts, zu, daß die Religionsfreiheit nur mit dem Vorbehalt des Punktes 24 des Parteiprogramms der NSDAP gelte, der die freie Ausübung der religiösen Bekenntnisse mit der Einschränkung zusicherte: »soweit sie nicht den Bestand des Staates gefährden oder gegen das Sittlichkeits- oder Moralgefühl der germanischen Rasse verstoßen«.

Einen solchen Verstoß gegen das germanische Rassegefühl sah z.B. das Hanseatische Sondergericht (Urteil vom 15. 3. 1935) im Bekenntnis der Zeugen Jehovas zur Kriegsdienstverweigerung:

Das Gericht ist der Auffassung, daß eine solche Einstellung der deutschen Ehre, die eine der allerersten Grundlagen des nationalsozialistischen Denkens ist, kraß zuwiderläuft. Das germanische Rassegefühl ist untrennbar mit dem Heldischen verbunden, der

Deutsche hat niemals ein Knechtsvolk sein wollen. Gegen diese grundlegenden Erkenntnisse verstoßen die von den Bibelforschern vertretenen Lehren. Es kommt aber hinzu, daß die Anschauungen dieser Religionsgesellschaft auch den Bestand des Staates gefährden. Das Gericht hat von den Angeklagten zwar den Eindruck gewonnen, daß es sich bei ihnen nicht etwa um getarnte Marxisten oder Kommunisten handelt. Indessen ergaben die Proben aus den Zeitschriften zur Genüge, daß die Anhänger dieser Lehren dem Staat feindlich gegenüberstehen. Sie betätigen und bestärken diese Feindschaft insbesondere dadurch, daß sie sich den staatlichen Gesetzen nicht fügen …

Der nächste Schritt nationalsozialistischer Verfolgungsmaßnahmen war der Eingriff in die Sphäre des beruflichen und privaten Lebens. So erklärte das Sächsische Oberverwaltungsgericht (Urteil vom 4. 12. 1936) die Kündigung des Angestelltenverhältnisses einer Bezirkshebamme für berechtigt, die getreu den Grundsätzen der Ernsten Bibelforscher an Volksabstimmungen und Wahlen nicht teilgenommen hatte. Auch eine Verletzung der ehelichen Pflichten, die den anderen Ehegatten zur Erhebung der Scheidungsklage berechtigt, wurde im Bekenntnis zu den Lehren dieser Glaubensgemeinschaft gesehen.

Das Furchtbarste aber, was deutsche Richter den Zeugen Jehovas angetan haben, war dies: Man hat ihnen die Kinder weggenommen und deren Fürsorgeerziehung angeordnet! Denn, so befand das Oberlandesgericht München (Urteil vom 3. 12. 1937):

Kinder, die im Elternhaus in den staatsfeindlichen Anschauungen der Ernsten Bibelforscher erzogen werden, sind durch diese Art der Erziehung der Gefahr der sittlichen Verwahrlosung ausgesetzt.

Das Gericht bestätigte mit diesem Urteil die Anordnung der vorbeugenden Fürsorgeerziehung über die 1924 und 1929 geborenen Kinder eines Landwirtsehepaares, die dank ihrer religiösen Erziehung »bei der Feier des Tages der nationalen Arbeit unentschuldigt gefehlt« und die »Erweisung des deutschen Grußes verweigert« hatten. »Ida hat die Frage eines Lehrers, ob sie sich hinter den Führer stelle, ausdrücklich verneint, Elise hat es ständig abgelehnt, das Horst-Wessel-Lied zu singen und im Zeichenunterricht ein Hakenkreuz zu zeichnen.« Das

Gericht folgerte aus diesem Verhalten, daß ein im Glauben der Ernsten Bibelforscher erzogenes Kind »der sittlichen Verwahrlosung anheimfällt«, denn »ein Kind, bei dem die oben geschilderten Folgen einer derartigen Erziehung eintreten, sinkt damit in einen Zustand herab, in dem es in erheblichem Grade derjenigen Eigenschaften ermangelt, die bei einem Kind unter sonst gleichen Verhältnissen als Ergebnis einer ordnungsmäßigen Erziehung vorausgesetzt werden müssen«.

Die letzte Station auf dem Leidensweg der Zeugen Jehovas im Hitler-Staat war das Konzentrationslager. Wer ihm entgehen wollte, konnte eine »Ehrenerklärung« unterschreiben, in der er sich von den »staatsfeindlichen Machenschaften der jüdischen Internationalen Bibelforscher-Vereinigung« lossagte. Weiter hieß es in dem Vordruck: »Ich werde die Gesetze und die Anweisungen der Partei und des Staates befolgen und vor allen Dingen auch in meiner Familie den Geist des Führers, besonders im Herzen meiner Kinder, aufrichten.« Wer seinem Glauben treu blieb, nahm ein furchtbares Schicksal auf sich. Eugen Kogon hat in seinem Buch *Der SS-Staat. Das System der deutschen Konzentrationslager* die besonderen Leiden, denen die Bibelforscher im KZ ausgesetzt waren, geschildert. Sie wurden in allen Lagern der Strafkompanie zugeteilt und in übelster Weise schikaniert. Im KZ Sachsenhausen wurden die Bibelforscher bei Kriegsbeginn aufgefordert, Wehrdienst zu leisten. Auf jede Weigerung hin wurden zehn aus ihren Reihen erschossen. Nach vierzig Hinrichtungen gab es die SS auf.

Dr. Kurt Hutten, evangelischer Oberkirchenrat, schreibt 1962 in seinem Buch *Seher, Grübler, Enthusiasten* über die Zeugen Jehovas:

Was sie ... aus allen christlichen Kirchen und Vereinigungen unserer Zeit heraushebt, das ist die schlechterdings nicht zu brechende Entschlossenheit eines großen Teils ihrer Mitglieder, die von ihnen geglaubten Lehren in jeder Lage und Gefahr zu verkündigen ... Angebote, durch Abfall die Freiheit oder das Leben zu erkaufen, verschmähen sie. Viele Zeugnisse von Häftlingen aus nationalsozialistischen und kommunistischen Internierungslagern rühmen einmütig ihre Ungebrochenheit, ihren Bekenntniseifer und ihre Hilfsbereitschaft in einer entmenschten Umwelt. Und mit der gleichen Ungebrochenheit sind Tausende in den Tod gegangen.

Ich fragte die Herren, die über den Fliesenleger Ewald G. zu Gericht saßen:

Welcher Richter könnte ernstlich glauben oder auch nur wünschen, eine Glaubenshaltung, die selbst vor SS-Schlägern und Erschießungskommandos nicht schwankend wurde, durch Gefängnisstrafen zu brechen? Müßte man nicht konsequenterweise auf die Entziehung des Elternrechts zurückkommen, um zu verhindern, daß die Zeugen Jehovas ihre Kinder zum Ungehorsam gegenüber staatlichen Gesetzen erziehen? Könnte man nicht auch die Organisation der Zeugen Jehovas wiederum als »Verbrecherverein« im Sinne des § 129 StGB qualifizieren und die Glaubensgemeinschaft gemäß Art. 9 Abs. 2 GG verbieten mit der Begründung, daß ihre Tätigkeit den Strafgesetzen zuwiderlaufe?

In dem Verfahren gegen Ewald G. konnte ich leider noch nicht aus der vom Bundesministerium für gesamtdeutsche Fragen im April 1964 herausgegebenen, »Partei-Justiz« betitelten Schrift zitieren – in späteren Verfahren habe ich es getan –, die sich als »vergleichende Dokumentation über den nationalsozialistischen und kommunistischen Rechtsmißbrauch in Deutschland« vorstellte und ein Kapitel über die Verfolgung der Zeugen Jehovas im Hitler-Reich und in der DDR enthielt. Da wurde, so als ob es in der BRD Vergleichbares nicht gäbe, der Empörung über die Bestrafung von Zeugen Jehovas durch die DDR-Justiz Ausdruck gegeben, die ihre Freiheit einbüßten, »einfach weil beiden totalitären Systemen ihre religiöse Überzeugung staatsfeindlich erschien«.

Für den Richter und die Schöffen der Stuttgarter Strafkammer wäre der Vergleich mit Ulbrichts »Unrechtsstaat« wohl auch zu »starker Toback« gewesen. Sie hatten schon meinen Ausführungen über die Behandlung der Ernsten Bibelforscher in Hitlers Unrechtsstaat mit steinernen Gesichtern zugehört. Ihre rechtsstaatliche Selbstgewißheit blieb unberührt von jedem Zweifel, als sie die vom Amtsrichter verhängte zweimonatige Gefängnisstrafe für Ewald G. bestätigten.

Der Angeklagte lebe in der »irrigen Meinung«, er könne die Ableistung des zivilen Ersatzdienstes mit seinem Gewissen nicht vereinbaren, hieß es in der Urteilsbegründung. Die Frage, ob durch eine Maßnahme die Freiheit des Gewissens verletzt werde, könne nicht nach subjektiven, sondern nur nach objektiven Maßstäben beurteilt werden. Anders als der

Amtsrichter hatten Richter und Schöffen der Strafkammer auch keine Schwierigkeiten mit dem Strafzweck. Es gehe um eine »generalpräventive«, also um eine abschreckende Wirkung der Strafe. Auch ist die Rede von der »Gefährlichkeit des Verhaltens des Angeklagten für die Allgemeinheit«.

Der im Gerichtssaal anwesende Vater meines Mandanten weinte bei der Urteilsverkündung. Ich versuchte zu trösten, es gebe ja noch die Revisionsinstanz. Und ich legte gegen das Urteil das Rechtsmittel der Revision ein, über die das Oberlandesgericht zu entscheiden hatte.

In meiner Revisionsbegründung führte ich aus:

Das angefochtene Urteil stellt fest, daß der Angeklagte sich in der »irrigen« Meinung befinde, er könne die Ableistung des zivilen Ersatzdienstes mit seinem Gewissen nicht vereinbaren. Die Frage, ob durch eine Maßnahme die Freiheit des Gewissens verletzt werde, könne nicht nach subjektiven, sondern nur nach objektiven Maßstäben beurteilt werden. Das Gericht glaubt offenbar, im Besitz dieser objektiven Maßstäbe zu sein, wenn es die Glaubens- und Gewissensentscheidung des Angeklagten als »irrig« abtun zu können glaubt. Damit hat sich das Gericht eindeutig in Widerspruch zu dem Grundgedanken des Art. 4 Abs. 1 GG gesetzt, der mit der Gewährleistung der Glaubens- und Gewissensfreiheit nicht nur den »richtigen« Glauben und die »richtige« Gewissensentscheidung schützen wollte, sondern der gerade solchen Glaubens- und Gewissensentscheidungen Schutz vor der Intoleranz des Staates und der Mitmenschen gewähren wollte, die von den Auffassungen der Mehrheit abweichen.

Im übrigen ist es nicht die Aufgabe eines Gerichts, die Bibel mit dem Anspruch auf Allgemeingültigkeit zu interpretieren. Im vorliegenden Fall ist gerade das gemacht worden, was der Grundgesetzgeber mit der Schaffung des Art. 4 Abs. 1 GG verhindern wollte, nämlich, daß sich ein staatliches Gericht zum Richter über religiöse Fragen aufwirft. Schon Friedrich II. von Preußen hat als aufgeklärter Fürst den berühmt gewordenen Grundsatz vertreten: »In meinem Staat kann jeder nach seiner Fasson selig werden.« Die Interpretation des Grundgesetzes eines freiheitlich demokratischen Staates kann ja wohl nicht hinter der Toleranz eines absoluten Fürsten des 18. Jahrhunderts zurückbleiben. Wenn die von den Zeugen Jehovas vertretene Auffassung zur Frage der Ersatzdienstverweigerung für alle einleuchtend und in sich logisch erscheinen würde, bedürfte es des Grundrechts der Glaubens- und

Gewissensfreiheit nicht. Art. 4 Abs. 1 GG postuliert eben gerade die Verpflichtung zur Toleranz gegenüber Glaubens- und Gewissensüberzeugungen, die nicht die der herrschenden Meinung sind.

Der 1. Strafsenat des Oberlandesgerichts Stuttgart gab mir nur insoweit recht, als ich mich gegen den Anspruch des Landgerichts gewandt hatte, die Gewissensentscheidung des Angeklagten nach »objektiven Maßstäben« als irrig beurteilen zu können. Aber das Revisionsgericht widersprach meiner Auffassung, daß die Glaubens- und Gewissensfreiheit den Vorrang vor der staatlich verordneten Ersatzdienstpflicht habe. Der Staat trete in seinen Anforderungen dem einzelnen nicht mehr wie im Zeitalter des fürstlichen Absolutismus als fremder »Staatsapparat« entgegen, sondern sei mit der Gemeinschaft identisch, deren Glied der einzelne sei. Ohne Unterordnung unter die Anforderungen dieser Gemeinschaft sei für den einzelnen ein Leben innerhalb der modernen Zivilisationsgesellschaft nicht denkbar. – Große Worte dunklen Inhalts, die mich mit dem unguten Gefühl erfüllten, Ähnliches schon mal irgendwo gelesen zu haben, als noch das Hohelied der Volksgemeinschaft gesungen wurde.

Ich rief für den Fliesenleger Ewald G. das Bundesverfassungsgericht mit der Verfassungsbeschwerde an, dessen 1. Senat unter seinem damaligen Präsidenten Dr. Müller und unter Mitwirkung der Richter Dr. Berger, Dr. Stein, Ritterspach, Dr. Haager, Rupp-von Brünneck und Dr. Böhmer am 4. Oktober 1965 einstimmig beschloß:

Die Verfassungsbeschwerde wird verworfen.

In schwer verständlichem Juristendeutsch wurde der Fliesenleger Ewald G. belehrt, daß er sich erstens nicht auf Art. 12 Abs. 2 Satz 4 GG berufen könne (diese Vorschrift bestimmt, daß das Gesetz, das hinsichtlich des Ersatzdienstes »das Nähere regelt«, die Freiheit der Gewissensentscheidung nicht beeinträchtigen dürfe). Denn der Vorbehalt der freien Gewissensentscheidung beziehe sich nicht auf die Ersatzdienstpflicht als solche, sondern lediglich auf die nähere Regelung. Diese solle nicht so gestaltet werden, daß sie den Kriegsdienstverweigerer abschrecke und damit auf seine Entscheidung einen unzulässigen Druck ausübe. Zweitens könne der Beschwerdeführer sich auch nicht auf Art. 4 Abs. 1 GG (Glaubens- und

Gewissensfreiheit) berufen, denn Art. 4 Abs. 3 GG (Recht der Verweigerung des Kriegsdienstes mit der Waffe) regle die Wirkungen der Gewissensfreiheit im Bereich der Wehrpflicht abschließend.

Mit anderen Worten: Das Recht auf Kriegsdienstverweigerung aus Gewissensgründen wird nicht als Bestärkung, sondern als Einschränkung des Grundrechts der Gewissensfreiheit verstanden. Nur der Waffendienst im Kriege darf unter Berufung auf die Gewissensfreiheit verweigert werden, zu anderen Dienstleistungen im Rahmen der 1956 eingeführten Wehrpflicht darf der Bürger gezwungen werden, und zwar auch dann, wenn dies sein Gewissen vergewaltigt. – Ein fragwürdiges Husarenstück juristischer Rabulistik zur Stärkung staatlicher Militanz, aber eine noch schwächere Leistung aus der Sicht freiheitlich demokratischer Gesinnungsethik.

Mit ihrem Beschluß vom 4. Oktober 1965 in der Sache des Fliesenlegers Ewald G. segneten die Bundesverfassungsrichter eine Fülle von Urteilen ab, durch die zum damaligen Zeitpunkt bereits 559 Zeugen Jehovas für ihre Glaubenshaltung mit Gefängnisstrafen büßen mußten. Es waren Urteile darunter, die noch krasser als das in Sachen Ewald G. ergangene an die Terminologie und Gedankenwelt des nationalsozialistischen Unrechtsregimes anknüpften. Und die Selbstverständlichkeit, mit der Richter eines freiheitlich demokratischen Staates sich für berechtigt hielten, die Glaubens- und Gewissensüberzeugung einer religiösen Minderheit zu brechen, stellte ihrem politischen Bewußtsein nicht das beste Zeugnis aus.

Auch der Fliesenleger Ewald G. mußte die ihm zudiktierte Gefängnisstrafe absitzen. Ich weiß nicht, ob er noch weitere Einberufungsbescheide bekommen hat und ob und wie oft er noch verurteilt worden ist.

Erst im Jahre 1968, nämlich durch einen Beschluß des 2. Senats des Bundesverfassungsgerichts, den die Richter Seuffert, Henneka, Dr. Leibholz, Geller, Dr. Rupp, Dr. Geiger und Dr. Kutscher mit fünf gegen zwei Stimmen faßten, wurde wenigstens der traurigen Praxis, Zeugen Jehovas immer wieder für ihre ein für allemal getroffene Gewissensentscheidung zu bestrafen, ein Riegel vorgeschoben. Dabei stützte sich die Senatsmehrheit auf den in Art. 103 Abs. 3 GG verankerten Grundsatz, daß niemand wegen derselben Tat auf Grund der allgemeinen Strafgesetze mehrmals bestraft werden darf. Ein uralter Grundsatz des Strafprozeßrechts – lateinisch: »ne bis in idem« –, den deutsche Richter, mit wenigen Ausnahmen, bis dahin mit unhaltbarer Begründung hinweginterpretiert hatten, weil sie glaubten, nur so die Auflösung der staatlichen Ordnung verhindern zu können.

Daß es andere Wege gab, auch den Zeugen Jehovas karitative Dienste oder andere Opfer für die Allgemeinheit abzuverlangen, die deren Gewissensfreiheit nicht beeinträchtigt hätten, war dem Bundesverfassungsgericht schon in der Sache Ewald G. vorgetragen worden. Ich hatte darauf verwiesen, daß die Zeugen Jehovas das Christuswort »Gebt dem Kaiser, was des Kaisers ist ...« so interpretieren, daß hier die Pflicht gegenüber dem Staat postuliert sei, Steuern zu zahlen. Eine Sondersteuer anstelle des zivilen Ersatzdienstes wäre also mit ihrem Glauben vereinbar gewesen. Wenn es aber eine Möglichkeit gab, für die Zeugen Jehovas eine Leistungspflicht gesetzlich vorzusehen, die mit ihrer Glaubensüberzeugung nicht in Widerspruch stehen würde, dann konnte eine Regelung nicht rechtens sein, die Menschen um der Treue zu ihrer Glaubensüberzeugung willen zwingen wollte, entweder den staatlichen Ersatzdienst zu verrichten oder ihr halbes Leben im Gefängnis zu sitzen (wie es tatsächlich einige Gerichte und Staatsanwälte angedroht haben). Aber der 1. Senat des Bundesverfassungsgerichts hatte sich gegenüber diesem Argument taub gestellt. Und erst nachdem der 2. Senat die Möglichkeit der immer wiederholten Bestrafung gestoppt hatte, hat man in Bonn darüber nachgedacht, ob es nicht wirklich eine weniger terroristische Alternative gibt.

1969 wurde in das Zivildienstgesetz ein § 15 a eingefügt, wonach anerkannte Kriegsdienstverweigerer, die aus Gewissensgründen gehindert sind, Zivildienst zu leisten, zum Zivildienst vorläufig nicht herangezogen werden, wenn sie erklären, daß sie ein Arbeitsverhältnis mit üblicher Arbeitszeit in einem Krankenhaus oder einer anderen Einrichtung zur Behandlung, Pflege und Betreuung von Personen aufnehmen wollen, oder wenn sie in einem solchen Arbeitsverhältnis tätig sind. Damit war der staatliche Zwang weg, der allein für die Weigerung der Zeugen Jehovas den Hinderungsgrund bildete, eine an sich mit ihrem Gewissen durchaus vereinbare karitative Arbeit zu leisten. Und plötzlich redete kein Mensch mehr davon, daß sich »jede Ordnung auflösen« würde (so das OLG Stuttgart in einem Urteil vom 8. 2. 1963), wenn man den Zeugen Jehovas gestatten würde, sich der staatlichen Anordnung des zivilen

Ersatzdienstes zu widersetzen. Da zeigte sich, daß es letztlich nur um die Durchsetzung des förmlichen Rituals staatlicher Autoritätsentfaltung ging, dessen Nichtbeachtung konservativen Geistern nun einmal unerträglich ist und deshalb bestraft werden muß, egal, ob die Regelverletzung in der Nichtbegründung eines staatlich verordneten Arbeitsverhältnisses oder in der Weigerung besteht, einen leeren Hut zu grüßen (Schillers »Wilhelm Tell«). Natürlich konnte das neue Gesetz den konservativen Geist seiner Macher nicht ganz verleugnen. Wenn man den Zeugen Jehovas großzügig gestattete, das auf freiwilliger Basis zu tun, was man ihnen lieber durch staatlichen Verwaltungsakt abgefordert hätte, dann mußte das Arbeitsverhältnis mindestens ein Jahr länger sein als der Zivildienst, den der anerkannte Kriegsdienstverweigerer sonst zu leisten hätte. Das waren die Herren und Damen Gesetzgeber in Bonn offenbar ihrem Staatsverständnis schuldig. Aber die Zeugen Jehovas – von ihrer eigenwilligen Bibelinterpretation in Sachen Wehr- und Ersatzdienst abgesehen, durchaus loyale Staatsbürger – haben sich diesem kleinlichen Nachschlag der weltlichen Obrigkeit klaglos unterworfen und brauchen seither nicht mehr ins Gefängnis.

Was ich gern wüßte: ob sich einer der Richter, die jahrelang junge Zeugen Jehovas ins Gefängnis geschickt haben, nachträglich geschämt hat.

11. Staatsgewalt gegen gewaltlose Ostermarschierer (1963)

Im Jahre 1963 nahmen an den Ostermärschen der Atomwaffengegner, die in allen Teilen der Bundesrepublik stattfanden, 34000 Menschen teil. Auf 137 Schlußkundgebungen wurden insgesamt 80000 Personen gezählt. Unter den Teilnehmern waren auch zahlreiche Ausländer, wie umgekehrt viele deutsche Atomwaffengegner an Ostermärschen in anderen europäischen Ländern teilnahmen. In Großbritannien beteiligten sich mindestens 20000 Menschen an den Ostermärschen, deren bedeutendster vom Atomforschungsinstitut Aldermaston nach London ging.

Die deutschen Obrigkeiten diesseits und jenseits der sogenannten Zonengrenze sahen diese Aktivitäten kritischer Europäer gegen Atomwaffen nicht gern. In Ost-Berlin, der Hauptstadt der DDR, hatte die Stasi fünf britische Atomwaffengegner, die Flugblätter an Kirchgänger verteilt hatten, festgenommen und nach West-Berlin abgeschoben. Ein Ostermarsch von rund 1200 dänischen Atomwaffengegnern wurde kurz vor der dänisch-deutschen Grenze auf Wunsch der deutschen Obrigkeit durch dänische Polizeibeamte gestoppt. Den Dänen wurde der Übertritt in die Bundesrepublik verweigert. Das Verbot soll sich, wie die *Frankfurter Rundschau* meldete, auf eine Intervention des Bundesaußenministeriums beim dänischen Justizminister gestützt haben. Andere ausländische Ostermarschteilnehmer wurden nach einem Erlaß des Bundesministers des Innern unter Berufung auf eine aus dem Jahr 1938 (!) stammende Polizeiverordnung an der Einreise gehindert.

Die Ausübung von Staatsgewalt gegen Menschen, die gewaltlos gegen den Wahnsinn einer Aufrüstung Europas mit gegeneinander gerichteten Massenvernichtungsmitteln protestierten und die sorglos schlafende Mehrheit wecken wollten, blieb für die deutsche Öffentlichkeit relativ unauffällig, soweit sie sich jenseits der bundesdeutschen Grenzen oder in

Polizeiverfügungen manifestierte, mit denen sich die Veranstalter vor mehr oder weniger obrigkeitsfreundlichen Gerichten herumschlagen mußten. Ich erinnere mich an zahlreiche Verfahren, in denen es um die Anfechtung schikanöser Verwaltungsakte ging, mit denen die Ostermärsche um ihre Wirkung gebracht werden sollten. So versuchte man anfangs, die Ostermärsche auf Feld-, Wald- und Wiesenwegen um größere Ortschaften herumzuleiten oder den Gebrauch von Lautsprechern zu verbieten. In Bremen grub man sogar ein altes Gesetz aus, wonach das Spielen auf Musikinstrumenten in der Nähe von Kirchen verboten sei – es ging um eine Gitarre, während Polizei- und Militärkapellen noch nie gestört hatten.

Aber 1963 kam es an einer Stelle doch zu »teilweise dramatischen Vorkommnissen« (*Frankfurter Rundschau*), die unliebsames Aufsehen erregten und bei denen, die es miterlebten, und wohl auch bei einigen, die sonst davon erfuhren, Nachdenken über die reale Freiheitlichkeit eines Staates, in dem dies möglich war, ausgelöst haben dürften.

Am Karfreitag, den 12. April 1963, war um 10.55 Uhr auf dem Flughafen in Düsseldorf-Lohausen eine Chartermaschine mit 54 britischen Atomwaffengegnern gelandet, die am deutschen Ostermarsch in Nordrhein-Westfalen teilnehmen wollten. Als sie in der Ankunftshalle mitgebrachte Spruchbänder entfalteten und von 200 deutschen Gesinnungsfreunden lautstark begrüßt wurden, entsann man sich an der Paßabfertigung der Anordnung des Bundesinnenministeriums und verweigerte den Engländern die Einreise. Diese begannen in der Halle einen Sitzprotest, der von den wartenden Deutschen mit Sprechchören unterstützt wurde. Schließlich wurden die britischen Gäste einzeln von Polizisten in Kleinbusse getragen und zurück in das Flugzeug verbracht. Dort weigerten sie sich, die Gurte anzuschnallen, so daß es dem Flugkapitän nach den Sicherheitsbestimmungen des internationalen Luftverkehrs unmöglich war zu starten.

Über den weiteren Gang der Ereignisse berichtete die *Frankfurter Rundschau* (16. 4. 1963):

Der Düsseldorfer Flughafen gilt als Ausflugsziel. Er wimmelte von Menschen, als die deutschen Atomwaffengegner in Sprechchören die Freigabe ihrer Freunde forderten. Der Abend brach an, die Halle wurde geräumt. Ohne Abendessen und ohne ausreichende Decken erwartete die Briten auf dem Rollfeld eine kalte Nacht. Am

Als Redner auf der Ostermarsch-Kundgebung 1961 in Bergen-Hohne. Die Ostermarschbewegung war aus den außerparlamentarischen Initiativen gegen die von der Regierung Adenauer geplante Atombewaffnung der Bundeswehr entstanden. Sie wurde jahrelang als prokommunistisch diffamiert.

nächsten Morgen, dem Samstag, hatten sich die Fronten neu gebildet. Alarmiert durch ein lokales Boulevardblatt, das den Düsseldorfern mitteilte, auf ihrem Flughafen würden 54 Briten ausgehungert, verstopften riesige Besuchermassen das Flugplatzgelände. Man beobachtete von allen Terrassen die DAN-Maschine auf dem Rollfeld.

Zu dieser Zeit befanden sich noch 48 britische Atomwaffengegner in der Maschine. Drei von den ursprünglich 54 Passagieren waren schon bei der Ankunft unbemerkt durch den Polizeikordon geschlüpft, drei weitere Engländer waren mit einer planmäßigen BEA-Maschine nach London zurückgeflogen. Als der Pilot einen weiteren Startversuch unternahm, schnallten sich nur 16 Passagiere fest. Das Unternehmen mußte erneut abgebrochen werden.

Deutsche und dänische Ostermarschteilnehmer bemühten sich vergeblich darum, zu ihren britischen Freunden gelassen zu werden. Darunter übrigens auch solche, die eigentlich mit derselben Maschine nach London hatten fliegen wollen, um am englischen Ostermarsch teilzunehmen. Man konnte nur von ferne Blickkontakt aufnehmen und auf Plakaten »Solidarität« bekunden, die aus dem Flugzeug mit »Danke« quittiert wurde. Endlich beschlossen die auf dem Flughafen versammelten Atomwaffengegner, in die Düsseldorfer Innenstadt zu fahren und dort auf der Königsallee, der zentralen Geschäftsstraße

Düsseldorf, 12. April 1963. Deutsche und dänische Ostermarschteilnehmer protestieren gegen die Festhaltung von 54 Engländern, denen die Einreise nach Deutschland und die Teilnahme am deutschen Ostermarsch verweigert wird.

der Stadt, gegen die Behandlung der Briten, die nicht mehr aus dem Flugzeug gelassen wurden, zu protestieren.

An der Ecke Königsallee/Graf-Adolf-Straße setzten sie sich auf den Bürgersteig, zeigten Spruchbänder, mit denen sie die Einreiseerlaubnis für die Engländer forderten, sangen Ostermarschlieder und machten Sprechchöre. Einer ihrer Sprechchöre lautete: »Nicht nur Einreise für Militaristen, sondern auch für Pazifisten!« Denn fast gleichzeitig war bekannt geworden, daß ein früherer hoher SS-Offizier, dem die Beteiligung an Morden nachgesagt wurde, ungehindert hatte ein- und ausreisen können.

Es war zunächst nur ein kleines Häuflein, das da auf dem Bürgersteig hockte, vierzig bis sechzig Demonstranten. Aber die Polizei wußte der Demonstration eine ungewöhnliche Breitenwirkung zu verschaffen. Denn nach deutschem Polizeiverstand verstieß diese Demo gegen eine Bestimmung des Versammlungsgesetzes, wonach Versammlungen unter freiem Himmel 48 Stunden vorher anzumelden sind. Also fuhr die Polizei mit Lautsprecherwagen und Wasserwerfern auf und verkündete, daß die Versammlung aufgelöst sei und man den Kundgebungsort zu verlassen habe. Das hatte zur Folge, daß sich immer mehr Neugierige sammelten und schließlich eine von der Polizei auf 1500 Personen geschätzte Menschenmenge die Straßenkreuzung verstopfte, so daß der Verkehr umgeleitet werden mußte. Denn die Demonstranten, überzeugt, daß ihre spontane Aktion vom Recht der Versammlungsfreiheit gedeckt war, dachten nicht daran, sich von der Polizei nach Hause schicken zu lassen.

Daraufhin setzte die Polizei den Wasserwerfer ein und begann, die Demonstranten nach und nach in Polizeiwagen zu verfrachten. Auf die immer kleiner werdende Restgruppe richtete die Polizei den scharfen Strahl des Wasserwerfers mehrmals, zuletzt auf eine Gruppe von sechs Personen, die man, auch ohne daß es dieses Gewaltakts bedurft hätte, wie die anderen hätte wegtragen können. Man muß dazu wissen, daß der Wasserstrahl eines Wasserwerfers, hier aus kürzester Entfernung eingesetzt, einen Druck hat, der Steine aus dem Straßenpflaster reißen und menschliche Gliedmaßen brechen kann.

Die zumeist jugendlichen Demonstranten ließen sich trotz alledem nicht zu gewaltsamer Gegenwehr hinreißen. Ihre Gewaltlosigkeit scheint die Polizisten zu besonderer Brutalität angestachelt zu haben. Es wurde berichtet, daß sie einzelne Demonstranten und wohl vor allem Demonstrantinnen kräftig an den Haaren und den Ohren gerissen und sie an anderen Körperstellen gestoßen haben. Aus dem immer größer werdenden Publikum wurden laute Proteste gegen die Polizei laut. Der Pfarrer Günneberg, der sich um Schlichtung bemühte, wurde von einem Kriminalbeamten mit den Worten beleidigt und bedroht: »Pfaffe, das war dein letzter Ostermarsch!«

Es gab mehrere Strafprozesse – natürlich nicht etwa gegen die Verantwortlichen des Polizeieinsatzes, sondern gegen die jungen Menschen, die von ihren Grundrechten Gebrauch gemacht hatten. Ich war in mehreren Verfahren als Verteidiger tätig und erlebte immer wieder dasselbe Unverständnis der Richter und Staatsanwälte, wenn ich ihnen klarzumachen versuchte, daß nicht die Demonstranten, sondern die polizeilichen Gewalttäter das Recht verletzt hatten.

Eines der Verfahren, das am 18. Februar 1964 vor einer Strafkammer des Landgerichts Düsseldorf in 2. Instanz verhandelt wurde, richtete sich gegen die 23jährige Rosemarie W., Redaktionssekretärin einer Jugendzeitschrift, und die 24jährige Dolmetscher-Schülerin Sofia W. Es ging um die Berufung gegen Urteile des Amtsgerichts. Rosemarie W. war vom Amtsrichter wegen Auflaufs zu einer Geldstrafe von 100 DM verurteilt

Nach dem Einsatz von Wasserwerfern

worden, Sofia W. hatte der Amtsrichter freigesprochen, weil nicht widerlegt werden könne, daß die Angeklagte den Lautsprecher infolge des »unbeschreiblichen Lärms« nicht gehört habe. Gegen das eine Urteil hatte die Angeklagte, gegen das andere der Staatsanwalt Berufung eingelegt. Beide Verfahren waren miteinander verbunden worden. Ich verteidigte, was damals noch zulässig war, beide Angeklagte.

Besetzung des Gerichts: ein Berufsrichter als Vorsitzender, zwei Schöffen als Beisitzer. Alle drei haben, was viele nicht wissen, gleiches Stimmrecht. Für einen Schuldspruch ist Zweidrittelmehrheit nötig, das heißt: mindestens einen der Schöffen muß der Vorsitzende von der Schuld der Angeklagten überzeugen, wenn er verurteilen will. Und das schien hier, wie sich allerdings erst bei der überaus langdauernden Urteilsberatung herausstellte, schwierig zu sein.

Der Vorsitzende hatte von Anfang an einen ironischen Ton angeschlagen, der sowohl seine Siegesgewißheit wie seinen Mangel an richterlicher Qualität verriet. Die jungen Frauen, zum ersten Mal auf der Anklagebank eines deutschen Gerichts, waren irritiert. Sie hatten mindestens damit gerechnet, ernst genommen zu werden. Und auch vom Recht der Versammlungsfreiheit verstanden sie offensichtlich mehr als der gelernte Jurist.

Eine der beiden Angeklagten schilderte die Entwicklung der Protestveranstaltung, das Anwachsen der Menschenmenge:

Wir haben Sprechchöre gerufen und gesungen. Die Passanten haben geklatscht.

Vorsitzender: Die scheinen das für eine bessere Karnevalsveranstaltung gehalten zu haben.

Angeklagte: Das wohl kaum, es stand immerhin ein Wasserwerfer da, der drohend auf uns paar Demonstranten gerichtet war.

Vorsitzender: Sie mußten sich doch eigentlich sagen: Jetzt habe ich hier nichts mehr verloren.

Angeklagte: Ja, verstehen Sie denn nicht, daß es um einen Protest gegen die von der Polizei auf dem Flugplatz getroffenen Maßnahmen ging?

Vorsitzender: Aber Sie wurden doch von der Polizei aufgefordert, die Versammlung aufzulösen und nach Hause zu gehen. Warum sind Sie denn nicht weggegangen, als die ersten Leute von der Polizei weggetragen und in Polizeiwagen abtransportiert wurden? Das wäre doch für Sie das Beste gewesen.

Angeklagte: Wenn man einen Protest macht, dann muß man auch zu seiner Sache stehen. Ich hatte keine Veranlassung aufzustehen.

Die junge Angeklagte ist kränklich. Das gibt dem Vorsitzenden Anlaß zu der Bemerkung:

Wenn Sie so unter Kreislaufstörungen leiden, sollten Sie doch zu Hause bleiben.

Man redet zwei verschiedene Sprachen, man hat zwei verschiedene Grundgesetze gelesen. Man hat sicher auch verschiedene Meinungen über Atomwaffen und über die Menschen, die über Staatsgrenzen hinweg eine internationale Protestbewegung gegen dieses Teufelszeug in Gang zu bringen versuchten. Was dic deutsche Polizei gegen die auf dem Düsseldorfer Flugplatz in ihrem Flugzeug eingesperrten britischen Atomwaffengegner verübt hatte, interessierte diesen Richter nicht. Beweisanträge des Verteidigers zu diesen Vorgängen, die den Anlaß und das Ziel der inkriminierten Demonstration deutlich machen sollten, wurden abgelehnt.

Ich hatte beantragt, den Düsseldorfer Polizeipräsidenten, den technischen Direktor der Flughafenverwaltung, einen Kriminalbeamten, einen Pfarrer, einen Rechtsanwalt und einen Lehrer als Zeugen für die an den britischen Gästen unseres Landes verübten Behördenakte zu vernehmen. Aus meinem Beweisantrag:

Sie erhielten zunächst nichts zu essen und nichts zu trinken.

Sie wurden mit Gewalt in die Maschine zurückverbracht. Von da an wurde das Verlassen der Maschine nicht mehr gestattet; Versuche dazu wurden mit Gewalt verhindert. Die Briten mußten also insgesamt drei Tage und drei Nächte sitzend im Flugzeug unter engsten räumlichen sowie unter entwürdigenden hygienischen Verhältnissen verbringen. Man verweigerte ihnen sogar ihren mehrfach geäußerten Wunsch, diese Zeit im Polizeigewahrsam zu verbringen, sei es im Polizeipräsidium in Düsseldorf, sei es in einer geeigneten Halle des Flughafens oder an einem anderen Ort.

Das Flugzeug blieb in der ersten Nacht trotz der kalten Witterung auf behördliche Anordnung im Freien stehen. Versuche des Flughafenpersonals, das Flugzeug mit den üblichen technischen Hilfsmitteln an die dortige Fernheizung anzuschließen, wurden durch die Behörde verhindert. Ebenso verhinderte die Behörde, daß die vom Publikum gesammelten Wolldecken, Lebensmittel und Getränke den eingeschlossenen Engländern durch die Spender selbst oder durch Wachpersonal überbracht wurden ...

Weitere Zeugen benannte ich zum Beweise dafür, daß einige der britischen Gäste, die auf eigene Kosten zurück nach London fliegen wollten, ebenfalls am Verlassen des Flugzeugs gehindert wurden. Erst am dritten Tag hatten die deutschen Behörden auf Proteste der Öffentlichkeit hin diesen Passagieren das Verlassen der Maschine und den Rückflug erlaubt.

Durch die Inhaftierung der Engländer im Flugzeug statt in einem Arrestlokal wurde gleichzeitig erreicht, daß auch die 54 deutschen Atomwaffengegner, die mit dem gleichen Flugzeug am Karfreitag hatten nach London fliegen wollen und ihre Flugtickets bereits bezahlt hatten, in Deutschland verbleiben mußten.

Für alle diese Tatsachen interessierte sich das Gericht nicht, obwohl sie jedem, der etwas über die Motivation der Demonstranten erfahren wollte, einigen Aufschluß gegeben hätten. Ebensowenig interessierte man sich dafür, wie die deutschen Demonstranten von der Polizei behandelt worden sind.

Die angeklagten jungen Frauen schilderten, wie sie, zuletzt noch als Gruppe von sechs Personen, mit dem scharfen Strahl des Wasserwerfers an die Hauswand gespritzt worden sind.

Wir haben keinen Widerstand geleistet.

Vorsitzender: Sind Sie froh, daß Sie das nicht auch noch getan haben.

Angeklagte: Wir sind in den Wagen geschleift und naß in die Zelle gesperrt worden.

Vorsitzender: Ja, das ist natürlich nun Ihr Pech.

Angeklagte: Ein Mädchen aus Essen lag auf der Straße im Wasser und hatte Nasenbluten. Das habe ich noch mitgekriegt, als ich in den Wagen gehoben wurde.

Den Richter interessiert das alles nicht, er winkt unwillig ab. Aber die jungen Frauen auf der Anklagebank sind empört:

Wir mußten 2 Stunden in unseren klatschnassen Sachen mit den Jungen zusammen in einer Zelle hocken. Es gab nur einen Kübel in der Zelle, den wir gemeinsam benutzen mußten.

Später wurden sie auf mehrere Zellen verteilt und bekamen trockene Kleider, die von Düsseldorfer Bürgern zur Verfügung gestellt worden waren.

Am nächsten Morgen wurden die jungen Leute aufgefordert, sich »erkennungsdienstlich behandeln«, das heißt: für das Verbrecheralbum fotografieren zu lassen. Dazu merkt der Richter an:

Das ist natürlich unglaublich. Ja, das kann passieren. Hoffentlich hatten Sie wenigstens Frühstück essen können vorher?

Angeklagte: Ja.

Vorsitzender: Na, Gott sei Dank.

Die Angeklagte, die vom Richter schon den Rat bekommen hatte, sie hätte wegen ihrer Kränklichkeit lieber zu Hause bleiben sollen, erzählt, daß sie die ganze Nacht Schüttelfrost und Herzklopfen gehabt habe. Als sie aufgefordert worden sei, sich fotografieren zu lassen, habe sie sich geweigert. Sie habe nach einem Arzt und einem Rechtsanwalt verlangt. Beides wurde ihr verweigert. Stattdessen wurde sie in beleidigender Weise angebrüllt.

Der Richter unterbricht mit einem ungeduldigen »naja«. Aber die junge Frau hat sich in große Erregung hineingeredet. »Ja, ich wollte das noch schildern«. Als Verteidiger sorge ich dafür, daß sie weitersprechen kann.

Dann bin ich von den Leuten in die Kammer hineingezerrt worden. Da ich mich sträubte, hat man schließlich den Fotoapparat aus dem Nebenraum geholt und mich gewaltsam auf einen Stuhl gedrückt. Dann wurde mir das Tuch vom Kopf gerissen. Mein Gesicht war vom Heulen schon ganz verklebt. Man hat mir auch die Hand vom Gesicht gerissen und dann fotografiert.

Der Richter, mit unerschütterlicher Ironie:

Da wird das Foto ja wohl nicht besonders gut geworden sein.

Die andere Angeklagte ergänzt diesen Bericht:

Man hat sie mit zwei bis drei Mann festgehalten.

Der Richter will es nicht hören. Er ist nur für die Anwendung des Strafgesetzes, nicht aber für den Schutz der Menschenwürde zuständig. Mit der Aussage des Polizeiwachtmeisters Kruse, der die Verantwortung für den Einsatz des Wasserwerfers zuversichtlich trägt, hat der Richter endlich etwas Handfestes.

Wir haben mit dem Lautsprecherwagen immer wieder durchgesagt: »Achtung, Achtung, hier spricht die Polizei; es handelt sich um eine nicht angemeldete Versammlung, die hiermit aufgelöst ist; ich bitte Sie, sich zu entfernen, da Sie sich andernfalls strafbar machen.«

Der Staatsanwalt interessiert sich nur dafür, ob die Angeklagten den Lautsprecher hören und verstehen konnten. Der Polizeizeuge:

Jedesmal, wenn wir mit der Durchsage begannen, verstärkten sich die Sprechchöre und Gesänge.

Aber man habe den Lautsprecher später versuchsweise gegen eine Wand sprechen lassen und die Lautstärke gemessen: über 90 Phon. Der Staatsanwalt konstatierte beruhigt:

Das ist die Schmerzgrenze.

Als Verteidiger wollte ich wissen, weshalb der Wasserwerfer noch gegen die letzten sechs Demonstranten eingesetzt worden ist. Der Zeuge:

Wir wurden aus dem Publikum aufgefordert, doch nun endlich dreinzuschlagen.

Also Staatsgewalt auf Bestellung aus dem Publikum, weil es ja so lustig ist, dabei zuzusehen, wenn Menschen mißhandelt werden.

Für den Staatsanwalt sah die Rechtslage sehr einfach aus. Ohne ein gewisses Maß von Ordnung gehe es nicht, sagte er in seinem Plädoyer. Deshalb sei nun einmal die rechtzeitige Anmeldung einer Versammlung vorgeschrieben. Und deshalb hätten die Angeklagten nach Hause gehen müssen, als die Polizei die Versammlung für aufgelöst erklärt habe.

Ich führte in meinem Plädoyer demgegenüber aus, daß die gesetzliche Anmeldepflicht für spontane Demonstrationen nicht gelten könne. Weder beim Bau der Berliner Mauer noch anläßlich der Ermordung Kennedys hätte man spontane Kundgebungen der Bevölkerung 48 Stunden vorher polizeilich anmelden können. Tatsächlich sei auch keine Polizeibehörde auf den Gedanken gekommen, die aus diesen Anlässen veranstalteten spontanen Versammlungen zu verbieten, aufzulösen oder gar mit Wasserwerfern zu bekämpfen. Ich forderte gleiches Recht für Atomwaffengegner, die gegen polizeiliche Behinderungen des Ostermarsches protestieren wollen. Ich wies darauf hin, daß im vorliegenden Fall die Einhaltung einer 48stündigen Anmeldefrist die Demonstration überhaupt verhindert hätte, da die Teilnehmer des Ostermarsches nach Ablauf der Ostertage wieder auseinandergehen. Überdies wäre der Sinn der Demonstration, schnelle Hilfe für die im Flugzeug unter entwürdigenden Umständen eingesperrten Engländer zu schaffen, durch Einhaltung einer Anmeldefrist vereitelt worden. Die entsprechenden Bestimmungen des Versammlungsgesetzes könnten daher bei verfassungskonformer Auslegung nicht auf Spontandemonstrationen angewendet werden.

Ich ging dann auch noch auf das rechtswidrige, gegen das Übermaßverbot verstoßende Vorgehen der Polizei ein. Der Einsatz des Wasserwerfers sei ein durch den Zweck nicht mehr gerechtfertigtes Mittel gewesen. Ich verwies weiter auf die brutalen Maßnahmen der Polizei beim Abtransport und in der Untersuchungshaftanstalt und zog daraus den Schluß, daß die Polizei hier in unglaublicher Weise gegen die Prinzipien der Menschenwürde verstoßen habe.

Nicht diese Mädchen gehören auf die Anklagebank, sondern die Verantwortlichen der Polizei. Aufgabe der Gerichte ist es, den Staatsbürger vor solchen Übergriffen der Polizei zu schützen.

Der Vorsitzende hatte während des Verteidigerplädoyers seine Ungeduld deutlich werden lassen, die beiden Laienrichter hingegen hatten mit wachsendem Interesse zugehört. Ob sie begriffen hatten, daß ihnen hier die Aufgabe zugefallen war, Unrecht zu verhindern? Daß nach kurzer Beratung mitgeteilt wurde, die Urteilsverkündung werde erst in eineinhalb Stunden stattfinden, bestärkte uns in dieser Hoffnung.

Aber man weiß aus dem, was trotz Beratungsgeheimnis aus Erfahrungsberichten von Schöffen bekannt geworden ist, wie solche Beratungen verlaufen. Man weiß, daß die Berufsrichter, sobald es um Rechtsfragen geht, ihre angeblich besseren Rechtskenntnisse ausspielen, auf andere Urteile Bezug nehmen, von denen man nicht abweichen könne, und auf diese Weise auch intelligente und kritisch eingestellte Laienrichter in aller Regel verblüffen und zum Nachgeben bringen. Auch hier dürfte es so gelaufen sein, vielleicht durch den Vorschlag eines Kompromisses. Denn die Angeklagten wurden nicht wegen Auflaufs, wie der Staatsanwalt gewollt hatte, sondern nur wegen Übertretung des Versammlungsgesetzes verurteilt. Das kostete zwar auch 100 Mark, wurde aber als Übertretung nicht als Vorstrafe ins Strafregister eingetragen.

Mit unsicheren Blicken schauten die Schöffen ins Leere, während der Vorsitzende mit kalter Unpersönlichkeit seine Urteilsbegründung herunterleierte:

Es stand natürlich im Ermessen der Polizei, ob sie die Versammlung auflösen wollte. Da wir es hier nicht mit Schwachsinnigen zu tun haben, war kein Zweifel, daß dieses Zusammensein nun (als der Wasserwerfer auffuhr) ein Ende nehmen sollte, daß man auseinanderzugehen hatte. Die jungen Leute haben sich mit Wasser bespritzen lassen und sind trotzdem nicht weggegangen. Diese Maßnahme der Polizei stand auch nicht außer Verhältnis zum angestrebten Zweck. Die Demonstration spielte sich mitten in der Stadt ab. Es wohnen auch Leute da, die keinen Wert darauf legten, durch den Lärm gestört zu werden. Die Polizei schritt gegen die Erreger der Unruhe ein, und das war ihre Pflicht. Maßgebend war allein, daß man dieser Aufforderung Folge zu leisten hat. Das ist einfach eine Unterordnung, die von jedem Staatsbürger erwartet werden muß. Der Staatsbürger hat sich der allgemeinen Ordnung einzufügen. Das taten die Demonstranten nicht. Sie hatten Freude am Krach. Das muß ja nun mal ein Ende haben, damit die Angeklagten für die Zukunft wissen, daß das der Verbreitung ihrer Ideen in keiner Weise dient, sondern sie in Mißkredit bringt.

Mündliche Urteilsbegründungen sind oft aufschlußreicher als die erst später ausformulierte schriftliche Begründung. Hier hatte ein Richter ganz ungeschützt seine politische Bewußtseinshaltung offenbart. Nichts von dem, was ich auch ihm zum Nachdenken empfohlen hatte, war angekommen. Nicht einmal der Gedanke, daß der Protest gegen die Berliner Mauer sich erst mit zweitägiger Verspätung hätte entfalten dürfen, wenn seine Rechtsauffassung richtig wäre, hatte seine Polizeigläubigkeit ins Wanken gebracht. Ein Richter, der in jeden Polizeistaat gepaßt hätte.

Beim Bundesverfassungsgericht, das ich nach erfolglos durchgeführter Revision mit der Verfassungsbeschwerde anrief, löste der Fall denn auch einige Nachdenklichkeit aus. Mit Schreiben vom 11. Oktober 1966 wurde mir mitgeteilt, daß der für die Vorprüfung von Verfassungsbeschwerden gebildete Richterausschuß beschlossen habe, die Verfassungsbeschwerde nicht abzulehnen. Damit war schon eine wichtige Hürde genommen. Aber dann blieb die Sache jahrelang liegen. Mit Schreiben vom 10. November 1973 teilte mir der Richter am Bundesverfassungsgericht Dr. Helmut Simon mit, daß die Sache von seinen Vorgängern »wegen starker Belastung und später auch im Hinblick auf die Reform des Demonstrationsrechts zurückgestellt« worden sei; nunmehr spreche viel für die Anwendung einer (zur Entlastung des Bundesverfassungsgerichts eingeführten; H.H.) Neuregelung, wonach das Gericht auch eine an sich aussichtsreiche Verfassungsbeschwerde dann nicht zur Entscheidung anzunehmen brauche, wenn von der Entscheidung weder die Klärung einer verfassungsrechtlichen Frage zu erwarten ist, noch dem Beschwerdeführer durch die Versagung der Entscheidung ein schwerer und unabwendbarer Nachteil entsteht. Diese Voraussetzungen hielt Simon hier für gegeben. Insbesondere erscheine es wenig ratsam, wichtige verfassungsrechtliche Probleme des Demonstrationsrechts »auf Grund längst überholter Strafvorschriften« zu erörtern.

Das war nun zwar eine wenig überzeugende Begründung, denn nach wie vor gab und gibt es, wenn auch mit anderen Paragraphenziffern, die 48stündige Anmeldefrist und die aus deren Nichteinhaltung folgende Auflösungsbefugnis der Polizei und eine Strafbestimmung gegen den, der sich trotz Auflösung der Versammlung durch die zuständige Behörde nicht unverzüglich entfernt. Aber Simon – übrigens einer der liberalsten Richter, die wir je am Bundesverfassungsgericht gehabt haben – hatte wohl die Mehrheitsverhältnisse im Senat ganz realistisch im Blick. Und so kam es denn, wie er vorausgesagt hatte. Durch nicht näher begründeten Beschluß des Ersten Senats des Bundesverfassungsgerichts (mit den Richtern Dr. Benda, Ritterspach, Dr. Haager, Rupp-von Brünneck, Dr. Böhmer, Dr. Faller, Dr. Brox und Dr. Simon) vom 18. Dezember 1973 wurden die Verfassungsbeschwerden meiner Mandantinnen Rosemarie W. und Sofia W. sowie vier weiterer von mir vertretener Beschwerdeführer und Beschwerdeführerinnen »nicht zur Entscheidung angenommen«.

Ein unbefriedigender Ausgang des Verfahrens. Aber in der politischen Realität hatten wir trotzdem einiges bewirkt. Was ich in den Jahren 1963 und 1964 konservativen Düsseldorfer Richtern über die Rechtslage bei Spontandemonstrationen erzählt hatte, ohne dafür mehr als ein müdes Lächeln und ironische Sprüche zu ernten, war inzwischen auch ohne ausdrückliche Gesetzesänderung herrschende Rechtsauffassung der Gerichte und der Kommentatoren geworden. Der polizeiliche Umgang mit friedlichen Demonstranten, die von dem einzigen ihnen zugänglichen Medium, der Straße, Gebrauch machen, ist allerdings nach wie vor weit entfernt von der Erkenntnis, daß man es mit Menschen zu tun hat, die verfassungsrechtlich garantierte demokratische Grundrechte wahrnehmen. Und so wird es wohl auch in Zukunft immer wieder des Bürgermuts junger Menschen bedürfen, trotz Wasserwerfern und polizeilichen Knüppeleinsätzen Demokratie zu praktizieren.

12. Eine Demo gegen den Vietnamkrieg und die Reaktion der Staatsgewalt (1967)

Am 17. Februar 1967 hatte im Hamburger Universitätsviertel eine vorschriftsmäßig angemeldete Demonstration gegen den Krieg in Vietnam stattgefunden. Nach Schluß dieser Veranstaltung zog eine kleine Gruppe von Demonstranten zum Hauptbahnhof, um dort den Protest fortzusetzen. Damit betrat man partiell demokratieloses Gelände, denn nach damaligem Hamburger Recht lag der Hauptbahnhof innerhalb der sogenannten Bannmeile um das Rathaus, in der das Recht der Versammlungsfreiheit nicht galt. Schon die Existenz einer Bannmeile, die in Hamburg die ganze Innenstadt umfaßte, wurde in der Zeit der »Studentenbewegung« – die von vielen lieber und richtiger als »sozialrevolutionäre Bewegung« bezeichnet wird – als ungeheure Provokation empfunden. In einer Zeit, in der es galt, die Menschen darauf aufmerksam zu machen, daß in Vietnam im Zeichen der Verbreitung westlicher Freiheit ein Völkermord begangen wurde, konnte doch nicht das Recht auf ungestörten Straßenverkehr dem verfassungsmäßigen Recht auf öffentlichen Protest vorgehen! Das war die Grundhaltung der jungen Menschen, die seit einigen Jahren angefangen hatten, über die Kollektivverbrechen der Vätergeneration, über die Reaktivierung ehemaliger Nazibeamter und über die politischen Kontinuitäten im Denken und Handeln der herrschenden Klasse nachzudenken. Die bewußte Regelverletzung, die die Polizei fast täglich vormachte, war eines der Kampfmittel der aufbegehrenden Generation geworden, um das »Verbrechen des Schweigens«, wie Bertrand Russell das Wegsehen vom amerikanischen Völkerrechtsverbrechen in Vietnam genannt hat, zu durchbrechen. Einige der jungen Leute, die an diesem Abend den Antikriegsprotest in einer belebteren Stadtgegend fortsetzen wollten, wußten allerdings nichts von einer Bannmeile, die auch den Hauptbahnhof umfaßte. So insbesondere der Medizinstudent Obi Ifeobu aus Nigeria, für den die Teilnahme an dieser Demonstration besonders schwerwiegende

Folgen haben sollte. Er gehörte zu den idealistisch gesinnten jungen Menschen, die sich nicht vorstellen konnten, daß es verboten sein könne, in einem freien Land öffentlich gegen Krieg und Völkermord zu protestieren.

Und so bahnte sich denn auch an diesem Abend in der Wandelhalle des Hamburger Hauptbahnhofs der unvermeidliche Konflikt zwischen den jungen Demonstranten und den Hütern von Sicherheit und Ordnung an. Es waren zunächst nur zwanzig bis dreißig Personen, die dort Sprechchöre bildeten (»Freiheit für Vietnam!«, »Keine Mark und keinen Mann / für den Krieg in Vietnam!«, »Völkermord / Yankee fort!«), den Namen des vietnamesischen Präsidenten skandierten (»Ho-ho-ho-Chi-Minh«), die Internationale und das Lied der amerikanischen Bürgerrechtsbewegung »We shall overcome« sangen und Plakate zeigten mit Aufschriften wie »Schluß mit dem Krieg in Vietnam!«, »Vietnam – Auschwitz der Amerikaner«, »Keine Unterstützung der USA-Politik in Vietnam!«, »Springerpresse – Mordmätresse«.

Unter den Interessierten und Neugierigen, die sich alsbald um die Demonstranten scharten, befanden sich auch Kriminalbeamte in Zivil, die zunächst nicht einschritten. Dann aber wurden gegen 21.45 Uhr Bahnpolizisten tätig, die den Auftrag hatten, »nachzusehen, was in der Wandelhalle los sei, und für Ordnung zu sorgen«. Als diese erschienen, setzten sich die Demonstranten auf den Boden. Die Bahnpolizisten versuchten, die

Versammlung in der Weise aufzulösen, daß sie einzelne Personen wegtrugen, mit dem Erfolg, daß diese sich am Rand der Sitzgruppe erneut hinsetzten. Besonders aktiv, aber wohl auch besonders erbittert über die Erfolglosigkeit ihres Bemühens, waren die Bahnpolizisten D. und Sch. Dem einen – Sch. – gelang es nicht, einem der Demonstranten – es handelte sich um den Studenten Obi Ifeobu aus Nigeria – den Haltestock eines Spruchbandes zu entwinden, weil die Herumsitzenden protestierend aufstanden. Der andere – D. – kam aus ungeklärter Ursache zu Fall und verlor seine Dienstmütze. Dieser glaubte, er sei infolge eines Faustschlages gestürzt und wähnte, er solle am Boden liegend getreten werden, sprang erregt auf und traktierte einen der Demonstranten, den späteren Angeklagten Küttner, mit Faustschlägen. Küttner, der mit dem Sturz des Beamten nichts zu tun hatte, hob nur abwehrend die angewinkelten Arme, schlug aber nicht zurück. Dann versuchte der Bahnpolizist, Küttner festzunehmen und ihn mit einer Schließkette zu fesseln. Das mißlang, weil Küttner den Arm wegzog. Daraufhin schlug D. mit der Kette auf Küttner ein und verletzte diesen am Kopf. Küttner versuchte nunmehr, sich der Schläge dadurch zu erwehren, daß er D. in den Schwitzkasten nahm. Die Aussichtslosigkeit dieses Unternehmens alsbald einsehend, versuchte Küttner wegzulaufen, wurde jedoch von Umstehenden behindert, von einem der ihn verfolgenden Beamten – nämlich D. – nochmals mit der Kette am Kopf getroffen und einige Meter weiter von den Beamten D., Sch. und S. festgenommen und zur Bahnhofswache gebracht. Dort wurde er wegen zweier Platzwunden am Kopf provisorisch versorgt und dann ins Krankenhaus gefahren.

Der nigerianische Student Obi Ifeobu war den Beamten natürlich durch seine Hautfarbe aufgefallen. Einer der Beamten trat an ihn heran und sagte: »Sie als Ausländer halten lieber den Mund, solche Leute wie Sie werden bei uns leicht abgeschoben.« Der Beamte gab später zu Protokoll:

Herr Ifeobu lachte mir jedoch lediglich frech ins Gesicht und verblieb weiter mit den anderen Demonstranten in der Wandelhalle.

Wenig später ging ein anderer Beamter auf Ifeobu zu und erklärte:

Sie haben mich vorhin geschlagen. Sie sind festgenommen.

Die Behauptung, Ifeobu habe einen Beamten geschlagen, war ebenso frei erfunden wie weitere Anschuldigungen, die später erhoben wurden und als Begründung für seine Abschiebung dienen sollten. Der Afrikaner stand verdutzt da und wurde dann von zwei Bahnpolizisten mit auf dem Rücken verschränkten Armen abgeführt.

Das löste Proteste anderer Demonstrationsteilnehmer und unbeteiligter Passanten aus, die sich der Polizei diskutierend gegenüberstellten. Auch wurden Rufe laut: »Laßt den Schwarzen laufen!« Später sollte daraus werden, die Polizisten seien angesprungen worden und ein langer Blonder, als den man meinen späteren Mandanten Klaus Winter identifizieren wollte, habe versucht, den schwarzen Kommilitonen zu befreien.

Wie es mit dem afrikanischen Studenten weiterging, beschrieb Joachim Wegener in der *Zeit* vom 2. 3. 1967 so:

Der Mediziner wurde jedenfalls »zwecks Feststellung seiner Personalien« auf die Wache der Bahnpolizei gebracht. Diese »Feststellungen« zogen sich bis in die Morgenstunden des nächsten Tages hin.

Am Montag ging der Student wie gewohnt in die Vorlesungen, schrieb noch eine Klausur in der Kinderklinik und bereitete sich anschließend in seiner Wohnung auf weitere Prüfungen vor. »Gegen 18.30 Uhr«, erzählte ein nigerianischer Landsmann, der mit Obi zusammen wohnte, »kamen drei Herren. Obi begrüßte sie freundlich und ging mit ihnen auf sein Zimmer.« Wenig später hörte der Landsmann plötzlich laute Schreie: Obi wurde von den drei Herren abgeführt. »Ich soll nach Hause«, teilte der fassungslose Mediziner seinem Kommilitonen mit, »verständige bitte den Konsul.«

Im Bericht des Kriminalobermeisters H. liest sich der Vorgang so:

Um 18.25 Uhr teilte der Hausmeister mit, daß I. soeben eingetroffen sei. I. wurde aufgesucht und ihm der Grund unseres Erscheinens der oben genannten Kriminalbeamten mitgeteilt. Ihm wurde aufgetragen, sofort das Notwendigste zu packen. I. weigerte sich zuerst, unseren Anordnungen nachzukommen. Erst als ihm angedeutet wurde, daß er notfalls unter Zwang aus seinem Zimmer geschafft würde, bequemte er sich dazu, seinen für die Ausweisung notwendigen Paß herauszusuchen. Zwischenzeitlich hatten die

KOM Steenbock und Weiß einen Koffer mit zwei Anzügen, Wäsche pp. gepackt. Da das Zimmer überladen mit eigenen Sachen (Bücher, Bekleidung, Radiogerät pp.) war, konnten weitere eigene Sachen nicht mitgenommen werden. Herrn I. wurde angedeutet, daß das Zimmer von uns verschlossen und seine Sachen ihm später zur Verfügung ständen. Nach Verlassen des Zimmers um 18.30 Uhr wurde von dem KOM H. die Tür verschlossen und das Schloß mit einem sogen. Kobold gesichert.

Sodann raste man unter Vorauffahrt eines Polizeiwagens zum Flughafen, mit der Absicht, den jungen Afrikaner in die um 18.55 Uhr (das ist weniger als eine halbe Stunde nach Beginn der Aktion!) abfliegende Maschine nach Lagos zu verfrachten. Erst auf dem Flughafen legte man ihm die Ausweisungsverfügung vor, also zu einem Zeitpunkt, wo jedes Rechtsmittel unmöglich wurde. Weiter im *Zeit*-Artikel:

Die drei Herren verlasen dem völlig verwirrten Mediziner den Ausweisungsbeschluß der Innenbehörde, forderten noch eine schriftliche Bestätigung über »die Erteilung der Rechtsmittelbelehrung«, Obi verweigerte die Unterschrift, der Attaché versuchte noch zu retten – die planmäßige Maschine flog ohne Obi ab. Im Eifer des Gefechts hatten die Diskutanten die Uhrzeit vergessen. Den Nigerianer steckten die drei Herren für die nächste Nacht ins Hamburger Untersuchungsgefängnis, und dort wurde Obi selbst der Obhut des Konsulatsattachés entzogen: »Wir sind nur kleine Beamte, wenden Sie sich an den Senator«, wurde ihm bedeutet. Doch weder Senator Ruhnau noch Polizeipräsident Jürgen Frenzel waren für den Diplomaten erreichbar.

In der Ausweisungsverfügung des Hamburger Polizeipräsidenten hieß es:

Sie haben am Abend des 17. Februar 1967 im Anschluß an eine Versammlung nach deren Beendigung an einem unangemeldeten Aufzug vor dem Hamburger Hauptbahnhof teilgenommen ... Als Polizeibeamte begannen, Demonstranten wegzutragen, kam es zu körperlichen Angriffen auf die Beamten. Sie selbst beschimpften Polizeibeamte mit folgenden Ausdrücken: »SS-Schergen«, »Nazischweine«, »KZ-Wächter«. Sie übergaben einem anderen Demonstranten ein aufgeklapptes Taschenmesser, mit dem ein Bediensteter der Bahnpolizei angegriffen und verletzt wurde. Sie selbst schlugen einen weiteren Bediensteten der Bahnpolizei mit der Faust in die Magengrube. Außerdem verletzten Sie den Beamten an der Hand durch Umknicken eines Fingers ...

Ihre Anwesenheit beeinträchtigt damit erhebliche Belange der Bundesrepublik Deutschland, zumal die Demonstration in erster Linie gegen ein Land gerichtet war, mit dem die Bundesrepublik diplomatische Beziehungen unterhält und darüberhinaus freundschaftlich verbunden ist ...

Die Anordnung der sofortigen Vollziehung ist im Hinblick auf das von Ihnen gezeigte Verhalten dringend geboten, da Ihnen keine Gelegenheit gegeben werden darf, erneut in einer die Öffentlichkeit stark beunruhigenden Weise die öffentliche Sicherheit und das gute Verhältnis zwischen der Bundesrepublik Deutschland und den Vereinigten Staaten von Amerika zu stören ...

Nach der im Untersuchungsgefängnis verbrachten Nacht wurde Obi Ifeobu erneut zum Flughafen gefahren und diesmal in Begleitung zweier Beamter nach Lagos transportiert. Springers *Bild*-Zeitung berichtete am 22. 2. 67 zynisch:

Ein kostenloses Flugticket von Hamburg nach Nigeria (Afrika) – das war der letzte Dienst, den die Bundesrepublik ihrem bisherigen Gaststudenten Obi I. (29) erwies: Der dunkelhäutige Obi wurde gestern früh in seine Heimat zurückgeschickt.

Er gehörte zu den Vietnam-Demonstranten, die am Freitag letzter Woche im Hauptbahnhof randaliert hatten. Obi I., der in Hamburg Medizin studierte, hatte in der Wandelhalle Polizisten beschimpft sowie einen Bahnpolizisten in die Magengrube geschlagen und in die Hand gebissen.

Wie Neger das so machen. Die *Bild*-Zeitungsredaktion wußte offenbar, welche rassistischen Vorurteile sie bei ihrer Leserschaft voraussetzen durfte. Und so erfand sie zu den Erfindungen der Polizei noch den Biß des Schwarzen in die Hand seines weißen Gönners hinzu. Die Leser werden sich in ihrer ausländerfeindlichen Haltung bestätigt gefühlt haben. Womit sie sich nicht wesentlich von der Einstellung der Hamburger Polizeiführung unterschieden. Hatte doch auch der Polizeipräsident nach dem Prinzip »Polizisten lügen nicht« alles geglaubt, ohne dem Nigerianer auch nur die Chance zu rechtlichem Gehör zu bieten. Auf dem Flug nach Lagos verfaßte Obi Ifeobu den Entwurf eines Schreibens an den Polizeipräsidenten, den er den ihn begleitenden Polizeibeamten treuherzig zu lesen gab mit der Frage, ob er einen solchen Brief an den Herrn Polizeipräsidenten senden könne. Man beschied ihn, wie in einem Aktenvermerk festgehalten ist, daß er an den Polizeipräsidenten schreiben könne, was er wolle. Die endgültige Fassung des Briefes, den er von Lagos aus schickte, ist ein rührendes Dokument seiner Hilflosigkeit und eine peinliche Korrektur dessen, was er bisher unter demokratischer Freiheit verstanden hatte.

Ich möchte sehr gern mein Medizinstudium in Westdeutschland zu Ende bringen. Dazu benötige ich nur noch drei Semester …

Ich leugne nicht, an der Demonstration teilgenommen zu haben. Ich möchte hinzufügen, daß ich mich der Demonstration angeschlossen habe, ohne zu wissen, daß ich gegen ein Landesgesetz verstieß. Sechs Jahre habe ich mich bemüht, die Gesetze des Landes zu beachten. Könnte meine Unkenntnis in diesem Falle nicht vergeben werden? …

Ich möchte Kinderarzt werden, und ich hatte sehr viel Mitleid mit kleinen Kindern, die, wie uns zu verstehen gegeben wurde, in Vietnam bombardiert werden. …

Wenn es mir erlaubt würde, nach West-Deutschland zurückzukommen, würde ich versprechen, ein gesetzmäßiges Leben zu führen, wie ich mich stets bemüht habe, es zu tun. Ich verspreche auch, an keiner Demonstration irgendwelcher Art teilzunehmen.

Weiter versicherte er, daß er nicht für die Kommunisten demonstriert habe – eine, wie es scheint, sonderbare und unnötige Entschuldigung, die aber verständlich wird, wenn man sich die durch jahrelange Diffamierung der Opposition erzeugte Bewußtseinslage der herrschenden Mehrheit vergegenwärtigt. In der Akte taucht immer wieder die Kennzeichnung der Demonstranten als »prokommunistisch« auf. Einer der Polizeizeugen wußte genau, woran man Kommunisten erkennt:

Plötzlich kamen prokommunistische Demonstranten in die Wandelhalle. Sie waren erkennbar am Tragen von Transparenten mit kommunistischen Parolen und ihrem betont ungepflegten Aussehen.

Mit denen wollte Obi Ifeobu nicht verwechselt werden. Und tatsächlich gehörte er, wie die deutsche Botschaft in Lagos in einem Schreiben vom 2. März 1967 dem Hamburger Polizeipräsidenten mitteilte, »einer der prominentesten Familien

Nigerias« an, die freundschaftliche Beziehungen zu Botschaftsangehörigen unterhalte. Aber auch die Botschaft bemühte sich vergeblich um eine Überprüfung der Ausweisungsverfügung. Obi Ifeobu blieb die Rückkehr nach Deutschland und die Beendigung seines Medizinstudiums versperrt. Auch der Briefkontakt mit seinen Freunden in Deutschland brach eines Tages ab. Sie befürchteten, daß ihr schwarzer Kommilitone, der zur Minderheit der Ibos gehörte, den an diesem Volksstamm verübten Massakern des Militärs zum Opfer gefallen ist, bei denen 1967 in Nigeria etwa 50000 Menschen umgebracht worden sind.

Die Staatsanwaltschaft erhob Anklage gegen neun Teilnehmer der Demonstration, fünf Studenten – darunter Obi Ifeobu –, einen Lehrer, einen Redaktionsassistenten, einen Grafiker und einen Maurer. Anklagevorwurf: sie hätten sich des »Auflaufs« (§ 115) und des »Landfriedensbruchs« (§ 125 StGB) schuldig gemacht (§ 115 ist im Zuge der Strafrechtsreform 1970 aufgehoben worden, § 125 gibt es noch), einige seien dabei auch als »Rädelsführer« tätig geworden; außerdem wurde drei Angeklagten – nämlich Küttner, Ifeobu und Winter – vorgeworfen, sich der Körperverletzung schuldig gemacht zu haben; und einer – nämlich Winter – war auch der versuchten Gefangenenbefreiung angeklagt.

Die Hauptverhandlung beim Amtsgericht Hamburg – erweitertes Schöffengericht (2 Berufsrichter und 2 Schöffen) – fand am 3., 5., 8. 10., 16. und 19. April 1968 statt und richtete sich nur noch gegen drei Angeklagte, den Lehrer Werner Küttner, den Studenten der Ingenieurschule Klaus Winter und den Maurer Walter S. Der Angeklagte Obi Ifeobu war längst nach Nigeria abgeschoben und wahrscheinlich gar nicht mehr am Leben; bei weiteren Angeklagten hatte das Gericht die Eröffnung des Hauptverfahrens abgelehnt. Mein Mandant war der Student Klaus Winter, die beiden anderen Angeklagten wurden von den Hamburger Kollegen Dr. Borger und Sempell verteidigt. Die Anklage vertrat Oberstaatsanwalt Dose. Das Gericht bestand aus Amtsgerichtsrat Dr. Borchert als Vorsitzender, Gerichtsassessor Böckermann als 2. Richter und der Rentnerin Margarethe Munster und dem Zollamtmann Leopold Zengel als Schöffen.

Die mit vorbildlicher Sachlichkeit und Objektivität durchgeführte Hauptverhandlung endete nur für den Angeklagten S. mit einer Verurteilung (vier Monate Gefängnis – zur Bewährung ausgesetzt – wegen Widerstands gegen Vollstreckungsbeamte in Tateinheit mit Körperverletzung und 200 DM Geldstrafe wegen Beleidigung), während Küttner und Winter freigesprochen wurden. Der Angeklagte S., dem das Gericht auf Grund eines medizinischen Sachverständigengutachtens attestierte, daß er wegen entwicklungsmäßiger Retardierung als Jugendlicher hätte behandelt werden müssen, wenn er nicht zur Tatzeit 21 Jahre alt gewesen wäre, hatte unzweifelhaft einen Beamten getreten und geschlagen und Beleidigungen ausgesprochen. Bei Küttner und Winter jedoch folgte das Gericht den belastenden Aussagen der Polizeibeamten und eines Küchendirektors nicht.

Es heißt in den Urteilsgründen:

Die Ermittlung des Sachverhalts in der Beweisaufnahme gestaltete sich schwierig, da fast jeder Vorgang von einem oder mehreren Zeugen abweichend oder sogar entgegengesetzt dargestellt wurde. Dies beruht einmal darauf, daß der einzelne Zeuge jeweils nur einen kleinen Teil der Vorgänge wahrnehmen konnte, ihm zudem häufig infolge des schnellen Szenenwechsels einzelne Ereignisse entgangen waren oder ihm inzwischen entfallen sind. Zum anderen verfärbte offensichtlich bei einem Teil der Zeugen die Sympathie mit den Polizeibeamten auf der einen Seite und mit den Demonstranten auf der anderen Seite die Darstellung der Ereignisse. Einige Polizeibeamte konnten in der Hauptverhandlung ihre Aussagen während des Ermittlungsverfahrens nicht aufrechterhalten oder vermochten auf konkrete Fragen zu Schilderungen in ihren Aussagen bei der Kriminalpolizei keine Antworten zu geben. Das Verfahren der Vernehmenspersonen bei der Kriminalpolizei war nicht in allen Fällen der Ermittlung des Sachverhalts in der Hauptverhandlung dienlich.

Zu dieser ungewöhnlich kritischen Beweiswürdigung hatte ein Umstand beigetragen, der leider Seltenheitswert hat: es gab Bild- und Tondokumentationen über die Vorgänge auf dem Hauptbahnhof, die bestimmte belastende Aussagen widerlegten. Dem Gericht standen zwei Filme zur Verfügung, der eine von der Polizei aufgenommen, der andere von einem Filmteam des Norddeutschen Rundfunks und ferner eine Tonbandaufnahme, die es ermöglichte, die im Film festgehaltenen Geschehnisse zeitlich einzuordnen.

Besonders spektakulär war die Widerlegung der Aussage des

Mit Oberstaatsanwalt Dose hatte ich manche Meinungsverschiedenheit. Hier diskutiere ich mit ihm im Flur des Hamburger Strafjustizgebäudes, als er in stellvertretender Ausübung des Hausrechts eine Räumung des Gerichtsflurs durchzusetzen versucht. Das war bei einem Prozeß kurz vor Weihnachten 1968, bei dem sich die Zuhörer als Weihnachtsmänner verkleidet und Weihnachtslieder angestimmt hatten (»Macht hoch die Tür«).

Bahnpolizeibeamten D., der bestritten hatte, den Angeklagten Küttner mit einer Kette geschlagen zu haben. Die Kette sei ihm bei dem Versuch, Küttner festzunehmen, abhanden gekommen. Der Film des NDR-Teams bewies nun das Gegenteil. Der Film zeigte deutlich, daß D. mit der Kette auf Küttner eingeschlagen hat. Als die entscheidenden Teile des Films noch einmal mit Einzelbildschaltung wiederholt wurden, verschmorte ein Bild nach dem anderen nach wenigen Sekunden infolge der Hitzeentwicklung des Vorführgeräts. Eine technische Panne, die wahrscheinlich allen, die das miterlebt haben, unvergeßlich geblieben ist. Unvergeßlich blieb aber auch das Bild des mit einer Kette schlagenden Polizisten.

Als der Vorsitzende nach der Filmvorführung im Gerichtssaal dem Zeugen D. vorhielt, daß der Film mit seiner Darstellung nicht übereinstimme, versuchte D. zunächst, seine Aussage als mit dem Film vereinbar zu verteidigen. Worauf ihn der Vorsitzende darauf hinwies, daß er das Recht habe, die Auskunft auf solche Fragen zu verweigern, bei deren wahrheitsgemäßer Beantwortung er sich einer stafbaren Handlung bezichtigen müsse. Eine sanfte Umschreibung für die Warnung

»Sie reden sich um Kopf und Kragen!« Und der Staatsanwalt kam dem Zeugen mit der Empfehlung zu Hilfe, er könne ja sagen, daß er den Vorgang bisher anders in Erinnerung gehabt habe. Und D. ergriff den Rettungsring: »Ja, der Film zeigt es ja anders.«

Der Anklagevertreter, Herr Oberstaatsanwalt Dose, mußte einräumen, daß ein Schuldbeweis gegen Küttner nicht zu führen sei, und beantragte dessen Freispruch. Was meinen Mandanten, Klaus Winter, anging, ließ er sich durch die Demontage des Zeugen D. und ähnliche Blamagen mit anderen Belastungszeugen nicht entmutigen, eine Verurteilung zu einem Jahr Gefängnis zu beantragen. Als strafschärfend wertete er übrigens, daß der Angeklagte »ausgesprochen intelligent« sei.

Das Gericht gab jedoch der Verteidigung recht, daß auch Winter der ihm angelasteten Widerstandshandlungen und des Versuchs, den schwarzen Kommilitonen zu befreien, nicht überführt sei. Es begründete den Freispruch mit einer minutiösen Gegenüberstellung der Zeugenaussagen mit den Filmaufnahmen, die sie widerlegten. Und es ließ keinen Zweifel, daß auch der nigerianische Student Obi Ifeobu freigesprochen worden wäre. Dieser war insbesondere durch die Aussagen des Bahnpolizisten Sch. und des Küchendirektors L. belastet worden. Von L. stammte die Behauptung, Ifeobu habe einem anderen Demonstranten ein aufgeklapptes Taschenmesser gegeben, der damit einen Stoß gegen D. geführt habe; auch habe Ifeobu D. gegen das Schienbein getreten. Der Zeuge L. hatte eingeräumt, am Tage der Demonstration vier Bier getrunken zu haben. Im Urteil heißt es:

Das Gericht ist überzeugt, daß der Zeuge sich in der Zahl der von ihm getrunkenen Biere geirrt hat.

Und das bedeutet, daß die Aussage eines betrunkenen Zeugen neben der des durch die Filmdokumentation widerlegten Polizeizeugen »zur Grundlage der Ausweisungsverfügung des Polizeipräsidenten vom 20. Februar 1967 gegen den Beschuldigten gemacht worden« ist. Eine Urteilsfeststellung, die die überstürzte Abschiebung des jungen Mediziners als staatliches Verbrechen kennzeichnet. Aber dafür ist niemand auf die Anklagebank gekommen.

13. Der 2. Juni 1967 und die Folgen. Die Störung schahfreundlicher Jubelperser in Hamburg

Die politische und staatliche Auseinandersetzung mit der Studentenbewegung – das hat unsere empirische Analyse unabweisbar gezeigt – war zunehmend charakterisiert durch Regel- und Rechtsverletzungen auf seiten der Träger und Instanzen staatlicher Kontrolle, die weitgehend ungeahndet und unverfolgt blieben.

So lautet das Fazit, das Fritz Sack, einer der Professoren, die an dem mehrbändigen Werk *Analysen zum Terrorismus* beteiligt waren, aus seinen Untersuchungen (und denen seiner Mitarbeiter) gezogen hat.

Mit anderen Worten: Jahrelang sind gewaltlos protestierende Demokraten von der Springer-Presse als Kommunisten, Rabauken und Gewalttäter diffamiert und von Polizisten mit Knüppeln geschlagen worden, ohne daß ihnen die Justiz, diese angeblich unabhängige Instanz, durch Bestrafung der Volksverhetzer und der Schläger Schutz geboten hätte. Selbst der Polizist Kurras, der am 2. Juni 1967 den Studenten Benno Ohnesorg erschossen hatte, war freigesprochen worden.

Was am 2. Juni 1967 anläßlich des Besuchs des Schahs von Persien in Berlin geschehen war – die von der Polizei unbehinderten Gewalttätigkeiten der sogenannten »Jubelperser«, dann Einkesselung und Schlagstockeinsatz der Polizei gegen friedliche Demonstranten und Erschießung des Studenten Benno Ohnesorg, das alles gefolgt von Politikererklärungen und Medienkommentaren, die den Opfern des Polizeimassakers die Schuld an dieser Explosion staatlicher Gewalt geben wollten –, das hatte die Republik verändert. In den Ereignissen dieses 2. Juni und der folgenden Tage – auch die weiteren Stationen der Schahreise in Hamburg, München und Bonn waren von schweren Zusammenstößen zwischen Polizei und Demonstranten begleitet – bündelten sich die Erfahrungen, die die jüngere, vom Hitler-Faschismus unbelastete Generation mit der Staatsgewalt gemacht hatte. Wenn Rudi Dutschke, der charismatische Sprecher der Studentenbewegung, sagte: »Wir müssen mehr tun als protestieren, wir müssen zu direkten Aktionen übergehen«, dann meinte er, der grundsätzliche Anhänger der Gewaltlosigkeit, gewiß nicht das, was sich aus dieser neuen Qualität des Widerstands eines Tages entwickeln sollte. Aber rückschauend wird man sagen dürfen, daß der an faschistische Vorbilder erinnernde Mißbrauch staatlicher Gewalt in diesen ersten Junitagen des Jahres 1967 die Geburtsstunde der im »Terrorismus« der RAF endenden Gegengewalt war.

Als der Schah am 3. Juni 1967 nach Hamburg kam, war bereits bekannt, welche furchtbaren Folgen der brutale Polizeieinsatz am Vortage in Berlin gehabt hatte. Aber offenbar war auf polizeilicher Bewußtseinsebene nur angekommen, was die Springer-Presse und der von seiner Polizeiführung desorientierte Berliner Bürgermeister Heinrich Albertz darüber gesagt hatten (Albertz hat seine Stellungnahme später sehr bedauert): »Auf das Konto einiger Dutzend Demonstranten ... gehen ein Toter sowie zahlreiche Verletzte ... Ich sage ausdrücklich und mit Nachdruck, daß ich das Verhalten der Polizei billige ...«, die sich »bis zur Grenze des Zumutbaren zurückgehalten hat.«

Zu den Vorfällen in Hamburg hat der AStA (Allgemeiner Studentenausschuß) der Universität Zeugenaussagen gesammelt und in einer Dokumentation veröffentlicht, die später mehrfach nachgedruckt wurden. Immer wieder: Polizisten schlagen wahllos auf Demonstranten ein, die hinter der Barriere gestanden und sich Pfiffe oder Beteiligung an Sprechchören erlaubt haben; Polizisten greifen Fotografen und Fotoamateure an und schlagen ihnen die Kameras aus der Hand; Polizisten weisen Jubelpersern bevorzugte Plätze an; berittene Polizisten reiten und schlagen Demonstranten und Passanten nieder; Polizisten weigern sich, ihre Dienstnummer anzugeben (»Halt die Fresse!«, »Scheiß auf Dienstnummer!« »Du wirst noch mehr von uns bekommen!«; oder der von erneuten Prügeln begleitete Ausruf: »Kannst du haben!«).

Zu denen, die an diesem Tage Erfahrungen mit der Polizei sammelten, gehörte auch der Student Klaus Winter – wir kennen ihn schon aus dem vorigen Kapitel. Ich übernahm den Auftrag, für ihn Strafanzeige gegen unbekannte Polizeibeamte wegen Freiheitsberaubung im Amt zu erstatten. Von Strafanzeigen gegen prügelnde Polizisten riet ich grundsätzlich ab, weil ich die übliche Schutzbehauptung der Polizisten, der Geschlagene habe seinerseits strafbare Handlungen begangen, und die Tendenz der Gerichte kannte, den Polizisten mehr zu glauben als den Zivilisten. Aber Freiheitsberaubung im Amt, das schien mir hier eine klare Sache zu sein. Klaus Winter war folgendes widerfahren:

Er stand zusammen mit anderen Schaulustigen in Erwartung des persischen Schahs vor dem Hotel »Atlantic« und trug ein Plakat mit der Aufschrift: »2. 6. 67 Benno Ohnesorg zum Schutze des Schahs erschossen«. Da trat ein Polizeibeamter an ihn heran und sagte: »Der Kommandant wünscht nicht, daß Sie hier mit diesem Plakat stehen.« Darauf Klaus Winter: »Ich habe doch das Recht, hier eine Einzeldemonstration zu machen«. Der Beamte führte ihn zu einem Polizeiwagen, neben dem einige Polizeioffiziere standen. Plötzlich wurde ihm das Plakat von einem der Beamten entrissen. Als Winter eine Erklärung forderte, kriegte er zu hören: »Sie haben hier gar nichts zu fragen.« Dann wandte sich der Beamte an einen anderen Beamten mit den Worten: »Den schaff mal vorsichtshalber nach 18.« Gemeint war das Polizeirevier 18, zu dem Winter sodann verbracht wurde. Dort wurde er sechs Stunden lang festgehalten. Ein Beamter trat zu ihm in die Zelle, las ihm aus dem Polizeigesetz vor und erklärte, es sei eine Störung der öffentlichen Ordnung von ihm zu erwarten gewesen. Ein anderer Beamter kam herein und wollte Winter in ein Gespräch verwickeln, indem er ihn aufforderte:

»Sie können ruhig sagen, daß die Polizisten Schweine sind.«

Winter hat sich zu seinem Glück auf diese Provokation nicht eingelassen. Um 23 Uhr wurde Winter aus der Haft entlassen.

Auf meine Strafanzeige – sie datierte vom 18. Juli 1967 – erhielt ich einen Bescheid der Staatsanwaltschaft Hamburg vom 28. Mai 1968, unterschrieben von einem Staatsanwalt Dr. Brunner. Er habe das Verfahren eingestellt. Gegen die mit dem Studenten Winter befaßt gewesenen Polizeibeamten liege ein hinreichender Verdacht, eine Freiheitsberaubung begangen zu haben, nicht vor. Aus der Begründung:

An dem Aufstellungsort, den mein Mandant gewählt habe, hätten sich zahlreiche Schaulustige, unter ihnen auch schahfreundliche Perser, befunden.

Diese Perser nahmen Anstoß an dem Plakat, forderten den Studenten Winter auf, ihnen das Plakat zu verkaufen, und boten Kaufpreise bis zu DM 10.– . Als der Student Winter ablehnte, umringten und bedrängten ihn die Perser. Aus diesem Grunde bat er einen

Hamburg, 3. Juni 1967.Demonstration gegen den Schah-Besuch auf dem Hamburger Rathausmarkt. Am Tag zuvor war in Berlin der Student Benno Ohnesorg von einem Polizisten erschossen worden.

Polizeibeamten, ihm zu helfen. Der so angesprochene Polizeibeamte erklärte den Persern, daß der Student Winter berechtigt sei, dieses Plakat zu zeigen, und daß niemand befugt sei, ihn daran zu hindern.

Das war eine zutreffende Rechtsauskunft über ein freiheitliches Verfassungsrecht, mit dem die Schlägerkolonne des persischen Schahs offenbar nicht vertraut war. Aber sie führte nicht dazu, daß die Perser, offenbar eigens zum Jubeln und Dreinschlagen bestellte und der deutschen Polizei zum besonderen Schutz empfohlene Leute, sich beruhigten oder verschwanden, sondern:

Die Gruppe schahfreundlicher Perser hielt sich jedoch nicht an die Aufforderung des Polizeibeamten, sondern wandte sich laut gestikulierend gegen den Studenten Winter, wobei eine tätliche Auseinandersetzung drohte.

Was macht ein deutscher Polizist in einem solchen Falle? Er schützt nicht etwa den Studenten vor den unbelehrbaren Persern, sondern:

Nachdem ihm (dem Studenten Winter) die genannten Polizeibeamten erklärt hatten, daß sein Verhalten (*sein* Verhalten!) dort zu einer erheblichen Störung geführt hat und weitere Störungen (nicht von Winter, sondern von den Persern! H. H.) und tätliche Auseinandersetzungen zu erwarten seien und daß er deshalb aufgefordert worden sei, den Einsatzabschnitt zu verlassen oder sein Plakat nicht mehr zu zeigen, erwiderte der Student Winter nachdrücklich, auf jeden Fall dort weiter demonstrieren zu wollen, auch wenn man ihm das Plakat wegnehme; dabei deutete er an, sich kurzfristig ein neues Plakat für seine Demonstration beschaffen zu können. Nachdem POR Mertens sich außerstande sah, den Studenten Winter zu einer Änderung seiner Ansicht zu bewegen (er wollte ihn offenbar zu der Ansicht bewegen, daß in einer freiheitlichen Demokratie die Polizei bestimmt, wer wo welche Plakate zeigen darf; H. H.), ließ er ihm das Plakat wegnehmen. Als die Ankunft der Staatsgäste vor dem Hotel Atlantic unmittelbar bevorstand, ordnete POR Mertens an, daß der Student Winter in polizeilichen Gewahrsam zu nehmen sei bis zur Beendigung des Polizeieinsatzes in diesem Abschnitt.

Der Menschenauflauf vor dem Hotel Atlantic habe bis etwa 22.55 Uhr angedauert. Zu dieser Zeit sei der Student Winter aus polizeilichem Gewahrsam entlassen worden.

Die Sistierung des Studenten Winter sei durch das Hamburger Polizeigesetz gedeckt.

Zwar war der Student Winter, der an dem von ihm gewählten Aufstellungsort hinter den Absperrgittern lediglich das Plakat zeigte, selbst nicht Störer. Gleichwohl aber hatte er eine Gefahr für die öffentliche Sicherheit verursacht. Denn er hatte sich gegenüber dem Atlantic-Grill neben einer Gruppe schahfreundlicher Personen aufgestellt und später nach seinen eigenen Erklärungen wieder aufstellen wollen.

Also die Ausübung von Grundrechten als Gefahr für die öffentliche Sicherheit!

Dabei hatte er billigend in Kauf genommen, daß die in diesem Bereiche versammelten schahfreundlichen Perser und die mit ihnen sympathisierenden Personen ihn angreifen und sich selbst polizeiwidrig verhalten würden.

Sie haben richtig gelesen. Er nahm nach Meinung des Staatsanwalts in Kauf, polizeiwidrig mißhandelt zu werden! Darum mußte man ihn festnehmen. Die Nazis nannten das »Schutzhaft«.

Die schahfreundliche Gedankenakrobatik des Staatsanwalts nimmt offensichtlich billigend in Kauf, daß man sich weitere Beispiele für mittelbar verursachte Polizeiwidrigkeiten einfallen läßt. Wie wäre es mit der Ingewahrsamnahme eines Staatsanwalts, der eine strafrechtliche Verfolgung von Polizeibeamten mit so absurder Begründung verweigert, daß er polizeiwidrige Handgreiflichkeiten eines Rechtsanwalts provoziert?

Eine Beschwerde beim Generalstaatsanwalt blieb ebenso erfolglos wie ein Klageerzwingungsverfahren (§ 172 StPO) beim Hanseatischen Oberlandesgericht Hamburg. Die Richter fanden, daß der Antrag weder »den oder die angeblichen Täter, gegen die das Strafverfahren durchgeführt werden soll«, noch »das konkrete Tatverhalten« bezeichne, das Gegenstand des Verfahrens sein solle. Um Begründungen für die Ablehnung unerwünschter Anträge sind Juristen nie verlegen.

Ich habe damals meine Plädoyers in Strafsachen gegen Demonstranten und Polizeiopfer mehrmals mit einem Satz von Hans Magnus Enzensberger eingeleitet:

> Die Erfahrungen, die heute auf Polizeiwachen, Amtsgerichten, Verfassungsschutz-Ämtern und in Untersuchungsgefängnissen gesammelt werden, sind die einzig wahre Staatsbürgerkunde, welche diese Republik zu bieten hat. (*Kursbuch* 11 S. 165)

Was mag der Student Winter aus der Staatsbürgerkunde gelernt haben, die ihm am 3. Juni 1967 zuteilgeworden ist? Doch mindestens dies: daß es die von den Nazis erfundene »Schutzhaft« immer noch gibt. Aber vielleicht auch dies: daß gegen Polizisten, Staatsanwälte, Richter und Politiker, die den Repräsentanten eines Folterregimes mitsamt seinen Schlägerkolonnen in Ehren empfangen und den Protest freiheitlich-demokratisch gesinnter Staatsbürger mit Polizeiknüppeln und »Ingewahrsamnahme« unterdrücken, nur noch Gegengewalt hilft. Oder gehörte er zu den vielen, die sich resignierend angepaßt haben, »weil man gegen die da oben ja doch nichts machen« könne? Vielleicht wird auch diese Generation eines Tages befragt werden, was sie gegen die Kumpanei mit Folterregimes und Völkerrechtsverbrechern getan hat.

14. Die Entführung des Komponisten Isang Yun. Ein vergessenes Geheimdienstverbrechen aus dem Jahre 1967

Als der koreanische Komponist Isang Yun am 3. November 1995 in einem Berliner Krankenhaus starb, wurde in den Tageszeitungen nicht nur seine herausragende Bedeutung als Komponist und seine imponierende Haltung als »bedingungsloser Verfechter der Menschenrechte« (*FAZ*) gewürdigt, sondern auch jenes Ereignisses gedacht, das mir 1967 das ehrenvolle, aber äußerst schwierige und nicht ganz ungefährliche Mandat dieses Mannes eingetragen hatte, ein Mandat, bei dem meine Wirkungsmöglichkeiten ausschließlich außerhalb des Gerichtssaals lagen. Isang Yun, Jahrgang 1917, lebte seit Mitte der fünfziger Jahre in der Bundesrepublik und hatte sich mit seinen Orchesterwerken und seiner Oper »Der Traum des Liu Tung« einen internationalen Ruf als einer der bedeutendsten Musikschöpfer der Gegenwart erworben, als ihn im Sommer 1967 ein Schicksal traf, das ein peinliches Licht auf die im antikommunistischen Wahn befangenen Herrschaftsapparate der »freien Welt« warf, deren Verbrechen und Komplizenschaften geflissentlich vergessen zu werden pflegen, wenn von Staatsunrecht und Regierungskriminalität und dem Bedürfnis der Opfer, die Täter bestraft zu sehen, die Rede ist.

Was war geschehen?

Anfang Juli 1967 erschienen Presseberichte, wonach 17 in Deutschland lebende koreanische Staatsangehörige unter mysteriösen Umständen verschwunden waren. Es wurde nach und nach bekannt, daß Beamte des südkoreanischen Geheimdienstes in die Bundesrepublik eingereist waren und die Betroffenen unter Anwendung von List, Drohungen und Gewalt veranlaßt hatten, mit ihnen Flugzeuge zu besteigen, die sie nach Südkorea brachten, wo sie im Gefängnis landeten und wegen angeblicher landesverräterischer Beziehungen angeklagt wurden.

Isang Yun war am 17. Juni 1967 morgens um sieben Uhr in seiner Wohnung in Berlin-Spandau angerufen und zu einem

Gespräch ins Hotel Savoy gebeten worden. Der Anrufer behauptete, der persönliche Sekretär des südkoreanischen Präsidenten Park zu sein; er wolle ihm einen Brief von diesem übergeben. Yun wandte ein, daß er eben dabei sei abzureisen, er habe Aufführungen in verschiedenen Städten. Aber der Anrufer machte die Sache so dringend, daß Yun schließlich der Aufforderung nachkam und ins Savoy fuhr. Dort sah er sich einem Herrn in Begleitung zweier auffallend starker Männer gegenüber. Ihm wurde eröffnet, daß der Brief des Präsidenten in Bonn beim Botschafter liege, er müsse deshalb mit nach Bonn kommen. Hier sei aber ein Brief des Botschafters Choi. In diesem Brief schrieb Choi, daß er im Begriff sei, die Bundesrepublik zu verlassen und schon die Koffer packe, er müsse Yun dringend vorher sprechen, und bat ihn, umgehend zu kommen. Mit dem Botschafter war Yun gut befreundet. Daß Choi diesen Brief unter Zwang geschrieben hatte, konnte Yun zu diesem Zeitpunkt noch nicht wissen.

So entschloß er sich, nach Bonn zu fahren, nachdem ihm zugesagt worden war, er werde sofort wieder zurückgebracht. Man ließ ihm nicht einmal Zeit, Reiseutensilien und Paß, den man damals noch brauchte, wenn man Berlin verließ, von zu Hause zu holen. Der Mann sagte ihm, einen Paß brauche er nicht. Vor dem Hotel wartete ein großer Wagen mit einem Chauffeur, den Yun als koreanischen Bergarbeiter aus dem Ruhrgebiet kannte. Im Flughafen zeigten Yuns Begleiter irgendeinen Ausweis vor, man wurde ohne Paßkontrolle durchgelassen. Am Kölner Flughafen stand wieder ein großer Wagen bereit, darin saßen andere Männer, die Yun zur koreanischen Botschaft in Bonn brachten.

In der koreanischen Botschaft wurde Yun zunächst in einem Dachzimmer eingesperrt, bewacht von zwei jungen kräftigen Männern, auch Bergarbeiter. Er fragte sie, was das Ganze bedeute. Sie sagten, er solle ruhig abwarten, der Botschafter komme gleich. Was es mit den Bergarbeitern auf sich hatte, hat Yun später so erklärt: Damals kamen viele Südkoreaner als Spitzel des koreanischen CIA (KCIA) nach Westdeutschland, als Bergleute getarnt; sie waren alle sehr kräftig und in Taek Kwon Do, einer Kampfsportart, ausgebildet.

Dann begann der erste Grad der Folter, Geräuschfolter durch sehr lautes Radiospielen und Schlafentzug. In der Nacht wurde Yun in ein anderes Zimmer geführt, wo ihn ein Mann, an einem Tisch sitzend, erwartete. Das dann folgende Verhör

Der koreanische Komponist Isang Yun wurde im Juli 1967 von Beamten des südkoreanischen Geheimdienstes aus der Bundesrepublik entführt und nach schweren Folterungen, in denen ein falsches Geständnis kommunistischer Aktivitäten erpreßt wurde, vor Gericht gestellt. Ich bemühte mich als sein Anwalt um seine Freilassung.

zitiere ich nach einem Bericht, den Yun zehn Jahre später der Schriftstellerin Luise Rinser gegeben hat. Sie hat diesen Bericht in ihrem Buch *Der verwundete Drache* verarbeitet.

Ich fragte: was machen Sie eigentlich mit mir? Wo ist der Botschafter Choi, der mir einen Brief geschrieben hat? Da sagte der Mann: Der ist nicht mehr hier. In diesem Augenblick wußte ich, daß ich in eine Falle des KCIA gegangen war. Und nun begann das Verhör: Haben Sie etwas gegen den südkoreanischen Staat getan? Nein. Haben Sie nicht Kontakt mit Kommunisten gehabt? Ich sagte: Ja, mit einigen, die ich in Ost-Berlin traf.

Auch daß er einmal in Nordkorea gewesen war, mußte Yun zugeben. Dann wurde er über den Botschafter Choi ausgefragt, der offenbar auch im Verdacht stand, nicht hinreichend antikommunistisch eingestellt zu sein. Und es folgte schließlich die Eröffnung, daß man ihn nach Seoul fliegen werde, weil der Chef des KCIA ihn persönlich sprechen wolle.

Ich übergehe die Einzelheiten des Transports nach Hamburg, wo man wiederum ohne Paß problemlos durch die Abflugkontrolle des Flughafens kam, und des Fluges in einer im vorderen Teil ganz leeren Maschine der Japan Air Lines, in der sich Yun plötzlich in Gesellschaft weiterer entführter Koreaner und deren KCIA-Bewacher befand. Über Tokio, wo man ebenfalls keinen Paß brauchte, ging es nach Seoul, wo Yun mit einem seiner Leidensgefährten in einem alten Jeep unter Bewachung von Soldaten mit aufgepflanztem Seitengewehr ins Hauptgebäude des KCIA gebracht wurde. Dort sah er ein paar Dutzend Koreaner, die ebenso wie er aus verschiedenen Teilen der Welt zurückgeholt worden waren.

Isang Yuns nächster Aufenthalt war eine der Folterkammern des KCIA. Der damals schon schwer herzkranke Mann wurde tagelangen Folterungen unterworfen, die er später im einzelnen geschildert hat. Ich zitiere nur ein paar Sätze aus seinem Bericht:

Sie banden mir Hände und Füße und hängten mich so an einer Stange auf, anderthalb Meter über dem Boden. Dann legten sie mir ein feuchtes Tuch dicht übers Gesicht und gossen aus einer Gießkanne Wasser darauf. Dabei legt sich das Tuch so eng über Mund und Nase, daß man fast erstickt. Als ich ohnmächtig wurde, banden sie mich los und holten den Arzt. Der gab mir eine Spritze, und als ich zu mir kam, ging die Wasserfolter weiter ... Ich wollte durchhalten. Immer, wenn sie fragten, ob ich jetzt bereit sei, mein Verbrechen zu gestehen, sagte ich: Nein, ich habe keines begangen. So ging es die Nacht durch: Wasser aufs Gesicht, Spritze, Verhör, Wasser, Spritze ... Nach vielleicht sechs oder mehr Spritzen hatte ich das Gefühl zu sterben. Da ließen sie mich für ein paar Stunden in Ruhe. Aber meine Kleider waren ganz naß. Ich mußte sie ausziehen und nackt liegen bleiben. Nach einigen Stunden fing alles ganz von vorne an: Schreiben, Schläge, Schreiben ... (Er sollte aufschreiben, was er verbrochen habe.) Und auf einmal, in der zweiten Folternacht, hörte ich eine bekannte Stimme. Es war die von Botschafter Choi aus Bonn. Auch er wurde gefoltert, ein paar Zellen weiter weg ... Wir konnten nicht miteinander reden, aber einer hörte den andern schreien bei der Folter und bei den Verhören ... Dieses Hören der Schreie und Worte des andern Gefolterten in tiefer Nacht war schauerlich. Weder Choi noch ich gestanden. Aber schließlich war ich ganz am Ende, und da brachte man mir das berühmte Blatt, das inzwischen so viele Südkoreaner beschrieben haben unter dem Diktat des KCIA-Mannes, und ich schrieb, ich sei Kommunist im Dienste Nordkoreas ...

Am 22. Juni 1967, fünf Tage nach dem Verschwinden ihres Mannes, wurde Frau Su Ja Yun aus der südkoreanischen Botschaft in Bonn angerufen. Ihr Mann sei, wie sie ja wisse, nach Paris gereist – er hatte ihr dies in einem unter Aufsicht geführten Telefongespräch sagen müssen –, sie möge einen weiteren Anzug von Yun einpacken und auch selbst genügend Kleidung mitnehmen, denn sie könne ihren Mann begleiten. Frau Yun verabschiedete sich von ihrem 13jährigen Sohn und ihrer 17jährigen Tochter und flog nach Bonn, wo sie mit einem Wagen der Botschaft abgeholt wurde. Am gleichen Tag schrieb sie einen kurzen Brief an ihre beiden Kinder. Sie werde nur einige Tage fort sein, und die Kinder sollten aufeinander aufpassen. Die Grußformel war ungewöhnlich feierlich: »Lebt wohl!« Wenige Tage später befand auch sie sich in einem Gefängnis in Seoul.

Wie war es möglich, daß mitten aus einem freiheitlich-demokratischen Rechtsstaat Menschen entführt wurden, ohne daß die deutschen Behörden diese Verschleppung verhindern konnten?

Diese Frage stellte ich in einem Aufsatz, den ich in der *Zeit* vom 20. Oktober 1967 veröffentlichen konnte. Freunde Isang Yuns hatten mich mit der anwaltlichen Vertretung seiner Interessen beauftragt und mich mit Informationen versorgt, die das Verhalten der für den Schutz der Bürger und Gäste dieses Landes zuständigen Instanzen ins Zwielicht brachten. Hatte ein deutscher Geheimdienst seine Finger im Spiel? Dieser Verdacht war frühzeitig aufgetaucht. Die *Frankfurter Allgemeine* hatte am 18. 7. 1967 geschrieben:

In unterrichteten Kreisen Bonns gilt es seit dem Wochenende als wahrscheinlich, daß die Entführung von 17 südkoreanischen Bürgern durch den Geheimdienst Südkoreas aus der Bundesrepublik nicht ohne Hilfe und Kenntnis bestimmter deutscher Stellen ... habe geschehen können.

Weiter hieß es in dem Bericht, es lägen Informationen darüber vor, daß mit Hilfe des deutschen Geheimdienstes die Namen der Betroffenen festgestellt worden seien. Ferner sei es seine Sache gewesen, die Wohnungen der Südkoreaner zu finden und sie solange zu observieren, bis die südkoreanischen Geheimdienstbeamten eingreifen konnten. Vor dem Eintreffen der etwa 50 südkoreanischen Geheimdienstbeamten habe ein aus fünf bis sieben Personen bestehendes Vorkommando die Aktion vorbereitet.

Die Bundesregierung ließ diese Meldung sofort dementieren

und äußerte die Vermutung, daß die Quelle dieser Behauptung der Ostberliner Deutschlandsender sei. Auch die Bundesanwaltschaft in Karlsruhe, die alle von den Staatsanwaltschaften der Länder eingeleiteten Ermittlungsverfahren an sich gezogen hatte, ließ mit verdächtiger Eile verlauten, daß deutsche Dienste an der Entführung nicht beteiligt seien. Zugleich wurden alle Vorgänge, die im Zusammenhang mit der Entführungsaffäre standen, sowohl bei der Bundesanwaltschaft als auch beim Auswärtigen Amt unter den »Schutz der höchsten Geheimhaltungsstufe« gestellt. Wenn Fragen nach der Komplizenschaft zwischen südkoreanischen und deutschen Stellen dadurch zum Schweigen gebracht werden sollten, daß man den ganzen Komplex zum Staatsgeheimnis erklärte, so hatte diese mit bösen Traditionen belastete Methode staatlicher Meinungslenkung zunächst nicht den gewünschten Erfolg. Zu groß war die allgemeine Empörung, und zu eindeutig sprachen die Fakten gegen die Glaubwürdigkeit der Dementis. So war ein 47 Schreibmaschinenseiten umfassender Bericht des südkoreanischen Geheimdienstes bekannt geworden, aus dem sich ergab, daß Isang Yun und seine Mitbeschuldigten mindestens seit 1958 auf Schritt und Tritt beschattet worden waren. Es war unglaubhaft, daß die südkoreanische Regierung den zu einer so umfassenden Überwachungstätigkeit erforderlichen Apparat in europäischen Ländern über einen Zeitraum von mehreren Jahren unterhalten haben sollte, nur um siebzehn verdächtige Südkoreaner zu kassieren, von denen kaum einer daran dachte, jemals in sein von Antidemokraten regiertes Heimatland zurückzukehren.

Die im Bericht des südkoreanischen Geheimdienstes ausgewerteten Observierungsberichte erschienen Kennern der Materie als typische deutsche Geheimdienstarbeit. Es paßte ins Bild, daß ein Fernschreiben des Bundeskriminalamtes genügte, um die Freilassung des ebenfalls entführten südkoreanischen Kinderarztes Dr. Lee zu bewirken, der aus dem Gefängnis in Seoul zurückkehren durfte, weil nach Ermittlungen deutscher Polizeistellen Lee entgegen den ursprünglich erhobenen Vorwürfen keine Kontakte zu Ostberlin gehabt habe. Und das, obwohl doch der südkoreanische Geheimdienst ausweislich des 47seitigen Observationsberichts über so vorzügliche eigene Erkenntnisse verfügt haben soll. Für Isang Yun verwendete sich das Bundeskriminalamt nicht, er wurde nach dem Observationsbericht zum Haupt einer kommunistischen Verschwörerorganisation gemacht, eine Beschuldigung, die nach den Kategorien des bundesdeutschen politischen Strafrechts zurechtgezimmert war, wonach bestimmte »Ostkontakte« als »landesverräterische Beziehungen« galten.

Seit einem Urteil des Bundesgerichtshofs vom 25. 7. 1963 (NJW 1963, S. 2132) konnte die Betätigung für eine ausländische kommunistische Partei im Raum der Bundesrepublik nicht mehr als Verstoß gegen das KPD-Verbot verfolgt werden. Damit wären ganze Bibliotheken von Observationsberichten deutscher Geheimdienste zu Makulatur geworden. Sollten deutsche Geheimdienste auf den Ausweg verfallen sein, ausländische »Staatsfeinde« nicht mehr der deutschen Justiz, sondern der viel rabiateren ihres eigenen Heimatlandes auszuliefern? Diesen Verdacht habe ich erstmals in einem Bericht an den mein Anwaltsmandat tragenden Freundeskreis Isang Yuns vom 9. Oktober 1967 geäußert.

Der Verdacht einer bundesdeutschen Komplizenschaft mit dem südkoreanischen Terrorregime des Präsidenten Park – dem übrigens Bundespräsident Lübke bei einem Staatsbesuch das Bundesverdienstkreuz überreicht hatte – wurde insbesondere genährt durch die lasche Verfolgung eines völkerrechtlichen Rücküberstellungsanspruchs durch die deutsche Bundesregierung und die lahme Ermittlungsarbeit des Generalbundesanwalts.

Am 5. Juli 1967 hatte die Tagespresse (*Frankfurter Rundschau*) über das desinformierende Versteckspiel der zuständigen Instanzen so berichtet:

> Die Generalbundesanwaltschaft ließ am Dienstag bekanntgeben, sie habe alle bisher eingeleiteten Verfahren an sich gezogen. In Bonn waren offizielle Mitteilungen in der Angelegenheit nicht zu erhalten. Die Sicherungsgruppe verwies auf das Bundesinnenministerium, das mit der Begründung, nicht in ein schwebendes Verfahren eingreifen zu wollen, ans Justizministerium verwies. Im Bundesjustizministerium konnte jedoch niemand Auskunft geben. Die Landeskriminalämter und die Länderinnenministerien verwiesen an die Bundesanwaltschaft. Bei der Bundesanwaltschaft waren jedoch die Ermittlungsakten der Länderbehörden noch nicht vollständig eingegangen.

Einen Tag später, am 6. Juli 1967, konnte die *Frankfurter Rundschau* folgende, von geringem Erfolgswillen kündende Äußerungen aus der Residenz des Rechts berichten:

In Kreisen der Bundesanwaltschaft wird die Meinung vertreten, daß die entführten Personen nicht mehr auf dem Gebiet der Bundesrepublik sind. Trotzdem soll alles versucht werden, die Fälle restlos aufzuklären. Eine Aufdeckung der Verschleppungsaffäre habe auch eine »prophylaktische Wirkung«. Die Gefahr, daß sich solche Fälle wiederholten, werde geringer, wenn es gelinge, die Täter festzustellen. Ein Ermittlungsbeamter meinte: »Wenn jemand ermordet wird, kann man den Ermordeten nicht mehr lebendig machen, aber es sei ein Erfolg, wenn man den Täter feststellen, selbst dann, wenn man seiner vielleicht nicht habhaft werden könne.«

Ein solches Blabla aus dem Munde von Rechtskundigen kann nur Vernebelungsfunktion haben. Wie anders hätte man reagiert, wenn es um eine Verschleppung in die DDR gegangen wäre!

Zwei der Mitwirkung an der Entführung verdächtige Südkoreaner, die in Deutschland lebten, wurden schon am 20. 7. auf Antrag des Generalbundesanwalts aus der Untersuchungshaft entlassen. Und am Tage darauf erfuhr die *Frankfurter Rundschau* aus »Kreisen, die der Bundesanwaltschaft nahestehen«, daß bei der ganzen großangelegten Ermittlungsaktion »nicht viel herauskommen« werde. Es sei kaum mit einer Anklageerhebung zu rechnen. Die Affäre sei von der juristischen Ebene auf das diplomatische Parkett abgeschoben worden. Die Täter und ihre Hintermänner besäßen den diplomatischen Status und seien somit dem Zugriff der deutschen Ermittlungsbehörden entzogen. – Auch ihre deutschen Komplizen?

In diesem Zusammenhang hätte die Bundesanwaltschaft sich vielleicht einmal für eine Meldung der *Frankfurter Rundschau* vom 6. Juli 1967 interessieren sollen, wonach »Beamte des Verfassungsschutzes alle 116 asiatischen Bergleute der Schachtanlage ›Victor Ickern‹ in Castrop-Rauxel in ihrem Wohnheim ›Vinckehof‹ praktisch unter ›politische Quarantäne‹ gesetzt und zu strengstem Stillschweigen vergattert« hätten. Auch aus Castrop-Rauxel war, wie die Öffentlichkeit noch von der ursprünglich zuständigen Staatsanwaltschaft Dortmund erfahren hatte, ein Südkoreaner – der 35jährige Park Seung Ok – auf mysteriöse Weise verschwunden. Und wir erinnern uns an Isang Yuns Bericht über die Mitwirkung von Bergarbeitern aus dem Ruhrgebiet an seiner Verschleppung. Also da wäre der Generalbundesanwalt, wenn er gewollt hätte, sicher fündig geworden. Aber das wäre wohl kaum ohne Offenlegung der

Komplizenschaft von Diensten abgegangen, mit denen die Bundesanwaltschaft eng zusammenarbeitete. Und so wiegelte Bundesanwalt Kammerer schon am 31. Juli gegenüber der Presse ab:

Ich bin davon überzeugt, daß es keine sensationellen Neuigkeiten mehr geben wird.

Und was geschah auf diplomatischem Parkett? Die Bundesregierung forderte die Abberufung von drei koreanischen Diplomaten, die mit der Entführungsaffäre im Zusammenhang standen. Sie reisten am 19. Juli aus Bonn ab. Es handelte sich offenbar um Mitarbeiter des koreanischen CIA, die wahrscheinlich ohnehin nur vorübergehend bis zum Abschluß ihrer Aufgabe in Bonn Station gemacht und dabei zugleich den bisherigen Botschafter, General Choi, als »Kommunistenfreund« entlarvt hatten. Choi, offenbar ein Ehrenmann, hatte seine Regierung telegrafisch um Abberufung aus der Bundesrepublik gebeten. Das Ersuchen des Botschafters wurde, wie die *Frankfurter Rundschau* am 15. 7. 1967 meldete, in Bonn als Ausdruck des Protestes gegen die Entführungsaktion betrachtet. Der Botschafter sei nach zuverlässigen Mitteilungen nicht oder nicht vollständig über die Aktionen des Geheimdienstes seines Landes unterrichtet gewesen. Auch er reiste ab nach Seoul und landete, wie wir wissen, in den Folterkammern des KCIA.

Mit einer Verbalnote vom 13. Juli hatte die Bundesregierung, wie es in einer Stellungnahme des Auswärtigen Amtes vom 21. März 1968 zu einer Anfrage der SPD-Fraktion heißt, »gegen die völkerrechtswidrige Verletzung der deutschen Gebietshoheit durch Südkorea schärfsten Protest« erhoben und die »Erwartung« ausgesprochen, »daß sich derartige Vorkommnisse nicht wiederholen«. Die Bundesregierung habe die koreanische Regierung »ersucht«, allen Personen, »deren Ausreise aus der Bundesrepublik durch die koreanischen Maßnahmen bewirkt worden« sei, »die Möglichkeit zu eröffnen, in das Bundesgebiet zurückzukehren«. Die koreanische Regierung habe in einer Verbalnote vom 24. Juli 1967 »ihr tiefes Bedauern über das Geschehen« ausgesprochen. Sie habe versichert, »daß sich derartige Vorfälle in Zukunft nicht wiederholen würden«. Die koreanische Regierung werde »alles in ihrer Macht Stehende tun, um dem Wunsch der Bundesregierung nach Rückkehr der Koreaner zu entsprechen«.

Die koreanische Regierung geruhte, bis zum 15. September 1967 sechs der entführten Koreaner und die in Korea zusammen mit ihrem koreanischen Ehemann verhaftete deutsche Staatsangehörige Frau Heidrun Kang in die Bundesrepublik zurückkehren zu lassen. Dabei hatte, wie wir wissen, mindestens im Fall des Kinderarztes Dr. Lee ein Fernschreiben des Bundeskriminalamts eine Rolle gespielt. Und auch Frau Kang dürfte prominente Protektion gehabt haben; sie hatte beim Staatsbesuch des Bundespräsidenten Lübke gedolmetscht.

Bei allem, was die Bundesregierung unternahm, um eine Freilassung auch der übrigen Entführten zu erreichen, fehlte ein entscheidend wichtiger diplomatischer Schritt: die Geltendmachung eines völkerrechtlichen Rücküberstellungsanspruchs, wenngleich man die unkundige Öffentlichkeit mit ähnlich klingenden, aber eben nicht der völkerrechtlichen Terminologie entsprechenden Ausdrücken wie »Rückstellung« oder »Rückführung« bediente und irreführte.

Ein völkerrechtlicher Rücküberstellungsanspruch ist selbst gegenüber Hitler-Deutschland von der Schweiz durchgesetzt worden, als 1935 der deutsche Journalist Berthold Jacob – Autor vieler militär- und justizkritischer Artikel in Carl von Ossietzkys *Weltbühne* – von einem Nazi-Agenten entführt worden war. Ich hatte auf diesen Fall in mehreren Eingaben, die ich in Sachen Isang Yun gemacht habe, hingewiesen.

Der Fall sei nicht vergleichbar, verlautete aus Bonn, weil zwischen der Bundesrepublik und Südkorea kein Schiedsvertrag bestehe. Dem hielt ich entgegen, daß das Fehlen eines Schiedsvertrages nur die Durchsetzbarkeit, nicht das Bestehen eines Rücküberstellungsanspruchs berühre und noch keinen Rechtsstaat, der die Verletzung seiner Souveränitätsrechte wirklich wiedergutgemacht sehen wollte, an der Geltendmachung des Anspruchs gehindert habe. Auch die Bundesregierung hatte in anderer Sache (Fall Argoud) trotz Fehlens eines Schiedsvertrages einen förmlichen Rücküberstellungsantrag gegenüber Frankreich vehement geltend gemacht, wenn auch ohne Erfolg. Und selbst im Fall des Judenmörders Adolf Eichmann hat der argentinische Staat die Verletzung seiner Souveränitätsrechte durch ein israelisches Entführungskommando mit Nachdruck durch einen Rücküberstellungsantrag geltend gemacht. Selbst bei voraussehbarer Erfolglosigkeit ist mithin nach internationalem Brauch die Beanstandung einer solchen Rechtsverletzung in Form eines Rücküberstellungsantrages ein

Gebot rechtsstaatlicher Selbstachtung. Auf diesem Hintergrund nimmt sich das augenzwinkernde Diplomatengetöse in der Entführungssache Isang Yun schon recht erbärmlich aus.

Hinzu kommt – und auch darauf habe ich in Veröffentlichungen, Eingaben und Gesprächen mit Vertretern der Bundesregierung wiederholt hingewiesen –, daß mit Rücksicht auf die »stets ausgezeichneten deutsch-koreanischen Beziehungen«, auf die sich der Bundesaußenminister berief (so das von Willy Brandt unterschriebene Memorandum vom 21. März 1968), eine nachträgliche Schiedsgerichtsvereinbarung mindestens hätte versucht werden können und die koreanische Regierung im Falle der Ablehnung in eine schwierige Lage gekommen wäre. Aber das eben wollte man dem befreundeten antikommunistischen Diktator in Südkorea nicht antun. Ein Legationsrat 1. Klasse namens Dr. Bassler, der wohl eine wichtige Rolle bei der Vorbereitung der letztlich von Willy Brandt zu verantwortenden diplomatischen Schritte spielte, hat mir und anderen Freunden Isang Yuns gegenüber am offenherzigsten ausgesprochen, daß nach Auffassung des Auswärtigen Amtes ein völkerrechtlicher Rücküberstellungsantrag nicht bestehe, und zwar mit der eindeutig falschen Begründung, daß er nicht gelte, wenn es um fremde Staatsangehörige gehe. (Sowohl Berthold Jacob als auch Argoud waren fremde Staatsangehörige für die Staaten, die sich um ihre Rücküberstellung kümmerten.) Es sei wichtig, die Verhandlungen nicht durch Proteste gegen Militärdiktatur-Methoden zu stören, sondern man müsse die guten deutsch-koreanischen Beziehungen in den Vordergrund stellen.

Um einen förmlichen Rücküberstellungsantrag zu vermeiden, der die südkoreanische Seite zur Offenlegung der deutschen Mitwirkung an der Entführung provoziert hätte, war keine Begründung zu dumm. Und so übernahm man die südkoreanische Behauptung, es habe sich gar nicht um eine Entführung gehandelt, vielmehr seien die Betroffenen freiwillig mitgegangen. In Bonner Ministerien und bei der Bundesanwaltschaft wurde die Auffassung vertreten, daß ein Verstoß gegen deutsche Gesetze, nämlich eine Verschleppung im Sinne von § 234 a StGB, nicht beweisbar sei; niemand könne Ausländer hindern, freiwillig in ihr Land zurückzukehren. Gerade im Interesse der Inhaftierten müsse jede Demonstration in der Öffentlichkeit vermieden werden, um nicht desto härtere Urteile des koreanischen Gerichts zu provozieren. Die Sache sei diplomatisch abgeschlossen. Eine Rückführung vor Beginn des Prozesses werde nicht möglich sein, es bestehe lediglich Aussicht auf einen Gnadenakt nach erfolgter Verurteilung. In einem Brief Willy Brandts, der meines Wissens nicht veröffentlicht worden ist, mir aber von Gustav Heinemann am Telefon vorgelesen wurde, war die Wendung enthalten, daß nichts anderes übrig bleibe, als in Seoul auf schnelle Durchführung des Prozesses zu drängen.

Die These von der »freiwilligen« Abreise der Koreaner, auf der die Untätigkeit der Bonner Diplomatie und des Generalbundesanwalts beruhte, war schlicht unhaltbar. Aber man zeigte weder in Bonn noch in Karlsruhe großes Interesse an ihrer Widerlegung.

Der amerikanische Dirigent Francis Travis, damals in Basel lebend und Professor an der Musikhochschule Freiburg im Breisgau, hatte den mit ihm seit Jahren befreundeten Isang Yun im Juni 1967 in Amsterdam erwartet, wo Travis im Rahmen des Holland Festivals ein Konzert mit Yuns Kantate »Om mani padme hum« dirigieren sollte. Yun wollte den Proben und dem für den 26. Juni terminierten Konzert beiwohnen und hatte für sich und seine Frau Hotelzimmer reservieren lassen. Als Yun, ohne abgesagt zu haben, nicht zu den Proben erschien, war Travis beunruhigt, weil er von dem schweren Herzleiden des Komponisten wußte, und telefonierte mit dessen Musikverleger in Berlin, der sodann über Yuns Tochter erfuhr, daß ihr Vater auf »diplomatischen Befehl« nach Rom gereist sei und ihre Mutter nachfahren solle. Als Yun dann auch am Abend des Konzerts fehlte und weder, wie sonst üblich, ein Schreiben oder Telegramm mit Toi-toi-Glückwünschen eingetroffen war, war Travis, wie er mir schrieb, »mystifiziert«. Nach Erscheinen der ersten Pressemeldungen über die Koreanerentführung mit Yuns Namensnennung wandte sich Travis in großer Bestürzung mit eingeschriebenem Eilbrief vom 8. Juli an den Generalbundesanwalt, schilderte die ihm bekannten Fakten, die gegen eine »freiwillige« Abreise Yuns sprachen, und bot weitere Hilfe bei den Ermittlungen, insbesondere die Vorlage seiner Korrespondenz mit Yun an. Er erhielt keinerlei Antwort, nicht einmal eine Bestätigung seines Briefes, geschweige denn eine Zeugenvorladung.

Auch weitere Ermittlungsmöglichkeiten, die die Freiwilligkeitsthese hätten in Frage stellen können, wurden nicht genutzt. Ich hatte mitgeteilt, daß die angeblich freiwillige Abreise Yun am 17. Juni 1967 mitten aus großen beruflichen

Plänen riß, ohne daß irgend jemand von dem als sehr zuverlässig bekannten Komponisten eine Absage von Verabredungen erhalten hatte. So hatte Yun im Juni 1967 den Auftrag erhalten, für die Kieler Woche 1969 eine abendfüllende Oper zu schreiben. Am 11. Juni hatte in Yuns Berliner Wohnung eine ausgedehnte Arbeitsbesprechung über diesen Opernauftrag stattgefunden, die am 18. Juni in Kiel fortgesetzt werden sollte. Am 16. Juni sprach Yun noch mit seinem Berliner Verleger, am 17. Juni wollte er nach Kiel reisen. Am 26. Juni wurde Yun nicht nur zu dem schon erwähnten Konzert in Amsterdam, sondern vorher in Bonn zu einer Probe seiner Oper »Ein Schmetterlingstraum« erwartet. Der Chefdirigent des Theaters der Stadt Bonn, Hans Zender, hatte alle Sänger für diesen Tag bestellt, da Yun sie sich anhören und die geeigneten Kräfte für die Besetzung seiner Oper aussuchen sollte. Außerdem war abgesprochen, daß Yun zu Bandaufnahmen seines Werkes »Loyang«, das Zender am 30. Juni, 1., 2. und 3. Juli im Westdeutschen Rundfunk dirigierte, nach Köln kommen sollte. Keine dieser Verpflichtungen konnte Yun vor seiner Abreise absagen, was er bei freiwilligem Aufenthalt in der südkoreanischen Folterkammer sicher getan hätte. Das alles interessierte in Karlsruhe und Bonn nicht.

Auch von den anderen Koreanern waren Umstände bekanntgeworden, die eine freiwillige Abreise nach Seoul klar widerlegten. Die *Süddeutsche Zeitung* berichtete am 10. 7. 1967 von der Entführung des Diplompolitologen Taik Hwan Kim, der am 18. Juni aus seiner Münchener Wohnung spurlos verschwunden war.

Die Version, er sei freiwillig ins Flugzeug gestiegen, nimmt den südkoreanischen Diplomaten und Agenten keiner von Kims Bekannten ab. Er stand kurz vor dem ersehnten Ziel, der Promotion, und wollte anschließend vor seiner Rückkehr in die Heimat noch für ein Jahr die Vereinigten Staaten besuchen. Nun verließ er seine Münchener Wohnung, ohne sie aufgeräumt zu haben, ohne die nötigen Reiseutensilien und ohne sich von seiner Zimmerwirtin verabschiedet zu haben. Südkoreanische Studenten, die die Praktiken ihres Geheimdienstes schon am eigenen Leibe erlebt haben, konnten sich den Vorgang ziemlich gut ausmalen: »Man wird Kim vor die Wahl gestellt haben: entweder ›freiwillige‹ Heimreise oder Repressalien gegen die in Südkorea lebenden Angehörigen – Folterung eingeschlossen.«

Nur in Bonn und Karlsruhe konnte man sich von alledem nichts vorstellen. Obwohl gleichartige Berichte über alle Entführungsfälle vorlagen. Selbst der Erlebnisbericht des Mainzer Kinderarztes Dr. Sukil Lee, der nach erfolgter Gehirnwäsche zurückkehren durfte und in Bonn und Karlsruhe als Beweismittel für die Freiwilligkeitsthese galt, ließ die massive Nötigung durchblicken. Am 20. Juni sei Botschaftsrat Yang von der koreanischen Botschaft in Bonn zu ihm gekommen und habe die Mainzer Universitätsklinik besichtigen wollen. In seiner Begleitung habe sich ein Mann befunden, der sich als Arzt ausgab, in Wahrheit jedoch der Leiter des südkoreanischen Geheimdienstes in Deutschland war. Nach gemeinsamen Besuchen in einer Bar und in einer Spielbank sei man nach Bonn gefahren.

Es war zwei Uhr nachts. Kaum war ich in der Botschaft, klappten hinter uns die Türen zu. Ich war gefangen. Der angebliche Mediziner verhörte mich die ganze Nacht. Ich durfte nicht einmal mit meiner Frau telefonieren. Botschaftsrat Yang war spurlos verschwunden. Ich sah ihn nicht wieder. Erst am nächsten Tag durfte ich meiner Frau eine Karte schreiben. Den Text diktierte ein Geheimdienstler. Er verlangte auch von mir nach stundenlangem Verhör: »Wenn Sie jetzt nicht freiwillig nach Korea mitkommen, werden Sie und Ihre Frau die Heimat nicht wiedersehen.« (*Bild*-Zeitung, 22. 7. 1967)

Wie das zu verstehen war, mußte man auch in Bonn und Karlsruhe wissen. Es war bekannt geworden, daß auch aus anderen westeuropäischen Ländern zu gleicher Zeit südkoreanische Staatsbürger entführt worden waren und daß fünf weitere tot aufgefunden wurden, alle auf dieselbe Art vergiftet.

Die Bundesanwaltschaft in Karlsruhe, sonst durchaus nicht auf den Kopf gefallen, wenn es um die Knüpfung von Indizienbeweisketten geht, meinte in einem an mich gerichteten Schreiben vom 2. Oktober 1967, in dem sie mir Akteneinsicht mit fadenscheinigen Gründen verweigerte, unter welchen Umständen Isang Yun und Frau nach Korea gebracht worden seien, könnten, »da Augenzeugen fehlen, nur Herr Yun und seine Frau selbst bekunden«. Ein blanker Zynismus angesichts der Tatsache, daß Herr und Frau Yun in diesem Augenblick die einzigen waren, die nicht über die Umstände ihrer Verschleppung sprechen konnten. Ein Besucher, der Frau Yun im Gefängnis hatte sehen können, hatte berichtet, daß ein Gespräch nicht zustandegekommen sei, da Frau Yun nur geweint habe.

Der *Spiegel*-Redakteur Manfred W. Hentschel hatte Isang Yun im Gefängnis in Seoul besuchen dürfen.

Als ich Isang Yun frage, wie er denn überhaupt nach Südkorea gekommen sei, bekommt er seinen zweiten Herzanfall. Es war, so erinnert er sich, am 17. Juni, als ihn zwei Herren baten, doch in ein Berliner Hotel zu kommen. »Jedenfalls«, spricht er dann schnell weiter, »jedenfalls bin ich hierher nach Korea gekommen«. Und: »Ich habe auch gleich alles gesagt«. (*Spiegel*, 28. 8. 1967)

Zehn Jahre später konnte er in einem Gespräch mit Luise Rinser sagen, wie es wirklich war und was er sich von dem *Spiegel*-Interview erhofft hatte:

Yun: Als ich etwa zwei Monate im Gefängnis war, ereignete sich etwas Erstaunliches: ein Journalist vom *Spiegel* durfte ein Interview mit mir machen. Damit sollte der Öffentlichkeit gezeigt werden, daß ich in relativer Freiheit sei. Aber ich war ja nicht allein, sondern es waren KCIA-Beamte dabei. Ich konnte nichts sagen, was nicht der KCIA hätte hören dürfen.

L. R.: Konntest du denn nicht wenigstens in Andeutungen etwas von der Wahrheit über die Entführung sagen?

Yun: Nein, denn hätte ich etwas gesagt, wäre ich sicher auf mysteriöse Weise ums Leben gekommen.

Es wäre nicht schwer gewesen, für Isang Yuns plötzlichen Tod plausible Gründe zu finden. Auch Manfred W. Hentschel wurde Zeuge von zwei Herzanfällen.

Isang Yun läuft rot an, packt sich ans Herz und verstummt. Dann richtet er sich etwas auf und sagt: »Wissen Sie, ich bin ein schwerkranker Mann.« Er leide an Herzkranzgefäßverkalkung, schon seit langem, und das sei nun durch die Aufregung der letzten Monate schlimmer geworden.

Aber Isang Yun gelang es, seinem Besucher etwas zu sagen, das, wie er hoffte, in Deutschland als deutlicher Wink verstanden werden konnte, daß er sich nicht freiwillig in Südkorea befand.

Ich möchte unbedingt nach Deutschland zurück. Meine Kinder, sie sind noch nicht selbständig. Meine Wohnung ist da ... Wie soll das nur werden? Ich habe meine Einkommensteuererklärung noch nicht abgeschickt ...

Isang Yun erinnerte sich zehn Jahre später so:

Ich habe auf seine Frage, ob ich freiwillig nach Korea gegangen sei, geantwortet: Ja, aber ich hoffe, sehr bald wieder zurückkehren zu können, ich muß ganz dringend meine Steuererklärung machen. Das war deutlich genug.

Deutlich genug für die kritische Öffentlichkeit, nicht aber für die Herren in Bonn und Karlsruhe, die ihre Leiche im Keller hüten mußten und sich weiter mit der Freiwilligkeitsthese lächerlich machten.

Und so konnte »ein zuständiger hoher koreanischer Beamter« gegenüber dem Korrespondenten der *Süddeutschen Zeitung*, Thilo Bode, höhnen (*SZ*, 22. 12. 1967):

Entweder wir haben recht, und die 17 kamen freiwillig zurück. Oder aber Ihr habt recht, und sie wurden entführt; das ist aber wohl ohne Mitwirkung des deutschen Geheimdienstes nicht möglich, oder können Sie sich vorstellen, daß, wie Ihr sagt, 50 südkoreanische Geheimdienstbeamte in die Bundesrepublik einreisen, dort auffällig tätig werden und vom deutschen Geheimdienst nicht bemerkt werden?

Eine leider zutreffende Alternative, die auch für die Freunde Isang Yuns und für mich als seinen Anwalt eine fatale Konsequenz hatte. Bestanden wir darauf, den Verdacht der Mitwirkung deutscher Stellen an der Verschleppungsaktion weiter aufzuklären, dann gefährdeten wir die Aussichten eines völkerrechtlichen Rücküberstellungsantrages, dessen Stellung von mir immer wieder eingefordert wurde. Denn war der Verdacht berechtigt, dann wäre einem Rücküberstellungsantrag die rechtliche Grundlage entzogen gewesen, weil es an einer Verletzung deutscher Souveränitätsrechte fehlte. Meine Aktivitäten mußten sich daher darauf konzentrieren, die Bundesregierung wegen der Nichtverfolgung eines Rücküberstellungsantrages zu attackieren, was allerdings voraussetzte, daß die Bundesregierung wirklich ein gutes Gewissen hatte, wenn sie eine Zusammenarbeit deutscher und südkoreanischer Behörden bei der Entführungsaktion bestritt. Und das hatte sie offensichtlich nicht.

Ich habe in der Zeit des Yun-Mandats zahlreiche Gespräche und Korrespondenzen mit den zuständigen Bonner Ministerien gehabt, die alle darauf hinausliefen, daß man alles getan habe, was man tun konnte, um eine Rückkehr der Entführten zu erreichen, und daß es nun darauf ankomme, die guten Beziehungen zwischen Bonn und Seoul nicht zu stören und auf milde Urteile und einen Gnadenakt des südkoreanischen Präsidenten zu hoffen.

Der einzige offizielle Gesprächspartner, bei dem ich Unbehagen über die Rolle deutscher Instanzen in diesem antikommunistischen Kriminalstück zu spüren glaubte, war Gustav Heinemann, damals Bundesjustizminister. Ihn hatte ich, weil ich ihn persönlich kannte und als integren und rechtlich denkenden Mann schätzte, schon im Juli 1967, noch bevor ich mit Isang Yuns Interessenvertretung beauftragt wurde, als empörter Zeitungsleser angeschrieben und um Intervention gebeten, und im Oktober 1967, nunmehr als Isang Yuns Anwalt, zu einem zweistündigen Gespräch in Bonn aufgesucht. Vielleicht war es seinem Einfluß zu verdanken, daß zu dem Prozeß in Seoul ein deutscher Prozeßbeobachter entsandt wurde, der Bonner Rechtslehrer Prof. Dr. Gerald Grünwald, »ein ganz unbestechlicher Mann«, wie ihn Prof. Dr. Helmut Ridder gesprächsweise zutreffend einschätzte. Ich selbst hatte Grünwald bei einer Podiumsdiskussion in Gießen kennengelernt, einer der vielen Veranstaltungen, die nach der Koreanerentführung in deutschen Universitätsstädten stattgefunden haben und den öffentlichen Protest gegen diesen von der deutschen Bundesregierung geduldeten Rechtsbruch mobilisieren halfen.

Es spielte sich damals – in den Jahren 1967/68 vor allem – ein breite Schichten der Bevölkerung erfassender Konflikt zwischen den mehr oder weniger konservativen Inhabern der Staatsgewalt und der nicht nur durch die Studentenbewegung repräsentierten Außerparlamentarischen Opposition ab, in dessen Rahmen auch der Kampf für die Freilassung der entführten Koreaner eine große Öffentlichkeit erreichte und klare Fronten sichtbar machte. Dabei war es ein glücklicher Umstand für die Entführten, daß einer unter ihnen war, der als Komponist Weltruhm genoß, so daß es nicht nur in Deutschland eine Fülle von Protesten gab, mit denen die Organisatoren dieses faschistischen Gewaltakts in ihrer Kulturlosigkeit wohl nicht gerechnet hatten.

Isang Yun hatte Freunde, die sich gleich nach Bekanntwerden der Entführung um die beiden minderjährigen Kinder kümmerten, die Öffentlichkeit alarmierten, in Bonn, Karlsruhe und Seoul intervenierten und für anwaltliche Interessenvertretung sorgten. Musiker, bekannte und unbekannte, veranstalteten gagenfreie Konzerte, viele Kirchengemeinden sammelten Geld. Auch ich richtete ein Spendenkonto ein, aus dem insbesondere die Kosten der notwendigen ärztlichen Betreuung Isang Yuns in Seoul bestritten wurden. Professor Wilhelm Maler, der Präsident der Hamburger Akademie der Künste, organisierte einen Appell von 161 Persönlichkeiten des internationalen Kulturlebens, der an den südkoreanischen Staatspräsidenten geschickt wurde und ihn, übrigens in sehr höflicher Form, aufforderte, Isang Yun, diesen weltbekannten Botschafter koreanischer Kultur und Kunst, freizulassen. Im November 1968, kurz vor einer der vier Gerichtsverhandlungen, die es in dieser Sache in Seoul gab, konnte ich die Redaktionen der *Frankfurter Allgemeinen Zeitung* und der *Welt* dazu bewegen, diesen Aufruf, inzwischen mit insgesamt 181 Unterschriften prominenter Musiker aus aller Welt, noch einmal in einer halbseitigen Anzeige, die etwa 10000 Mark gekostet hätte, kostenlos zu veröffentlichen. Der Staatsanwalt in Seoul hatte gerade die Todesstrafe für Isang Yun gefordert. Und so lautete die Überschrift der Anzeige: »Todesstrafe gegen Isang Yun?« Zu den Unterzeichnern gehörten: Klaus Bernbacher, Boris Blacher, Siegfried Borris, Pierre Boulez, Ernest Bour, John Cage, Luigi Dallapiccola, Danzi Quintett Amsterdam, Ulrich Dibelius, Gottfried von Einem, Wolfgang Fortner, Harald Genzmer, Michael Gielen, Hans Werner Henze, Heinz Holliger, Mauricio Kagel, Joseph Keilberth, Giselher Klebe, Otto Klemperer, Alfons und Aloys Kontarski, Ernst Krenek, Rolf Liebermann, György Ligeti, Wilhelm Maler, Melos Ensemble London, Aurèle Nicolet, Hans Otte, Siegfried Palm, Edith Picht-Axenfeld, Gustav Scheck, Hans Schmidt-Isserstedt, Igor Strawinsky, Edward Staempfli, Karlheinz Stockhausen, Francis Travis, Gerd Zacher, Hans Zender, Alois Zimmermann.

Auch Aufführungen von Isang Yuns Werken hielten die Erinnerung an den in Seoul inhaftierten Komponisten wach und wurden zu Demonstrationen genutzt. So machten die Studenten nach einer Aufführung von Yuns Oper »Der Traum des

Liu-Tung« – sie wurde zusammen mit der Oper »Der Gefangene« von Luigi Dallapiccola am 11. Dezember 1967, zwei Tage vor der Urteilsverkündung in Seoul, aufgeführt – einen Schweigemarsch durch die Stadt Bonn zur südkoreanischen Botschaft. Bei einem Konzert in München besetzten Musikstudenten das Podium und verlangten die Freilassung Yuns. Alle Konzertbesucher trugen sich in Namenslisten ein, die nach Seoul geschickt wurden. Der Pianist Claudio Arrau sagte aus Protest ein Konzert in Seoul ab. In der Berliner Hochschule für Musik fand ein Konzert mit Werken Isang Yuns statt, bei dem Boris Blacher einem Studenten die Verlesung einer Protesterklärung gestattete.

Es war oft zu spüren, daß wir mächtige Feinde hatten und gegen ein Verbrechersyndikat kämpften, das sich guter Verbindungen erfreute. In einem meiner Rundschreiben an den Freundeskreis Isang Yuns (vom 24. Januar 1968) mußte ich berichten:

Von der Behörde, die ich verdächtige, an der Entführungsaktion mitgewirkt zu haben, wird seit Übernahme des Mandats Isang Yun gegen mich in der schamlosesten Weise intrigiert. Mehrere Freunde Yuns sind vor mir gewarnt worden, ich sei Kommunist und hinter mir stünde irgendeine Organisation, über die man sich nicht näher ausließ. Ich sei in Seoul persona non grata. Die Ehefrau eines in Seoul Inhaftierten wurde sogar durch die koreanische Botschaft davor gewarnt, mir ein Mandat zu erteilen, da ich ihrem Ehemann nur schaden könne. In Hamburg wurden die Plakate, in denen mein Vortrag angekündigt wurde, über Nacht restlos abgerissen und die Stellschilder gestohlen. Überall ist der lange Arm der Verbrecherbande spürbar, die Isang Yun und seine Landsleute um ihre Freiheit gebracht hat.

Daß ich in Seoul persona non grata war, entsprach den Tatsachen. Einer der vor Gericht als Entlastungszeugen für Yun angehörten Zeugen schrieb mir:

In Korea fand ich die Vermutung bestätigt, daß der CIA Sie nicht gerade liebt.

Und so war denn wohl auch die Morddrohung, die ich nach einer Yun-Veranstaltung in Hamburg am Scheibenwischer meines Wagens vorfand, durchaus ernst zu nehmen.

Nicht nur koreanische, sondern auch deutsche Staatsträger

sahen meine Tätigkeit in Sachen Isang Yun nicht gern. Herr Dr. Bassler, Legationsrat 1. Klasse im Auswärtigen Amt in Bonn, hielt es sogar für richtig, einem der Freunde Yuns ausdrücklich zu empfehlen, mir die Vollmacht zu entziehen. Daß es nicht geschah, obwohl auch Isang Yun selbst ähnlichen Pressionen ausgesetzt gewesen sein dürfte – sein koreanischer Verteidiger wagte es z.B. nicht, mit mir direkt zu korrespondieren –, habe ich schon damals mit großer Achtung zur Kenntnis genommen.

Isang Yun hatte, wie er mir später sagte, gehofft, ich würde auch zum Prozeß nach Seoul kommen. Aber ich hätte vor Ort, von den technischen Problemen einmal abgesehen, nicht viel für ihn tun können. Wenn ein deutscher Interessenvertreter die koreanischen Gerichte überhaupt beeindrucken konnte, dann war die Anwesenheit eines von der Bundesregierung beauftragten Prozeßbeobachters sicher wirkungsvoller als die eines als »Kommunistenverteidiger« verschrienen Anwalts.

Der Prozeß in Seoul verlief nach Mustern, die mir unheimlich vertraut vorkamen. Die Anklage beruhte auf einem »Gesetz für die nationale Sicherheit« und dem »Antikommunistengesetz«. Das erste sah die Todesstrafe vor für »Gruppenbildung zum Zweck des Umsturzes der Regierung, für Mord, Sabotage, Brandstiftung, Verrat politischer und militärischer Geheimnisse, Unruhestiftung, Entführung, sofern diese Verbrechen im Auftrag und Interesse einer regierungsfeindlichen Gruppe geschehen«. Das zweite verkündete als Gesetzeszweck, »die antikommunistische Struktur zu stärken, welche das oberste Ziel des nationalen Wiederaufbaus ist«, und erklärte für strafbar:

– die Aufnahme oder Vermittlung von Kontakten zu Nordkorea,

– den Besitz oder die Weitergabe oder Herstellung nordkoreanischer Dokumente (Zeitungen, Bücher, Flugblätter),

– die Flucht nach Nordkorea,

– die Annahme von Propagandamaterial und Geld aus Nordkorea.

Der Korrespondent der *Süddeutschen Zeitung*, Thilo Bode, brachte dieses Paragraphenwerk auf die Formel »Antikommunismus in juristische Formen gegossen« und sagte von der politischen Atmosphäre des Landes, die den Hintergrund des Prozesses bildete:

Sie ist geprägt von einem kompromißlosen, haßerfüllten Antikommunismus.

Alles in allem günstige Voraussetzungen, um in der Bundesrepublik Deutschland Verständnis für den in Südkorea inszenierten Schauprozeß zu erwarten. So sahen es jedenfalls die Machthaber in Seoul. Und ihre Freunde in Bonn. Als der *Spiegel*-Redakteur Hentschel ein Gespräch mit dem Chef des südkoreanischen Geheimdienstes (CIA), General Hyung Wook Kim, führen konnte, legte dieser Wert darauf, abschließend noch dies zu sagen (*Spiegel*, 28. 8. 1967):

Die Kommunisten sind unsere gemeinsamen Feinde, und Ostdeutschland wie Nordkorea würden sich nur freuen, wenn sich die Beziehungen zwischen unseren Ländern verschlechtern würden. Ich bedaure es sehr, einen Disput gerade jetzt ausgelöst zu haben, da der gute Wille unserer Beziehungen durch die Zusicherung deutscher Entwicklungshilfe einerseits und durch die Staatsbesuche von Präsident Park in Deutschland und Präsident Lübke in Korea sichtbar geworden ist ...

Aus Hentschels Bericht:

Drei CIA-Generäle reichen mir winzige Trinkschälchen, die ich mit Alkoholischem zu füllen, auszutrinken und dann mit beiden Händen zurückzureichen habe, damit – so will es die Sitte – die Geheimdienst-Männer sich aus denselben Schälchen laben. Die gastfreundliche Verbundenheit, die diese Geste ausdrückt, entspringt der festen Überzeugung der CIA, daß Deutsche und Koreaner trotz jüngster Komplikationen letzten Endes in jenem einen Boot sitzen, das gegen den Kommunismus kreuzt.

Auch der deutsche Bundespräsident, Heinrich Lübke, wußte, wie man mit Gastfreunden umgeht. Der aus Bonn scheidende südkoreanische Botschafter Duk Shin Choi wurde mit dem Großkreuz des Bundesverdienstordens geehrt – einige Tage später waren seine Schreie in der Seouler Folterkammer zu hören – und der neue Botschafter mit der Versicherung empfangen: »Unsere beiden Völker bekennen sich zu den gleichen Werten« (*Spiegel*, 28. 8. 1967). Höflich und mit der ihm eigenen diplomatischen Geschicklichkeit erwähnte Lübke bei dieser Gelegenheit die Entführungsaffäre mit keinem Wort (siehe *FR*, 10. 11. 1967). Über weitere Verdienste Lübkes wußte der *Spiegel* (18. 12. 1967) wie folgt zu berichten:

Der Bundespräsident war es auch, der Regierungsmitgliedern zu verstehen gab, man möge die Forderung nach Rückführung der Verschleppten nicht allzu drastisch bekunden, damit die freundschaftlichen Beziehungen nicht belastet würden.

Freundschaftliche Beziehungen gab es nicht zuletzt zwischen den Geheimdiensten der im antikommunistischen Kreuzzug verbrüderten Staaten:

Auf Einladung des BND weilte der Vize-Chef der CIA, Byung Doo Lee, 1966 in der Bundesrepublik. Durch Vermittlung des BND durfte Lee dem Bundespräsidenten Heinrich Lübke Visite machen. Auf Vorschlag des BND wurden dem CIA-Chef Hyung Wook Kim sowie einer ganzen Reihe weiterer CIA-Leute deutsche Orden umgehängt, als Lübke dann in Korea zu Besuch weilte. (*Spiegel*, 18. 12. 1967)

Und wie sollte bei so viel Gemeinsamkeit nicht auch der Geheimdienst-Coup vom Juni 1967 und die gerichtliche Aburteilung der Entführten als gelungener Schlag gegen den gemeinsamen Feind gefeiert werden. Durfte man doch in einem Land, dessen Justiz »Ostkontakte« als »landesverräterische Beziehungen« bestrafte, Verständnis dafür erwarten, daß südkoreanische Gesetze »Nordkontakte« für strafbar erklärten. Und man glaubte auch voraussetzen zu dürfen, daß eine Regierung, die dem kommunistisch beherrschten deutschen Nachbarland die staatliche Existenzberechtigung bestritt und seine Staatsdiener als Kriminelle behandelte, verstehen würde, daß aus südkoreanischer Sicht auch Nordkorea »kein Staat ist, sondern ein Territorium, in dem die Anti-Staat-Gruppe illegal über Menschen herrscht« (so eine Formulierung in der Anklageschrift gegen Isang Yun).

Und so zog der koreanische CIA ungeachtet der lahmen Bonner Proteste sein Verfahren gegen die Entführten durch. Am 13. Dezember 1967 verkündete das Distriktgericht Seoul ein Todesurteil gegen den aus Frankfurt am Main entführten Physiker Chung Kyu Myong, lebenslange Freiheitsstrafe gegen Isang Yun, 15 Jahre Freiheitsstrafe gegen den Gießener Studenten Choi Jeung Gil und Freiheitsstrafen zwischen einem und zehn Jahren gegen die übrigen Angeklagten. Isang Yuns Frau, Su Ja Lee, erhielt drei Jahre, die zur Bewährung ausgesetzt wurden. Die Verbrechen der Angeklagten bestanden vor allem in Reisen nach Nordkorea und Ost-Berlin, Kontakten mit Nordkoreanern, Anschauen nordkoreanischer Filme und Lektüre nordkoreanischer Schriften, Entgegennahme von Geld nordkoreanischer Herkunft (Erstattung von Reisekosten). Isang Yun machte kein Hehl daraus, daß er 1963 eine Einladung nach Nordkorea angenommen hatte, in erster Linie, um einen Jugendfreund wiederzusehen, aber auch, um das nordkoreanische Musikleben kennenzulernen und Konzerte zu besuchen. Daß es ein Verbrechen sein sollte, Kontakte zu Nordkorea und nordkoreanischen Landsleuten zu pflegen, konnte er ebensowenig einsehen wie meine einst wegen »Ostkontakten« verurteilten Mandanten die Kriminalisierung ihrer Freizügigkeit. Der Prozeßbeobachter der Bundesregierung, Professor Grünwald, äußerte sich nach seiner Rückkehr sehr kritisch zu dem Urteil und drängte die Bundesregierung zum Handeln. Aber obwohl man in Bonn über das Urteil »bestürzt« war, geschah nichts, um einen Rücküberstellungsanspruch durchzusetzen. Man überließ die Entführten dem weiteren Gang der südkoreanischen Justiz und verzichtete sogar darauf, Grünwald auch für die weiteren Instanzen als Beobachter zu entsenden.

Nachdem in der 2. Instanz das Urteil gegen Isang Yun auf 15 Jahre Freiheitsstrafe lautete – ein anderer Angeklagter war wiederum zum Tode verurteilt worden – kam es im Juli 1968 zu einer Entscheidung des Revisionsgerichts, wonach die Angeklagten nicht der »Spionage« schuldig seien, sondern nur nach dem Antikommunistengesetz verurteilt werden könnten. Was sich da abspielte, hat Isang Yun später so geschildert (*Der verwundete Drache*, S. 171 f.):

In Südkorea war es, jedenfalls damals, so: die Richter der ersten Instanz sind eigentlich nur Vollzugsorgane des KCIA. Sie führen Befehle aus nach dem Willen des KCIA. In der zweiten Instanz übt der KCIA zwar den Druck, aber es ist doch etwas geblieben von normaler Rechtsprechung. Und die dritte, die oberste Instanz war relativ frei. Als das Material dort angelangt war, zur letzten Entscheidung, schickten sie es an ein unteres Gericht zurück mit der Forderung einer neuen Überprüfung ...

Nach dieser Rückgabe des Prozeßmaterials an die untere In-

Isang Yun und seine ebenfalls aus der Bundesrepublik entführte Frau (vorn links) mit weiteren Angeklagten während der Urteilsverkündung in Seoul. Isang Yun wurde in erster Instanz zu lebenslänglichem Gefängnis verurteilt.

stanz geschah in Seoul etwas Unheimliches: über Nacht waren in der Stadt überall Plakate geklebt worden mit massiven Beschuldigungen gegen die hohen Richter, sie seien ebenfalls Kommunisten, und sie konspirierten mit den Verhafteten, und sie würden durch Attentate getötet werden. Am nächsten Tag stand das alles in den Zeitungen, und die bedrohten Richter verlangten von der Regierung Polizeischutz und bekamen ihn auch, ihre Häuser wurden bewacht, und auf dem Weg zu den Dienststellen hatten sie Polizeigeleite. Natürlich war dem ganzen Volk klar, wer die Plakate geklebt hatte: nachts ist Sperrstunde, kein Mensch kann sich auf die Straße wagen. Niemand ist unterwegs als der KCIA. Er allein kann in aller Ruhe nachts die Plakate kleben. Aber der Zweck der Aktion war auch klar: Einschüchterung der Richter und der Regierung. Oberste Macht in Korea ist der KCIA.

Nach dieser Entscheidung des Revisionsgerichts verlautete aus Bonn beruhigend, jetzt sei nur noch mit einer Höchststrafe von sieben Jahren zu rechnen. Tatsächlich kam bei der erneuten Verhandlung in der unteren Instanz ein Urteil heraus, das gegen Yun auf zehn Jahre lautete (der Staatsanwalt hatte sogar erneut die Todesstrafe beantragt). Ein Affront nach dem anderen gegen die sich mit halbherzigen Protesten vor der Weltöffentlichkeit blamierende Bundesregierung.

Während die Menschen, die sich für die Freilassung der entführten Koreaner einsetzten, aus Bonn immer wieder zu hören bekamen, man müsse den Abschluß des südkoreanischen Prozeßverfahrens abwarten und solle öffentliche Proteste vermeiden, brachte der herzkranke Isang Yun zwei eiskalte Winter in einer unheizbaren Zelle zu, durch deren kaputtes Fenster aus Ölpapier der Wind blies. Er hat später über die körperlichen und seelischen Strapazen seiner Haft und über die äußeren Bedingungen berichtet, unter denen er eine Oper und mehrere Kammermusikwerke komponiert hat.

Ich hatte keinen Tisch in der Zelle, so mußte ich das Notenpapier auf den Fußboden legen und im Knien oder Hocken arbeiten. Später bekam ich ein niedriges Tischchen. Es war sehr kalt im Spätherbst und Winter. Meine Hände waren steif vor Kälte, und alle paar Takte mußte ich sie mit meinem Atem wärmen. Ich war am ganzen Körper geschwollen, und es fiel mir schwer, mich zu bewegen und aufzustehen. Oft hatte ich starke Schwindelgefühle und mußte mich an die Wand lehnen, um nicht umzufallen ... Oft machte mein krankes Herz Schwierigkeiten, und ich dachte, ich würde bald sterben.

Den letzten Akt in diesem von Geheimdiensten inszenierten Gangsterstück bildeten dann die »Begnadigungen« durch Präsident Park (er ist später von seinem eigenen Geheimdienstchef umgebracht worden). Im März 1969 – also nach 21 Monaten Haft – wurde Yun aus dem Gefängnis entlassen. Er mußte Papiere unterschreiben, in denen er sich verpflichtete, niemals über die Entführung und die Details des Prozesses zu berichten und auch nie Negatives über Südkorea zu sagen. Andernfalls müßten seine Verwandten in Korea mit Sippenhaft rechnen. Isang Yun hat unter dieser Drohung jahrelang geschwiegen.

Auf die Rückkehr der letzten Entführten ließ man die Bundesregierung noch bis 1971 warten. Es kann keinen vernünftigen Zweifel geben, daß sich die Bonner Regierung alle diese Demütigungen nur deshalb gefallen lassen mußte, weil deutsche Stellen bei der Entführung ihre Hände im Spiel gehabt hatten, so daß man es nicht wagen konnte, einen Rücküberstellungsantrag mit Nachdruck zu verfolgen oder die Zahlung von Entwicklungshilfe einzustellen, wie es von oppositioneller

Seite im Bundestag gefordert worden war. Solange die Entführten sich in der Gewalt des koreanischen CIA befanden, mußten auch wir, die Freunde Yuns und ich als sein Anwalt, darauf verzichten, die deutsch-koreanische Komplizenschaft in dieser Sache und die Verschleierungsstrategien der Bonner Regierung und der Karlsruher Bundesanwaltschaft aufzudecken. Aber nun, nachdem alle Entführten zurück waren, wäre es eigentlich Sache einer freien Presse gewesen, die Täter und Hintermänner dieses Verbrechens öffentlich zu benennen. Doch die Akten der Bundesanwaltschaft über ihre angeblich so unergiebigen Ermittlungen in dieser Sache trugen, wie die *Frankfurter Rundschau* (24. 12. 1967) aus dem Justizministerium erfuhr, den Geheimvermerk. Und man hatte es mit skrupellosen Leuten zu tun, die offensichtlich keine Strafverfolgung wegen Gewalttaten zu fürchten hatten. Ich weiß, daß ein junger Journalist auf der Spur war und eine größere Veröffentlichung plante. Eines Tages ist er verstummt, sein Buch ist nie erschienen. Ich weiß nicht, ob er bedroht oder gekauft worden ist oder was sonst passiert ist. Die Gründe für Selbstzensur in diesem Lande sind vielfältig. Früher, in den Tagen der Weimarer Republik, wurden illegale Machenschaften der Staatsgewalt mit Landesverratsverfahren gegen kritische Publizisten zugedeckt – der Fall Carl von Ossietzky hat damals weltweites Aufsehen erregt. Inzwischen ist den Deutschen der vorauseilende Gehorsam, der mit dem Wort »Staatsgeheimnis« eingefordert wird, mehr und mehr zur Gewohnheit geworden, so daß es kaum noch strafrechtlicher Sanktionen bedarf, um Schweigen über staatliches Unrecht zu erzwingen. So ist auch der Fall Isang Yun sang- und klanglos in Vergessenheit geraten.

Wer möchte nicht in die allgemeine Empörung über Geheimdienstverbrechen im Machtbereich der DDR einstimmen. Mit satter Genugtuung lehnt sich mancher im Fernsehsessel zurück, wenn späte Gerechtigkeit gegen kommunistische Staats- und Regierungskriminalität geübt wird. Und doch würde ein bißchen weniger Selbstgerechtigkeit den Westdeutschen ganz gut zu Gesicht stehen. Vor allem sogenannte christliche Politiker und deren Gefolge, die ja allenthalben mit inquisitorischem Verfolgungseifer am Werk sind, sollte man dazu ermahnen, eifriger in der Bibel zu lesen. Dann würden sie im 7. Kapitel des Matthäus-Evangeliums das berühmte Gleichnis vom Splitter im Auge des Bruders und vom Balken im eigenen Auge finden.

15. Die Bremer Straßenbahnunruhen vom Januar 1968

Im Januar 1968 wurde in Bremen die Revolution geprobt. Fünf Tage lang blockierten Tausende junger Menschen den gesamten Innenstadtverkehr und triumphierten schließlich über die Gewalt der Polizei. Auslöser der Demonstrationen war eine Erhöhung der Straßenbahnpreise gewesen, gegen die zunächst nur eine kleine Gruppe von Schülern protestiert hatte, indem sie sich an einem Verkehrsknotenpunkt auf die Straßenbahnschienen setzte. Die Demonstranten waren von der Polizei weggetragen worden. Am folgenden Tag hatten sich rund 1500 Menschen auf den Straßenbahnschienen versammelt, zu viele, um weggetragen zu werden. Und so begann mit dem Einsatz von Wasserwerfern und Polizeiknüppeln die Konfrontation mit der Staatsgewalt, die eine von Tag zu Tag wachsende Menge protestierender Menschen auf die Beine brachte, am dritten Tag 3000, am vierten Tag 5000 Demonstranten. Der Linienverkehr der Bremer Straßenbahn mußte in der Innenstadt jeweils für mehrere Stunden eingestellt werden. Die Bremer Tageszeitungen berichteten mehrseitig über die Ereignisse, schilderten brutale Polizeieinsätze mit wachsender Distanzierung und förderten so eine Solidarisierung der Bevölkerung mit den jungen Demonstranten, wie sie in Deutschland Seltenheitswert hat. Es kam ansatzweise sogar zu der von den jungen Revolutionären der 68er-Bewegung sonst so schmerzlich vermißten Aktionseinheit mit Arbeitern und Lehrlingen, und das lehrte die Herrschenden das Fürchten. Der Betriebsrat der AG-Weser solidarisierte sich ausdrücklich mit den Demonstranten, und der stellvertretende Betriebsratsvorsitzende der Klöckner-Werke, Bonno Schütter, trat öffentlich als Redner auf und kündigte an, daß er sich im Betriebsrat von Klöckner dafür einsetzen werde, die Forderungen der Schüler und Lehrlinge zu unterstützen. Unter dem Eindruck dieser entstehenden Massenbewegung entschlossen sich einige Abgeordnete und Senatsmitglieder der regierenden SPD, mit dem Schüler

Der stellvertretende Betriebsratsvorsitzende der Klöckner-Werke, Bonno Schütter (mit Megaphon), solidarisiert sich mit den Demonstranten. Links neben ihm Hermann Rademann und (mit Zigarette) Jörg Streese (vgl. Kapitel 16), zwei Schüler, die über Nacht zu Sprechern einer Massenbewegung geworden waren.

Hermann Rademann und anderen Sprechern der Demonstranten zu verhandeln. Und schließlich gab Bürgermeister Hans Koschnick, der zunächst erklärt hatte, man werde sich dem »Druck der Straße nicht beugen«, die teilweise Rücknahme der neuen Straßenbahntarife bekannt.

Seit man auf Initiative des damaligen Senatsdirektors Dr. Klischies und unter Vermittlung des Pastors Abramzik angefangen hatte, mit den Schülergruppen und sonstigen Initiatoren der Demonstranten zu sprechen, statt ihnen Polizeiknüppel auf die Köpfe zu hauen, hatten einige Repräsentanten der Staatsgewalt – allen voran Annemarie Mevissen, Senatorin und stellvertretende Bürgermeisterin – begriffen, daß es um mehr ging als nur um Straßenbahnpreise. Beherrschendes Thema der Gespräche war, wie ein Sprecher des USB (Unabhängiger Schülerbund), Jörg Streese, später schrieb, daß es nach dem Eintreten der SPD in die Große Koalition keine parlamentarische Opposition mehr gebe und die Bürger ihre Interessen selbst vertreten müßten: am Arbeitsplatz, in den Schulen und Universitäten. »Dafür waren wir auf der Straße.« Es ging, wie ein anderer Sprecher der Demonstranten, Pastor

Schiesches, es formulierte, darum, die gesamte Bevölkerung der BRD politisch zu interessieren und zu selbständigen Meinungsäußerungen zu bringen. Aber von dieser Erkenntnis blieb bei der offiziellen politischen und juristischen Nachbereitung des Massenprotestes nicht viel übrig.

Die Bremische Bürgerschaft (Landtag) sah sich veranlaßt, einen Untersuchungsausschuß einzusetzen, der unter Mitwirkung von fünf Abgeordneten der SPD, drei Abgeordneten der CDU und einem FDP-Abgeordneten nach umfangreichen Zeugenvernehmungen einen 45seitigen Bericht formulierte, der pflaumenweiche Beanstandungen nach allen Seiten verteilte, aber immerhin den wesentlichen Inhalt von Zeugenaussagen wiedergab, die sich ganz überwiegend kritisch zum Verhalten der Polizei und des Polizeipräsidenten von Bock und Polach geäußert hatten. Und der Bremer Straßenbahn AG wurde ins Stammbuch geschrieben, daß ein Unternehmen mit überwiegendem Öffentlichkeitscharakter die ihm gegenüber der Gesamtbevölkerung obliegenden Aufgaben nicht nur nach betriebswirtschaftlichen, sondern auch nach gleichwertig sozialpolitischen Aspekten zu prüfen habe. Mehr als soziale Rhetorik war das allerdings nicht, denn die Rücknahme der Tariferhöhung wurde dadurch erkauft, daß die Stadt gegenüber der Straßenbahn AG auf eine Wegebenutzungsgebühr von jährlich 650000 DM verzichtete und ihr höhere Zuschüsse zahlte. Also Sozialisierung der Verluste bei Privatisierung der Gewinne, wie im Kapitalismus üblich. Aber den »Druck der Straße« war man erst mal los. Und das Parlament bewahrte sein Gesicht als demokratisches Kontrollorgan.

Völlig unbeeindruckt von der politischen Qualität der schließlich erfolgreichen Massenproteste zeigte sich die Justiz. Daß hier direkte Demokratie praktiziert worden war, blieb den etablierten Juristen des Stadtstaats verborgen. In bewährter Einseitigkeit wurden sämtliche Ermittlungsverfahren gegen Polizeibeamte, deren (Staats-)Gewalttätigkeiten erhebliche Kritik in der Bevölkerung und in Kommentaren der Tagespresse und des Rundfunks ausgelöst hatten, eingestellt, während eine Fülle von Strafverfahren gegen die zumeist jugendlichen Teilnehmer der Demonstrationen durchgeführt wurden.

Von den vielen polizeilichen Prügelszenen, die damals in Wort und Bild durch die Presse gegangen waren, hatte eine besonderes Aufsehen erregt, weil sie zufällig von mehreren Journalisten und Fotografen beobachtet und dokumentiert worden

So begann die »Personalienfeststellung« bei dem Gastwirt Wolfgang Peters*, den ich in seiner Strafanzeigesache gegen die Polizeibeamten wegen Körperverletzung im Amt anwaltlich vertrat.

war. Der verprügelte Mensch, der damals 23jährige Gastwirt Wolfgang Peters*, beauftragte mich mit der Wahrnehmung seiner Interessen. Nach seiner Darstellung und den Aussagen unbeteiligter Zeugen hatte sich folgendes abgespielt: Wolfgang Peters war am 18. Januar 1968, als der Straßenbahnverkehr in der Bremer Innenstadt durch die Demonstrationen zum Erliegen gekommen war, mit seinem Kraftwagen, einem kleinen Simca, noch bis zum Liebfrauenkirchhof gekommen, wo er dann in der Menge steckenblieb. Durch aufgeklebte Plakate auf der Kühlerhaube und den Türen war zu erkennen, daß die Insassen des Wagens mit dem Anliegen der Demonstranten sympathisierten. Mehrere Polizisten, die den Auftrag hatten, Demonstranten, die aus Richtung Liebfrauenkirchhof zur Obernstraße oder zum Markt wollten, abzudrängen, stürzten auf den Wagen zu. Der Fahrer, mein Mandant, der zunächst aussteigen wollte, schon die Tür geöffnet und einen Fuß auf die Straße gestellt hatte, versuchte, sich wieder in den Wagen zurückzuziehen und die Tür zu schließen, da er wegen der bedrohlichen Haltung der Polizisten – mindestens vier von ihnen kamen, teilweise mit gezücktem Schlagstock, erregt auf ihn zu – Angst um seine körperliche Unversehrtheit kriegte. Es gelang ihm nicht mehr, die

* Name geändert

Tür zu verriegeln, die so gewaltsam aufgerissen wurde, daß sie beschädigt und die Halterung des Türfangbandes verbogen wurde. Sodann begannen die Polizisten, ihn aus dem Wagen herauszuziehen, während seine beiden Mitfahrer versuchten, ihn festzuhalten. Schon während Herr Peters aus dem Wagen gezogen und von hinten festgehalten wurde, also selbst völlig wehrlos war, begannen die Beamten, auf ihn einzuschlagen. Als sie ihn draußen hatten und zur Wache abführten, wurde die Prügelei fortgesetzt. Peters: »Zwanzig bis dreißig Schläge habe ich bekommen.« Diese wurden zum Teil auf den nackten Körper verabfolgt, weil die Kleidung bei dem Gezerre verrutscht war. Herr Peters hatte am ganzen Körper Spuren der Schläge (Striemen, blaue Flecke, Schwellungen und Blutergüsse).

Die Darstellung meines Mandanten wurde von mehreren unabhängigen Zeugen bestätigt.

Ich habe im Laufe meiner Anwaltspraxis vielen Menschen ausreden müssen, sich gegen prügelnde Polizeibeamte mit Strafanzeigen zu wehren, weil mir das Muster, nach dem solche Verfahren abzulaufen pflegten, zur Genüge bekannt ist. Regelmäßig löst eine Strafanzeige wegen Körperverletzung im Amt eine Anzeige der beschuldigten Beamten aus, in der behauptet wird, der Verprügelte habe Widerstand gegen die Staatsgewalt geleistet und dadurch Anlaß zum Einsatz des Schlagstocks gegeben. Und diese Gegenanzeige der Beamten hat sehr viel größere Aussichten, zu einer Bestrafung zu führen, als die Anzeige des geschlagenen Zivilisten. Denn Polizeibeamte haben bei deutschen Gerichten einen kaum einholbaren Glaubwürdigkeitsvorsprung, gleichviel ob sie als Zeugen oder als Beschuldigte auftreten. Und das wissen sie. Eine Chance, sie zu widerlegen, besteht fast nur in den seltenen Fällen, in denen es Fotos oder Filmaufnahmen gibt, die die Darstellung der Betroffenen und ziviler Zeugen bestätigen. Die Mißhandlung des Gastwirts Wolfgang Peters schien mir ein solcher Ausnahmefall zu sein, da die Beweislage wegen des Vorhandenseins von Fotos und unabhängigen Zeugen günstig war. Auch konnte man hier dem Mandanten keinen Revancheakt der Polizeibeamten einbrocken, weil diese seiner Strafanzeige wegen Körperverletzung im Amt schon mit einer Anzeige wegen Widerstands gegen die Staatsgewalt zuvorgekommen waren. Peters, in Gerichtssachen bisher unerfahren, hatte es versäumt, gegen den auf Antrag der Staatsanwaltschaft ergangenen Strafbefehl des Amtsgerichts rechtzeitig Einspruch einzulegen. So lag gegen ihn, als er zu mir kam, bereits ein rechtskräftiger Strafbefehl vor, durch den ihm eine Geldstrafe von 400 DM auferlegt worden war.

Ich fragte bei der Staatsanwaltschaft an, ob gegen die Beamten, deren Knüppeleinsatz gegen Peters in der Presse mit mehreren Fotos dokumentiert war, schon von Amts wegen ermittelt würde, und erfuhr, daß beabsichtigt sei, das Verfahren mangels Beweises einzustellen. Den Akten entnahm ich sodann, daß zwar nicht die meinem Mandanten verabfolgten Stockschläge bestritten wurden, daß aber die Aussagen der Polizeibeamten nicht zu widerlegen seien, die Schläge seien notwendig gewesen, um einen Widerstand meines Mandanten zu brechen. Dieses Ergebnis hatte die Staatsanwaltschaft mit einem bewährten strategischen Schachzug vorbereitet. Sie hatte die beiden Mitfahrer meines Mandanten, den Studenten Hans-Jürgen Schneider* und den Kraftfahrer Johannes Fürst*, die versucht hatten, Peters festzuhalten, als er aus dem Wagen gezogen werden sollte, ebenfalls wegen Widerstandes gegen die Staatsgewalt angeklagt und sie dadurch nach traditionellem Juristenverständnis als Entlastungszeugen entwertet. Die beteiligten Polizeibeamten ließ sie in der Hauptverhandlung gegen Schneider und Fürst, die ich ebenfalls verteidigte, als Zeugen auftreten und erreichte gegen meinen Widerspruch deren Vereidigung, während das Gericht meinen Antrag auf Vereidigung des als Zeugen vernommenen Wolfgang Peters ablehnte. Die unter Vorsitz des Richters Bartholomäi tagende Strafkammer hatte offenbar keinen Zweifel an der Darstellung der Polizisten, daß Peters gegen eine von ihnen beabsichtigte Personenfeststellung Widerstand geleistet habe und daß sie deshalb »vom Schlagstock Gebrauch machen mußten«. Die Polizeibeamten waren in der Hauptverhandlung gegen Schneider und Fürst mit gekonnter Sachlichkeit und Ruhe aufgetreten, während der Gastwirt Peters, mit den bei deutschen Gerichten geltenden Glaubwürdigkeitskriterien weniger vertraut, sich schon durch die rhetorische Frage unbeliebt gemacht hatte, ob er wohl ebenso behandelt worden wäre, wenn er nicht einen kleinen Simca, sondern einen großen Mercedes gefahren hätte. Eine Bemerkung, die von dem Vorsitzenden Richter, Herrn Bartholomäi, pflichtschuldigst als »völlig abwegig« zurückgewiesen wurde.

Damit waren die Weichen für das Ermittlungsverfahren

* Namen geändert

gegen die Polizeibeamten gestellt. Denn was Polizeibeamte beschworen haben, kann nicht unwahr sein. Das Verfahren gegen Schneider und Fürst hatte seinen Zweck erfüllt und wurde gegen unseren Widerspruch (wir wollten Freispruch) wegen Geringfügigkeit auf Kosten der Staatskasse eingestellt. Und zurück blieben Sitzungsprotokolle, in denen man sich die Wiedergabe der Aussagen der zivilen Entlastungszeugen erspart hatte, während die Polizistenaussagen ausführlich protokolliert waren und nun der Staatsanwaltschaft als Grundlage für ihre Beweisführung dienten. Plötzlich waren aus den Schutzbehauptungen von Beschuldigten beeidigte Zeugenaussagen geworden. Daß auch der Gastwirt Wolfgang Peters in dem Verfahren gegen Schneider und Fürst als Zeuge vernommen worden war, änderte nichts daran, daß man ihm nicht glaubte. Obwohl seine Sachdarstellung nicht nur von seinen Mitfahrern, Schneider und Fürst, sondern auch von mehreren völlig unbeteiligten Zeugen – dem Fotografen Joachim Mönch, dem Journalisten Walter Unger und dem Studenten Fabian Öffner – bestätigt wurde.

Die Staatsanwaltschaft (Oberstaatsanwalt Dr. Höffler) teilte mir mit Bescheiden vom 13. 5. 1969 mit, daß sie das Ermittlungsverfahren gegen die Polizeibeamten eingestellt und keinen Anlaß gesehen habe, gegen sie Anklage zu erheben. Nachdem ich hiergegen Beschwerde eingelegt hatte, erging am 15. 1. 1970 ein weiterer Bescheid (Oberstaatsanwalt Beyerle), der zu dem gleichen Ergebnis kam. Die Staatsanwaltschaft glaubte den Polizisten, daß sie nichts weiter im Sinn gehabt hätten als eine Personenfeststellung. Zu diesem Zweck hätten sie meinen Mandanten zum Verlassen des Fahrzeugs aufgefordert (niemand außer den als Zeugen vernommenen Polizeibeamten hat eine solche Aufforderung gehört, und niemand konnte mir erklären, weshalb für diese Personenfeststellung, für die ja sonst bekanntlich das Vorzeigen des Führerscheins genügt, ein Verlassen des Wagens und eine Mitnahme zur Wache nötig war; die übrigens zur Folge hatte, daß der Wagen unbewacht zurückblieb und aus ihm ein Cassettentonbandgerät und ein Mikrophon gestohlen wurden). Er habe sich geweigert auszusteigen, sagten die Beamten. Was man ihm angesichts der weiteren Ereignisse, die seine Befürchtungen voll bestätigten, nicht verdenken kann. Mit den Aussagen der unbeteiligten Zeugen wurde die Staatsanwaltschaft in der Weise fertig, daß sie unterstellte, diese Zeugen hätten nicht den gesamten Hergang beobachten können; es sei daher nicht bewiesen, daß die

Schläge grundlos und unverhältnismäßig gewesen seien. Peters habe dem Einschreiten der Polizeibeamten Widerstand entgegengesetzt, den sie »kurz und energisch« gebrochen hätten; das sei strafrechtlich nicht vorwerfbar. Einen Störer, notfalls gewaltsam, abzutransportieren halte sich im Rahmen polizeilicher Befugnisse.

Damit war einer der empörendsten Übergriffe der Polizei anläßlich der Bremer Straßenbahnunruhen in der üblichen polizeifreundlichen Manier erledigt. Man hätte noch den Generalstaatsanwalt mit der Beschwerde und das Oberlandesgericht mit einem Klageerzwingungsverfahren anrufen können. Aber mein Mandant hatte die Nase voll. Ich hatte ihm wenig Hoffnung machen können, daß auf diese Weise eine Anklage gegen die Polizeibeamten oder gar deren Verurteilung wegen der an ihm verübten Mißhandlung zu erreichen gewesen wäre.

Ganz anders war es um den Verfolgungswillen der Staatsanwälte bestellt, wenn sie Demonstranten im Visier hatten. Die Angeklagten waren aus den Tausenden, die dabei waren, von der Polizei nach dem Zufallsprinzip herausgegriffen und von der Staatsanwaltschaft wegen Landfriedensbruchs, Auflaufs, Nötigung, Sachbeschädigung, Widerstands gegen die Staatsgewalt, Verkehrsgefährdung und manchmal wegen mehrerer Punkte zugleich angeklagt worden. Ich habe mehrere von ihnen verteidigt. Darunter auch einige, die von der Polizei bei oder noch nach ihrer Festnahme geschlagen worden waren. Es kam in den meisten Fällen zu Schuldsprüchen, die mit Geldstrafen, Geldbußen oder Erziehungsmaßregeln nach dem Jugendgerichtsgesetz (z.B. Auflage, an zwei Sonntagen körperlich zu arbeiten) verbunden wurden, in einigen Fällen auch zur Einstellung des Verfahrens wegen Geringfügigkeit oder zu Freisprüchen aus tatsächlichen Gründen.

In einem Fall aber gelang es mir, einen Freispruch aus rechtlichen Gründen herbeizuführen, der zwar in der Berufungsinstanz wieder aufgehoben wurde, aber für kurze Zeit ein Muster für mehr Demokratie bildete, das, wenn es Schule gemacht hätte, einige Anstrengungen des Bundesverfassungsgerichts entbehrlich gemacht hätte, deutschen Juristen das Wesen demokratischer Freiheit zu erklären.

Der damals 19jährige Elektriker-Lehrling Uwe Ruß war des Landfriedensbruchs, der Nötigung und der Verkehrsgefährdung angeklagt. Er war von einem Polizeibeamten aus einer Gruppe von Demonstranten herausgegriffen worden, die auf dem Bahnhofsplatz eine im Schritttempo herannahende, bereits beschädigte Straßenbahn für einige Minuten aufgehalten hatten. Ich begründete meinen Antrag, den jungen Mann freizusprechen, so:

Die im Grundgesetz verbürgte Demonstrationsfreiheit sei nicht beschränkt auf das Recht, an den mehr oder weniger guten Willen der Herrschenden zu appellieren, sondern ermächtige die Bürger auch zu direkten Aktionen, die auf den Prozeß der öffentlichen Meinungs- und Willensbildung einwirken. Die Beteiligung am Willensbildungsprozeß finde unter Ausnutzung verschiedenartiger Machtpositionen statt. Während sich der Einfluß wirtschaftlicher Interessentengruppen auf »seriösem« Felde geltend machen könne, das von der Entlassung politisch mißliebiger Arbeitnehmer über Pressekampagnen bis zur Pression auf spendenabhängige Parteien reiche, sei die Masse derjenigen, deren wirtschaftliche Macht nur in der Verfügung über die eigene Arbeitskraft besteht, auf die unter dem Begriff Demonstrationsfreiheit zusammengefaßten Formen politischer Aktivität angewiesen. Das einzige kostenlose Medium sei die Straße. Hier müsse sich die Demonstrationsfreiheit der Lohnabhängigen, der Studenten und der Schüler entfalten können, ohne daß man ihnen die Verletzung einfachen Gesetzesrechts entgegenhalten dürfe. Ich zog eine Parallele zum Streikrecht, dessen Ausübung in der Rechtsprechung des kaiserlichen Reichsgerichts noch als Erpressung des Arbeitgebers bestraft wurde. Seit dem Zusammenbruch des monarchistischen Systems im Jahre 1918 gelte der Streik als legitimes, sozialadäquates Mittel des Arbeitskampfes. Kein Staatsanwalt und kein Gericht würde noch auf den Gedanken kommen, den Streik als Erpressung oder Nötigung aufzufassen, obwohl es diese Gesetze immer noch gibt. Auch die bei den Straßenbahnunruhen gewählte Form des Protestes gegen die Preiserhöhungen eines monopolistischen Unternehmens sei sozialadäquat und durch das Grundrecht der Demonstrationsfreiheit gedeckt. Eine Unterdrückung dieses Rechts durch die Anwendung von Strafgesetzen, die den ungehinderten Straßenverkehr sichern sollen, wäre ebenso unzulässig wie die Unterdrückung des Streikrechts.

Der Bremer Jugendrichter Walter Stahlhut schloß sich meiner Argumentation an und sprach den Angeklagten frei. Die Staatsanwaltschaft legte Berufung ein, und so kam die Sache an eine mit konservativen Richtern besetzte Strafkammer des

Landgerichts. Landgerichtspräsident Dr. Burhorn, der Vorsitzende der zuständigen Strafkammer, diskutierte mit dem angeklagten Elektrikerlehrling Grundfragen der Demonstrationsfreiheit. Der Elektrikerlehrling schlug sich wacker.

Dr. Burhorn: Haben Sie in der Zeitung gelesen, was am Dienstag in der Stadt passiert war? Es sind ja am Dienstag schon viele Straßenbahnwagen beschädigt worden.

Uwe Ruß: Ich sah darin keinen Grund, meinen Protest nicht zum Ausdruck zu bringen. Beschädigungen lehne ich ab, das ist der Sache nicht dienlich. Man konnte schlecht was dagegen tun, einige Leute haben das ausgenutzt, weil sie sich mal großtun wollten.

Dr. Burhorn: Das ist die Gefahr einer Demonstration, daß man immer damit rechnen muß, da tun welche was Schlechtes. Haben Sie nicht daran gedacht?

Uwe Ruß: Soll man gar nicht demonstrieren?

Dr. Burhorn: Es gibt auch mal, aber das ist die Ausnahme, disziplinierte Demonstranten. Hier waren aber ja schon am Dienstag Beschädigungen passiert.

Also, was ist daraus zu lernen? Der Lehrling Uwe Ruß und mit ihm ein paar Tausend aufmüpfige junge Leute hätten brav zu Hause bleiben sollen. Wenig Fortschritt gegenüber den preußischen Zuständen, auf die Heinrich Heine 1853 sein Spottgedicht »Erinnerung aus Krähwinkels Schreckenstagen« gemünzt hat:

Wer auf der Straße räsoniert,
Wird unverzüglich füsiliert;
Das Räsonieren durch Gebärden
Soll gleichfalls hart bestrafet werden.

Nun, füsiliert wurde man dafür 1853 so wenig wie 1968. Aber der »Geist der Rebellion«, von dem Heine in dem Gedicht spricht, war damals so unerwünscht wie in unseren Tagen. Hinreichend belehrt durch die Hauptverhandlung und einen ausführlich begründeten Beschluß (zwölf Seiten!), daß er eigentlich hätte bestraft werden müssen, ließ man den Elektriker-Lehrling Uwe Ruß mit einer Einstellung des Verfahrens wegen geringfügiger Schuld auf Kosten der Staatskasse davonkommen. Eine Art der Verfahrensbeendigung, die nicht mit einem Rechtsmittel angefochten werden kann, so daß eine

Nachprüfung der grundsätzlichen Rechtsfragen durch das Bundesverfassungsgericht unmöglich gemacht wurde.

Aber der Freispruch, den Richter Stahlhut in erster Instanz verkündet hatte, war unvergessen. Er hatte in der Presseöffentlichkeit großes Aufsehen erregt und war, je nach der politischen Einstellung des Autors, zustimmend oder ablehnend kommentiert worden. Nachdem mit dem Einstellungsbeschluß des Landgerichts der juristische Alltag wieder eingekehrt war, gab die *Stuttgarter Zeitung* vom 28. 9. 1968 noch einmal Walter Stahlhut das Wort, der auch bei dieser Gelegenheit kein Blatt vor den Mund nahm:

Wenn ich dagegen schon wie Dr. Burhorn die alte, harte Schule vertreten will, dann muß ich mich auch in einem Urteil dazu bekennen und kann mich nicht durch einen faulen Kompromiß wie diese rechtlich unanfechtbare Einstellung vor einer Revision meiner Thesen durch eine höhere Instanz drücken. Daß Dr. Burhorn bei seinem Beschluß, der einen Schritt zurück darstellt, nicht ganz wohl war, zeigt doch am besten die Tatsache, daß er auf die sonst bei einer Einstellung übliche Buße verzichtete und sogar – was es sonst auch nicht gibt – die Kosten des Verteidigers freiwillig der Staatskasse aufbürdete.

Ich selbst gab eine viereinhalbseitige Presseerklärung heraus, in der ich den unterschiedlichen Umgang der Justiz mit protestierenden Jugendlichen einerseits und gewalttätigen Polizisten andererseits geißelte. Mein Fazit aus der Justizpraxis in Demonstrationssachen lautete, daß es in unserem Staat entgegen seiner geschriebenen Verfassung nicht Freiheit für gewaltlose Demonstranten, sondern Freiheit für prügelnde Polizisten gebe. Eine Meinung, die sicher von vielen geteilt wurde, die die Bremer Straßenbahnunruhen, die Polizeiaktionen und die fast durchweg parteiische Justizabrechnung miterlebt haben.

16. »Landgraf werde hart!«. Eine unzüchtige Schülerzeitung (1968/1969)

Zu den juristischen Nachspielen der Bremer Straßenbahnunruhen vom Januar 1968 gehörte auch der Prozeß gegen die Verfasser einer Schülerzeitung, die sich kritisch mit dem Verhalten des Polizeipräsidenten Erich von Bock und Polach beschäftigte. Die vom Untersuchungsausschuß der Bremischen Bürgerschaft vernommenen Zeugen hatten Berichte der Bremer Tageszeitungen vom 19. 1. 1968 bestätigt, wonach Herr von Bock und Polach hinter der Polizeikette stehend in höchster Erregung geschrien habe: »Draufhauen! Draufhauen! Nachsetzen!« Der als Zeuge vernommene Senator Löbert hatte in unmittelbarer Nähe des Polizeipräsidenten gestanden und dessen Prügelappelle gehört. Zu dieser Zeit seien keine Steine geflogen und kein Polizeibeamter verletzt oder gefährdet gewesen, der Befehl sei »unvermittelt und unvorhergesehen direkt an die Polizisten« gegeben worden. Auch der Journalist Bornheim hatte direkt neben dem Polizeipräsidenten gestanden und dessen Rufe gehört. Die Polizisten hätten zu dieser Zeit einen Kessel gebildet, aus dem »schreiende und blutende Jungen und Mädchen mit festem Griff herausgefischt und nach hinten geschleudert« worden seien. Herr von Bock und Polach sei sehr erregt gewesen, »jedenfalls habe ihm sichtlich das Kinn gezittert«.

Trotz dieser eindeutigen Zeugenaussagen konnte der parlamentarische Untersuchungsausschuß sich nicht zu einer Verurteilung des Verhaltens des Polizeipräsidenten durchringen. Man verwies vielmehr darauf, »daß gegen den Polizeipräsidenten wegen der oben geschilderten Vorwürfe bereits sieben Strafverfahren eingeleitet worden sind«. Es ist kaum anzunehmen, daß die Parlamentarier nicht wußten, was von dieser Justiz zu erwarten war. Natürlich wurden alle Verfahren gegen Herrn von Bock und Polach eingestellt. Und so blieb es mal wieder den jungen Menschen, die gegen die autoritären Herrschaftsformen in dieser Gesellschaft opponierten, selbst überlassen, das, was zum Verhalten dieses Polizeipräsidenten zu sagen war, an die Öffentlichkeit zu bringen.

»ZUR GEWALT oder: Das faschistische Gesellschaftsbild des Bremer Polizeipräsidenten« hieß das Oberthema der Schülerzeitung, die sich *Faltblatt a* nannte und am 16. März 1968 vor Bremer Schulen verteilt wurde. »Was die Gewalt betrifft, so geht sie nicht vom Volke, sondern vom Staatsapparat aus«, so begann das Faltblatt mit einem Zitat von Hans Magnus Enzensberger. Ein zweites Zitat stammte von dem ehemaligen Justizminister Dr. Jaeger (CDU): »Wir christlichen Demokraten rufen jedem Minister, jedem Rektor und jedem Polizeipräsidenten zu: Landgraf werde hart.« Darunter folgte eine Grafik von Beardsley mit der Überschrift »Demonstranten«, die drei nackte männliche Figuren mit überproportionalen, erigierten Penissen zeigte.

Im Text hieß es dazu:

Das Argumentieren der von Bocks, der Schützs, der Koschnicks und der Kiesingers, die den oppositionellen Gruppen Terror und Gewalt vorwerfen, selber aber die Staatsgewalt in Form von Polizeiaktionen etc. zum Einsatz bringen, entspringt einem faschistischen Grundmotiv: Es leugnet, daß die Gewalt vom Volk ausgeht und daß dieses das Recht hat, Kritik in einer angemessenen, aber relevanten Form vorzubringen.

Es folgten sodann Ausführungen zu Äußerungen und Verhaltensweisen des Polizeipräsidenten von Bock und Polach, die als faschistisch bezeichnet wurden. Dieser Abschnitt endete mit dem Satz:

Und Faschismus ist erst recht, wenn man unter dem Vorwand eines gesetzlichen Auftrages zur Aufrechterhaltung der öffentlichen Ordnung eine großangelegte Gewaltanwendung seitens der Polizei startet.

Und noch eine als »letzte Meldung nach Redaktionsschluß« bezeichnete Fußnote galt dem Polizeipräsidenten persönlich. Dort wurde behauptet, daß bei einer »Orgie« im Hause des Polizeipräsidenten ein Student zu Tode gekommen sei, und die Frage gestellt, warum dieser Fall in der Tagespresse verschwiegen worden sei.

Die Staatsanwaltschaft interessierte sich für drei Stellen des Faltblatts und qualifizierte sie als strafbare Handlungen: die Beardsley-Grafik als Herstellung und Verbreitung unzüchtiger

Die in der Schülerzeitung wiedergegebene Zeichnung von Aubrey Beardsley. Als *Faltblatt a* wurde sie der Gegenstand gerichtlicher Auseinandersetzung.

Abbildungen und die beiden den Polizeipräsidenten betreffenden Abschnitte als üble Nachrede. In der Anklage, die sich gegen die Verfasser des Faltblatts, die Schüler Streese, Schultz und Köhler richtete, heißt es:

Die im Faltblatt »a« abgedruckte Zeichnung des Engländers Aubrey Beardsley ist unzüchtig, weil in ihr in grob schamverletzender Weise die männlichen Geschlechtsteile der abgebildeten drei Personen erregt und übergroß dargestellt sind …

Der Gebrauch des Begriffs »faschistisch« in Verbindung mit dem behaupteten Verhalten des Polizeipräsidenten beinhaltet eine besonders verletzende Äußerung der Mißachtung, weil hierdurch im vorliegenden Zusammenhang mit dem Inhalt des Hauptartikels »Zur Gewalt« zumindest der Vorwurf erhoben wird, der Polizeipräsident habe – wie die Faschisten und Nationalsozialisten – mit Gewalt die Demonstration verfassungswidrig unterdrücken wollen.

Das Wörtchen »wollen« verriet bereits die Linie, auf der die Staatsanwaltschaft den Polizeipräsidenten in Schutz nehmen wollte. Subjektive böse Absichten von Polizeipräsidenten, Gefängnisleitern, Richtern und anderen Exponenten der Obrigkeit sind bekanntlich bei deutschen Gerichten nicht zu beweisen, ihre Behauptung daher stets strafbar.

Letzter Punkt der Anklage: die Meldung über die behauptete »Orgie« sei unwahr. Vielmehr sei davon auszugehen, daß die im Hause des Polizeipräsidenten nach dem Genuß von Whisky zu Tode gekommene Person infolge eines plötzlichen Unwohlseins über das Geländer des Hauseingangs auf die Kellertreppe gefallen sei und sich dabei die tödlichen Verletzungen zugezogen habe.

So war nach bewährter Methode das Faltblatt seiner politischen Aussage beraubt und auf unzüchtige und ehrenkränkende Inhalte reduziert. Schon der Direktor der Bremer Kunsthalle, Dr. Günter Busch, der vom Staatsanwalt vor Abfassung der Anklage zum Kunstwert der Beardsley-Grafik befragt worden war, hatte eine leise ironische Distanz zur Anklage nicht ganz unterdrücken können. Im Gutachtenauftrag war gefragt worden, ob das inkriminierte Bild, das dem Buch *Lysistrata* entnommen war, »zur künstlerischen Ausgestaltung des Buches entstanden« sei. Antwort des Sachverständigen bejahend. Frage des Staatsanwalts: »Oder verfolgt der Hersteller mit dieser und den anderen Illustrationen der ›Lysistrata‹ andere (welche?) Zwecke?« Antwort des Sachverständigen: »Diese Frage kann ich nicht beantworten, da der ›Hersteller‹ 1898 verstorben ist. Sonst könnten wir ihn selbst fragen«. Frage des Staatsanwalts: »Gehört das Bild in den Bereich der Kunst?« Antwort des Sachverständigen: »Das Bild (richtiger die Illustration) gehört in den Bereich der Kunst ...« Frage des Staatsanwalts: »Ändert sich an dieser Beurteilung etwas dadurch, wenn das Bild durch das Hineinstellen in den Text des Faltblattes zu dem Thema ›Zur Gewalt‹ ... unmittelbar unter die Worte ›Landgraf werde hart‹ gedruckt wird und dadurch eine Gedankenverbindung zu den erregten (harten) Geschlechtsteilen hergestellt wird?« Antwort des Sachverständigen: »Diese Frage kann ich von meinem Fach aus nicht beantworten«.

Keine Erkundigungen bei Sachverständigen hielten Staatsanwaltschaft und Gericht hinsichtlich des Begriffs »faschistisch« für nötig. Sie hatten, wie sich in der Hauptverhandlung zeigen sollte, keine Ahnung von der Diskussion, die in der kritischen Öffentlichkeit über diesen Begriff geführt wurde. Statt vieler zitiere ich hier Hans Magnus Enzensbergers Beitrag »Berliner Gemeinplätze« aus *Kursbuch* 13/1968, das dem Thema »Die Studenten und die Macht« gewidmet war:

Ist das westliche Deutschland faschistisch, präfaschistisch, neo-faschistisch oder faschistoid? Die wackligen Wörter verraten, daß darüber keine Klarheit herrscht. Wer auf das Jahr 1933 starrt, dem wird die Gegenwart zum blinden Fleck ...

Der neue Faschismus verstehe sich als belagerte Festung. Er könne es nicht wagen, die Massen zu mobilisieren, er müsse sie in Schach halten. Dieser neue Faschismus sei keine Drohung, er sei längst Wirklichkeit.

Der neue Faschismus kommt ohne Führer aus. Die Figuren an der Spitze sind vollkommen fungibel und austauschbar ... Sie sind die idealen Vertreter eines Systems, das keine anderen Interessen mehr vertritt als die der IG zur Ausbeutung der Massen

Und noch einen unverdächtigen Zeitzeugen will ich zitieren, da vielleicht daran erinnert werden muß, welcher Faschismus-Begriff Ende der sechziger Jahre in der öffentlichen Diskussion war und von den Verfassern der Schülerzeitung *Faltblatt a* ganz selbstverständlich übernommen wurde. Sebastian Haffner schrieb in *konkret* Nr. 7 (Juli)/1967:

Faschismus heißt, ganz wörtlich, Prügelherrschaft. Ein faschistischer Staat ist ein Staat, der seine Untertanen mit Prügeln regiert und das auch ganz offen proklamiert. Eine faschistische Partei ist eine Partei, die den Prügelstaat will. Wie sie sich nennt, ist dabei gleichgültig. Sie kann sich auch NSDAP nennen; auch CDU oder SPD. Prügel müssen immer her, wenn es keine Argumente mehr gibt. Eine herrschende Klasse braucht den Prügelstaat immer dann, wenn sie ihre Herrschaft mit Vernunftgründen nicht mehr rechtfertigen kann.

Sebastian Haffner, an sich ein durchaus konservativer Mann, verriet auch, wie er dazu gekommen war, in der bundesrepublikanischen Realität faschistische Züge zu entdecken:

Mit dem Studentenpogrom vom 2. Juni 1967 hat der Faschismus in Westberlin seine Maske bereits abgeworfen; in der Bundesrepublik hat er, mit bewaffneten Werkschutzgruppen und Notstandsverfassung, seinen Fuß in der Tür.

So konnten etablierte bürgerliche Publizisten in den Jahren 1967/68 schreiben, ohne den Staatsanwalt auf den Plan zu rufen.

Aber gegen die Verfasser einer gesellschaftskritischen Schülerzeitung, gegen angehende Studenten also, wurden die berühmten Kanonen, mit denen man auf Spatzen schießt, aufgefahren. Freilich gab es zwischen ihrer Publikation und der gewandten Schreibe der Haffner und Enzensberger einen gravierenden Unterschied: Sie richteten ihre Angriffe nicht gegen anonyme Kollektive (»herrschende Klasse«, »monopolistische Privatkapitalisten«), sondern sie nannten Namen, sie wollten den Zusammenstoß mit der Justiz nicht vermeiden, sondern provozieren. Und ihre Strategie der bewußten Regelverletzung zur Schaffung von Gegenöffentlichkeit ging auf. Mehr als das in einer Auflage von 10000 Stück gedruckte Faltblatt selbst erregte die gegen seine Verfasser gerichtete Anklage öffentliches Aufsehen. Auch die bürgerlichen Medien nahmen von der Sache Kenntnis. Besser hatte die Provokation nicht gelingen können. Und sie erreichten eine breite Solidarisierung nicht nur in der Schülerschaft. »Mit Provokationen können wir uns einen öffentlichen Raum schaffen«, hatte Rudi Dutschke in der Fernsehsendung *Monitor* am 3. November 1967 gesagt, »in den wir unsere Ideen, unsere Wünsche und unsere Bedürfnisse hineinlegen können. Ohne Provokation werden wir überhaupt nicht wahrgenommen.«

Wie sehr die antiautoritäre Jugendbewegung der sechziger Jahre – meist als Studentenbewegung bezeichnet – die Gesellschaft verändert hat, kann man sich nur bewußt machen, wenn man weiß, wie es vorher war. Wer weiß zum Beispiel noch, daß Angeklagte vor Gericht aufzustehen hatten, bis Fritz Teufels berühmter Ausspruch »Wenn's der Wahrheitsfindung dient!« dieses Ritual der Ehrerbietung ein für allemal der Lächerlichkeit preisgegeben hat. Aber bis es so weit war, lief ein jahrelanges Wechselspiel von Provokation und Reaktion ab, bei dem die Staatsgewalt zwar in der Regel Sieger blieb, aber zugleich ihren Gewaltcharakter für immer mehr Betroffene enthüllen mußte. Die Jugendgerichtsverhandlung gegen Streese und andere war ein Musterbeispiel dafür, welche tragikomische Rolle die Repräsentanten eines überholten obrigkeitsstaatlichen Denkens mitunter im Rahmen dieses gesellschaftspolitischen Entwicklungsprozesses spielten.

Die Anklage kam zu dem Jugendrichter Dr. Theodor L., den ich an anderer Stelle als einen »etwas lebensfremden, autoritätsfreundlichen und humorlosen Richter mit pädagogischen Ambitionen« charakterisiert habe. Die Zuständigkeit des Jugendrichters war wegen der Minderjährigkeit der Angeklagten

Michael Schultz und Christoph Köhler gegeben, die Öffentlichkeit der Verhandlung wegen der Volljährigkeit des Angeklagten Jörg Streese. Die Anklage vertrat ein Staatsanwalt von altem Schrot und Korn, der für die provokativen Formen jugendlicher Opposition gegen hergebrachte Herrschaftsverhältnisse nicht das geringste Verständnis mitbrachte. Es kam hinzu, daß der Richter glaubte, mit dem kleinsten zur Verfügung stehenden Verhandlungssaal auszukommen. Damit waren die Weichen für eine lebhafte Verhandlung gestellt.

Angeklagte vor dem Jugendgericht haben brav zu sein, Reue zu zeigen und Besserung zu geloben, so war der Jugendrichter Dr. Theodor L. es gewohnt, und so sollte es nach seinem Willen auch bleiben. Aber hier hatte er es mit jungen Leuten zu tun, die autoritäre Herrschaftsformen nicht nur in der Schule, sondern in allen Bereichen des gesellschaftlichen Lebens, nicht zuletzt auch in der Justiz, in Frage stellten. Die erste Überraschung für Richter und Staatsanwalt war das große Interesse, das der Prozeß nicht nur bei Mitschülern und Freunden der Angeklagten fand: Als sie den Saal betraten, saßen etwa dreißig Jugendliche auf dem Fußboden, da alle vorhandenen Sitzplätze bis auf einen Stuhl von Pressevertretern in Anspruch genommen waren. Ein Antrag des Verteidigers, die Verhandlung in einen größeren Saal zu verlegen, wurde abgelehnt, obwohl zwei wesentlich größere Säle frei waren. Stattdessen ließ sich der Richter auf eine Machtprobe mit dem jugendlichen Publikum ein. Zunächst forderte er alle, die keine Sitzgelegenheit hatten, auf, den Saal zu verlassen, und verkündete sodann, als dieser Aufforderung keine Folge geleistet wurde, einen Beschluß, durch den das gesamte Publikum – mit Ausnahme der Pressevertreter und des einen Glücklichen, der einen Stuhl hatte – wegen Ungebühr zu einem Tag Haft verurteilt wurde. Bis zum Eintreffen der Polizei, die das bestrafte Publikum in die Haftzellen bringen sollte, ließ der Richter den Saal abschließen und hielt langatmige Monologe über angemessenes Betragen vor Gericht, die allmählich steigende Unruhe hervorriefen. Selbst in der Sowjetunion habe man inzwischen begriffen, dozierte der Richter, daß ohne Höflichkeitsregeln nicht auszukommen sei; gleich nach der Revolution habe man darüber anders gedacht, aber das habe sich als Irrtum erwiesen, und inzwischen sei man zu gewissen Höflichkeitsregeln zurückgekehrt. Zwischenruf aus dem Publikum: »Das hängt mit der Entwicklung unter Herrn Stalin zusammen.«

Ein Korrespondent von *Le Monde* meldet sich zu Wort und widerspricht der Auffassung des Richters, daß die Öffentlichkeit der Verhandlung durch die Anwesenheit von Pressevertretern ausreichend gewährleistet sei. Statt auf dessen sachliche Argumente einzugehen, fragt der Richter: »Können Sie überhaupt französisch?« – »Certainement«, antwortet der Journalist. »Certainement kann jeder sagen; zeigen Sie mal Ihren Ausweis!« Heiterkeit im Publikum. Der Richter protokolliert die Heiterkeit und löst dadurch neues Gelächter aus. Er diktiert: »Während der Richter dies diktiert, lacht das Publikum erneut.« – »Bitte protokollieren Sie«, sagt einer der Angeklagten, »daß auch die Angeklagten sich eines Lachens nicht erwehren konnten.«

Ein Antrag, durch den der Richter wegen Besorgnis der Befangenheit abgelehnt wird, schafft eine neue Situation. Kann ein abgelehnter Richter einen Ordnungsstrafbeschluß noch selbst vollstrecken? Richter und Staatsanwalt sagen ja, der Verteidiger nein. Es kommt zum Kompromiß: die Vollstreckung der Haftstrafe über das Publikum wird ausgesetzt.

Nachdem der Richter sich von einem Kollegen hat bestätigen lassen, daß eine Besorgnis der Befangenheit nicht bestehe, geht es am Nachmittag in einem größeren Saal weiter. Das Publikum sitzt nunmehr vorschriftsmäßig auf Bänken, alles ist friedlich, der Richter könnte jetzt endlich zur Sache kommen. Aber nein, er beginnt die Verhandlung mit pädagogischen Monologen, die neue Konflikte heraufbeschwören müssen. »Setzen Sie sich anständig hin!« lautet eine seiner ersten Äußerungen nach Wiederbeginn der Verhandlung. Einem der Angeklagten, der einen Ellbogen auf die Brüstung der Anklagebank gelegt und seinen Kopf in die Hand gestützt hat, werden Belehrungen über das Sitzen vor Gericht zuteil, bei denen der Staatsanwalt, der Richter selbst und sogar der Verteidiger als leuchtende Beispiele vorschriftsmäßigen Sitzens hingestellt werden. Es folgten weitere Belehrungen von unerträglicher Spießigkeit, die das Prozeßklima erneut aufheizten. Einen Einblick in das konservativ-reaktionäre Weltbild des Richters bot zum Beispiel folgender Satz: »Es kann in einer bestimmten Gemeinschaft nur einer der Chef sein, ob das nun ein wirtschaftliches Unternehmen ist oder ein Krankenhaus oder eine Ehe (!!) oder ein Gericht. – Ich glaube, dieser Herr mit der Zeitung hat eben gelacht.« Da kann neue Unruhe nicht ausbleiben.

Der Richter gießt weiter Öl ins Feuer: »Dies hier ist eine

Gerichtsverhandlung und keine Zirkusvorstellung.« Einer der jugendlichen Angeklagten meldet sich zu Wort: »Ich finde, daß sich diese Gerichtsverhandlung von einer Zirkusvorstellung nicht sehr wesentlich unterscheidet.« Das wird protokolliert. Der Junge wird aufgeregt, möchte erläutern und abschwächen, macht es aber noch schlimmer, indem er die Argumentationsweise des Richters mit der eines Clowns vergleicht. »Drei Tage Haft«, sind die Antwort des Richters. Die gleiche Ordnungsstrafe wird über einen der Mitangeklagten verhängt, weil er einen Kaugummi aus dem Mund zieht und wieder hineinsteckt.

Ein zweiter Ablehnungsantrag gegen den Richter ist die Folge dieser Kontroverse. Es gehört zur Kunst der richterlichen Maske, Ablehnungsanträge mit äußerer Gelassenheit entgegenzunehmen. Diese Gelassenheit war dem Jugendrichter Dr. L. längst abhanden gekommen. Er hatte schon zu Beginn der Verhandlung eine geheime Verschwörung des Verteidigers mit dem Publikum und den jungen Angeklagten vermutet, die auf Störung der Verhandlung abzielte. In Wirklichkeit hatte ich vor der Verhandlung die als Zuhörer erschienenen jungen Leute nachdrücklich gebeten, sich ruhig zu verhalten, da ich aufgrund schlechter Erfahrungen bei anderen Gerichten einen Ausschluß der Öffentlichkeit bei Störungen befürchtete. Dies hatte ich dem Staatsanwalt gesagt, als dieser bei seinem Eintreffen angesichts des auf dem Boden sitzenden Publikums erklärt hatte: »Das geht natürlich nicht!« Der Staatsanwalt gab meine Äußerung dann in der Verhandlung in der Form wieder, ich hätte mich eines Einflusses auf das Publikum gerühmt, was vom Richter prompt gegen mich gewendet wurde, als die ersten Zwischenrufe erfolgten. Herr Dr. L. hatte bestimmte Vorstellungen, was von diesem »Kommunistenverteidiger« zu erwarten war, und widmete diesem Thema einige seiner Monologe, die nach der Schätzung eines anwesenden Journalisten etwa achtzig Prozent der gesamten Verhandlungsdauer in Anspruch nahmen. Natürlich hatte ich ihn bei anderer Gelegenheit schon tüchtig geärgert, vor allem durch einen von mir veröffentlichten Bericht über zwei andere bei ihm verhandelte Jugendgerichtssachen, in dem ich u.a. geschrieben hatte:

In den eingangs geschilderten Verfahren des Bremer Jugendgerichts ist jungen Menschen mit dem Anspruch, pädagogisch wirken zu wollen, die Autoritätsgläubigkeit als höchstes Staatsprinzip der Demokratie gepredigt worden.

Und so nutzte Herr Dr. L. die Gelegenheit, auch den Verteidiger immer wieder zu belehren, wie er sich vor Gericht zu verhalten habe, ein Gedröhn, das ich mir selbstverständlich nicht widerspruchslos angehört habe.

Der zweite Ablehnungsantrag brachte nun das Faß zum Überlaufen. Richter und Staatsanwalt, beide durch die Widerspenstigkeit der Angeklagten und des Publikums in hohem Maße genervt und auf der Suche nach einem Sündenbock, beschuldigten den Verteidiger der Verfahrenssabotage. »Ein Mann wurde für diesen erneuten Ablehnungsantrag im Hintergrund gehalten, um das Verfahren zu verzögern«, behauptete der Staatsanwalt, ein Vorwurf, der jeglicher Logik entbehrte oder implizierte, daß auch der aktuelle Anlaß des Antrags, nämlich der Kaugummivorfall, vom Verteidiger inszeniert worden sei. Aber der Richter, zu ruhigem Denken nicht mehr imstande, nahm den Ball auf und schleuderte, wie anderntags in der Bremer Presse nachzulesen war, dem Verteidiger ins Gesicht: »Es ist einmalig, wie Sie sich hier verhalten, Herr Rechtsanwalt. Es ist doch zu erkennen, daß in dieser Methode System liegt. Der Prozeß soll hier offensichtlich zum Platzen gebracht werden.« Darauf erklärte ich: »Das lasse ich mir nicht bieten!« und verließ den Saal mit einem Türenknall, über dessen Lautstärke später im Ehrengerichtsverfahren durch Vernehmung von Zeugen ausführlich Beweis erhoben wurde.

Was sich dann noch abspielte, erfuhr ich durch die Berichte meiner Mandanten, durch die Bremer Tageszeitungen des folgenden Tages und durch das von Herrn Dr. L. recht eigenwillig angefertigte Protokoll der Sitzung, das sich zunächst so las, als hätte ich die Verhandlung erst nach den nun noch folgenden Vorfällen verlassen. Erst ein Protokollberichtigungsantrag brachte wenigstens dies nachträglich in Ordnung.

Da war zunächst ein Zwischenrufer aus dem Publikum aufgefallen, der den Richter mit einem peitschenschwingenden Zirkusdirektor verglichen hatte. Der Staatsanwalt empfahl, von einer Ordnungsstrafe abzusehen, da die Äußerung der jugendlichen Erregung dieses Zuhörers zugeschrieben werden müsse. Ein Zwischenruf des Angeklagten Streese (»Hoffentlich war es keine sexuelle Erregung, die wäre nämlich strafbar«)

trägt auch diesem drei Tage Haft wegen Ungebühr vor Gericht ein. Außerdem wird der Zuhörerraum geräumt, weil von dort gelacht worden ist. Das Protokoll berichtet:

Nach mehrfacher Aufforderung durch die Gerichtswachtmeister verließen die jugendlichen Zuhörer zögernd den Saal, während sie die »Internationale« absangen. Zugleich warfen sie eine große Zahl von Handzetteln in den Gerichtssaal, die u. a. folgende Aufschriften enthielten: »Mao ante portas«, »Nicht Diktat, Diskussion!«, »Es ist die Aufgabe eines jeden Schülers, Schule zu machen«, »Schüler aller Klassen vereinigt Euch!«, »Werft doch Blumen auf die Lehrer«.

Eine weitere Kontroverse gab es dann zwischen dem Richter und dem Leiter eines fünfzig Mann starken Polizeikommandos, das herbeigerufen worden war, um auch den Flur vor dem Gerichtssaal zu räumen. Der Einsatzleiter bezweifelte die Kompetenz des Richters zu einer über den Sitzungssaal hinausreichenden Maßnahme. Auch er bekam den Zorn des Richters zu spüren, blieb aber ungerührt und wartete, bis der zuständige Hausherr, der Landgerichtspräsident, erschien und über Megaphon zum Verlassen des Gerichtsgebäudes aufforderte.

Auf eine letzte Kraftprobe ließ sich der Richter schließlich noch mit dem Staatsanwalt ein, der erklärte, durch die lange Dauer der Verhandlung erschöpft zu sein, und eine Vertagung erbat. Der Richter ist noch nicht erschöpft und verhandelt nach einer Erholungspause für den Staatsanwalt weiter.

Endlich, am späten Nachmittag, kommt man zur Sache. Die Angeklagten schweigen auf Rat ihres Verteidigers zum Anklagevorwurf. Kein Verteidiger stört mehr die Verhandlung. So kommt man zu später Stunde doch noch zu Ende: 100 Mark Geldstrafe für den 21-jährigen Hauptangeklagten, je 50 Mark Buße für die beiden Minderjährigen. Wenn nicht die Ordnungsstrafen gewesen wären, hätte sich die ganze Autoritätsentfaltung eigentlich kaum gelohnt. So aber wurden nach Schluß der Verhandlung die drei Angeklagten von Polizeibeamten, an Knebelketten gefesselt, abgeführt. Sie konnten drei Tage lang in ihren Zellen darüber nachdenken, daß mit deutschen Gerichten nicht zu spaßen ist.

Für Streese ging die Sache übrigens noch durch zwei weitere Instanzen. Auf die Berufung der Staatsanwaltschaft verurteilte ihn das Landgericht noch wegen eines weiteren Falls der

Verbreitung einer unzüchtigen Abbildung, weil er als verantwortlicher Leiter eines Schülerkongresses geduldet habe, »daß ein stark vergrößerter und teilkolorierter Ausschnitt der beanstandeten Beardsley-Illustration am Bühnenvorhang – für jedermann sichtbar – angebracht wurde und über einen Zeitraum von mehr als 2 Stunden, hängen blieb«. Dafür gab es weitere 200 Mark Geldstrafe. Die Revision des Angeklagten gegen dieses Urteil verwarf das Hanseatische Oberlandesgericht Bremen am 1. 7. 1969 mit der Maßgabe, daß der Angeklagte nicht nur der üblen Nachrede, sondern auch der Verleumdung schuldig sei. Denn, so hieß es in der Begründung, der Angeklagte habe die sachliche Unrichtigkeit der behaupteten Tatsachen gekannt, wie sich aus den Feststellungen des Landgerichtsurteils ergebe. »Festgestellt« hatte das Landgericht, daß die Feier im Hause des Polizeipräsidenten, bei dem ein Gast tödlich verunglückt war, keine »Orgie«, sondern ein »gesittetes freundschaftliches Treffen junger Leute« gewesen sei. Das hätten die Angeklagten gewußt. Das Oberlandesgericht billigte auch die Ansicht des Landgerichts, daß der Gebrauch des Wortes »faschistisch« im Zusammenhang mit bestimmten Äußerungen und Handlungen des Polizeipräsidenten »einen schweren Angriff auf seine Ehre« darstelle. Dem Jugendrichter sei zuzustimmen, so hatte das Landgericht befunden, daß es in diesem Zusammenhang dahinstehen könne, ob der Polizeipräsident die im *Faltblatt a* aufgezählten Meinungsäußerungen tatsächlich abgegeben habe und daß es auch keine Rolle spiele, »in welchem Sinne der Begriff ›faschistisch‹ in der modernen Fachliteratur gebraucht oder von den Angeklagten verstanden wird«. Entscheidend sei nur, »welche Vorstellungen ein durchschnittlich gebildeter Leser der Druckschrift beim Lesen des Wortes ›faschistisch‹ hatte und haben mußte«. Das Verhalten des Polizeipräsidenten anläßlich der Schülerdemonstrationen im Januar 1968 habe die Angeklagten nicht zur Benutzung des Begriffs »faschistisch« berechtigt.

Damit sind wir wieder beim Kernpunkt der Sache. Juristen vom Zuschnitt des Jugendrichters Dr. Theodor L. – und solche saßen, wie sich gezeigt hatte, in allen drei Instanzen – bestimmten darüber, ob die Zustände in der Bundesrepublik und deren Macher als faschistisch bezeichnet werden durften oder ob die Ehre von Polizeipräsidenten und anderen Befürwortern der harten Linie dem entgegenstand. Gerade der Umstand, daß der »durchschnittlich gebildete Leser« – der *Bild*-Zeitungsleser? –, den die Richter zum Maßstab erhoben, unter »faschistisch« sich etwas vorstellen konnte, das abzulehnen auch in diesen Bildungskreisen zum guten Ton gehört, machte die Verwendung des Begriffs interessant. Hätte man die vom Landgericht als harmlosere Alternative vorgeschlagenen Begriffe »autoritär« oder »obrigkeitsstaatlich« verwendet, wäre die beabsichtigte Provokation verpufft, weil diese Begriffe beim »durchschnittlich gebildeten« Leser wahrscheinlich im Nebel der Geschichtslosigkeit oder in weit zurückliegenden Zeiten angesiedelt sind, in denen noch wilhelminische Ordnung herrschte und ganz legal auf Sozialdemokraten und dergleichen Gesocks eingedroschen wurde, während es den Studenten und Schülern von 1968 gerade darauf ankam, die auch bei *Bild*-Zeitungslesern vorauszusetzenden Bildungsinseln über die Zeit des Hitler-Faschismus für Aufklärung über die Gegenwart zu nutzen. In einem Staat, der nach seiner Verfassung das Recht eines jeden Bürgers respektiert, auf den Prozeß der öffentlichen Meinungs- und Willensbildung Einfluß zu nehmen, hätte auch den Verfassern des *Faltblatts a* das Recht zugebilligt werden müssen, ihre Kritik an den Knüppelbefehlen des Bremer Polizeipräsidenten in die Terminologie zu kleiden, die nicht nur, wie das Landgericht meinte, in der »modernen Fachliteratur«, sondern auch in den für eine breite Leserschaft bestimmten Publikationen der Außerparlamentarischen Opposition verwendet wurde. Daß dabei die Ehre eines den Prügeleinsatz seiner Polizisten dirigierenden Polizeipräsidenten auf der Strecke blieb, hätte ebenso selbstverständlich hingenommen werden müssen, wie man jahrelang hingenommen hat, daß die Studenten und andere oppositionelle Gruppen und Einzelpersonen als Verfassungsfeinde verdächtigt und beschimpft worden sind. Selbst Ausdrücke wie »Linksfaschisten« und »rotlackierte Nazis« waren von den konservativ-reaktionären Meinungsmachern mit gehässigem Eifer unter die Leute gebracht worden, ohne daß irgendein Staatsanwalt oder Richter auch nur einen Finger gekrümmt hätte, um die Ehre der so Beschimpften zu schützen. Sobald die Linke zum Objekt ehrenkränkender Beschimpfungen wurde, entsann man sich des Rechts der freien Meinungsäußerung, das man denen, die sich dieses Vokabulars bedienten, ja nicht bestreiten könne. So wurde und wird, je nachdem, um wen es geht, mal die Ehre und mal die Freiheit auf den Schild erhoben. Die deutsche Rechte hatte in der konservativen Juristenmehrheit schon immer einen getreuen Sekundanten.

Und so hat die Justiz durch ihre Parteinahme im *Faltblatt-a*-Prozeß auch niemanden überrascht. Ein Polizeipräsident, der seine Polizisten vor Ort ermuntert, auf eingekesselte Jugendliche mit Knüppeln einzuschlagen, war für sie selbstverständlich aller Ehren wert. Ihm hierfür Mißachtung auszusprechen, ihn in der öffentlichen Meinung herabzuwürdigen, seine Landgraf-werde-hart-Haltung mit den harten Penissen einer unzüchtigen Beardsley-Zeichnung ironisch in Beziehung zu setzen, das konnte man den jungen Leuten nicht durchgehen lassen. Sie und ihre Freunde – und das waren nicht wenige – haben daraus einiges über deutsche Justiz gelernt.

17. Der Völkermord in Vietnam und die Ehre der Politiker. Der Fall Hermann Sittner (1968)

Am 23. Februar 1968 tauchten in Frankfurt am Main Plakate auf, die in Form eines Steckbriefs mit der Aufschrift »Wanted for Murder« den amerikanischen Präsidenten Lyndon B. Johnson der Anführerschaft bei organisiertem Völkermord in Vietnam und den deutschen Bundeskanzler Kurt Georg Kiesinger der Beihilfe zu diesem Verbrechen bezichtigten. »Gesucht wird …« hieß es da. Und:

Johnson ist ein Mörder –
ein Mörder wie die nazistischen Hauptkriegsverbrecher, die vom Internationalen Militärtribunal in Nürnberg nach den gültigen Grundsätzen des Völkerrechts verurteilt wurden.

Zum Völkermord in Vietnam:

Tausende vietnamesischer Zivilisten, Kinder, Frauen und Männer starben und sterben unter dem Napalm-Terror und den Bomben der US-Flugzeuge.

Bis dahin war das Plakat nicht zu beanstanden. Denn um den oder die Verantwortlichen wegen Beleidigung eines ausländischen Staatsoberhaupts (§ 103 StGB) bestrafen zu können, hätte nach § 104a StGB »die Gegenseitigkeit verbürgt« sein und »ein Strafverlangen der ausländischen Regierung« vorliegen müssen. An beidem fehlte es. »Gegenseitigkeit« im Sinne des Gesetzes hätte vorgelegen, wenn Beleidigungen des deutschen Bundespräsidenten in den USA mit Strafe bedroht wären. Aber, wie der Oberstaatsanwalt beim Landgericht Frankfurt bedauernd notierte, ein Schutz des deutschen Staatsoberhaupts war nach amerikanischem Recht nicht gegeben; selbst der Präsident der Vereinigten Staaten genieße insoweit keinen Sonderschutz. Mit anderen Worten: in den USA darf ein Präsident, der einen Vernichtungskrieg gegen ein kleines Volk führt, als

Mörder und Völkermörder bezeichnet werden, ohne daß der Staatsanwalt einschreitet. Die Tradition bürgerlicher Freiheitsrechte ist dort schon ein bißchen älter als in Deutschland.

Aber der Verfasser des Flugblatts hatte sich nicht damit begnügt, den amerikanischen Präsidenten als Mörder zu brandmarken. Vielmehr hieß es auf dem Plakat:

Gesucht wird ferner
Kurt-Georg Kiesinger, Bundeskanzler,
wegen Beihilfe zum organisierten Völkermord durch politische, finanzielle und moralische Hilfe bei der Aggression der USA in Vietnam. Kiesinger und sein Kabinett unterstützen einen Mörder!

Kiesinger, der von 1966 bis 1969 Bundeskanzler war, ist ebenso wie seine braune Vergangenheit inzwischen in wohltuende Vergessenheit geraten. Herr Kiesinger fühlte sich beleidigt und stellte Strafantrag. Und das Verfahren zur Verhinderung einer kritischen Meinungsäußerung konnte losgehen. Eile war geboten, weil, wie der Polizei »auf Grund vertraulicher Mitteilung bekannt geworden« war, das Plakat bei einer Demonstration gegen den Vietnamkrieg gezeigt werden sollte, die für den 29. Februar 1968 auf dem Frankfurter Römerberg angesetzt

Hermann Sittner als Redner vor dem Plakat, das ihm eine Anklage wegen Beleidigung des Bundeskanzlers Kiesinger einbrachte.

war. Noch gerade rechtzeitig vor Beginn der Demo waren die von der Staatsanwaltschaft beantragten Beschlagnahme- und Durchsuchungsbeschlüsse des Amtsrichters fertig, so daß jedenfalls dieses Plakat aus dem Verkehr gezogen werden konnte. Dafür wurden allerdings, wie dem in den Akten befindlichen Bericht der Polizei zu entnehmen ist, andere Plakate gezeigt: »Ami-Mörder«, »Raus aus Vietnam!«, »Völkermord in Vietnam«, »L.B. Johnson Kindermörder«, »Schluß mit dem US-Krieg in Vietnam«. Aber die polizeilich und gerichtlich geschützte Ehre deutscher Politiker blieb unangetastet.

Im Polizeibericht liest man, daß etwa 6000 Menschen an der Demonstration teilnahmen, daß die Kundgebung von Klaus Vack eröffnet wurde und daß Kirchenpräsident Dr. Martin Niemöller als erster Redner sprach. Um 17 Uhr, eine halbe Stunde vor Beginn der Veranstaltung, sei im Polizeipräsidium bekannt geworden, daß Rudi Dutschke von Berlin nach Frankfurt am Main abgeflogen sei. Bei seiner Ankunft in Frankfurt sei er am Flughafen auf Anordnung des Leiters der Schutzpolizei in polizeiliche Verwahrung genommen worden, »um ihn an der Begehung strafbarer Handlungen zu hindern«. (Was für strafbare Handlungen befürchtete man? Vielleicht die, daß auch Dutschke den Bundeskanzler als Gehilfen des Völkermords bezeichnet hätte? Präventiver Polizeischutz für deutsche Politikerehre? In Deutschland ist alles möglich.) Um 20.09 Uhr sei, so wird im Polizeibericht mitgeteilt, Dutschke entlassen worden. Das war vier Minuten zu spät. Denn um 20.05 Uhr hatten die Demonstranten von Dutschkes Festnahme erfahren. Und 1968 war ein Jahr, in dem sich die jüngere Generation solche polizeilichen Eigenmächtigkeiten nicht ohne weiteres gefallen ließ. Die von der Polizei auf 6000 Köpfe geschätzte, wahrscheinlich noch wesentlich größere Menschenmenge begann in Richtung Polizeipräsidium zu ziehen, um dort Dutschkes Freilassung zu fordern. »Ein von der Polizei zur Aufklärung der Demonstranten entsandter Lautsprecher, der die Freilassung Dutschkes bekanntgab, blieb unbeachtet«, heißt es im Polizeibericht. Zu spät. »Der Zug bewegte sich unter Lahmlegung des gesamten Innenstadtverkehrs zum Polizeipräsidium.« Dort wurde den Demonstranten »mehrmals mitgeteilt, daß D. freigelassen sei«. Dutschke befand sich zu diesem Zeitpunkt immer noch auf dem Flughafen. Bis er endlich um 22.35 Uhr von Freunden abgeholt und zum Bahnhofsvorplatz geholt werden konnte, hatten die Demonstranten, die sich inzwischen vom Polizeipräsidium zum Bahnhof bewegt hatten, laut Polizeibericht »durch Sitzstreiks von mehreren großen Gruppen alle Fahrbahnen und Straßenbahnen blokkiert«. »Nach ca. 15minütiger Ansprache von Dutschke löste sich die Menschenansammlung vor dem Bahnhofsgelände auf, 23.05 Uhr.« Das hätte man einfacher haben können. Ob die Polizei etwas aus der Sache gelernt hat?

Die Justiz jedenfalls hatte nichts gelernt. Die Staatsanwaltschaft erhob Anklage gegen den Journalisten Hermann Sittner, der sich dazu bekannt hatte, daß er für den Inhalt und die Verbreitung des inkriminierten Plakats verantwortlich sei. Und es kam zur Hauptverhandlung am 2. Juli 1968 vor einer Strafkammer des Landgerichts Frankfurt, in der ich den Angeklagten verteidigte.

Die Strategie der Staatsanwaltschaft ging dahin, den Text des Plakats als formale Beleidigung, als Werturteil hinzustellen, das keine Tatsachenbehauptungen enthalte. Auf diese Weise wollte sie verhindern, daß vor Gericht über die Tatsachen gesprochen und Beweis erhoben würde, die für die deutsche Bundesregierung und ihren amerikanischen Verbündeten ja nicht gerade schmeichelhaft waren. Die politische Entwicklung sei noch im Fluß, hieß es in der Anklageschrift, und deshalb sei eine geschichtliche Beurteilung der Vorgänge nicht möglich. Eine Argumentation, die darauf hinauslief, Kritik an Völkermord und Völkermördern erst dann für zulässig zu halten, wenn ihre Taten Geschichte sind. Wir wollten aber eine Beweisaufnahme über den Wahrheitsgehalt der in dem Plakat enthaltenen tatsächlichen Behauptungen über die amerikanische Kriegführung in Vietnam, aus der sich das Werturteil, nämlich die Kennzeichnung als Völkermord, überhaupt erst ergab. Sowie darüber, daß die deutsche Bundesregierung unter Herrn Kiesinger diesen völkerrechtswidrigen Krieg materiell und moralisch unterstützte.

Hermann Sittner war noch vor der Hauptverhandlung zum Gegenangriff übergegangen und hatte Strafanzeige gegen Bundeskanzler Kurt-Georg Kiesinger erstattet.

Ich vertrete die Auffassung, daß nicht ich, sondern Kiesinger vor Gericht gestellt werden müßte. Nicht ich habe mich strafbar gemacht, sondern Kiesinger wegen Beihilfe zum Völkermord in Vietnam.

Sittner erinnerte im Rahmen seiner ausführlich begründeten Anzeige auch daran, daß Kiesinger schon während des Zweiten Weltkrieges als Propaganda-Fachmann im Ministerium des in Nürnberg als Kriegsverbrecher verurteilten und hingerichteten Außenministers Ribbentrop tätig gewesen war und die Politik des Hitler-Regimes zu rechtfertigen versucht habe. Er habe sich demzufolge schon damals der Beihilfe zum Völkermord schuldig gemacht.

Der Leitende Oberstaatsanwalt in Bonn, bei dem diese Strafanzeige landete, war Herr Pfromm, dessen politische Vergangenheit erst sehr viel später aufgedeckt wurde, als er Generalstaatsanwalt in Köln und Vorgesetzter des Leiters der Zentralstelle zur Verfolgung von NS-Verbrechen geworden war und die Frage auftauchte, warum eigentlich das Verfahren gegen die Mörder des kommunistischen Reichstagsabgeordneten Ernst Thälmann nicht von der Stelle kam. Erst aus einem Artikel von Ingrid Müller-Münch in der *Frankfurter Rundschau* vom 5. November 1985 erfuhr eine breitere Öffentlichkeit, daß Herr Pfromm einst nationalsozialistischer Führungsoffizier gewesen ist, über den seine NS-Chefs in einer Beurteilung vom 1. Oktober 1944 gesagt hatten, er sei ein überzeugter Nazi, »der aufgrund seiner genossenen Schulung in den Gliedern der Partei ... stets geeignet ist, nationalsozialistisches Gedankengut zu vermitteln«.

Herr Pfromm brauchte in seiner Eigenschaft als Leitender Oberstaatsanwalt in Bonn nur 12 Tage, um seinem Gesinnungsgenossen Kiesinger zu bescheinigen, daß »irgendein strafrechtlicher Tatbestand nicht ersichtlich« sei, und das Verfahren einzustellen. Irgendeine Prüfung der für den Vorwurf der Beihilfe zum Völkermord vorgebrachten Tatsachen und Beweismittel hatte der Leitende Oberstaatsanwalt nicht für nötig gehalten.

So einfach wollten wir es dem Gericht nicht machen. In einem gründlich vorbereiteten Beweisantrag, dem eine Fülle von Urkunden beigefügt war, wollten wir das Gericht zu einer Beweiserhebung darüber zwingen, daß der Tatsachenkern der in dem inkriminierten Plakat in Bezug auf den Präsidenten der Vereinigten Staaten von Amerika erhobenen Beschuldigungen richtig war und die daran geknüpfte Wertung des Plakats der Beurteilung anderer Kritiker entsprach. Außer Dokumenten über den Einsatz chemischer und bakteriologischer Waffen (Massenvernichtungsmittel) boten wir die Vorlage von Fotos und Bildreproduktionen sowie einer amerikanischen Kugelbombe (einer besonders tückischen, nur zum Einsatz gegen ungeschützte Menschen geeigneten Waffe) im Original an. Ferner beantragten wir, Urkundenbeweis darüber zu erheben, daß auch die gegen Kiesinger erhobene Beschuldigung der Unterstützung des Vietnamkrieges der Wahrheit entsprach, und fügten entsprechende Urkunden als präsente Beweismittel bei.

Der Angeklagte hatte dem Gericht eine schriftliche Erklärung überreicht, die einige der Tatsachen enthielt, die dem »Werturteil« des Plakats zugrunde lagen und Gegenstand unseres Beweisantrages waren. Ich zitiere nur ein paar Beispiele:

Der Direktor des Instituts für Kinderfragen am Mercy College in New York, William Papper, stellte in der Januar-Nummer 1967 der Zeitschrift *Ramparts* fest, daß die Zahl der Kinder, die der amerikanischen Aggression in Südvietnam zum Opfer gefallen sind, auf 250 000 Tote und 750 000 Verwundete geschätzt werden kann.

Nach offiziellen amerikanischen Angaben wurden von Januar bis Oktober 1967 von den USA 681 000 Tonnen Bomben auf Vietnam abgeworfen. Das ist mehr als die Bombenlast, die während des Zweiten Weltkriegs auf Deutschland abgeworfen wurde.

Anwendung von Napalm auf friedliche Dörfer und Menschen, Anwendung von Phosphor, dessen Verbrennungen noch schmerzhafter und anhaltender sind und darüber hinaus wie Gift auf den Organismus wirken.

Durch den Einsatz von Laub- und Pflanzenvernichtungsmitteln wordon ganze Gegenden Vietnams verwüstet und Menschen vergiftet. 1966 wurden mehr als 700 000 Hektar Land entlaubt und verseucht.

Hermann Sittner sorgte auch dafür, daß die kritische Öffentlichkeit – und die war 1968 immerhin so groß, daß sie die schweigende Mehrheit und ihre redenden Repräsentanten das Fürchten lehrte – von dem gegen ihn angestrengten Strafprozeß erfuhr. Nicht nur im Jugendmagazin *elan*, einer bis ins Jahr 1989 existierenden Zeitschrift, deren Redakteur Sittner war, sondern auch anderswo konnte man lesen, wie das politische Establishment sich gegen die immer lauter werdende Kritik an der deutschen Unterstützung des Völkermords in Vietnam mit strafrechtlichen Mitteln zu wehren versuchte. Einen langen, mit detaillierten Informationen versehenen Artikel zum Thema »Vietnam, Washington und Bonn« aus Sittners Feder veröffentlichte *Die andere Zeitung* vom 27. 6. 1968. Darin zitierte er auch den wegen seiner politischen Unbedarftheit unvergessenen Bundespräsidenten Heinrich Lübke, der »im Namen des deutschen Volkes« an den US-Präsidenten Johnson telegrafiert hatte:

Möge auch der gegenwärtige Kampf, den ihr Land als Vorkämpfer der Freiheit gegen die Mächte der Unterdrückung in Südostasien führt, von Erfolg gekrönt sein.

In der Frankfurter Hauptverhandlung, die vor vollbesetztem Zuhörerraum stattfand, konnten wir immer wieder die Urteile des Russell-Tribunals zitieren, die damals allgemein bekannt waren und sich nicht nach üblichem Muster als kommunistische Propaganda abtun ließen.

Das nach seinem Präsidenten, dem englischen Philosophen und Nobelpreisträger Bertrand Russell, als Russell-Tribunal benannte internationale Tribunal zur Untersuchung der Kriegsverbrechen in Vietnam hatte in Stockholm am 10. Mai 1967 unter Mitwirkung des französischen Schriftstellers Jean-Paul Sartre, des jugoslawischen Juristen und Historikers Vladimir Dedijer, des österreichischen Schriftstellers und Philosophen Günther Anders, des italienischen Völkerrechtlers Lelio Basso, der französischen Schriftstellerin Simone de Beauvoir, des früheren Präsidenten der Republik Mexiko Lazaro Cardenas, des Führers der radikalen amerikanischen Schwarzenorganisation »Black Power« Stokeley Carmichael, des englischen Historikers Isaac Deutscher, des deutschen Staatsrechtlers Wolfgang Abendroth, des amerikanischen Schriftstellers James Baldwin, des schwedisch-deutschen Schriftstellers Peter Weiss und weiterer international bekannter Persönlichkeiten ein Urteil gefällt, das den Vereinigten Staaten von Amerika eine völkerrechtswidrige Aggression gegen Vietnam anlastete. Am 1. Dezember 1967 war dasselbe Tribunal in seiner Sitzung in Roskilde Dänemark zu dem ebenfalls einstimmigen Urteil gekommen, daß die Regierung der Vereinigten Staaten des Völkermords am vietnamesischen Volk schuldig ist. In einer anläßlich der ersten Zusammenkunft des Tribunals am 15. November 1966 in London beschlossenen Erklärung hieß es:

Das Gewissen der Menschheit ist tief beunruhigt über den Vietnam-Krieg, in dem der reichste und mächtigste Staat der Erde einer Nation von armen Bauern gegenübersteht, die für ihre Unabhängigkeit seit mehr als einem Vierteljahrhundert kämpft.

Bertrand Russell hatte von dem »Verbrechen des Schweigens« gesprochen, dessen Vollendung das Tribunal verhindern solle.

Wenn wir im Jahr 1966 ein Kriegsverbrecher-Tribunal einberufen, dann geben wir damit zu verstehen, daß unsere Lage heute den Umständen entspricht, die die Nürnberger Prozesse notwendig machten. Wir empfinden genau das, was die Leute vor 25 Jahren empfanden, als man Juden in Gaskammern zusammenpferchte. Wir sind gezwungen, unsere Stimme gegen die in Vietnam begangenen Verbrechen zu erheben – unseren Protest hinauszuschreien. (Bertrand Russell: *Plädoyer für einen Kriegsverbrecherprozeß*)

Bertrand Russell hatte sich schon 1966 in beschwörenden Aufrufen an die in Vietnam eingesetzten amerikanischen Soldaten gewandt und sie aufgefordert, ihre weitere Mitwirkung am Völkermord zu verweigern. Aber es waren nur wenige, die seinen Appell an das Gewissen hörten und befolgten. Die mit heuchlerischen Freiheitsparolen verschleierte antikommunistische Feindpropaganda der am Krieg interessierten Kreise war stärker. Resigniert formulierte Jean-Paul Sartre in der von ihm verfaßten Begründung des Urteils des Russell-Tribunals zum Komplex »Völkermord«:

Das eigentliche Problem des Vietnamkrieges sind die vernebelten und ferngesteuerten Gehirne der amerikanischen Vietnamkämpfer. Die Manipulation des Bewußtseins nimmt nazistische Dimensionen an. Hitler ließ die Juden ausrotten, weil sie Juden waren. Die US-Truppen foltern und morden in Vietnam Männer, Frauen und Kinder vor allem deshalb, weil sie für sie Vietnamesen sind. Was die Regierung sich auch immer zurechtlegen und treuherzig bekunden mag, sie kann nicht darüber hinwegtäuschen, daß der Geist des Völkermords sich längst in den Hirnen der Soldaten eingenistet hat. (Bertrand Russell/Jean-Paul Sartre: *Das Vietnam-Tribunal II oder Die Verurteilung Amerikas*)

Die im Russell-Tribunal zusammengekommenen unabhängigen Persönlichkeiten wußten, was sich hinter der »Fassade aus Lügen, die Präsident Johnson und sein Stab errichtet hatten,

Im Gerichtssaal des Frankfurter Landgerichts, das am 2. Juli 1968 über die Anklage gegen Hermann Sittner verhandelte. Gespräch mit meinem Mandanten in einer Verhandlungspause.

um ihr eigenes Volk zu täuschen« (Sartre) verbarg. Bertrand Russell hatte in Veröffentlichungen aus dem Jahre 1966 immer wieder auf die Interessenverflechtung zwischen Rüstungsindustrie und Militär hingewiesen.

Amerikaner töten Vietnamesen, greifen Dörfer an, besetzen Städte, setzen Gas und Chemikalien ein, bombardieren Schulen und Hospitäler, einzig um die Profite des amerikanischen Kapitals zu sichern.

Und was tat die deutsche Bundesregierung? Hermann Sittner faßte es so zusammmen:

Im Gegensatz zu anderen europäischen Regierungen und im Gegensatz zur überwältigenden Mehrheit der Bevölkerung (Ob es wirklich die »überwältigende Mehrheit« war? Sie hat jedenfalls geschwiegen. H. H.) in der Bundesrepublik und in Europa hat Bundeskanzler Kiesinger jede Gelegenheit benutzt, um die amerikanische Aggression und den amerikanischen Völkermord in Vietnam zu rechtfertigen und zu unterstützen. So erklärte z. B. Bundeskanzler Kiesinger 1967 bei seiner Rückkehr aus den USA: »Wir denken nicht daran, die Politik der USA in Vietnam zu kritisieren. Wir würdigen die amerikanischen Anstrengungen für die Erhaltung der

Freiheit und des Friedens in diesem Teil der Welt.« Und noch am 20. 2. 1968 forderte Bundeskanzler Kiesinger vor dem Bundesvorstand der CDU in Bonn: »Die Deutschen sollten sich davor hüten, sich als Schulmeister anderer Völker aufzuspielen ... Die USA sind das Land, das sich überall in der Welt am stärksten für den Frieden und die Freiheit eingesetzt hat. Darin müssen die Deutschen die Amerikaner unterstützen!« Zynischer sind wohl selten Tatsachen auf den Kopf gestellt worden als durch die Bezeichnung von Aggression und Völkermord als »Anstrengungen für die Erhaltung der Freiheit und des Friedens«.

Außer dieser moralisch-politischen Unterstützung warf Sittner der deutschen Bundesregierung die finanzielle Unterstützung des südvietnamesischen Marionetten-Regimes (laut Bulletin der Bundesregierung vom 29. 2. 1968 von 1967 bis 1971 jährlich 30 Millionen DM) und des amerikanischen Militärhaushalts vor.

Über die Hauptverhandlung vom 2. Juli 1967 berichtete die *Frankfurter Rundschau*:

Hervorragend vorbereitet und in jeder Phase sachlich-nüchtern erläuterte der Angeklagte diese (nämlich die von der Verteidigung vorgelegten; H. H.) Beweismittel, stellte sie in den zeitlichen Rahmen, so daß über lange Phasen hinweg der Prozeß zu einem Tribunal über den Vietnam-Krieg wurde.

Ein jugendliches Publikum begleitete die Verhandlung mit Beifallskundgebungen, die vom Vorsitzenden souverän überhört wurden. Das war auch das klügste, was er tun konnte. So wurde wenigstens im Gerichtssaal eine Konfrontation mit der Polizei vermieden, die eine ansehnliche Rausschmeißertruppe im Gerichtsgebäude bereitgestellt hatte, deren Einsatz der im Saal anwesende Polizeipräsident Littmann offenbar persönlich zu dirigieren gedachte.

Ich hatte den angesehenen Historiker Professor Dr. Walter Fabian, Schriftleiter der »Gewerkschaftlichen Monatshefte« und Mitglied des Deutschen Presserats gebeten, sich als Sachverständiger zur Richtigkeit der in dem inkriminierten Plakat enthaltenen Aussage zu äußern. Er tat nicht nur dies, sondern ließ darüberhinaus das Gericht wissen, daß seit Jahren in der ganzen westlichen Welt heftige Kritik an der Politik der Regierung Johnson geübt würde, und zwar »fast überall in viel

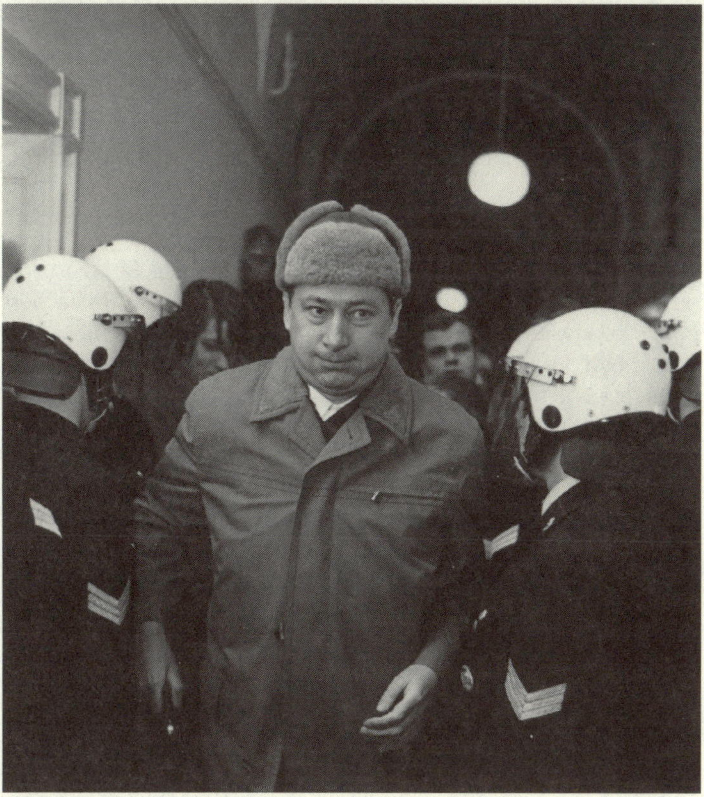

Manchmal mußte ich mir den Weg durch ein großes Aufgebot von Polizisten bahnen, um in den Verhandlungssaal zu gelangen. Ein Foto aus dem Jahr 1968.

stärkerem Maße als in der Bundesrepublik«. Auch bestätigte er, daß demgegenüber die deutsche Bundesregierung in Erklärungen der Bundeskanzler Erhard und Kiesinger und vieler ihrer Minister die Politik der Regierung Johnson »uneingeschränkt unterstützt« habe. Die *Frankfurter Rundschau* meinte, daß die Verteidigung durch dieses Gutachten »erheblich an moralischem Terrain gewonnen« habe.

Auf dem Verteidigertisch lief mit Genehmigung des Gerichts ein Tonbandgerät mit. Aber leider gab es ausgerechnet mit diesem Tonband später Bandsalat, der sich nicht mehr beheben ließ. So bin ich darauf angewiesen, auch die Plädoyers nach der *Frankfurter Rundschau* zu zitieren:

Bei der rechtlichen Beurteilung des Falles gingen später die Ansichten weit auseinander. Staatsanwalt Pfeiffer meinte, der Text auf dem Plakat enthalte keine Tatsachen, sondern nur ein Werturteil. »Sittner wollte die Politik des Kanzlers scharf treffen und hat dabei seine Ehre verletzt.« Hätte er so sachlich wie vor Gericht den Vietnam-Krieg kritisiert, wäre es nie zu einem Prozeß gekommen, sagte Pfeiffer und beantragte 3000 Mark Geldstrafe wegen Beleidigung.

Rechtsanwalt Hannover (Bremen), der bekannte Strafverteidiger, betonte dagegen, die auf dem Plakat behaupteten Tatsachen seien voll erwiesen, und erinnerte dabei an das Russell-Tribunal in Stockholm. »Wir müssen lernen, rechtzeitig die Wahrheit zu sagen«, erklärte er, »dann hätte es vielleicht Auschwitz, Dresden und Hiroshima nicht gegeben.« Auch in Deutschland müsse es endlich möglich sein, das Gewissen der Menschen zu wecken. Im übrigen genieße der Angeklagte den Schutz des Grundrechtes der freien Meinungsäußerung. Hannover: »Wer gegen einen Politiker den Vorwurf des Völkermords erhebt, muß zwangsläufig seine Ehre verletzen.« Der Angeklagte gehöre einer Generation an, die auch nicht schweigen würde, wenn sich die Justiz auf die Seite der Mörder und ihrer Helfershelfer stelle.

Das Urteil – 500 Mark Geldstrafe wegen Beleidigung des Bundeskanzlers – quittierten die etwa sechzig jugendlichen Zuhörer, wie die *Frankfurter Rundschau* schreibt, »mit Zischen und Pfui-Rufen«. Das Gericht stellte sich auf den Standpunkt, den schon der Staatsanwalt vertreten hatte: das Plakat enthalte keine Tatsachenbehauptungen, sondern »ein bloßes Werturteil«, und glaubte sich dadurch einer Beweisaufnahme über den Vorwurf des Völkermords in Vietnam und die dazu geleistete politische, finanzielle und moralische Hilfe der deutschen Bundesregierung enthoben. Die Urteilsbegründung enthielt allerdings einige Sätze, die ich nicht durch ein rückschrittlicheres Urteil der Rechtsmittelinstanz gefährden wollte, so daß ich dem Mandanten von einer Revision abgeraten habe. Es hieß da nämlich, der Angeklagte habe die Meinung äußern dürfen, der Bundeskanzler unterstütze durch seine Politik einen organisierten Völkermord. Das war für ein deutsches Gericht ja schon allerhand. Nur die Form dieser Aussage (Steckbrief) hatte dem Gericht nicht gefallen. Damit werde dem Kanzler nicht nur eine ungeheure persönliche, nämlich strafrechtlich meßbare Schuld (»Beihilfe«) unterstellt, sondern »suggeriert«, dieses Verschulden sei so offensichtlich, daß der Bundeskanzler gleichsam sofort festgenommen werden müßte. Er werde damit einem gemeinen Verbrecher gleichgestellt.

Wo kämen wir hin, wenn in Deutschland angefangen würde, Kriegsverbrecher und deren Gehilfen festzunehmen, bevor sie ihre Taten ausführen können. Und wo kämen wir hin, wenn wir uns ein Vorbild an älteren Demokratien nehmen würden, in denen wenigstens die Äußerung der Meinung geduldet wird, der Regierungschef müsse »wie ein gemeiner Verbrecher« festgenommen werden. Die Strafkammer belehrte uns:

Die Widerrechtlichkeit entfällt nicht dadurch, daß in anderen Ländern bei vergleichbaren Anlässen ähnliche Meinungsäußerungen hingenommen werden. Denn für die Beurteilung des in der Bundesrepublik Zulässigen können nur die hier geltenden Grundsätze maßgebend sein.

Und hierzulande ist die Ehre von Politikern noch immer wichtiger als die Wahrheit.

Die *Frankfurter Rundschau* schrieb sarkastisch:

Die Ehre von Bundeskanzler Kiesinger ist wiederhergestellt ...

Die Bestrafung von Verantwortlichen für soldatische Tötungen aber wird hierzulande erst dann als justizielle Aufgabe entdeckt, wenn es darum geht, Kommunisten auf die Anklagebank zu setzen. Der Herausgeber der Manifeste von Bertrand Russell und Jean-Paul Sartre zum Vietnamkrieg, Bernward Vesper-Triangel, fragte damals (1966) in seinem Nachwort:

Erscheint es nicht unmoralisch, eine Politik zu stützen, die oft in einer einzigen Stunde mehr unschuldige Opfer fordert als die »Mauer« in fünf Jahren?

18. Ostern 1968. Der Mordanschlag auf Rudi Dutschke und die Folgen

Am 11. April 1968 hatte der Anstreicher Josef Bachmann auf den prominentesten Sprecher der Studentenbewegung, Rudi Dutschke, einen Mordanschlag verübt. Rudi Dutschke war, am hellichten Tage auf offener Straße überfallen, von drei Schüssen aus einem Trommelrevolver an Kopf und Hals getroffen worden und hatte eine Hirnverletzung erlitten, die später auch für seinen frühen Tod ursächlich werden sollte. Das Attentat löste in vielen Städten Demonstrationen aus, die zu schweren Zusammenstößen mit der Polizei führten. Der Zorn der Demonstranten richtete sich in erster Linie gegen die Presseerzeugnisse des Springer-Konzerns, die seit langem gegen den Sozialistischen Deutschen Studentenbund (SDS) und dessen Anhänger gehetzt und das Pogromklima hervorgebracht hatten, in dem dieser Mordanschlag möglich wurde.

Auch in Hannover gab es eine Demonstration, bei der versucht wurde, die Auslieferung der Springerschen *Bild*-Zeitung, von der 500000 Exemplare im Gebäude der Hannoverschen Presse (hp) gedruckt wurden, zu verzögern. Am Abend des 12. April 1968 (Karfreitag) hatten sich etwa 600 bis 700 Personen vor den Ausgängen des Pressehauses versammelt und diese mit Querbalken und Müllkästen verrammelt. Bis gegen 2 Uhr 30 wurde die Demonstration von der Polizei geduldet. Dann erfolgte die Aufforderung, die Demonstration abzubrechen und die Ausfahrt für die Zeitungswagen freizugeben. Als die Aufforderung nicht befolgt wurde, räumte die Polizei die Ausfahrt unter Einsatz von Schlagstöcken und Wasserwerfern. Einige Demonstranten wurden festgenommen und mußten durchnäßt und zum Teil mit Verletzungen den Rest der Nacht in Polizeihaft verbringen. Gegen sechs von ihnen richtete sich die Anklage der Staatsanwaltschaft, die ihnen Landfriedensbruch (§ 125 StGB) und Auflauf (damaliger § 116 StGB) vorwarf. Zusammen mit den Hannoverschen Kollegen Nölke und Markert übernahm ich die Verteidigung.

Demonstrationen gab es nach dem Attentat auf Rudi Dutschke in vielen deutschen Städten. Vor dem Rathaus Schöneberg in Berlin setzte die Polizei am 12. April 1968 Wasserwerfer ein.

Angeklagt waren ein Elektriker (Jahrgang 1916), ein Arbeiter (Jahrgang 1922), eine Studentin (Jahrgang 1945), zwei Studenten (Jahrgang 1941 und 1946) und ein kaufmännischer Angestellter (Jahrgang 1946). Es stellte sich also heraus, daß sich nicht nur Studenten an der Demonstration beteiligt hatten.

Tatsächlich hatte die Empörung über die im Schutze der Pressefreiheit jahrelang betriebene Mordhetze seitens der Springer-Presse breite Schichten der Bevölkerung erfaßt und nicht nur in Hannover zu einer Solidarisierung großer Teile der Arbeiterschaft mit den Studenten geführt. Es ist heute kaum noch nachzuvollziehen, wie lebendig im öffentlichen Bewußtsein jener Tage der Übergang vom Protest zum Widerstand war. Das populäre und damals unter der Verantwortung von Henry Nannen noch mit politisch-kritischem Anspruch geführte Wochenmagazin *Stern* vom 28. 4. 1968 bildete auf dem Titelblatt stürmende und vor den Wasserwerfern der Polizei Schutz suchende Demonstranten ab und textete dazu: »Ist die Revolution noch zu stoppen?« Der *Spiegel* druckte am 29. 4. 1968 eine umfangreiche Dokumentation von Augenzeugenberichten, Flugblättern und Interviews unter dem Titel: »Wer hier als Christ gleichgültig bleibt und schweigt, verrät seinen Herrn« und leitete sie so ein:

Die Staatsautorität ramponiert, die Generationen entzweit, das Recht strapaziert – das ist die Bundesrepublik nach der Oster-Rebellion der Studenten. Fünf Tage lang rannte das junge Volk – aufgeschreckt von den Schüssen auf Rudi Dutschke – mit Sprechchören und Flugblättern, Steinen und roten Fahnen gegen das Regime der Väter an. Die Alten verteidigten ihre Ordnung mit Polizeiknüppeln, Wasserwerfern und Tränengas …

Aus den mitgeteilten authentischen Zitaten wurden der Haß und die Wut deutlich, die viele Menschen damals gegen Staats- und Mediengewalt erfaßt hatte und den Hütern einer Ordnung angst machte, »die keiner gesellschaftlichen Gruppe der Nachkriegszeit derart gesicherte Lebens- und Überlebenschancen garantierte, wie den technokratisch, militärisch und verwaltungstechnisch bewährten ›Eliten‹ des Dritten Reiches« (Oskar Negt: *Die Auferstehung der Gewalt*, 1968). Die personellen Kontinuitäten zwischen den politischen, wirtschaftlichen und juristischen Machtträgern des Nazi-Staates und der kapitalistischen Bundesrepublik waren damals noch für jedermann sichtbar und förderten die Erkenntnis, daß das Hitler-Regime eine Form der »offenen Diktatur des Kapitals« (August Thalheimer) gewesen war und sich jederzeit wiederholen könnte. Die Wiederkehr offener staatlicher Gewalt gegen oppositionelle Minderheiten rief, ausgehend von den Universitäten, historische Erinnerungen wach an eine Zeit, in der die Deutschen zu wenig gegen den aufkommenden nationalsozialistischen Terror getan hatten. Namhafte Professoren und Autoren unterzeichneten zum Mordanschlag auf Rudi Dutscke eine Erklärung, in der davon die Rede war, wie durch gezielte Diffamierung einer Minderheit zur Gewalttätigkeit gegen sie aufgereizt worden ist:

Dieses Klima ist systematisch vorbereitet worden von einer Presse, die sich als Hüterin der Verfassung aufführt und vorgibt, im Namen der Ordnung und der Mehrheit zu sprechen, mit dieser Ordnung aber nichts anderes meint als die Herrschaft über unmündige Massen und den Weg in einen neuen, autoritätsbestimmten Nationalismus. Das Bündnis von bedenkenlosem Konsumjournalismus und wiederauflebender nationalistischer Ideologie, das die demokratisch engagierten Studenten und Intellektuellen seit Jahren als »Linksmob«, »Eiterbeule«, »akademische Gammler«, »Pöbel«, »geistige Halbstarke«, »Neurotiker«, »Schreier« und »Schwätzer« verunglimpft, droht das Selbstverständnis der Deutschen in einer Welt der friedlichen Verständigung, der fortschreitenden Aufklärung und Zusammenarbeit auch zwischen verschiedenen Gesellschaftssystemen abermals zu zerstören …

Zu den Unterzeichnern dieser Erklärung, die zur öffentlichen Diskussion über den Springer-Konzern, seine politischen und wirtschaftlichen Voraussetzungen (»Enteignet Springer!« lautete die Forderung der Außerparlamentarischen Opposition) und seine Praktiken der publizistischen Manipulation aufrief, gehörten Theodor W. Adorno, Heinrich Böll, Peter Brückner, Walter Jens, Eugen Kogon, Golo Mann, Alexander Mitscherlich, Helge Pross und Helmut Ridder.

Andere erinnerten daran, wer die Verbündeten der Mordhetzer waren und welche Rolle die Justiz wieder einmal spielte:

Vor allem müssen wir erkennen, daß die wirklich Schuldigen an dem infamen Mordanschlag in den Redaktionsbüros, in Regierungen, Parlamenten und Parteien sitzen; sie wissen sich allerdings frei von aller Schuld, weil die »Objektivität« eines individualistischen Strafrechts ihnen den gleichen Schutz gewährt, dessen sich schon die für die Verbrechen des Dritten Reiches Mitverantwortlichen erfreuen konnten. (Oskar Negt: *Die Auferstehung der Gewalt*)

Die Justiz befaßte sich mit denen, die zum Widerstand gegen die Springer-Hetze übergegangen waren. Um das polizeiliche Umfeld zu charakterisieren, in dem sich die »Straftat« abgespielt hat, um die es in unserem Prozeß ging, sollen hier noch zwei in der *Spiegel*-Dokumentation wiedergegebene Äußerungen zitiert werden. Die eine stammte von dem *FAZ*-Korrespondenten Wolfgang Terstegen und beschrieb dessen Erlebnis bei der Polizeiaktion:

Ich stand mit meiner Frau an der Ecke der Odeonstraße, als der Demonstrationszug kam. Ich sah, wie sich zunächst ein Polizist und hinter ihm weitere auf einen jungen Mann mit einer roten Fahne stürzten. Der Mann hielt die Fahne fest. Daraufhin hieben die Beamten auf ihn und auf andere Demonstranten, aber auch auf völlig Unbeteiligte, darunter eine Frau, mit ihren Knüppeln ein, immer drei auf einen. Vor lauter Wut sagte ich zu einem Polizeioffizier, der neben mir stand und sich das ansah: »Das haben Sie provoziert, das ist doch eine Unverschämtheit. Würden Sie mir bitte den Namen oder die Nummer dieser Beamten geben.« Der Offizier sah mich nur an und befahl seinen Leuten: »Festnehmen.«

Das zweite Zitat gibt die Äußerung eines namentlich genannten Hannoverschen Polizeikommissars wieder:

Der *Stern* berichtete ausführlich über die Studentenunruhen (Heft Nr. 17 vom 28. April 1968, S. 18/19).

Niemandem passiert etwas, wenn er die vier großen »F« beachtet: Feierabend, Fernsehen, Filzpantoffeln und Flaschenbier.

Daran hatten sich die Angeklagten, die wir zu verteidigen hatten, nicht gehalten. Und nun wurde ihnen der Prozeß gemacht.

Keinen Prozeß hatten die Polizisten zu erwarten, die die Demonstration, die bis dahin völlig friedlich verlaufen war, gewaltsam auflösten. Dabei wurden die Demonstranten mit Was-

serwerfern aus kürzester Entfernung schmerzhaft angespritzt und sodann, noch immer auf dem Boden sitzend, mit Schlagstöcken verprügelt. Die angeklagte Studentin schilderte in ihrer gegen die Polizisten gerichteten – wie üblich durch Einstellung des Verfahrens erledigten – Strafanzeige wegen Körperverletzung im Amt, wie sie zunächst bespritzt und geschlagen und sodann an den Beinen angefaßt und über das Straßenpflaster und durch das im Rinnstein gestaute Wasser gezogen worden ist. Na, was denn? Sie hätte ihren Feierabend ja mit Filzpantoffeln und Flaschenbier vor dem Fernseher verbringen können.

An fünf Verhandlungstagen (11., 12., 14., 25. und 28. 11. 1968) saßen sie nun auf der Anklagebank des erweiterten Schöffengerichts, die da geglaubt hatten, daß es in diesem Staat ein Grundrecht auf Demonstrationsfreiheit gebe, das doch mindestens das Recht umfassen müsse, die Auslieferung eines an einem Mordanschlag mitschuldigen Hetzblattes um ein paar Stunden zu verzögern. Der Vorsitzende, Amtsgerichtsrat von Wick, erwies sich als ein liberaler Mann, der nicht ohne Wohlwollen für die Angeklagten war. Er sah sich aber von Anfang an Konflikten gegenüber, die seine Liberalität auf eine harte Probe stellten. Daß der für die Verhandlung vorgesehene Saal viel zu klein war, um alle interessierten Zuhörer zu fassen, forderte die ersten Proteste heraus. Das Problem wurde durch Umzug in den Schwurgerichtssaal gelöst. Aber auch dort reichte der Platz nicht aus, und eine vom Landgerichtspräsidenten verfügte polizeiliche Besetzung des Haupteingangs des Gerichts führte dazu, daß auch die Angeklagten ausgesperrt blieben. »Die Szene hätte dem absurden Theater entnommen sein können«, meinte der Reporter der *Hannoverschen Allgemeinen Zeitung* (12. 11. 68).

Am dritten Verhandlungstag gab es einen, allerdings nur halbherzig gestellten, Befangenheitsantrag gegen den Vorsitzenden, weil dieser gleich zu Beginn der Verhandlung angekündigt hatte, daß er nunmehr Beifalls- und Mißfallenskundgebungen des Publikums nicht mehr dulden werde, und eine Ausschließung der Öffentlichkeit androhte. Die Angeklagten leiteten aus dieser Änderung des Verhandlungsstils den Verdacht her, daß auf den Vorsitzenden »von verfahrensfremder Seite« Druck ausgeübt worden sei, der seine richterliche Unabhängigkeit beeinträchtige. Der Verdacht war nicht ganz abwegig, da zwei Verteidiger Zeuge einer Szene geworden waren, bei der der Landgerichtspräsident, ein Herr Bock, den Vorsitzenden im Tone eines militärischen Vorgesetzten aufgefordert hatte, gegen die vor dem Gerichtsgebäude ausgesperrten Angeklagten Vorführungsbefehle zu erlassen. Als einer der Verteidiger Herrn Bock darauf hinwies, daß er sich eines Eingriffs in die richterliche Unabhängigkeit schuldig mache, unterbrach dieser sich und erklärte, wiederum in herrischem Befehlston: »Sie, Herr von Wick, führen die Verhandlung! Ich habe Ihnen gesagt, was ich als Verhandlungsleiter tun würde. Bitte, entscheiden Sie!« Dieser Satz, so hieß es im Befangenheitsantrag, »wurde mehrfach wiederholt in einem Ton, wie dies bei einem Offiziersmanöver üblich sein mag, bei dem die schnelle Ent-

Am 12. April 1968 kamen auch Gummiknüppel gegen die Demonstranten in Berlin zum Einsatz.

schlußkraft eines Offiziers niederen Ranges geprüft werden soll.« In dem Antrag wurde aber weiter auch mitgeteilt, daß Herr von Wick sich am Tage dieses Gesprächs noch nicht zu Maßnahmen habe drängen lassen, die seiner eigenen richterlichen Auffassung widersprachen, sondern sich »mit glänzendem Erfolg um eine gütliche Lösung des Konflikts« bemühte.

Der Befangenheitsantrag wurde, wie wir Verteidiger erwartet und gehofft hatten, abgelehnt; wir behielten diesen sich durch seine Liberalität wohltuend von vielen anderen Richtern unterscheidenden Vorsitzenden. Allerdings taten die Angeklagten oder deren Sympathisanten, auf die wir kaum Einfluß hatten, dem Vorsitzenden noch einen weiteren Tort an, über den der *Weser-Kurier* am 26. 11. 1968 ausführlich berichtete. Überschrift: »Angeklagte wurden ›entführt‹.«

Kurz vor Sitzungsbeginn hatten etwa 100 vor dem Gericht wartende Demonstranten sich der sechs Angeklagten bemächtigt und waren mit ihnen durch die Stadt zum Gelände der Technischen Universität gezogen. Als Amtsgerichtsrat von Wick den Sitzungssaal betrat, fand er die Anklagebank leer. Ich teilte dem Gericht den Vorgang so, wie er mir bekannt geworden war, mit. Der Rektor der Technischen Universität habe wegen des großen Interesses, das für diesen Prozeß herrsche, die Mensa zur Verfügung gestellt. Ich schlug vor, die Verhandlung in der Mensa der Technischen Universität fortzusetzen. Darauf erklärte Staatsanwalt Dr. Goertz kategorisch: »Ich werde nicht zur Mensa ziehen!« Nach einer Beratungspause ergingen nunmehr Vorführungsbefehle gegen die Angeklagten. Dann fuhren zwei Justizbeamte mit zwölf Polizisten zur Hochschule. Sie fanden dort etwa 150 Menschen in der Mensa vor, deren Mehrzahl laut Presse aus nichtakademischen Jugendlichen bestand. Man erfuhr, daß der SDS – einst die studentische Jugendorganisation der SPD, inzwischen wegen Linksabweichung von der Mutterpartei verstoßen – die Mensa gemietet hatte. Während ein Student sprach, sammelte ein Mädchen von den Anwesenden Beiträge für die Saalmiete von 100 Mark.

Über den weiteren Verlauf berichtete der *Weser-Kurier*:

Als der Sprecher eine Diskussion über die »Klassenjustiz« ankündigte, erschien der Rektor der Technischen Universität mit zwei Gerichtsbeamten in der Mensa. Er habe nur die Absicht, sagte der Rektor ins Mikrophon, den beiden Beamten Gelegenheit zu geben, ihre Vorführungsbefehle vorzutragen. Während seiner kurzen Ansprache scharten sich etwa 50 Anwesende um die Angeklagten. Die zwei Gerichtsbeamten zwängten sich durch die Menschenmauer, lasen den sechs Angeklagten die Vorführungsbefehle vor und forderten sie auf, mitzugehen. »Wir wollen schon, aber Sie sehen, daß wir nicht können«, sagte für die sechs Angeklagten Altkommunist Maiwald. Darauf verließen die Justizbeamten die Mensa, während die Versammelten auf die Tische sprangen und zusammen mit den Angeklagten die »Internationale« anstimmten. Ein DDR-Kamerateam filmte das Ganze. Im Gericht hatte inzwischen der Staatsanwalt mit seinem Plädoyer begonnen, nachdem die beiden Beamten ihre Mission geschildert hatten.

Mir tat es leid, daß diese im Stil eines Studentenulks abgelaufene Veralberung der Justiz ausgerechnet ein Richter ausbaden mußte, der wegen seiner Liberalität unsere Sympathie hatte. Denn man gibt ja nie die Hoffnung auf, daß liberalen Worten und Gesten auch liberale Taten folgen. Aber das Schöffengericht blieb auf halbem Wege stehen. Zwar lehnte es eine Verurteilung der Angeklagten wegen Landfriedensbruchs ab und führte dazu aus:

Die Anklage hat sich auf den Standpunkt gestellt, daß die Demonstranten durch das Verschließen der Tür zum hp-Gebäude eine Gewalttätigkeit gegen eine Sache begangen hätten, mit der sich die Angeklagten einverstanden erklärt hätten. Träfe es aber zu, daß in ihrem Vorgehen eine Gewalttätigkeit läge, so wäre sie zumindest auch gegen Personen, nämlich die im Gebäude befindlichen Zeitungsleute begangen worden. Dann würde aber jeder, der mit vor der Tür gesessen hätte, nach Abs. 2 des § 125 StGB wie ein Rädelsführer zu bestrafen sein, das heißt mit Zuchthaus von 1–10 Jahren und bei Vorliegen mildernder Umstände mit Gefängnis nicht unter 6 Monaten. Jeder wird empfinden, daß selbst die gesetzliche Mindeststrafe weit über das Ziel hinausgehen würde.

(Jeder? Die Richter des Oberlandesgerichts Celle waren da ganz anderer Meinung. Aber davon später.)

Der damalige Gesetzgeber hatte eben einen ganz anderen Tätertyp im Auge als solche Personen, die, zur Gewaltlosigkeit entschlossen, ihre von sehr vielen geteilte Meinung durch eine Verzögerung einer einzigen Zeitungsauflage demonstrativ unterstreichen wollen.

Aber das Gericht verurteilte die Angeklagten wegen gemeinschaftlich begangener Nötigung zu Geldstrafen von je 100 DM. Die Blockade der *Bild*-Zeitungs-Auslieferung sei rechtmäßig gewesen – solange sie von der Polizei geduldet wurde! Daß sie nicht nach Hause gegangen sind, als die Polizei die Demonstranten dazu aufforderte, konnte das Gericht nicht verstehen. Die Liberalität dieses Gerichts war da zu Ende, wo sie hätte anfangen müssen. Und der Urteilsverfasser hätte sich die vielen schönen Worte über die freiheitliche Verfassung im allgemeinen und das Demonstrationsrecht im besonderen ersparen können.

Wir riefen mit der Berufung das Landgericht an, ohne große Hoffnung, dort mutigere Richter zu finden. Aber o Wunder! Alle Angeklagten wurden freigesprochen. Die Strafkammer – bestehend aus den Richtern Kobold, Widera und Erbguth und den Schöffen Versicherungskaufmann Desselmann und technischer Zeichner Depke – befand, daß die von den Demonstranten beabsichtigte Verzögerung der Auslieferung der *Bild*-Zeitung nicht über die Grenzen des Erlaubten hinausgegangen und von den Grundrechten der Verfassung gedeckt sei.

Das ließ natürlich die Staatsanwaltschaft nicht ruhen. Sie wußte, daß über den bürgerrechtsfreundlichen Richtern und Schöffen der Hannoverschen Strafkammer die Herren vom

Oberlandesgericht Celle thronten, konservativ bis in die Knochen. Und die hoben, wie zu erwarten, das Urteil des Landgerichts auf und ordneten eine neue Verhandlung vor einer anderen Strafkammer an. Sie fanden, daß die Angeklagten an der öffentlichen Zusammenrottung einer Menschenmenge teilgenommen hätten, aus der heraus mit vereinten Kräften Gewalttätigkeiten begangen worden seien, wie es der Landfriedensbruchstatbestand von 1871 formuliert, dessen Gesetzgeber noch nicht durch Freiheitsrechte der Bürger an der freien Entfaltung der Staatsgewalt gehindert war. Auf das Recht der freien Meinungsäußerung könnten die Angeklagten sich nicht berufen. Ihr Handeln sei überhaupt keine Meinungsäußerung. Aber wenn es eine sei, dann seien jedenfalls »Demonstrationen, die den Tatbestand des § 125 Abs. 1 StGB (Landfriedensbruch) verwirklichen, als Mittel der Meinungsäußerung nicht erlaubt«. Auch aus dem Grundrecht der Versammlungsfreiheit sei das Handeln der Angeklagten nicht gerechtfertigt, denn dieses Grundrecht gestatte nur, sich »friedlich« zu versammeln. Die hier zu beurteilende Versammlung sei aber »von vornherein unfriedlich angelegt«, denn aus ihr heraus seien Gewalttätigkeiten begangen worden. Als »Gewalttätigkeiten« stuften die Oberlandesrichter die (schon vor dem Eintreffen der Angeklagten erfolgte) Verbarrikadierung der Ausgänge des Pressehauses und das Ausharren der Menschenmenge ein, infolgedessen sich »die mit der Auslieferung der ›Bild-Zeitung‹ Betrauten gehindert sahen, die Barrikaden wegzuräumen«. Auch Auflauf (der damalige § 116 StGB), den das Landgericht mit der Begründung verneint hatte, daß die Demonstranten sich gar nicht entfernen konnten, weil sie sich von Polizisten eingekreist fühlten, hielt das OLG für gegeben. Warum sie, wie das Landgericht formuliert hatte, »eingedenk früherer Vorkommnisse in Berlin Übergriffe der Polizei befürchteten«, sei nicht erkennbar. Die Oberlandesrichter wörtlich:

> Denn die Angeklagten hatten es mit niedersächsischen Polizeibeamten zu tun.

Die Herren Richter vom 3. Strafsenat des OLG Celle haben sich nicht geniert, dieses Urteil in einer juristischen Fachzeitschrift (NJW 70, 206) veröffentlichen zu lassen.

Zu einer weiteren Verhandlung ist es dann nicht mehr gekommen, weil die »Straftat« der Angeklagten unter die Amnestie fiel, die der Bundestag 1970 beschlossen hat.

19. Die »Umtriebe« des Leutnants Volmerhaus (1969)

Im Mai 1968 erreichte der jahrelange Kampf um die Notstandsgesetze einen Höhepunkt. Das »17. Gesetz zur Ergänzung des Grundgesetzes«, die sogenannte Notstandsverfassung, wurde vom Bundestag mit verfassungsändernder Zweidrittelmehrheit in 2. und 3. Lesung beschlossen, und zwar im Eiltempo, obwohl es sich »um eine der schwierigsten verfassungsrechtlichen Materien« handelte, »der selbst der juristische Sachverstand eines großen Teils der Bundestagsabgeordneten nicht gewachsen war« (Dieter Sterzel: *Kritik der Notstandsgesetze*, S. 19). Jürgen Seifert hatte schon 1965 gewarnt: »Die verwirrende Vielfalt der Gesetzentwürfe zu den Notstandsgesetzen und die Kompliziertheit der juristischen Fragen droht die Auseinandersetzung um das Notstandsrecht zu einer Angelegenheit der Experten werden zu lassen ...« (In: Eugen Kogon u.a.: *Der totale Notstandsstaat*, S. 69). Entgegen früheren Zusicherungen aus SPD-Kreisen wurde eine breite öffentliche Diskussion durch den parlamentarischen Zeitplan gezielt unterlaufen. Zwischen der Veröffentlichung des Entwurfs des Rechtsausschusses und der entscheidenden 2. Lesung am 16. Mai 1968 lagen ganze vier Tage! Es war ausgeschlossen, daß sich die gesamte Bevölkerung ein Urteil über die neue Gesetzesvorlage hätte bilden können. Um so heftiger reagierten die Teile der Öffentlichkeit, die seit Jahren der Bundesregierung bei ihren Notstandsplanungen auf die Finger geschaut und sie mit Kritik und Protest durch alle Windungen des Gesetzgebungsverfahrens verfolgt hatten: vor allem die Gewerkschaften, große Teile der Studentenschaft und eine beträchtliche Anzahl von Professoren, Schriftstellern und sonstigen Intellektuellen – darunter mal wieder auch dieser unbequeme Rechtsanwalt aus Bremen, der sich in mehreren Veröffentlichungen zum Thema Notstandsgesetze zu Wort gemeldet und viele Reden gehalten hatte. So auch bei der großen vom DGB veranstalteten Kundgebung am 27. Mai 1968 auf dem Frankfurter Römerberg vor 12000 Arbeitern und Studenten, deren Rufe »Generalstreik! Generalstreik!« mir noch in den Ohren klingen.

Auch in Berlin hatte die Unruhe die Studentenschaft und die gewerkschaftlich organisierte Arbeiterschaft erfaßt. Die Attentate auf Martin Luther King in den USA und auf Rudi Dutschke in Berlin, beide Prediger des gewaltlosen Widerstands, hatten die Konfrontation zwischen den Exponenten der Staatsgewalt und den protestierenden Massen verschärft. Aus Paris, wo die größten Straßenschlachten seit der Commune von 1871 stattfanden, drangen revolutionäre Töne herüber. Auch in Deutschland standen die Zeichen auf Sturm. Die Wochenzeitschrift *Stern* fragte allen Ernstes »Ist die Revolution noch zu stoppen?« Daß man ausgerechnet in dieser aufgeregten Zeit in Bonn eine Notstandsverfassung durchpeitschte, die der Bundeswehr die Aufgabe zuwies, auch gegen den inneren Feind als Bürgerkriegsarmee und Machtinstrument der herrschenden Klasse tätig zu werden, war eine ungeheure Provokation, die leicht in Blutvergießen hätte enden können. Aber dem vielstimmigen Schrei »Generalstreik! Generalstreik!« folgten keine Taten. Und so konnten die Gesetzesmacher in Bonn sich ihr bewaffnetes Notstandsinstrument für den Fall eines kollektiven Ungehorsams der Massen ungehindert bereitlegen.

Aber werden deutsche Soldaten wirklich auf deutsche Arbeiter und Studenten schießen, wie es seit Kaisers Zeiten von ihnen erwartet wird? Die dumpfe, auf Befehl und Gehorsam getrimmte Mehrheit sicher. Aber es gab eine Minderheit, die ihr politisches Gewissen befragte und Nein zu diesen Planungen sagte. Am 28. Mai 1968 lag vor dem Eingang der Mensa der Freien Universität Berlin ein »Offener Brief« an den Bundesminister der Verteidigung und an den Bundesausschuß für Verteidigung zur Unterschrift durch Bundeswehrreservisten aus. In diesem »Offenen Brief« wurde der im Notstandsverfassungsentwurf vorgesehene Einsatz der Bundeswehr im Fall eines inneren Notstandes abgelehnt.

Als ehemalige Angehörige der Bundeswehr fordern wir Sie auf, gegen die zur Verabschiedung stehenden Notstandsgesetze Einspruch zu erheben.

Wir halten den darin vorgesehenen Einsatz der Bundeswehr im Innern (Art. 87 a, 3 u. 4) für einen fatalen Rückschritt in der Entwicklung unserer Demokratie.

Das *Stern*-Titelblatt vom 28. April 1968 (Heft Nr. 17)

Aus dem Bürger in Uniform, der auch noch heute Zielbild der militärischen Ausbildung ist, darf nicht der Polizist in Uniform werden. Die Bundeswehr ist für den Einsatz im Innern nicht ausgerüstet und ausgebildet und darf es auch nicht sein.

Der Eid, den wir auf die Verteidigung von Recht und Freiheit geleistet haben, kann uns nicht mehr binden, wenn Recht und Freiheit durch die Bundeswehr selbst bedroht sind.

Wir fordern daher alle Angehörigen der Bundeswehr und alle in Reserve stehenden auf, nachdrücklich und unmißverständlich Protest und Widerstand anzusagen gegen alle Pläne, ihre Pflichten in einer für die Demokratie derart verhängnisvollen Weise auszuweiten.

Diesen »Offenen Brief« unterschrieb auch der damals 23jährige Leutnant der Reserve Hartmut Volmerhaus, der an der Freien Universität politische Wissenschaften studierte. Am 27. Mai 1968 nahm er an einer Versammlung von Bundeswehrreservisten im Otto-Suhr-Institut teil, bei der weitere Schritte gegen den Einsatz der Bundeswehr im Innern diskutiert wurden. Die etwa 35 bis 40 Teilnehmer der Versammlung beschlossen, eine weitere Versammlung einzuberufen, um den Protest gegen die unmittelbar bevorstehende Verabschiedung des Notstandsverfassungsgesetzes auf eine breitere Basis zu stellen. Diese Veranstaltung fand dann am 28. Mai 1968, zwei Tage vor der 3. Lesung des Gesetzes, in einem Hörsaal des Henry-Ford-Baues der Freien Universität statt und führte etwa 400 Bundeswehrreservisten aller Dienstgrade zusammen, die nochmals diskutierten, in welcher Form der Protest gegen den Einsatz der Bundeswehr im Fall des inneren Notstandes formuliert werden sollte. Es gab zwei miteinander unvereinbare Meinungen, welches Verhalten man den Soldaten der Bundeswehr empfehlen sollte. Während die einen, zu denen Volmerhaus gehörte, meinten, man solle innerhalb der Bundeswehr aufklärend und demokratisierend wirken, um einen Einsatz der Bundeswehr als Machtinstrument der Herrschenden gegen streikende Arbeiter und andere innere Feinde zu »verunsichern«, waren die anderen der Auffassung, daß man zum Ausscheiden aus der Bundeswehr im Wege der Kriegsdienstverweigerung mit politischer Begründung aufrufen sollte. Schließlich wurde unter Zeitdruck eine Resolution beschlossen, in der beide Handlungsmöglichkeiten alternativ empfohlen wurden. Etwa 360 Teilnehmer der Versammlung, darunter Volmerhaus, stimmten diesem Kompromiß zu.

Der gesamte Text der Resolution lautete:

Als Reservisten der Bundeswehr verfolgen wir besorgt die Bemühungen, die Bundeswehr zu einer Polizei- und Bürgerkriegstruppe zu machen.

Die Stärke undemokratischer und antidemokratischer Tendenzen in der Bundeswehr ist uns bekannt und von uns allen erlebt worden, angesichts der Übernahme von Führungskräften und Vorbildern aus der Armee des Dritten Reiches ist das nicht verwunderlich.

Mit den Notstandsgesetzen werden diese Tendenzen von der durch unser Gesellschafts- und Wirtschaftssystem Privilegierten zur Sicherung ihrer Herrschaft in Dienst gestellt. Die Kräfte, die sich innerhalb der Bundeswehr dem entgegenstellen, sind äußerst schwach.

Unabhängig von unserer eigenen politischen Einstellung halten wir es für legitim und notwendig, daß in der Bundeswehr sozialistische und radikaldemokratische Positionen vertreten und zu Gehör gebracht werden. Innerhalb der Bundeswehr darf einer Diskussion über gesellschaftliche Fragen nicht ausgewichen werden, um einer antidemokratischen Entwicklung entgegenzuwirken.

Dazu sehen wir zwei Möglichkeiten:

1. Austritt aus der Bundeswehr durch Anerkennung als Kriegsdienstverweigerer aus politischen Gründen.

2. Verbleiben in der Bundeswehr mit dem Ziel, aufklärend und demokratisierend tätig zu sein, um sie als innenpolitisches Machtinstrument der Herrschenden zu verunsichern.

Wenn versucht wird, die Bundeswehr mißbräuchlich im Innern zu verwenden, scheint uns der Zeitpunkt gekommen zu sein, mit unserem Widerstand einzusetzen.

Die Resolution wurde als Flugblatt etwa 12000 mal abgezogen und von Freiwilligen zur Verteilung übernommen. Auch Volmerhaus ließ sich ein paar hundert Exemplare geben und verteilte – in Zivil – etwa 200 Flugblätter vor zwei Kasernen in Bergzabern und übergab 15 Flugblätter dem Posten vor einer Kaserne bei Hamburg mit der Aufforderung, sie dem Wachhabenden auszuhändigen.

Hartmut Volmerhaus, der am 1. April 1965 auf Grund freiwilliger Meldung Soldat geworden war und von seinen Vorgesetzten als intelligenter, aufgeschlossener und temperamentvoller Soldat beurteilt wurde, der Eigeninitiative und Durchsetzungsvermögen besitze, vielseitig interessiert und bei seinen Kameraden beliebt sei und immer offen seine Meinung vertrete, hatte es innerhalb von zwei Jahren zum Leutnant der Reserve gebracht. Aber einen Offizier, der die Meinung vertrat, daß die Militärmacht eines demokratischen Staates nicht gegen protestierende Bürger und streikende Arbeiter eingesetzt werden dürfe, konnte die Bundeswehr nicht brauchen.

Als die Flugblattgeschichte ruchbar wurde, enthob der Kommandeur der 6. Panzergrenadierdivision in Neumünster, bei der Volmerhaus gerade eine Übung ableistete, den unangepaßten Leutnant vorläufig des Dienstes und verbot ihm, Uniform zu tragen. Gleichzeitig wurde das disziplinargerichtliche Verfahren gegen Volmerhaus eingeleitet.

Der Wehrdisziplinaranwalt erstellte eine Anschuldigungsschrift, die dem Leutnant der Reserve Hartmut Volmerhaus vorwarf, seine Dienstpflichten schuldhaft verletzt zu haben, indem er die Resolution verteilt hatte. Die in dieser enthaltenen Auffassungen hätte der Leutnant Volmerhaus nicht vertreten dürfen, meinte der Wehrdisziplinaranwalt. Mit seinem Verhalten sei er »der Achtung und dem Vertrauen nicht gerecht geworden, die für eine Wiederverwendung in seinem Dienstgrad erforderlich sind«. Das Truppendienstgericht in Neumünster war der gleichen Meinung und entschied am 21. November 1968:

Dem Beschuldigten wird der Dienstgrad eines Leutnants d. R. aberkannt. Er erhält den untersten Mannschaftsdienstgrad der Reserve.

Volmerhaus, der ohne Verteidiger in die Verhandlung gegangen war, legte noch an Gerichtsstelle Berufung gegen das Urteil ein. Die *Frankfurter Rundschau* vom 10. 12. 1968 berichtete, daß ein Vertreter des Wehrbeauftragten des Bundestages als Beobachter anwesend war, den die Entscheidung zu der Bemerkung veranlaßt habe: »Nehmen Sie sich einen guten Anwalt. Wir brauchen in Ihrem Fall unbedingt eine Grundsatzentscheidung.« Es drohe noch eine ganze Reihe ähnlicher Prozesse gegen Reservisten, die entschieden gegen den Bundeswehreinsatz im Innern, wie ihn die Notstandsgesetze vorsehen, Stellung bezogen hätten. Auch der Gerichtsvorsitzende habe dem Angeklagten offen eingestanden, daß er über die Berufungseinlegung froh sei.

Man möge mir, der ich oft genug habe lesen müssen, ich sei »als Terroristenverteidiger bekannt geworden«, verzeihen, daß ich auch den folgenden Satz des Zeitungsberichts zitiere:

Die Verteidigung für die Berufungsverhandlung vor dem Wehrdienstsenat beim Bundesverwaltungsgericht in München wird der Bremer Rechtsanwalt Hannover übernehmen, der sich als erfolgreicher Verteidiger in Prozessen von Kriegsdienstverweigerern einen Namen gemacht hat.

In meiner schriftlichen Berufungsbegründung betonte ich, daß es die legitime Aufgabe, ja im Hinblick auf die geschichtlichen Erfahrungen mit der Reichswehr der Weimarer Republik und der Wehrmacht des Dritten Reiches sogar die Pflicht eines jeden Offiziers sein müsse, eine mißbräuchliche Verwendungsmöglichkeit der Bundeswehr als innenpolitisches Machtinstrument der Herrschenden zu »verunsichern«.

Eine Bundeswehr, die Offiziere, die antidemokratische Tendenzen in der Bundeswehr bekämpfen, für unwürdig erklärt und ihnen abspricht, daß sie der Achtung und dem Vertrauen gerecht würden, die für ihre Verwendung als Vorgesetzter erforderlich sind, bestätigt eben die Tendenzen, die im Eingang des Flugblatts aufgezeigt worden sind.

Am 23. September 1969 fand die Berufungshauptverhandlung vor dem 1. Wehrdienstsenat des Bundesverwaltungsgerichts in München statt. Das Gericht bestand aus: Senatspräsident Scherübl, Bundesrichter Dr. Schweiger, Bundesrichter Saalmann, Generalmajor Carganico und Oberleutnant Noth. Die Anklage vertrat Bundeswehrdisziplinaranwalt Dr. Bruneß. Die Verhandlung war nach dem Gesetz nichtöffentlich, was den Anklagevertreter, der ohne eine Spur von politischem und verfassungsrechtlichem Problembewußtsein plädierte, davor schützte, sich der Lächerlichkeit preiszugeben. Das Grundrecht der freien Meinungsäußerung erledigte sich für Herrn Dr. Bruneß durch den schlichten Hinweis, daß dieses Recht »nur im Rahmen der Gesetze« bestehe. Das Flugblatt habe »Mißtrauen gegenüber der Regierung« hervorrufen sollen. Er könne auch nicht unterlassen, zu erwähnen, daß die Gefahren, die der Beschuldigte und sein Herr Verteidiger in der Notstandsgesetzgebung sehen, von der Mehrheit des Volkes nicht gesehen würden. Man müsse davon ausgehen, »daß wir eine ordnungsmäßige Staatsführung haben« und daß es, entgegen der Behauptung im Flugblatt, keine »durch unser Gesellschafts- und Wirtschaftssystem Privilegierten« gebe. Diese Auffassungen dürfe ein Reserveoffizier nicht haben, sonst sei er für die Bundeswehr nicht voll verwendungsfähig. Widerstand sei eine »ganz unmilitärische Sache«.

In meiner Erwiderung ersparte ich den Herren nicht die Erinnerung an geschichtliche Erfahrungen mit dem Einsatz von Militär gegen demokratisch gesinnte Arbeiter (Kapp-Putsch, Noske usw.). Ausgerechnet die Bundeswehr, die durch antidemokratische Tendenzen (damals waren NPD-Erfolge in Garnisonsstädten aufgefallen) ins Gerede gekommen sei, solle nun wieder die Demokratie schützen. Das Urteil des Truppendienstgerichts bestätige im Ergebnis, daß die Bundeswehr ein politisches Machtinstrument der Herrschenden sei und daß man sie durch Aufklärung und Demokratisierung schwächen könne. Wörtlich sagte ich:

Ein traurigeres Urteil über die Bundeswehr konnte nicht gesprochen werden. Aber jedes andere Urteil würde an den Realitäten vorbeigehen. Denn die herrschende Minderheit in unserem Staat kann nicht einen so wichtigen Manipulationsapparat wie die Bundeswehr der demokratisierenden Aufklärung und Bewußtseinsbildung öffnen, ohne ihre eigene Herrschaft zu gefährden.

Wenn die Bundeswehr als »Schule der Nation« bezeichnet werde, dann sei offenbar die Erziehung zum unkritischen Staatsbürger gemeint, der, wenn es befohlen wird, auch auf seine eigenen Brüder schießen würde.

Die liberale Verhandlungsführung des Vorsitzenden hatte mich auf ein liberales Urteil hoffen lassen. Aber das am 24. September 1969 verkündete Urteil lautete auf Zurückweisung der Berufung. Es blieb dabei, daß Hartmut Volmerhaus in den untersten Mannschaftsdienstgrad herabgesetzt wurde. Auch die Richter des Bundesverwaltungsgerichts fanden, daß der Beschuldigte als Vorgesetzter nicht mehr verwendet werden könne. Das Ansehen eines Reserveoffiziers, der öffentlich Flugblätter solchen Inhalts an aktive Soldaten verteilt, sei bei den Soldaten, deren Kamerad und Vorgesetzter er werden könne, aufs tiefste erschüttert, das Vertrauen seiner Vorgesetzten in seine persönliche Integrität, insbesondere in seine eigene Gehorsamsbereitschaft gegenüber verbindlichen Befehlen, sei weitestgehend zerstört.

Etwas anderes könnte nur gelten, wenn es sich um die Untergrabung der Befehlstreue in einem Unrechts- und Terrorsystem handeln würde, das die scheinlegale Bindungswirkung militärischer Befehle zur Aufrechterhaltung seiner verbrecherischen Herrschaft mißbraucht. Hier – und nur hier – könnte der Aufruf eines Reserveoffiziers zur Nichtbefolgung verbindlicher militärischer Befehle die Achtung der Aufgeforderten und das in ihn zu setzende Vertrauen unbeeinträchtigt, ja einen derartigen Aufstand des Gewissens als in besonderem Maße anerkennenswert erscheinen lassen.

Ob die Münchner Richter an den halbherzigen militärischen Widerstand gegen Hitler oder schon an die Abrechnung mit Soldaten und Generälen der Nationalen Volksarmee der DDR gedacht haben, wird ihr Geheimnis bleiben. In der Bundesrepublik von 1969 war jedenfalls soldatische Gewissensfreiheit nicht gefragt. Hier hatte es bei dem zu bleiben, was Heinrich Heine den Deutschen schon 1853 ins Stammbuch geschrieben hat:

Vertrauet Eurem Magistrat,
Der fromm und liebend schützt den Staat
Durch huldreich hochwohlweises Walten;
Euch ziemt es, stets das Maul zu halten.

»Maulkorb für 57000 Offiziere« überschrieb die Wochenzeitschrift *Stern* vom 19. April 1970 – damals noch ein politisch-kritisches Blatt – ihren Bericht über die schriftliche Urteilsbegründung.

Ich erhob für Hartmut Volmerhaus Verfassungsbeschwerde und rügte Verletzung des Grundrechts der freien Meinungsäußerung.

Die Meinungsäußerungen des Beschwerdeführers hielten sich, richtig interpretiert, durchaus im Rahmen dessen, was in einer Bundeswehr, die sich als »Schule der Nation« versteht, zulässig sein muß. Die vom Beschwerdeführer vertretene Opposition gegen die Notstandsgesetze, insbesondere den in ihnen vorgesehenen Einsatz der Bundeswehr im Innern, seine Kritik an undemokratischen und antidemokratischen Tendenzen in der Bundeswehr und seine Stellungnahme zur Kriegsdienstverweigerung entsprachen dem, was breite Schichten der deutschen Bevölkerung, insbesondere der in den Gewerkschaften organisierten Arbeiterschaft, ebenfalls vertreten haben. Wenn dieses Spektrum legitimer Meinungsäußerungen innerhalb des Bundeswehrapparats nicht toleriert werden kann, ist es an der Zeit, die Legitimität einer Zwangsrekrutierung der gesamten männlichen Bevölkerung zur Bundeswehr in Frage zu stellen. Die Bundeswehr eines demokratischen Staates muß in ihren Reihen auch einen Offizier dulden können, der sich aus Sorge um die Demokratie kritisch gegen antidemokratische Tendenzen innerhalb der Bundeswehr, gegen einen Mißbrauch der Bundeswehr als innenpolitisches Machtinstrument der Herrschenden und für ein Gebrauchmachen von dem Grundrecht auf Kriegsdienstverweigerung aus Gewissensgründen erklärt hat.

Der Vorprüfungsausschuß des Bundesverfassungsgerichts, bestehend aus den Richtern Dr. Leibholz, Dr. v. Schlabrendorff und Dr. Geiger, beschloß am 19. Juni 1970, die Verfassungs-

Bundeswehr

Maulkorb für 57000 Offiziere

Ein Leutnant wurde degradiert, weil er als Zivilist Flugblätter verteilte

Um freiheitlicher und demokratischer zu sein als alle Armeen der deutschen Vergangenheit, schaffte die Bundeswehr den „blinden Gehorsam" ab, übertrug dem einzelnen Soldaten die Verantwortung für die „demokratische Grundordnung" des Staates und verbriefte das Recht auf Widerstand, wenn ein „verfassungswidriger Einsatz im Innern" jemals befohlen werden sollte.

Als jetzt ein Offizier dieser Bundeswehr frei von blindem Gehorsam Verantwortung für die demokratische Grundordnung verspürte und das Recht zum Widerstand in Anspruch nahm, weil er Gefahr im Verzuge sah, degradierte ihn die Armee zum einfachen Panzergrenadier.

Die erste Degradierung aus politischen Gründen in der jungen Geschichte der Bundeswehr traf den Reserveleutnant Hartmut Volmerhaus (25). Er wurde mit dieser härtesten aller soldatischen Disziplinarstrafen belegt, weil er öffentlich gegen die Notstandsgesetze protestierte. Er fürchtete, auf Grund dieser Gesetze könne eines Tages von ihm verlangt werden,

Degradierter Reserveleutnant Volmerhaus

Angst vor Mißbrauch der Bundeswehr

Der Artikel über Leutnant Volmerhaus im *Stern* (Heft Nr. 17 vom 19. April 1970, S. 226)

beschwerde als offensichtlich unbegründet nicht zur Entscheidung anzunehmen.

Die Gründe des Beschlusses könnten von einem General verfaßt sein:

Art. 5 Abs. 1 GG (Freiheit der Meinungsäußerung; H. H.) ist nicht verletzt. Die Norm gewährleistet nicht das Recht zu einer verfassungsfeindlichen Agitation, wie sie in der vom Beschwerdeführer verbreiteten »Resolution« enthalten ist. Solche Umtriebe können in einem Gemeinwesen, das sich auf das Prinzip der streitbaren Demokratie gründet (BVerfG Beschluß vom 18. Februar 1970 – 2 BvR 531/68 S. 16 ff.), nicht geduldet werden. Reserveoffiziere, die sich in dieser Weise betätigen, müssen es hinnehmen, daß sie deshalb in den untersten Mannschaftsdienstgrad herabgesetzt werden. Diese Maßnahme ist notwendig, um ein Korps vertrauenswürdiger Reserveoffiziere zu erhalten.

Verfasser dieses stramm soldatischen Bekenntnisses dürfte Herr von Schlabrendorff gewesen sein, der seine Reputation der Beteiligung am Attentat auf Hitler verdankte. Später hatte er dadurch von sich reden gemacht, daß er als Unterhändler des Industriellen Friedrich Flick gegenüber den Ansprüchen jüdischer Zwangsarbeiterinnen erklärte, der Milliardär sei nicht liquide (Jörg Friedrich: *Die kalte Amnestie*, S. 264).

Daß der Bundesrichter Professor Dr. Willi Geiger den Beschluß mitunterzeichnete, war nicht weiter verwunderlich. Von Geiger ist bekannt, daß er als Staatsanwalt am Sondergericht Bamberg mindestens fünf Todesurteile erwirkt hat. In seiner Doktorarbeit über »Die Rechtsstellung des Schriftleiters« hatte er die Auffassung vertreten, daß in diesem Metier untragbar sei, wer »sich in seiner beruflichen oder politischen Betätigung als Schädling an Volk und Staat erwiesen« habe, insbesondere durch frühere »Tätigkeit für die marxistische Presse«. Daß der Schriftleiter »grundsätzlich arischer Abstammung sein« müsse, leitete Geiger direkt aus dem Parteiprogramm der NSDAP ab (Ingo Müller: *Furchtbare Juristen*, S. 220f. Helmut Kramer KJ 94, 232). Auch an dem berüchtigten Berufsverbotsurteil des Bundesverfassungsgerichts war er beteiligt. In sein »vordemokratisches, autoritäres Beamtenbild« (Ingo Müller) paßte problemlos auch der von seinem Kollegen Fabian von Schlabrendorff entworfene Beschluß in Sachen Volmerhaus.

Enttäuscht war ich, daß auch Prof. Dr. Gerhard Leibholz dem Beschluß seine Unterschrift gegeben hatte. Ihn hatte ich schon in meiner Göttinger Studentenzeit als überaus tolerante, liebenswürdige Persönlichkeit kennengelernt und sein Lebensschicksal – er hatte wegen seiner jüdischen Abstammung aus Hitler-Deutschland emigrieren müssen – als beschämendes Unrecht empfunden. Daher meine spontane Neigung, nach

Entschuldigungsgründen für seine Unterschrift unter einen Text, der seiner nicht würdig war, zu suchen. Hatte er unter Zeitdruck gestanden? Hatte er die Resolution, um die es ging, überhaupt gelesen? Wie konnte ein Leibholz es dulden, daß diese aus Sorge um Demokratie und Freiheit entstandene Aktivität verantwortungsbewußter junger Bürger als »verfassungsfeindliche Agitation« und »Umtriebe« abgetan wurde?

Auch einer der Richter, die an dem Urteil des Münchner Senats des Bundesverwaltungsgerichts mitgewirkt hatten, Bundesrichter Jürgen Saalmann, empfand die justizielle Behandlung des Leutnants Volmerhaus offenbar als unangemessen – vermutlich war er von den übrigen Mitgliedern des Gerichts überstimmt worden. Er wandte sich in einem Schreiben vom 18. April 1970, also noch vor der Entscheidung des Bundesverfassungsgerichts über meine Verfassungsbeschwerde, aber wohl in Voraussicht ihrer Erfolglosigkeit, an den wegen seiner demokratischen Gesinnung und seiner Anständigkeit angesehensten Politiker jener Zeit, Bundespräsident Dr. Gustav Heinemann, und bat diesen um einen Gnadenerweis zugunsten des Verurteilten.

Da ich als Richter an dem Urteil des Bundesverwaltungsgerichts mitgewirkt habe, ist es mir versagt, mich zu dem Urteilsspruch – sei es auch nur zur Strafhöhe – zu äußern.

Ich bitte jedoch, zu Gunsten von Herrn Volmerhaus zu berücksichtigen, daß er aus ehrlicher Überzeugung und in einer sehr bewegten Zeit gehandelt hat, zu der überdies noch nicht durch eine höchstrichterliche Entscheidung das Unerlaubte einer Flugblattverteilung der hier erfolgten Art klargestellt war. Weiterhin bitte ich, Bedacht darauf zu nehmen, daß Herr Volmerhaus in völlig friedlicher Weise seine Meinung – die damals von vielen jungen und auch älteren Menschen geteilt wurde – zum Ausdruck gebracht hat. Wenn man bedenkt, daß jetzt zahlreiche Demonstrationsstraftäter amnestiert werden, die sich in viel schwerwiegenderer und gefährlicherer Weise betätigt haben, so könnte vielleicht auch im Falle des Herrn Volmerhaus ein Gnadenerweis in Betracht gezogen werden.

Eine Kopie des Gnadengesuchs wurde Herrn Volmerhaus vom Wehrdisziplinaranwalt »mit der Bitte um Hergabe einer schriftlichen Erklärung, daß Sie sich dem Gnadenantrag anschließen«, übersandt. Herr Volmerhaus lehnte es jedoch ab, sich dem Gnadengesuch anzuschließen, weil es nicht politisch begründet sei. Gleichwohl hätte das Gnadengesuch des Bundesrichters Saalmann dem Bundespräsidenten vorgelegt werden müssen. Ob das geschehen ist, weiß ich nicht. Man hat nichts mehr davon gehört.

So blieb es dabei, daß die Bundeswehr von jungen Offizieren gesäubert wurde, deren selbstverantwortliches Denken bei einem Einsatz des Militärs gegen »innere Feinde« Unbequemlichkeiten verursachen könnte. Zu der Zeit, als ich in Hitlers Armee Soldat spielen mußte, gab es den Spruch: das Denken fängt erst beim General an. Das scheint immer noch zu gelten.

20. Ein Fall von »Landfriedensbruch«. Daniel Cohn-Bendits Sprung über die Barriere (1968)

Im Mai 1968 hatte der Aufstand der Studenten Frankreich an den Rand der Revolution gebracht. Daniel Cohn-Bendit war neben Alain Geismar und Jacques Sauvageot zum Sprecher einer Bewegung geworden, die Arbeiter, Gewerkschaften und große Teile der Bevölkerung erfaßt und gegen das Regime des Generals de Gaulle auf die Straße getrieben hatte. Brutale Polizeieinsätze gegen protestierende Studenten in Paris hatten binnen weniger Tage eine Solidarisierung zwischen Studenten und Arbeitern herbeigeführt, die den Generalstreik – auf dem Höhepunkt 10 Millionen Streikende – und Fabrikbesetzungen zur Folge hatte. Frankreich war, wie es Jean-Paul Sartre formulierte, »praktisch paralysiert« worden. Die Wortführer der Studenten erkannten zu ihrer eigenen Überraschung, daß eine revolutionäre Situation entstanden war, und verkündeten, daß sie das Staatsregime stürzen und durch ein System der Selbstverwaltung ersetzen wollten. Die Revolution wäre vielleicht auch gelungen, wenn die Kommunisten – die KPF und die kommunistische Gewerkschaft CGT – mitgemacht hätten, statt sich mit Lohnverbesserungen zu begnügen. Aber wenn der Staatsapparat des Herrn de Gaulle, gestützt von den Unternehmern und der von Anfang an kompromißbereiten CGT, die Krise nach zwanzig turbulenten Tagen wieder in den Griff bekommen hatte, so steckte doch der Schreck den Herrschenden auch in Deutschland in den Knochen. Und Cohn-Bendit, von den de Gaulle-treuen Gruppen und Medien in diffamierender Absicht als »deutscher Jude« bezeichnet und mit einem Aufenthaltsverbot für Frankreich belegt, wurde nun zum Schreckgespenst der deutschen Konservativen und ihrer Polizei.

Ich lernte ihn kennen, nachdem ich auf der Frankfurter Buchmesse aus einem Sektempfang des S. Fischer Verlages (in dem 1966 das Buch *Politische Justiz 1918–1933* von mir und meiner Frau Elisabeth erschienen war) ins Gefängnis geholt wurde. Für Cohn-Bendit eine ungewohnte Umgebung, da die französische Regierung ihre jungen Hochverräter noch auf dem Höhepunkt der Staatskrise amnestiert und damit einen klugen Schritt zur Entschärfung der Situation getan hatte. Aber jetzt waren wir in Deutschland. Und es gelang mir nicht, meinen neuen Mandanten aus dem Gefängnis herauszuholen. Ein schneller Hauptverhandlungstermin war das beste, was ich erreichen konnte. Und so wurde schon fünf Tage später über ein Ereignis verhandelt, das sich am 22. September 1968 vor der Frankfurter Paulskirche zugetragen hatte.

Nach der Anklage der Staatsanwaltschaft sollte Daniel Cohn-Bendit sich des Landfriedensbruchs und anderer Delikte dadurch schuldig gemacht haben, daß er anläßlich der Verleihung des Friedenspreises des deutschen Buchhandels an den senegalesischen Präsidenten Senghor versucht hatte, die polizeiliche Absperrung vor der Paulskirche zu durchbrechen, was die Staatsanwaltschaft als Auftakt zu Gewalttätigkeiten einer zusammengerotteten Menschenmenge zu interpretieren versuchte. In den Worten der Anklageschrift las sich das so:

Der Angeschuldigte nahm an einer nicht genehmigten Demonstration in Frankfurt/Main an der Paulskirche zusammen mit einer etwa 1 000 Menschen zählenden Personengruppe teil, deren Absicht es war, die Durchführung der in der Paulskirche stattfindenden Verleihung des Friedenspreises des Deutschen Buchhandels zu verhindern bzw. zu stören. Der Angeschuldigte leitete die Aktion des SDS, ohne selbst ihr Mitglied zu sein. Er forderte dabei die zusammengerottete Menschenmenge zum Durchbrechen der polizeilichen Absperrung auf, die um die Paulskirche herum erfolgte.

Nachdem er die zusammengerottete Menschenmenge sich formieren ließ, forderte er sie auf, sich unterzuhaken, und durchbrach sodann im Laufschritt – selbst mit in der ersten Reihe eingehängt – die Absperrung (Metallgitter). Der Angeschuldigte drang mit anderen in das durch die Absperrung deutlich gemachte befriedete Besitztum um die Paulskirche und konnte erst nach heftiger Gegenwehr festgenommen werden.

Der Verfasser der Anklage, Herr Staatsanwalt Uchmann, hatte die Ereignisse vor Ort miterlebt und seinen Verfolgungseifer schon dort in ungewöhnlicher Weise betätigt. Er hatte, wenn auch vergeblich, versucht, einen anderen »Anführer« (*FAZ*) der Studenten, Hans-Jürgen Krahl, mitten in der Menge persönlich festzunehmen. Nun hatte er Daniel Cohn-Bendit zum

»Einsatzleiter« (*FAZ*) befördert, der »die zusammengerottete Menschenmenge sich formieren ließ« und selbst, wie sich das für »Anführer« und »Einsatzleiter« gehört, seinen Bataillonen voranstürmte. Daß Herr Uchmann, offenbar ein im militärischen Denken geschulter Mann, nicht alles richtig gesehen hatte, sollte sich allerdings bald herausstellen.

Über die Verhandlung vor dem Amtsrichter am 27. 9. 1968 wurde in der überregionalen Tagespresse ausführlich berichtet. Es beeindruckte vor allem der Kontrast zwischen dem polizeilichen Imponiergehabe (*Frankfurter Rundschau*: »Die Polizei marschierte treppauf, treppab, besetzte strategisch wichtige Punkte und errichtete Sperren in den Fluren des Frankfurter Amtsgerichts ...«, »Vier Hundertschaften Polizei, ausgerüstet mit Schutzhelmen, waren auf das Schlimmste gefaßt«) und dem lockeren Auftreten des Angeklagten und seiner politischen Freunde.

Lächelnd, in Blau gekleidet und an die Hand eines Beamten gekettet, betrat der »rote Dany« den Gerichtssaal ... (*Frankfurter Rundschau*, 28. 9. 1968)

Auch die *Frankfurter Allgemeine Zeitung* (28. 9. 1968) schien überrascht von den guten Umgangsformen des »Studentenrebellen«, der sich jetzt freundlich gebe, »ein gescheiter Junge, ein Talent zur Improvisation«, der seinem Verteidiger viel Arbeit abnehme, indem er die Zeugen aus dem polizeilichen Lager oft selbst widerlege.

Auch der Richter sah keinen Anlaß zu Beanstandungen und überging Beifallskundgebungen und Gemurmel im Publikum. Nur 35 Zuhörer faßte der kleine Saal, in dem verhandelt wurde, Anlaß für mich, den mangelnden Zugang der Öffentlichkeit zu rügen, allerdings vergeblich. Etwa 25 Personen hatten keinen Einlaß in den Gerichtssaal gefunden und sich auf den Stufen des Haupteingangs des Gerichtsgebäudes niedergelassen. Wie beschäftigt man 400 Polizisten, wenn es an Ruhestörern fehlt? Einige betätigten sich, indem sie SDS-Mitglieder festnahmen, die vor dem Gerichtsgebäude mit Lautsprecher und Plakaten die Bevölkerung über den Prozeß und dessen »Funktion« aufklären wollten.

Inzwischen ging es auch im Gerichtssaal lebhaft zu. Es kam zu heftigen Auseinandersetzungen zwischen mir und dem Staatsanwalt, Herrn Uchmann, der es für angebracht hielt,

Am 22. September 1968 gab es vor der Frankfurter Paulskirche Proteste gegen die Verleihung des Friedenspreises des Deutschen Buchhandels an den senegalesischen Präsidenten Senghor. Zwischen der Polizei und den Demonstranten kam es zum Handgemenge.

mich daran zu erinnern, daß ich »ein deutscher Rechtsanwalt« sei, und auch sonst einen unzeitgemäßen Ton anschlug. Auf meine Frage, ob gegen die Beamten, die Cohn-Bendit bei der Festnahme mißhandelt hatten, Verfahren eingeleitet seien, antwortete er: »Diese Auskünfte erhalten Sie bei mir auf Zimmer 119«, und da ich mich damit nicht zufrieden gab: »Es sind Verfahren gegen Unbekannt eingeleitet worden.« Während aus dem Publikum »Lüge!« gerufen wurde, hielt ich Herrn Uchmann vor: »Die Leute sind doch bekannt.« Einen konnte ich mit Namen und Dienstnummer benennen. Ihm ist, wie üblich, nichts passiert.

Der Reporter der *FAZ*, der die Ereignisse vor der Paulskirche mit geringer Sympathie für die Studenten geschildert hatte (»... der Polizeistock trat in Aktion, jenes Argument, das von Demonstranten eher respektiert wird als gute Worte«), hatte Cohn-Bendits Mißhandlung nicht verschwiegen:

Einer in Zivil hielt ihm mit dem Arm den Kopf hoch, würgte ihn dabei, so daß der Student blau anlief. Ein Journalist warnte den Polizisten, der den Griff lockerte, worauf der »rote Danny« wieder Luft holen konnte. (*FAZ*, 23. 9. 1968)

Nach dem Urteil in der Sache Cohn-Bendit am 27. 9. 1968 gab ich vor dem Gerichtsgebäude einen kurzen Bericht über die Verhandlung.

Unruhe im Gerichtssaal löste ein Antrag des Staatsanwalts aus, eine Ordnungsstrafe von zwei Tagen Haft gegen den ehemaligen SDS-Chef K.D. Wolff zu verhängen, weil er bei einer Zeugenvernehmung nicht aufgestanden sei. Meine Stellungnahme: »Es gibt keine Vorschrift, wonach Zuhörer aufstehen müssen.« Der Richter sah von einer Ordnungsstrafe ab, ließ aber, nachdem seine Sanftmut durch Zwischenrufe des Publikums allzusehr strapaziert worden war, eine Hälfte des Zuhörerraums räumen.

In der Verhandlung vor dem Amtsrichter blieb von der Darstellung der Anklage nur übrig, daß der Angeklagte innerhalb der Menge, umgeben von anderen Demonstranten und von Presseleuten, gestanden hatte und als einziger über das Absperrgitter gesprungen war. Daß er »eins-zwei-drei!« gezählt habe, wichtigstes Indiz des Anklägers für die »Einsatzleiter«-Funktion des Angeklagten, wurde nicht bewiesen. Trotzdem verurteilte der Amtsrichter Cohn-Bendit zu acht Monaten Gefängnis auf Bewährung. Er hielt ihn sowohl des Landfriedensbruchs als auch des Widerstands gegen die Staatsgewalt für schuldig. Als Widerstandshandlungen wertete der Richter, daß Cohn-Bendit ein Verkehrsschild umgeworfen und einem Beamten vor die Füße geworfen habe, um seine Festnahme zu verhindern. Und ferner, daß er versucht habe, sich durch Treten oder ruckartige Beinbewegungen freizumachen. Hierbei sei dem Angeklagten »mildernd zugerechnet« worden, »daß er durch den Kragen seiner Oberbekleidung am Halse geschnürt wurde, während ein Polizeibeamter ihn am Rockkragen festzuhalten suchte«. Also der Kragen der Oberbekleidung war schuld, wenn »der Student blau anlief«, wie die *FAZ* geschrieben hatte, und nicht etwa der Polizeibeamte.

Die Pressekritik an dem Urteil war nicht durchweg freund-

Im Gespräch mit Daniel Cohn-Bendit in der Verhandlungspause

lich. Die *Frankfurter Rundschau* vom 28. September 1968 kommentierte:

> Man wird den Verdacht nicht los, daß hier ein Sündenbock gesucht und gefunden wurde, der stellvertretend für alle Aktionen der Außerparlamentarischen Opposition seinen Kopf herhalten sollte.

Ich legte für meinen Mandanten gegen das Urteil Berufung ein, über die eine kleine Strafkammer (ein Berufsrichter und zwei Schöffen) des Landgerichts am 23. und 24. Januar 1969 verhandelte.

Ich hatte erfahren, daß es einen vom Hessischen Rundfunk aufgenommenen Film gab, der den Sprung über die Barriere und den Festnahmevorgang festgehalten hatte. Ich beantragte, diesen Film in Augenschein zu nehmen und weitere Zeugen zu hören. Und da zeigte sich, daß die Glaubwürdigkeit der vernommenen Polizeibeamten von der Verteidigung zu Recht bezweifelt worden war. Zwei Polizisten mußten ihre Aussagen korrigieren, nachdem der Film im Gerichtssaal gezeigt worden war und Cohn-Bendit mit einer Meineidsanzeige gedroht hatte.

Diesmal fand die Verhandlung in einem Saal von ausreichender Größe statt, dem Schwurgerichtssaal, in dem etwa neunzig

Zuhörer Platz fanden, die den Scharmützeln der Verfahrensbeteiligten mit gelegentlichen, vom Vorsitzenden tolerierten Beifalls- und Mißfallenskundgebungen interessiert und mit lockerer Heiterkeit folgten. Der »rote Dany«, dicht umringt von Fotografen und Filmkameramännern, hatte Staatsanwalt Uchmann freundlich-ironisch mit »Ein deutscher Staatsanwalt!« begrüßt und seine Utensilien, zu denen zum Vergnügen des Publikums auch ein großer Federkiel gehörte, vor sich ausgebreitet. Ich hatte dem SDS-Vorsitzenden Karl-Dietrich Wolff entgegen einem gegen ihn verhängten Hausverbot in der Weise Zutritt verschafft, daß ich ihn zu meiner »Schreibhilfe« ernannt hatte. Als Herr Staatsanwalt Uchmann sein »Erstaunen« äußerte, daß der Vorsitzende dieses Verfahren genehmigt hatte, erntete er das Gelächter des Publikums und die trockene Ironie des Vorsitzenden: »Zweifelt etwa jemand daran, daß Herr Wolff schreiben kann?«

Es gab auch sonst »keine Rosen für den Staatsanwalt«, wie eine Zwischenüberschrift im Bericht der *Frankfurter Rundschau* (24. 1. 1969) lautete, in dem Herr Uchmann als »schwächstes Glied in der Kette der Verfahrensbeteiligten« bezeichnet wurde. Als einer der von mir benannten Zeugen, der *Spiegel*-Redakteur Ebert, aussagte, die Beamten hätten auf die Demonstranten eingeschlagen, »weil sie sich provoziert fühlten«, witterte der Staatsanwalt eine unzulässige Schlußfolgerung und fragte den Zeugen: »Woher wissen Sie, daß sich die Polizisten provoziert fühlten?« Eberts Antwort: »Es muß doch einen vernünftigen Grund geben, wenn Polizisten schlagen«. Als das Publikum diese prompte Antwort mit Gelächter quittierte, beantragte Uchmann wegen der »unzulässigen Kundgebungen aus dem Publikum« eine Pause, was erneute Heiterkeit auslöste.

Daß dieser Staatsanwalt dankbares Objekt für scharfe Repliken des Verteidigers war, bedarf wohl kaum der Erwähnung. Als Herr Uchmann seine reaktionären Rechtsauffassungen zum Demonstrationsrecht den geltenden Gesetzen entnehmen zu können glaubte, konterte ich: »Wir können mit den vorhandenen Gesetzen auskommen, wenn wir sie im Sinne des Grundgesetzes interpretieren. Wir brauchen keine neuen Gesetze, aber wir brauchen vielleicht neue Staatsanwälte«.

Herr Uchmann wollte Cohn-Bendit für einige Zeit hinter Gefängnismauern verbannen – elf Monate ohne Bewährung lautete sein Antrag. Er hatte sich in wegwerfendem Ton zu dem Film des Hessischen Fernsehens geäußert, den man ihm noch beliebig oft vorführen könne – sechsmal war es bereits geschehen –, ohne daß sich an seiner Sicht des Sachverhalts etwas ändere. Cohn-Bendit war immerhin der jugendliche Held vom Mai 1968, als der Sturz des kapitalistischen Regimes im französischen Nachbarland fast geglückt wäre. Und so mag der »deutsche Staatsanwalt« seine Aufgabe darin gesehen haben, das nachzuholen, was seine französischen Kollegen versäumt hatten.

Das Urteil der Strafkammer überraschte alle, die die Hauptverhandlung miterlebt hatten. Zwar entfiel die Verurteilung wegen Beamtennötigung, weil nun wirklich nicht zu übersehen war, daß Cohn-Bendit beim Wegtragen arg mißhandelt worden war – zwei von mir als Zeugen benannte Journalisten, Manfred Bissinger vom *Stern* und Horst-Dieter Ebert vom *Spiegel*, hatten geschildert, wie sich vier Polizisten auf Cohn-Bendit gestürzt und ein Zivilbeamter ihn gewürgt hatte; ein Foto zeigte, daß sein linkes Bein stark verdreht worden war – so daß sein vom Staatsanwalt als »Widerstand« gewertetes Strampeln und Treten sich als normale Reflex- und Abwehrbewegung herausstellte. Auch der schwere Hausfriedensbruch entfiel, weil kein »gemeinsames Eindringen« vorlag. Aber es blieb bei einer Verurteilung wegen Aufruhrs (damaliger § 115 Absatz 1 StGB) und Landfriedensbruchs (§ 125 StGB), und dafür hielt das Gericht eine Bewährungsstrafe von sechs Monaten Gefängnis für angemessen.

Das Urteil stieß in der liberalen Presse auf Unverständnis und Widerspruch. Die Darstellung des »Tatgeschehens« durch die Staatsanwaltschaft war durch die Aussagen unbeteiligter Zeugen und insbesondere durch den mehrmals im Zeitlupentempo vorgeführten Film des Hessischen Fernsehens eindeutig widerlegt. Es hatte keinen vom Angeklagten geleiteten Versuch, die Paulskirche zu erstürmen, gegeben, sondern nur Cohn-Bendits einsamen Sprung über die Barriere, den man als beachtliche sportliche Leistung, aber nicht als Aufruhr oder Landfriedensbruch qualifizieren konnte. Und so legte ich gegen das Urteil der Strafkammer das Rechtsmittel der Revision ein, über die das Oberlandesgericht Frankfurt zu entscheiden hatte.

Es ist selten, daß ein Verteidiger bei den in der Regel älteren Herren der Revisionsinstanz progressivere Köpfe findet als bei den Amts- und Landgerichten, in die sich doch gerade damals in den Zeiten der Studentenbewegung hin und wieder Juristen verirrten, die den frischen Wind freiheitlicher Grundrechtsinterpretation in den uralten kaiserlichen Paragraphenwald bliesen. Aber in Frankfurt war es damals umgekehrt. Präsident des Oberlandesgerichts war Prof. Dr. Curt Staff, einer der wenigen herausragenden Juristen alter demokratischer Prägung, die man nach dem Zusammenbruch des Hitler-Reichs und seiner braunen Justiz vorzeigen konnte und in hohe Justizämter berief. Ich denke dabei neben Staff an Fritz Bauer, der Generalstaatsanwalt in Hessen, und Richard Schmid, der Oberlandesgerichtspräsident in Stuttgart wurde. Diese drei waren wohl die prominentesten von den wenigen in den Justizdienst der Bundesrepublik Deutschland berufenen Juristen, von denen sich sagen ließ, daß ihre demokratische Gesinnung sich schon im Widerspruch gegen die Nazis bewährt hatte und auch im Nachkriegsdeutschland allen Schwankungen des Zeitgeistes standhielt. Ich kannte Staff aus dem jeweils in Frankfurt am Main tagenden Initiativausschuß der Verteidiger in politischen Strafsachen, wo er regelmäßiger Gast war und auch einmal ein Referat gehalten hat. Bei ihm war die Sache Cohn-Bendit in guten Händen, und ich bedaure es noch heute, daß ich, um dem Mandanten Kosten zu ersparen, nicht persönlich nach Frankfurt gefahren bin und darauf verzichtet habe, die von mir schriftlich begründete Revision dort auch mündlich zu vertreten. Zumal ich nachher erfuhr, daß Staff selbst Bedauern geäußert habe, daß wir uns bei dieser Verhandlung nicht noch einmal begegnet sind.

Hans Peter Bull hat diese von mir versäumte Gelegenheit, einen freiheitlich gesinnten Richter im Amt zu erleben, in der *Zeit* (31. 10. 1969) geschildert:

Für OLG-Präsident Staff mag dieses Urteil seines Senats so etwas wie ein politisches Testament darstellen. Es war die letzte Verhandlung, die er vor seiner Pensionierung leitete. Bemerkenswert war auch die Atmosphäre des Prozesses: der Senat tagte zufällig nicht in einem der üblichen Gerichtssäle mit Schranken und Podesten, sondern in einem Prüfungssaal. Man saß sich an einem ovalen Tisch gegenüber wie sonst Kandidaten und Prüfer, und wo sonst Studenten zuhören, hatten diesmal APO-Leute mit Bärten und Gitarren Platz genommen. In dieser »zivilen« Umgebung blieben sie so still wie die Rechtsbeflissenen, und bei Eintritt der Richter stand sogar auch Cohn-Bendit auf.

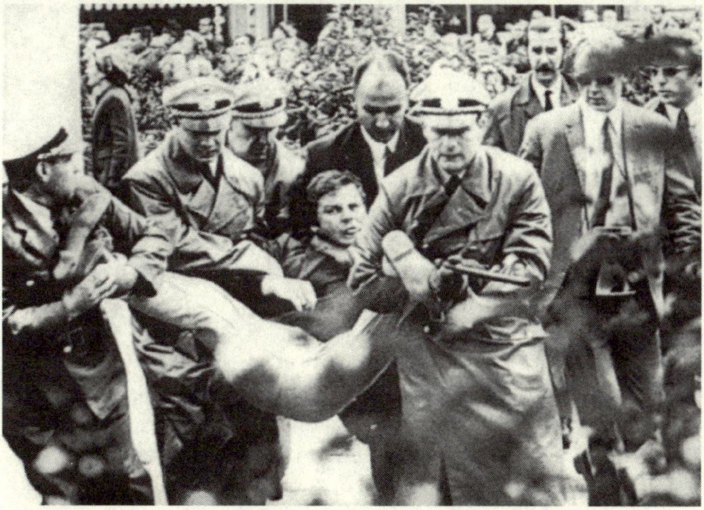

Selten werden polizeiliche Mißhandlungen so deutlich fotografisch dokumentiert wie hier. Daniel Cohn-Bendit unmittelbar nach der Festnahme.

Das Urteil des Oberlandesgerichts vom 22. 10. 1969, an dem neben Staff die Richter Dr. Dippel und Beck mitwirkten, hob das Urteil des Landgerichts auf und verwies die Sache zu neuer Verhandlung und Entscheidung an eine andere Strafkammer des Landgerichts zurück. In der Begründung wurde das Verhältnis der aus dem kaiserlichen Obrigkeitsstaat stammenden Paragraphen des Landfriedensbruchs und des Aufruhrs zu den Grundrechten einer freiheitlichen Demokratie nicht mit den meistens folgenlosen, aus Urteilen des Bundesverfassungsgericht abgeschriebenen Formeln, sondern mit einer das demokratische Engagement des Verfassers offenbarenden Authentizität beleuchtet. Ich will nur ein paar Sätze zitieren:

Für das Grundgesetz als Garant einer freiheitlichen Demokratie ist kollektives Handeln ein selbstverständlicher Bestandteil der gesellschaftlichen Wirklichkeit … Diese durch die Rechtsprechung des Bundesverfassungsgerichts … gesicherte Betrachtung kollektiven Handelns war dem Gesetzgeber von 1851/1870 fremd. Er war dem vom Spätabsolutismus überkommenen Ordnungsbegriff des liberalen Rechtsstaates verhaftet, der darauf abzielte, die bestehende staatliche und gesellschaftliche Ordnung gegen alle von der Obrigkeit nicht gewünschten Veränderungen zu schützen. Dem entsprach der Leitsatz, daß politische Zurückhaltung oberste Bürgertugend sei …

Das Urteil weist sodann nach, daß die hier angewandten Paragraphen des Strafgesetzbuchs aus diesem obrigkeitsstaatlichen Geist erwachsen sind, daß zum Beispiel der Landfriedensbruchstatbestand eine Menschenansammlung schon dann als »Zusammenrottung« ansieht, bevor sie den entsprechenden friedensstörenden Willen überhaupt entwickelt hat. Das Landgericht habe aber keine ausreichenden Feststellungen für einen friedensstörenden Massenwillen getroffen.

Hans Peter Bull hat den Kerngedanken des Urteils treffend so zusammengefaßt:

Könnte eine spätere Gewalttat, auch wenn sie ursprünglich nicht beabsichtigt war, als Begründung für die rechtsfeindliche Tendenz einer Versammlung genügen, so stünde jede Demonstration nahezu mit Sicherheit unter dem Risiko, als Aufruhr oder Landfriedensbruch strafbar zu werden. Das aber widerspräche dem Grundgesetz.

Und so lautet denn das Fazit des Urteils:

Im Falle der Demonstration vor der Paulskirche wäre nach den bisherigen Feststellungen der Strafkammer selbst bei einschränkender Auslegung des Umfanges der Demonstrationsfreiheit die Rechtmäßigkeit der beabsichtigten Handlung zu bejahen.

Zu einer erneuten Verhandlung vor dem Landgericht kam es dann nicht mehr, weil das Verfahren nach dem Gesetz über Straffreiheit vom 20. Mai 1970 eingestellt wurde. Da bewährte sich der Grundsatz »Mehr Demokratie wagen« (Willy Brandt), den man besser schon früher beherzigt hätte.

21. Grünes Licht für den Straßenverkehr. Oder: wie jugendliche Demonstranten den Landfrieden brachen (1968)

Am 15. April 1968 – Ostermontag – fand in Bremen auf dem Domshof eine Demonstration für Frieden und Völkerverständigung statt, die den Abschluß des Ostermarsches der Kampagne für Abrüstung bildete. Nach Auflösung der Versammlung beschloß eine etwa 300 Teilnehmer umfassende Gruppe, noch zum amerikanischen Generalkonsulat zu ziehen und dort eine Resolution zur Kriegführung der USA in Vietnam zu übergeben. Es bildete sich ein loser Zug, der sich durch den Schüsselkorb in Richtung Herdentor bewegte und Fahnen und Spruchbänder mitführte. Der Zug mußte die Kreuzung Wall/Sögestraße überqueren, und die Spitze wartete getreulich grünes Licht ab, bevor man sich wieder in Bewegung setzte. Auf der Kreuzung wurde dann eine spontan geäußerte Idee verwirklicht: man setzte sich hin und wollte den Straßenverkehr eine halbe Minute lang blockieren. Daraus entwickelte sich ein Konflikt mit einem Verkehrsteilnehmer, der diese Form der Demonstration nicht akzeptieren wollte und unter lautem Hupen in die Gruppe hineinfuhr, als die Ampel für ihn grünes Licht zeigte. Ein Verhalten, das Proteste der jugendlichen Demonstranten hervorrief, die sich in Ausrufen wie »Mörder! Mörder!« und Schlägen gegen die Scheiben des Wagens Luft machten. Vor Gericht kam nicht der aggressive Autofahrer, sondern einer der Demonstranten, der, um nicht überfahren zu werden, zunächst auf die vordere Stoßstange gesprungen und dann über die Kühlerhaube und das Dach des Wagens geklettert war. Er hatte sich nur durch einen Sprung von dem mit erhöhter Geschwindigkeit weiterfahrenden Fahrzeug retten können.

Auf Veranlassung eines Jurastudenten, der den Vorfall beobachtet hatte, erstattete der verletzte Demonstrant, ein 17-jähriger Buchhändlerlehrling, bei einer Polizeiwache »Verkehrsunfallanzeige« und gab das amtliche Kennzeichen des beteiligten Kraftfahrzeugs an, das der Jurastudent sich notiert hatte. Damit setzte er den Staatsapparat in Gang, der sich allerdings weniger für den Autofahrer als für den jungen Demonstranten interessierte und diesem eine Anklage des Leitenden Oberstaatsanwalts beim Landgericht Bremen wegen Landfriedensbruchs, Sachbeschädigung und falscher Anschuldigung ins Haus schickte.

Die Anklageschrift warf dem Buchhändlerlehrling Heinz-Hermann Figge vor, »an einer Zusammenrottung teilgenommen zu haben, nachdem sich eine Menschenmenge zusammengerottet hatte und mit vereinten Kräften gegen Personen und Sachen Gewalttätigkeiten beging, und dabei selbst Gewalttätigkeiten gegen Personen begangen zu haben« (damalige Fassung des Landfriedensbruchs-Paragraphen) und »in Tateinheit damit vorsätzlich und rechtswidrig fremde Sachen beschädigt zu haben«, ferner »einen anderen bei einer Behörde und einem zur Entgegennahme von Anzeigen zuständigen Beamten wider besseres Wissen strafbarer Handlungen in der Absicht verdächtigt zu haben, ein behördliches Verfahren gegen ihn herbeizuführen und fortdauern zu lassen« (§§ 125 Abs. 1 und 2, 303, 164 StGB).

Landfriedensbruch und falsche Anschuldigung? Man konnte vielleicht verschiedener Meinung darüber sein, ob die jungen Leute berechtigt waren, sich auf die Straße zu setzen und den Verkehr eine halbe Minute lang aufzuhalten. Ich war der Ansicht, daß ihr politisches Anliegen, die Menschen auf den Völkermord in Vietnam aufmerksam zu machen, diese Form der Demonstration rechtfertigte, und erwartete von demokratisch gesinnten Richtern eine in diesem Sinne »fortschrittliche« Entscheidung. Aber selbst wenn man diese Auffassung nicht teilte, schien es mir absurd, die durch das aggressive, menschengefährdende Fahrverhalten des Autofahrers provozierten Reaktionen der jungen Leute als Landfriedensbruch und die von dem Buchhändlerlehrling erstattete Anzeige als falsche Anschuldigung zu qualifizieren.

Ich verteidigte den Buchhändlerlehrling zunächst beim Amtsgericht, wo Herr von Seydlitz als Jugendrichter, korrekt in den Umgangsformen, aber erzkonservativ in seinen Rechtsanschauungen, ihn wegen Landfriedensbruchs und leichtfertig falscher Anschuldigung zu zwei Wochen Jugendarrest verurteilte. Nachdem sowohl wir als auch die Staatsanwaltschaft Berufung eingelegt hatten, kam die Sache zum Landgericht, wo Herr Landgerichtsdirektor Dr. P. als Vorsitzender der (mit drei

Ein Pressefoto von dem Vorfall, den der Richter Dr. P. als »Landfriedensbruch« auffaßte.

Berufsrichtern und zwei Schöffen besetzten) Jugendkammer amtierte. Ein Richter, mit dem ich regelmäßig Konflikte hatte, die in gegenseitiger persönlicher Abneigung und politischer Gegensätzlichkeit wurzelten.

Die Hauptverhandlung vor der P.-Kammer fand am 10. Juni 1969 statt, liegt also fast dreißig Jahre zurück, aber ihre feindselige Atmosphäre ist mir so gegenwärtig, als ob es gestern gewesen wäre. Herr Dr. P., gegenüber Angeklagten aus dem »niederen Volke« und Anwälten von hochmütig-selbstgefälliger Herablassung, ratterte mit kaum hörbarer Stimme die Gründe des amtsrichterlichen Urteils und die vorgeschriebene Belehrung des Angeklagten herunter, daß es ihm freistehe, sich zur Sache zu äußern, und fragte dann, ohne eine Sekunde Pause zu machen, den Angeklagten, ob er Erklärungen abgeben wolle. Der 17jährige, völlig verdattert über die Sprechweise des Vorsitzenden, sagte: »Zur Zeit nicht.« Er hatte die Frage dahin mißverstanden, ob er sich zu dem verlesenen Urteil des Amtsrichters äußern wolle. Das wollte er zu diesem Zeitpunkt nicht. Er beabsichtigte hingegen, wie vorher mit mir besprochen, zu dem ihm gemachten Vorwurf auszusagen. Ich meldete mich sogleich zu Wort, um dieses Mißverständnis aufzuklären. Herr Dr. P. ließ mich jedoch nicht zu Wort kommen, sondern sprang unmittelbar nach der zitierten Äußerung des Angeklagten auf und verließ mit den Worten »die Sitzung wird bis 9.30 Uhr (auf diesen Zeitpunkt war der erste Zeuge geladen) unterbrochen« den Sitzungssaal, gefolgt von den anderen Mitgliedern des Gerichts. Es trat auf diese Weise eine völlig unnötige Pause von 25 Minuten ein, um deren Beendigung ich mich sofort bemühte, indem ich dem Gericht durch den Wachtmeister mitteilen ließ, daß der Angeklagte sich zur Sache äußern wolle. Der Vorsitzende ließ mir durch den Wachtmeister mitteilen, daß es bei der Pause bleibe. Die Verstimmung war bereits perfekt und offenbar erwünscht.

Bei der dann folgenden Anhörung des Angeklagten zur Person und zur Sache setzte der Vorsitzende die für ihn typische gelangweilte, wie ein Selbstgespräch ohne Blickkontakt ablaufende, schnelle, halblaute Redeweise fort, so daß ich endlich, meinerseits gereizt, zum ersten Gegenschlag ausholte. Ich erkundigte mich bei der als Zuhörerin im Saal sitzenden Mutter meines Mandanten, ob sie den Vorsitzenden verstehen könne, was sie verneinte. Darauf beantragte ich, den bisherigen Teil der Verhandlung zu wiederholen, da die (in Jugendsachen gesetzlich beschränkte) Öffentlichkeit der Verhandlung verletzt sei. Nach längeren Debatten, in deren Verlauf die Mutter meines Mandanten erklärte, daß sie die verlesenen Gründe des amtsrichterlichen Urteils und die bisher erörterten persönlichen Verhältnisse ihres Sohnes kenne und das Wesentliche doch verstanden habe, zog ich meinen Antrag zurück.

Daß Herr Dr. P. innerlich kochte, läßt sich denken. Aber er trug weiter die explosible Ruhe eines plombierten Dampfkessels zur Schau. Alles, was der 17jährige zu seiner Verteidigung vorbrachte, konterte der Vorsitzende mit ironischen Anmerkungen unter Ausnutzung seiner überlegenen Eloquenz und ließ den jungen Mann spüren, für wie überflüssig er die Zeitvergeudung dieses Berufungsverfahrens hielt. Von mir gestellte Verfahrensantrage – zum Beispiel Anträge, den bereits vernommenen Zeugen die Anwesenheit im Gerichtssaal zu gestatten, was nach dem Gesetz (§ 48 Abs. 2 Satz 1 JGG) ins Ermessen des Vorsitzenden gestellt ist – wurden mit ungeduldiger Schnelligkeit lässig und kaum hörbar abgelehnt, eine demonstrative Weigerung, über die von mir vorgebrachten Gründe auch nur eine Sekunde nachzudenken. Die Art, in der dieser Richter mit Äußerungen des Angeklagten und seines Verteidigers umging, kennzeichnete ihn als eine autoritäre Persönlichkeit, der es auf ständige Demonstration ihrer Machtfülle ankam. Das gab Reibungsflächen, von denen ich, wenn die Stimmung im Saal entsprechend aufgeheizt war und ich sicher war, daß es dem Mandanten nicht schaden konnte, gern Gebrauch machte. Ich habe es einmal so ausgedrückt: Ich werde in meinem Beruf tagsüber so viele Aggressionen los, daß ich abends ein netter Mensch sein kann. Vielleicht galt das auch für Herrn P., dem ich manchmal im Konzert begegnete, wo wir uns grußlos aus dem Wege gingen. Mit Rücksicht auf mein gespanntes Verhältnis zu diesem Richter und die Interessen meiner Mandanten habe ich Mandate, die mich zu einer Verteidigung vor seiner Kammer genötigt hätten, regelmäßig abgelehnt und denen, die mich beauftragen wollten, auch die Gründe gesagt. An einen erinnere ich mich, der trotzdem von mir verteidigt werden wollte und dies so begründete: »Ich bin voriges Mal so verschaukelt worden, diesmal will ich mit wehender Fahne untergehen.« Aber das war nicht der Buchhändlerlehrling, wenngleich auch da eine Fahne eine Rolle spielte, von der noch die Rede sein wird. In der Sache des Buchhändlerlehrlings ging es allenfalls um eine Woche Jugendarrest mehr oder weniger, und ich hatte die volle Zustimmung des Mandanten und seiner Eltern, diesem Richter nichts durchgehen zu lassen.

Daß ihm die pazifistische Grundhaltung des jungen Angeklagten durchaus fremd und zuwider war, demonstrierte dieser Richter immer wieder, indem er mit sarkastischer Genüßlichkeit die den Gegenstand des Verfahrens bildende Demonstration in militärischen Begriffen, wie »antreten«, »marschieren«, »Kolonne«, beschrieb. Auch Demokratiedefizite waren unüberhörbar. So hielt Herr Dr. P. es für richtig, die anwesenden Pressereporter zu vermahnen, über diesen Fall, den er selbst einige Jahre später in einem gegen mich gerichteten Ehrengerichtsverfahren zutreffend als »politischen Prozeß« und »lupenreine Politik« gekennzeichnet hat, »rein juristisch« zu berichten, da es sich um einen »rein juristischen« Fall handle. Oder wenn er ungeachtet der ihm im Verteidigerplädoyer zuteil gewordenen Rechtsbelehrung noch in den Urteilsgründen davon sprach, daß »eine behördliche Genehmigung für diesen Demonstrationszug nicht eingeholt worden« sei (nach dem Versammlungsgesetz ist nur eine »Anmeldung« vorgeschrieben, und auch diese entfällt bei Spontandemonstrationen wie hier). Bezeichnend auch, daß in den Urteilsgründen vom »sogenannten Demonstrationsrecht« die Rede ist.

Bei diesem Richter, dem nach dem Geschäftsverteilungsplan ausgerechnet eine Jugendkammer, also eine für Straftaten von Jugendlichen und Heranwachsenden zuständige Strafkammer, zugeteilt worden war, waren nun die Rechte der Autofahrer auf ungehinderten Straßenverkehr in den besten Händen. Was sich auf der Kreuzung Wall/Sögestraße abgespielt hatte, war Gegenstand einer Beweisaufnahme, die das einseitige Auswahlprinzip des Amtsrichters noch um einiges übertraf.

Hatte der Amtsrichter die Maske des objektiven Richters noch mit einer gewissen Würde gewahrt und den Schein des offenen Ausgangs der Sache um sich verbreitet, so machte der Vorsitzende der Jugendkammer in der ihm eigenen zynisch-ironischen Rhetorik von der ersten Minute an aus seiner Einstellung kein Geheimnis. Schon die Art, wie er den Angeklagten und die Zeugen vernahm, verriet hinreichend deutlich, auf welches Urteil er zusteuerte. Wenn der Angeklagte sich auf das Grundrecht der Demonstrationsfreiheit berief und die Auffassung vertrat, der Autofahrer hätte die halbe Minute, die das Sit-in auf der Kreuzung dauerte, eben warten müssen, fuhr ihm der Vorsitzende mit dieser Formulierung über den Mund: »Hat Sie schon mal der Gedanke gestreift, daß das Grundrecht nicht nur für Sie gilt?« Er kann wohl nur das »Grundrecht« gemeint haben, bei grünem Licht auch auf Menschen loszufahren. Als die Zeugin Hildegard Wöbbekind, eine 42jährige technische Zeichnerin, die als unbeteiligte Straßenpassantin Zeugin des Vorfalls geworden war, aussagte, das Auto sei in die Menge hineingefahren, fragte Herr Dr. P. ironisch: »Blieben Tote zurück?« Die Zeugin ließ sich nicht einschüchtern und fuhr fort: das Auto habe eine ziemliche Geschwindigkeit gehabt, es sei erschreckend gewesen, zu sehen, wie mehrere Personen mitgenommen worden seien, einer habe ziemlich hilflos auf dem Kotflügel gesessen, sie habe das Gefühl gehabt, daß der Fahrer wollte, daß die herabfallen. Darauf Herr Dr. P. ungerührt: »Nun sind die ja heute nicht mehr drauf; wie sind sie denn runtergekommen?«

Die Sympathien des Vorsitzenden hatten spürbar die Zeugen, die das »Grundrecht« auf freien Straßenverkehr vertraten und rücksichtslos wahrgenommen hatten. Da war zunächst der Autofahrer, der bei grün in die sitzende Gruppe hineingefahren war, der 47jährige Metallhobler Sch., der sein Recht zu dieser menschengefährdenden Fahrweise daraus herleitete, daß »keiner befugt« sei, »sich auf der Kreuzung aufzuhalten«. Er habe gehupt, »weil ich der Meinung war, daß ich bei grün Platz haben müßte«. Ein Autofahrer, der neben ihm auf der Rechtsabbiegerspur gehalten hatte und von den Demonstranten unbehindert weiterfahren konnte, als grünes Licht kam, habe ihm zugerufen, er solle doch auch einfach losfahren. Und das tat er dann. Und wunderte sich, daß die Demonstranten erregt aufsprangen und eine Gruppe von 10 bis 15 Personen sein Auto umringte, »Mörder« Mörder!« rief und an den Türen, die er von innen verriegelt hatte, rüttelte und gegen die Fenster und aufs Dach trommelte. »Unser Hund, der gleichfalls im Wagen war, benahm sich wie irre, und meine Frau sagte wiederholt zu mir: ›Papi, Papi, sieh zu, daß wir hier heil raus kommen.‹« Und so fuhr er weiter, mit dem Angeklagten auf dem Dach, dem er keine Gelegenheit zum Abspringen geben wollte, denn er wollte »seiner habhaft werden« und »versuchen, eine Strecke weit weg seinen Namen festzustellen«. Darin lag das Eingeständnis, die Gefahr schwerer Verletzungen des jungen Mannes in Kauf genommen zu haben, der sich auf dem Dach des Fahrzeugs nirgends festhalten konnte. Es war nur ein Glücksfall, daß es dem Buchhändlerlehrling nach etwa zehn bis zwanzig Metern unfreiwilliger Fahrt gelang, vom Dach des Wagens abzuspringen, ohne dabei mehr als einen verstauchten Fuß zu erleiden.

In meinem Plädoyer zitierte ich einen in den sechziger Jahren noch gegenwärtigen Ausspruch eines faschistischen Kandidaten für die Präsidentschaftswahlen in den USA, eines Herrn Wallace: »Wenn sich nach meiner Wahl zum Präsidenten Demonstranten vor mein Auto setzen sollten, so wird es das letzte Auto gewesen sein, vor dem sie gesessen haben«. Diese brutale Ankündigung habe, so sagte ich, nicht nur bei den Anhängern des Herrn Wallace viele Sympathien. Sie hätten sich auch in den Antworten des Metallhoblers verraten, der aus dem grünen Licht der Verkehrsampel das Recht ableitete, auf sitzende Menschen loszufahren. Er sei der einzige, der hier Gewalttätigkeiten gegen Personen begangen habe, und nicht die Demonstranten, die sich vor seiner aggressiven Fahrweise retten mußten und begreiflicher Weise Zornreaktionen zeigten. Ich verschwieg auch nicht, wie ich nach dem Verlauf der Verhandlung das Gericht einschätzte, und endete mein Plädoyer mit dem Satz: »Aber vielleicht überraschen sie mich ja mit einem Freispruch.«

Das Urteil, das Herr Dr. P. am 13. 6. 1969 verkündete, entsprach unseren Erwartungen. Die Berufung des Angeklagten wurde zurückgewiesen. Auf die Berufung des Leitenden Oberstaatsanwalts wurde das Urteil des Amtsrichters aufgehoben und der Angeklagte wegen *schweren* Landfriedensbruchs (eines Verbrechens!) und wegen *wissentlich* falscher Anschuldigung zu einem Jugendarrest von drei Wochen verurteilt. Eine Woche mehr also als beim Amtsgericht, was nicht sehr ins Gewicht fiel und dank der milden Sanktionen des Jugendrechts, nicht anders zu erwarten war. Aber daß überhaupt verurteilt wurde, konnte nicht ohne Protest hingenommen werden. Wenn jemand vor dem Gesetz schuldig geworden war, dann der Autofahrer, der freie Fahrt bei grünem Licht an Anspruch genommen hatte, obwohl Menschen – aus welchem Grunde auch immer – vor ihm auf der Fahrbahn saßen. Wären es streikende Fernfahrer oder Teilnehmer einer katholischen Prozession gewesen, die den Verkehr aufgehalten hätten, kein Autofahrer wäre auf die Idee gekommen, sein Durchfahrtrecht durch Hupen und Drauflosfahren durchsetzen zu wollen, kein Staatsanwalt hätte angeklagt und kein Gericht verurteilt. Aber es waren, wie schon das Vorhandensein einer roten Fahne verriet, politisch linksstehende Demonstranten, die auf das kriegerische Morden in Vietnam aufmerksam machen wollten. Und da kehrt sich das Recht um.

Freilich ging die Jugendkammer nicht so weit, dem Autofahrer ein Recht zum Überfahren von Menschen zu attestieren. Aber da gibt es ja die »freie Beweiswürdigung«, mit der sich der Sachverhalt so verändern läßt, daß die Paragraphen passen. Der Metallhobler habe niemand gefährdet, und die jungen Demonstranten hätten ohne jeden Anlaß beschlossen, den Autofahrer in Angst und Schrecken zu versetzen und sein Auto mit Fäusten und Füßen zu bearbeiten. So sah es das Gericht, nachdem es sich aus den Zeugenaussagen das Passende herausgesucht und das Nichtpassende überhört hatte.

Zum Kronzeugen der P.-Kammer wurde der 55jährige Pressefotograf Leonhard Kull, der zufällig am »Tatort« gewesen war und einige Aufnahmen von dem Geschehen gemacht hatte. Kull hatte sich sowohl vor dem Amtsgericht als auch vor der Jugendkammer durchaus kritisch zu dem Verhalten des Autofahrers geäußert (»Ich hatte das Gefühl, daß der Autofahrer sich die Weiterfahrt erzwingen wollte«, »Der Kraftfahrer hat sich nicht richtig verhalten«, »Meines Erachtens hätte der Fahrer des Wagens mehr Toleranz an den Tag legen sollen«, »Meines Erachtens war es von dem Autofahrer provozierend, in die Menge hineinzufahren, ich hätte es nicht so gemacht«)*. Kull hatte auch die Äußerung des rechtsabbiegenden Fahrers gehört (»Fahr doch weiter!«), die den Metallhobler zu seinem

* Alle Zitate nach den Gerichtsprotokollen

aggressiven Fahrmanöver ermutigt hatte. Über das, was er sonst beobachtet hatte, äußerte Kull sich sehr zurückhaltend (»Ich sah, daß eine Person auf den Wagen sprang und habe gleich fotografiert. Weiter habe ich dann nichts mehr gesehen, weil ich mit meinem Fotoapparat beschäftigt war«, »Es war nach wie vor Wirbel um das Fahrzeug, aber Einzelheiten kann ich nicht angeben«). Und es ergab sich denn auch in der Hauptverhandlung, daß die Erinnerungen des Zeugen an das weitere Geschehen keineswegs zuverlässig waren. So hatte er Angaben über die Reihenfolge der von ihm gemachten Aufnahmen gemacht, die sich als Irrtum herausstellten, nachdem auf meinen Antrag der Negativfilm herbeigeholt worden war.

Im Urteil der P.-Kammer konnte man es später ganz anders lesen. Dort wurde der Fotograf Kull zum »wichtigsten Zeugen« erklärt, dessen Bekundung das Gericht »wegen der Unbeteiligtheit des Zeugen und seiner genauen Beobachtung des Geschehens aus beruflichen Gründen in vollem Umfang gefolgt« sei.

Seiner Aussage wollte das Gericht entnommen haben, daß der Angeklagte nicht durch das Verhalten des Autofahrers gezwungen worden sei, auf das Fahrzeug hinaufzuklettern, um einer Gefährdung von Leib und Leben zu entgehen. Denn zu diesem Zeitpunkt habe der Wagen, wie auch andere Zeugen bestätigt hätten, entweder gestanden oder sich »nur mit äußerst geringer Geschwindigkeit – Schrittempo – fortbewegt«. Daß man einen Menschen auch im Schrittempo überfahren kann, hat das Gericht nicht in Erwägung gezogen.

Daß der Autofahrer die Demonstranten überhaupt nicht gefährdet habe, wollte das Gericht auch den auf den Fotos wiedergegebenen Körperbewegungen der Demonstranten und deren Gesichtsausdruck entnehmen. Der Angeklagte sei, eine Fahne in der Hand haltend, auf das Auto des Metallhoblers geklettert. Das kann also nur in revolutionären Absicht geschehen sein – stand zwischen den Zeilen.

Die Fahne wirkte offenbar wie ein rotes Tuch auf das Gericht. Auf den Fotos ist sie nicht zu sehen, und in der Verhandlung war von ihr mit keinem Wort die Rede. Und wie der Gesichtsausdruck des Angeklagten hätte beschaffen sein müssen, um ihm eine Gefährdung zu glauben, blieb auch ungesagt.

Um zu einer Verurteilung zu kommen, mußte das Gericht einige Zeugenaussagen, die nicht ins Bild paßten, entweder im Wege der freien Beweiswürdigung als unglaubwürdig abtun oder sie einfach ignorieren. Die P.-Kammer entschloß sich zu letzterem. Eine dritte Instanz, die das Urteil hätte überprüfen können, war im Jugendgerichtsverfahren nicht zu fürchten und noch viel weniger der Vorwurf der Rechtsbeugung, dessen subjektive Tatbestandsmerkmale bekanntlich nicht beweisbar sind.

Man liest, wenn man die Hauptverhandlung erlebt hat, mit einigem Erstaunen im Urteil den Satz: »Lediglich die Zeugin Schröder und der Zeuge Staal wollen eine Gefährdung des Anklagten gesehen haben.« Was ja, wenn es stimmte, Anlaß genug gewesen wäre, über das Gewicht dieser Zeugenaussagen nachzudenken. Aber es war schlicht falsch. Eine Gefährdung des Angeklagten durch die Fahrweise des Autofahrers hatten noch drei weitere Zeugen bekundet. Der Zeuge Kretschmar – der Student, der den Buchhändlerlehrling zu der Anzeige veranlaßt hatte –: »Das war sehr gefährlich für den, der auf dem Wagen saß.«* »Zwei oder drei konnten während dieser langsamen Fahrt abspringen, der Angeklagte jedoch nicht, und der Fahrer gab ihm auch keine Gelegenheit mehr dazu, sondern beschleunigte sein Tempo bis auf etwa 30 km/h.«** Der Zeuge Heidekamp: »Der Angeklagte saß halb auf dem Kühler, und nach meinem Eindruck saß er dort, weil er dem Auto nicht mehr hatte ausweichen, sondern sich nur noch dorthin hatte retten können.«** Die Zeugin Wöbbekind: »Dann kam das Auto aus der Menschenmenge hervor, und es war für mich vollkommen frappierend, plötzlich dieses Auto zu sehen. Es hatte eine Geschwindigkeit, daß man nicht hätte nebenher laufen können, und die Leute sprangen schnell zur Seite. Besonders überraschte es mich, daß das Auto so schnell fuhr, obwohl sich auf ihm einige Menschen befanden, ohne daß ich sagen kann, wie viele es waren. Zwei befanden sich auch noch auf ihm, als ich es weiterfahren sah ... Ich hatte den Eindruck, daß der Fahrer fahren wollte, bis die beiden abfielen, gebremst hat der Wagen nämlich nicht.« ** Die Zeugin weiter: »Ich fand es einfach unverantwortlich, einfach hineinzufahren.«*

Im Urteil werden die Zeugen Heidekamp und Kretschmar zusammen mit anderen Zeugen erwähnt, um die These zu belegen, daß das Fahrzeug des Zeugen Sch. stand oder sich allenfalls nur langsam fortbewegte, als es von der wütenden Menge umringt wurde. Daraus folgerte das Gericht: »Eine

* Zitiert nach meinen Notizen
** Zitiert nach dem Gerichtsprotokoll

Gefährdung von Leib und Leben kann somit auch nach diesen Bekundungen nicht der Grund gewesen sein, aus dem der Angeklagte auf das Fahrzeug des Zeugen Sch. geklettert ist.« Kein Wort, daß die beiden genannten Zeugen genau das Gegenteil ausgesagt hatten. Die Zeugin Wöbbekind läßt das Urteil völlig unerwähnt. Diese Zeugin gehörte nicht zu den Demonstranten, ihrer Aussage als unbeteiligter Zeugin kam also erhöhte Bedeutung zu. Wenn das Gericht es trotzdem versäumt hat, diese Zeugin in den schriftlichen Urteilsgründen in diesem Zusammenhang auch nur zu erwähnen, geschweige denn sich mit ihrer Aussage auseinanderzusetzen, so läßt sich eine Erklärung dafür, wenn man bösen Willen ausschließen will, wohl nur finden, wenn man Sigmund Freuds Untersuchungen zu den unbewußten Ursachen des Vergessens zu Rate zieht. Aber wie auch immer, die Zeugin Wöbbekind, die sehr präzise Angaben über die unverantwortliche Fahrweise des Metallhoblers und die Gefährdung der Demonstranten gemacht hatte, ist bei der Abfassung des schriftlichen Urteils schlicht »vergessen« worden. Ein Verdrängungsvorgang, der sich in der Abwehrhaltung des Vorsitzenden bei der Vernehmung dieser Zeugin bereits angekündigt hatte.

So kam die Jugendkammer also zu einem Sachverhalt, der eine Verurteilung des Angeklagten ermöglichte. Auch war der Angeklagte zu belehren, daß er beim Amtsgericht noch viel zu milde weggekommen war. Nicht nur die einfache Form des Landfriedensbruchs (Gewalt gegen Sachen), sondern die schwere Form (Gewalt gegen Personen) war ihm vorzuwerfen, »weil das Hinaufklettern des Angeklagten auf die Kühlerhaube des Fahrzeugs nicht nur dazu bestimmt und geeignet war, bei den Eheleuten Sch. Furcht und Schrecken zu erregen, sondern sie auch an der Weiterfahrt zu hindern«. Ein Verbrechen also, daß er das grüne Licht für den Autofahrer nicht respektiert und sich nicht hatte überfahren lassen.

Und auch die falsche Anschuldigung hatte der Angeklagte nach Meinung der Jugendkammer in erschwerter Form begangen, nämlich »wissentlich«. Er habe »in voller Kenntnis« der Unrichtigkeit seiner Sachdarstellung gehandelt. Die Behauptung, er sei auf den Kühler des Fahrzeugs »gedrückt« worden, sei bewußt falsch gewesen. Überdies habe er verschwiegen, daß der Autofahrer, der nach kurzer Fahrt gehalten und die Schäden an seinem Fahrzeug besichtigt hatte, erst weitergefahren sei, als eine Gruppe von 20 bis 25 Demonstranten erneut

»Mörder! Mörder!« rufend auf ihn losgestürzt sei. Insoweit sei seine Anzeige unvollständig gewesen. Daß es Zeugen gab, die von erneuten »Mörder! Mörder!«-Rufen nichts gehört hatten, und daß der Buchhändlerlehrling mit dieser angeblich rufenden Gruppe nichts zu tun hatte, sondern mit verstauchtem Fuß an der Kreuzung zurückblieb, spielte für das Gericht keine Rolle. Wenn doch alle Strafanzeigen und Anklagen in dieser Weise auf Fehler und Unvollständigkeit abgeklopft würden, kaum ein Staatsanwalt und Polizist wäre noch nicht vorbestraft.

Der Jurastudent, auf dessen Initiative die Anzeige überhaupt erstattet worden war (»Ich wollte die Sache auf mich nehmen, weil der Angeklagte von sich aus keine Anzeige erstatten wollte«*), ist meines Wissens nicht belangt worden. Aber er hat das Studienfach gewechselt und ist Mediziner geworden. Ich weiß nicht, ob seine Erfahrungen mit ausgewachsenen Juristen zu diesem Entschluß beigetragen haben, könnte es mir aber denken.

Ein weiteres Rechtsmittel gegen das Urteil der Jugendkammer gab es nach den Vorschriften des Jugendgerichtsgesetzes nicht. Der Protest gegen das Urteil konnte also nur an Ort und Stelle erfolgen. Ich hatte mit meinem Mandanten und dessen Mutter vor der Urteilsverkündung verabredet, daß ich den Saal verlassen würde, wenn es, wie zu erwarten, erneut zu einer Verurteilung kommen würde. Beide billigten dieses von mir angekündigte Verhalten ausdrücklich. Sie waren über die Verhandlungsführung des Vorsitzenden empört gewesen und erwarteten ebenso wie ich eine erneute Verurteilung. Meinem Mandanten habe ich eine von ihm geäußerte Absicht, nach dem Urteilsspruch ebenfalls den Sitzungssaal zu verlassen, ausgeredet. Auch seine Mutter bat ich, bis zum Schluß der mündlichen Urteilsbegründung im Sitzungssaal zu verbleiben.

Nach der Verlesung des Urteilstenors durch den Vorsitzenden blieb ich stehen, packte, während Dr. P. begann, das Urteil zu begründen, in aller Ruhe meine Handakte in die Aktentasche, verabschiedete mich mit Handschlag von meinem Mandanten und durch ein freundliches Kopfnicken von dessen Mutter und verließ lautlos den Saal. Auf eine Verabschiedung vom Gericht habe ich bewußt verzichtet. Mein Protest gegen das Urteil wurde zutreffend als solcher verstanden und führte zunächst zu üblen Anwürfen des Vorsitzenden gegen mich während der mündlichen Urteilsbegründung, von denen mir

* Zitiert nach dem Sitzungsprotokoll

nachher die Mutter meines Mandanten berichtete. Dann ergänzte Herr Dr. P. das Sitzungsprotokoll, in dem es ursprünglich nur hieß »Nach der Verlesung des Urteilstenors verließ der Verteidiger Rechtsanwalt Hannover ohne Angabe von Gründen den Sitzungssaal« handschriftlich um den Satz: »Dabei warf er demonstrativ die Tür hörbar zu.« Zu meiner Überraschung las ich am nächsten Tag auch in der Zeitung, daß die Tür hinter mir geräuschvoll ins Schloß gefallen sei. Denn dies, da war ich mir sicher, war nicht geschehen. Diesmal hatte mir ein geräuschloses Verlassen des Gerichtssaals als Demonstration meines Protestes genügt.

Über die Frage, mit welcher Lautstärke ich die Tür geschlossen habe, gab es dann eine umfangreiche Beweisaufnahme in dem wegen verschiedener unerwünschter Meinungsäußerungen gegen mich geführten Ehrengerichtsverfahren, über das ich an anderer Stelle berichte (Kapitel 27). Herr Dr. P. hatte sich in einer »dienstlichen Äußerung« vom 25. 6. 1969 als erster dazu geäußert:

Ein Zweifel an der bewußten Brüskierung des Gerichts ist ausgeschlossen, zumal seine Bemühungen während des Prozesses ständig auf eine von ihm als »fortschrittlich« bezeichnete, tatsächlich allerdings gesetzwidrige, Entscheidung gerichtet waren. (Den von mir angemahnten Rechts-»Fortschritt«, Sitzblockaden nicht in jedem Fall als rechtswidrig zu behandeln, hat inzwischen das Bundesverfassungsgericht nachgeliefert; H. H.)

Von einem »unabhängigen Organ der Rechtspflege« kann bei solcher Verhaltensweise, welche die einfachsten Voraussetzungen der Grunderziehung vermissen läßt, nicht die Rede sein.

Ich weiß nicht, welche Grunderziehung Herr P. genossen hat. Einen Rechtsanwalt auch dann, wenn er von der seinen abweichende Auffassungen vertritt, als »unabhängiges Organ der Rechtspflege« zu respektieren, hatte er jedenfalls nicht gelernt.

Im Ehrengerichtsverfahren, 1975, also sechs Jahre später, äußerte sich Herr Dr. P., inzwischen 61 Jahre alt, als Zeuge und konnte sich an »Ungewöhnliches aus dieser Verhandlung«, außer an meinen Abgang, nicht mehr erinnern. Aber er machte aus seinem Herzen keine Mördergrube: »Zwischen Rechtsanwalt Hannover und mir herrscht beidseitig eine geringe Zuneigung.« – »Wenn Rechtsanwalt Hannover und ich zusammentreffen, herrschen immer Spannungen. Zwischen uns besteht eine lebhafte Divergenz. Rechtsanwalt Hannover ist äußerst aggressiv, man muß immer in Abwehrstellung gehen.« »Wenn ich heute zurückdenke, waren die Verhandlungen mit Rechtsanwalt Hannover stets denkbar unersprießlich.«* Herr Dr. P. bestätigte, daß er mir einmal ein »Glückwunsch«-Schreiben geschickt hatte, in welchem er mir zu meinen Erfolgen als Verteidiger und meinem »Bekanntheitsgrad in Verbrecherkreisen auch weit über die Grenzen der Bundesrepublik hinaus« gratuliert hatte.* Ich sei für ihn im wahrsten Sinne des Wortes ein »rotes Tuch«.**

Das war wohl selbst für die konservativen Mitglieder des Ehrengerichts ein zu offenherziges Eingeständnis von Voreingenommenheit. Und so konnte ich es mit Gelassenheit zur Kenntnis nehmen, daß dieser Richter als Zeuge gegen mich auftrat und die Lautstärke des Türenknalls dramatisierte, mit dem ich eine seiner Verhandlungen verlassen hätte. Erstaunlich fand ich allerdings, daß auch eine Reihe weiterer Zeugen (so der Staatsanwalt, die Berufsrichter, die Schöffen und ein Pressereporter) einen Türenknall gehört haben wollten. Für mich ein lehrreiches Beispiel dafür, daß eine bestimmte Erwartungshaltung die Wahrnehmung beeinflussen kann. Man erwartete von mir einen Türenknall und hat ihn denn auch gehört. Ich sagte den Ehrenrichtern, daß ich in zukünftigen Fällen zur Vermeidung von Mißverständnissen die Tür des Gerichtssaals hinter mir vom Wachtmeister zumachen lassen würde. Das Ehrengericht ließ die Frage, ob die Tür geknallt hatte, schließlich unentschieden, meinte aber, daß mein Protest die dem Richter als Träger der rechtsprechenden Gewalt des Staates gebührende Achtung habe vermissen lassen, gleichgültig, ob die Tür laut oder leise geschlossen worden sei.

Mein Mandant, der 17jährige Buchhändlerlehrling, nahm noch etliche Belehrungen des Richters Dr. P. über Freiheit und Demokratie mit ins Leben, die diesem bei der mündlichen Begründung des Urteils einfielen. So die Empfehlung, Platons »Staat« zu lesen – bekanntlich die Beschreibung eines Gemeinwesens, das mit moderner Demokratie (Platon zählt sie zu den »schlechten Staatsformen«) nichts zu tun hat, sondern drei Stände und vier Kardinaltugenden kennt: für die Herrscher die Weisheit, für die Wächter die Tapferkeit und für die Arbeitenden das besonnene Maßhalten, das sich in der freiwilligen

* Zitiert nach dem Sitzungsprotokoll des Ehrengerichts
** Zitiert nach dem Urteil des Ehrengerichts vom 17. 9. 1975

Anerkennung der Herrschaft der Besten äußert; und als vierte Kardinaltugend aller drei Stände die Gerechtigkeit, die nach Platon dann herrscht, wenn jeder der drei Stände »das Seine tut«, d.h. die ihm zukommende »Tugend« vollkommen erfüllt. Oder sollte Herr P. die ebenfalls bei Platon nachzulesende Forderung gemeint haben, jeden Privatbesitz zu beseitigen und sogar den »Besitz« an Frauen und Kindern zu sozialisieren?

Aber er ließ es nicht bei politischen Lehrsätzen aus dem vierten Jahrhundert vor unserer Zeitrechnung, sondern gewährte auch Einblicke in sein aktuelles Demokratieverständnis:

Die Straßen sind schließlich nicht nur für Revolutionäre oder für eine Partei, sondern für alle gebaut worden. Der Begriff der Freiheit würde geradezu ins Groteske verzerrt werden, wenn jeder zu jeder Zeit tun dürfte, was ihm gerade gefällt ...*

Ihr denkt nicht, ihr zerstört nur. Es ist wie mit einem Haus: Was in einem halben Jahr aufgebaut wird, dazu gehört nur eine Handgranate, um es in einem Augenblick zu zerstören ...

Noch nie ist Deutschland ein so freies Land gewesen, noch nie haben wir solch eine Demokratie gehabt wie jetzt ... Aber wenn diese Freiheit und Demokratie weiter so gefährdet werden, müssen wir uns nicht wundern, wenn es sie eines Tages nicht mehr gibt.**

Was diese Glaubensbekenntnisse eines konservativen Herrenmenschen mit der Sache, um die es ging, zu tun hatten, blieb sein Geheimnis. Der Buchhändlerlehrling Heinz-Hermann Figge hatte in der ihm zu erzieherischen Zwecken verordneten Arrestzelle genügend Zeit, über die seltsamen Gedankenverbindungen des Richters Dr. P. und seiner Kollegen nachzudenken. Ich denke, daß er unter den Talaren den Muff von tausend Jahren gespürt haben wird.

* Zitiert nach *Bremer Nachrichten*, 14. 6. 1969
** Nach Notizen der Mutter des Angeklagten

22. Der Fall Günter Wallraff. Die Verfolgung eines kritischen Journalisten (1968 und 1975)

Günter Wallraff habe ich zweimal verteidigt. Zuerst 1968/69 in Frankfurt am Main und nochmals 1975 in Köln. Beide Male ging es bei der Anklage um den Versuch, seine Art der journalistischen Arbeit zu kriminalisieren und damit für die Zukunft unmöglich zu machen. Wallraff hatte seine Arbeit Mitte der sechziger Jahre mit Industriereportagen begonnen, Berichte über eigene Erfahrungen, die er während jeweils mehrmonatiger Tätigkeit als Arbeiter in verschiedenen Industriebetrieben gesammelt hatte. Seine authentischen Erlebnisschilderungen, bei denen er auch Informationen von Arbeitskollegen verwertete, die ihrerseits aus Sorge um den Arbeitsplatz nicht an die Öffentlichkeit treten konnten, hatten ein ungeheures Echo. Während Wallraffs Reportagen ihm bei den abhängig Arbeitenden große Popularität eintrugen, wurde er für die Unternehmer zu einem Schreckgespenst, gegen das diese sich durch Verbreitung eines Steckbriefs zu schützen versuchten, in dem vor seiner Einstellung als Arbeitnehmer gewarnt wurde. Wallraff wurde dadurch gezwungen, sich immer neue Masken und Verkleidungen auszudenken, um seine auf teilnehmender Beobachtung beruhenden Reportagen fortsetzen zu können. So entwickelte er eine journalistische Technik, bei der er die Rolle von Personen übernahm, denen bestimmte Informationen zugänglich waren, die ein mit herkömmlichen Mitteln arbeitender Journalist nie erlangt hätte. Er übernachtet als Obdachloser im Obdachlosenasyl, er läßt sich als Alkoholiker in der geschlossenen Abteilung eines Irrenhauses einsperren, er gibt sich als Chemiefabrikant aus, der den Amerikanern ein billigeres Verfahren der Napalmbombenherstellung anbieten will, und holt Auskünfte über die moralische Zulässigkeit dieses Geschäfts bei katholischen Moraltheologen ein, und so weiter, und so weiter. Das schlug gewaltige Wellen. Aber man konnte ihm nichts anhaben, denn es ist nicht verboten, sich als Obdachloser, als Alkoholiker oder als Chemiefabrikant auszugeben.

Aber dann glaubte die Staatsanwaltschaft Frankfurt am Main etwas gefunden zu haben, womit man diesem unbequemen Journalisten das Handwerk legen könnte. Ihre Anklage vom 9. Mai 1968 warf Wallraff vor, »unbefugt inländische Dienstbezeichnungen geführt und damit zugleich sich unbefugt mit der Ausübung eines öffentlichen Amtes befaßt zu haben«. Wallraff hatte sich fernmündlich als »Ministerialrat Kröver« von einem – nicht existierenden – »Zivilschutzausschuß des Bundesministeriums des Innern« an die Werkschutzsachbearbeiter verschiedener Firmen gewandt, um Informationen über den Aufbau und die Entwicklung des sogenannten Werkselbstschutzes zu erhalten. Beim sogenannten Werkselbstschutz handelte es sich um eine paramilitärische Einrichtung zur Bekämpfung von wilden Streiks und anderen Formen innerbetrieblicher Unruhen, die damals in bestimmten Betrieben »erprobt« wurde, ohne daß es dafür eine gesetzliche Grundlage gab. Infolgedessen spielte sich das Ganze unter strenger Geheimhaltung ab. Wallraff, der von einem Gewerkschaftsfunktionär und von einem Studenten vertraulich informiert worden war, daß in den Gummiwerken Continental in Hannover und den Henschel-Werken in Kassel bewaffnete Betriebskampfgruppen bestanden, hatte zunächst versucht, der Sache mit normalen journalistischen Mitteln auf den Grund zu gehen. Er hatte bei Continental und bei den Henschel-Werken angerufen, sich als Journalist vorgestellt und sich mit den für den Werkschutz zuständigen Herren verbinden lassen. Diese hatten die Existenz eines Werkselbstschutzes rundweg bestritten und Gerüchte über Selbstschutzvorbereitungen und Schießübungen als »wilde Story« und »baren Unsinn« abgetan. In seiner Eigenschaft als »Ministerialrat Kröver« vom »Zivilschutzausschuß des Bundesministeriums des Innern« hingegen erhielt er bald darauf beflissen Auskunft.

Das durfte nicht sein. Die von ihm in der satirischen Monatszeitschrift *Pardon* (Juni 1967) veröffentlichten Ergebnisse seiner »amtlichen« Betriebsbefragung lösten großen Wirbel in der Presse, Dementis und Proteste aus, beschäftigten den Bundestag und die zur Stellungnahme genötigte Ministerialbürokratie. Der Bundesinnenminister, Herr Lücke, erstattete Strafanzeige wegen Amtsanmaßung (§ 132 StGB), und die Staatsanwaltschaft fügte in ihrer Anklage dem noch den Vorwurf des Mißbrauchs einer Dienstbezeichnung (§ 132 a StGB) hinzu.

Der Vorsitzende des zuständigen Schöffengerichts in Frankfurt am Main ließ die wichtigsten Zeugen, nämlich die von Wallraff unter dem Decknamen Ministerialrat Kröver angerufenen Sicherheitsbeauftragten der Firmen Daimler-Benz, Continental, Mannesmann, Rheinstahl-Henschel, Volkswagenwerk und Stahlwerke Bochum durch den sogenannten ersuchten Richter an ihren jeweiligen Wohnsitzen vernehmen, weil ihnen das Erscheinen in der Hauptverhandlung wegen des damit verbundenen Zeitverlustes nicht zugemutet werden könne. Ein Schachzug – um nicht zu sagen: ein unfreundlicher Akt –, der dem Angeklagten zumutete, entweder mit seinem Verteidiger zu allen Vernehmungsterminen in der Bundesrepublik herumzureisen (Düsseldorf, Stuttgart, Bochum, Wolfsburg, Hannover und Kassel), was nicht nur Zeitverlust, sondern auch Kosten verursacht hätte, oder auf eine Wahrnehmung dieser Vernehmungstermine zu verzichten. Wir entschieden uns zu letzterem, in der Erwartung, daß das Gericht Anträgen stattgeben würde, die Zeugen doch noch zur Hauptverhandlung zu laden, wenn sich die Notwendigkeit zu Nachfragen ergeben sollte.

Der Vorsitzende hatte auf diese Weise erreicht, daß die Hauptverhandlung an einem Tag, nämlich am 8. Dezember 1969, durchgeführt werden konnte. Die Aussagen der bereits richterlich vernommenen Zeugen wurden gegen unseren Widerspruch durch Verlesung eingeführt, ein Antrag, sie zur Verhandlung zu laden, wurde abgelehnt. Nur zwei Zeugen, die Sicherheitsbeauftragten der Adox-Fotowerke in Neu-Isenburg und der VDO-Tachometerwerke in Frankfurt, wurden in der Frankfurter Hauptverhandlung vernommen. Sie bestätigten, mit einigen Einschränkungen, daß sie sich gegenüber dem »Ministerialrat Kröver« sinngemäß so geäußert hatten, wie es Wallraff beschrieben hatte. Unter den Zeugen, denen das Gericht ein Erscheinen in der Hauptverhandlung nicht zumuten wollte, gab es einige, die Wallraffs Darstellung im Detail bestritten. Darunter der zuständige Herr der Continental-Werke, ein Landtagsabgeordneter der CDU, der wohl besonders erbost darüber war, daß Wallraff ihn hereingelegt hatte. Ich hätte die Herren gern in der Hauptverhandlung befragt. Aber es zeigte sich, daß ohnedies weder vom Staatsanwalt noch von den Mitgliedern des Gerichts Zweifel an Wallraffs Darstellung geäußert wurden.

Wallraffs Artikel wurde in der Hauptverhandlung verlesen. Ich zitiere ein paar Absätze:

Mit leicht verstellter Stimme rufe ich zum zweitenmal bei Herrn Bockenkamp in den Continental-Werken in Hannover an. Mein Deckname: »Kröver«.

Der von mir erfundene Zivilschutzausschuß ist für Herrn Bockenkamp durchaus denkbar, denn er begrüßt mich: »Hier spricht Bockenkamp. Schönen guten Tag, Herr Ministerialrat.«

Zuerst mache ich ihm klar, daß es sich »um eine vertrauliche Angelegenheit« handelt; ich sei, so sage ich, soeben bei der Vorbereitung einer Agenda »und will mich vorher noch vergewissern, wie weit der Aufbau des Werkselbstschutzes gediehen ist ...«

Dann meine Frage: »Sind Sie speziell mit der Vorbereitung des Selbstschutzes betraut?«

Bockenkamp bejaht. – Ich frage weiter: »Sind Sie auch in der Lage, wilden Streiks entgegenzutreten oder anderen Unruhen, die z. B. aus lohnpolitischen Maßnahmen heraus entstehen?« »Ja, wir haben alle Vorbereitungen getroffen«, sagt Bockenkamp. Er spricht sehr selbstbewußt und nicht ohne Stolz. »Theoretisch habe ich für jedes Werk den gesamten Plan fertig, und auch personell.« Vorerst habe er allerdings nur hauptberufliche Leute für den Selbstschutz eingesetzt. »Denn«, so bedauert er, »nach den bisherigen Notstandsgesetzen ist ja auch der Betriebsrat einzusetzen und hat weitgehendes Mitspracherecht. Ich würde im Augenblick mehr verpatzen, wenn ich da über die Dinge hinausginge, da es sich zur Zeit ja auch so regeln läßt.« ...

Ich frage weiter: »Wie sieht es mit Waffen aus, ist da vorgesorgt?« Er: »Ja, ich habe siebzig Waffenscheinträger hier und entsprechend Waffen.« ...

Zum Schluß wurde Herr Bockenkamp vom Ministerialrat Kröver gelobt (»Das ist ja alles sehr erfreulich«) und als Referent »auf einer unserer Tagungen« in Aussicht genommen.

Auch bei den Henschel-Werken in Kassel werden dem falschen Ministerialrat bereitwillig Auskünfte erteilt, die zuvor dem Journalisten Wallraff verweigert worden waren.

Meine Frage, ob auch schon Schießübungen stattfinden, beantwortet er (der Werkschutzleiter Erich Rose; H. H.) mit: »Jo, jo, jo.« Und zwar mit einer »Starpistole, spanisches Fabrikat, die sich bewährt hat, wo unsere Leute mit vertraut sind. Da haben wir bisher 48 Stück«. Er sagt noch: »Die Ausbildung geschieht ganz unauffällig, die Leute dürfen das gar nicht merken, nicht wahr, daß wir sie haben.« – »Wie ist es in Spannungszeiten, wenn Streiks drohen und so, geben Sie dann die Waffen aus?« – »Jawoll, hammse«, antwortet er, »ich persönlich bin ja ein Anhänger von diesen Gasnahkampfwaffen.«

Ich: »Sie haben also nur Gaspistolen?«

Er: »Nee, wir haben auch die scharfen. Nachts auf Streife ist eine Gaspistole natürlich ausreichend.

Ich: »Ich denke an Streiks und so.«

Er (spontan): »Da geb ich die scharfen aus. Ohne daß die Betriebsangehörigen das aber merken ...«

Den Werkschutzleiter der Firma VDO in Frankfurt, Herrn Düll, fragte Wallraff als Ministerialrat Kröver, ob Listen von politisch Unzuverlässigen« vorhanden seien.

»Ja, also wir machen eins, hier bei Einstellungen schon von vornherein, Überprüfungen in politischer Hinsicht.« »Und wenn sich später herausstellt, daß jemand politischen Linksdrall hat, wie gehen Sie dann vor?« – »Jawoll«, antwortet er, »das sind dann meistens auch Ausländer. Und da haben wir an und für sich einen Weg, den ich offiziell gar nicht sagen darf. Wir haben also hier einen Weg zu der Ausländerpolizei. Und da haben wir also keinerlei Schwierigkeiten. Wenn also irgendetwas vorliegt, wird der Betreffende sofort abgeschoben, das ist ganz klar!«

Auch bei Mannesmann in Düsseldorf erhält der falsche Ministerialrat beruhigende Auskünfte:

Meine Frage nach »wirksamen Waffen« beantwortet Herr Willmann so: »Es ist so, daß wir unseren Werkschutz bei normalen Diensttätigkeiten grundsätzlich nicht mit Waffen ausrüsten, aber sagen wir mal, na, bei einer gespannten Situation haben wir Waffen vorgesehen, aber auch so, daß diese Dinger dann nicht öffentlich oder sichtbar getragen werden, um nicht zu provozieren, verstehen Sie?«

Ich verstehe und frage, ob auch Schießübungen stattfinden. »Ja, natürlich, das ist ganz klar«, antwortet er. »Das ist auch unsere Ansicht, das ist auch praktisch durchgeführt, daß wir gesagt haben, ein Mann, der notfalls eine Pistole ausgehändigt bekommt, der muß also einmal rein mit der Waffe umgehen können, er muß aber auch Schießübungen durchführen, damit er mit der Waffe vertraut wird. Also nicht einen in den Kopf schießen, wenn er die Beine treffen soll, ja.«

Professor Dr. Eugen Kogon, Verfasser des grundlegenden Buches über das System der deutschen Konzentrationslager *Der SS-Staat*, hatte sich bereit erklärt, Wallraffs *Pardon*-Artikel einen Kommentar hinzuzufügen, der ebenfalls in der Hauptverhandlung verlesen wurde:

Ja, es mußte an die Öffentlichkeit …

Zuerst freilich ein Wort zu der journalistischen Methode, die angewandt wurde, um die Wahrheit zu ermitteln. Da es sich um illegale Maßnahmen reaktionärer Tendenz handelt, denen nachzugehen war, konnte keine ehrliche Frage um Aufklärung hinter die Lügentarnwand dringen. Nur der Anschein der Konspiration, der Zugehörigkeit zum Komplizenwesen ermöglichte, ein erstes Stück weit, Einblick. Es ist wie in Diktaturen: die Uniform allein erlaubt den Zutritt …

Über die Hauptverhandlung vor dem Frankfurter Schöffengericht berichteten die Stuttgarter Nachrichten am 10. 12. 1969:

Wallraff und sein Verteidiger, Rechtsanwalt Heinrich Hannover aus Bremen (jetzt mit Bart), brachten den Prozeß sofort auf das politische Gleis. Wallraff: »Meine Methode hat sich nachträglich gerechtfertigt. Ich habe in ein Wespennest gestochen.« …

Karl-Dietrich Wolff (SDS-Vorsitzender; H. H.) und Daniel Cohn-Bendit, die den Vorsitzenden und den Staatsanwalt mehrfach mit Zurufen wie »Sie CDU-Mitglied« oder »Sie schlafen ja« bedacht hatten, wurden vorübergehend aus dem Saal gewiesen, aber wieder zugelassen, als sie versprachen, nicht mehr zu stören …

Aus Wallraffs Rede vor dem Schöffengericht will ich nur einige Sätze zitieren:

Der Prozeß, wie er gegen mich geführt werden soll, ist eine Farce. Ich stehe hier wegen »Amtsanmaßung« vor Gericht und nicht wegen »Verleumdung« oder »übler Nachrede«, denn dann hätte der Schwerpunkt des Verfahrens auf den Fakten, die ich leider nur aufgrund dieses formalen Tricks erhielt, gelegen.

So versucht man nun »formaljuristisch«, sich des skandalösen unbequemen Sachverhalts zu entledigen …

Zur Methode: Es macht mir keinen Spaß, mich so eines Titels bedienen zu müssen – ich finde Titel und Ränge höchst überflüssig und albern –; die Reaktionen der Befragten waren in ihrem devoten

Untertanenverhalten jedoch deutlich Ausdruck für eine Klassengesellschaft, die durch den Mechanismus von oben und unten, Befehl und Gehorsam, in Gang gehalten wird. An dem Punkte, wo politische und privatwirtschaftliche Instanzen sich hinter angeblichen Geheimhaltungspflichten verstecken und die Belange und Interessen der breitesten Öffentlichkeit ignorieren – somit »Amtsmißbrauch« betreiben –, steht es jedem Bürger eines demokratischen Staates zu, Einblick zu nehmen in das, was man ihm aus Herrschaftsansprüchen heraus vorenthält. Das Selbstverständliche in einem Staat, der sich nicht nur demokratisch *nennt*, wäre es gewesen, wenn sich Arbeiter des jeweiligen Betriebes an ihren Werkschutz- oder Werkselbstschutzverantwortlichen hätten wenden können und die gleichen ehrlichen Auskünfte erhalten hätten, die bezeichnenderweise nur einem imaginären Vorgesetzten gegeben wurden. Allerdings in einer Demokratie, die von der Basis her praktiziert wird, hätten solche Vorbereitungen gar nicht erst stattgefunden, dafür hätten die Arbeiter, um deren Belange und Interessen es schließlich geht, schon gesorgt …

Ich wählte das Amt des Mitwissers, um ein Stück weit hinter die Tarnwand von Verschleierung, Dementis und Lügen Einblick nehmen zu können. Die Methode, die ich wählte, war geringfügig im Verhältnis zu den rechtsbeugenden Maßnahmen und illegalen Erprobungen, die ich damit aufdeckte.

Wir hatten den Diplom-Soziologen Karsten Kullmann als Sachverständigen geladen, der dem Gericht ein ausführliches Gutachten über die gesetzlose Praktizierung des Werkselbstschutzes im Zusammenwirken von Wirtschaft (BDI) und staatlicher Verwaltung in deutschen Großbetrieben vortrug. Es wurde deutlich, daß es sich dabei um eine vorgezogene Erprobung der in Vorbereitung befindlichen Notstandsgesetze handelte, die vor der Bevölkerung geheimgehalten wurde.

Als »illegale Maßnahmen reaktionärer Tendenz« hatte Eugen Kogon die von Wallraff aufgedeckten Notstandsvorbereitungen bezeichnet. Daran knüpfte ich in meinem Plädoyer an. Ich sprach von antidemokratischer, arbeiterfeindlicher Kameraderie zwischen Bundesregierung und Großkapital, von dem Mantel des Schweigens, der darüber gebreitet wurde, und erinnerte an den Fall Carl von Ossietzky und die Flut von Landesverratsprozessen, mit denen die reaktionäre Justiz der Weimarer Republik die Veröffentlichung illegalen Staatshandelns unterdrückt hatte. Das ist der Zynismus dieser Art von Justiz, sagte ich, daß eine Legalisierung des Illegalen erfolgt. Selbst der Staatsanwalt hatte, wohl unter dem Eindruck dessen, was er in der Verhandlung gehört hatte, auf Freispruch plädiert, allerdings mit einer komplizierten Begründung (irrtümliche Annahme des Rechtfertigungsgrundes übergesetzlicher Notstand). Demgegenüber berief ich mich in meinem Plädoyer auf den Vorrang demokratischer Freiheitsrechte vor einfachem Gesetzesrecht. Was für Gesetze sind es, die hier in Konkurrenz zum Grundrecht der Presse- und Informationsfreiheit treten? So fragte ich. Gesetze, die in einem Obrigkeitsstaat konzipiert worden sind, Gesetze, die Repräsentanten der Obrigkeit, Repräsentanten der herrschenden Klasse schützen sollten gegen die von der herrschenden Klasse unterdrückte Mehrheit. Das komme schon in der Auswahl der Personen zum Ausdruck, die den Schutz des Gesetzes genießen. Der Staatsanwalt habe richtig gesagt, daß die Bestimmung des § 132 den Schutz der staatlichen Autorität zum Gegenstand habe. Ich erinnerte daran, daß es keine Strafvorschrift gibt, die sich den Schutz der Rechtsgemeinschaft zum Anliegen macht, die nach unserer demokratischen Verfassung Träger der Staatsgewalt ist, nämlich des Volkes.

Ein Angehöriger der herrschenden Klasse, ein Ministerialrat zum Beispiel, ist dagegen geschützt, daß seine Funktion, daß sein Amt mißbräuchlich benutzt wird. Ein Arbeiter, ein Demonstrant, ein Student beispielsweise, ist nicht dagegen geschützt, daß sich Spitzel in eine Demonstration einschleichen und dort unter der Maske eines Studenten oder eines Arbeiters sich als Demonstranten betätigen und dadurch der Staatsgewalt Aufklärung über angebliche Rädelsführer bei solchen demokratischen Aktionen liefern.

Es handle sich bei den Paragraphen über Amtsanmaßung und Mißbrauch von Amtsbezeichnungen um völlig unzeitgemäße Gesetze, die von der Anklage in einem potenziert unzeitgemäßen Sinne eingesetzt würden, um die Ausübung von Grundrechten einer demokratischen Verfassung zu behindern. Ich ersparte dem Gericht auch nicht den Hinweis, daß beide Bestimmungen in der Nazi-Zeit verschärft worden sind, was die Tendenz, staatliche Autorität gegen das Volk zu schützen, nachdrücklich unterstreiche.

Ich schlug dem Gericht vor, wenn es nicht schon bei der Abwägung mit dem Grundrecht der Presse- und Informationsfreiheit zur Nichtanwendung der angeklagten Paragraphen komme, ein Notwehrrecht für Wallraffs Vorgehen anzunehmen. Schutzwürdiges Rechtsgut sei der Informationsanspruch der Öffentlichkeit über illegale Notstandsvorbereitungen. Die dem Journalisten Wallraff zunächst gelieferten Falschinformationen über die angebliche Nichtexistenz von paramilitärischen Werkselbstschutzeinrichtungen seien ein gegenwärtiger rechtswidriger Angriff auf das Rechtgut der Informationsfreiheit gewesen, dem Wallraff mit seiner Rollentechnik begegnen durfte.

Das Gericht kam, wenn auch mit anderer Begründung, zum Freispruch. Einer Amtsanmaßung sei der Angeklagte nicht schuldig. Zur Ausübung eines öffentlichen Amtes gehöre die Wahrnehmung von Hoheitsrechten unter Anwendung von Machtmitteln. Die Telefongespräche könnten nicht als Hoheitsakte angesehen werden und hätten auch nicht im unmittelbaren Zusammenhang mit einer hoheitlichen Betätigung gestanden. Der Angeklagte habe auch keine Handlung vorgenommen, welche nur kraft eines öffentlichen Amtes vorgenommen werden dürfe, denn ein Telefongespräch könne auch von Privaten geführt werden.

Schwerer tat sich das Gericht mit der Begründung, weshalb der Angeklagte auch von dem Vorwurf des Mißbrauchs einer Amtsbezeichnung (§ 132 a) freigesprochen werden müsse. Er habe die Amtsbezeichnung Ministerialrat unbefugt geführt. Das sei nicht das letzte Mittel gewesen, um bestimmte Rechte, wie das Informationsrecht der Presse, das Notwehrrecht, das Recht des übergesetzlichen Notstands oder des Widerstandsrechts zu wahren.

Der Angeklagte hätte z.B. einem Bundestagsabgeordneten berichten und durch Anfrage im Parlament wahrheitsgemäße Auskunft erhalten können.

Da kam mal wieder das ganze reaktionäre Argumentationsarsenal hoch, mit dem schon die Justiz der Weimarer Republik gegen Journalisten, die illegales Staatshandeln aufgedeckt haben, vorgegangen ist. Damals, 1928, hielten die Richter des Reichsgerichts den wegen Landesverrats angeklagten Journalisten Fritz Küster und Berthold Jacob entgegen, sie hätten die Behauptung der Reichsregierung, es gebe keine »Zeitfreiwilligen« (unter Umgehung des Versailler Vertrages eingestellte Soldaten), nicht öffentlich als Lüge entlarven dürfen, sondern hätten ihre Beschwerden über ungesetzliche Zustände den

Behörden oder Abgeordneten des Reichstags vortragen können. Damals wie heute wird Vertrauen in eine Obrigkeit eingefordert, die sich als vertrauensunwürdig erwiesen hat. Damals wie heute fehlt den Richtern das Verständnis dafür, daß die parlamentarische Kontrolle einer mit dem Militär und dem Kapital verbündeten Staatsgewalt aussichtslos ist, wenn sie nicht durch eine starke oppositionelle Fraktion der öffentlichen Meinung gestützt wird. Selbst als Wallraff diese illegale, vor der Bevölkerung geheimgehaltene Komplizenschaft bei der Vorbereitung paramilitärischer Betriebskampfgruppen öffentlich gemacht hatte, wurde noch gelogen und abgewiegelt. Ein Sprecher des Innenministeriums bezeichnete Wallraffs Artikel als »geradezu skandalös« und meinte damit offensichtlich nicht die Zustände, die Wallraff beschrieben hatte, sondern die Tatsache, *daß* er darüber geschrieben hatte. Eine parlamentarische Anfrage von oppositioneller Seite wäre mit der üblichen Kaltschnäuzigkeit, aber ein bißchen unauffälliger für die Öffentlichkeit abgetan worden.

Und noch ein bemerkenswertes Argument fiel dem Gericht ein:

Im übrigen hätte er auch bereits die bis dahin gegebenen Informationen in der satirischen Zeitschrift *Pardon* veröffentlichen und so Stellungnahmen und öffentliche Diskussionen erreichen können.

Also die von einem Gewerkschaftsfunktionär und einem Studenten kolportierten Gerüchte als ausreichende Informationsgrundlage für einen Journalisten? Das wäre ein gefundenes Fressen für Wallraffs Feinde gewesen, die nur darauf warteten, daß er die Regeln journalistischer Sorgfalt und Informationspflicht vernachlässigte, deren Einhaltung gerade die Justiz immer wieder eingefordert hat.

Den Freispruch begründete das Gericht schließlich damit, daß der Angeklagte überzeugt gewesen sei, daß sein Tun durch das Informationsrecht der Presse, das Notwehrrecht, das Recht des übergesetzlichen Notstands und durch das verfassungsrechtliche Widerstandsrecht gerechtfertigt war. In diesem Sinne sei er von dem Gewerkschaftsfunktionär und dem angehenden Juristen beraten worden. Nach Ansicht des Gerichts ein falscher Rat, der aber dazu führte, daß man ihm einen »Irrtum über das Vorhandensein rechtfertigender Umstände« zugute halten konnte, der den Vorsatz ausschloß. Damit entfiel eine Bestrafung auch aus § 132 a StGB, »da der Gesetzgeber nur das vorsätzliche – jedoch nicht das fahrlässige – unbefugte Führen einer Amtsbezeichnung mit Strafe bedroht hat«. Auch das eine reichlich komplizierte, wohl nur für Juristen nachvollziehbare Begründung, mit der Wallraff keineswegs zufrieden war. Er hatte immer wieder, auch noch in seinem Schlußwort, betont, daß er sich nicht in einem Verbotsirrtum befunden habe. Er wollte sich nicht in künftigen Fällen entgegenhalten lassen, er wisse ja nun Bescheid, daß seine Art journalistischer Arbeit verboten sei. Wir wollten eine Grundsatzentscheidung, die ein für allemal klarstellte, daß es in einem nach seiner Verfassung freien Land erlaubt, ja geradezu geboten sein muß, daß Journalisten die geheimen illegalen Komplizenschaften zwischen Staatsapparat, Großkapital und Militär mit der von Wallraff praktizierten Methode der teilnehmenden Beobachtung und des Rollenspiels entlarven und ans Licht der Öffentlichkeit ziehen dürfen. Aber ein solches Jahrhunderturteil war von dem Frankfurter Amtsgerichtsrat Scholz und seinen beiden Schöffen nicht zu haben. Und so mußten wir uns mit der juristischen Hausmannskost des Frankfurter Urteils begnügen, immerhin ein Freispruch, gegen den die Staatsanwaltschaft kein Rechtsmittel einlegte.

Was aus demokratischer Sicht zu Wallraff zu sagen war, hatten andere formuliert. Ich will nur eine Stellungnahme zitieren, die in der Zeitung der IG Metall (*Metall* Nr. 12/1967) stand:

Günter Wallraff hat sich um die Demokratie verdient gemacht. Würden Auszeichnungen für Verdienste um das Volk verliehen, er müßte eine erhalten.

Die Justiz jedoch blieb dem unbequemen Journalisten auf den Fersen. Ihr nächster Versuch, Wallraff zu kriminalisieren, fand im Anschluß an dessen Gastspiel beim Gerling-Konzern statt, eine Groteske, über die viel gelacht worden ist.

Wallraff hatte sich beim Gerling-Konzern in Köln als Bote beworben, natürlich nicht unter dem Namen Wallraff, sondern unter dem Namen eines Freundes, des Malers Friedrich Wilhelm Gies. Unter diesem Namen verfaßte er auch einen phantasievollen Lebenslauf, dessen ironische Lobsprüche auf das Haus Gerling (überdurchschnittliche soziale Leistungen, Kunstförderung) ernst genommen wurden, so daß er tatsächlich einen Posten als Bote bekam und in dieser Eigenschaft zwei Monate lang die anachronistischen Verhältnisse in diesem streng hierarchisch aufgebauten Großbetrieb kennenlernte, die Maharadscha-Allüren der Direktoren, die Wutausbrüche, willkürlichen Kündigungen, Ordnungszwänge und Ängste des Konzernchefs, die bombastische, vom einstigen Leib-Bildhauer Adolf Hitlers entworfene Architektur des vom Volksmund »Neue Reichskanzlei« benannten Konzern-Palasts. Nach zwei Monaten hatte Wallraff genug erlebt, um sich einen fulminanten Abgang leisten zu können, einen Besuch in dem meist unbenutzten, riesigen Chefzimmer – Wallraff ließ sich in Botenuniform auf dem akkurat geordneten Schreibtisch des Konzern-Chefs hingelagert fotografieren – und einen Besuch in dem nur für die Direktoren des Vorstands reservierten exklusiv-feudalen Speisetrakt, wo er sich, allgemeine Verlegenheit auslösend, in Botenuniform zum Essen niederließ. Ein respektloses Husarenstück, wie es nur ein Wallraff fertigbringt, das den krönenden Abschluß seiner sozialkritischen Recherche bildete. Hier ein paar Sätze aus seiner Reportage (Engelmann/Wallraff: *Ihr da oben – wir da unten*, S. 340):

Der jüngere Kellner beugt sich an mein Ohr, und bevor er mir etwas zuflüstert, sage ich laut und vernehmbar, auf den Teller eines neben mir sitzenden Direktors zeigend: »Das sieht aber lecker aus. Bringen Sie mir das auch, und ebenso Champagner bitte.« – Der junge Kellner, mit gedämpfter Stimme und fast flehend: »Sie sind falsch hier, hier ist nur für Direktoren gedeckt ...« – »Ich bin genau richtig hier«, unterbreche ich ihn, »bringen Sie mir jetzt das Menü, so lange Pause habe ich nicht.« – Der junge Kellner scheint immer noch zu glauben, ich hätte mich am Ende nur in der Tür vertan. »Bestimmt, glauben Sie mir, Sie sind falsch hier, bitte kommen Sie mit, ich zeige Ihnen ...« Als ich ihn nur verständnislos ansehe: »Kommen Sie mit mir in die Küche ...« – Jetzt halte ich es doch für erforderlich, deutlicher zu werden, um nicht zu Mißverständnissen Anlaß zu geben. Auf die Direktoren zeigend sage ich: »Was soll das denn. Die werden doch auch bedient. Sind die denn was Besseres!« – Der Kellner gibt auf, mit einer Geste wie ›ich habe meine Pflicht getan, ich bin mit meinem Latein am Ende‹ wendet er sich an die Direktoren und entfernt sich eiligst.

Nun gut, man weigert sich, mich zu bedienen. Ich habe vorgesorgt. Aus einem Butterbrotpaket, das ich schon neben meinen Stuhl gelegt habe, packe ich meine Ration aus. Knäckebrot, mit

Schinken belegt, einen Apfel. Als ich ein mitgebrachtes Messer in die Hand nehme, um den Apfel zu schälen, gespannte, beunruhigte Wachsamkeit bei den Direktoren. Aber ich fange mit dem Messer wirklich an, meinen Apfel zu schälen. Ich stelle ein mitgebrachtes Schnapsglas auf den Tisch. Inzwischen sind einige Minuten vergangen. Die Direktoren, darum bemüht, ihr Gesicht zu wahren, halten die Stellung ...

In der Hauptverhandlung vom 10. Dezember 1975 beim Amtsgericht Köln (vor einem Amtsrichter als Einzelrichter) ging es um den Vorwurf, Wallraff habe mit der Abfassung eines erfundenen Lebenslaufs und dem Ausfüllen eines Bewerbungsbogens mit den von seinem Freund Gies übernommenen Personalien eine Urkundenfälschung begangen und durch Vorlage einer auf diesen Namen ausgestellten Lohnsteuerkarte sich des Mißbrauchs von Ausweispapieren (§ 281 StGB) schuldig gemacht. Ich verteidigte Günter Wallraff zusammen mit dem Kölner Kollegen Dr. Georg Meinecke. Zu Wallraffs Rollentechnik hatte ich den Soziologen Prof. Dr. Karl Schumann als Sachverständigen laden lassen.

Schumann erstattete ein mit vielen Zitaten aus Veröffentlichungen der empirischen Sozialforschung und Fallbeispielen abgesichertes Gutachten über das in den Sozialwissenschaften verbreitete Verfahren der teilnehmenden Beobachtung. Teilnehmende Beobachtung werde dann angewendet, wenn die interessierenden Personenkreise voraussichtlich nicht in der Lage oder nicht willens seien, die Fragen, die den Forscher interessieren, offen in einem Interview zu beantworten. Mit der Methode der teilnehmenden Beobachtung seien auf vielen Gebieten bedeutsame Einsichten erzielt worden. Unter den von Professor Schumann aufgeführten Beispielen besonders eindrucksvoll die Arbeit der Journalistin Grace Halsell, die 1968 als Weiße sich von einem Hautarzt die Haut schwarz färben ließ und mit entsprechend geänderten Papieren mehrere Monate in den Slums von New York und in den Südstaaten lebte, um die Diskriminierung der schwarzen Bevölkerung am eigenen Leibe zu spüren und darüber möglichst objektiv berichten zu können. Grace Halsell ist später infolge der Hautveränderung an Krebs gestorben. Schumann ging auch auf den »stimulierenden Einfluß« ein, den Wallraffs »Industriereportagen« auf die gewerkschaftliche und wissenschaftliche Beschäftigung mit Problemen der »Humanisierung der Arbeitswelt« gehabt haben.

Günter Wallraff auf der Anklagebank

Das Interesse der Wissenschaft und der Öffentlichkeit wächst in dem Maße, in dem die beobachtete Gruppe oder Organisation Informationen über sich manipulieren und zurückhalten kann und indem sie über gesellschaftliche Macht verfügt.

Besonders gut können sich Wirtschaftsunternehmen und staatliche Bürokratien gegenüber der Öffentlichkeit abschirmen. Den Betriebsangehörigen ist es weitgehend untersagt, Interna nach außen weiterzugeben. Dies gilt als Verletzung der Treuepflicht und kann disziplinarisch oder mit Entlassung geahndet werden. Die von der Leitung offiziell herausgegebenen Verlautbarungen decken sich jedoch oft nicht mit der Wirklichkeit. Dem steht das Interesse der Öffentlichkeit gegenüber an Kontrolle ökonomischer und politischer Machtausübung und – in diesem Rahmen – auch das Interesse der Sozialforscher an vollständiger, ungeschminkter Beschreibung von Wirtschaft und Verwaltung. In dieser Konfliktsituation kann es unausweichlich werden, zugunsten öffentlicher Aufklärung die Informationskontrollen zu unterlaufen, z. B. durch Verheimlichung der Forschungsabsicht.

Schumann betonte, daß dies nur so lange möglich sei, als der Forscher persönlich und namentlich noch so unbekannt sei, daß aus seinem Namen nicht auf die wirkliche Forschungsabsicht geschlossen werden könne. Habe er eine gewisse Bekanntheit erlangt, werde ihm verdeckte teilnehmende Beobachtung unter seinem Namen nicht mehr möglich sein.

In dem hier verhandelten Fall geht es um die Frage, ob innerbetriebliche Herrschafts- und Willkürpraktiken anders als durch verdeckte Informationsbeschaffung im Unternehmen und die ergänzende Befragung von aus dem Unternehmen ausgeschiedenen

Mitarbeitern aufgedeckt werden können. Ich bezweifle, daß bei Forschungsprojekten zu diesem Thema andere Wege zur Informationssammlung möglich gewesen wären. Eine offene Befragung der Betriebsleitung z. B. hätte nur beschönigende Darstellungen erbracht, dieser Schluß ist nach der bisherigen Erfahrung der Organisationsforschung sicher berechtigt.

Die Erforderlichkeit und Verhältnismäßigkeit der Vorgehensweise Wallraffs ist aus der Sicht des Sozialwissenschaftlers eindeutig gegeben. Daraus folgt zugleich, daß die rechtliche Sicherung der Freiheit von Forschung, die in diesem Fall mit berührt ist, nur durch einen Freispruch geleistet werden kann.

Der Richter am Amtsgericht Dr. Straetmans war anderer Meinung. Er verurteilte Wallraff wegen Urkundenfälschung und Ausweispapiermißbrauchs zu einer Geldstrafe von 8 Tagessätzen zu je 70 DM. Alles was der Sachverständige, alles was wir Verteidiger und Wallraff selbst zur Rechtslage gesagt hatten, wurde im Urteil mit Argumenten abgetan, die hinreichend Aufschluß darüber gaben, daß dem Richter die Interessen der Konzernleitung einsichtiger waren als das Informationsinteresse der Öffentlichkeit.

In der Berufungsinstanz wurde Wallraff freigesprochen, allerdings auch diesmal wieder wegen angeblichen Rechtsirrtums. Vielleicht war dieser Freispruch dem Gutachten zu verdanken, das Heinrich Böll vor dem Landgericht zu Wallraffs Methode erstattete:

Ich will auf das Problem kommen, verbindliche, konkrete Informationen aus irgendeiner Institution zu erlangen. Sie können nehmen, was Sie wollen, Sie können eine Traktorfabrik in Kursk nehmen, in der Sowjetunion, oder eine, was weiß ich, Keksfabrik in Holland, es ist schwer, von innen einen Informanten zu engagieren, und fast unmöglich, auf dem Wege des Besichtigungsjournalismus, ich nenne das Fassadenjournalismus, Informationen zu bekommen. Stellen Sie sich einen Journalisten vor, der in Bonn arbeitet und *nur* der Bundespressekonferenz beiwohnt, verstehen Sie?

Bei Günter Wallraff ist es ein ganz spezielles Problem, weil er diese Methode erfunden hat. Wenn man Wallraffs Methode kriminalisiert, beraubt man die Literatur, und ganz gewiß die Gegenwartsliteratur in der Bundesrepublik, einer großen Möglichkeit. Der Möglichkeit, die Funktion zu erfüllen, die weder Gewerkschaft noch Arbeitgeberverbände offensichtlich erfüllen können: nämlich die

Köln, 10. Dezember 1975. Mit Günter Wallraff und Max von der Grün vor dem Gerichtsgebäude. Wallraff: »Wofür ist eigentlich der schwarze Talar gut?« Ich: »Damit ich mich ab und zu als Mitglied der herrschenden Klasse verkleiden kann.«

Erfüllung von Gesetzen innerhalb der Betriebe zu kontrollieren und, wie ich finde, im Falle von Günter Wallraff fast anwaltlich in der Öffentlichkeit zu vertreten.

In einem Text, der zuerst 1970 als Vorwort zur schwedischen Ausgabe von Wallraffs *13 unerwünschten Reportagen* erschienen war, hat Heinrich Böll geschrieben:

Ich habe nur einen Einwand gegen Wallraffs Methode: er wird sie nicht mehr lange anwenden können, weil er zu bekannt wird. Und so weiß ich nur einen Ausweg: schafft fünf, sechs, schafft ein Dutzend Wallraffs.

23. Die gestörte Karriere eines Schreibtischtäters. Der Fall Arthur Sahm gegen Otto Freiherr von Fircks (1970–1977)

Ein Flugblatt, das im Juni 1970 in der Stadt Burgdorf bei Hannover auftauchte, nötigte den CDU-Bundestagsabgeordneten Otto Freiherr von Fircks, gegen den Verfasser desselben Strafanzeige wegen Beleidigung und Verleumdung bei der Staatsanwaltschaft Hildesheim zu erstatten. Der Verfasser des Flugblatts, der Burgdorfer Volksschullehrer Arthur Sahm, seinerzeit Landesvorsitzender der Deutschen Friedens-Union (DFU), hatte die Wahl des Freiherrn zum neuen Kreisvorsitzenden der CDU zum Anlaß genommen, sich mit der Vergangenheit des christlich-demokratischen Politikers zu beschäftigen, und war zu dem genüßlich ironisierten Ergebnis gekommen:

Mit Otto Freiherr von Fircks hat die CDU in Burgdorf keine Fehlentscheidung getroffen.

Herr von Fircks hatte schon seit 1963 für die CDU im Niedersächsischen Landtag gesessen und dort den Vorsitz des Ausschusses für die Angelegenheiten der Vertriebenen, Flüchtlinge und Kriegssachgeschädigten übernommen.

Auf diesem Gebiet ist der Freiherr – ohne Zweifel – ein alter Experte – seit 1939!

So hieß es in dem Flugblatt.

»Heim-ins-Reich!« rief damals der großdeutsche Führer, und seine Leute kamen. Auch Freiherr von Fircks. Willig folgte er ihm 1939 in das »polnische Neuland«.

Und was er dort getan hatte, las sich in dem inkriminierten Flugblatt so:

Er hat sich beteiligt an den nazistischen Untaten während der Besetzung Polens!

Er war tätig beim SS-Aussiedlungsstab in Litzmannstadt (Lodz), der sog. »Umwanderungszentralstelle«, der UWZ, von der die Zwangsauswanderung der unerwünschten Juden und Polen gelenkt worden ist. Heute jedoch will von Fircks nichts mit der »Aussiedlung«, der Vertreibung von über 1 Million Polen aus ihren Siedlungsgebieten zu tun gehabt haben.

Weiter wurde in dem Flugblatt mitgeteilt, daß von Fircks die Polen mit Wanzen verglichen habe. Und daß der Reichsführer SS, Heinrich Himmler, ihm in Anerkennung seiner Verdienste den Rang eines SS-Obersturmführers verliehen habe.

Das vier eng beschriebene Schreibmaschinenseiten umfassende Flugblatt enthielt ferner Angaben darüber, was damals sonst noch in Polen geschah. Aus einem Bericht des Generals Petzel, Wehrkreisbefehlshaber im Warthegau, vom 23. November 1939 wurde zitiert:

Fast in allen größeren Orten fanden durch die erwähnten Organisationen (SS und Polizei) öffentliche Erschießungen statt. Die Auswahl war dabei völlig verschieden und oft unverständlich, die Ausführung vielfach unwürdig. Verhaftungen waren fast immer von Plünderungen begleitet.

Dann bringt das Flugblatt weitere Einzelheiten über die Polenaussiedlung:

Durch die Tätigkeit der SS-Einsatzgruppen waren bis zum Februar 1940 schon ca. 300000 Polen »umgesiedelt« worden. Allein aus dem Warthegau wurden 120000 polnische Landbesitzer deportiert. Auf ihre verlassenen Höfe wurden u.a. auch die bäuerlichen Landsleute des Herrn von Fircks delegiert. In den Statistiken der SS stieg die Zahl der liquidierten oder – wie es hieß – der »sonderbehandelten« Polen und Juden auf »einige Zehntausend«. Bei »außerordentlichen Befriedungsaktionen« im Frühjahr 1940 wurden 3500 Polen reihenweise umgebracht.

Zentral geplant, mit dem Staat als Auftraggeber, unter der Aufsicht von Buchhaltern, bekamen die Verbrechen den Stil, den wir lieben: Ordnung und Präzision!

SS-Heydrich am 27. 9. 1939: Von den politischen Führern Polens sind in den okkupierten Gebieten nur noch 3 % vorhanden.

Mit vorbereiteten Listen trieben die SS-Häscher polnische Lehrer, Ärzte, Beamte, Geistliche, Gutsbesitzer und Kaufleute in die Umsiedlungs- oder Auffanglager, die sich nicht selten als Liquidierungsstätten erwiesen. Die »rassisch Wertvollen« wurden herausgesucht, die polnische Elite wurde vernichtet. Der Rest sollte verkümmern und als Arbeitsvolk den Deutschen dienen. Der polnischen Jugend wurde beigebracht, daß es ein Gebot Gottes sei, den Deutschen gehorsam zu sein und ehrlich, fleißig und brav.

Am 11. 9. 1939 schrieb der Abwehrchef Canaris (er gehörte bekanntlich später zum Widerstand und wurde noch in den letzten Kriegstagen von einem SS-»Gericht« zum Tode verurteilt und hingerichtet; H. H.):

»Für diese Methoden wird einmal die Welt auch die Wehrmacht, unter deren Augen diese Dinge stattfanden, verantwortlich machen.«

Diese Dinge fanden aber auch statt unter den Augen des CDU-Barons aus Neuwarmbüchen. Man sollte ihn verantwortlich machen für das, was ihn zu dem Obersturmführer Himmlers machte. (Unterstreichung im Original; H. H.)

Soweit das von Arthur Sahm verfaßte und gezielt verbreitete Flugblatt, das eine wörtliche Wiederholung eines Flugblatts aus dem Vorjahr darstellte, dessen Strafverfolgung Herr von Fircks, aus welchen Gründen auch immer, hatte verjähren lassen. Aber diesmal konnte er offenbar nicht umhin, sich den Vorwürfen zu stellen. Und im Vertrauen darauf, daß dem Burgdorfer Volksschullehrer der Wahrheitsbeweis nicht gelingen werde, erhob die Staatsanwaltschaft Anklage wegen übler Nachrede gegen eine im politischen Leben des Volkes stehende Person (§ 187a StGB), einer in traditionellen Demokratien unbekannten Strafbestimmung, die Politikern einen verstärkten Ehrenschutz zukommen läßt, wenn die ihnen angetane Unbill »geeignet« ist, ihr »öffentliches Wirken erheblich zu erschweren«.

Die Sache wurde am 19. Mai 1971 mit reger Anteilnahme der Öffentlichkeit vor dem Amtsgericht Burgdorf verhandelt. Herr von Fircks als Nebenkläger und Zeuge in eigener Sache versicherte, daß er mit der Aussiedlung polnischer Bauernfamilien nichts zu tun gehabt habe, sondern nur für die Ansiedlung deutscher Bauern auf den geräumten Höfen zuständig gewesen sei. Aber er wurde widerlegt durch die von meinem Mandanten aus polnischen Archiven beschafften Dokumente sowie durch einen Zeugen, den aus Sicherheitsgründen als »Zeuge X« angekündigten Auricher Dozenten Franz Jagemann, der 1940 in dem SS-Arbeitsstab, den von Fircks leitete, als Dolmetscher tätig gewesen war. Jagemann hatte damals miterlebt, wie die auf Anordnung der SS zu räumenden polnischen Dörfer nachts zwischen drei und vier Uhr, wenn alles schlief, umstellt, an den Ausgängen Maschinengewehre postiert und die Polen aus den Häusern getrieben wurden. Wer sich weigerte, sein Haus zu verlassen, wurde mißhandelt. Während die Polen abtransportiert und in Sammellager verbracht wurden, blieb ein Teil der Polizeikommandos und SS im Dorf, entfernte die Heiligenbilder aus den Häusern und verbrannte sie auf dem Scheiterhaufen. Im Laufe des Vormittags kamen dann die deutschen Ansiedler. Bei diesen Austreibungen der Polen aus ihren Höfen hatte der Zeuge den Freiherrn nie gesehen, wohl aber bei der Ansiedlung, zum Beispiel im Dorf Libau, wo von Fircks zusammen mit einem SS-Obergruppenführer in der Dorfmitte gestanden und die Aktion dirigiert habe. Daß aber nicht nur die Ansiedlung, wie von Fircks glauben machen wollte, sondern auch die Aussiedlung zu den Aufgaben des SS-Arbeitsstabes und der UWZ Litzmannstadt gehörte, wurde durch andere Beweismittel hinreichend belegt. So durch eine von uns vorgelegte Urkunde aus einem Warschauer Archiv, die einen Vermerk des SS-Oberscharführers Steinberg wiedergab, in dem Herr von Fircks als Teilnehmer einer Besprechung genannt wird, bei der es um die für den 6. und 7. Mai 1940 geplante Räumung eines polnischen Dorfes ging. Da kamen zwei Polizeioffiziere mit von Fircks zusammen, »um den Zeitpunkt der Evakuierung und die einzelnen Ausgangspunkte festzulegen«. »Haben Sie schon mal den Ausdruck ›Schreibtischtäter‹ gehört?« fragte ich Herrn von Fircks in der Verhandlung.

Auch in weiteren Urkunden, die den barbarischen Umgang der SS mit den eingesessenen polnischen Bauernfamilien dokumentierten, wurde von Fircks wiederholt namentlich genannt. So in einem vertraulichen Schreiben des Verbindungsoffiziers des Befehlshabers der Ordnungspolizei im Warthegau, Litzmannstadt (Lodz), Adolf Hitler Straße 133, vom 30. 7. 1940:

Betrifft: Evakuierungen von polnischen Bauernfamilien und Ansiedlung von Wolhyniendeutschen im Landkreis Gnesen.

1.) Am Donnerstag, dem 1. 8. 40, gegen 3.30 Uhr, werden im Landkreise Gnesen 192 polnische Bauernfamilien evakuiert und zwar ...

2.) Mit der Durchführung der Aktion ist das Pol.-Batl. 44 in Posen beauftragt, das selbständig den Einsatz der erforderlichen Polizeikräfte und Fahrzeuge regelt.

3.) Als Ausgangsort für die Aktion ist die Polizeischule in Gnesen (früheres Seminar) am Dom vorgesehen.

4.) Wegen der Herrichtung der Räume, Verabfolgung der Verpflegung durch die NSV (Nationalsozialistische Volkswohlfahrt; H. H.) hat der zuständige Gendarmeriekreisführer im Einvernehmen mit dem Leiter des Arbeitsstabes für den bäuerlichen Einsatz (von Fircks; H. H.) und dem Außenstellenleiter der UWZ das Erforderliche rechtzeitig zu veranlassen.

5.) Zur Verhinderung von Fluchtversuchen der zu evakuierenden Polen sind die von der Evakuierung betroffenen Orte gemäß mündlicher Anweisung rechtzeitig zu sichern. Berittene und mit Fahrrädern ausgerüstete Gendarmen, Bundesstreifen und ggf. motorisierte Kräfte der Gendarmeriebereitschaft sind in ausreichendem Maße einzusetzen. Mit der Leitung der erforderlichen Absperrmaßnahmen ist der Gendarmeriekreisführer beauftragt.

6.) Für den Transport der evakuierten Polen zur Entlausungsanstalt in Litzmannstadt, Dessauer Str. 11, und alsdann zum Durchgangslager in Litzmannstadt, Wiesenstraße 4, wird das erforderliche Begleitpersonal vom Pol.-Batl. 44 gestellt.

7.) Die Hoferhebungskarten, Evakuierungstüten, Vermögensverzeichnisse usw. sind durch den Außenstellenleiter, bezw. Leiter des bäuerlichen Arbeitsstabes, SS-Obersturmführer von Firks (falsche Schreibweise im Original; H. H.) am Ausgangsort in Gnesen rechtzeitig dem die Aktion leitenden Pol.-Offz. zu übergeben.

8.) Polnische Familien, die nicht evakuiert werden konnten, werden vom Pol.-Batl. 44 der zuständigen Gendarmeriedienststelle gemeldet. Diese hat sofort die Fahndung nach den geflüchteten Familien aufzunehmen und bis zur Festnahme fortzusetzen. Festgenommene Personen sind zu vernehmen und nach Abschluß der Vernehmung mit der gesamten (Unterstreichung im Original; H. H.) Familie dem Durchgangslager in Litzmannstadt, Wiesenstraße 4, zuzuführen. Im übrigen sind die Führer der Evakuierungstrupps bei Nichtantreffen der zu evakuierenden Familie gehalten, sofort in den Häusern, Ställen, Scheunen, auf den Böden usw. der Nachbargehöfte eingehende Durchsuchungen vorzunehmen ...

Atemlose Stille herrschte im Burgdorfer Gerichtssaal, als dieser in exaktem Befehlston abgefaßte Verbrechensplan verlesen wurde. Herr von Fircks hatte die Stirn, der Sache einen humanen Zug abgewinnen zu wollen, indem er betonte, man habe dafür gesorgt, daß die polnischen Familien zusammenblieben; das sei auch der Grund dafür gewesen, die Aktionen nachts durchzuführen.

Weiteres Anschauungsmaterial über den Ablauf der Vertreibungsaktionen bot ein Schreiben vom 2. März 1940 mit dem Briefkopf »Der Reichsstatthalter im Warthegau. Der Höhere SS- und Polizeiführer. Beauftragter des Reichskommissars für die Festigung deutschen Volkstums«. Es enthielt die auch für Herrn von Fircks maßgebenden »Merkpunkte für die Arbeitsstäbe«. Zu seinen Aufgaben gehörte danach die »Erkundung der für die Ansiedlung erforderlichen Höfe« – »Nur der *beste* polnische Besitz ist zu erfassen« – »Registrierung der bereitgestellten Höfe (Listen) nach Gemeinden« – »Anfertigung der zu erstellenden Hofkartei« – »Erstellte Hofkarten sind durch Kurier an den Einsatzstab des Beauftragten des Reichskommissars für die Festigung deutschen Volkstums in Lodsch, Hauptabteilung Menschenverteilung, zu senden« – »Der Abtransport von Lodsch soll zeitlich so vor sich gehen, daß die wolhynien- und galiziendeutschen Familien im Morgengrauen in den Kreisstädten bzw. Zielstationen eintreffen, damit noch am gleichen Tage die Einweisung in den für sie bereitgestellten Hof erfolgen kann«.

Und wie lief dann die »Menschenverteilung«, an der Herr von Fircks mitwirkte, vor Ort ab? Auch darüber geben die »Merkpunkte für die Arbeitsstäbe« Auskunft:

Der wolhynien- und galiziendeutsche Ansiedler ist mit seiner Familie während der Evakuierung in einem benachbarten Hofe, dessen Eigentümer im Dorfe oder in der Siedlung verbleibt, für kurze Zeit unterzubringen, damit ihm der Anblick der Evakuierung erspart bleibt. Dies ist für die Psyche der Wolhynien- und Galiziendeutschen nicht unbeachtlich.

Man rechnete bei den deutschen Ansiedlern also mit Spuren von Unrechtsbewußtsein und mit der Gefahr, daß sie die vertriebenen polnischen Familien nicht als »Wanzen«, sondern als Menschen wahrnehmen könnten.

Erst wenn die evakuierte polnische Familie außer Sicht ist, erfolgt die Einweisung des Ansiedlers.

Und was geschah mit den polnischen Menschen, die ihre Höfe verlassen mußten? Das stand in Merkpunkt 16 a) und b):

Herausgesetzte Polen werden für höchstens 1 oder 2 Tage in Auffanglagern der Kreisstädte oder anderer Orte überführt. Von hier aus Abtransport, möglichst mit der Bahn, in das Sammellager Lodsch, Mitnahme entsprechender Verpflegung für 2 bis 3 Tage ist geboten.

Polen können an Handgepäck etwa 25 bis 30 kg pro Person mitnehmen; Kinder die Hälfte, Decken und Wintermäntel sind auf das zugelassene Gewicht nicht anzurechnen. Geldbeträge dürfen pro Person 20 Zl. nicht übersteigen. Mitnahme von Gold und Silber sowie Schmuck und Edelsteinen ist strikt zu unterbinden.

Auf unseren Antrag wurden auch Auszüge aus Martin Broszats Buch *Nationalsozialistische Polenpolitik 1939–1945* verlesen:

Die bei den Höheren SS- und Polizeiführern organisierten, dem Inspekteur der Sicherheitspolizei unterstehenden Evakuierungsstäbe, so z.B. in Posen das Ende 1939 eingerichtete »Amt für Aussiedlung von Polen und Juden«, bzw. die ab Mai 1940 als Zentrale hierfür in Litzmannstadt gebildete, euphemistisch so benannte Umwandererzentralstelle (UWZ) – gleichfalls eine Behörde der Sicherheitspolizei – setzten die allgemeinen Befehle in konkrete Anweisungen um, legten Daten, Zahlen, Orte, Fahrpläne fest, und Sicherheitspolizei-»Arbeitsstäbe« in den Kreisen trafen die Auswahl der Auszusiedelnden und führten die Zwangsräumung durch. In Lagern der UWZ in Litzmannstadt geschah die Erfassung und Durchschleusung der Ausgewiesenen, der Abtransport ins Generalgouvernement oder die Verschickung zur Arbeit ins Altreich. (S. 66)

Auch dieser Bericht eines Augenzeugen, der eine solche Polenevakuierung miterlebt hatte, wurde auf unseren Antrag verlesen:

An einem Abend wurde ein polnisches Dorf umstellt von einer Gruppe SA-Männer (es dürfte sich um SS-Männer gehandelt haben, da die Aussiedlung in die Zuständigkeit der SS fiel; H.H.), welche die Leitung der Aktion innehatten. Außerdem waren noch einige Volksdeutsche in die Kommandos zwangsweise einbezogen worden. Das Dorf wurde umzingelt, und kurz vor Mitternacht wurden die Leute aus den Betten herausgejagt. Dann kam der Befehl, binnen einer halben oder dreiviertel Stunde mit einem Gepäck von 30 kg reisefertig zu sein. Es wurde dort furchtbar gehaust. Heiligenbilder, Kruzifixe wurden zerbrochen und in den Kehricht geworfen. Die Polen mußten in ihren eigenen Wagen in die Kreisstadt fahren und kamen dort hinter Stacheldraht. In der Kreisstadt warteten bereits Volksdeutsche, die man von woanders geholt hatte. Diese Volksdeutschen wurden dann auf dieselben Wagen geladen, in denen die polnischen Familien gekommen waren. Selbstverständlich waren diese Volksdeutschen sehr entsetzt von den fürchterlichen Dingen, die sie dort anfanden ... (Broszat, S. 94 f.)

Es wurde immer peinlicher für den sich allmählich vom Nebenkläger zum Angeklagten verwandelnden CDU-Politiker und seine im Saal reichlich vertretene Anhängerschaft. Der Zeuge Jagemann, den er vergeblich als Kommunisten verdächtigt hatte, berichtete mit beeindruckender Sachlichkeit und Abgewogenheit von dem damaligen Auftreten des Freiherrn, der einerseits Korrektheit in den äußeren Umgangsformen gezeigt, andererseits aber Aussprüche getan habe, die ihn als getreuen Gefolgsmann und Gesinnungsgenossen seines Dienstherrn Heinrich Himmler auswiesen. So habe Herr von Fircks bei Dienstbesprechungen zur Unnachsichtigkeit und Härte gegenüber den Polen aufgefordert und sie einmal als »Wanzen« bezeichnet. Dazu der Freiherr: »Ausgeschlossen. Aber wir sind einmal durch die Dörfer gefahren, da waren die Menschen zusammengedrängt, und da habe ich gesagt, es ist furchtbar, wie Menschen gezwungen sind, wie Wanzen zusammenzuleben.« Schweigen wäre wohl klüger gewesen. Aber Herrn von Fircks drängte es, noch eine weitere Wanzen-Erklärung abzugeben. Es sei auch möglich, daß er einmal gesprächsweise die Polen mit Wanzen verglichen habe: das sei jedoch dahin zu verstehen, daß es sich dabei um ein sehr neutrales Bild gehandelt habe, wie man etwa auch heutzutage eifrige Leute mit Ameisen vergleiche.

Herr von Fircks war nicht zu retten. Sein eigener Anwalt bezeichnete ihn versehentlich als »Angeklagten«. Nicht die einzige Freudsche Fehlleistung, die dem Nebenkläger-Team unterlief und verborgene Wahrheiten beleuchtete. So hatte Herr von Fircks selbst in einem, übrigens mit Briefkopf der

Christlich-Demokratischen Union, Kreisverband Burgdorf, abgefaßten Schreiben vom 4. 8. 1970 an die Staatsanwaltschaft geschrieben, daß er ab März 1940 Leiter einer »Kreisaussiedlungsstelle« gewesen sei (was er mit Schreiben vom 25. 8. 70 in »Kreis*an*siedlungsstelle« berichtigte).

Mit meinem Antrag, Arthur Sahm freizusprechen, befand ich mich in selten guter Gesellschaft; auch der Staatsanwalt sah den Wahrheitsbeweis als erbracht an.

In meinem Plädoyer mußte ich mich mit der These des Nebenklägers und seines Anwalts auseinandersetzen, daß Herr von Fircks nicht, wie in dem Flugblatt meines Mandanten behauptet, an »nazistischen Untaten« beteiligt gewesen sei, insbesondere nichts mit Erschießungen zu tun gehabt habe, sondern nur für die Ansiedlung deutscher Bauern auf den von der Polizei geräumten polnischen Bauernhöfen zuständig gewesen sei. Ich zitiere nach einer Tonbandnachschrift meines in freier Rede gehaltenen Plädoyers:

Der Nebenkläger ... hat sich nicht nur nach der Behauptung des Angeklagten, Herrn Sahm, in dem von ihm verbreiteten Flugblatt, sondern auch nach dem Ergebnis der heutigen Beweisaufnahme an nationalsozialistischen Untaten beteiligt, die nicht zu suchen sind in einzelnen Exzessen und Extremen, nach denen der Herr Nebenklägervertreter glaubte vergeblich suchen zu müssen, sondern die zu sehen sind in dem organisierten Bevölkerungstransfer, der damals in Polen veranstaltet worden ist. Das ist ja gerade das Problem, mit dem sich auch die Rechtswissenschaft schon auseinandergesetzt hat: Dieses bürokratisch organisierte und durchgeführte Verbrechen großen Maßstabes, das die nationalsozialistische Zeit kennzeichnet, mit strafrechtlichen Kategorien zu erfassen. Da sind beteiligt nicht nur diejenigen, die an der Grube gestanden und Menschen erschossen haben und die nun mit eigener Hand Untaten begangen haben, sondern da sind ebenso beteiligt alle die, die in den vielfältigen Zwischenstationen tätig geworden sind: die Leute, die die Absperrungen besorgt haben, die Leute, die in irgendwelchen Arbeits- oder sonstigen Stäben gesessen und organisiert haben, und nicht zuletzt die sogenannten Schreibtischtäter, die irgendwo vom Schreibtisch aus das Ganze gelenkt haben. Auch Adolf Eichmann hat nicht einen einzigen Juden mit eigener Hand umgebracht, und trotzdem sind wir uns wohl alle darin einig, daß er zu Recht als der größte Judenmörder aller Zeiten bezeichnet und verurteilt worden ist. Und so dürfen wir auch bei Herrn von Fircks nicht danach suchen, daß er irgendwo sich seine Hände schmutzig gemacht habe, daß er irgendwo persönlich einen Polen umgebracht habe oder ihn persönlich von seinem Hof vertrieben habe. Nein, er war ein Teil dieser organisierten bürokratischen Polen-Aussiedlungsaktion, die er als Ansiedlung deutscher Siedler hier beschönigen möchte ...

Diese Vertreibung als solche war schlicht das Verbrechen, war die Untat, an der sich beteiligt zu haben Herrn von Fircks vorgeworfen werden muß ... Entscheidend ist, daß er als verantwortlicher Mann, nämlich als Leiter des SS-Arbeitsstabes, diese Zwangsräumung polnischer Bauern durchgeführt hat ... Es kommt dann auch nicht entscheidend darauf an, ob Herr von Fircks an irgendeiner Aktion persönlich beteiligt war und ob bei dieser Aktion, wie der Herr Nebenklägervertreter ausführte, etwas »vorgekommen« ist ... Ja, aber was geschehen ist, das ist eben dieses Verbrechen, Menschen aus ihren angestammten Höfen zu vertreiben, um andere dort anzusiedeln, also etwas zu tun, was Herr von Fircks heute nicht müde wird, als eklatante Verletzung des Heimatrechts zu rügen, wenn es nach seiner Meinung auf der anderen Seite geschieht.

Ich warf Herrn von Fircks vor, daß sein Verhalten von einer Gesinnung diktiert war, »die sich integriert fühlte in dieses Gesamtverbrechen, das die Nationalsozialisten damals in Polen und in anderen Ländern begangen haben«. Und dafür sei kennzeichnend seine Einstellung zu den Polen, die in seinem Vergleich von Polen mit Wanzen zum Ausdruck gekommen sei.

Herr von Fircks war damals Mitglied einer Organisation, der Herr Himmler, dieser kleinbürgerliche Großverbrecher, vorstand, der sich einmal über die Fremdvölkischen wie folgt geäußert hat:

»Ein Grundsatz muß für den SS-Mann absolut gelten: Ehrlich, anständig, treu und kameradschaftlich haben wir zu den Angehörigen unseres eigenen Blutes zu sein und zu sonst niemandem. Wie es den Russen geht, wie es den Tschechen geht, ist mir total gleichgültig. Das, was in den Völkern an gutem Blut unserer Art vorhanden ist, werden wir uns holen, indem wir ihnen, wenn notwendig, die Kinder rauben und sie bei uns großziehen. Ob die anderen Völker im Wohlstand leben oder ob sie verrecken vor Hunger, das interessiert mich nur soweit, als wir sie als Sklaven für unsere Kultur brauchen. Anders interessiert mich das nicht. Ob an dem Bau eines Panzergrabens 10000 russische Weiber an Entkräftung umfallen oder nicht, interessiert mich nur so weit, als der Panzergraben für Deutschland fertig wird. Wir werden niemals roh oder herzlos sein, wo es nicht sein muß, das ist klar. Wir Deutsche, die wir als einzige auf der Welt eine anständige Einstellung zum Tier haben, werden ja auch zu diesen Menschen-Tieren eine anständige Einstellung einnehmen. Aber es ist ein Verbrechen gegen unser eigenes Blut, uns um sie Sorge zu machen und ihnen Ideale zu bringen.«

Das stammt von Heinrich Himmler, dem damaligen Dienstherrn des Herrn von Fircks, der getreu diesem Vorbild meinte, Polen mit Wanzen vergleichen zu können …

Auch auf den Vorwurf des Nebenklägeranwalts, das Flugblatt habe für den flüchtigen Leser Herrn von Fircks in Verbindung mit den Erschießungen in Polen gebracht, ging ich ein, ohne zu ahnen, daß diese merkwürdige Interpretationsmasche im weiteren Verfahren noch Bedeutung erlangen würde. Ich hielt es ebenso wie mein Mandant für legitim und notwendig, die verbrecherische Polenaustreibung in den Rahmen des nazistischen Gesamtverbrechens zu stellen, und verwies in meinem Plädoyer auf die Bücher von Martin Broszat (*Nationalsozialistische Polenpolitik 1939–1945*) und Heinz Höhne (*Der Orden unter dem Totenkopf – Die Geschichte der SS*):

In dem Buch von Broszat, das ich Herrn von Fircks und überhaupt jedem zur Lektüre dringend empfehle, ist in aller Genauigkeit und urkundlich belegt darüber berichtet worden, wie die Generation unserer Väter, zu der Herr von Fircks ja gehört, sich in Polen ausgetobt hat.

Ich teilte auch mit, daß sich ein Pole im Saal befand, der als Betroffener hätte berichten können, wie am 1./2. März 1940 die gewaltsame Verbringung der jüdischen Bevölkerung von Lodz (»Litzmannstadt«) in das für sie abgesperrte Ghetto abgelaufen ist und unter welchen Bedingungen diese Menschen dort hungernd und in dauernder Angst vor Deportationen und anderen Gewalttaten der SS leben und sterben mußten. Auf seine Vernehmung wurde jedoch verzichtet. Herr von Fircks gehörte zu den vielen, die von nichts gewußt und nichts gesehen haben. Ein Stacheldrahtzaun war dazwischen.

In Übereinstimmung mit dem Staatsanwalt kam ich zu dem Ergebnis, daß von dem auf den Strafantrag des Herrn von

Fircks gestützten Anklagevorwurf gegen Sahm nichts übriggeblieben war.

Herr von Fircks meinte, seine Ehre sei durch das Flugblatt meines Mandanten verletzt worden. Wenn von der Ehre eines früheren SS-Angehörigen die Rede ist, der in solchem Maße mit den Untaten der SS zu tun hatte wie Herr von Fircks, dann fällt mir der Wahlspruch der SS ein: »Unsere Ehre heißt Treue!« Auch Herr von Fircks ist sich treu geblieben. Er ist sich und seiner Gesinnung immer treu geblieben – und darin ist er wohl ein SS-Mann geblieben, getreu seinem Wahlspruch von damals. Diese Ehre des Herrn von Fircks hat mein Mandant nicht verletzen können, dieser Ehre hat Herr von Fircks selber großen Schaden angetan durch das, was er damals getan hat, und er hat ihr sicher auch keinen guten Dienst geleistet durch das, was er später getan hat.

So kam ich zum Schluß noch auf die gegenwärtige politische Rolle des Nebenklägers zu sprechen.

Wenn hier abzuwägen ist zwischen dem Grundrecht, auf das mein Mandant sich berufen kann, nämlich das Grundrecht der freien Meinungsäußerung – das zu verstehen ist nicht nur als Recht, sondern auch als Pflicht eines Demokraten, am Prozeß der öffentlichen Meinungs- und Willensbildung mitzuwirken – gegen das Interesse des Herrn von Fircks, über seine politische Vergangenheit den Mantel des Schweigens decken zu wollen, dann würde ich sagen: Ein solches Interesse würde ich akzeptieren, wenn Herr von Fircks sich zurückgezogen hätte, wenn er sich geschämt hätte dessen, was er damals getan hat, und wenn er nicht den Versuch gemacht hätte, auch heute noch in der Öffentlichkeit zu wirken. Aber das hat er eben nicht getan! Er hat sich nach wie vor in die öffentliche Wirksamkeit gedrängt, er ist im Bundestag als Abgeordneter der CDU hervorgetreten und hat noch in der jüngsten Zeit die Regierungspolitik, die auf eine Aussöhnung mit dem Osten hinzielt, diffamiert und der Bundesregierung (Bundeskanzler Willy Brandt, SPD, Außenminister Walter Scheel, FDP) vorgeworfen, sie habe deutsches Land verschenkt. Er hat sich nicht gescheut, an einer Reise nach Israel teilzunehmen, und hat auch die Kritik, die an dieser Reise und seiner Beteiligung geübt worden ist, mit leichter Hand zurückgewiesen. Er hat gar nicht gespürt, daß man so etwas als ein Mann mit dieser Vergangenheit nicht tun kann.

Ich meine, mein Mandant hat eine wichtige Aufgabe erfüllt als

Amtsgericht Burgdorf, 19. Mai 1971. Der CDU-Bundestagsabgeordnete Otto Freiherr von Fircks mit seinem Anwalt (oberes Bild) in seiner Rolle als Nebenkläger gegen den von mir verteidigten Lehrer Arthur Sahm (unteres Bild). Herr von Fircks fühlte sich durch ein Flugblatt beleidigt, das ihn der Beteiligung an Nazi-Verbrechen in Polen beschuldigte.

einzelner Staatsbürger, indem er in einem Flugblatt diesen Herrn von Fircks als unmöglich für die Mitwirkung in einem hohen Organ unseres Staates gekennzeichnet hat. Aber Herr von Fircks ist disqualifiziert durch das, was er selbst getan, nicht durch das, was Herr Sahm ihm angetan hat. Herr Sahm hat nur die Wahrheit ausgesprochen, und diese Wahrheit sollte allerdings in einer funktionierenden Demokratie für Herrn von Fircks tödlich sein. Ich beantrage Freispruch!

Und so geschah es. Amtsgerichtsrat Uhde, ein junger Richter, verkündete den allseits erwarteten Freispruch. Der Kern dessen, was der Angeklagte über die Beteiligung des Nebenklägers an nazistischen Untaten gesagt habe, habe sich als wahr herausgestellt.

Das wollte Herr von Fircks nicht auf sich sitzen lassen und legte Berufung gegen das Urteil des Amtsrichters ein. Die Sache kam vor die 6. kleine Strafkammer des Landgerichts Hildesheim, die nach zweitägiger Verhandlung für eine Überraschung sorgte.

Über den ersten Verhandlungstag (16. 2. 1972) berichtete der Korrespondent der *Süddeutschen Zeitung*, Josef Schmidt, so:

Im Freizeitdreß, mit offenem Hemd und Pullover, saß Amtsrichter Heinrich Uhde, 34, aus Burgdorf bei Hannover, am Mittwoch wie etwa 30 andere »Zivilisten« im Zuschauerraum des Saales 118 im Landgericht Hildesheim, »nur um mir mal die Sache aus dieser Perspektive anzugucken« ...

Fircks, dessen Vater 1939 in Lettland zwei Höfe zurücklassen mußte, wie der Sohn jetzt sagt, erhielt einen polnischen Hof von 247 Hektar zugewiesen. Im Mai 1940 wurde er von Himmler ehrenhalber zum SS-Obersturmführer ernannt, hat aber »nicht einen einzigen Tag SS-Dienst gemacht«.

»Daß Sie nicht linksum und rechtsum gemacht haben, glauben wir Ihnen gern«, sagt Sahms Verteidiger, Rechtsanwalt Heinrich Hannover aus Bremen, Norddeutschlands bekanntester APO-Anwalt. Minuziös erforscht er bei jedem Zeugen, ob Fircks damals als Leiter des Einsatzstabes in Zivil oder in SS-Uniform gearbeitet hat, und jedesmal erhält er zur Antwort: »Natürlich in Uniform.« Die Zeugen, durchweg ältere Herren mit dem Habitus von Vertriebenenfunktionären (»Ich möchte hier ein gutes Wort für Herrn von Fircks einlegen, darum habe ich mich gemeldet«, sagte einer), bekundeten einhellig die Zweigleisigkeit des SS-Arbeitsstabes, daß nämlich Aus- und Ansiedlung getrennt gewesen seien. Der Staatsanwalt konnte es nicht glauben. Darum fragt er den Zeugen Lothar Steger, der ebenfalls einen solchen Arbeitsstab geleitet hatte: »Die Rechte wußte also nicht, was die Linke tat?« Stegers Antwort ist ein psychoanalytischer Leckerbissen: »Es war natürlich Zusammenarbeit da. Sie müssen sich das so vorstellen, das Gericht und der Henker, die arbeiten gewissermaßen auch zusammen«.

Die *Süddeutsche Zeitung* hatte diesen treffenden Vergleich denn auch zur Überschrift ihres Berichts gemacht: »Zusammenarbeit wie Richter und Henker«.

Auch diese Verhandlung schien auf einen Freispruch des Angeklagten Sahm hinauszulaufen, aber es kam anders. Am 29. Februar 1972 verkündete der Vorsitzende der Strafkammer (Besetzung: ein Berufsrichter und zwei Schöffen) ein merkwürdiges Urteil. Sahm wurde wegen politischer übler Nachrede zu einer Geldstrafe von 2000 DM verurteilt. Zwar gelangte das Berufungsgericht hinsichtlich der Mitwirkung des Nebenklägers an der Vertreibung polnischer Bauernfamilien zu den gleichen Feststellungen wie schon das Amtsgericht, und es sah auch den Wanzen-Vergleich als erwiesen an. Aber es meinte, daß der Angeklagte über den erweislich wahren Tatsachenkern hinaus Tatsachen behauptet habe, »die in versteckter Form den Verdacht enthielten, daß der Nebenkläger sich auch an der Vernichtung polnischer Menschen beteiligt« habe. Es genüge, daß ein solcher Verdacht »zwischen den Zeilen« ausgesprochen werde. Im Interesse eines wirksamen Ehrenschutzes sei eine weite Auslegung des Textes geboten. »Für einen flüchtigen Leser« habe sich der Eindruck aufdrängen müssen, daß der Angeklagte einen solchen Verdacht aussprechen wollte.

Aus den Reaktionen der Medien:

Norddeutscher Rundfunk, 29. 2. 1972:

Das Urteil löste unter den Prozeßbeobachtern in Hildesheim allgemeine Verwunderung aus. Auch jene Journalisten und Zuhörer, deren Äußerungen in den Verhandlungspausen eine Parteinahme für den Nebenkläger Otto von Fircks erkennen ließen, hatten an eine Verurteilung des Angeklagten Arthur Sahm nicht mehr glauben können, zumal sogar Staatsanwalt Kehr am vergangenen Freitag für Freispruch plädiert hatte ... Für die Prozeßbeobachter ein unverständliches Urteil ... Das Resumee aus dem Urteil und der Begründung: die Vertreibung von Polen aus der Heimat ist offensichtlich keine Untat.

Braunschweiger Zeitung, 1. 3. 1972:

Den Journalisten blieb die Tinte weg, als sie das Urteil der Hildesheimer Strafkammer gegen Arthur Sahm hörten. Damit hatte keiner gerechnet ... Sollte die im Urteil vertretene Auffassung sich durchsetzen, werden Flugblätter in Zukunft nur so abgefaßt werden dürfen, daß auch der Dümmste nichts Falsches herauslesen kann ...

Der Autor dieses Kommentars, Heinz-Bernd Goedecke, setzte noch eine Hoffnung in die Richter der Revisionsinstanz:

Vielleicht gelingt es der Weisheit gelehrter Juristen des Oberlandesgerichts von Celle nachzuweisen, daß die Gerechtigkeit nur scheintot war, die man soeben in Hildesheim begraben hat.

Die Weisheit der Celler Oberlandesrichter reichte nur zu einem einstimmigen, und deshalb nach dem Gesetz nicht weiter begründungsbedürftigen Beschluß folgenden Inhalts:

Die Revision wird auf Kosten des Angeklagten verworfen.

Dieser hat auch die dem Nebenkläger im Revisionsrechtszug entstandenen Kosten und Auslagen zu tragen.

Jetzt blieb nur noch die Verfassungsbeschwerde. Ein hervorragend begabter Mitarbeiter, Hans-Ernst Böttcher, damals Referendar in meiner Praxis, inzwischen Präsident des Landgerichts Lübeck, wirkte bei ihrer Formulierung mit. Und dies bekam das Bundesverfassungsgericht zu lesen:

Das Urteil der 6. kleinen Strafkammer des Landgerichts Hildesheim konnte den Beschwerdeführer nur deshalb der politischen üblen Nachrede für schuldig befinden, weil es den Inhalt des Flugblattes falsch gelesen hat ...

Sodann wurde ausgeführt, daß das Gericht unter Beachtung der in Artikel 5 (Freiheit der Meinungsäußerung) manifestierten Wertordnung des Grundgesetzes das politische Flugblatt des Beschwerdeführers nicht in der Weise interpretieren durfte, daß es die fiktive Figur des flüchtigen Lesers zum Maßstab seiner Feststellungen zum objektiven und subjektiven Tatbestand nahm. Und dann gab es Saures für die Partei, die dem Schreibtischtäter von 1940 ein neues politisches Wirkungsfeld geboten hatte:

Es ist kein Kompliment für die CDU, wenn das Hildesheimer Gericht in den Gründen seines Urteils behauptet, nur deswegen, weil der flüchtige Leser das Flugblatt dahin mißverstehen konnte, Herr von Fircks habe auch an Erschießungen teilgenommen, hätte er den Kreisvorsitz der CDU in Burgdorf niederlegen müssen. Diese Unterstellung des Hildesheimer Gerichts stempelt die Mitglieder des entsprechenden Beschlußgremiums der CDU zu einer Versammlung flüchtiger Leser. Das Urteil setzt weiter ausdrücklich voraus, daß eine Behinderung des politischen Wirkens des Herrn von Fircks nicht in diesem Umfange eingetreten wäre, daß also seine Partei einen Mann, der als Leiter eines SS-Arbeitsstabes Polen von ihren Höfen vertrieben und sie mit Wanzen verglichen hat, weiterhin in der Funktion eines Kreisvorsitzenden belassen hätte, wenn ihm nicht darüberhinaus zwischen den Zeilen der versteckte Vorwurf gemacht worden wäre, sich auch an Erschießungen beteiligt zu haben. Gerade dieser Teil des Hildesheimer Urteils zeigt deutlich, daß dem Gericht das Wesen des Grundrechts auf freie Meinungsäußerung verschlossen geblieben ist. Es hat insbesondere nicht erkannt, daß dieses Grundrecht den Bürger unseres Staates legitimieren soll, auf den Prozeß der öffentlichen Meinungsbildung einzuwirken, und das heißt gerade auch Personen aus politischen Funktionen zu verdrängen, für die sie wegen ihres Verhaltens in der NS-Zeit ungeeignet sind. Das Landgericht durfte daher die Tatsache, daß das Flugblatt des Beschwerdeführers das öffentliche Wirken des Herrn von Fircks erheblich erschwert hat, nicht allein unter dem Gesichtspunkt einer Tatbestandsmäßigkeit nach § 187 a StGB sehen, sondern mußte das von ihm angewandte einfache Gesetzesrecht gegen die höherrangige Grundrechtsnorm des Art. 5 GG abwägen.

Zuständig für die Entscheidung über die Verfassungsbeschwerde war der 1. Senat des Bundesverfassungsgerichts, dessen Vorsitzender der seit Dezember 1971 amtierende Präsident des Bundesverfassungsgerichts Dr. Ernst Benda war. Ein erzkonservativer Jurist, wenn es um staatlich verordnete Kruzifixe in bayerischen Schulen oder den gesetzlichen Gebärzwang für schwangere Frauen geht, aber ein unbeirrbarer Kämpfer gegen die Verjährung von Naziverbrechen, dem die parteipolitische Nachbarschaft zu Herrn von Fircks begreiflicherweise Unbehagen verursachte. Er machte seinen Richterkollegen daher Mitteilung davon, daß er zusammen mit dem Freiherrn Mitglied der CDU/CSU-Bundestagsfraktion sowie des Innenausschusses und des für allgemeine und rechtliche Fragen zuständigen Arbeitskreises I der Fraktion gewesen sei. In beiden Gremien habe sich eine ständige und enge sachbezogene Zusammenarbeit ergeben. In seiner Eigenschaft als Vorsitzender des Arbeitskreises I habe er, Benda, sich mit der Frage auseinandersetzen müssen, ob aus den Vorwürfen, die gegen Herrn von Fircks wegen seiner Tätigkeit in Polen erhoben wurden und die vor allem in dem Flugblatt des Herrn Sahm enthalten waren, Konsequenzen zu ziehen seien. Da Herr von Fircks die Vorwürfe in wesentlichen Punkten bestritten habe und diese Gegenstand eines Strafverfahrens gegen Sahm waren, sei seinerzeit vereinbart worden, zunächst das Ergebnis des Strafverfahrens abzuwarten. Mit Rücksicht auf diese Umstände erklärte Dr. Benda seine Selbstablehnung als Richter. Diese wurde in einem Beschluß der übrigen Mitglieder des Senats am 7. Dezember 1976 für unbegründet erklärt. Die frühere amtliche Befassung mit dem Gegenstand eines verfassungsgerichtlichen Verfahrens reiche nicht aus, eine Ablehnung zu rechtfertigen.

Und so faßte der Senat seinen am selben Tag verkündeten Beschluß unter Mitwirkung der Richter Dr. Benda, Dr. Haager, Rupp-von Brünneck, Dr. Böhmer, Dr. Simon, Dr. Faller, Dr. Hesse und Dr. Katzenstein. Beide Beschlüsse sind in der Entscheidungssammlung des Bundesverfassungsgerichts im 43. Band Seiten 126ff. und 130ff. nachzulesen.

Die Verfassungsbeschwerde wurde für begründet erklärt. Die Entscheidungen des Landgerichts Hildesheim und des Oberlandesgerichts Celle seien mit Art. 5 GG (Freiheit der Meinungsäußerung) nicht vereinbar. Das Bundesverfassungsgericht entnahm dieser Verfassungsnorm Grundsätze für die Interpretation des Flugblatts, die es verbieten, »den Inhalt einer Information dann mit Hilfe des Maßstabs des ›flüchtigen Lesers‹ zu bestimmen, wenn die Information im konkreten Fall ersichtlich politisch interessierte und aufmerksame Leser voraussetzt und sich an diese richtet«. So liege es hier. Der Beschwerdeführer könne die Persönlichkeiten des öffentlichen Lebens, denen er das Flugblatt unmittelbar zugesandt habe, schwerlich als »flüchtige Leser« im Auge gehabt haben. Das Bundesverfassungsgericht verschwieg auch nicht, wie es selbst, in Übereinstimmung mit dem Amtsgericht und der Staatsanwaltschaft, das Flugblatt verstanden habe.

Der »Sinn« der Ausführungen des Flugblatts läßt sich ohne Schwierigkeiten dahin verstehen, daß der Nebenkläger in dem Ausschnitt der Vertreibung polnischer Bauern an dem Gesamtkomplex nationalsozialistischer Untaten in Polen beteiligt gewesen sei, der bis hin zur Vernichtung polnischer Menschen gereicht habe. Für eine solche Deutung spricht es auch, daß der Satz: »Er hat sich beteiligt an den nazistischen Untaten während der Besetzung Polens« nicht in unmittelbarem Zusammenhang mit der Wiedergabe der Berichte über die Erschießung polnischer Menschen, sondern vor dem als wahr erwiesenen Vorwurf der Beteiligung bei der Aussiedlung steht. Daß »diese Dinge« (d.h. die Vernichtung polnischer Menschen) unter den Augen des Nebenklägers stattgefunden haben, bedeutet, wenn man sich an den Wortlaut des Satzes hält, den Vorwurf, der Nebenkläger habe von ihnen Kenntnis gehabt, möglicherweise auch, er habe sie gebilligt, nicht aber, er habe sich an den Vernichtungsaktionen selbst beteiligt.

In der Presse wurde die Entscheidung des Bundesverfassungsgerichts als Sieg liberaler Verfassungsgrundsätze gefeiert.

»Karlsruhe stärkt die Meinungsfreiheit«, so war etwa Hanno Kühnerts Artikel in der *Badischen Zeitung* vom 9. 3. 1977 überschrieben.

Das Bundesverfassungsgericht hatte die Sache zu erneuter Verhandlung an das Landgericht Hildesheim zurückgegeben. Es konnte eigentlich nur eine innerhalb kürzester Zeit zu erledigende Formalie sein, den Angeklagten vom Vorwurf der üblen Nachrede freizusprechen. Aber wie das in politisch brisanten Sachen nicht selten geschieht: die Akten waren, wie es später in einem Gerichtsbeschluß hieß, »vorübergehend in Verlust geraten«. Und als sie wieder auftauchten, war die Sache verjährt und konnte durch Einstellungsbeschluß ohne erneute öffentliche Hauptverhandlung sang- und klanglos erledigt werden. Dem CDU-Politiker Otto Freiherr von Fircks ist auf diese Weise eine nochmalige öffentliche Bloßstellung erspart worden. Dem Lehrer Arthur Sahm aber ist die Hildesheimer Justiz den fälligen Freispruch schuldig geblieben.

24. Macht kaputt was euch kaputt macht! Ein Angriff von links (1970/71)

In der Nacht zum 15. Juni 1970 gegen 1.15 Uhr wurde ein sogenannter Molotow-Cocktail durch ein verschlossenes Fenster der CDU-Geschäftsstelle im niedersächsischen Oldenburg geworfen, wodurch einige Akten in Brand gerieten und Teile des Fußbodens und der Fensterumrahmung beschädigt wurden. Die Feuerwehr war schnell zur Stelle und löschte den Brand. Am folgenden Morgen wurde in der Nähe des Tatorts ein Flugblatt des »Arbeitskreises Spartacus« gefunden, das inhaltlich nichts mit dem Brandanschlag zu tun hatte. Eine auf dem Flugblatt angegebene Kontaktadresse und bei der Kripo bereits vorhandene Mitgliederverzeichnisse des »Arbeitskreises Spartacus« und weiterer »linksextremer« Gruppen gaben den Ermittlungen die Richtung. Man vernahm die Mitglieder dieser Gruppen und bekam von dem 17jährigen Schüler Joachim T. auf die Frage, ob er irgendwelche Hinweise auf den oder die Täter geben könne, die Antwort, er halte es für möglich, daß ein Hans-Jürgen R. in Frage kommen könne, der sich stark für Bombenrezepte interessiere. Eine Aussage, die T. später widerrief und die auch mit Aussagen anderer Zeugen im Widerspruch stand, wonach Hans-Jürgen R. den Anschlag auf die CDU-Geschäftsstelle und einen weiteren, in der Nacht zum 28. Juni 1970 gegen das Kreiswehrersatzamt Oldenburg verübten Brandanschlag mit politischer Begründung abgelehnt habe. Gleichwohl hatte die Kripo jetzt Hans-Jürgen R. im Verdacht, an beiden Taten beteiligt gewesen zu sein, und veranlaßte die Staatsanwaltschaft, einen Haftbefehl zu beantragen. Mit Beschluß vom 1. Juli 1970 lehnte der zuständige Amtsrichter den Erlaß eines Haftbefehls ab und führte zur Begründung aus:

Nach dem Ergebnis der bisherigen Ermittlungen steht mit einiger Sicherheit lediglich fest, daß sich der Beschuldigte R. zur Tatzeit in Oldenburg aufgehalten hat und daß er linksstehenden Gruppen nahesteht. Diese Umstände sind allenfalls schwache Indizien für die

Täterschaft des Beschuldigten. Sie sind nicht geeignet, den nach § 112 Abs. 2 Satz 2 StPO erforderlichen dringenden Tatverdacht zu begründen.

Aber die Kripo wußte offenbar mehr, als in den Akten stand. Einen Tag, nachdem der Richter den Erlaß eines Haftbefehls abgelehnt hatte, wurde Hans-Jürgen R. von zwei Kriminalbeamten in der Gaststätte »Pferdestall« mit der soeben richterlich verneinten Begründung, er stehe im dringenden Verdacht, die beiden Brandanschläge begangen zu haben, festgenommen. Hans-Jürgen R., der allein an einem Tisch saß und ein Bier bestellt hatte, nahm diese Eröffnung ohne erkennbare Reaktion zur Kenntnis und bat, sein Bier noch austrinken zu dürfen. Dies wurde ihm zugestanden. Kurze Zeit später griff R. in die linke Brusttasche seiner Jacke und warf zwanzig bis dreißig Flugblätter in den Raum der Gaststätte. Einer der Beamten sammelte die Flugblätter auf. Dann verließ R. mit den Beamten die Gaststätte. Dabei hob er, wie es im Aktenvermerk der Kripo heißt, einmal kurz den rechten Arm und sprach das Wort »Venceremos« (Wir werden siegen).

So fragwürdig die Rechtmäßigkeit des kriminalpolizeilichen Zugriffs war, sein Erfolg ließ alles vergessen. Denn man fand in dem von R. mitgeführten Campingbeutel drei Flaschen mit brennbarer Flüssigkeit und drei Lappen, die, wie die Kripo vermutete, als Lunte für Molotow-Cocktails verwendet werden konnten, und an die 1000 Exemplare der in der Gaststätte in die Luft geworfenen Flugblätter. Und diese hatten es in sich. Die Überschrift lautete:

»ORDNUNG MUSS SEIN«, SPRACH DER ANARCHIST
UND WARF DIE BOMBE INS RATHAUS!!!

Und im Text, der mit »genossinnen, genossen!« begann, war von dem »zweiten molli« die Rede, »der am vergangenen wochenende in die revanchistenhöhle der standortmeldung« geprasselt und als »ein weiterer schritt auf dem wege, die hiesigen faschistencliquen und ihre handlanger ein für allemal auszumerzen«, zu verstehen sei. In dem mit Schreibmaschine engzeilig geschriebenen Text fielen einige Zeilen durch Verwendung von Großbuchstaben auf, in denen FREIHEIT FÜR ALLE GEFANGENEN gefordert und angekündigt wurde: ES WIRD BRENNEN – ES MUSS BRENNEN – BRENNT

DIE GEFÄNGNISSE NIEDER!!! Und der bekannte Spruch: MACHEN WIR KAPUTT, WAS UNS KAPUTT MACHT!!! Das Flugblatt endete mit einer »anleitung zur herstellung eines MOLLI-freundes« und Ratschlägen, wie man sich bei etwaiger Festnahme, die am Tatort möglichst zu vermeiden sei, verhalten solle:

keine aussagen zur sache, sondern nur zur person machen! sodann mit rechtsanwalt in verbindung setzen: es kommen infrage: f.j. degenhardt, hamburg; heinr. hannover, bremen und soz. anwaltskollektiv in berlin.

Unterschrift: »tupamaros oldenburg«.

Jetzt wurde der Haftbefehl erlassen. Hans-Jürgen R. schrieb mir aus der Untersuchungshaftanstalt Oldenburg und bat mich, ihn zu verteidigen. Der Vater, ein höherer Staatsbeamter, erklärte sich bereit, die Kosten der Verteidigung zu übernehmen, obwohl ihm die politischen Ansichten und die langen Haare seines Sohnes schon lange mißfallen hatten.

Zunächst bemühte ich mich darum, meinen Mandanten aus der Untersuchungshaft herauszuholen. Er war zur Tatzeit zwanzig Jahre alt und hätte bei den Eltern wohnen können, was ich gegen die Annahme von Fluchtverdacht geltend machte. Aber alle Rechtsmittel wurden zurückgewiesen, und bis es zur Hauptverhandlung vor dem Jugendschöffengericht (ein Berufsrichter und zwei Schöffen) kam, vergingen acht Monate. Denn die Staatsanwaltschaft und ein Untersuchungsrichter versuchten, dem Beschuldigten nicht nur eine aus dem Flugblatt hergeleitete Aufforderung zur Brandstiftung und Gefangenenbefreiung, sondern auch die beiden Brandanschläge nachzuweisen. Die Staatsanwaltschaft wollte die Sache ursprünglich beim Schwurgericht anklagen, weil Hans-Jürgen R. auch der Aufforderung zum Mord schuldig sei – ein Vorwurf, der aus bedrohlichen Sprüchen des Flugblatts und Schmierereien in einer Gaststätte hergeleitet wurde, die sich gegen den Chefredakteur einer regionalen Tageszeitung richteten –, und hatte deshalb die Voruntersuchung durch einen Untersuchungsrichter (ein inzwischen abgeschafftes Verfahren) beantragt. Auch das hatte zur Verzögerung der Anklage und der Hauptverhandlung beigetragen. Erst nachdem das Oberlandesgericht im zweiten Haftbeschwerdeverfahren in einem Beschluß vom 18. 12. 1970 Zweifel geäußert hatte, ob hinsichtlich der Brandanschläge eine

Täterschaft des Beschuldigten beweisbar sei, reduzierte die Staatsanwaltschaft ihre großen Pläne auf ein bescheideneres Maß und klagte Hans-Jürgen R. am 8. 1. 1971 nur wegen Aufforderung zu strafbaren Handlungen an. Gleichwohl mußte Hans-Jürgen R. auch nach dem Willen der Oberlandesrichter in Untersuchungshaft bleiben.

Ich hatte den Mandanten, der natürlich die Hauptverhandlung gern zu politischen Erklärungen genutzt hätte, darauf verpflichtet, von seinem Recht zu schweigen Gebrauch zu machen. So gewannen wir die Chance, daß ein Nachweis der für eine Verurteilung erforderlichen Feststellungen zu seiner subjektiven Willensrichtung nicht möglich sein würde. Denn ihm mußte ja nachgewiesen werden, daß er durch die Verteilung der Flugblätter die in ihnen angedrohten strafbaren Handlungen ernstlich hervorrufen wollte. Sobald wir uns darauf einließen, die politische Berechtigung des Kampfes gegen Gefängnisse und andere in Flugblättern anarchistischer Gruppen als »faschistoid« bezeichnete Einrichtungen des Staates darzulegen, lieferten wir der Anklagebehörde und dem Gericht das nötige Material, um bei dem Angeklagten ein Motiv im Sinne des Anklagevorwurfs festzustellen. Ich konnte den Mandanten überzeugen, daß sich die Politisierung des Prozesses auch mit Stoßrichtung auf die im Flugblatt angegriffene Regionalzeitung und deren Chefredakteur unter den gegebenen Umständen nicht lohnte, zumal die Justiz es nach bewährtem Muster verstehen würde, die Öffentlichkeit des Verfahrens geringzuhalten (kleiner Verhandlungssaal, Inanspruchnahme zahlreicher Plätze durch Verfassungsschützer und Polizeibeamte in Zivil), und auch von der Presseberichterstattung nicht viel zu erwarten war. Was aus diesem Prozeß allenfalls an politischer Aufklärung für die Öffentlichkeit zu gewinnen war, konnte, wenn man dem Angeklagten nicht eine schwere Strafe einbrocken wollte, nur außerhalb des Gerichtssaals geleistet werden. Wenn dort Mollis und Morddrohungen als geeignetes Mittel zur Revolutionierung der Gesellschaft empfohlen werden sollten, lag das außerhalb meiner Verantwortung, als Beitrag zur Verteidigung des Angeklagten wäre ein solches Bekenntnis schlicht idiotisch gewesen und hätte mich zur Niederlegung des Mandats veranlaßt.

Die Verhandlung vor dem Jugendschöffengericht am 1. März 1971 verlief denn auch mit einer fast heiteren Lockerheit und brachte dem Angeklagten wenn auch nicht den Freispruch, so doch die Freiheit. Daß die vom Angeklagten in der Gaststätte »Pferdestall« in die Luft geworfenen Flugblätter keine Adressaten erreicht hatten, die zum Niederbrennen der Gefängnisse bereit waren, weil sie von Kriminalbeamten aufgesammelt wurden, kam unter Gelächter im Zuhörerraum zur Sprache. »Wer sollte wohl sonst sammeln?« fragte der Vorsitzende, etwas verblüfft über die Heiterkeit im Publikum, und erntete erneutes Gelächter, als jemand »die Putzfrau!« rief. Auch der Ausschluß der Öffentlichkeit für den Zeitraum, in dem aus dem inkriminierten Flugblatt die Bastelanleitung für Mollis verlesen wurde, löste Heiterkeit aus. »Kann man an jedem Kiosk kaufen!« tönte es aus dem Publikum.

Der Staatsanwalt beantragte 22 Monate Gefängnis für den Angeklagten, während ich auf Freispruch plädierte. Mordhetze sei in Deutschland seit jeher und noch immer eine Sache der Rechten, sagte ich und belegte meine These mit historischen Fakten, die von der Mordhetze gegen Rosa Luxemburg und Karl Liebknecht bis zu den Schüssen auf Benno Ohnesorg und Rudi Dutschke reichten. Der Mordhetze von rechts seien Taten gefolgt, mit deren Tätern die Justiz empörend glimpflich umgegangen sei. Anarchistischer Wortradikalismus hingegen ziele nicht auf aktuelle Realisierung, sondern auf allmähliche Änderung des politischen Massenbewußtseins. Eine Argumentation, die das Gericht jedenfalls insoweit übernahm und in seine Sprache übersetzte, als es nicht alle dem Angeklagten angelasteten Äußerungen so ernst nahm wie der Staatsanwalt. Was der Staatsanwalt als Morddrohung verstand, waren für das Gericht nur »starke Worte«. Nur eine Aufforderung zur Gefangenenbefreiung und zur menschengefährdenden Brandstiftung wollte auch das Gericht dem Flugblatt entnehmen.

Auch das war aus meiner Sicht problematisch. Denn solange der Angeklagte die Flugblätter in seinem Campingbeutel hatte, konnte es sich nur um eine straflose Vorbereitungshandlung handeln, und es kam allein darauf an, was der Angeklagte in dem Moment wollte, als er zwanzig oder dreißig Flugblätter in der Gaststätte in die Luft warf. Glaubte er wirklich, einer von denen, die sie aufsammeln würden – es kamen wohl nur die Kriminalbeamten und die Putzfrau in Frage –, würde sich zum Abbrennen von Gefängnissen und Kaufhäusern animieren lassen? Oder war es die hilflose und unüberlegte Reaktion eines Zwanzigjährigen auf die rechtlich immerhin fragwürdige Festnahme?

Aber er hatte im Zeitpunkt der Urteilsverkündung schon acht Monate Untersuchungshaft hinter sich, und so, wie die Dinge lagen, hätte ein Freispruch doch einige Peinlichkeit gehabt und sogar Haftentschädigungsforderungen nach sich ziehen können. Wahrscheinlich ist man im Beratungszimmer auch den Verdacht nicht losgeworden, daß der Angeklagte doch der gewesen sei, der die Mollis bei der CDU und der Bundeswehr ins Fenster geworfen hatte, daß man es ihm bloß nicht nachweisen könne. Daß im Zweifel freigesprochen werden muß, ist leider graue Theorie – Rüdiger Lautmann hat als teilnehmender Beobachter entlarvende Einblicke in die Geheimnisse der Beratungspraxis gewährt (in seinem Buch *Justiz – die stille Gewalt)* –, und so wird man wohl besten Gewissens die acht Monate, die der Angeklagte schon in Untersuchungshaft gesessen hatte, für die angemessene Strafe gehalten haben. Denn so lautete das Urteil, mit der Folge, daß Hans-Jürgen R. den Gerichtssaal als freier Mann verlassen konnte.

Er war aber nicht zufrieden und beauftragte mich, Berufung einzulegen. Der Vater wollte, was ich ihm nicht verdenken konnte, die Verteidigung in der Berufungsinstanz nicht mehr bezahlen. Hans-Jürgen R. aber war mittellos und überdies, wie sich später zeigen sollte, ohnehin der Meinung, daß Verteidigerarbeit für einen »Genossen« wie ihn kostenlos geleistet werden müsse. Aus nachträglicher Sicht war es eine Eselei, aber es paßte zu meinem auch sonst praktizierten Verständnis von sozialem anwaltlichem Engagement, daß ich mich bereit erklärte, Hans-Jürgen R. in der Berufungsinstanz auf Pflichtverteidigerbasis zu verteidigen, also meine Beiordnung als Pflichtverteidiger zu beantragen und dafür die magere Gebühr von 90 DM aus der Staatskasse zu empfangen.

In der Verhandlung vor dem Landgericht, die am 26. 4. 1971 stattfand, habe ich noch einmal alle Argumente vorgebracht, die einen Freispruch gerechtfertigt hätten. Aber es wurde schon während der von einem recht autoritären Vorsitzenden geführten Verhandlung spürbar, daß wir keine Chance hatten, ein besseres Urteil zu bekommen. Und so blieb es bei den vom Jugendschöffengericht verhängten acht Monaten.

Damit hätte die Sache zu Ende sein können. Aber es geschah noch folgendes: In zwei anarchistischen Zeitungen – *Befreiung* und *agit 883* – erschien ein Artikel, aus dem deren Leserinnen und Leser erfuhren, daß der Genosse Hans-Jürgen R. von einem Vampir verteidigt worden war, der dessen Vater für die

Verteidigung in 1. Instanz 1500 DM abgenommen und sich auch sonstiger bürgerlicher Unarten schuldig gemacht habe. So habe er sich geweigert, dem Genossen R. unter Umgehung der Kontrolle Geld zuzustecken und illegal Briefe in den Knast bzw. heraus zu befördern. Auch habe er sich das Rauchen im Auto verbeten und seine Sekretärin mit Sie angeredet. »Solche Typen sind zum Kotzen!« – »Gegen die Kapitalisten hilft nur die Revolution, gegen die Bolschewisten nur die Anarchie, gegen Heinrich Hannover erst mal nur Prügel«. Der Artikel endete mit der Forderung, der Verteidiger des Genossen R. möge innerhalb eines Monats 500 DM an die Schwarze Hilfe Berlin und im nächsten Monat 500 DM an Schwarzkreuz Köln schicken. Weitere »Zahlungsbefehle« wurden angekündigt. Denn: »Schweine muß man schlachten!« und »Gegen Vampire hilft nur Frankenstein!«

Der Artikel stammte nach Stil und Inhalt offensichtlich von dem Genossen R. und bestätigte einige Einschätzungen, die andere Äußerungen dieses jungen Mannes durch die Urteile des Amts- und des Landgerichts erfahren hatten. So hatten beide Gerichte bestimmte vom Angeklagten stammende Aufschriften auf einem Papprahmen und einem Poster in einer Gaststätte, die der Staatsanwalt als Aufforderung zum Mord interpretiert hatte, als »Schmierereien eines verärgerten oder gelangweilten jungen Mannes« bezeichnet, wie sie »vor allem in Gefangenenzellen und in Aborten häufig zu finden« seien und von niemandem ernst genommen würden. So faßte ich auch das Vampir-Pamphlet des Genossen R. auf, wunderte mich allerdings, daß zwei anarchistische Zeitschriften, die auch durchaus ernstzunehmende Artikel veröffentlichten, diesem unreifen Jüngling eine publizistische Plattform geboten hatten. Von einem gewöhnlich gut informierten Journalisten erfuhr ich dann, daß auch innerhalb der Redaktion von *agit 883* der Abdruck dieses ihr aus Norddeutschland zugesandten miesen Aufsatzes nachträglich umstritten gewesen sei. Eine mir bis dahin unbekannte anarchistische Gruppe in Hamburg hat sich jedenfalls in einem Brief an mich ausdrücklich von dem »Treiben und Geschrei dieser Art ›junger Anarchisten‹« distanziert.

So sympathisch die Ideen Michail Bakunins, des Klassikers des Anarchismus, sein mögen, so erbärmlich kleinkariert waren die Worte und Taten mancher seiner Jünger. Aber von welchem Klassiker und welchen Jüngern ließe sich das nicht sagen?

25. Mein erster »Terroristen-Prozeß«. Der Fall Werner Hoppe (1972)

Am 15. Juli 1971 fand in mehreren norddeutschen Städten eine Polizeiaktion statt, bei der nach Mitgliedern der Rote Armee Fraktion (RAF), damals in den Medien noch »Baader-Meinhof-Bande« genannt, gefahndet wurde. In Hamburg wurde unter anderem in der Stresemannstraße eine Kontrollstelle eingerichtet, bei der alle Fahrzeuge des von der Gruppe bevorzugt benutzten Typs BMW ab 1600 ccm Hubraum angehalten und die Insassen überprüft wurden.

Gegen 14.20 Uhr, etwa zwanzig Minuten nach Beginn der Kontrolle des stadtauswärts fließenden Verkehrs, näherte sich ein dunkelblauer BMW 2002 der Kontrollstelle, verlangsamte seine Fahrt, als mit der Haltekelle ein Zeichen gegeben wurde, fuhr dann aber nicht in die angegebene Richtung, sondern setzte seine Fahrt mit hoher Geschwindigkeit fort. Ein für solche Fälle bereitstehender Polizeiwagen, besetzt mit den Beamten L. und H., nahm die Verfolgung auf. Der BMW fuhr geradeaus über die Bahrenfelder Chaussee, dann über die von-Sauer-Straße und bog dort nach links in den Bahrenfelder Kirchenweg ein, wo er nach etwa 100 Metern schräg auf dem rechten Bürgersteig stehenblieb. Der Polizeimeister L. setzte den von ihm gefahrenen Wagen in kurzem Abstand schräg vor den BMW.

Fahrerin des BMW war die 20jährige Berliner Friseuse Petra Schelm, ihr Beifahrer der 22jährige Hamburger Aufnahmeleiter-Praktikant Werner Hoppe. Beide verließen den zum Halten gekommenen Wagen und flüchteten. Bei der anschließenden Verfolgung durch mehrere Polizeibeamte kam es zu Schußwechseln, bei denen Petra Schelm durch Kopfschuß aus einer Polizeiwaffe getötet wurde. Hoppe wurde schließlich festgenommen, nachdem er seine Pistole einem Polizeibeamten zugeworfen hatte. Zuvor soll er laut Anklageschrift der Staatsanwaltschaft Hamburg vom 25. 1. 1972 vier Mordversuche begangen haben, indem er fünf Schüsse auf Polizeibeamte abgegeben habe, und zwar aus niedrigen Beweggründen und mit bedingtem Tötungsvorsatz handelnd, wenngleich ohne zu treffen. Eine Zugehörigkeit zur RAF war ihm nicht nachzuweisen. Er war beruflich als Aufnahmeleiter-Praktikant beim Norddeutschen Rundfunk beschäftigt, nachdem er eine frühere Drogenabhängigkeit überwunden hatte. Der Schriftsteller Christian Geißler gehörte zu seinen Freunden und stellte seiner pazifistischen Gesinnung das beste Zeugnis aus.

Zusammen mit dem Hamburger Kollegen Wolf Dieter Reinhard übernahm ich Werner Hoppes Verteidigung. Die Hauptverhandlung wurde vom 24. Mai 1972 bis zum 26. Juli 1972 vor einem Schwurgericht beim Landgericht Hamburg durchgeführt (Besetzung damals noch: drei Berufsrichter und sechs Geschworene (Laienrichter)). Sie wurde begleitet von einer pausenlosen Pressekampagne der im Verlag des Axel Cäsar Springer erscheinenden Blätter, die aus dem vom Gerichtsvorsitzenden und vom Staatsanwalt als »unpolitisch« angekündigten Strafprozeß einen »Terroristenprozeß« machten und die Verteidiger immer wieder als Komplizen der »Baader-Meinhof-Bande« verdächtigten. Schon die Sicherungsmaßnahmen – das Justizgebäude wurde teilweise völlig abgeriegelt und mit Hundestreifen bewacht, bewaffnete Polizisten im und vor dem Gerichtssaal, Durchsuchungen des Publikums und der Verteidiger – machten hinreichend sichtbar, daß auch das Gericht unter Terroristenangst litt, Racheakte wegen der Erschießung der Petra Schelm fürchtete und den Angeklagten Hoppe als Mitglied der »Baader-Meinhof-Bande« betrachtete, obwohl er mangels entsprechender Beweise nicht wegen Zugehörigkeit zu einer kriminellen Vereinigung angeklagt war. In der Springer-Presse hieß es, daß Petra Schelm eine enge Vertraute von Ulrike Meinhof gewesen sei und zum harten Kern der RAF gehört habe, von Hoppe wußte man noch weniger. Aber das reichte, um die Volksstimmung aufzumischen und Attentate, die während der Untersuchungshaftzeit Hoppes stattfanden oder angekündigt wurden, mit seiner Strafsache assoziativ zu verbinden und seine Verteidiger immer wieder als Sympathisanten des Terrorismus hinzustellen. Man wird nie erfahren, von wem Bombendrohungen, die zeitweise zur Räumung des Gerichtsgebäudes nötigten, und Entführungsdrohungen gegen die Familien der Richter und Geschworenen wirklich stammten. Aber auch sie trugen dazu bei, ein Klima der Angst zu schaffen, das zwei Geschworene veranlaßte, sich aus Sorge um ihre Kinder für befangen zu erklären. Ihre Befangenheit wurde für begründet erklärt, sie schieden aus und wurden durch zwei Ersatzgeschworene ersetzt. Auch wir Verteidiger waren Morddrohungen ausgesetzt, und gegen die Praxis des Kollegen Reinhard wurde ein Brandanschlag verübt, dessen Täter nie ermittelt wurden. Die Polizeipräsenz im Gerichtssaal und im Justizgebäude und die Durchsuchungen des Publikums und der Verteidiger manifestierten Tag für Tag, daß das Gericht einer Horde von potentiellen Gewalttätern gegenüberzustehen glaubte, denen auch der Kollege Reinhard und ich zugerechnet wurden. Daß wir bei dieser Grundsituation die Waffe des Wortes, die einzige Waffe, die uns wirklich zur Verfügung stand, mit einiger Schärfe führten, wird uns ein objektiver Beurteiler nicht verdenken. Das Gericht allerdings wird darin eine Bestätigung seiner Ängste und Vorurteile gesehen haben. Zumal unser Mandant sich mit revolutionären Sprüchen an ein sympathisierendes Publikum wendete und den Gerichtsvorsitzenden bei jeder Gelegenheit beschimpfte. Zur Sache verweigerte der Angeklagte jede Einlassung, was sein gutes Recht war, aber seine Verteidigung nicht erleichterte.

Was sich an jenem 15. Juli 1971, an dem Petra Schelm erschossen wurde, in Hamburg-Bahrenfeld abgespielt hat, wird wohl nie zweifelsfrei aufgeklärt werden. Ich bin nur sicher, daß weder die Anklageschrift der Hamburger Staatsanwaltschaft noch das Urteil des Schwurgerichts die Ereignisse richtig wiedergeben.

Nach der Anklage, die sich in erster Linie auf die Aussagen der beteiligten Polizeibeamten stützte, soll es so gewesen sein:

Nachdem der mit den Polizeibeamten L. und H. besetzte Wagen schräg vor den im Bahrenfelder Kirchweg haltenden BMW gesetzt worden war, soll Hoppe das Fahrzeug mit der Waffe, einer Pistole Kaliber 9 mm, verlassen und einen Schuß auf die beiden Beamten abgegeben haben, der das Wagendach streifte und dort eine Delle hinterließ. Sodann seien Werner Hoppe und Petra Schelm in Richtung von-Sauer-Straße weggelaufen. Nunmehr sei H. ausgestiegen und sei den beiden gefolgt, während L. über Funk eine Lagemeldung abgegeben, den Wagen gewendet habe und hinter seinem Kollegen her gefahren sei. In der nahegelegenen Reinickestraße sei es dann zur nächsten Begegnung gekommen. H. habe den Flüchtenden aus ca. 40 m Entfernung zugerufen: »Ergeben Sie sich!« Dann habe Petra Schelm auf H. geschossen, während Hoppe ein Stück weitergelaufen sei und dann auch geschossen habe. Anschließend hätten sich die beiden getrennt. Das Mädchen sei »bei einem Schußwechsel mit den Polizeibeamten« tödlich verletzt worden. Hoppe sei in Richtung einer Bundesautobahn-Baustelle geflüchtet. Dort habe er mindestens zweimal auf den Polizeibeamten Hamann und ein weiteres Mal auf den Polizeibeamten L. geschossen. Bei seiner Festnahme habe Hoppe sinngemäß erklärt: »Schade, von euch Schweinen hätte ich gern noch ein paar umgelegt!«

Daß Hoppe mit Tötungsvorsatz geschossen habe, entnahm die Anklageschrift den Zeugenaussagen der betroffenen Polizeibeamten, die übereinstimmend bekundet hatten, die Waffe des Angeklagten auf ihren Kopf oder Oberkörper gerichtet gesehen zu haben. Die für Mord notwendigen niedrigen Beweggründe folgerte die Staatsanwaltschaft aus Hoppes Absicht, sich der Festnahme zu entziehen.

Schon am ersten Verhandlungstag brachte die Anhörung des Schußwaffensachverständigen Hacker Punkte für die Verteidigung. So glaubten wir jedenfalls, noch auf ein faires Verfahren und die Gültigkeit des Grundsatzes in dubio pro reo (im Zweifel zugunsten des Angeklagten) vertrauend. Hacker erklärte, daß von den 16 aufgefundenen Munitionsteilen (zwölf Patronenhülsen und vier Projektile) nur einer, nämlich eine der im Bahrenfelder Kirchenweg gefundenen Patronenhülsen, aus Hoppes Pistole stammte, während die anderen den Waffen der Polizei und der Petra Schelm zuzuordnen waren. Aus Petra Schelms Pistole seien insgesamt 8, maximal 9, Patronen verfeuert worden.

Aus dem Magazin in Hoppes Waffe fehlten nur zwei Patronen. Eine dritte Patrone könne vorgeladen werden, so daß Hoppe maximal drei Schüsse abgegeben haben könne. Mehr als drei Patronen könnten aus seiner Waffe auch deshalb nicht verschossen worden sein, weil der Lauf kaum Schmauchspuren aufgewiesen habe.

Eine gute Ausgangsposition für die Verteidigung. Man durfte auf die Zeugenaussagen der Polizisten gespannt sein, die Hoppe bei mindestens fünf Schüssen und vier Mordversuchen gesehen haben wollten.

In der Hauptverhandlung erschien als erster Tatzeuge der Polizeibeamte L., mit Perücke, angeklebtem Bart und Sonnenbrille verkleidet seine Terroristenangst zur Schau tragend. Zu den Vorgängen im Bahrenfelder Kirchenweg:

Petra Schelm, bei einem Schußwechsel mit Polizisten am 15. Juli 1971 getötet. Ihren Begleiter, Werner Hoppe, habe ich zusammen mit dem Kollegen Wolf Dieter Reinhard vor dem Hamburger Landgericht gegen den Anklagevorwurf des Mordversuchs an Polizeibeamten verteidigt.

Bevor wir aussteigen konnten, sprang der Beifahrer aus dem BMW heraus und richtete eine Schußwaffe in unsere Richtung. Die Fahrerin kam ebenfalls über die Beifahrerseite aus dem Fahrzeug heraus und hatte ebenfalls eine Schußwaffe, die sie in unsere Richtung richtete. Wir gingen, soweit möglich, hinter den Sitzen unseres VWs in Deckung, unter Beobachtung der Aktionen unserer Gegenseite, und sahen dabei, daß beide – sowohl der Mann als auch die Frau – ihre Waffen auf unser Fahrzeug richteten und schossen.

Im weiteren Verlauf seiner Vernehmung wurde L. noch genauer:

Ich habe gesehen, daß der Beifahrer des BMW geschossen hat. Ich habe Mündungsfeuer gesehen. Die ersten Schüsse sind gekommen von dem Beifahrer des BMW.

Als nach schützender Befragung durch den Gerichtsvorsitzenden und den Staatsanwalt wir Verteidiger an der Reihe waren, mußte der Zeuge sich ein paar unangenehme Fragen gefallen lassen. Zunächst mußte er nach Vorhalt früherer Aussagen einräumen, daß er nicht mehrere Schüsse des Beifahrers gesehen habe. Aber auf einen wollte er sich festlegen, den habe er »voll mitbekommen«.

Hannover: Hat sich Ihre Kenntnis seit dem 15. Juli vorigen Jahres (dem Tag des Vorfalls, an dem der Zeuge seinen ersten Bericht erstattet hatte) durch irgendeinen Umstand vervollständigt? Beispielsweise durch Gespräche mit Herrn H.?

L.: Nein.

Hannover: Wie erklären Sie es sich dann, daß Sie bei früheren Vernehmungen von einem Schuß des Beifahrers, den Sie gesehen hätten, nichts gesagt haben?

L.: (nach langem Nachdenken) Das ist höchstens möglich, daß es sich um eine erste Stellungnahme, den ersten Bericht handelte, und zu dem Zeitpunkt war ich, wie Sie mir zubilligen werden, leicht oder sehr erregt.

Hannover: Waren Sie im Zeitpunkt ihres zweiten Protokolls, Ihrer Vernehmung vom 10. August 1971, auch noch immer erregt?

L.: Jedenfalls nicht mehr in dem Maße.

Hannover: Meinen Sie, daß Sie bei Ihrer Vernehmung vom 10. August die Wahrheit gesagt haben?

L.: So, wie ich mich bemühe, ständig die Wahrheit zu sagen, so auch da.

Hannover: Halten Sie es für möglich, daß Sie am 10. August 1971 eine genauere Erinnerung an die Vorgänge hatten als heute?

L.: Das auf alle Fälle.

Hannover: Ich darf Ihnen aus Ihrer Vernehmung vom 10. August 1971 vorhalten, daß Sie damals folgendes erklärt haben: »Ich habe *gesehen*, daß auch Hoppe seine Pistole gezogen hatte und auf uns richtete. In diesem Moment befanden sich PHW H. und ich noch im VW. Als ich das Verhalten der beiden bemerkte, gingen wir hinter den Sitzen des VWs in Deckung. Bruchteile später *hörte* ich mehrere Schüsse – ca. 3–4 – ganz kurz hintereinander fallen. Aus diesen kurzen Zeitabständen *schließe* ich, daß sowohl Petra Schelm als auch Werner Hoppe geschossen haben müssen.« (Die kursiv gedruckten Wörter betonte ich bei meinem Vorhalt) Sie haben also damals nicht eine Beobachtung mitgeteilt, des Inhalts, wie Sie sie heute hier dem Gericht bekundet haben, sondern Sie haben mitgeteilt, daß Sie geschlossen haben, aus der kurzen Reihenfolge der Schüsse, daß beide Personen geschossen haben müssen. Wie stellen Sie sich zu diesem Widerspruch?

L.: Der Widerspruch als solcher ist nicht von der Hand zu weisen. Ich würde es als falsche Aufnahme meiner Aussage werten.

Hannover: Sie sagen, Ihre Aussage vom 10. August 1971 ist falsch aufgenommen worden, oder Ihre heutige Aussage ist falsch verstanden worden?

L.: Nicht die gesamte Aussage, sondern nur die Formulierung der Wahrnehmung.

Ich fragte sodann seine frühere Aussage noch einmal Satz für Satz ab und wollte wissen, ob diese Einzelheiten richtig oder falsch aufgenommen worden waren. Daraus einen Ausschnitt:

Hannover: Herr L., ist denn der Teil Ihrer Aussage richtig aufgenommen bzw. verstanden worden, der sich so liest, daß die Schüsse erst gefallen sind, nachdem Sie hinter den Sitzen des VWs in Deckung gegangen waren, und daß Sie in diesem Zeitpunkt die Schüsse gehört haben. Ist das richtig verstanden worden?

L.: Daß wir hinter den Sitzen in Deckung gegangen sind, daß wir Schüsse gehört haben, das ist richtig verstanden worden.

Hannover: Und daß Sie diese Schüsse Bruchteile von Sekunden, nachdem Sie in Deckung gegangen waren, gehört haben, ist auch richtig?

L.: Auch das ist richtig, wobei ich, wie gesagt, den Begriff »Bruchteil von Sekunden« nicht definieren kann.

Hannover: Ist es auch richtig, daß Sie *vor* diesem Zeitpunkt Schüsse weder gehört noch gesehen haben?

L.: Vor welchem Zeitpunkt?

Hannover: Vor dem Zeitpunkt, in dem Sie in Deckung gegangen waren?

L.: Das ist auch richtig.

Damit war dem Zeugen das Eingeständnis abgerungen, daß er den von Hoppe im Bahrenfelder Kirchenweg abgegebenen Schuß nicht gesehen und alle Details – die Richtung der Pistole und das Mündungsfeuer – erfunden hatte. Denn aus seiner früheren Aussage ergab sich auch, daß alle Schüsse an dieser Stelle während der Zeit gefallen waren, als er und H. sich in Deckung hinter den Sitzen befanden (»Nachdem wir keinen Schuß mehr hörten, kamen wir hoch«). Der Vorsitzende versuchte sogleich, dieses Ergebnis meiner Befragung zu zerreden, worauf ich protestierte:

Aber Herr Vorsitzender, das ist ja ein Versuch, die Aussage dieses Zeugen zu retten, der mich nun wirklich empört. Es muß doch möglich sein, auch die Aussage eines Polizeibeamten der Unwahrhaftigkeit zu überführen – und dieser Zeuge lügt.

Wir waren durch das Verhalten des Vorsitzenden und eines weiteren Richters, der sich ebenfalls durch falsche Wiedergabe der soeben erfolgten Zeugenaussage eingemischt hatte, genötigt, einen Ablehnungsantrag wegen Besorgnis der Befangenheit gegen diese beiden Richter zu stellen. Wie üblich waren die für die Entscheidung über den Ablehnungsantrag zuständigen Richter der Meinung, daß ihre Kollegen nicht befangen seien, und die Sache konnte in spürbar verschlechterter Prozeßatmosphäre weitergehen.

Die Zurückweisung unseres Befangenheitsantrages teilte Springers *Bild*-Zeitung ihren Lesern so mit:

Gescheitert ist der Versuch, den »Hoppe-Prozeß« platzen zu lassen.

Aber Springers *Welt* vom 27. 5. 1972 mußte immerhin anerkennen:

Im Kreuzverhör der Verteidiger wurden einzelne Angaben des Zeugen schwer erschüttert. Es gelang der Verteidigung, Widersprüche in drei Fällen zwischen seinen Angaben vor Gericht und früher gemachten Aussagen in einem Bericht über die Ereignisse des 15. Juli und bei einem Verhör durch den Staatsanwalt aufzudecken.

Am folgenden Tag wurde die Vernehmung des Polizeibeamten L. fortgesetzt und Hoppes zweiter Mordversuch an diesem Zeugen erörtert, der an der Autobahn-Baustelle stattgefunden haben sollte, während ein Polizeihubschrauber über der Szene schwebte. Es gab Indizien dafür, daß Hoppe mit der Pistole nur gedroht, aber nicht geschossen hatte – die Polizei hatte dafür die Erklärung in die Welt gesetzt, Hoppe habe eine Ladehemmung gehabt –, und so fragte ich den Zeugen, ob er ausschließen könne, daß das Geräusch des Hubschraubers das Geräusch eines Schusses überdeckt haben könnte. Ausschließen könne er es nicht, antwortete der Zeuge. Ob es dann noch irgendeinen anderen Anhaltspunkt für ihn gebe, daß Hoppe tatsächlich geschossen und nicht nur gedroht habe; etwa das früher von dem Zeugen angegebene Mündungsfeuer. Ja, das sei der einzige Anhaltspunkt.

Ein zweiter Waffenfachmann, der auf Antrag der Verteidigung geladene Sachverständige Hecht, klärte die Prozeßbeteiligten darüber auf, daß man ein Mündungsfeuer bei Tageslicht nicht sehen kann, und der einzige visuelle Anhaltspunkt dafür, daß ein Mensch schießt, das Hüpfen der Pistole und eine graublaue Pulverschmauchwolke ist. Da lag schon eine ganze Serie insoweit übereinstimmender Polizistenaussagen vor, die alle ein Mündungsfeuer bei den auf sie abgegebenen Schüssen gesehen haben wollten, einige sogar mit Beschreibung von Form und Farbe (»kreisförmig«, »hellgelb«, »irgendwie weiß«). Ich sagte später in meinem Plädoyer:

Seien Sie sicher: In künftigen Prozessen wird bestimmt kein Polizist ein Mündungsfeuer gesehen haben.

Diesmal aber konnten die phantasievollen Berichte der Polizisten über Hoppes Mündungsfeuer der Glaubwürdigkeit ihrer Aussagen keinen Abbruch tun. Wir sollten später im Urteil lesen, daß die Zeugen in Wahrheit die »kurzlebige Pulverschmauchwolke« gesehen und für ein Mündungsfeuer gehalten hätten. Daß diese nach dem Gutachten des Sachverständigen eine graublaue Tönung hat, fand das Gericht »unter den gegebenen Umständen unwesentlich«. Auch für die hellgelbe Farbe wußte das Gericht eine Erklärung: die Sonne könne sich auf dem Lauf der Waffe gespiegelt haben, als bei der Schußabgabe der Schlitten der Pistole zurückfuhr.

Wie es zur Erschießung der 20ährigen Petra Schelm gekommen war, hatte L. in seinem noch am Tattage erstellten Bericht so geschildert: Er sei durch eine Hausdurchfahrt zur Reinickestraße gelangt. Plötzlich habe ihm ein Junge zugerufen: »Da ist sie!« Er habe die Frau auf sich zukommen gesehen und die Waffe auf sie gerichtet. Sie habe eine Jacke über dem Arm getragen. Er habe ihr zugerufen: »Halt, Mädchen, bleib stehen!« Dieser Aufforderung sei sie nicht nachgekommen. Dann habe er sie aufgefordert: »Wirf die Jacke weg und komme langsam näher!«

Sie machte Anstalten, dieser Aufforderung zu folgen und ging 3 Schritte auf mich zu. Dann jedoch riß sie plötzlich die Jacke vom Arm, richtete auf mich eine Pistole und schoß sofort auf mich. Als ich den Ansatz dieser Bewegung sah, warf ich mich nach rechts auf die Erde. Die Frau schoß weiter auf mich. Ich rollte mich nach

Werner Hoppe mit seinen beiden Verteidigern

links in Richtung auf eine kleine Hecke und erwiderte das Feuer im Liegen.

Er habe vier Schüsse abgegeben, während sie ihn mit mehreren Schüssen »eindeckte«. Er sei hinter einem kleinen Steinberg in Deckung gegangen.

In diesem Augenblick kam der PHW H., der von der anderen Seite (im Rücken der Frau) um den Häuserblock herumgekommen war. Er befreite mich mit einem kurzen Feuerstoß aus der MP aus meiner Notlage, nachdem sie ebenfalls auf den PHW H. geschossen und eine Aufforderung, sich zu ergeben, nicht befolgt hatte.

In der Hauptverhandlung stellte sich heraus, daß L. diesen Teil seines Berichts unterschrieben hatte, obwohl er nicht der Wahrheit entsprach. Er könne sich nicht vorstellen, wie er eine solche Bestätigung für seinen Kollegen H. habe abgeben können, da er diese Ereignisse tatsächlich nicht wahrgenommen habe.

Aus der Befragung durch die Verteidigung:

Hannover: Herr L., haben Sie bemerkt, daß in unmittelbarer Nähe von Ihnen an diesem Tage Petra Schelm getötet worden ist?

L.: Ja, das habe ich praktisch nachher mitbekommen.

Hannover: Das haben Sie praktisch nachher mitbekommen. Was heißt nachher?

L.: Das habe ich mitbekommen, wenn ich mich recht entsinne, im Rahmen der Berichtsfertigung.

Hannover: Das haben Sie erst im Rahmen der Berichtsfertigung mitbekommen?

L.: Wenn ich mich recht entsinne, ja.

Nachdem ich dem Zeugen vorgehalten hatte, was in seinem Bericht steht über das Auftauchen des PHW H. im Rücken der Frau und wie dieser ihn durch einen kurzen Feuerstoß aus der MP aus seiner Notlage befreit habe, fragte ich:

Wie können Sie etwas Derartiges in Ihren Bericht schreiben, wenn Sie es gar nicht selbst erlebt haben?

L.: Da muß ich passen.

Wie es zu diesem und den anderen Berichten der beteiligten Polizeibeamten gekommen war, erfuhren wir dann nach intensiver Befragung mehrerer Polizeizeugen. Man hatte die Beamten vor der Anfertigung der Berichte nochmals zum Tatort gefahren und dort eine Tatrekonstruktion durchgeführt, bei der jeder Polizeibeamte mithören und mitansehen konnte, wie seine Kollegen den Ablauf des Geschehens darstellten. Dann hatte jeder einen Entwurf seiner Aussage handschriftlich gefertigt, und auf Grund dieser Entwürfe hatte dann der Einsatzleiter alle Berichte geschrieben.

Ein sicheres Rezept zur Herstellung inhaltlich übereinstimmender, sich lückenlos ergänzender Aussagen, in denen für polizeiliche Schüsse von vornherein die Notwehrversion festgeschrieben wird. Daß die Beamten dann auch als Zeugen in der Hauptverhandlung eine gute Figur machen, setzt allerdings voraus, daß sie ihre früheren Aussagen auswendig gelernt haben. Und das hatte L. offenbar versäumt. (Inzwischen sind die Methoden polizeilicher Zeugenbetreuung perfektioniert worden (vgl. Uwe Maeffert: *Polizeiliche Zeugenbetreuung*), so daß es sehr viel schwerer geworden ist, die Manipulation der Wahrheit aufzudecken.)

L. räumte ein, daß er nicht mehr auseinanderhalten könne, was er während des Tatgeschehens und was er bei der Tatrekonstruktion gesehen und gehört hatte. Sicher war er nur, daß er die Erschießung der Petra Schelm und das, was ihr unmittelbar voranging, nicht wahrgenommen hatte.

Der Polizeibeamte H., der den tödlichen Schuß auf Petra Schelm abgegeben hatte, hatte den Vorgang in seinem ersten Bericht so geschildert:

Ich sah den PM L. hinter einem niedrigen Steinwall in Deckung liegen. Mit dem Rücken zu mir auf dem Bürgersteig stand die Frau und schoß auf PM L. Ich rief ihr zu: »Geben Sie auf und werfen Sie die Waffe weg!« Daraufhin trat die Frau zur Seite und beschoß abwechselnd PM L. und mich. Ich gab zunächst einen Schuß in Richtung auf die Frau ab. Dieser zeigte keine Wirkung. Sie schoß weiter. Ich wollte einen weiteren Schuß abgeben, hatte jedoch Ladehemmung. Ich drückte den Sicherungshebel nach unten und schoß. (Das Nach-unten-Drücken des Hebels bewirkte, daß H.s MP auf Dauerfeuer gestellt war, was der Zeuge als Versehen hinstellte; dieses »Versehen« ist an diesem Tage mindestens drei an dem Einsatz beteiligten Polizeibeamten passiert; H. H.) Ich hatte keine Möglichkeit, wiederum in Deckung zu gehen und mich den Schüssen der Frau zu entziehen. Nach meiner letzten Schußabgabe brach die Frau zusammen und blieb auf dem Gehweg vor dem Hause Reinickestraße 19 liegen.

Auch dieser Bericht stammte, wie sich in der Hauptverhandlung herausstellte, von fremder Hand:

Den Bericht habe ich nicht selber gemacht. Man stand ja unter Schockeinwirkung. Ich habe mich in eine stille Ecke gesetzt, habe diesen Bericht zusammengeschrieben und habe ihn dann einem Kollegen gegeben, der ihn dann aufgeschrieben hat. Der hatte sämtliche Aussagen geschrieben.

In der Hauptverhandlung wurde H. noch ausführlicher, obwohl er einleitend gesagt hatte, er könne nur eine »oberflächliche Schilderung« geben und sich »an Einzelheiten nicht mehr erinnern«. Bei Schilderung der dem tödlichen Schuß vorangehenden Phase des Geschehens erwähnte H. mehrmals den Umstand, daß Petra Schelm sich »mit dem Rücken zu mir« bewegt habe, als sie auf L. schoß. Dann habe er gerufen: »Werfen Sie die Waffe weg, ergeben Sie sich!« Darauf habe die Person sich seitlich mit dem Rücken zur Hauswand gedreht und jetzt abwechselnd auf L. und ihn geschossen. Sie habe mindestens zweimal auf ihn, H., geschossen. Dann habe er seine Maschinenpistole zwischen Hüfte und Schulter in Anschlag gebracht und einen Feuerstoß abgegeben. Bruchteile von Sekunden später sei die Frau leblos auf das Pflaster gefallen.

Auch diesem Zeugen wurden bei der Befragung zahlreiche Widersprüche zwischen früheren Bekundungen und seiner jetzigen Aussage nachgewiesen. Was zu wütenden Angriffen der Springerpresse gegen die Verteidiger führte. In »Welt am Sonntag« vom 4. 6. 1972 war zu lesen:

Der Hoppe-Prozeß fand ein großes Medieninteresse. Die Berichterstattung der Blätter des Axel-Springer-Verlages war ausgesprochen feindselig.

Die Zeugen der Anklage wurden derart intensiv ins Kreuzverhör genommen, daß sie sich in die Rolle von Angeklagten gedrängt sahen. Der 25jährige Polizeibeamte, der mit seiner Maschinenpistole die zwanzigjährige Friseuse Petra Schelm am 15. Juli vorigen Jahres tödlich traf, erklärte sich schließlich für nicht mehr verhandlungsfähig ... Es sieht fast so aus, als seien die üblichen Verfahrensregeln der Strafjustiz für Anarchistengruppen nicht mehr ausreichend.

Der Zeuge H., dessen Vernehmung noch nicht beendet war, erschien zum nächsten Termin nicht mehr und meldete sich krank. Ein medizinischer Sachverständiger, der ihn im Auftrag des Gerichts untersucht hatte, bescheinigte ihm Verhandlungsunfähigkeit. Der Zeuge, so sagte der Sachverständige vor Gericht, stehe offenbar unter schwerem seelischen Druck und habe ihn um Stillschweigen gebeten. Warum stand der Todesschütze unter seelischem Druck? Man durfte spekulieren.

Am 12. Verhandlungstag (15. 6. 1972) trat ein 13jähriger Junge, Roland Waldmann,* in den Zeugenstand, der die Vorgänge, die zur Tötung der Petra Schelm führten, als unbeteiligter Zeuge miterlebt hatte. Bei seiner ersten polizeilichen Vernehmung, 5 Tage nach dem Tatgeschehen, wurde seine Aussage so protokolliert:

* Name geändert

In diesem Moment (der Zeuge hatte zuvor den Schußwechsel zwischen Petra Schelm und L. geschildert) kam von der Hofeinfahrt ein Polizist mit Bart (H.). Dieser trug auch eine Waffe, aber keine Pistole. Ich glaube, es war eine »MPi«. So etwas habe ich schon mal bei der Bundeswehr gesehen. Dieser hielt diese Waffe in der rechten Hand etwa in Hüfthöhe. Die Waffe zeigte nach vorne. Dieser Polizist schoß dann auch auf die Frau. Die Schüsse kamen hintereinander. Wieviele Schüsse es genau waren, kann ich nicht sagen. Die Frau fiel sofort nach hinten über und blieb auf dem Gehweg liegen.

Ob der Polizist mit Bart und die Frau vorher etwas gesagt haben, kann ich nicht genau sagen. Auch kann ich nicht sagen, ob die Frau vorher auf den Polizisten mit Bart geschossen hat. Ich bin der Meinung, daß sie nicht auf ihn geschossen hat.

In der Hauptverhandlung fragte der Vorsitzende den jungen Zeugen:

Haben die beiden (gemeint: Petra Schelm und H.) sich duelliert?

Trotz der suggestiven, Schüsse von beiden Beteiligten voraussetzenden Wortwahl (»duelliert«), antwortete der 13jährige:

Ja, der Polizist, der schoß. Das Mädchen stand dem Polizisten ja mit dem Rücken zu.

Vorsitzender: Hat das Mädchen sich mal umgedreht zu dem Polizisten hin?

Roland Waldmann: Da kann ich mich nicht dran erinnern.

Wir Verteidiger wollten es noch etwas genauer wissen.

Hannover: Hat das Mädchen auch auf den zweiten Polizeibeamten (H.) geschossen?

Roland Waldmann: Auf den hat sie nicht geschossen.

Hannover: Hat sie den überhaupt gesehen?

Roland Waldmann: Den hat sie nicht gesehen.

Hannover: Woher weißt du das?

Roland Waldmann: Weil sie dem mit dem Rücken zustand.

Hannover: Hat der zweite Polizist dem Mädchen auch etwas zugerufen?

Roland Waldmann: Nicht daß ich wüßte.

Die Presseberichterstatter, die den Prozeß Tag für Tag im Gerichtssaal miterlebten, wurden allmählich skeptisch gegenüber der von der Polizei vorgegebenen Wahrheitsvariante. Die *Hamburger Morgenpost* vom 16. 6. 1972 titelte: »Ein 13jähriger erschütterte Aussage des Hauptzeugen«, und die *Bild*-Zeitung sprach gar von einer Sensation. Aber wie vertrug sich die Aussage des »aufgeweckten Jungen« (*Hamburger Morgenpost*) mit dem Obduktionsbefund? Wenn das Gutachten der Ärzte, die die Leichenöffnung durchgeführt hatten, richtig war, muß Petra Schelms Kopf in dem Moment, als die tödliche Kugel traf, dem Schützen halb zugewandt gewesen sein. Der Einschuß wurde im linken Gesichtsbereich (»1,2 cm auswärts des äußeren Augenwinkels«), der Ausschuß am Hinterhaupt (»2,5 cm links der Mittellinie«) festgestellt. Einer der Obduzenten, Dr. Naeve, wurde am 14. Verhandlungstag (20. 6. 1972) zu dem Befund gehört. Auf die Frage, ob Petra Schelm von vorn oder von hinten erschossen worden ist, haben wir verzichtet. Das war vielleicht ein Fehler. Ausgerechnet die Berichterstatter der *Welt* und der *Bild*-Zeitung haben diese Frage dem Sachverständigen außerhalb der Verhandlung gestellt und darauf die Antwort erhalten, es bestehe durchaus die Möglichkeit, daß sich das Mädchen, mit dem Rücken zum Schützen gewandt, in den Schuß hineingedreht habe (*Die Welt* und *Bild*-Zeitung vom 21. 6. 1972).

Wir Verteidiger stellten eine andere Hypothese auf, nämlich die, daß Petra Schelm möglicherweise gar nicht von H., sondern von einem anderen Polizeibeamten aus der Gegenrichtung erschossen worden ist, der zu gleicher Zeit wie H. auf das Mädchen geschossen hat. Die Wahrscheinlichkeit eines solchen Geschehensablaufs ergab sich schon daraus, daß Petra Schelms Körper mit dem Kopf in Richtung zu H. lag, also möglicherweise von einem Geschoß in dieser Richtung hintenüber umgerissen worden war. Weiter sprach für diese Deutung, daß in der Reinickestraße noch zwei weitere Patronenhülsen gefunden worden sind, die keiner der bekannten Waffen zugeordnet werden konnten. Auch sonst gab es Hinweise, daß noch ein weiterer Polizist am Tatgeschehen beteiligt war, der nicht ermittelt worden ist oder womöglich bewußt gedeckt wurde; wir hatten einen entsprechenden Beweisermittlungsantrag gestellt, dem das Gericht nicht stattgegeben hatte. Zugleich hielten wir für möglich, daß H. selbst glaubte, der Todesschütze gewesen zu sein, obwohl es vielleicht ein anderer war, der gleichzeitig geschossen hatte. Auf jeden Fall blieb nach der Aussage Roland Waldmanns an H. der Verdacht hängen, daß er ohne Warnung von hinten auf das Mädchen geschossen und als Zeuge die Unwahrheit gesagt hatte.

Für Werner Hoppes Verteidigung kam es auf die Umstände, die zu Petra Schelms Tötung geführt hatten, nur unter dem Gesichtspunkt der Glaubwürdigkeit des Zeugen H. an. Das hatte auch das Gericht so gesehen und deshalb diesen Komplex gegen den Widerspruch des Staatsanwalts in die Beweisaufnahme einbezogen. Denn H. war, nachdem uns die »Demontage« des Zeugen L. so gründlich gelungen war, daß weder der Staatsanwalt noch das Gericht seine Aussagen einer Verurteilung des Angeklagten zugrundelegen wollten, der wichtigste »Kronzeuge« der Anklage.

Der Staatsanwalt stand vor dem Problem, Polizistenaussagen bewerten zu müssen, nach denen Hoppe mindestens fünf Schüsse abgegeben haben müßte, obwohl nur eine Patronenhülse gefunden worden war, die seiner Waffe zugeordnet werden konnte, und nach dem Gutachten des Sachverständigen Hacker anzunehmen war, daß aus Hoppes Pistole nur zwei, höchstens drei Patronen verschossen worden waren. Der Staatsanwalt suchte sich den Schuß aus, der gleich zu Anfang im Bahrenfelder Kirchenweg gefallen war und eine Delle im Dach des Polizeiwagens hinterlassen hatte, während er die Beweise für die weiteren Hoppe angelasteten gezielten Schüsse als nicht ausreichend bezeichnete. Im Bahrenfelder Kirchenweg war, außer Patronenhülsen und Geschossen, die zu den Waffen der Polizisten und der Petra Schelm gehörten, die eine Patronenhülse gefunden worden, die Hoppes Pistole ausgeworfen hatte. Er mußte also hier einmal geschossen haben. Aber ob das nun der Schuß war, der das Dach des Polizeiwagens gestreift hatte, und ob dieser Schuß, wenn er von Hoppe stammte, die Polizisten treffen sollte, konnte nur bewiesen werden, wenn H. in diesem Punkt geglaubt wurde. Wie schön wäre es gewesen, wenn man wenigstens die Delle hätte besichtigen können, die vielleicht etwas über die Richtung, aus der die Kugel gekommen war, und über deren Kaliber ausgesagt hätte. Aber dieses einzige objektive Beweismittel hatte man verschwinden lassen, indem das Autodach ausgebeult und neu lackiert wurde, bevor Richter und Verteidiger es gesehen hatten. So konnten wir zwar in unseren Plädoyers darüber spekulieren, warum diese Spur beseitigt worden war – hatte die

Richtung nicht gestimmt oder wies sie gar auf eine Polizeikugel hin? –, und ein Gericht, das polizeilicher Prozeßbeeinflussung mehr kritische Aufmerksamkeit gewidmet hätte, wäre vielleicht schon hier auf Zweifel gestoßen, die sich zugunsten des Angeklagten hätten auswirken müssen.

Der Staatsanwalt folgte in seinem Plädoyer der Aussage H.s, der sich in der Hauptverhandlung darauf festgelegt hatte, er habe Hoppe bei dem ersten Schuß, der das Wagendach getroffen habe, gesehen, obwohl auch er hinter den Rückenlehnen der Vordersitze des Polizeiwagens Deckung genommen hatte.

H. hatte während der Verfolgung des BMW das Schiebedach des Polizeiwagens geöffnet und mit dem Oberkörper herausgeragt, um einen besseren Überblick zu haben. Von dieser Position aus habe er gesehen, daß die Insassen des im Bahrenfelder Kirchenweg haltenden BMW bewaffnet waren und seinen Kollegen mit dem Ausruf gewarnt: »Deckung! Die sind bewaffnet!« Er sei auf dem Sitz des VW gewissermaßen in sich zusammen gekrochen, sein Kopf sei durch die Rückenlehne noch etwas geschützt gewesen, vielleicht bis zur Nasenhöhe, aber das wisse er nicht mehr genau.

Während ich kauerte, sah ich, wie der Beifahrer raussprang, seine Waffe in Augenhöhe nahm, und dann hörte ich einen Knall und einen Einschlag oben auf dem Dach unseres Wagens.

(Der Zeuge L. hatte bekundet, daß nicht nur Hoppe, sondern beide Insassen des BMW ausgestiegen und ihre Pistolen in Anschlag gebracht hätten.)

Als er schoß, stand der Beifahrer seitlich neben dem BMW; ob hinter oder neben der Tür, weiß ich nicht. Geöffnet war die Tür noch. Ob er den Arm ausgestreckt oder angewinkelt hatte, weiß ich nicht mehr. Aber ich weiß noch, daß er die Pistole in Augenhöhe hielt. Ich glaube nicht, daß ich Mündungsfeuer gesehen habe, weiß es aber nicht genau. Die Pistole in der Hand des Mannes war auf das Wageninnere gerichtet. Ob er mich oder L. treffen wollte, weiß ich nicht. Von meiner Sicht aus war die Pistole auf mich gerichtet.

So die Aussage H. im Gerichtsprotokoll vom 1. 6. 1972 (damals wurden Zeugenaussagen noch sinngemäß protokolliert). Nachdem er von vorübergehender Verhandlungsunfähigkeit wieder genesen war, wurde H.s Vernehmung am 7. 6. 1972 fortgesetzt. Erst jetzt waren die Verteidiger, denen die Springer-Presse die Schuld an der Verhandlungsunfähigkeit des Zeugen gegeben hatte, mit Fragen an der Reihe. Und der Zeuge »mauerte«. Er hatte offenbar aus L.s »Fehler«, sich die Wahrheit abfragen zu lassen, gelernt.

In seinem Bericht vom Tattage hatte er seine Wahrnehmungen von dem angeblichen ersten Schuß des Angeklagten noch so beschrieben:

Ich konnte deutlich *hören*, daß ein Geschoß auf unser Fahrzeugdach prallte. *Nach Abgabe des Schusses erhob ich mich aus der Deckung* und *sah* durch das geöffnete Seitenfenster unseres Kfz, daß der flüchtende Täter hinter einer Hausecke verschwand.

Diese Hausecke war ziemlich weit entfernt. Man konnte dieser Sachdarstellung also entnehmen, daß auch H. ziemlich lange in volle Deckung gegangen war, bevor er sich wieder hervortraute. Sein Kollege L. hatte von einem »langsamen Sich-hoch-Tasten« gesprochen.

In einer späteren Vernehmung durch den Staatsanwalt (10. 8. 1971) hatte H. ebenfalls noch klar zwischen dem, was er gesehen, und dem, was er gehört hatte, unterschieden.

Zwar behauptete er zunächst, »gesehen« zu haben, daß Hoppe »gezielt auf uns geschossen« habe. Aber dann folgte eine Erläuterung, die das einschränkte:

Das entnahm ich seiner Armhaltung und der Richtung, in die er die Pistole hielt. Die Kugel prallte auf das Wagendach, und es war erkennbar für mich, daß er nicht in die Luft schoß oder uns lediglich von seiner Verfolgung abhalten wollte.

Er hatte also die Armhaltung und die Richtung, in der Hoppe die Pistole hielt, gesehen. Grund genug, in volle Deckung zu gehen, bevor der Schuß knallte. Als nächste Wahrnehmung folgt demgemäß der Aufprall der Kugel auf dem Wagendach, den er nicht sehen, sondern nur hören konnte. Erst daraus war für ihn, wie der zweite Halbsatz verrät, erkennbar, daß Hoppe nicht in die Luft schoß. Freilich hatte der vernehmende Staatsanwalt diese zwischen den Zeilen zu lesenden Wahrheiten nicht durch Nachfragen bestätigen lassen. Und als wir Verteidiger das in der Hauptverhandlung, ein Jahr nach dem Tatgeschehen, nachholen wollten, war es zu spät. Trotz H.s Eingeständnisses, daß seine Erinnerung an die Vorgänge inzwischen schlechter geworden sei (»Ich kann nach einem Jahr nur eine oberflächliche Schilderung der Ereignisse geben, an alle Einzelheiten kann ich mich nicht mehr erinnern.«), und vieler durch Vorhalt früherer Aussagen aufgespürter Erinnerungsfehler wurde er in diesem Punkt immer sicherer. Ein Aussageverhalten, das einem auch gegenüber Belastungszeugen kritikbereiten Gericht hätte zu denken geben müssen.

Hatte er noch im Hauptverhandlungstermin vom 1. 6. 1972 eine Darstellung gegeben, die als visuellen Eindruck nur das Halten der Pistole in Augenhöhe nannte und sogar die Wahrnehmung des Mündungsfeuers verneinte, das zu der Zeit in Hamburger Polizeikreisen noch als prinzipiell sichtbar galt, so bediente er uns Verteidiger jetzt mit Sätzen wie:

Ich habe den Mann im Augenblick der Schußabgabe gesehen.

Und:

Ich habe mit Sicherheit meine Augen nicht geschlossen in dem Moment der Schußabgabe. Ob ich Angst hatte, kann ich jetzt nicht mehr sagen. Normalerweise mußte ich ja Angst haben. Man kann es ja so ausdrücken, daß ich in dem Moment dem Tod genau ins Auge gesehen habe.

Auch auf den Umstand, daß der Schuß, den H. unserem Mandanten zuschrieb, nicht die Polizeibeamten, sondern das Wagendach getroffen und im flachen Winkel gestreift hatte, versuchten wir Verteidiger das Gericht aufmerksam zu machen. Es wäre bei der kurzen Entfernung – sie wurde auf 4 bis 6½ Meter geschätzt – einem Schützen, der die Beamten treffen wollte, ohne weiteres möglich gewesen, sie auch wirklich zu treffen. Alles sprach dafür, daß es dem Schützen, wenn es denn Hoppe gewesen sein sollte, nur darum gegangen war, die Polizisten in Deckung zu halten, bis er und seine Freundin in Sicherheit waren.

Um den Angeklagten wegen versuchten Totschlags zu verurteilen – den Vorwurf des Mordes aus niedrigen Beweggründen hatte der Staatsanwalt in seinem Plädoyer fallengelassen –, bedurfte es darüberhinaus des Nachweises, daß Hoppe vorsätzlich gehandelt, also den Tod eines oder mehrerer Polizisten billigend in Kauf genommen hätte, wie die juristische Formel lautet. Das ist ja immer wieder ein gefährlicher Freibrief für verurteilungswillige Richter, ihre eigenen Vorstellungen von dem, was im Kopf eines Angeklagten im Augenblick der Tat vorgegangen ist, als scheinbar sichere Feststellung ins Urteil zu schreiben. Und wir mußten in einem als »Terroristen-Prozeß« aufgezogenen Verfahren mit allem rechnen.

Also hatten wir Zeugen aufgeboten, die den Angeklagten gut kannten und über seine Einstellung zur Anwendung von Waffengewalt gegenüber menschlichem Leben Auskunft geben konnten, und die Bestellung eines psychologischen Sachverständigen durchgesetzt, der dem Gericht das Verständnis dafür erleichtern sollte, warum dieser junge Mann sich in eine Schießerei mit der Polizei verwickeln ließ und bei seiner Festnahme Äußerungen machen konnte, die, wörtlich genommen, auf Tötungsbereitschaft schließen lassen konnten.

Der Schriftsteller Christian Geißler sagte:

Nach meiner Kenntnis von Werner halte ich es nicht für möglich, daß er auf Polizisten geschossen hat, um sie zu töten ... Ich könnte mir vorstellen, daß er zur Waffe greifen würde, um die gesuchte und endlich gefundene Verbindung zu einem Mädchen zu verteidigen, aus dem Wunsch heraus, mit ihr zusammen zu überleben. Das könnte doch jedem von uns so gehen.

Auch der Regisseur Lothar Janßen, der ebenso wie Geißler den Angeklagten bei Aufnahmen für einen Film über Drogenabhängige kennengelernt hatte und inzwischen mit ihm befreundet war, hielt es für unvorstellbar, daß Hoppe auf Menschen geschossen hat mit der Absicht, sie zu töten.

Und der psychologische Sachverständige Dr. Herbert Maisch erstattete ein Gutachten über die Persönlichkeit des Angeklagten, das bei einem unvoreingenommenen Gericht wohl Zweifel hätte auslösen müssen, ob Werner Hoppe an jenem 15. Juli 1971, an dem Petra Schelm in die Polizeikontrolle geriet, wirklich Polizisten totschießen wollte oder ob es ihm nicht vielmehr darum ging, seiner neuen Freundin Schutz zu bieten und ihr die Flucht zu ermöglichen. Werner Hoppe schwieg entgegen dem Rat seiner Verteidiger auch gegenüber dem Sachverständigen über seine Beziehung zu Petra Schelm, obwohl er nicht immer verbergen konnte, daß sie ihm sehr nahegestanden hatte. Als er einmal das in einer Illustrierten veröffentlichte Polizeifoto der nackten Leiche des erschossenen

Mädchens überraschend zu Gesicht bekam, mußte dieser scheinbar so harte Mann im Gerichtssaal weinen. (Ein Wort zu diesem Foto: ein schöner Frauenkörper, mit einem kleinen, schräg heruntergezogenen Slip wie zum Porno zubereitet, in Farbe und professionell ausgeleuchtet. Wer hat die Tote, die sich nicht mehr wehren konnte, so fotografiert? Wer hat das Foto der Illustrierten zugespielt und dafür kassiert? Wie staatstragendes Personal in Deutschland an wehrlos gewordenen »Terroristinnen« und »Staatsfeinden« seine sexuellen Phantasien vollstreckt, habe ich später auch in der Sache Ulrike Meinhof registrieren müssen. Man kennt das auch aus Berichten überlebender KZ-Opfer oder aus den Beiakten des Thälmann-Mordprozesses. Auch das gehört zur Typologie der Gesellschaft, in der wir leben.)

Der Staatsanwalt beantragte nur in einem Fall der Anklage – dem Schuß aufs Autodach im Bahrenfelder Kirchenweg – eine Verurteilung wegen versuchten Totschlags, und zwar zu 6 Jahren Freiheitsstrafe; in allen anderen Fällen: Freispruch. Der Kollege Reinhard und ich plädierten auf Freispruch in allen Fällen. Wir ernteten in dem vollbesetzten Zuschauerraum Beifall.

Daß ein gerechtes Urteil zu erwarten sei, wurde auf der Pressebank bezweifelt. Die *Hamburger Morgenpost* schrieb am 25. Juli 1972:

Prozeßbeobachter äußerten die Befürchtung: Es wird ein Urteil der Angst. Entweder vor der Öffentlichkeit, die Härte fordert, oder vor Anarchisten, die Richter und Geschworene mit Repressalien bedrohen.

Das am 26. Juli 1972 verkündete Urteil lautete auf zehn Jahre Freiheitsstrafe wegen versuchten Totschlags in drei Fällen, ging also weit über den Antrag des Staatsanwalts hinaus.

Der erste Fall war der Schuß im Bahrenfelder Kirchenweg, der auf dem Dach des Polizeiwagens eine Delle hinterlassen hatte. Daß der Angeklagte nicht den Polizeibeamten H., sondern das Autodach getroffen habe, liege daran, hieß es im Urteil, daß Hoppe bei der Schußabgabe sein Ziel »verwackelt« habe. Vergeblich hatte ich den Richtern und Geschworenen bei einem auf unseren Antrag durchgeführten Ortstermin an den im Bahrenfelder Kirchenweg aufgestellten Autos demonstriert, wie stark die Armhaltung eines Pistolenschützen bei

Lokaltermin an der Reinickestraße in Hamburg-Bahrenfeld, wo seinerzeit Petra Schelm erschossen wurde. Werner Hoppe, begleitet von mir als einem seiner Verteidiger und einem Schwarm von Polizisten, auf dem Weg zum Tatort.

der kurzen Entfernung zum Ziel abweicht, je nachdem, ob man das Autodach oder die im Wagen sitzenden Personen treffen wollte. – Der zweite Fall war ein Schuß, den Hoppe auf seiner Flucht aus 37 m Entfernung in Richtung der Polizeibeamten Hamann und Haselhorst abgegeben haben soll. Beweis: die Polizeibeamten Hamann und Haselhorst sagten als Zeugen aus, daß die Pistole des Angeklagten in ihre Richtung gezeigt hätte. Zwar hatte der Schußwaffensachverständige Hecht, der entsprechende Versuche durchgeführt hatte, erklärt, daß man auf 37 m Entfernung nicht erkennen könne, ob eine Pistole auf den Beobachter gerichtet sei, aber das irritierte das Gericht nicht. Der Angeklagte habe jedenfalls die Möglichkeit gebilligt, einen der beiden Beamten tödlich zu treffen. Fall 3 war ein Schuß, den Hoppe kurz vor seiner Festnahme im Bereich der Autobahn-Baustelle auf den Polizeibeamten L. abgegeben haben soll. Hier folgte das Gericht zwar nicht der Aussage des Zeugen L., den das Gericht an anderer Stelle des Urteils als »nervlich zerrütteten Mann« bezeichnete und dadurch auch als unbequemen Gegenzeugen zu H.s Darstellung der Ereignisse im Bahrenfelder Kirchenweg loswurde. Stattdessen bediente sich das Gericht der Aussage eines Zeugen, der als neugieriger Passant in Richtung Autobahn-Baustelle gelaufen war und aus fünfzig Meter Entfernung gesehen haben wollte, daß L. und

Hoppe, die ihrerseits fünfzig Meter voneinander entfernt gewesen seien, im Laufen aufeinander geschossen hätten. Der Zeuge hatte sich in der Hauptverhandlung hinsichtlich des Ortes, wo er seine Beobachtung gemacht haben wollte, korrigieren müssen und außerdem betont: »Ob er (Hoppe) auf den Polizisten zielte, konnte ich von meinem Platz aus nicht sehen.« Dem Gericht genügte es.

Auch mit der Feststellung des Schußwaffensachverständigen Hacker, daß aus Hoppes Pistole höchstens drei Patronen abgefeuert worden sind, wurde das Gericht fertig. Es unterstellte, ohne daß davon in der Hauptverhandlung auch nur mit einem Wort die Rede gewesen war, daß der Angeklagte noch ein weiteres Magazin besessen und »dieses – möglicherweise leergeschossene – Magazin der Waffe entnommen, es weggeworfen und gegen das bei der Festnahme in der Pistole gefundene volle Magazin ausgetauscht habe«. Daß dieses fortgeworfene Magazin bei der Tatortsicherung – trotz Einsatz eines Metallsuchgeräts! – nicht gefunden worden ist, erklärte das Urteil damit, daß man an den falschen Stellen gesucht habe. Dieses Gericht verfuhr nach dem Grundsatz: im Zweifel gegen den Angeklagten!

Daß Werner Hoppe zur Waffe gegriffen hatte, um die in Petra Schelm gefundene Partnerin zu verteidigen, verwarf das Gericht mit einem Satz:

Das traf indessen nach der Überzeugung des Gerichts nicht zu.

Kein weiteres Wort der Begründung für diese Überzeugung. Nein, das Gericht war überzeugt, daß Hoppe Polizisten töten wollte. Und das wurde nur im Fall 1 (Bahrenfelder Kirchenweg) näher begründet, und zwar so: Nach den Aussagen der Polizeibeamten L. und H. habe der Angeklagte die Pistole auf sie gerichtet. Ein aus dieser kurzen Entfernung abgegebener Schuß sei geeignet, den Tod der anvisierten Person herbeizuführen. Das sei dem Angeklagten bewußt gewesen.

Bei dieser Sachlage ist das Gericht überzeugt, daß der Angeklagte den Zeugen H. töten wollte.

Die Tatsache, daß das vom Angeklagten verfeuerte Geschoß dann doch nicht die anvisierte Person getroffen, sondern das Dach des Wagens gestreift hatte, führte nicht etwa zu der

Überlegung, daß Hoppe die Polizisten mit der Pistole nur bedrohen und in Deckung zwingen wollte, den Schuß dann aber bewußt in anderer Richtung abgegeben hat, sondern wurde vom Gericht unter Ausnutzung dessen, was über die pazifistische und prinzipiell gewaltlose Einstellung des Angeklagten gesagt worden war, als unwesentliche Abweichung von dem, was er eigentlich wollte, abgetan:

Der Angeklagte ist ein ungeübter Schütze. Entsprechend seiner bisherigen Einstellung zum Schußwaffengebrauch hatte er nach Überzeugung des Gerichts noch keine Erfahrungen mit Schußwaffen gesammelt. Selbst der im Schießen ausgebildete Zeuge L. hat in der Aufregung mit seinen gezielten Schüssen in der Reinickestraße nicht getroffen, Bei dem schnellen Anlegen und Abdrücken war dem Angeklagten ein ruhiges Zielen nicht möglich.

Da der Angeklagte unmittelbar vor der Schußabgabe auf den Zeugen H. gezielt habe, könne er »zur Überzeugung des Gerichts« bei der Schußabgabe sein Ziel nur »verwackelt« haben. Eine Logik, die erst schlüssig wird, wenn man hinzufügt, daß der Angeklagte »zur Überzeugung des Gerichts« ein »Terrorist« war. Aber das steht nicht im Urteil.

Das Urteil zitiert lediglich den Satz, den mehrere Polizeizeugen bei der Festnahme aus dem Munde des Angeklagten gehört haben wollen, für das Gericht offensichtlich das wichtigste, wenn nicht das einzige Indiz für eine Tötungsabsicht des Angeklagten (der Vorsitzende begann mit diesem Satz die mündliche Urteilsbegründung). Es gab da verschiedene Versionen von »Ihr Bullen seid doch Scheißkerle!« (die im Urteil nicht mehr auftaucht!) über »Schade, von euch Schweinen hätte ich gern noch ein paar umgelegt!« bis »Schade, daß ich euch Scheißbullen nicht umgelegt habe!«. Das Gericht gehe, so hieß es im Urteil, »zu Gunsten des Angeklagten« von der letztgenannten Formulierung aus. Wenn auch diese Worte nach Ansicht des psychologischen Sachverständigen Dr. Maisch auf den starken Erregungszustand des Angeklagten zurückzuführen seien und keine Rückschlüsse auf seine Willensrichtung zuließen, »so beweisen sie zumindest das ausgesprochene Bedauern des Angeklagten, nicht tödlich getroffen zu haben«. Genau das beweist der Satz, den das Gericht »zu Gunsten des Angeklagten« unterstellt haben will, nicht. Er paßte auch auf den Fall, daß der Angeklagte bewußt vorbeigeschossen hat.

Das Urteil wurde in der Öffentlichkeit ganz überwiegend kritisch aufgenommen.

Frankfurter Rundschau (28. 7. 1972):

Man hat das ungute Gefühl, daß in Hamburg ein politisches Urteil gefällt worden ist.

Hamburger Morgenpost (27. 7. 1972):

Im Fall Hoppe drängt sich der Verdacht auf: hier wurde weniger nach juristischen, mehr nach politischen Gesichtspunkten geurteilt. Dieser Eindruck im Gerichtssaal war allgemein, er beschränkte sich nicht auf die Freunde des Angeklagten. Polizeibeamte, die den Prozeß tagelang verfolgten, reagierten beinahe erschrocken: Damit haben wir nicht gerechnet.

Die Zeit (4. 8. 1972):

Der Hoppe-Prozeß geriet durch das Urteil zum politischen Tribunal. Der Richterspruch verrät wenig Souveränität. Das Ansehen der richterlichen Gewalt und das Vertrauen in sie blieben im Gerichtssaal auf der Strecke. Nicht die klare Sprache des Rechts war hier zu vernehmen, sondern die Stimme des Volkes.

In einem offenen Brief an Bundespräsident Dr. Gustav Heinemann protestierten vierzig Unterzeichner gegen das Hamburger Urteil, darunter die Schriftsteller Martin Walser und Gerhard Zwerenz, der Kabarettist Wolfgang Neuß und der Verleger Reinhold Neven-DuMont. Darin hieß es, das Urteil unterscheide sich »in nichts vom Justizterrorismus totalitärer Gewaltstaaten«. Es sei dringlich, daß die Gesellschaft »vor einer unmenschlichen Urteilspraxis die Sprache findet«.

Zustimmung kam von ganz rechts (*Deutsche National-Zeitung*) und von Bundesanwalt Siegfried Buback, den die *Bild*-Zeitung (27. 7. 1972) mit dem Satz zitierte:

Ich empfinde die zehnjährige Freiheitsstrafe gegen Hoppe als gerecht.

Das war auch die Meinung des Bundesgerichtshofs, dessen 5. Strafsenat unsere ausführlich begründete Revision gegen das Urteil des Schwurgerichts durch einstimmigen Beschluß vom 8. 1. 1974 als offensichtlich unbegründet verwarf. Eine Form

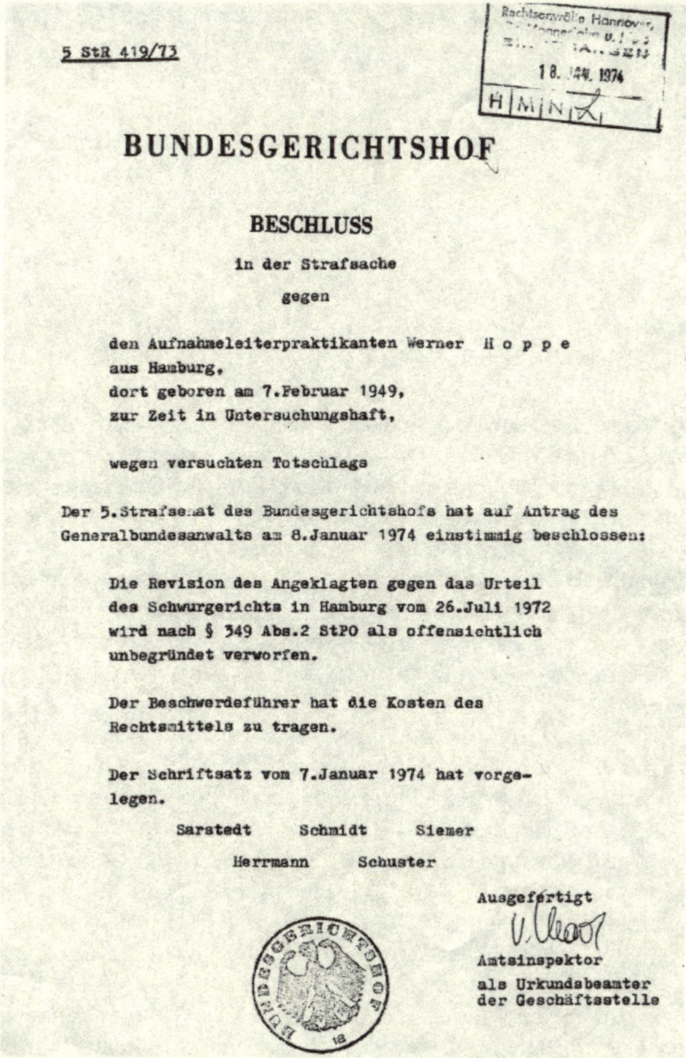

5 StR 419/73

Rechtsanwälte Hannover
18. JAN. 1974
H M N

BUNDESGERICHTSHOF

BESCHLUSS

in der Strafsache

gegen

den Aufnahmeleiterpraktikanten Werner H o p p e
aus Hamburg,
dort geboren am 7.Februar 1949,
zur Zeit in Untersuchungshaft,

wegen versuchten Totschlags

Der 5.Strafsenat des Bundesgerichtshofs hat auf Antrag des Generalbundesanwalts am 8.Januar 1974 einstimmig beschlossen:

Die Revision des Angeklagten gegen das Urteil des Schwurgerichts in Hamburg vom 26.Juli 1972 wird nach § 349 Abs.2 StPO als offensichtlich unbegründet verworfen.

Der Beschwerdeführer hat die Kosten des Rechtsmittels zu tragen.

Der Schriftsatz vom 7.Januar 1974 hat vorgelegen.

Sarstedt Schmidt Siemer

Herrmann Schuster

Ausgefertigt

Amtsinspektor
als Urkundsbeamter
der Geschäftsstelle

So wurde die ausführlich begründete Revision gegen das Urteil des Schwurgerichts verworfen (vgl. Glossar, Stichwort »Revision«).

der Erledigung, die nach der Bestimmung des § 349 Abs. 2 StPO keiner Begründung bedarf.

Ich weiß nicht, was aus Werner Hoppe geworden ist. Er hat 1974 den Kontakt abgebrochen. Ich entnahm lediglich Presseberichten aus dem Jahre 1979, daß Hoppe als schwerkranker Mann aus der Haft entlassen worden ist.

26. Eine schwierige Mandantin: Ulrike Meinhof (1970–1974)

Zu meinem siebzigsten Geburtstag schrieb die *Frankfurter Allgemeine Zeitung* (FAZ) vom 31. 10. 1995 einen nicht unfreundlichen Artikel, der so begann:

> In den siebziger Jahren hat Heinrich Hannover viel von sich reden gemacht. Er gehörte zu den von Herkunft durchaus bürgerlichen Anwälten, die in der »Terroristenszene« verteidigten; Hannover war unter anderem Verteidiger von Ulrike Meinhof, Astrid Proll und Peter-Jürgen Boock. Obwohl Hannover sich bei den Kriegsdienstgegnern, in der Ostermarschbewegung und im Kampf gegen die Notstandsgesetze Ende der sechziger Jahre engagiert hatte, wurde er nicht auffällig durch den Verdacht einer über die Verteidigerpflichten hinausgehenden Kollusion mit den Angeklagten aus dem Felde des Terrorismus.

Ulrike Meinhof wird fast immer als erste genannt, wenn eine Kennzeichnung meiner Person durch Aufzählung namhafter Mandanten erfolgt. Häufig heißt es auch nur: »der Verteidiger von Ulrike Meinhof«, was bei vielen noch immer die Assoziation auslöst: »Aha, ein Komplize von Terroristen.« So daß, wer es gut mit mir meint, sogleich einschränkend hinzufügt, daß ich nicht »auffällig« geworden sei durch den Verdacht unzulässiger Kollusion. Aber schon der Name Ulrike Meinhof, bei dem sich offenbar jeder etwas denken kann, genügt, um meinem Strafverteidigerleben einen durchaus irreführenden Stempel aufzudrücken. Und so werden manche Leser und Leserinnen dieses Buches vielleicht enttäuscht sein, zu erfahren, wie wenig ich eigentlich mit ihrer Verteidigung zu tun gehabt habe.

Ich kannte Ulrike Meinhof aus der Zeit, in der sie in der Zeitschrift *Konkret* Kolumnen schrieb, gesellschaftskritische Analysen der politischen Realität der sechziger Jahre, die noch heute lesenswert sind (die wichtigsten sind in der bei Wagenbach verlegten Aufsatzsammlung »Die Würde des Menschen ist antastbar« wieder zugänglich).

Einer ihrer eindrucksvollsten Aufsätze hieß »Vom Protest zum Widerstand« (Mai 1968) und begann mit einem Zitat:

»Protest ist, wenn ich sage, das und das paßt mir nicht. Widerstand ist, wenn ich dafür sorge, daß das, was mir nicht paßt, nicht länger geschieht. Protest ist, wenn ich sage, ich mache nicht mehr mit. Widerstand ist, wenn ich dafür sorge, daß alle anderen auch nicht mehr mitmachen.« So ähnlich – nicht wörtlich – konnte man es von einem Schwarzen der Black-Power-Bewegung auf der Vietnamkonferenz im Februar in Berlin hören.

Sodann war von den Aktionen der Studenten gegen den Pressekonzern des Verlegers Axel Cäsar Springer die Rede.

Die Grenze zwischen verbalem Protest und physischem Widerstand ist bei den Protesten gegen den Anschlag auf Rudi Dutschke in den Osterfeiertagen erstmalig massenhaft, von vielen, nicht nur einzelnen, über Tage hin, nicht nur einmalig, vielerorts, nicht nur in Berlin, tatsächlich, nicht nur symbolisch – überschritten worden. Nach dem 2. Juni (2. Juni 1967, der Tag, an dem Benno Ohnesorg erschossen wurde; H. H.) wurden Springerzeitungen nur verbrannt, jetzt wurde die Blockierung ihrer Auslieferung versucht. Am 2. Juni flogen nur Tomaten und Eier, jetzt flogen Steine ...

Stellen wir fest: Diejenigen, die von politischen Machtpositionen aus Steinwürfe und Brandstiftung hier verurteilen, nicht aber die Hetze des Hauses Springer, nicht die Bomben auf Vietnam, nicht Terror in Persien, nicht Folter in Südafrika, diejenigen, die die Enteignung Springers tatsächlich betreiben könnten, stattdessen Große Koalition machen, die in den Massenmedien die Wahrheit über BILD und BZ verbreiten könnten, stattdessen Halbwahrheiten über die Studenten verbreiten, deren Engagement für Gewaltlosigkeit ist heuchlerisch, sie messen mit zweierlei Maß, sie wollen genau das, was wir, die wir in diesen Tagen – mit und ohne Steinen in unseren Taschen – auf die Straße gingen, nicht wollen: Politik als Schicksal, entmündigte Massen, eine ohnmächtige, nichts und niemanden störende Opposition, demokratische Sandkastenspiele, wenn es Ernst wird den Notstand ...

Es ist dokumentiert worden, daß es in diesem Land noch Leute gibt, die Terror und Gewalt nicht nur verurteilen und heimlich dagegen sind und auch mal was riskieren und den Mund nicht halten können und sich nicht bange machen lassen, sondern daß es

Leute gibt, die bereit und fähig sind, Widerstand zu leisten, so daß begriffen werden kann, daß es so nicht weiter geht ...

Und dann Sätze, die angesichts der jahrelangen Pogromhetze der Springer-Presse gegen die Studenten, den SDS und prominente Identifikationsfiguren der Außerparlamentarischen Opposition dem Ausdruck gaben, was damals viele dachten:

Nun, nachdem gezeigt worden ist, daß andere Mittel als nur Demonstrationen, Springer-Hearing, Protestveranstaltungen zur Verfügung stehen, andere als die, die versagt haben, weil sie den Anschlag auf Rudi Dutschke nicht verhindern konnten, nun, da die Fesseln von Sitte & Anstand gesprengt worden sind, kann und muß neu und von vorne über Gewalt und Gegengewalt diskutiert werden.

Sie nahm damit Gedanken auf, die Herbert Marcuse, Professor der Philosophie an der University of California (USA), erstmalig im Juli 1967 den Berliner Studenten vorgetragen hatte, die ihm, noch erregt von den polizeilichen Gewaltakten und der Erschießung des Studenten Benno Ohnesorg beim Schahbesuch am 2. Juni 1967, begeistert zugestimmt hatten. Marcuses Schriften wurden damals zum theoretischen Fundament der studentischen Aktionen. Aus seinem berühmten Essay *Repressive Toleranz*:

Aber ich glaube, daß es für unterdrückte und überwältigte Minderheiten ein »Naturrecht« auf Widerstand gibt, außergesetzliche Mittel anzuwenden, sobald die gesetzlichen sich als unzulänglich herausgestellt haben. Gesetz und Ordnung sind überall und immer Gesetz und Ordnung derjenigen, welche die etablierte Hierarchie schützen; es ist unsinnig, an die absolute Autorität dieses Gesetzes und dieser Ordnung denen gegenüber zu appellieren, die unter ihr leiden und gegen sie kämpfen – nicht für persönlichen Vorteil und aus persönlicher Rache, sondern weil sie Menschen sein wollen. Es gibt keinen anderen Richter über ihnen außer den eingesetzten Behörden, der Polizei und ihrem eigenen Gewissen. Wenn sie Gewalt anwenden, beginnen sie keine neue Kette der Gewalttaten, sondern zerbrechen die etablierte. Da man sie schlagen wird, kennen sie das Risiko, und wenn sie gewillt sind, es auf sich zu nehmen, hat kein Dritter, und am allerwenigsten der Erzieher und Intellektuelle, das Recht, ihnen Enthaltung zu predigen.

Herbert Marcuse predigte die moralische Berechtigung der Gegengewalt, Ulrike Meinhof wollte sie in die revolutionäre Tat umsetzen. Aber was dann kam, war alles andere als revolutionäre Gewalt und wurde von Marcuse als konterrevolutionär verworfen (*Konkret* Nr. 13/1972):

Geschichtlich gibt es nur einen vernünftigen Begriff revolutionärer Gewalt: die Aktionen von revolutionären Massen, die erkennbar die progressive Veränderung der bestehenden Gesellschaft zum Ziel hat. Beispiele wären ein unbefristeter Generalstreik oder die Besetzung der Fabriken durch die Arbeiter ... Individueller Terror kann gegen eine Polizei und eine Armee, die mit den modernsten Waffen, auch Atomwaffen, ausgerüstet ist, überhaupt nichts ausrichten ... Der Terror von kleinen Gruppen hat noch nie die Sache der Revolution gefördert.

Trotzdem, die Rote Armee Fraktion (RAF) – von ihren Gegnern »Baader-Meinhof-Bande« genannt – hat versucht, die Revolution in Gang zu setzen. Schon das spektakuläre Ereignis, mit dem der von den einen als »Terrorismus«, von den anderen als »bewaffneter Widerstand« bezeichnete Aktionismus dieser militanten Gruppe begann, war kaum geeignet, bei dem Gros der Linken, für die Ulrike Meinhof bisher gesprochen hatte, Sympathien zu erwecken oder gar die Massen zur revolutionären Aktion zu begeistern. Ulrikes Beteiligung an der mit einem fingierten Bibliotheksbesuch organisierten Befreiung des Kaufhausbrandstifters Andreas Baader am 14. Mai 1970, bei dem ein Mensch lebensgefährlich verletzt wurde, ihr Abtauchen in den Untergrund und ihre unsäglichen Erklärungen zum Schußwaffengebrauch gegen »Bullen« waren für viele ihrer bisherigen Freunde, auch für mich, eine schockierende Enttäuschung. Ich begriff, daß die Linke ihre begabteste und engagierteste Wortführerin verloren hatte.

Renate Riemeck – Professorin, Pazifistin, Mitbegründerin der DFU (Deutsche Friedens-Union) –, in deren Obhut Ulrike Meinhof nach dem frühen Tod ihrer Eltern aufgewachsen ist, hat diese Wende in ihrem Leben so beschrieben (*Ulrike Meinhof. Dokumente einer Rebellion. 10 Jahre* konkret-*Kolumnen*):

Sie hat diesen Coup nicht inszeniert und die Konsequenzen der Aktion nicht durchdacht. Herausgefordert durch die Kälte und Ungerührtheit des Strafvollzugs in einer glatten funktionierenden

Gesellschaft, meinte sie, die erforderliche Statistenrolle spielen zu müssen, damit Baader aus dem Gefängnis herausgeholt werden kann. Sie wollte nicht schießen und kein Blut vergießen. Sie war erschrocken, als es geschah.

Man weiß aus öffentlichen Erklärungen von Horst Mahler, daß Baaders Entführung in der Weise geplant war, daß Ulrike Meinhof als scheinbar Überraschte im Bibliotheksraum sitzen bleiben sollte. Als dann aber wider Erwarten doch geschossen und ein Angestellter des Westberliner Instituts für soziale Fragen schwer verletzt wurde, sprang sie in einem plötzlichen, unüberlegten Entschluß mit den anderen aus dem Fenster und hatte sich damit als Mitwisserin verraten. Sie war auf die neue Situation so wenig vorbereitet, daß sie für ihre Kinder nur für drei Tage Vorsorge getroffen hatte. So falsch hatte sie eingeschätzt, was auf dem Spiel stand. Nun war ihr der Rückweg verbaut, an allen Anschlagflächen prangte ihr Steckbrief mit dem Vorwurf des Mordversuchs. Renate Riemeck meinte, Ulrike hätte sich damals sofort stellen und die Motive der Aktion öffentlich darstellen sollen. Sie tat es nicht, sondern ging mit den anderen in den Untergrund.

Der 14. Mai 1970 – der Tag der Baader-Befreiung – war für mich der Tag, an dem sich unsere politischen Wege trennten. Darüber habe ich gegenüber Ulrike nie einen Zweifel gelassen. Aber jetzt brauchte sie mich als Anwalt.

Das erste Mandat bezog sich auf ihre Kinder, die Zwillinge Regine und Bettina Röhl. Einzelheiten will ich hier nicht ausbreiten. Es ging jedenfalls um das Sorgerecht. Eine Sache, in der ich mich mit Schriftsatz vom 8. Juni 1970 als Bevollmächtigter von Ulrike Meinhof beim Amtsgericht Berlin-Charlottenburg meldete.

Dann legte ich mit Schriftsatz vom 24. August 1970 eine Verteidigervollmacht beim Amtsgericht Tiergarten vor. Ein Verfahren wegen der Baader-Befreiung, in dem ich später jedoch nicht als Verteidiger aufgetreten bin.

Und schließlich mußte ich mich um Ulrike Meinhof kümmern, als sie am 15. Juni 1972 in Hannover-Langenhagen festgenommen worden war und mich als Verteidiger zu sprechen wünschte. Bis ich sie wirklich sprechen konnte, vergingen allerdings drei Tage und vier Nächte, in denen Staatsgewalt an ihr ausgeübt wurde.

Es wurde zunächst versucht, ihr gewaltsam Fingerabdrücke

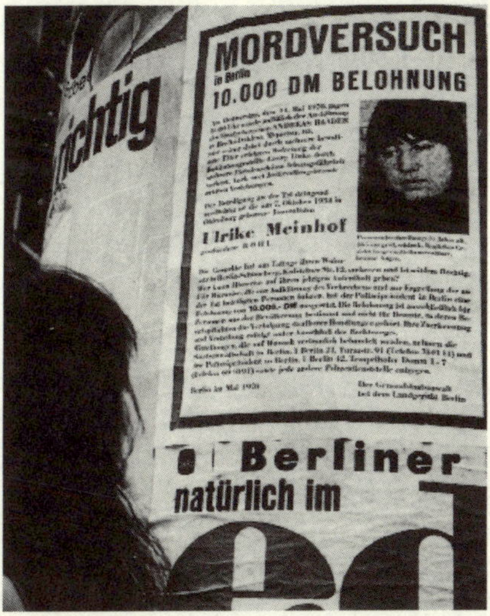

Mit solchen Steckbriefen wurde 1970 nach Ulrike Meinhof gefahndet. In diesem Jahr wurde ich ihr Anwalt.

abzunehmen. Dieser Versuch scheiterte an der heftigen Gegenwehr der Frau Meinhof. Daraufhin wurde ihr von Polizeibeamten angedroht, man werde ihr eine Äthernarkose geben und sodann die Fingerabdrücke abnehmen. Frau Meinhof protestierte gegen diese Absicht und wies auf die für sie mit einer Äthernarkose verbundene Lebensgefahr hin. Trotzdem wurden ernstliche Vorbereitungen zur Durchführung einer Äthernarkose getroffen, so daß Ulrike Meinhof schließlich nach mehreren Stunden sich durch die Drohung mit der Äthernarkose nötigen ließ, ihre Fingerabdrücke nehmen zu lassen.

Inzwischen weiß man, daß bei der Polizei überhaupt keine Vergleichsfingerabdrücke vorlagen, so daß die mit unverhältnismäßigen Mitteln erzwungene Abnahme der Fingerabdrücke unnötig war, wenn es wirklich um die Identifizierung der Festgenommenen gegangen wäre. In Wirklichkeit wußte man selbstverständlich, wen man gefangen hatte. Ulrike Meinhofs Foto prangte auf unzähligen Polizeiplakaten, und der Lehrer R., von dem die Polizei benachrichtigt worden war, hatte auch nicht verschwiegen, wer in seiner Wohnung um Quartier gebeten hatte.

Sodann wurde, ebenfalls unter Gewaltanwendung, gegen den Willen der Frau Meinhof eine Entkleidung vorgenommen, um zum Zweck der Identifizierung eine Kaiserschnittnarbe in Augenschein zu nehmen. Hierbei war Frau Meinhof in schmerzhafter Weise mit beiden Händen an einen Bettpfosten gefesselt.

Auch dies eine zur Identifizierung ungeeignete Quälerei, die einen schamlosen Eingriff in die Persönlichkeitsrechte einer Frau darstellte.

Schließlich wurde unter Gewaltanwendung und Fesselung der Frau Meinhof eine Röntgenaufnahme des Schädels gegen ihren Willen angefertigt.

Es ging darum, die Übereinstimmung mit einer Röntgenaufnahme ihres Schädels festzustellen, die im *Stern* veröffentlicht worden war – auch dies eine unglaubliche Indiskretion. Ich wies in einer Dienstaufsichtsbeschwerde gegen die beteiligten Polizeibeamten darauf hin, daß eine Röntgenaufnahme einen gesundheitsgefährdenden Eingriff darstellte, der durch den angeblichen Zweck der Maßnahme keinesfalls gerechtfertigt wurde.

Die Gewaltanwendung gegenüber der verhaßten »Terroristin« war offensichtlich zum Selbstzweck geworden. So hat Ulrike Meinhof mir den Vorgang geschildert:

Dann ins Krankenhaus. Der Arzt, Dr. T., ein Perser, hat an meinem Kopf nach der Narbe gesucht, er hat verbindlich gesagt: Es gibt keine Narbe. Da haben die Bullen gesagt: Dann müssen wir röntgen oder die Haare abscheren. Ich habe gesagt: Dann abscheren. Der Arzt sagte, er mache das Röntgen nicht gegen den Willen des Patienten. Die quatschten alle auf mich ein. Ich habe nein gesagt, kommt überhaupt nicht in Frage. Da haben sie gesagt: Richterliche Anordnung ist das. Telefonisch. Ich habe gesagt: Die will ich sehen. Die haben gesagt: Die ist da, jetzt ist Schluß, jetzt geht's ran! Das war 1.00 Uhr nachts. Dann haben die mich mit drei oder vier Bullen in den Röntgenraum geschleppt. Ich habe geschrien: Die sollen mir nicht die Beine brechen. Ich hatte Handschellen. Die Schwestern haben meinen Kopf auf den Tisch gefesselt. Um mich zu disziplinieren, haben sie meine Beine schmerzhaft verdreht. Schwester Doris: »Schade, daß wir keinen Hitler mehr haben!« Der Dr. T. hat an der Wand gestanden und sich das angeguckt.

Auch die Äußerungen der Polizeibeamten sprechen für sich. Einer sagte:

»Wir sind zu Menschen wie ein Mensch, zu Schweinen wie eine Sau, wenn's sein muß wie eine Wildsau«. Ein Ausspruch, der in der Beschwerdeentscheidung des Direktors des Landeskriminalamtes sinngemäß bestätigt und mit der Beteuerung verbunden wurde, daß der Beamte »keinesfalls die Absicht« gehabt habe, »die Festgenommene zu beleidigen«.

Als Frau Meinhof der Äthernarkose mit dem Hinweis widersprach, daß man das nicht machen könne, ohne das Risiko einzugehen, daß sie draufgehe, sagte einer: »Das ist uns doch egal!« Und ein anderer: »Wenn Ihnen Ihr Leben lieb ist, lassen Sie sich erkennungsdienstlich behandeln; ein bißchen Lebenswillen müssen Sie doch haben.« Hier wurde also bewußt mit der Erzeugung von Todesangst gearbeitet.

Der Vorwand für die an Frau Meinhof verübten polizeilichen Gewaltakte wäre entfallen, wenn sie sich ausdrücklich zu erkennen gegeben, also bestätigt hätte, was die Beamten, denen sie ausgeliefert war, ohnehin wußten. Jeder von ihr am Abend ihrer Festnahme befragte Anwalt hätte ihr dazu geraten. Aber eben dies wußte man zu verhindern. Sie hatte zunächst gebeten, Rechtsanwalt Bertram Börner in Hannover zu benachrichtigen. Man sagte ihr, Rechtsanwalt Börner sei benachrichtigt und würde gleich kommen. Tatsächlich ist eine Benachrichtigung des Kollegen Börner nicht erfolgt. Die spätere Behauptung des Landeskriminalamts, Frau Meinhof habe von dem Wunsch, Rechtsanwalt Börner zu benachrichtigen, wieder »Abstand genommen«, widerspricht dem, was Ulrike Meinhof mir später berichtet hat, und entbehrt jeder Plausibilität. Sie brauchte in dieser fürchterlichen Nacht nichts nötiger als einen Anwalt. Und die Polizei hatte nichts mehr zu fürchten als einen unabhängigen Zeugen ihrer an Ulrike Meinhof verübten Quälereien. Und das alles paßt auch zu der Art, wie noch drei Tage lang verhindert wurde, einen Anwalt zu Frau Meinhof zu lassen.

Auf dem Transport nach Köln hat einer Klartext geredet. Ulrike Meinhof hat es mir bei meinem ersten Besuch in der Justizvollzugsanstalt Köln-Ossendorf so geschildert:

Ein Typ von der Sicherungsgruppe hat mir auf dem Herflug am Freitagvormittag so zwischen halb elf und zwölf gesagt: »Sie kriegen zunächst keinen Rechtsanwalt. Aus Sicherheitsgründen.« Vorher hatte ich gesagt: »Damit, daß ich aus Hannover weg bin, entfällt Rechtsanwalt Börner. Dann will ich einen anderen Anwalt.« – »Sie kriegen zunächst mal überhaupt keinen Anwalt.« – »Warum?« – »Aus Sicherheitsgründen.« – »Was für Sicherheitsgründe?« – »Ihre Sicherheit«. Dann habe ich am Freitagnachmittag – da wurde mir der Haftbefehl vorgelesen – dem Richter gesagt, daß ich einen Anwalt haben will, daß man mir einen Anwalt verweigert hätte. Da habe ich erstmals Heinrich Hannover genannt.

An diesem Tage, Freitag, dem 16. Juni 1972, wurden meine Versuche, Sprecherlaubnis mit Ulrike Meinhof zu bekommen, von der Bundesanwaltschaft und dem Ermittlungsrichter des Bundesgerichtshofs, Herrn Dr. Knoblich, mit Finten und Täuschungen unterlaufen. Noch um 13 Uhr behauptete Herr Oberstaatsanwalt Bruns von der Bundesanwaltschaft mir gegenüber am Telefon, die Festgenommene sei noch nicht sicher identifiziert, eine von Ulrike Meinhof unterschriebene Vollmacht legitimiere mich deshalb nicht zu einem Besuch. Bei weiteren Telefongesprächen, die ich am Nachmittag dieses Freitags mit Beamten der Bundesanwaltschaft und dem Ermittlungsrichter führte, wurde sodann meine Vollmacht mit der Begründung angezweifelt, daß diese bereits vor zwei Jahren erteilt worden sei; Frau Meinhof habe einen anderen Anwalt zu sprechen gewünscht. Herr Dr. Knoblich weigerte sich, mir den Namen dieses Anwalts zu nennen – wie sich später herausstellte, war Rechtsanwalt Börner gemeint, von dessen Beauftragung Ulrike Meinhof längst »Abstand genommen« hatte –, so daß mir eine Überprüfung unmöglich gemacht wurde. Erst am Sonntagvormittag um 11 Uhr erfuhr ich von Herrn Oberstaatsanwalt Bruns telefonisch, daß Frau Meinhof auf Befragen erklärt habe, daß sie weiterhin von mir verteidigt sein wolle. Gleichzeitig wurde mir gesagt, daß in der Kölner Haftanstalt Anwaltsbesuche am Sonntag nicht möglich seien. So mußte Ulrike Meinhof noch einen weiteren Tag warten, bis sie endlich von ihrem in § 137 der Strafprozeßordnung verbrieften Recht, sich in jeder Lage des Verfahrens des Beistands eines Verteidigers zu bedienen, Gebrauch machen konnte.

Auch was dann am Montag, dem 19. Juni 1972, in der Haftanstalt Köln-Ossendorf geschah, erlebte ich als bedrohliche und entwürdigende Veränderung im Umgang mit Untersuchungsgefangenen und deren Verteidigern. Nach halbstündiger Wartezeit wurde ich von einem Beamten aus dem Warteraum in einen langen, menschenleeren Flur geführt. Ich wurde aufgefordert, einen linker Hand befindlichen kleinen Raum zu betreten, und erwartete, dort meine Mandantin vorzufinden. Stattdessen standen in diesem Raum zwei Beamte in Zivil, die sich durch Vorlage von Ausweisen als Kriminalpolizisten vorstellten. Von drei Beamten in dem kleinen Raum umstellt, wurde ich aufgefordert, mich durchsuchen zu lassen. Ich erklärte, daß ich Rechtsanwalt sei und mich nicht durchsuchen lasse. Darauf wurde mir gesagt, daß eine entsprechende

Am 20. Juni 1972 gab ich eine Pressekonferenz vor dem Hamburger Strafjustizgebäude, bei der auch die erkennungsdienstliche Prozedur, der Ulrike Meinhof unterzogen wurde, zur Sprache kam. Ulrike Meinhof war am 15. Juni 1972 in Hannover-Langenhagen festgenommen worden.

Anordnung vorliege. Auf meine Frage, von wem diese Anordnung stamme, wurde mir erklärt, es handle sich um eine sicherheitspolizeiliche Maßnahme, es ginge insbesondere um eine Kontrolle, ob ich Waffen bei mir führe. Ich stand also vor der Wahl, entweder auf den Besuch meiner Mandantin zu verzichten und diese damals völlig neuartige, für meine Begriffe ungeheuerliche Behandlung und Verdächtigung eines Rechtsanwalts rechtlich überprüfen zu lassen – mit der Folge, daß ich mich erst recht dem Verdacht ausgesetzt hätte, Waffen bei mir zu führen – oder die Durchsuchung, die ich in einer Beschwerde als »an Nötigung grenzende und beleidigende Unverschämtheit« bezeichnete, zu dulden. Nach kurzem Nachdenken erklärte ich dann, äußerlich in aller Ruhe, daß ich gegen diese Maßnahme protestiere und mich beschweren werde, daß man aber die Durchsuchung durchführen möge. Obwohl die Durchsuchung meiner Kleidung und meines Koffers mit penibler Gründlichkeit erfolgte, mußte meine Mandantin sich nach meinem Besuch bis auf die Haut entkleiden und durchsuchen lassen, eine entwürdigende Schikane, die sich noch oft wiederholen sollte.

Es war sicher richtig, daß ich Ulrike Meinhof nicht länger

auf meinen ersten Besuch hatte warten lassen. Denn eine Beschwerde hätte nichts daran geändert, daß Rechtsanwälte von Stund an als Komplizen ihrer (»terroristischen«) Mandanten behandelt wurden. Ein monatelanger Hetzfeldzug der Springer-Presse, der durch Erklärungen der Bundesanwaltschaft, des Bundeskriminalamts und von Mitgliedern der Bundesregierung tatkräftig gefördert wurde, trug seine Früchte. Es war erst der Anfang von dem, was noch kommen sollte.

Wer die Zeitungen jener Tage durchblättert, erlebt in der Erinnerung noch einmal die furchtbare Hysterisierung der Gesellschaft durch gleichgeschaltete Medien, die zur Jagd gegen einen inneren Feind bliesen, als den man die »Terroristen« und ihre »Sympathisanten« ausgemacht hatte. Eine Gruppe, deren Winzigkeit man durch verschwörungsmythische Globalisierung und Verallgemeinerungen vernebelte, wurde zur Bedrohung für jedermann stilisiert. Wer sich als guter Staatsbürger bewähren wollte, war aufgefordert, sich an der Treibjagd auf die »Baader-Meinhof-Bande« zu beteiligen und deren Mitglieder gegen hohe Belohnung der Staatsgewalt auszuliefern.

Wenn Jagdinstinkte der breiten Masse mobilisiert und Menschen zur Verfolgung freigegeben werden, haben es die Angehörigen eines Berufsstandes schwer, zu dessen Aufgaben es gehört, Straftätern gegenüber der Staatsgewalt Schutz zu bieten. Es war nur ein kleiner Schritt, von der Verfemung der »Terroristen« und ihrer »Sympathisanten« (eine Etikettierung, die z. B. auch den großen Schriftsteller und Moralisten Heinrich Böll traf) zur Diffamierung ihrer »Verteidiger« überzugehen.

Es ist eine Frage von Rechtskultur, ob in einem Land die Aufgabenstellung des Strafverteidigers allgemein bekannt und akzeptiert ist. Und damit ist es hierzulande nicht weit her. Es hätte damals, Anfang der siebziger Jahre, als »Terroristen« und »Terroristenverteidiger« ständig in einem Atem genannt wurden, klärender Worte rechtskundiger Instanzen bedurft, die Zugang zu den Medien hatten. Daran hat es gefehlt. Der Generalbundesanwalt mischte kräftig mit, indem er den Massenmedien Verdächtigungen gegen Anwälte, die »Terroristen« verteidigten, andiente. Und die nicht betroffene Kollegenschaft hielt sich vornehm zurück. Das deutsche Heiligtum »schwebendes Verfahren« verschloß den Seriösen den Mund.

Es war für mich eine neue, verstörende Erfahrung, als Angehöriger eines Berufsstandes, der ein hohes Sozialprestige genießt, und in dem sicheren Bewußtsein, alle Berufspflichten gewissenhaft beachtet zu haben, plötzlich als potentieller Verbrechenskomplize behandelt und diffamiert zu werden. Die Verleumdungskampagne der Springerschen Massenblätter gipfelte im Mai/Juni 1972 in dem angeblich vom Generalbundesanwalt bestätigten Vorwurf, »45 namentlich bekannte linksradikale Anwälte« (zu denen auch ich ausdrücklich gezählt wurde), hätten Sprengstoff und andere der Ausübung von Straftaten dienende Gegenstände transportiert und Nachrichten und Kassiber aus den Zellen geschmuggelt. Und dergleichen mehr. Nichts davon ist je bewiesen worden, es war schlicht gelogen. Erst 1977, also fünf Jahre später, wollen zwei RAF-Mitglieder, die zu Kronzeugen der Bundesanwaltschaft mutierten, den Rechtsanwälten Müller und Newerla ohne deren Wissen Waffen in die Akten geschmuggelt haben, die bei der Kontrolle übersehen und so in die Haftanstalt gelangt sein sollen. Selbst wenn das glaubwürdig wäre – und ich habe meine Zweifel –, würde dadurch nicht richtig, was 1972 über »45 namentlich bekannte linksradikale Anwälte« behauptet worden ist.

Was in diesem Land der willigen Vollstrecker möglich ist, begreift man erst dann ganz, wenn die von einer monopolistischen Pressemacht und einer reaktionären Obrigkeit erzeugten Schmutzwellen des »gesunden Volksempfindens« an die eigene Haustür spülen. Nur ein paar Beispiele für die Reaktionen einer vergifteten Öffentlichkeit, als bekannt wurde, daß ich von Ulrike Meinhof mit ihrer Verteidigung beauftragt sei.

Am 17. Juni 1972 nimmt meine damals zwölfjährige Tochter Almut einen Telefonanruf in meiner Privatwohnung entgegen. Eine Frauenstimme:

Bestelle deinem Vater, daß er ein rotes Schwein ist und daß er sich nach Rußland scheren soll. Heute abend werden wir kommen und bei euch alle Scheiben einschmeißen.

Am 18. Juni 1972 Anruf in meiner Privatwohnung. Eine Männerstimme:

Leben Sie noch, Sie Mittäter? Schämen Sie sich!

Meine Erwiderung:

Sie Faschist!

Ein weiterer Anruf am 18. Juni:

Ich möchte Ihnen raten, die Verteidigung von Frau Meinhof niederzulegen; es könnte sonst zu Ihrem Nachteil sein.

Am 25. Juni 1972 nimmt meine damals 13jährige Tochter Jantje einen Anruf entgegen. Eine Männerstimme:

Ihr Mann übernimmt doch die Verteidigung von Ulrike Meinhof.

Jantje:

Das ist mein Vater.

Der Anrufer:

Sagen Sie ihm, er soll die Verteidigung niederlegen, sonst lege ich die ganze Familie um.

Anonyme Anrufer und Briefeschreiber sind feige, sagte ich meinen Kindern. Aber ich weiß heute, daß es mir nicht gelungen ist, ihnen die Angst zu nehmen.

Den anonymen Briefeschreibern, die sich zumeist in primitiven Beschimpfungen meiner Mandantin und sadistischen Wunschbildern, wie man sie mißhandeln und umbringen solle, ergingen und auch mir die Hölle auf Erden wünschten, geschähe zu viel Ehre, wenn ich aus dem Dreck, den sie mir damals ins Haus schickten, wörtlich zitieren würde. Aber ich will die zitieren, die diese Ausschwitzungen der Massenseele zustande gebracht haben. Und ich will berichten, was die Justiz getan und nicht getan hat, um einen Rechtsanwalt – den man bekanntlich gern als »Organ der Rechtspflege« hofiert, wenn man ihn in die Pflicht nehmen will – vor solchen Anwürfen zu schützen.

Am 11. Juni 1972, also wenige Tage vor Ulrike Meinhofs Festnahme, hatte *Bild am Sonntag* berichtet, Generalbundesanwalt Martin habe »den schweren Verdacht gegen Rechtsanwälte der Baader-Meinhof-Bande bestätigt«, über den das Blatt am 21./22. Mai 1972 berichtet hatte (Präparierung falscher Zeugen, Sprengstofftransport, Verwahrung von »Blankovollmachten aller Bandenmitglieder« usw.). Der Generalbundesanwalt habe ein Hamburger »Anwaltskollektiv«, die Rechtsanwälte Groenewold, Degenhardt und Reinhard, als Beispiel genannt für »Verbindungen, wie sie nicht durch anwaltschaftliche Berufspflicht abgedeckt« seien. Am gleichen Tag – 10./11. Juni 1972 – zählte ein anderes Springer-Blatt, das *Hamburger Abendblatt*, unter der Überschrift »Karlsruhe: Vorwürfe gegen Rechtsanwälte« alles auf, was nach Auffassung der Redaktion unter den Vorwurf nicht durch anwaltschaftliche Berufspflicht abgedeckter Verbindungen zur »Baader-Meinhof-Bande« fällt. In diesem Zusammenhang wurde auch ein Bremer Anwalt genannt, bei dem es sich erkennbar um mich handeln sollte:

Für den Fall der Festnahme Ulrike Meinhofs soll ein Bremer Rechtsanwalt, der mit seinem Sozius ebenfalls im Kollektiv arbeitet, schon eine Vollmacht haben, die ihn berechtigt, die Interessen der Bandenchefin vor Gericht wahrzunehmen.

Die Behauptung, daß meine Sozietät ein »Kollektiv« sei – was immer das sein mag –, war nichts als antisozialistische Stimmungsmache, die der Gleichsetzung mit den verdächtigten Hamburger Kollegen dienen sollte. Mein damaliger Sozius, der Kollege Dr. Rudolf Monnerjahn, war als SPD-Genosse und Mitglied der Justizdeputation so staatsnahe, wie man sich das nur wünschen konnte. Und daß ich im Besitz einer Vollmacht von Ulrike Meinhof für den Fall ihrer Festnahme war, war völlig legal. Aber der Generalbundesanwalt hatte, entgegen der klaren Rechtslage, den Besitz von »Blankovollmachten« verdächtig gemacht, das populäre Mißverständnis ausnutzend, daß der Begriff »Blankovollmacht« einen Freibrief für künftige Straftaten bedeute (Blankovollmacht für Mord!), während eine seriöse Information der nicht-rechtskundigen Öffentlichkeit darauf hätte hinweisen müssen, daß eine Blankovollmacht sich auf bereits anhängige Ermittlungsverfahren bezieht, deren Aktenzeichen noch nicht bekannt sind. Und so lieferte die Karlsruher Verdächtigung nicht nur Springer-Redaktionen Stoff für eine anwaltsfeindliche Desinformation der Öffentlichkeit.

Der in Bremen erscheinende *Weser-Kurier* schrieb am 23. Juni 1972:

Der Verdacht standeswidrigen, möglicherweise gar strafbaren Verhaltens richtet sich aber auch gegen Anwälte, die bisher als loyal galten. Selbst der prominente Bremer Advokat Dr. Heinrich Hannover ist in den Strudel der Mutmaßungen geraten, als er unmittelbar nach Ulrike Meinhofs Festnahme darauf hinwies, daß er bereits die Prozeßvollmacht der Verhafteten besitze und diese verteidigen werde.

Die *Bild*-Zeitung (vom 26. 5. 1972) hatte Äußerungen des damaligen Bundesinnenministers Genscher sogar zu der Assoziation komprimiert, daß »links-eingestellte Rechtsanwälte« die »Helfershelfer der Baader-Meinhof-Bande« und mitschuldig an deren Morden seien.

Irgendwann reichte es mir. Ich stellte Strafanzeige wegen Volksverhetzung gegen den Verleger Axel Cäsar Springer bei der Staatsanwaltschaft Hamburg. Das war am 12. Juni 1972 – also drei Tage vor Ulrike Meinhofs Festnahme. Außerdem erhob ich Dienstaufsichtsbeschwerde gegen den Generalbundesanwalt, der für diesen Hetzfeldzug Material geliefert hatte. Und schließlich beauftragte ich den Hamburger Kollegen Dr. Heinrich Senfft, den Erlaß einer einstweiligen Verfügung gegen den Springer-Verlag zu erwirken, durch die diesem verboten werden sollte, mich weiterhin der Begünstigung der »Baader-Meinhof-Bande« zu verdächtigen.

Erfolg hatte ich nur bei der Zivilgerichtsbarkeit. Die Rechtslage war eindeutig: Springers *Welt am Sonntag* hatte am 25. 6. 1972 einen Artikel »Rechtsanwälte unter Verdacht der Banden-Begünstigung. Jetzt ist auch die Anwaltskammer empört« veröffentlicht. Daneben Bilder von Anwälten, die der Leser dieser Überschrift zuordnen mußte. Eines davon zeigte mich und den Kollegen Reinhard (in der Unterschrift mit Groenewold verwechselt) zusammen mit unserem Mandanten Werner Hoppe, den wir damals gemeinsam beim Landgericht Hamburg verteidigten. Aufgrund meiner eidesstattlichen Versicherung, daß mir von einem offiziell gegen mich geäußerten Verdacht der Banden-Begünstigung nichts bekannt sei und ich auch Mitglieder der Baader-Meinhof-Gruppe nicht begünstigt habe, erließ die Zivilkammer 24 des Landgerichts Hamburg durch die Richter Engelschall, Dr. Schumann und Asmus am 3. Juli 1972 die beantragte einstweilige Verfügung. Dem Springer-Verlag wurde bei Vermeidung einer vom Gericht für jeden Fall der Zuwiderhandlung festzusetzenden Geldstrafe in unbeschränkter Höhe oder Haftstrafe bis zu sechs Monaten verboten, »durch Tatsachenbehauptungen in Wort und Bild den

Eindruck zu erwecken oder erwecken zu lassen, der Antragsteller stehe unter dem Verdacht der Banden-Begünstigung«. Das tat Springer nicht weh. Man wird für künftige Anwaltsverdächtigungen, an denen es keineswegs fehlte, einen Vermerk im Computer gespeichert haben: »Hannover nicht namentlich nennen.« Ein schwacher Rechtsschutz also, aber schon die gesetzmäßige Korrektheit der Hamburger Zivilrichter tat wohl.

Anders die Strafjustiz, die nach Gründen suchen mußte, wie man die vom Generalbundesanwalt angefachte Verdächtigungskampagne gegen die »links-eingestellten Rechtsanwälte« mit dem Gesetz vereinbaren konnte. Darüber mußte man offenbar lange nachdenken. Als ich nach einem Jahr anfragte, was eigentlich aus meiner Strafanzeige wegen Volksverhetzung und einer ergänzenden Anzeige wegen Beleidigung, Verleumdung und übler Nachrede geworden sei, erhielt ich einen Zwischenbescheid, daß eine abschließende Bearbeitung bisher nicht erfolgt sei. Endlich mit Schreiben vom 29. August 1973, über 14 Monate nach meiner Strafanzeige, teilte mir die Staatsanwaltschaft Hamburg mit, das Verfahren wegen Volksverhetzung sei eingestellt worden; es fehle an einem »Angriff auf die Menschenwürde«, mein »Menschsein als solches«, mein »ungeschmälertes Lebensrecht als Bürger« sei von Springer nicht bestritten worden. Rechtsverhinderungsformeln, für die man sich auf Kommentarstellen bei Herrn Dreher berief, einem Staatsdiener, der, als er noch Erster Staatsanwalt beim Sondergericht Innsbruck war, sich »intensivst bemühte, wegen Nichtigkeiten die Todesstrafe durchzusetzen« (Ingo Müller: *Furchtbare Juristen*, S. 214), und als Strafrechtsreferent im Bundesjustizministerium für einen gesetzgeberischen »Irrtum« verantwortlich war, der eine »ungewollte« Verjährung zahlreicher Naziverbrechen bewirkte.

Für die Ablehnung einer Strafverfolgung gegen Axel Springer und Peter Boenisch, den Verfasser des inkriminierten Artikels, wegen Verleumdung etc. brauchte die Staatsanwaltschaft noch weitere dreieinhalb Monate. Springer sei nicht zu widerlegen, daß er den Artikel vor der Veröffentlichung nicht gelesen habe. Boenisch aber habe »in Wahrnehmung berechtigter Interessen« gehandelt. Denn:

Der Rechtsanwalt steht als unabhängiges Organ der Rechtspflege im Blickpunkt des öffentlichen Interesses; tatsächliche, aber auch nur vermeintliche Mißstände im Bereich der Anwaltschaft muß die Presse zum Anlaß ihrer u. U. auch einseitigen Kritik machen dürfen.

Also: weil der Rechtsanwalt ein unabhängiges Organ der Rechtspflege ist, muß er es sich gefallen lassen, als Komplize der von ihm verteidigten Beschuldigten verleumdet und konkreter strafbarer Handlungen wahrheitswidrig verdächtigt zu werden! Den Wahrheitsgehalt der Äußerungen behauptete die Staatsanwaltschaft nicht feststellen zu können, weil aus einer als VS-Vertraulich eingestuften Niederschrift zitiert worden sei und der Präsident des Bundeskriminalamts keine Aussagegenehmigung erhalten habe. Nun steht zwar im Gesetz, daß die Nichterweislichkeit einer ehrenrührigen Tatsachenbehauptung zu Lasten des Verleumders geht. Aber gegenüber »Terroristen« und »Terroristenverteidigern« stellte sich prompt die in Deutschland offenbar periodisch auftretende Rechtsblindheit ein, die es den Inhabern der Staatsgewalt erlaubt, bei Bedarf die Wildsau rauszulassen. In Zeiten der Studentenbewegung nannte man diese Ungleichheit der Rechtsanwendung »Klassenjustiz« – etwas ungenau, aber traditionsbewußt.

Ulrike Meinhof war weit davon entfernt, sich für diese und andere Schwierigkeiten ihrer Verteidigung zu interessieren. Sie trat gegenüber mir und anderen Rechtsanwälten mit einer ungeheuren Anspruchshaltung auf, die unser Mandatsverhältnis von Anfang an belastete. Sie ging offenbar davon aus, daß es – wie sie das einmal, kurz bevor es zwischen uns zum endgültigen Bruch kam, in einem Brief formulierte – »ne ganze menge liberale anwälte« gebe, »die sich die finger danach lecken, in unseren schauprozessen groß rauszukommen«. Sie verkannte völlig, daß es eine höchst undankbare Aufgabe war, sie und ihre Tatgenossen zu verteidigen.

Wie soll ich die Motivation erklären, die mich trotzdem dazu brachte, dieser schwierigen Mandantin jahrelang die anwaltliche Treue zu halten? Um die platteste Verdächtigung vorwegzunehmen: Geld war bei der Sache nicht zu verdienen. Es reichte kaum für die Reisekosten. Eine gesinnungsmäßige Übereinstimmung im Sinne des Stadtguerilla-Konzepts gab es nicht; im Gegenteil, heftige Auseinandersetzungen sowohl mündlich wie schriftlich, da sie überhaupt nicht begreifen konnte, wie einer, der sich als Sozialist verstand, in der Frage revolutionärer Gewalt anderer Meinung als sie sein konnte. Aber wir waren aus der Zeit der Studentenbewegung zu gut befreundet, als daß ich sie hätte im Stich lassen können, als sie meine Hilfe brauchte. Und es begann, wie gesagt, mit der Sorge um ihre Kinder, die sie immer wieder, auch in der Haft, sehr bewegte. Sie war da in einem existentiellen Zwiespalt. Einmal brachte ich ihr mein gerade im März-Verlag erschienenes Buch *Der müde Polizist* mit – eine Sammlung höchst unpolitischer Kindergeschichten, bebildert von meinen Zwillingen Almut und Bettina und einer ihrer Freundinnen – und schlug ihr vor, es ihren Kindern zu schenken. Was schrieb sie ihnen rein? »Alle Macht dem Volke!« Ich glaube nicht, daß die Kinder mit dieser Widmung viel anfangen konnten. Oder aus einem Brief vom Oktober 1972: »Dann habe ich mir den Luxus geleistet, mehr an die Kinder zu denken als an die Revolution.« So weit wir uns in politischen Fragen voneinander entfernt hatten, da gab es Momente, wo sie mir sehr nahe war. Es ließ mich nicht kalt, das Justizschicksal dieser außergewöhnlichen Frau mitzuerleben, die ihr bürgerliches Leben – und leider auch das ihrer Kinder – der Revolutionierung der Gesellschaft opfern wollte und so armselig und perspektivelos, von Hochsicherheitsbeton ummauert, in kleinlicher Zänkerei mit ihren Haftgenossen und Verzweiflung endete.

Natürlich war schon die Baader-Befreiung der Anfang vom Ende. Aber das wollte sie nicht wahrhaben. Ein Stück weit konnte ich den Reiz des Abenteuerlichen einer illegalen Existenz nachvollziehen. Denn es blieb nicht aus, daß Ulrike Meinhof mit mir in den beiden Jahren, die zwischen dieser Aktion und ihrer Festnahme lagen, über Abgesandte und dann auch selbst Verbindung aufnahm. Und das sind Szenen, die sich meinem Gedächtnis eingeprägt haben.

Der erste Treff hatte in Berlin stattgefunden, wo ich eine der zahlreichen Verhandlungen in Kriegsdienstverweigerer-Sachen vor dem Bundesverwaltungsgericht hatte. Horst Mahler suchte mich in meiner Hotel-Pension auf und freute sich wie ein Schneekönig, daß ich ihn wegen seiner guten Maske nicht gleich erkannte. Dann führte er mich durch das abendliche Berlin in irgendeine Seiten- oder Parallelstraße zum Kurfürstendamm. Ein schönes altes Berliner Haus mit geräumigem Treppenhaus, ein paar Etagen hoch, und dann stand ich da in der »Räuberhöhle«, Ulrike inmitten ihrer Genossen und Genossinnen auf Matratzen hingelagert, ein »Terroristennest« von demonstrativer Antibürgerlichkeit.

Einmal trafen wir uns in Bremen an der Ecke Schwachhauser

Ring/Parkallee, direkt gegenüber einem Polizeirevier. Als abendliche Spaziergänger bummelten wir dann ein paarmal »um den Pudding«, wie man in Bremen sagt. In dreißig Meter Abstand trottete Thomas Weisbecker mit einer verdeckten Maschinenpistole hinter uns her. Was wäre passiert, wenn wir wirklich ihren Verfolgern in die Arme gelaufen wären? Mir war die Gefährlichkeit der Situation bewußt, aber irgendwie fand ich das Ganze zugleich aufregend und lächerlich. Ein paar Wochen später ist Thomas Weisbecker von der Polizei auf offener Straße erschossen worden.

Ein anderes Mal waren wir bei Höpkens Ruh, einem kleinen Park im Stadtteil Bremen-Oberneuland, verabredet. Als ich mit dem Auto ankam, sah ich schon von weitem Ulrike Meinhof und eine männliche Person, es war Klaus Jünschke, in steifer Haltung und finsteren Blickes nebeneinander auf einer Bank sitzen. Beide hatten – so richtig schön unauffällig – seltsame längliche Köfferchen auf dem Schoß, mit deren Inhalt notfalls die »Bullen« im Schach gehalten werden sollten. Auch diesmal konnte ich die äußeren Umstände der Begegnung nicht ganz ernst nehmen.

»Ja, durften Sie denn das?« wurde ich gefragt, als ich dieses Kapitel vor Studenten und Studentinnen vorlas, »Sie wußten doch, daß die Frau und ihre Begleiter bewaffnet waren; mußten Sie nicht die Polizei benachrichtigen?« Eben dies hätte ich nicht gedurft, es wäre eine schwere Pflichtverletzung gewesen. Der Verteidiger und vielleicht noch der Pfarrer sind die einzigen Vertrauenspersonen, an die sich ein gesuchter Straftäter jederzeit muß wenden können, ohne Gefahr zu laufen, daß er verraten wird. Anders wäre es nur dann, wenn ich von konkreten Planungen neuer Straftaten erfahren hätte oder wenn man mir angesonnen hätte, andere als rein anwaltliche Leistungen für meine Mandantin oder die Gruppe zu erbringen.

Worum ging es bei solchen Treffs? In erster Linie um Ulrikes Kinder und deren Versorgung. Einmal aber – das war bei dem abendlichen Bummel in der Nähe des Polizeireviers – ging es auch oder vor allem darum, daß Ulrike mich beschimpfte, weil ich mich geweigert hatte, für das Treffen eine Wohnung anzumieten, die dann natürlich auch als Quartier für Gruppenmitglieder gedient hätte. Das war die Grenze, die zu überschreiten für mich nicht in Frage kam. Ulrike Meinhof hat, wenn überhaupt, erst sehr spät begriffen, daß es nur dieser sturen Einhaltung des durch Berufspflichten gebildeten Rahmens zu verdanken war, daß ich ihr überhaupt anwaltliche Hilfe leisten konnte.

Auch als sie dann in Untersuchungshaft war, gab es immer wieder erbitterte Auseinandersetzungen darüber, was ein Anwalt tun darf und was nicht. Mein damaliger Mitarbeiter, Rechtsanwalt Peter Noß, berichtete mir einmal nach einem Besuch in der Kölner Haftanstalt, daß er ihr eine zum Lesen mitgebrachte politische Schrift fast mit Gewalt wieder habe wegnehmen müssen, da sie nicht einsehen wollte, daß wir sie ihr nur über den Ermittlungsrichter zustellen durften.

Der gravierendste Streit zwischen Ulrike Meinhof und mir aber entstand aus der Frage, ob wegen ihrer Haftbedingungen – sie war vom 16. 6. 1972 bis 9. 2. 1973, vom 21. 12. 1973 bis 3. 1. 1974 und vom 5. 2. bis 30. 4. 1974, insgesamt also fast elf Monate, im sogenannten Toten Trakt der Justizvollzugsanstalt Köln-Ossendorf in Isolationshaft – gegen den nordrhein-westfälischen Justizminister Dr. Diether Posser Strafanzeige wegen Körperverletzung im Amt erstattet werden sollte.

Ich habe zu den mörderischen Haftbedingungen des Toten Trakts, die letztlich zu Ulrike Meinhofs späterer, mindestens partieller, Verhandlungsunfähigkeit und zu ihrer in Selbstmord endenden psychischen Zermürbung beigetragen haben, nicht geschwiegen. Im Kapitel 27 »Anwaltliche Redefreiheit auf dem Hauklotz. Die ehrengerichtliche Aburteilung von Justizkritik« berichte ich darüber. Auch Astrid Proll hatte diese totale Isolation, die für den menschlichen Organismus schlechthin unerträglich ist, erlitten und mich zu einer Zeit, als ich beide Frauen als Mandantinnen in Köln-Ossendorf besuchte, als erste darauf aufmerksam gemacht, daß sich Ulrike Meinhofs Haftbedingungen im Toten Trakt von normalen Haftbedingungen wesentlich unterschieden: »Du mußt sie da rausholen! Das ist die Hölle!«

Aber ich weigerte mich, die Strafanzeige gegen Posser zu machen, die dann der Kollege Prof. Dr. Ulrich Preuß übernommen hat. Meine Entscheidung habe ich Ulrike Meinhof in einem Brief vom 9. April 1973 so zu erklären versucht:

Posser war jahrelang mein Kollege und Freund, insbesondere sind wir uns während des 5 Monate dauernden Düsseldorfer Friedenskomitee-Prozesses 1959/1960 nähergekommen. Über Posser habe ich auch zu Gustav Heinemann einen persönlichen Kontakt freundschaftlicher Natur erhalten …

Mein persönliches Verhältnis zu Posser und Heinemann enthält eine der Chancen, die ein politischer Anwalt hat, um seinen Mandanten praktisch zu helfen. Ich habe diese Chance schon einige Male genutzt. So habe ich nach der Entführung des koreanischen Komponisten Isang Yun ein mehrstündiges Gespräch mit Heinemann gehabt, durch das einiges angekurbelt worden ist, was schließlich zu Yuns Befreiung beitrug.

Ulrike selbst hatte von meiner guten Beziehung zu Posser schon profitiert. Anläßlich einer evangelischen Kirchentagung war Posser Anfang Januar 1973 in Bremen gewesen und hatte mich zu einem Gespräch eingeladen, bei dem ich ganz konkrete Verbesserungen ihrer Haftbedingungen hatte aushandeln können. Insbesondere sagte Posser mir zu, in Karlsruhe anzuregen, Ulrike Meinhof mit Astrid Proll auf eine Zelle zu legen, was dann auch nach geraumer Zeit geschah. Auch hatte ich die Gelegenheit genutzt, seine irrigen Vorstellungen über die Haftbedingungen im Toten Trakt zu diskutieren. Weiter aus meinem Brief an Ulrike Meinhof:

Die Möglichkeit, mit bestimmten Instanzen des kapitalistischen Machtapparats zu sprechen, ist für einen politischen Strafverteidiger eine Notwendigkeit.

(Entsprechendes gilt für Strafverteidiger in anderen Systemen, so daß ich die Anfeindungen gegen den Kollegen Gregor Gysi wegen seiner Kontakte zum Machtapparat der DDR als bösartige Vorspiegelung von Unwissenheit verstehe.)

Ich kann daher nicht Türen zuschlagen, durch die ich noch einmal gehen will. Natürlich ist meine Haltung auch in dieser Frage von den Notwendigkeiten des jeweiligen Falles abhängig. So würde ich mich, wie Du wohl weißt, nicht scheuen, einem Gericht, einem Staatsanwalt oder einem Politiker bei Bedarf nachdrücklich gegen das Schienbein zu treten, wenn ich weiß, daß ich es mit einer Instanz zu tun habe, bei der meine Mandanten nichts als Klassenhaß und Terror zu erwarten haben. Diese Überzeugung habe ich bei Posser und Heinemann trotz allem noch nicht. Beide, mindestens aber Heinemann, bleiben für mich notwendige Gesprächspartner. Wenn ich Posser mit einer Strafanzeige vors Schienbein trete, ist damit aber sowohl das Verhältnis zu ihm als auch das zu Heinemann kaputt ... Eine Strafanzeige wäre, wie Du weißt, ein sinnloser

Appell an die Herrschenden, auf einen aus ihren eigenen Reihen die Gesetze anzuwenden, die nur für die Unterdrückten gedacht und gemacht sind. Du weißt so gut wie ich, daß die Strafanzeige gegen Posser nicht zu dessen Bestrafung, nicht einmal zu einer Anklageerhebung führen wird. Der einzige Effekt, den Du Dir erhoffen kannst, ist der, daß 5 oder 6 Zeilen darüber in der bürgerlichen Presse stehen, diese 5 oder 6 Zeilen stehen aber drin, ganz gleich, ob die Strafanzeige von Heinrich Hannover oder von Ulrike Meinhof erstattet wird. Der mögliche Erfolg rechtfertigt also den Einsatz nicht. Ich bin darum nicht bereit, die Strafanzeige für Dich zu erstatten. Andererseits bin ich der Meinung, daß Du sie selbst erstatten solltest.

Ich hatte mit diesem Brief – er faßte das, was ich Ulrike Meinhof schon mündlich gesagt hatte, noch einmal zusammen – an die Rationalität einer klugen, politisch denkenden Frau appelliert. Ihre Reaktionen waren, was mir natürlich immer wieder unter die Haut ging, beschwörender und anklagender Natur (»Wenn Du bei Deiner Weigerung bleibst, die Anzeige für mich zu machen, heißt das für die Schweine: Nicht mal Du glaubst uns, daß das Ding so katastrophal ist, wie es ist«) und wurden immer emotionaler (»Ich bin natürlich immer noch stinksauer (im Original unterstrichen), daß Du Dich wegen Anzeige weigerst«) und führten schließlich zur Mandatsentziehung. Gegenüber ihren RAF-Genossen klang das alles viel kühler und auf deren Sprachniveau reduziert:

(nat. nicht anzeige, damit die ratten bestraft werden – quatsch – sondern damit was auf'm tisch ist für amnesty international, die komitees, gollwitzer pipapo, um den nächsten da schnell/sofort rauszuholen, damit er nicht quatscht und nicht verreckt ...) ...

außerdem ist in ner anzeige von hannover gegen posser sogar auch noch politisch ein bißchen dampf ... (Bundesministerium des Innern, Hrsg.: *Aktivitäten und Verhalten inhaftierter Terroristen.* Bonn 1985)

Am 16. Mai 1973 hatte Ulrike Meinhof mir das Mandat entzogen, am 16. Oktober 1973 bat sie mich über eine dritte Person, ihre Verteidigung wieder zu übernehmen. Ich war bereit, aber wir gerieten bald wieder aneinander. Aus einem Brief vom 23. November 1973:

Liebe Ulrike! Ich würde es bedauern, wenn unsere Korrespondenz gleich wieder explosiven Charakter annehmen würde, nachdem ich über das Kölner Gespräch mit Dir wirklich angenehm überrascht war. Bitte gib auch Du Dir ein bißchen Mühe. Ich bin nicht temperamentlos genug, um auf permanente Aggression nicht auch irgendwie entsprechend zu reagieren.

Mir war natürlich klar, daß ein Gutteil der Aggressionen, die zwischen uns abliefen, dem Hochsicherheitstrakt anzulasten waren, eine für freiheitsliebende und noch nicht völlig abgestumpfte Menschen unerträgliche und krankmachende Umgebung.

Und es ist in der Tat unverzeihlich, daß, nachdem wir Anwälte die zerstörerischen, letztlich zur Entpersönlichung und Vernichtung des inhaftierten Menschen führenden Bedingungen der Isolationshaft den verantwortlichen Instanzen hinreichend deutlich gemacht hatten, Ulrike Meinhof noch zwei weitere Male in den Toten Trakt verbracht worden ist. Was einem völliger Isolation ausgesetzten Menschen widerfährt, hat Ulrike Meinhof nach der ersten Unterbringung im Toten Trakt so beschrieben:

Das Gefühl, es explodiert einem der Kopf ...
das Gefühl, es würde einem das Rückenmark ins Gehirn gepreßt,
das Gefühl, das Gehirn schrumpelte einem allmählich zusammen, wie Backobst z. B. –
das Gefühl, man stünde ununterbrochen, unmerklich, unter Strom, man würde ferngesteuert –
das Gefühl, die Assoziationen würden einem weggehackt –
das Gefühl, man pißte sich die Seele aus dem Leib, als wenn man das Wasser nicht halten kann –
das Gefühl, die Zelle fährt. Man wacht auf, macht die Augen auf: die Zelle fährt; nachmittags, wenn die Sonne reinscheint, bleibt sie plötzlich stehen. Man kann das Gefühl des Fahrens nicht absetzen.
Man kann nicht klären, ob man vor Fieber oder vor Kälte zittert –
man kann nicht klären, warum man zittert –
man friert.
Um in normaler Lautstärke zu sprechen, Anstrengungen, wie für lautes Sprechen, fast Brüllen –
das Gefühl, man verstummt –
man kann die Bedeutung von Worten nicht mehr identifizieren, nur noch raten –

der Gebrauch von Zisch-Lauten – s, ß, tz, z, sch – ist absolut unerträglich –

Wärter, Besuch, Hof erscheint einem wie aus Zelluloid –

Kopfschmerzen –

flashs –

Satzbau, Grammatik, Syntax – nicht mehr zu kontrollieren. Beim Schreiben: zwei Zeilen – man kann am Ende der zweiten Zeile den Anfang der ersten nicht behalten –

Das Gefühl, innerlich auszubrennen –

das Gefühl, wenn man sagen würde, was los ist, wenn man das rauslassen würde, das wäre, wie dem anderen kochendes Wasser ins Gesicht zischen, wie z. B. kochendes Tankwasser, das den lebenslänglich verbrüht, entstellt –

Rasende Aggressivität, für die es kein Ventil gibt. Das ist das Schlimmste. Klares Bewußtsein, daß man keine Überlebenschance hat; völliges Scheitern, das zu vermitteln; Besuche hinterlassen nichts. Eine halbe Stunde danach kann man nur noch mechanisch rekonstruieren, ob der Besuch heute oder vorige Woche war –

Einmal in der Woche baden dagegen bedeutet: einen Moment auftauen, erholen – hält auch für paar Stunden an –

Das Gefühl, Zeit und Raum sind ineinander verschachtelt –

das Gefühl, sich in einem Verzerrspiegelraum zu befinden –

torkeln –

Hinterher: fürchterliche Euphorie, daß man was hört – über den akustischen Tag-Nacht-Unterschied –

Das Gefühl, daß jetzt die Zeit abfließt, das Gehirn sich wieder ausdehnt, das Rückenmark wieder runtersackt – über Wochen.

Das Gefühl, einem sei die Haut abgezogen worden.

Ein weiterer Versuch, die Wirkung totaler Isolation zu beschreiben, stammt aus der Zeit nach dem zweiten Aufenthalt im Toten Trakt (21. 12. 73 bis 3. 1. 74):

Ohrendröhnen, Aufwachen, als würde man verprügelt.

Das Gefühl, man bewege sich in Zeitlupe. Das Gefühl, sich in einem Vakuum zu befinden, als sei man in Blei eingeschlossen.

Hinterher: Schock. Als sei einem eine Eisenplatte auf den Kopf gefallen.

Vergleiche, Begriffe, die einem da drin einfallen: (Psycho) Zerreißwolf –

Raumfahrsimuliertrommel, wo den Typen durch die Beschleunigung die Haut plattgedrückt wird –

Kafkas Strafkolonie – Der Typ auf dem Nagelbrett – pausenloses Achterbahnfahren …

Ich habe als Ulrike Meinhofs Verteidiger Anträge über Anträge gestellt, um diese Haftbedingungen zu beenden, ich habe mich an öffentlichen Diskussionen und an Veröffentlichungen (insbesondere dem 1973 erschienenen *Kursbuch* 32 »Folter in der BRD. Zur Situation der Politischen Gefangenen«) und an einer Demonstration von Rechtsanwälten in Anwaltsrobe vor dem Bundesgerichtshof in Karlsruhe beteiligt. Aber ich habe nicht verhindern können, daß Ulrike Meinhof schließlich in einen verteidigungsunfähigen Zustand versetzt war, der auch unsere politische Auseinandersetzung immer sinnloser machte.

Es war der von Staatsdienern gequälte Mensch Ulrike Meinhof, der bis zum Schluß meine Sympathie und Anteilnahme hatte, schon lange nicht mehr der politische Mensch.

Das wußte sie.

Aus einem Brief von mir:

Ich bin in der politischen Einschätzung der RAF und des Guerillakonzepts überhaupt grundsätzlich anderer Ansicht als Du.

Aus einem Brief von ihr:

Ich bin überhaupt in allem anderer Meinung als Du. Was aber nicht heißt, daß Verständigung, Herstellung von Einheit nicht möglich.

Aber irgendwann ging es eben doch nicht mehr. Diesmal – im Februar 1974 – war ich es, der das Mandat beendete.

Vom 21. Mai 1975 an wurde Ulrike Meinhof – zusammen mit Andreas Baader, Jan-Carl Raspe und Gudrun Ensslin – in Stuttgart-Stammheim der Prozeß gemacht. Und zwar unter Bedingungen, die immer eine Schande der deutschen Justiz bleiben werden.

Ulrike Meinhof hatte am sechsten Verhandlungstag erklärt, daß sie verhandlungsunfähig sei (*Frankfurter Rundschau*, 19. 6. 75).

Ich bin nicht in der Lage, an den Stellen, an denen ich sprechen sollte, auch zu sprechen. Ich habe Assoziationsschwierigkeiten, es ist absurd zu glauben, daß die letzten drei Jahre spurlos an uns vorübergegangen sind.

Als das Gericht endlich nach wiederholter Ablehnung entsprechender Anträge unabhängige medizinische Gutachter mit einer Untersuchung der Angeklagten beauftragte, war das Ergebnis einhellig. Nach den Gutachten der Professoren Dr. Wilfried Rasch, Dr. Werner Mende, Dr. W.A. Müller und Dr. J. Schröder waren alle vier Angeklagten nur noch eingeschränkt verhandlungsfähig. Die Sachverständigen empfahlen, höchstens drei bis vier Stunden täglich an drei Wochentagen zu verhandeln. Aber der Stuttgarter OLG-Senat unter Vorsitz des Herrn Prinzing wollte ohne Rücksicht auf die von den Sachverständigen für notwendig gehaltenen zeitlichen Begrenzungen weiterverhandeln. Und der als Beschwerdeinstanz zuständige 3. Strafsenat des BGH, besetzt mit den Richtern Scharpenseel, Mayer und Dr. Schauenburg, fand das in Ordnung.

Man gab den Angeklagten die Schuld dafür, daß ihre Gesundheit durch die Haft ruiniert worden war. Denn ihre Gefährlichkeit hätte den für die Gestaltung der Untersuchungshaft verantwortlichen Stellen keine andere Wahl gelassen als die, »dem durch eine entsprechende Verschärfung der Haftbedingungen Rechnung zu tragen«. Die Angeklagten hätten »angesichts ihrer überdurchschnittlichen Intelligenz« die Auswirkungen der isolierenden Haftbedingungen auf ihre Verhandlungsfähigkeit seit langem erkannt.

Wenn sie gleichwohl seit Jahren das Verhalten fortsetzen, das die staatlichen Organe zur Anwendung dieser Haftbedingungen zwingt,

(Welches Verhalten? Daß sie aus den Zellen heraus strafbare Handlungen der RAF mit Hilfe ihrer Anwälte gesteuert hätten, war eine gegenüber der deutschen Öffentlichkeit immer wiederholte falsche Verdächtigung; eine bösartige Lüge des Medienmachtkartells, die nur gegenüber der italienischen Öffentlichkeit – in einem Fernsehinterview des Bundesjustizministers Dr. Vogel – richtiggestellt worden ist)

so haben sie somit die Herbeiführung ihrer Verhandlungsunfähigkeit in Kauf genommen.

Das genüge zur Anwendung des kurz vor Beginn der Stammheimer Hauptverhandlung neuformulierten § 231 a StPO, wonach in Abwesenheit des Angeklagten verhandelt werden kann, wenn dieser sich »vorsätzlich und schuldhaft in einen seine Verhandlungsfähigkeit ausschließenden Zustand versetzt« hat. Ein Tiefpunkt der Rechtsauslegung, der in der Fachliteratur hart kritisiert wurde. Aber das half den Angeklagten nicht. Es wurde ohne Rücksicht auf die von den medizinischen Sachverständigen diagnostizierten schweren Haftschädigungen der Angeklagten weiterverhandelt bis zum bitteren Ende.

Am 9. Mai 1976 wurde Ulrike Meinhof, am 18. Oktober 1977 wurden auch die anderen Angeklagten tot in ihren Zellen aufgefunden. Selbstmord oder Mord? Die Grenzen verschwimmen.

27. Anwaltliche Redefreiheit auf dem Hauklotz. Die ehrengerichtliche Aburteilung von Justizkritik (1974–1978)

Richter und Staatsanwälte sind die einzigen Berufsgruppen, die sich gegen Kritik ihrer Arbeit in eigener Regie wehren können. Eine Beleidigungsanklage ist leicht zu konstruieren, indem man die Justizkritik als »Vorwurf der Rechtsbeugung« interpretiert. Jeder Rechtskundige wird sich hüten, diesen Vorwurf zu erheben, da er beweisen müßte, daß der Gescholtene das Recht *vorsätzlich* gebeugt hat, ein Beweis, der praktisch nie zu führen ist. Aber auch mit gehöriger Vorsicht formulierte Justizkritik ist für den Kritiker nicht ungefährlich, weil die Textinterpretation Sache der Gerichte ist und es diesen nicht schwerfällt, justizkritische Formulierungen in den Vorwurf böser Absichten umzudeuten und damit den Kritiker in eine aussichtslose Verteidigungsposition zu versetzen. Aber selbst in Fällen, die eine solche Umdeutung nicht zulassen, ist der Justizkritiker immer in Gefahr, richterliche Empfindlichkeiten zu verletzen, wenn er es an der nötigen Ehrerbietung fehlen läßt. Und wo es nicht zur Beleidigungsanklage reicht, die man im eigenen Haus erledigen kann, wird die anwaltliche Ehrengerichtsbarkeit – 1994 in »anwaltsgerichtliches Verfahren« umbenannt – in Anspruch genommen, die zu meiner Zeit mit der Generalklausel »standeswidrigen Verhaltens« alles erfassen konnte, was nicht ins konservative Berufsbild paßt.

In den sechziger und siebziger Jahren wurden Anwälte, deren Mandanten dem linken politischen Spektrum oder sonst mißliebigen Minderheiten angehörten, mit Ehrengerichtsverfahren belästigt, in denen ihre berufliche Tätigkeit aus dem Blickwinkel konservativer Geisteshaltung nachzensiert wurde. Auch mir ist diese viel Zeit und Nerven beanspruchende Plage nicht erspart geblieben. Kaum hatte ich den Streß einer politischen Strafverteidigung durchgestanden, manchmal sogar noch während der Hauptverhandlung, lag die Mitteilung der Generalstaatsanwaltschaft auf dem Tisch, daß ein standesrechtliches Ermittlungsverfahren beabsichtigt oder schon eingeleitet sei. Immer ging es um die Beanstandung »standeswidriger« Rhetorik, so daß ich schon in den sechziger Jahren anfing, Plädoyers in politischen Strafsachen und, wenn die Genehmigung des Gerichts zu erlangen war, auch ganze Hauptverhandlungen auf Tonband aufzunehmen, um mir Beweise für das, was ich wirklich gesagt hatte, zu sichern. Aber auch dann blieb noch genug übrig, was Richtern und Staatsanwälten nicht gefiel. Und leider war es so, daß auch in der Anwaltschaft eine konservative Mehrheit den Ton angab und bei der Ahndung der von links geleisteten Justizkritik beflissen mitwirkte.

Die Ehrengerichte bestanden in erster Instanz aus drei Rechtsanwälten, in zweiter Instanz (Ehrengerichtshof) aus drei Rechtsanwälten und zwei Berufsrichtern und in dritter Instanz (Bundesgerichtshof) aus drei Berufsrichtern und zwei Anwälten. Sie entschieden auf der Grundlage der »Richtlinien für die Ausübung des Anwaltsberufs«, ob das Verhalten des beschuldigten Anwalts »standeswidrig« war. Die möglichen Sanktionen reichten von der Warnung bis zum Ausschluß aus der Anwaltschaft. Zuständig für die Erhebung der Anklage – hier »Anschuldigungsschrift« genannt – war der Generalstaatsanwalt beim Oberlandesgericht. Bei ihm konnte jeder, der sich über einen Anwalt geärgert hatte, die Einleitung eines Ehrengerichtsverfahrens anregen, eine Möglichkeit, von der insbesondere Richter gern Gebrauch machten.

Da gab es den Vorwurf, daß ich in einem Plädoyer in einer politischen Strafsache beim Landgericht Dortmund gesagt hatte: »Klassenjustiz stolpert nicht über die juristischen Zwirnsfäden der Strafprozeßordnung.« Mein Freund und Kollege Professor Dr. Ulrich Preuß, der mich in dieser Sache verteidigte, beendete sein (bei Werner Holtfort: *Strafverteidiger als Interessenvertreter* nachzulesendes) Plädoyer mit den Worten:

> Ein Verteidiger, der seine Aufgabe ernst nimmt, muß dazu übergehen, der Justiz die Grenzen ihrer eigenen Gerechtigkeit deutlich zu machen, auch wenn er weiß, daß der von ihm angeredete Richter hieran nichts ändern kann. Er wird dann von Klassenjustiz sprechen müssen, und man kann ihm das Wort nur um den Preis verbieten, daß eine Verteidigung in derartigen Verfahren nicht stattfindet.

Das Ehrengericht aber wich keinen Schritt vom rechten Wege ab:

Herrn Rechtsanwalt Hannover ist zwar nicht zu widerlegen, daß er mit der Verwendung dieser Formulierung ein auf den Einzelfall gemünztes Werturteil nicht beabsichtigt habe. Zumindest erweckte diese Formulierung aber den Anschein des Vorwurfs der Rechtsbeugung.

Selbst der *Anschein* des Vorwurfs der Rechtsbeugung genügte, um mir das Wort »Klassenjustiz« und die Schlußapotheose (»Wenn Sie im Namen des Volkes Recht sprechen würden, dann käme nur ein Freispruch in Betracht; aber das Gericht wird wissen, welches Urteil die Interessen des Kapitals erfordern«) zu verbieten.

Und eine noch schlimmere Sache hatte ich gemacht. Nämlich eine Strafanzeige gegen einen Richter, ein Fehler, der einem Anwalt, der sich mit dieser Justiz auskennt, nur einmal im Leben unterläuft. Ich hatte von einer Demonstration in einem Hamburger Gerichtssaal erfahren, bei der junge Frauen den Oberkörper entblößt und den Richter durch einen Gesang verspottet hatten. Natürlich war das in dem berühmten Jahr 1968, in dem alle möglichen Formen von Provokation der Staatsgewalt ausprobiert wurden. Der Witz dieser Hamburger Provokation schien mir darin zu liegen, daß die übliche Reaktion, nämlich die Räumung des Sitzungssaales durch ein männliches Polizeikommando verunmöglicht wurde, weil dies notwendigerweise den Tatbestand der unzüchtigen Handlung (damaliger § 176 StGB) erfüllen mußte. Aber genau dies geschah. Der Gerichtsvorsitzende ließ die jungen Frauen von männlichen Polizeibeamten gewaltsam aus dem Gerichtssaal tragen, die dabei, wie später zu lesen war, »ins Volle griffen«, und sah sich dieses Schauspiel von seinem Thron aus an. Jeder andere wäre wegen Nötigung zur Unzucht bestraft worden. Nicht so ein Richter. Das Ermittlungsverfahren richtete sich nicht gegen den Richter, sondern gegen mich, den Anzeigeerstatter, und kam nur dank eines Straffreiheitsgesetzes zur Einstellung. Übrig blieb ein Ehrengerichtsverfahren, in dem ich belehrt wurde, daß es nicht darauf ankomme, ob der Richter oder die Polizeibeamten »während der Räumung des Sitzungssaales auch wollüstige Gedanken gehabt oder Sinnenlust empfunden haben«. Denn die innere Tatseite der unzüchtigen Handlung werde dadurch nicht begründet, sondern nur dadurch, »daß wollüstige Gedanken oder Sinnenlust bewußterweise Antrieb zum Handeln waren«. Und da waren wir wieder

Auf den barbusig vorgetragenen Spottgesang junger Zuhörerinnen reagierte der Gerichtsvorsitzende mit einem Polizeieinsatz. Meine Strafanzeige gegen den Richter brachte nicht ihm, aber mir ein Verfahren ein.

bei den bösen subjektiven Absichten, die zwar jedem normalen Sterblichen, nicht aber einem Richter nachgesagt werden dürfen. Das hätte ich wirklich bedenken sollen.

Ein weiterer Vorwurf wurde daraus hergeleitet, daß ich in einem Schriftsatz an das Bundesverwaltungsgericht die Meinung geäußert hatte, daß in der gegen Zeugen Jehovas gerichteten Bestrafungspraxis (vgl. das Kapital »Die totale Kriegsdienstverweigerung der Zeugen Jehovas«) die gleiche Intoleranz am Werk sei, die einmal das furchtbare Schicksal der Juden in Deutschland vorbereitet habe. Insoweit lehnte allerdings das Ehrengericht die Eröffnung des Verfahrens ab, weil es einem Anwalt, der ein Mitglied dieser religiösen Vereinigung vertritt, nicht verwehrt sein könne, sich in dieser Weise zu äußern.

Dann ging es gleich mehrmals um die Frage, mit welcher Lautstärke ich Türen hinter mir zugeschlagen habe, wenn ich Gerichtsverhandlungen unter Protest verließ. Im einen Fall (vgl. das Kapitel 16 »›Landgraf werde hart!‹ Eine unzüchtige Schülerzeitung«) bekannte ich mich ohne weiteres zu dieser Form der Meinungsäußerung. Im anderen Fall mußte ich, um bei der Wahrheit zu bleiben, den Türenknall bestreiten, sah mich aber einer Phalanx von Zeugen gegenüber, die die Tür knallen gehört haben wollten (vgl. Kapitel 21 »Grünes Licht für den Straßenverkehr. Oder: wie jugendliche Demonstranten den Landfrieden brachen«).

Gewichtigster und zugleich problematischster Vorwurf aber war der, daß ich die Haftbedingungen meiner Mandantin Ulrike Meinhof als »Folter« bezeichnet hatte. Dem lag folgendes zugrunde:

Ulrike Meinhof, die ich seit ihrer Festnahme am 15. Juni 1972 verteidigte, war vom 16. 6. 1972 bis 9. 2. 1973, vom 21. 12. 1973 bis 3. 1. 1974 und vom 5. 2. bis 30. 4. 1974 im sogenannten Toten Trakt der Justizvollzugsanstalt Köln-Ossendorf untergebracht. Astrid Proll, ebenfalls meine Mandantin, die als erste diesen Sonderhaftbedingungen unterworfen war, hat hierzu später (*Die Zeit*, 14. 4. 1989) gesagt:

Polizei und Justiz haben mit uns Experimente veranstaltet, haben uns isoliert, um jeden einzelnen zum Zusammenbruch und dann zur Aussage zu bringen, mit dem Ziel, die Gruppe auseinanderzubrechen. Ich wurde nach einigen Monaten Isolation (gemeint: strenge Einzelhaft, deren Bedingungen aber noch nicht mit dem vergleichbar waren, was dann kam; H. H.) in den sogenannten Toten Trakt verlegt, in ein abgelegenes Gebäude, wo keine anderen Gefangenen, keine Wärter, wo niemand sonst war. Nur ich. Dort war nichts zu hören, nichts zu sehen. Es existierte nichts mehr, außer meinem eigenen beschränkten Tun in der Zelle. Das ist eine Situation, die zwangsläufig zur Katastrophe führt. Ulrike Meinhof wurde später auch dorthin gelegt. Sie war acht Monate* drin, ich mit Unterbrechungen sechs.

Die Zeit: Wie haben sich diese Haftbedingungen ausgewirkt?

Proll: Das kann niemand längere Zeit aushalten. Völlig von jedem Leben abgeschnitten zu sein, selbst wenn es nur die trostlose Monotonie des Strafvollzugs ist. Du mußt alles selbst herstellen. Du löst dich auf, weil das Gegenüber fehlt. Ich war sehr jung, 23. Zu allem bereit, aber in keiner Weise auf eine solche Situation vorbereitet. Mich haben Energieschübe überkommen, daß ich dachte, ich werde wahnsinnig und schlage alles kaputt. Ich bekam regelrechte Halluzinationen. Als ich vorübergehend in eine psychiatrische Männerabteilung verlegt wurde, habe ich zwar die Gefangenen auch nie gesehen, aber alleine sie durch die Türe zu hören, war, wie wenn ich als Schiffbrüchige von einer Insel gerettet worden wäre. 1974 wurde ich während meines Prozesses wegen Verhandlungsunfähigkeit entlassen.

* Richtig: insgesamt elf Monate, davon einmal sieben Monate und 24 Tage in einem Stück

Die Bedingungen, unter denen Ulrike Meinhof in Köln-Ossendorf monatelang eingesperrt war, sind in einem Brief des Anstaltsleiters Bücker an den Präsidenten des Justizvollzugsamtes vom 20. 12. 1972 wie folgt beschrieben:

Bekanntlich ist die Untersuchungsgefangene Meinhof im Frauentrakt der psychiatrischen Untersuchungsabteilung untergebracht. Während die Untersuchungsgefangene Proll im Männertrakt der Untersuchungsabteilung zumindest akustisch an dem Leben in der Anstalt teilnehmen kann, ist die Gefangene Meinhof in ihrem Haftraum auch akustisch isoliert.

Ulrich Preuß, der ebenso wie ich Verteidiger sowohl von Ulrike Meinhof als auch von Astrid Proll war, hat als erster die Lebensgefährlichkeit dieser totalen Isolation erkannt und in einem Schriftsatz an den Präsidenten des Justizvollzugsamtes Nordrhein-Westfalen vom 10. 8. 1973 beschrieben:

Zu der räumlichen und akustischen Isolation dieses gesamten Trakts trat hinzu, daß die Zellen meiner Mandantinnen sowie die gesamte Zimmereinrichtung – mit Ausnahme der Zellentür – vollständig in weißer Farbe geölt waren; daß sich das Zellenfenster zunächst gar nicht, später nur einen winzigen Spalt öffnen ließ und mit einem feinmaschigen Fliegengitterdraht verhängt war; daß die in der Zelle befindliche weiße Neon-Beleuchtung nachts bei Frau Meinhof nicht ausgeschaltet wurde; schließlich, daß die Zelle von Frau Meinhof in den Wintermonaten permanent unterkühlt war.

In dieser akustischen und visuellen Isolation hatten meine Mandantinnen lediglich den für die Essensversorgung unabdingbaren minimalen akustischen und sozialen Kontakt mit den Vollzugsbeamtinnen.

Daß auch dieser Kontakt keine reine Freude war, ist bei Astrid Proll (*Die Zeit*, 14. 4. 1989) nachzulesen:

Diese Geräuschisolation ist ein furchtbar bedrohlicher Angriff: Es passiert stundenlang nichts – und plötzlich steht einer ohne Vorwarnung in der Türe. Das produziert ein Gefühl des völligen Ausgeliefertseins.

Weiter Preuß über unsere gemeinsamen Mandantinnen:

Sie lebten praktisch 24 Stunden lang ohne eine unterscheidbare Umwelt. So war es beispielsweise meinen Mandantinnen sogar verboten, Plakate, Bilder, Tabeilen o.ä. an die fahlweißen Wände zu hängen.

Preuß war auch der erste Verteidiger, der sich über die damals bereits vorliegenden empirischen Untersuchungen zu den Folgen totaler Isolation kundig gemacht und dies den für die Haftbedingungen verantwortlichen Instanzen vorgetragen hat. Er schrieb:

Es handelt sich hierbei um physiologische und psychologische Wirkungen, die unter dem Begriff der sensorischen Deprivation zusammengefaßt werden ...

Preuß zitierte den holländischen Psychiater J.P. Teuns:

Die Herstellung und Aufrechterhaltung einer künstlichen Umgebung, die sich einerseits durch ihre Konstanz und Unverbindlichkeit und andererseits durch willkürlich dosierte Reize – auch im Schlaf – auszeichnet, legt im Laufe der Zeit die Sinnesorgane lahm und führt zu einer Desintegration und extremen Desorientierung des so isolierten Individuums ...

Es wird, wie Preuß mit einer Untersuchung von E. Lausch (*Manipulation. Der Griff nach dem Gehirn*) belegte, durch totale Isolation eine wesentliche Voraussetzung für die sogenannte Gehirnwäsche geschaffen. Die Methode sei als Mittel der Bekämpfung politischer Gegner bereits erkannt. So seien, wie der Münsteraner Professor für Ethnologie und Soziologie Ch. Sigrist berichtet, Afrikaner, die nach zweijähriger portugiesischer Isolierungshaft entlassen wurden, »aufgrund der schweren psychischen Schädigung zu keiner Form politischen Widerstands mehr fähig« gewesen. Ulrich Preuß äußerte in seinem Schriftsatz den Verdacht,

daß die sozialen und psychischen Wirkungen dieser »stillen Abteilung« der Justizvollzugsanstalt Köln-Ossendorf Bestandteil des Haftvollzugskonzepts dieser Anstalt sind. Es deutet sich hier eine Praxis des Haftvollzugs an, die in letzter Konsequenz zur Brechung des moralischen und politischen Bewußtseins und damit zur Auslöschung der Persönlichkeit des Individuums führt.

Der Anstaltspsychologe Jarmer hatte sich am 11. 2. 1973 zu den Haftbedingungen Ulrike Meinhofs wie folgt geäußert:

Die fast vollkommene Isolation der Untersuchungsgefangenen Meinhof in der psychiatrischen Untersuchungsabteilung für weibliche Gefangene verschärft die psychische Belastung für die Gefangene erheblich über das Maß hinaus, die bei dem Vollzug der strengen Einzelhaft normalerweise unumgänglich ist. Wenn die strenge Einzelhaft für einen Gefangenen erfahrungsgemäß nur begrenzte Zeit erträglich ist, so gilt dies in besonderer Weise für die Gefangene Meinhof, da diese fast vollständig von Umweltwahrnehmungen ausgeschlossen ist.

Wir Verteidiger hatten alles Mögliche versucht, um diese mörderischen Haftbedingungen aufheben zu lassen, unzählige Anträge und Rechtsmittel, die sich auf einzelne Aspekte der Haftsituation bezogen, gestellt, durch häufige Besuche in der Anstalt versucht, die Isolation wenigstens zeitweise zu unterbrechen, Appelle an die Öffentlichkeit gerichtet (Presseerklärungen, Veröffentlichung im *Kursbuch* 32 – »Folter in der BRD. Zur Situation der Politischen Gefangenen« –, öffentliche Vortrags- und Diskussionsveranstaltungen, Demonstration vor dem Bundesgerichtshof, Hungerstreik). Ulrich Preuß hatte sogar eine Strafanzeige gegen den nordrhein-westfälischen Justizminister, den früheren Kollegen Dr. Diether Posser, wegen Körperverletzung im Amt erstattet. Wir rannten gegen Wände und wurden von den Manipulateuren der öffentlichen Meinung immer mehr in den Verdacht der Komplizenschaft mit »Terroristen« gebracht, als welche nicht etwa die Verüber der Staatsgewalt, sondern deren Opfer definiert wurden.

In dieser Situation griff ich dankbar zu, als mir die Möglichkeit geboten wurde, mich im Rahmen der Fernsehsendung *Panorama* zu äußern. Diese Magazin-Sendung beschäftigte sich am 26. Februar 1973 mit den Haftbedingungen der zur »Baader-Meinhof-Gruppe« (Rote Armee Fraktion, RAF) gerechneten Gefangenen und interviewte hierzu den damaligen Justizminister von Nordrhein-Westfalen, Dr. Diether Posser, den Bundesrichter Dr. Mösl, den Generalstaatsanwalt Theodor Kleinknecht, den Hochschullehrer Prof. Dr. Schüler-Springorum, den Rechtsanwalt Kurt Groenewold und mich. Das Kamera-Team erwartete mich nach einem Besuch bei meinem damaligen Mandanten Werner Hoppe vor der Tür des Hamburger Untersuchungsgefängnisses. Ich nutzte die Gelegenheit, folgendes in die Kamera zu sagen:

Sicher sind diese Maßnahmen formal gedeckt durch die Untersuchungshaftvollzugsordnung, aber sie sind nicht notwendig und auch nicht geeignet, um den Zwecken der Untersuchungshaft zu dienen, also eine Flucht zu verhindern und eine Verdunklung zu erschweren, sondern sie haben hier offensichtlich die Funktion, die Persönlichkeit unserer Mandanten zu zermürben, und stellen sich damit als verfassungswidrige Folter dar.

Die Anschuldigungsschrift des Bremer Generalstaatsanwalts ließ nicht lange auf sich warten. Da hieß es:

Die beanstandete Äußerung des Rechtsanwalts überschreitet das Maß der erlaubten Kritik. Er bemängelt nicht etwa eine falsche Anwendung der Gesetze, sondern unterstellt den an den Entscheidungen beteiligten Richtern, mit formal richtigen Entscheidungen in Wirklichkeit grausame und unmenschliche Absichten zu verfolgen.

Hatte ich etwas von »grausamen und unmenschlichen Absichten der beteiligten Richter« gesagt? Aber so wird das gemacht, wenn Justizkritik zum Schweigen gebracht werden soll. Man legt dem Justizkritiker die Behauptung unbeweisbarer subjektiver Absichten in den Mund, und fertig ist eine Richterbeleidigung, gegen die jede Verteidigung aussichtslos ist.

Die Ehrenrichter – drei konservativ eingestellte Anwälte – brauchten denn auch nur zu untersuchen, mit welchen subjektiven Absichten der Anstaltsleiter von Köln-Ossendorf und der Gefängnisarzt die persönlichkeitsvernichtenden Haftbedingungen vollzogen hatten, um zu dem Ergebnis zu kommen, daß ein Verteidiger nicht von »Folter« sprechen durfte. Wer diesem unangepaßten Kollegen wünschte, daß er endlich mal eins ausgewischt kriegte, konnte dem Ergebnis dieser Beweisaufnahme mit Schadenfreude entgegensehen. Ein ziemlich hoher Bremer Richter, berühmt durch seine offenherzigen Kantinengespräche und seine forschen Fehlurteile, amüsierte sich noch nach Jahren königlich darüber, daß mein Verteidiger, Otto Schily, genötigt war, in seinem Beweisantrag die Folterdefinition der Ehrenrichter zu unterstellen, um sie zu zwingen, die Kölner Herren in den Zeugenstand zu rufen.

Unnötig zu sagen, daß die Ehrenrichter mich verurteilten. Im allgemeinen Sprachgebrauch beinhalte Folter immer noch die Zufügung körperlicher oder seelischer Qualen zur Erzwingung von Aussagen und Geständnissen. Entscheidend sei nicht das objektive Ergebnis der Haftbedingungen, sondern ob diese Haftbedingungen subjektiv darauf gerichtet waren, Aussagen und Geständnisse zu erzwingen.

Jan Philipp Reemtsma, der diesen Fall zum Gegenstand einer Untersuchung über die politische Semantik des Begriffs »Folter« gemacht hat *(Folter. Zur Analyse eines Herrschaftsmittels*, 1991), hat diesem juristischen Konstrukt mit Recht Nähe zur Tautologie vorgeworfen. Er schreibt:

Es ist letztlich immer der Sprachgebrauch des Gerichts, den es als den allgemeinen unterstellt, um ihn dann zur Begründung dafür heranzuziehen, daß es die Sprache in der Weise verwendet, in der es das tut.

In meiner Berufungsbegründung betonte ich, daß ich an dem Ausdruck Folter mit Nachdruck festhalte.

Ich fühle mich dazu um so mehr berechtigt und verpflichtet, als inzwischen meine damalige Mandantin, Frau Ulrike Meinhof, unter Umständen verstorben ist, die einen Zusammenhang mit den von mir bekämpften Haftbedingungen nahelegen.

Sodann erinnerte ich daran, daß ich die gegen meine Mandantin praktizierten Haftbedingungen nur mit Worten bekämpft habe, während die Haftbedingungen selbst Gewalt waren, »und zwar brutale und, wie gerade die Beweisaufnahme vor dem Ehrengericht gezeigt hat, bedenkenlos mißbrauchte Gewalt gegen Wehrlose«.

Die Aussagen des Anstaltsleiters und des Anstaltsarztes hätten bewiesen, daß den verantwortlichen Vollstreckern der Untersuchungshaft überhaupt nicht bewußt geworden ist, daß die Haftbedingungen, denen Ulrike Meinhof unterworfen war, zur Zermürbung der Persönlichkeit führen.

Die Herren haben überhaupt nicht begriffen, daß es in Köln einen toten Trakt gibt, sie haben dessen Existenz schlicht bestritten und die akustische und soziale Isolation in dieser Abteilung der Justizvollzugsanstalt zu bagatellisieren versucht, nicht zuletzt mit dem zynischen Hinweis darauf, daß ja wir Anwälte unseren Mandanten genügend Gesellschaft geleistet hätten.

Der vom Ehrengericht verwendete Folterbegriff habe für sich, daß jeder, der ihn als Vorwurf gegen die Inhaber staatlicher Gewalt erhebe, mit unerfüllbaren Beweisanforderungen konfrontiert werde. Das Ehrengericht begnügte sich mit der Feststellung, daß mir der Nachweis einer bösen Absicht bei den Vollstreckern der Isolationshaft nicht gelungen sei.

Nach diesen Beweisgrundsätzen könnte man selbst das Pinochet-Regime in Chile gegen den Vorwurf in Schutz nehmen, die Folter zu praktizieren (ich hätte auch die KZ der Nazis als Beispiel wählen können), denn eine Vernehmung der Folterknechte würde sicher zu dem Ergebnis führen, daß sie sich selbst die besten Absichten bescheinigen ... Mir ging es nicht um die guten oder bösen Absichten der Vollstrecker der Isolationshaft, sondern mir ging es darum, die Öffentlichkeit auf objektiv persönlichkeitsgefährdende Zustände in den Haftanstalten aufmerksam zu machen, und dafür hätte ich, wenn nötig, auch noch härtere Ausdrücke als den der Folter verwenden dürfen ...

Um die Öffentlichkeit auf diesen Sachverhalt aufmerksam zu machen, bedurfte es eines zusammenfassenden Ausdrucks, der so gewählt sein mußte, daß er aufhorchen ließ ... Die Verantwortlichen für diesen unmenschlichen und mörderischen Haftvollzug saßen damals auch, was die Information der Öffentlichkeit anbelangt, am längeren Hebelarm. Sie konnten gegenüber dem öffentlichen Protest der Rechtsanwälte immer wieder ausstreuen, daß es den Gefangenen bestens gehe, und daß die Proteste der Anwälte nichts weiter als ein Teil der Fortsetzung der revolutionären Arbeit der RAF seien. Wie man auf diesem Hintergrund einem Anwalt, der die Chance zu einer Fernseherklärung erhält und sie zu einer scharfen Kritik an den Haftbedingungen nutzt, einen Vorwurf aus der Verwendung des Begriffs Folter machen will, ist mir jedenfalls dann unverständlich, wenn man die Fiktion aufrechterhalten will, daß es in diesem Land eine anwaltliche Redefreiheit gibt ...

Mein Verteidiger hat insbesondere die Gutachten medizinischer Sachverständiger vorgelegt, die die Auswirkungen der Haftbedingungen auf die Verhandlungsfähigkeit politischer Gefangener untersucht und beschrieben haben. Wenn diese objektiv feststellbaren Fakten und Zusammenhänge nicht genügen, um den Foltervorwurf zu rechtfertigen, dann darf ich bitten, mir einen geeigneten

Ersatzausdruck vorzuschlagen, zugleich aber die Streichung des Art. 5 GG (Freiheit der Meinungsäußerung) in Bonn anzuregen ...

Der Ehrengerichtshof – drei Rechtsanwälte und zwei Richter am Oberlandesgericht – glaubte ebenfalls zu wissen, daß ich die für die Haftbedingungen verantwortlichen Richter beleidigen und diffamieren wollte. Wenn ich etwas anderes hätte sagen wollen, so wäre mir das »als einem die deutsche Sprache ausgezeichnet beherrschenden, wortgewandten und in der Materie versierten Schriftsteller und Redner leichtgefallen, das auch zum Ausdruck bringen«. Vielleicht so (?): meine Mandantin wird isolierenden Haftbedingungen ausgesetzt, die voraussichtlich ihre Verhandlungsunfähigkeit und ihren Tod zur Folge haben werden – aber alles in bester Absicht.

Der Ehrengerichtshof tat noch etwas Trickreiches, was zu allerlei Gedanken über die Motivation richterlicher Entscheidungen Anlaß gab. Er beschränkte das Verfahren mit Zustimmung der Staatsanwaltschaft auf drei Vorgänge, stellte also einen Teil der Vorwürfe, deretwegen das Ehrengericht mich noch verurteilt hatte, ein, weil sie, wie es in § 154 a StPO heißt, für die zu erwartende Strafe nicht beträchtlich ins Gewicht fielen. Man hätte also erwarten dürfen, daß meine Berufung gegen das Urteil des Ehrengerichts zu einem für mich günstigeren Urteil führen würde. Das Gegenteil war der Fall. Während das Ehrengericht neben einem Verweis eine Geldbuße von 1500 DM für ausreichend gehalten hatte, erhöhte der Ehrengerichtshof diese auf 3000 DM.

Und das begründeten die Ehrenrichter so (Urteil vom 7. 7. 1978):

Bei Bemessung dieser in Relation zu seinem pflichtwidrigen Verhalten und auch angesichts der Kumulierung mit dem Verweis milden Geldbuße hat der Senat sich insbesondere davon leiten lassen, daß Rechtsanwalt Hannover ihm aus zahlreichen Verfahren als ein engagierter Anwalt, der sich unter Einhaltung seiner Standespflichten für seine Mandanten in hervorragender Weise einsetzt, bekannt ist und deswegen Achtung verdient und auch weitgehend genießt. Dieses sonstige Verhalten konnte allerdings nicht dazu führen, die im vorliegenden Verfahren festgestellte gravierende Pflichtwidrigkeit, was ihre Ahndung anbelangt, gänzlich zu bagatellisieren. Derartige Ausfälle, zu denen Rechtsanwalt Hannover ebenfalls fähig ist und die nicht etwa, wie von der Verteidigung behauptet, die Freiheit der Advokatur versinnbildlichen, sondern das Ansehen des Anwaltsstandes schwer herabsetzen, können nicht ohne eine fühlbare Sanktion hingenommen werden.

Schaut man sich an, welche Vorwürfe denn nun unter den Tisch gefallen sind, ohne daß ich dazu auch nur Stellung nehmen und weiter um Freispruch kämpfen konnte, dann fällt auf, daß es sich um zwei Anklagepunkte handelte, die ein Verfahren vor dem Jugendrichter Dr. Theodor L. betrafen (vgl. das Kapitel 16 »›Landgraf werde hart!‹ Eine unzüchtige Schülerzeitung«). Im einen Fall ging es darum, daß ich die Verhandlung unter Protest verlassen und dabei die Tür des Sitzungssaals laut hinter mir zugeschlagen hatte. Im anderen Fall wurde mir als standeswidrig vorgeworfen, daß ich über besagte Verhandlung einen Artikel in der Zeitschrift *pardon*, einer damals in großer Auflage erscheinenden satirischen Monatsschrift, veröffentlicht hatte, der, wie es im Urteil des Ehrengerichts hieß, geeignet war, »dem Ansehen der Justiz insgesamt Abbruch zu tun, wenn in ihm die Justiz als autoritäre Institution dargestellt und ... der Lächerlichkeit preisgegeben wird«.

Hätte der Ehrengerichtshof sich auch mit diesen Anklagepunkten befaßt, so wäre der Eindruck nicht ganz zu vermeiden gewesen, daß hier hauseigene Rache geübt würde. Denn der Jugendrichter Dr. Theodor L. hatte inzwischen Karriere gemacht und war zum Richter am Oberlandesgericht befördert worden, am selben Gericht also, das zwei Richter für den Ehrengerichtshof stellte. Flugs war die Sache vom Tisch, obwohl ich dazu auch in der Berufungsinstanz gern einiges gesagt hätte. Wenn der Ehrengerichtshof die mir auferlegte Buße nicht auf das Doppelte erhöht hätte, wäre auch der Eindruck vermieden worden, daß manche Sachen sich selbst unter dem Tisch auf das Strafmaß auswirken können.

Als ich aufgefordert wurde, die vom Ehrengerichtshof verhängte Buße von 3000 DM zu zahlen, weigerte ich mich und schrieb: wenn sich die Hanseatische Rechtsanwaltskammer nicht schäme, dieses Urteil zu vollstrecken, möge sie mir einen Gerichtsvollzieher schicken. Sie schämte sich nicht.

Aber zur Ehre der Hanseatischen Rechtsanwaltskammer muß gesagt werden, daß sie mich seit Anfang der achtziger Jahre vor weiteren Ehrengerichtsverfahren geschützt hat. Wenn es nach dem Generalbundesanwalt gegangen wäre, mit dessen Sitzungsvertretern ich in Stammheim bei der Verteidigung von

Peter-Jürgen Boock hart aneinandergeraten bin, hätte ich noch weiter an dieser »zweiten Front« kämpfen müssen. Man hatte inzwischen auch im Vorstand der Bremer Rechtsanwaltskammer erkannt, daß Verteidiger in politischen Strafsachen auch von Staats- und Bundesanwälten »nicht mit Samthandschuhen angefaßt« werden und daher des Schutzes seitens der Kollegenschaft bedürfen. »Der Vorstand empfiehlt Einstellung des Verfahrens«, hieß es im Schreiben des Präsidenten der Rechtsanwaltskammer, Dr. Eberhard Haas, vom 1. 4. 1985, und so geschah es denn auch. Sicher nicht zur Freude des Generalbundesanwalts (Rebmann), dessen Adlatus, Bundesanwalt Zeis, mir vorgeworfen hatte, daß ich zwar in der Stammheimer Hauptverhandlung »scheinbar ein angepaßtes Verhalten« gezeigt, sonst aber bei jeder Gelegenheit den »Spucknapf« oder gar den »Kotzkübel« über der Bundesanwaltschaft ausgeleert hätte. Die Herren haben so ihre eigene Sprache, wohl wissend, daß ihnen kein Ehrengericht den Mund verbietet.

28. Der Fall Peter-Paul Zahl. Keine Gnade für ein Fehlurteil (1973–1982)

Im Oktober 1973 erreichte mich ein Brief aus der Justizvollzugsanstalt Köln-Ossendorf:

lieber rechtsanwalt, ich möchte Sie bitten, zwecks rücksprache wegen (eventueller) mandatsübernahme mich in diesem betonkrematorium aufzusuchen.

Der mir das schrieb, war einer der bekanntesten Dichter und Schriftsteller der revolutionär gestimmten außerparlamentarischen Oppositionsbewegung: Peter-Paul Zahl. Und so war auch schon sein erster Brief an mich mit Dichterworten garniert. Statt mit freundlichen Grüßen endete sein Brief mit dem Zitat eines revolutionären Dichterkollegen aus dem vorigen Jahrhundert:

friede den hütten!
krieg den palästen! (Georg Büchner, 1834)

Ich nutzte einen Besuch bei meiner Mandantin Ulrike Meinhof in der JVA Köln-Ossendorf, um auch Peter-Paul Zahl aufzusuchen. Und ich ließ mir erzählen, was ihn in den Hochsicherheitstrakt dieses menschenfeindlichen Bauwerks gebracht hatte.

Seine Kriminalisierung hatte schon in den sechziger Jahren begonnen, zu einer Zeit, als sich eine mit alten Nazis durchsetzte Staatsgewalt gegen die Kritik und die Aktionen der jüngeren Generation mit polizeilichen und justiziellen Mitteln wehrte. Zahl hatte 1967 eine kleine Druckerei aufgemacht, die sowohl für bürgerliche Kunden als auch für die beginnende APO druckte. Prompt gab es Ärger mit der politischen Polizei. Eine erste größere Hausdurchsuchung erfolgte 1969 wegen Drucks der anarchistischen Zeitung *agit 883*, in der das völkermörderische Engagement der USA im Vietnamkrieg gegeißelt wurde. Der amerikanische Stadtkommandant hatte Strafantrag gestellt. Das Strafverfahren endete jedoch mit einem

Freispruch, da nicht bewiesen werden konnte, daß Zahl die inkriminierten Texte vor dem Druck gekannt hatte.

Zu einer Verurteilung kam es dann 1972 wegen eines von Zahl gedruckten Plakats, dessen Text »Freiheit für alle Gefangenen« in Verbindung mit dem Bild einer Sonnenblume, die aus einer Eierhandgranate, Patronenhülsen und den Namen internationaler Befreiungsbewegungen (Vietcong, Tupamaros, Black Panther etc.) bestand, als »Aufforderung zu strafbaren Handlungen« gewertet und mit sechs Monaten Freiheitsstrafe – zur Bewährung ausgesetzt – geahndet wurde.

Um zu verstehen, daß der Tag kam, an dem Zahl sich bewaffnete, muß man wissen, was damals in Berlin los war. Peter Brückner hat in einem sozialwissenschaftlichen Gutachten, das er 1969 als Sachverständiger in einem Frankfurter Strafverfahren erstattete, die allmähliche Erzeugung von Gewalt und Gegengewalt durch die antistudentische Medienkampagne beschrieben und analysiert. Und die vom Bundesminister des Innern angeforderten, später aber nur widerwillig veröffentlichten Gutachten von Fritz Sack und Heinz Steinert haben mit empirischen Untersuchungen belegt, daß die politische und staatliche Auseinandersetzung mit der Studentenbewegung zunehmend charakterisiert war durch Regel- und Rechtsverletzungen der Polizei (*Analysen zum Terrorismus*, Band 4/2) Die klassische literarische Verarbeitung des Themas hat Heinrich Böll geliefert mit seiner Erzählung *Die verlorene Ehre der Katharina Blum; oder: Wie Gewalt entstehen und wohin sie führen kann.*

Peter-Paul Zahl hatte die terroristische Eskalation polizeilicher Gewalt durch eigene Erfahrung zu spüren bekommen. In seinem Buch *Wie im Frieden* hat er beschrieben, wie man seine Druckerei und seine Frau (U. W.), die den nervlichen Belastungen nicht gewachsen war, kaputtgemacht hat.

Die Uniformen und Zivilen kamen vor Sonnenaufgang. Sie kamen mit 30/40/50 Mann. Schwärmten aus, blockierten die Straße, drangen ein in den Hof der Druckerei, hielten umstellt, holten aus dem Bett …

Hausdurchsuchungen folgten nun Schlag auf Schlag. Manchmal alle drei Tage. Immer war Gefahr im Verzuge. Sie kamen im Morgengrauen. Immer mit mehreren Einsatzwagen: Busse für die Uniformen, schnelle Mittelklassemodelle für die Zivilen …

Im Sommer 1972, während der totalen Mobilisierung gegen den Staatsfeind Nr. 1, die RAF, bereitete die Politische Polizei Westberlins die Verhaftung von U. W.s Mann vor: Hundertschaften von Polizei sperrten vier Straßen ab, besetzten die Dächer der Nachbarhäuser, vertrieben spielende Kinder mit Waffen von den Höfen und setzten zur Erstürmung des Druckereigrundstücks an.

U. W. war mit den Kindern allein zu Hause. Uniformierte und zivile Polizeikräfte stürmten mit schußsicheren Westen, Gesichtsvisieren, gezückten Pistolen und Maschinenpistolen das Anwesen.

Nachbarn berichten: Es standen drei Sanitätswagen bereit. Der Politischen Polizei war bekannt, daß U. W.s Mann nicht mehr im Hause wohnte.

Zahl war in den Verdacht geraten, an einem Banküberfall der RAF beteiligt gewesen zu sein – ein Verdacht, der niemals erhärtet und schließlich durch Einstellung des Verfahrens erledigt wurde. Damals aber, auf dem Höhepunkt der RAF-Fahndung, war er eine »polizeilich gesuchte Person«. In einer neurotisierten Fahndungsgesellschaft bleiben auch die Opfer der Fahndung nicht frei von Neurosen. Zahls Ehe war zerbrochen, seine Frau kam wegen depressiven Zustands (»Verfolgungsängste« wurden diagnostiziert) in die Nervenklinik, er selbst hatte sich mit falschen Papieren und einer Pistole ausgerüstet und war, eine polizeiliche Abmeldung unterlassend, aus der bisherigen Familienwohnung ausgezogen, in der er »martialische Polizeiüberfälle« erlebt hatte. Ein Schritt, aus dem in Polizeiprotokollen und Gerichtsurteilen wurde, er sei in den »Untergrund« abgetaucht. Er hatte es vorgezogen, wie er später sagte, bei Freunden und Bekannten unterzukommen, »weil ich aus eigener Anschauung wußte, daß es in Berlin schon Fälle gegeben hat, wonach an einem Tag nach jemandem ›still gefahndet‹ wurde und dieser jemand am nächsten Tag erschossen wurde«.

Am 14. Dezember 1972 war es dann zu jener verhängnisvollen Begegnung mit zwei Polizeibeamten gekommen, bei der sich Zahl den Vorwurf des zweifachen versuchten Mordes zuziehen sollte, wegen dessen er anwaltliche Hilfe benötigte. So schilderte er mir die Sache:

Er wollte an diesem Tage in einem Autoverleih in Düsseldorf einen Wagen mieten, um Freunde und Familienangehörige in und bei Düsseldorf zu besuchen. Ihm wurde ein Mercedes-Diesel angeboten. Als er nach einem anderen Modell fragte, wurde ihm ein Fiat in Aussicht gestellt, der aber erst mittags abgeholt werden könne. Als Zahl zur angegebenen Zeit wieder erschien, wurde er hingehalten, der Wagen sei noch nicht da, es dauere aber nicht mehr lange. Der Vermieter hatte in der Zwischenzeit Erkundigungen beim Straßenverkehrsamt über den Inhaber des von Zahl vorgelegten, auf einen anderen Namen lautenden Führerscheins eingeholt und Anlaß gesehen, die Kriminalpolizei zu verständigen, die zwei Beamte in Zivil geschickt hatte, die Herren Lisken und Pollmann. Als Zahl das Geschäft noch einmal kurz verlassen wollte, um Zigaretten zu kaufen, stellten sich ihm die Beamten in den Weg, wiesen sich als Polizisten aus und verlangten seine Papiere zu sehen. Zahl:

Ich hatte Angst. Nun war genau das eingetreten, was ich seit Mitte 1972 hatte verhindern wollen. Sehr deutlich hatte ich vor Augen, was mit anderen geschehen war, nach denen still gefahndet worden war. Mein Kopf kreiste. Ich strebte dem Ausgang zu. Aber die beiden Polizisten schnitten mir den Weg ab.

Zahl überreichte schließlich seine Brieftasche. Der eine Beamte blätterte im Ausweis und fragte nach dem Geburtsdatum. In seiner Angst war Zahl das Geburtsdatum des früheren Paßinhabers entfallen und er versuchte, seine Unsicherheit mit Fragen nach dem Sinn der Aktion zu kaschieren. Schließlich wollte er in einem spontanen Entschluß einen Augenblick, in dem sich der eine Beamte zum Tresen hin entfernt hatte, zur Flucht nutzen, schlug dem anderen Beamten, Herrn Lisken, der vor ihm stand, mit einer Pistole auf den Kopf und rannte los.

Zahl wurde von beiden Beamten verfolgt und zum Stehenbleiben aufgefordert. Dann fielen mehrere Schüsse. Daß streitig bleiben würde, wer wann wohin geschossen hatte, konnte ich mir schon denken, bevor ich die Akte kannte. Der objektivierbare Befund, den ich später den Akten entnahm, sah so aus: Nach der Anzahl der aufgefundenen Patronenhülsen müssen von Zahl mindestens drei, von den Polizeibeamten mindestens neun Schüsse abgegeben worden sein. Lisken war, bis auf eine Schwellung am Kopf und ein eingerissenes Ohr – Folgen des Schlages mit der Pistole – unverletzt geblieben. Pollmann war durch eine Kugel, die seine rechte Brustseite durchschlagen hatte, schwer verletzt worden. Zahl erlitt eine Trümmerfraktur des Oberarmknochens links (Schußverletzung), sowie eine Streifschußwunde am rechten Oberarm. Außerdem einen Nasenbeinbruch infolge der bei seiner Festnahme verabfolgten Faustschläge.

Zahl schilderte mir die Vorgänge so:

Er habe irgendwann auf seiner Flucht gemerkt, daß auf ihn geschossen wurde, und zwar nicht am Knall, sondern an einem »Zupfen« am rechten Oberarm – einem Streifschuß. Er habe versucht, die Verfolger durch Vorzeigen seiner Pistole abzuschrecken und schließlich Warnschüsse abgegeben. Er habe keinen der Beamten verletzen wollen, jedoch einen von ihnen, wie sich später herausstellte, versehentlich getroffen. Nachdem er selbst einen Treffer am linken Oberarm erhalten hatte, hätte sich seine Flucht verlangsamt. Schließlich hatte er versucht, sich unter einem geparkten Fahrzeug zu verbergen, war jedoch von dem Beamten Lisken entdeckt und zur Aufgabe aufgefordert worden. Darauf habe er seine Pistole weggeworfen. Die dann folgende Fesselung und Abführung gestalteten die Polizeibeamten unnötig schmerzhaft. Lisken faßte Zahls durch Schußverletzung gebrochenen Oberarm hart an und berührte die Wunde mit der Mündung seiner Waffe. Mehrere Beamte traktierten den Festgenommenen wegen angeblichen Widerstandes mit Faustschlägen ins Gesicht.

Mein »Widerstand«, der gebrochen werden mußte« beim Einsteigen in den Funkwagen, bestand darin, mich gedreht zu haben, um nicht mit dem gefesselten, kaputtgeschossenen Arm auf den Sitz gestoßen zu werden.

Zahl hatte gegen diese polizeiliche Behandlung lautstark protestiert, was später zu dem Vorwurf führen sollte, er habe noch bei seiner Festnahme versucht, »die Leute aufzuwiegeln«.

Aus Gründen, die ich nicht mehr sicher erinnere, konnte ich mich nicht entschließen, an Zahls Verteidigung mitzuwirken, zumal er in dem Berliner Kollegen Klaus Eschen bereits einen Verteidiger hatte. Und so verfolgte ich zunächst nur aus der Ferne, wie sein Justizschicksal ablief.

Die entscheidende Frage dieses Verfahrens war, ob man dem Angeklagten glaubte, daß er nicht mit Verletzungs- oder gar Tötungsvorsatz auf die Beamten geschossen hatte. Dabei spielte die berühmte Juristenformel für bedingten Vorsatz eine Rolle, wonach es genügt, wenn der Täter eine solche schwere Folge seines Handeln »billigend in Kauf genommen« hat. Dafür, daß Zahl eine Verletzung oder gar eine Tötung seiner

Verfolger nicht »billigend in Kauf genommen« hatte, gab es ein wichtiges Indiz: als er bei seinem Abtransport im Polizeiwagen erfuhr, daß der Beamte Pollmann schwer verletzt worden sei, äußerte er spontan: »Das habe ich nicht gewollt.« Daß es sich dabei um den Ausdruck echten Betroffenseins und Bedauerns handelte, hat keiner der Polizeibeamten, die Zahls Äußerung gehört haben, bezweifelt. Auch für mich gab es nach dem Gespräch mit Zahl keinen Zweifel, daß er niemand hatte verletzen wollen und seinen Fehlschuß sehr bedauerte.

Das Landgericht Düsseldorf – als Schwurgericht damals noch mit drei Berufsrichtern und sechs Geschworenen besetzt – verurteilte ihn am 24. Mai 1974 wegen fortgesetzten Widerstandes gegen Vollstreckungsbeamte in einem besonders schweren Fall in Tateinheit mit gefährlicher Körperverletzung zu einer Freiheitsstrafe von vier Jahren. Eine Tötungsabsicht wurde also, auch in der Form des bedingten Vorsatzes, verneint.

Auf die Revision der Staatsanwaltschaft hob der 3. Strafsenat des Bundesgerichtshofs unter Vorsitz des Richters Scharpenseel das Urteil auf und versah das Schwurgericht für die erneute Verhandlung – die Grenzen revisionsrichterlicher Kompetenz souverän mißachtend – mit »Rechtsbelehrungen«, wonach die Annahme »nahezu unabweisbar« sei, der Angeklagte habe »auch den Tod des Getroffenen billigend in Kauf genommen«. Der späteren Äußerung des Angeklagten nach der Tat, er habe den Beamten nicht treffen wollen, könne »kaum Bedeutung zukommen«. Diese Einlassung sei gerade für einen intelligenten Täter eine sehr naheliegende Verteidigung. Die Karlsruher Richter widersprachen damit der Beweiswürdigung der Düsseldorfer Richter und Geschworenen, die gemeint hatten:

Den Angaben von Tätern, die diese unmittelbar nach der Tat – selbst noch unter dem Einfluß des Geschehens – machen, wenn die psychologischen Schranken der Selbstverteidigung noch nicht aufgebaut sind, kommt ein nicht unerheblicher Wahrheitswert zu …

Und sie setzten sich auch über das vom Schwurgericht eingeholte Gutachten eines medizinischen Sachverständigen hinweg, das im Düsseldorfer Urteil so referiert worden war:

Nach diesem Gutachten kann der Angeklagte ungeachtet seiner erstrebten politischen Ziele nicht als harter Gewalttäter eingestuft werden, dem zur Erreichung seiner Zwecke alle Mittel – auch die Vernichtung des Lebens von Beamten, die in Ausübung ihrer dienstlichen Tätigkeit handeln – recht sind. Die Tötung menschlichen Lebens ist hier nicht persönlichkeitsadäquat.

Und nun kam die Sache an eine andere Strafkammer des Landgerichts Düsseldorf, deren Vorsitzender, Herr Monschau, bundesweit als besonders harter Richter bekannt war und die, obwohl noch immer »Schwurgericht« genannt, nach einer inzwischen beschlossenen Gesetzesänderung nur noch mit einer Minderheit von Laienrichtern, nämlich mit zwei Schöffen neben drei Berufsrichtern, besetzt war. Die Verhandlung fand im Februar/März 1976 statt, also kurz vor dem Zeitpunkt, zu dem der Angeklagte nach dem auf vier Jahre lautenden ersten Urteil hätte mit Haftentlassung rechnen können. Ort der Verhandlung: der »bomben- und abhörsichere Guillaume-Keller« im Gebäude des Oberlandesgerichts. Ein ungeheurer Sicherheitsaufwand, der seine Wirkung auf Richter und Schöffen nicht verfehlte und sicher zu deren Überzeugung beitrug, daß diese, wie Zahl später formulierte, »zu der Überzeugung gelangten, daß ich ein sehr gefährlicher Mensch sein muß«. Der Prozeß sei, so Zahl, »mit Stammheim-Dimensionen geführt« worden, »wo ich von vornherein nicht die geringste Chance hatte«.

Das Urteil vom 12. März 1976 – wie immer »im Namen des Volkes« verkündet – lautete auf 15 Jahre Freiheitsstrafe wegen versuchten Mordes in zwei Fällen, jeweils tateinheitlich mit Widerstand gegen Vollstreckungsbeamte in einem besonders schweren Fall. Diesmal befand das Gericht, wie vom BGH gewünscht, daß der Angeklagte damit einverstanden gewesen wäre, wenn seine Schüsse die Polizeibeamten tödlich verletzt hätten.

Dagegen, daß der Angeklagte mit einem möglichen tödlichen Treffer für den Fall seines Eintritts auch einverstanden gewesen ist, spricht auch nicht seine Äußerung nach seiner Festnahme im Streifenwagen. Wenn der Angeklagte hier, nachdem er erfuhr, daß der Zeuge Pollmann schwer verletzt worden ist, dem Sinn nach geäußert hat, er habe den Beamten nicht treffen wollen, das tue ihm leid, so spricht dies allenfalls gegen einen direkten, nicht aber gegen einen bedingten Tötungsvorsatz. Bei der Würdigung dieser Äußerung des Angeklagten kann auch nicht übersehen werden, daß der Angeklagte auch nach seiner Festnahme weiterhin immer geplant und kontrolliert gehandelt hat, mit dem Bestreben, aus der jeweils gegebenen Situation das Beste für sich herauszuholen. Bei seiner Festnahme nämlich, wenige Minuten zuvor, versuchte er noch, die umstehenden Passanten gegen die einschreitenden Polizeibeamten mit den Worten aufzuwiegeln: »Seht doch, wie ein Bürger hier von der Polizei behandelt wird.«

In den Strafzumessungsgründen verschwieg das Urteil nicht, daß es den Angeklagten für einen politischen Gesinnungstäter hielt, der »von einem tiefgründigen Haß auf unser Staatswesen ergriffen« und bereit sei, »zur Durchsetzung seiner politischen Vorstellungen auch in Zukunft Gewalt anzuwenden«. Das Urteil zitiert längere Passagen aus der in Zahls Druckerei im Jahr 1970 beschlagnahmten anarchistischen Zeitschrift *agit 883*, die das offenbar belegen sollen, ungeachtet der Tatsache, daß Zahl von dem hieraus hergeleiteten Anklagevorwurf rechtskräftig freigesprochen worden war, für den Inhalt des betreffenden Artikels also nicht verantwortlich gemacht werden konnte. Bei der Monschau-Kammer wäre er wohl schon damals verurteilt worden. Aber das wurde nun durch einen »Gesinnungszuschlag von 11 Jahren« – wie Peter-Paul Zahl das genannt hat – nachgeholt. Die unübersehbare Kluft zwischen dem ersten und dem zweiten Düsseldorfer Urteil und die daraus folgenden Zweifel, ob hier mit der Elle der Gerechtigkeit gemessen worden ist, hat niemand besser auf eine kurze Formel gebracht als Peter-Paul Zahl selbst in seinem wohl berühmtesten Gedicht:

im namen des volkes

am 24. mai 1974
verurteilte mich
das volk
– drei richter
und sechs geschworene –

zu vier jahren
freiheitsentzug

am 12. märz 1976
verurteilte mich
in gleicher sache

das volk
– drei richter
und zwei geschworene –

zu fünfzehn jahren
freiheitsentzug

ich meine
das sollen die völker
unter sich ausmachen

und mich
da
rauslassen

Und in seinem Essay »Die Stätten meiner Kindheit« (in: Paul Parin: *Heimat, eine Plombe*) hat Peter-Paul Zahl mitgeteilt, welche Erklärung er für die an ihm verübte Justizpraxis hat:

Der Richter, der mich 1972 wegen des Druckens eines Plakates in Lohnarbeit verurteilte, war PG (Parteigenosse) seit 1932 gewesen und Ausbilder im NS-Rechtswahrerbund; der Vorsitzende Richter am Bundesgerichtshof, der das Strafurteil gegen mich (4 Jahre) aufhob und den rechten Weg zum Gesinnungsurteil (15 Jahre Haft) wies, war Nazi gewesen.

Mein erstes Mandat für Peter-Paul Zahl betraf die Beschlagnahme seines Buchmanuskripts »Isolation«, die der Vorsitzende Richter einer Strafkammer des Landgerichts Düsseldorf am 21. 8. 1974 mit der Begründung verfügt hatte, daß der Inhalt teilweise beleidigend und außerdem, da zur Publikation bestimmt, geeignet sei, die Sicherheit und Ordnung in der Anstalt zu gefährden. Da betätigte sich ein Richter als Zensor, indem er einzelne Sätze des Textes herausgriff, die ihm als Beamtenbeleidigung erschienen (»Die Beamten in Zivil … Blicke mit der Sensitivität von Metzgern«) oder Tatsachenbehauptungen enthielten, die er durch die Stellungnahme der Anstalt für widerlegt hielt. Zum Beispiel:

Auf S. 42 wird der Eindruck erweckt, alle Zellen wären derart unterbeheizt, daß die Insassen sich im Winter nur in Decken gehüllt dort aufhalten könnten (Anstaltsleitung: in den Erdgeschoßzellen

19°–20°, Erweiterung der Heizung um 2 Rippen nach Bewilligung der Haushaltsmittel).

Das Essen wird mehrfach als minderwertiger Fraß bezeichnet; die Fleischportionen werden mit verschiedenen Styroporsorten und die Frühstücksmargarine mit Bohnerwachs verglichen (S. 42/43); zweimal wöchentlich gebe es »Käseabfall« (JVA: Essen abwechslungsreich, überwiegend als schmackhaft und gut bezeichnet; im übrigen tritt sie der Darstellung entgegen).

Auf S. 47 wird dargelegt, es gebe »Rollkommandos«, die »dezenter als früher« agierten und Delinquenten »unter Ausschluß der Öffentlichkeit behandelten« (JVA: Es gibt kein Rollkommando).

Nachdem das OLG die sofortige Beschwerde gegen diesen Beschluß zurückgewiesen hatte, erhob ich am 13. Februar 1975 Verfassungsbeschwerde und rügte die Verletzung mehrerer Grundrechte, so das Recht auf Freiheit der Meinungsäußerung, der Kunstfreiheit und der Berufsfreiheit eines Schriftstellers.

Der Ministerpräsident des Landes Nordrhein-Westfalen, vom Bundesverfassungsgericht zur Stellungnahme aufgefordert, wollte Zahls Manuskript »im Zusammenhang mit dem untereinander abgestimmten Vorgehen der Angehörigen und Sympathisanten der Baader-Meinhof-Gruppe« gesehen wissen. In dem Manuskript sei an zahlreichen Stellen von Isolationsfolter, Folter und Mißhandlungen die Rede.

Durch negativ verzerrte, tendenziöse und beleidigende Äußerungen soll beim Leser ein falsches Bild der Bundesrepublik Deutschland und ihrer Organe, insbesondere der Strafverfolgungs- und -vollzugsbehörden, erzeugt und Abneigung gegen die Verhältnisse in der Bundesrepublik Deutschland hervorgerufen werden.

Dann folgen weitere Beispiele von zensurbedürftigen Äußerungen. Ich will nur eine davon und deren »Richtigstellung« durch den Ministerpräsidenten zitieren:

»Der Verpflegungssatz deutscher Gefangener liegt um ca. 50 % unter dem der Polizeihunde«.

(Richtig: Der Verpflegungssatz in den JVA des Landes Nordrhein-Westfalen – monatlich rd. 90.- DM – umfaßt lediglich den bloßen Lebensmitteleinsatz unter Berücksichtigung von Großeinkäufen und Eigenleistungen, zum Beispiel: Herstellung des Brotes in vollzugseigener Großbäckerei. Der dem Polizei-Hundeführer gewährte Entschädigungssatz – 98.- DM monatlich – soll neben den Futtermittelkosten den besonderen Einsatz des Beamten abgelten.)

Schlußfolgerung des nordrhein-westfälischen Ministerpräsidenten:

Wenn ein Manuskript wie das hier vorliegende, das im angefochtenen Beschluß des Oberlandesgerichts Düsseldorf zutreffend als »Pamphlet« gekennzeichnet ist, nicht angehalten werden dürfte, würde dies den Beschwerdeführer und die ihm Gleichgesinnten in ihrer Überzeugung bestärken, daß der demokratische Rechtsstaat ihnen und ihren Gesinnungsgenossen gegenüber wehrlos sei. Es wäre wirklichkeitsfremd, nicht zu sehen, daß dadurch der Beschwerdeführer und andere Gewalttäter in ihrer Entschlossenheit bestärkt würden, diesen Staat auch durch Blockierung der anhängigen Strafverfahren zu bekämpfen.

Aus meiner Erwiderung:

Hier geschieht Schlimmeres als die durch das Grundgesetz verbotene Zensur. Hier wird einem Schriftsteller sogar die Kontaktaufnahme mit einem Verleger unmöglich gemacht.

Es wird darauf verzichtet, auf die Empörung des Ministerpräsidenten des Landes Nordrhein-Westfalen einzugehen, die bestimmte Formulierungen im Manuskript meines Mandanten ausgelöst zu haben scheinen. Daß diese Formulierungen dem Ministerpräsidenten des Landes Nordrhein-Westfalen nicht gefallen, wird gerne geglaubt. Die geistige Auseinandersetzung in einem freiheitlich-demokratisch verfaßten Staat sollte aber nicht so aussehen, daß der gegenüber einem Untersuchungshäftling ohnehin übermächtige Staatsapparat mißfällige Äußerungen schon an der Zellentür abfängt. Vielmehr sollte gerade im Hinblick auf die verheerenden Auswirkungen der gegen politische Häftlinge verhängten Isolationsmaßnahmen einem davon betroffenen Häftling das Recht der freien Meinungsäußerung in denkbar größtem Umfang gewährleistet sein. Die Verantwortlichen des Staatsapparats mögen dann ihrerseits dazu gegenüber der Öffentlichkeit Stellung nehmen. Es wirkt geradezu lächerlich, wenn der Ministerpräsident des Landes Nordrhein-Westfalen von der Wehrlosigkeit des demokratischen Rechtsstaates gegenüber dem Manuskript eines Untersuchungshäftlings spricht. Es geht hier ja nicht darum, daß mein

Mandant etwa mit Bomben und Granaten gegen den Staat kämpft, sondern, wenn ein solcher Vorwurf überhaupt berechtigt sein sollte, mit Worten. Das angemessene Mittel der Gegenwehr in einem freiheitlich-demokratischen Staat ist mithin das Wort. Von Wehrlosigkeit des Staates könnte nur dann gesprochen werden, wenn das Manuskript meines Mandanten den Verantwortlichen die Sprache verschlagen sollte.

Der von den Richtern Wand, Hirsch und Dr. Niebler am 12. Februar 1976 gefaßte Beschluß, durch den die Verfassungsbeschwerde nicht zur Entscheidung angenommen wurde, weil sie keine hinreichende Aussicht auf Erfolg habe, gehört nicht zu den Lichtpunkten verfassungsgerichtlicher Rechtsprechung. Aus der Begründung:

Das Manuskript enthält zahlreiche unmittelbare oder mittelbare Unterstellungen in gröblich verunglimpfender Form, als würden Gefangene von Polizeibeamten und Anstaltsbediensteten generell und bewußt menschenfeindlich und unwürdig behandelt, schikaniert, bedroht, geschlagen, ja vorsätzlich oder durch Unterlassung getötet; ferner soll der Eindruck vermittelt werden, als seien die Verhältnisse im heutigen Strafvollzug dem Terror und der Willkür der NS-Zeit ähnlich oder vergleichbar.

Diese Unterstellungen und Vergleiche stellen eine so schwerwiegende Verletzung des verfassungsrechtlich durch Art. 1 Abs. 1 und 2 Abs. 1 GG geschützten Persönlichkeitsbereichs der im Vollzug und Polizeidienst tätigen Bediensteten, insbesondere ihres sozialen Wert- und Achtungsanspruchs dar, daß demgegenüber die schriftstellerische Betätigungsfreiheit des Beschwerdeführers insoweit zurücktreten muß.

»Eine Zensur findet nicht statt«, steht im Grundgesetz. Und: »Die Würde des Menschen ist unantastbar.« Dachte ich. Aber ich habe das Grundgesetz falsch gelesen. Es muß heißen: »Die Ehre von Gefängnisbeamten und Polizisten ist unantastbar.« Und: »Jede Kränkung dieses Personenkreises verfällt der Zensur.« Es kommt nicht so oft vor, daß ein Dichter und Schriftsteller deutsche Polizisten, deutsche Richter und deutsche Gefängnisbeamte aus der Sicht des Machtunterworfenen kennenlernt. Georg Büchner ist dieses Schicksal durch Flucht ins Ausland erspart geblieben. Was ihm geblüht hätte, wissen wir aus den Protokollen und Berichten über die Quälereien, die an seinem »Tatgenossen« Ludwig Weidig verübt worden sind. Insofern ist Zahls Manuskript »Isolation« ein Glücksfall der deutschen Literatur, ein authentischer Bericht über das, was Peter-Paul Zahl beginnend mit brutalen Festnahme- und Verhörmodalitäten in der Gewalt von Polizei- und Gefängnisbeamten und -ärzten erlebt hat. Trotz obrigkeitlicher Unterdrückungsversuche ist Zahls Text später doch in der Urfassung veröffentlicht worden (Ralf Schnell, Hrsg.: *»Schreiben ist ein monologisches Medium«. Dialoge mit und über Peter-Paul Zahl.* Berlin 1979, S. 156ff.). Und man wird nicht bestreiten können, daß dieses literarische Dokument staatlicher Gewalttätigkeit bei vielen Lesern, so auch bei mir (»Gesinnungsgenosse?«), nicht nur Betroffenheit, sondern Zorn und Veränderungswillen auslösen kann. So etwas sollte, wenn es nach den bestellten Hütern des Rechts gegangen wäre, in einem freiheitlich-demokratischen Staat, in dem es natürlich nur ehrbare Polizisten, Gefängnisbeamte und Richter gibt, die sich streng an das Gesetz halten, nicht das Licht der Öffentlichkeit erblicken.

Wie soll man die Gesinnung bezeichnen, die sich in solchen freiheits- und literaturfeindlichen Machtsprüchen offenbart, ohne erneut mit Richter- und anderen Ehren zu kollidieren? Ich nenne sie, um jeden Verdacht beleidigender Vergleiche zu vermeiden, »konservativ«, nicht ohne das Unzureichende dieser Klassifizierung zu verspüren.

Gerade im Fall Peter-Paul Zahl ist mir das Aufeinanderprallen zweier antagonistischer Grundeinstellungen immer wieder begegnet. So vor allem anläßlich der Verleihung des mit 5000 DM dotierten Bremer Förderpreises für Literatur im Januar 1980. Eine Jury, bestehend aus Prof. Dr. Wolfgang Emmerich, Dr. Heinar Kipphardt, Dr. Alexander Kluge, Dr. Klaus Kuntze, Dr. Uwe Timm und Dieter E. Zimmer hatte Zahl den Preis für seinen Roman *Die Glücklichen* zuerkannt. Der Preisträger wurde – erst ein Antrag beim Verwaltungsgericht hatte dies erzwungen – von zwei Beamten in Zivil zur Entgegennahme des Preises ausgeführt, saß im Festsaal – den Kammerspielen in der Bremer Böttcherstraße – neben seiner glückstrahlenden weißhaarigen Mutter in der ersten Reihe, nahm die Glückwünsche des Senators für Wissenschaft und Kunst, Horst-Werner Franke, und des gleichzeitig mit dem Bremer Literaturpreis »1. Klasse« (10000 DM) ausgezeichneten Peter Rühmkorf entgegen, durfte, wie es in der Presse hieß, eine »kämpferische Rede« halten und sich in einer Pressekonferenz äußern. Alles

Im Januar 1980 wurden Peter Rühmkorf und Peter-Paul Zahl (links) in Bremen mit Literaturpreisen ausgezeichnet. Peter-Paul Zahl wurde zur Entgegennahme des Preises aus der Haft beurlaubt und erschien in Begleitung von zwei Gefängnisbeamten.

in allem für »Konservative« eine empörende Sache. Bestimmte Zeitungen titelten: »Verbrecher erhält Preis von Bremen« (*Welt am Sonntag*, 27. 1. 1980) oder »Staatspreis für Kriminellen / Knastologe als Festredner / Ein neuer Skandal in Bremen / Lobpreisung und Steuergeld für P. P. Zahl / Das ist wohl nur in Deutschland möglich« (*Deutsche Wochenzeitung*, 8. 2. 1980). Und die Polizeigewerkschaft wie die CDU meldeten sich in Bremen und anderswo mit Protesten zu Wort, daß man in Bremen einen Gewalttäter und wegen versuchten Polizistenmords Verurteilten ehre.

Ein Flugblatt der Polizeigewerkschaft vom 7. Mai 1980 wendete sich an die Bremer Bevölkerung:

Blutige Krawalle am Weser-Stadion hatten 252 verletzte Polizeibeamte zur Folge, davon 20 schwere Verletzungen, Knochenbrüche, Schädelverletzungen! …

Die Gewerkschaft der Polizei fragt »nach den Ursachen solcher blutigen Krawalle«. Sie kommt nicht auf die Idee, daß die Krawalle etwas mit der Provokation zu tun haben könnten, in Zeiten fehlender Nachfrage nach Militärpräsenz eine öffent-

Mit Peter-Paul Zahl beim Pressegespräch, das anläßlich der Literaturpreisverleihung in meinem Büro stattfinden konnte.

liche Rekrutenvereidigung durchzuführen. Nein, als erste Antwort fällt ihr ein, daß »die Literatur-Preis-Verleihung an einen wegen Mordversuchs an Polizeibeamten Verurteilten« dazu angetan sein könne, »den Boden für solche Ereignisse vorzubereiten«. Das Flugblatt endet:

So kann es nicht weitergehen!
Wir bitten die Bevölkerung Bremens um Unterstützung.

Senator Horst-Werner Franke, innerhalb des SPD-Spektrums ein Mann von bemerkenswerter Selbständigkeit des Denkens, der am 26. Januar 1980 noch in abgewogener Rede auseinandergesetzt hatte, daß es nicht um die Auszeichnung für eine Straftat, sondern um die für ein literarisches Werk ging, war einige Monate später, als Zahl von der Bremer Volkshochschule zu einem Literaturgespräch eingeladen wurde, so weichgekocht, daß er die Teilnahme des Literaturpreisträgers an dieser Veranstaltung verbot. Die christ-polizeiliche Mafia hatte gesiegt.

Auch sonst schlug uns bei allen Bemühungen, Peter-Paul Zahl die Freiheit oder wenigstens mehr Freiheit zu verschaffen, der christ-polizeiliche Haß auf den »gefährlichen Gewaltverbrecher« entgegen, der, wie es ausgerechnet in einer vielzitierten Presseerklärung des nordrhein-westfälischen

SPD-Justizministers Dr. Diether Posser vom 31. 5. 1977 hieß, »als Strafgefangener seinen Kampf gegen die von ihm so gehaßte Gesellschaftsordnung mit anderen Mitteln fortsetzt, namentlich mit Lüge und Intrige, mit Hetze und Aufforderung zum Widerstand«. Darin kam sicher Verärgerung über harte personalisierende Angriffe Zahls zum Ausdruck. Aber Posser, den ich als mutigen und klarsichtigen Mitkämpfer gegen die Hypertrophie der Kommunistenverfolgung der fünfziger und sechziger Jahre kennen- und schätzengelernt hatte, hatte sich wohl auch von der Stimmungsmache gegen den »Terroristen« Zahl anstecken lassen und war offensichtlich von seinen Beratern über das, was in den Haftanstalten seines Landes lief, falsch und unvollständig informiert, wenn er glaubte, Zahls Kritik an diesen Zuständen als Lüge und Hetze abtun zu können.

Jedenfalls war das politische Klima, in dem der Bochumer Kollege Lutz Eisel und ich Ende 1979 den Versuch einleiteten, das Monschau-Urteil von 1976 im Wege eines Wiederaufnahmeverfahrens aus der Welt zu schaffen, alles andere als günstig. Anders als Politiker, die selten versäumen, sich als Exponenten ihrer Partei in Szene zu setzen, sind Richter ängstlich darauf bedacht, als politische Neutren zu erscheinen, die sie natürlich nicht sind. Und so spielt man als Anwalt immer wieder dieses Glücksspiel mit scheinbar offenem Ausgang mit, dessen Lose in Wirklichkeit bereits gezogen sind, bevor es losgeht.

Lutz Eisel, der die Hauptarbeitslast bei der juristischen Ausarbeitung des Wiederaufnahmeantrages und weiterer Schriftsätze und Rechtsmittel trug, hat dieser Aufgabe einige Jahre seines Anwaltslebens gewidmet. Peter-Paul Zahl und Lutz Eisel wußten, daß ich durch andere zeitaufwendige Prozesse viel zu sehr in Anspruch genommen war, um zu dieser Sisyphusarbeit mehr als beratende Meinungsäußerungen und Unterschriften beisteuern zu können. Außerdem setzte ich größere Hoffnungen auf ein Gnadenverfahren, jedenfalls solange Posser der dafür zuständige Mann war. Im Mai 1979 – Posser war leider ins Finanzressort gewechselt – hatte ich an Zahl geschrieben:

Wir müssen, so meine ich, abwägen, ob die Chance eines erfolgreichen Wiederaufnahmeantrags groß genug ist, um ein solch aufwendiges Unternehmen ins Werk zu setzen, das uns notwendig in eine Kampfsituation auch gegen die Instanzen bringt, die bei einer

Gnadenentscheidung mitzureden haben. Außerdem ist zu bedenken, daß ein Urteil, das allgemein als Fehlurteil gilt, eine günstigere Ausgangsbasis für einen Gnadenantrag bietet als ein Urteil, dem durch einen abgelehnten Wiederaufnahmeantrag noch einmal der Schein des Rechts verliehen worden ist.

Wir entschlossen uns, beide Wege nebeneinander zu beschreiten. Ich bat die neue Justizministerin, Frau Donnepp, um ein persönliches Gespräch und bat gleichzeitig Posser, meine Bemühungen zu unterstützen. Posser war sofort bereit und lud mich schon im Juni 1979 zu einem Gespräch ein, während Frau Donnepp wohl erst durch Posser dazu gebracht werden mußte, Zahls Anwälte zu empfangen. Während das Gespräch mit Posser erfreulich offen verlief – er hatte darum gebeten, daß ich allein kommen solle, weil sonst das Gespräch einen offiziellen Charakter erhalten würde – und einige Hoffnungen begründete, war die Begegnung mit Frau Donnepp enttäuschend. Ergebnis: Erst müßten alle möglichen Rechtsmittel – Wiederaufnahmeantrag und Halbstrafgesuch – durchexerziert werden, bevor die Gnadeninstanz tätig werden könne.

Also machte sich der Kollege Lutz Eisel an die Arbeit und erstellte nach aufwendigen Recherchen einen sorgfältig begründeten Antrag auf Wiederaufnahme des Verfahrens, in dem mit neuen Beweismitteln belegt wurde, daß Zahl nicht gezielt auf die Beamten geschossen haben konnte. Wichtigstes Beweismittel war ein Gutachten des renommierten Schußwaffensachverständigen Prof. Dr. Sellier, aus dem sich ergab, daß nach den vorgefundenen Spuren der Geschoßeinschläge diese Schüsse nicht in Richtung der verfolgenden Polizisten, sondern in eine andere Richtung abgegeben worden sein müssen. Auch neue Zeugen wurden benannt, nach deren Beobachtungen Zahls Darstellung richtig sein mußte, er habe lediglich ungezielte Warnschüsse abgeben wollen und den Beamten P. nur infolge unglücklicher Umstände ungewollt getroffen. Aber alles vergebens. Der Wiederaufnahmeantrag wurde in zwei Instanzen abgelehnt. Und ebenso das Halbstrafgesuch.

Und so landeten wir im November 1980 – Zahl saß inzwischen fast acht Jahre in Haft – wieder bei der Gnadeninstanz. Noch einmal zu Frau Donnepp? Wir hielten das nicht für sinnvoll, da wir aus dem ersten Gespräch den Eindruck mitgenommen hatten, daß die Entscheidung von ihren Ministerialbeamten, die sich nicht gerade durch Liberalität auszeichneten, maßgeblich beeinflußt wurde. Der einzige originäre Gesprächsbeitrag von Frau Donnepp, der mir in Erinnerung geblieben ist, war ihre Anmerkung zu meinem Hinweis auf Zahls Auszeichnung für seinen Roman *Die Glücklichen*: »Ja, ja, ein Schelmenroman.«

Gnade ist ein Überbleibsel aus feudalistischen Zeiten, die Anrufung des souveränen Landesherrn, der »Gnade vor Recht« ergehen lassen, aber auch manches unmäßige und von politischen Leidenschaften diktierte Urteil korrigieren kann, das vor dem Urteil der Geschichte ohnehin nicht standgehalten hätte. Mir fällt dazu immer wieder der Schriftsteller Fritz Reuter ein – mir als Vorpommer und Liebhaber des Plattdeutschen heimatlich vertraut –, der 1837 wegen Hochverrats zum Tode verurteilt, dann zu dreißig Jahren Festungshaft begnadigt und schließlich nach siebenjähriger Haft gnadenweise entlassen worden war. Ich hielt für möglich, daß in einem freiheitlich-demokratischen Staat das Gnadenrecht nicht weniger human ausgeübt würde als in Zeiten der Fürstenherrschaft. Also wandten wir uns an den Ministerpräsidenten des Landes Nordrhein-Westfalen, Herrn Johannes Rau (SPD), persönlich. Mit Schreiben vom 17. 11. 1980 bat ich Herrn Rau um einen Gesprächstermin und teilte mit, daß sich Heinrich Böll und Professor Dr. Ulrich Klug bereit erklärt hatten, uns, Lutz Eisel und mich, zu begleiten.

Böll und Klug waren nicht die einzigen, die an Rau appellierten, das skandalöse Monschau-Urteil endlich durch einen Gnadenakt zu korrigieren. Einer der vielen namhaften Fürsprecher Zahls, Prof. Dr. Ossip Flechtheim, schrieb an Rau:

Sie werden sich vielleicht nicht wundern, wenn ich wie so viele andere das Urteil von 15 Jahren für ein Fehlurteil halte. 15 Jahre hatte seinerzeit auch der SS-Führer Wolff für die Ermordung von 300 000 Juden erhalten!

Große Beachtung in der Öffentlichkeit fand vor allem ein Schreiben des Friedenspreisträgers des Deutschen Buchhandels, des nicaraguanischen Dichters und Kultusministers Ernesto Cardenal, der am 19. 10. 1980 an den »querido amigo Johannes Rau« schrieb:

In diesen Tagen meines Aufenthaltes in der Bundesrepublik wurde ich häufig auf das Schicksal des Schriftstellers Peter-Paul Zahl angesprochen. Man hat mir von den Umständen seiner Inhaftierung berichtet und davon, daß wohl keine Zweifel erlaubt sind, daß er persönlich weit jenseits der Terroristenszene steht.

Wenn ich Sie mit diesem Brief bitte, ihn endlich zu begnadigen, so wollen Sie das bitte nicht als Anmaßung ansehen, sondern als einen Akt des Mitleidens und der Liebe. Mir steht keinerlei Einmischung in innerdeutsche Angelegenheiten zu. Aber als Ihr Freund und als Christ aus einem Volk, das viel gelitten hat, bitte ich Sie um diesen Akt der Nächstenliebe.

Ich äußere diese Bitte auch im Geist jenes Friedens, für den mir und meinem Volk der Preis verliehen wurde.

Mit einer brüderlichen Umarmung
Ihr
Ernesto Cardenal

Der Ministerpräsident des Landes Nordrhein-Westfalen war für den Anwalt des »Polizistenmörders«, wie Franz Josef Strauß ihn genannt hatte, nicht zu sprechen. Auch nicht für den aufrechten Liberalen Ulrich Klug und den großen alten Mann der deutschen Gegenwartsliteratur Heinrich Böll. Auch Ernesto Cardenal bat vergeblich um einen Akt christlicher Nächstenliebe und hat dafür in der bildhaften Sprache seines Landes treffende Worte gefunden:

Bruder Johannes, Du bist ein großer Mann geworden, aber Deine Schuhe sind nicht mitgewachsen.

Rau teilte mir mit Schreiben vom 9. 12. 1980 mit, daß er die Bearbeitung und Entscheidung solcher Gnadensachen dem Justizminister übertragen habe. Eine Rücknahme dieser Delegation sei im Einzelfall nicht möglich. (Wir wußten, daß dieser unrichtigen Rechtsauffassung in seinem eigenen Hause widersprochen wurde!) Aber er wolle sich keineswegs hinter seiner fehlenden Zuständigkeit verstecken. Vielmehr meine er, daß im Augenblick der Zeitpunkt für das Gespräch, gegen das er keine grundsätzlichen Einwendungen habe, nicht geeignet sei.

Soeben hat ja das Kammergericht Berlin eine vorzeitige Haftentlassung von Herrn Zahl nach Verbüßung der Hälfte der Strafe abgelehnt. Ich meine, daß es der Respekt vor dieser Entscheidung des Gerichts verlangt, nicht unmittelbar im Anschluß daran in

Gespräche über eine vorzeitige Haftentlassung im Gnadenwege einzutreten. Hier sollte meiner Ansicht nach zunächst noch ein wenig zugewartet werden.

Ich antwortete ihm postwendend (12. 12. 1980) und erinnerte Rau daran, daß bei meinem früheren Gespräch mit Frau Donnepp diese und ihre Rechtsexperten dezidiert die Auffassung vertreten hatten, über einen Gnadenerweis könne erst gesprochen werden, wenn alle anderen rechtlichen Möglichkeiten, das Schwurgerichtsurteil zu korrigieren oder eine vorzeitige Entlassung nach der halben Strafzeit zu erreichen, ausgeschöpft seien. Man habe ebenso wie wir gewußt, daß die formal-rechtlichen Voraussetzungen für beide Verfahren nur eine minimale Erfolgschance bieten. Trotzdem habe man uns auf den dornenreichen Weg eines Wiederaufnahmeverfahrens und eines Halbstrafengesuchs geschickt, um uns erst einmal loszusein.

Ich hoffe, mich so deutlich ausdrücken zu dürfen: Wir sind schlicht verarscht worden.

Bitte entschuldigen Sie, daß es mir nicht ganz gelungen ist, meinen Ärger über das bisherige Verhalten der Gnadeninstanz zu verbergen. Aber es nützt vielleicht einer Verständigung darüber, daß wir uns nicht mehr mit Verweisungen auf angebliche Zuständigkeiten der Justiz abspeisen lassen wollen. Damals wurde uns nahegelegt, die Justiz anzurufen, jetzt wird uns entgegengehalten, daß wir sie mit dem schon damals voraussehbaren Mißerfolg angerufen haben. Gerade aus der Erkenntnis, daß Peter-Paul Zahl bei der Justiz keine Gerechtigkeit gefunden hat, und auch in Zukunft nicht finden wird, bemühen wir uns ja um ein Gespräch über Gnade, ein Weg, der auch für uns ärgerlich genug ist, der aber im Interesse von Peter-Paul Zahl – und vielleicht nicht nur in seinem Interesse – begangen werden muß.

Der Ministerpräsident des Landes Nordrhein-Westfalen, Johannes Rau, blieb unzugänglich. Er habe die meinen Schreiben beigefügten Erklärungen und Unterschriftensammlungen mit Interesse durchgelesen, schrieb er mir am 2. 2. 1981, und sich mit meinen Argumenten nochmals eingehend befaßt, blieb jedoch dabei, daß »im Augenblick der Zeitpunkt für ein Gespräch nicht geeignet« sei.

Dazu schrieb mir Heinrich Böll am 3. 4. 1981:

Natürlich ist eine solche Sache nicht »opportun« — schon gar nicht im Augenblick, aber wann wird der Augenblick kommen??

Im übrigen berief sich Rau nun doch auf die Zuständigkeit seiner Justizministerin, bei der ein Gnadenverfahren anhängig sei, auf das er keinen Einfluß nehmen wolle. Diese hatte die Sache an die »Gnadenstelle bei dem Landgericht Düsseldorf« delegiert. Ich erhielt die lakonische Mitteilung:

Über den Ausgang des Gnadenverfahrens wird Sie die Gnadenstelle unterrichten.

Das geschah mit Schreiben vom 24. 4. 1981:

Ein Gnadenerweis wird nicht gewährt.

Unterschrieben von einem Staatsanwalt »als Gnadenbeauftragter«. Der seinerseits die Beglaubigung seiner Unterschrift einer Justizangestellten überlassen hatte. Mir fiel dazu ein von Peter-Paul Zahl in einem seiner Kriminalromane zitiertes jamaicanisches Sprichwort ein: Der Herr schickt seinen Hund, und der schickt seinen Schwanz. Bürokratische Erledigung eines Verfahrens, in dem sich einige Hundert der besten Köpfe aus Deutschland und anderen Ländern für eine Freilassung des zu Unrecht als Polizistenmörder Verurteilten eingesetzt hatten. Die Gewerkschaft der Polizei war für die sozialdemokratischen Spitzenpolitiker des Landes Nordrhein-Westfalen die wichtigere Öffentlichkeit. Armes Deutschland!

Nachdem der Rechtsstaat, um die Wiener Zeitschrift *Neues Forum* zu zitieren, die »letzte Möglichkeit zur tätigen Reue im Fall Zahl« nicht genutzt hatte, blieb nur noch das Warten auf den Zeitpunkt für einen Antrag auf Aussetzung des Strafrestes zur Bewährung nach zwei Dritteln der verhängten Strafe. Zuständig war eine Strafvollstreckungskammer beim Landgericht Berlin, da Zahl sich seit dem 5. 2. 1980 in der JVA Tegel befand. Im Januar 1981 war er in den offenen Vollzug verlegt worden und seit September 1981 Freigänger. Ausbildung zum Theaterregisseur und Dramaturgen an der Schaubühne am Lehniner Platz. Die Regreßforderung des Dienstherrn des verletzten Polizisten in Höhe von 17000 DM hatte Zahl nach und nach aus seinen Einkünften als Schriftsteller und Literaturpreisträger bezahlt. Seine Beurteilungen durch die JVA waren

Im Sommer 1991 haben Doris Wegener und ich Peter-Paul Zahl in Jamaica besucht.

durchweg positiv. Die Strafvollstreckungskammer hätte Mühe gehabt, Gründe für eine Ablehnung des Antrags zu finden.

Am 13. Dezember 1982 wurde Peter-Paul Zahl nach zehnjähriger Haftzeit aus dem Gefängnis entlassen.

Aus seinem Gedicht »lebt wohl«:

ich gehe
hier
kann ich nicht da-sein
hier
kann ich nicht sein
nicht mehr
ich gehe

Peter-Paul Zahl lebt heute als freier Schriftsteller in Jamaica.

29. Der Mord an Carmen Kampa. Ein Unschuldiger auf der Anklagebank (1971–1976)

Am 1. Mai 1971 sahen Fahrgäste des um 23.26 Uhr auf dem Bahnhof Bremen-Oslebshausen einlaufenden Vorortzuges nach Bremen-Vegesack, daß auf dem Bahndamm, etwa 15 bis 20 Meter von ihnen entfernt, ein Verbrechen geschah. Ein Mann schlug auf ein Mädchen ein, das mehrmals laut um Hilfe rief. Dann sah man das Mädchen auf dem Boden und den Mann auf ihr liegen. Und man hörte sie mehrmals sagen: »Bitte nicht!« Keiner der Fahrgäste, vor deren Augen und Ohren sich dies abspielte, kam auf den Gedanken, die Notbremse zu ziehen. Vielleicht wären auch Rufe aus dem Fenster, das man zwecks besserer Wahrnehmung des Vorgangs geöffnet hatte, hilfreich gewesen. Aber nichts dergleichen geschah. Nach einer halben Minute Aufenthalt fuhr der Zug fahrplanmäßig ab. Man benachrichtigte den Zugschaffner, der einige Minuten später bei der nächsten Station die Polizei anrief. Die wußte schon Bescheid, die Eheleute Schuster, deren Wohnung etwa 300 Meter vom Oslebshauser Bahnhof entfernt liegt, hatten durchs offene Schlafzimmerfenster die Hilferufe des Mädchens gehört und die Polizei angerufen. Das war um 23.27 Uhr gewesen. Aufgrund dieses Anrufs hatte der Funkstreifenwagen Roland 19 um 23.31 Uhr den Einsatzbefehl bekommen. Die Polizeibeamten suchten das Gelände rund um den Bahnhof ab, leuchteten mit Suchscheinwerfern auch in das buschbestandene Gelände auf der stadtabwärts gelegenen Seite des Bahndamms in der Nähe einer Müllkippe. Aber man fand nichts. Die Suche wurde ergebnislos abgebrochen.

Erst zweieinhalb Tage später fand man bei der Suche nach zwei entwichenen Häftlingen der nahegelegenen Jugendstrafanstalt in dem sumpfigen Gelände hinter dem Bahnhof, etwa 100 Meter entfernt von der Stelle, wo das Geschehen am Bahndamm beobachtet worden war, die halb entkleidete Leiche eines Mädchens, das von seinem Vater, der die Nachricht im Autoradio gehört hatte und zum Fundort geeilt war, als die

17jährige Carmen Kampa identifiziert wurde. Die Obduktion ergab, daß das bis dahin noch unberührte Mädchen vergewaltigt und sodann erwürgt worden war. Der Täter hatte außerdem mit einem Messer viermal zugestochen und dabei auch das Herz getroffen. Nach dem Obduktionsbefund soll der Tod aber bereits durch das Würgen eingetreten sein.

Als die kriminalpolizeilichen Ermittlungen nach dem Täter begannen, war bereits wertvolle Zeit verloren. Nur dem Ausbruch der beiden Jugendstrafgefangenen war es zu verdanken, daß man das Gelände hinter dem Oslebshauser Bahnhof überhaupt durchsucht hatte. Aber das war erst der Anfang einer kaum glaublichen Ermittlungstragödie, die in der Anklage gegen einen Unschuldigen und dessen Verurteilung gipfeln sollte, während der wirkliche Mörder der Carmen Kampa bis heute nicht überführt ist.

Erst nach dem Auffinden der Leiche begann man, sich für die Beobachtungen der Tatzeugen zu interessieren. Sie wurden in der Tagespresse vom 5. Mai 1971 gebeten, sich mit der Mordkommission im Bremer Polizeihaus in Verbindung zu setzen. Darauf meldete sich der 18jährige Arbeiter Roland Stengel*, der beim Einfahren des Zuges in den Oslebshauser Bahnhof aus dem Fenster geschaut und als erster das Geschehen am Fuße des Bahndammes wahrgenommen hatte. Nach seiner Beschreibung war der Täter »ca. ½ bis 1 Kopf größer als das Mädchen«, kräftig gebaut, trug einen dunklen Anzug und war darunter weiß gekleidet, Oberhemd oder Pullover. »Das Gesicht des Mannes habe ich nicht gesehen.« – »Der Mann erschien mir dunkelhaarig. Das Haar war normal geschnitten. Es waren keine langen oder längeren Haare.« Eine sehr allgemein gehaltene Personenbeschreibung, die auf unzählige Männer paßte. Aber noch nicht einmal dies wenige gelangte in die Zeitung. »Zugfahrgäste sahen Carmens Mörder – Aber niemand kann den Mann beschreiben« lautete die Überschrift eines langen Artikels im *Weser-Kurier* vom 6. Mai 1971. Und im Text hieß es:

Über den Mann erfuhr die Mordkommission bisher wenig Verwertbares, allenfalls, daß er dunkles, normal geschnittenes Haar haben soll und dunkel gekleidet war.

Kein Wort also von dem weißen Hemd oder Pullover unter dem dunklen Anzug, einem markanten Merkmal der Bekleidung, das

* Name geändert

Roland Stengel der Kripo beschrieben hatte. Aber man traute Roland Stengels Beobachtungsgabe offenbar nicht so ganz, der sich, wie er sagte, »keinen anderen Rat« gewußt hatte, »als die anderen Reisenden ebenfalls hinzuzuziehen«, und sich zu diesem Zweck in den Wagen gewandt hatte und erst wieder nach draußen schaute, als das Mädchen bereits am Boden und der Mann auf ihr lag. Und außerdem gab es da noch eine Zeugenaussage, die sich von Stengels Aussage wesentlich unterschied. Der 56jährige Handelsvertreter Heinz Meisel*, der auf der anderen Seite des Abteils gesessen hatte und auf Roland Stengels Rufe ans offene Fenster getreten war, beschrieb den Täter so: »Er hatte eine hellere Jacke an und war etwa 170 cm groß. Der Mann hatte schwarze, lange Haare.« Bis auf Körpergröße und Haarfarbe paßte also nichts zusammen. Es sprach einiges dafür, Stengels Aussage den Vorzug zu geben, weil er Täter und Opfer schon zu einem Zeitpunkt gesehen hatte, als sie noch voreinander standen, also in ganzer Größe zu sehen waren. Oder man hätte beide Täterbeschreibungen veröffentlichen können.

Stattdessen wurde eine Personenbeschreibung mitgeteilt, die eine Frau Marianne Weiß* gegenüber der Kripo angegeben hatte, die weder im Zug gesessen, noch sonst etwas vom Tatgeschehen mitgekriegt hatte, aber von einem verdächtigen Mann erzählt hatte, der ihr im vergangenen Vierteljahr mehrfach in der Umgebung des Oslebshauser Bahnhofs aufgefallen war, »wo er sich hinter Bäumen und in Mauernischen versteckte und auf irgend etwas zu lauern schien«. Frau Weiß, die auch im weiteren Verfahren noch eine unselige Rolle spielen sollte, beeindruckte schon damals durch eine angeblich überdurchschnittliche Beobachtungsgabe, so daß die Kripo glaubte, die Bevölkerung zur Suche nach der von Frau Weiß beschriebenen Person auffordern zu sollen:

Der Mann soll ungefähr 30 Jahre alt, 1,70 Meter groß und schlank sein, aschblondes, streng nach hinten gekämmtes Haar, sehr helle Augen sowie einen kleinen, schmalen Mund haben.

Wir können diese Personenbeschreibung gleich wieder vergessen; es war eine von insgesamt 1019 falschen Spuren, denen die Kriminalpolizei in dieser Sache nachgegangen ist. Schwer verständlich bleibt, weshalb die Kripo gerade diese Täterbeschreibung veröffentlichen ließ; es war die Beschreibung eines

* Namen geändert

Gerhard Kampa steht im Arbeitskittel vor der Leiche seiner Tochter. Drei Tage lang hatten er und die Polizei das Mädchen gesucht. Die 17jährige, sonst pünktlich auf die Minute, war vom Tanzen nicht nach Haus gekommen

Carmen Kampa war 17, als sie starb. Gewürgt, vergewaltigt und erstochen. Nachts am Bahnhof im Bremer Vorort Oslebshausen. Ein Mann sah das Verbrechen. Er stand am Fenster eines Zuges. Doch der Mord wurde erst drei Tage später entdeckt. Neun Männer wurden festgenommen und wieder entlassen. Drei Jahre danach ist immer noch nicht sicher, wer der Täter war. Für einen von ihnen hat sich jetzt der Staatsanwalt entschieden

Der Zeuge fuhr im Zug vorbei

Wie die Bremer Kripo für einen Mädchenmord doch noch einen Täter fan

70 stern

Drei Jahre nach dem Mord an Carmen Kampa rollte der *Stern* (Heft Nr. 46 vom 7. November 1974, S. 70/71) den Fall nochmals auf.

Mannes, den nur Frau Weiß gesehen hatte, obwohl er, wenn es ihn wirklich gab, auch anderen hätte auffallen müssen. Aber auch Frau Weiß behauptete nicht, den aschblonden Mann in der Nacht vom 1. Mai gesehen zu haben. Und keinesfalls konnte Frau Weiß' aschblondes Schreckgespenst mit jenem dunkelhaa-

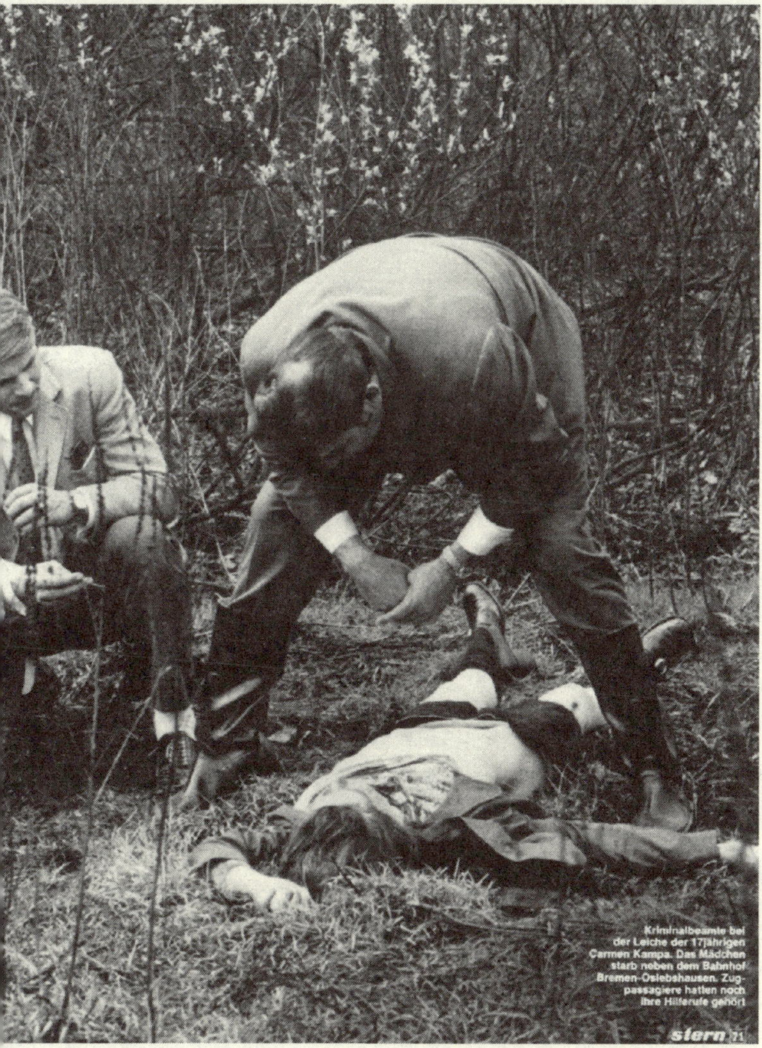
Kriminalbeamte bei der Leiche der 17jährigen Carmen Kampa. Das Mädchen starb neben dem Bahnhof Bremen-Oslebshausen. Zugpassagiere hatten noch ihre Hilferufe gehört

stern 71

rigen Mann identisch sein, den Roland Stengel und Heinz Meisel vom Abteilfenster des Vorortzuges aus gesehen hatten.

Erst vier Monate nach dem Mord an Carmen Kampa forderten Staatsanwaltschaft und Kriminalpolizei in einer Plakataktion die Bevölkerung dazu auf, ihr bei der Suche nach einem Mann zu helfen, der schwarzes Haar und einen weißen Pullover getragen hatte. Unter der Überschrift »Letzter Versuch« kritisierte der *Weser-Kurier* am 28. August 1971:

Nun ist es zwar schon ein Fortschritt, daß diese Plakate nicht mehr wie sonst üblich nur in Polizeiwachen, vor Bahnhofstoiletten und im Halbdunkel der Gerichtsflure angeheftet wurden. Doch das ändert nichts daran, daß die ganze Aktion um drei Monate zu spät erfolgt. Die im Text gestellten Fragen nach dem Mann mit dem schwarzen Haar und dem weißen Pullover hätten genauso pointiert auch schon Anfang Juni an die Öffentlichkeit gerichtet werden können. Denn schon damals stand das Äußere des unbekannten Mörders hinreichend fest.

Die Ermittlungen hatten sich inzwischen auf zwei Männer konzentriert, mit denen Carmen Kampa am Abend des 1. Mai 1971 in dem Lokal »Parkgaststätte« gewesen sein soll. Mehrere Zeugen hatten bekundet, daß ein Mädchen, das mit schwarzen Hot Pants, einer helleren gemusterten Bluse und einem kurzen Mantel bekleidet war und eine Umhängetasche mit Fransen bei sich hatte – so nach der Aussage von Carmens Vater die Ausstattung seiner Tochter am Tatabend – und auch sonst dem Erscheinungsbild der Ermordeten entsprach, gegen 21.45 Uhr in Begleitung zweier Männer im Lokal erschienen sei, dort eine Bratwurst und Cola zu sich genommen habe und gegen 22.15 oder 22.00 Uhr wieder gegangen sei. Ein Zeuge wollte gehört haben, daß die drei, als sie die »Parkgaststätte« verließen, gesagt hätten, sie wollten zurück ins »Miramichi«. Man wußte aus anderen Zeugenaussagen, daß Carmen Kampa das Jugendlokal »Miramichi« gegen 23.10 Uhr verlassen hatte, um mit dem um 23.27 Uhr vom Oslebshauser Bahnhof abgehenden Zug nach Hause zu fahren. Und die Kripo fand auch eine Übereinstimmung mit einem anonymen Hinweis, wonach Carmen Kampa das »Miramichi« um 22.00 Uhr betreten habe.

In einem Zwischenbericht der Kripo vom 20. 7. 1971 wurde dieser anonyme Hinweis wie folgt referiert:

In diesem Zusammenhang muß auf einen anonymen Anrufer hingewiesen werden, der am 5. 5. 1971 mitteilte, daß die Kampa das Lokal »Miramichi« am Abend des 1. 5. 1971 kurz verlassen hatte. Gegen 22.00 Uhr soll die Kampa dann die Gaststätte wieder betreten haben. »Nach einiger Zeit« soll die Kampa dann das Lokal verlassen haben und der Anonymus will ihr gefolgt sein. Vor dem Oslebshauser Bahnhof will (muß heißen: soll) sie dann mit zwei jungen Männern zusammengetroffen sein, mit denen sie unter die (muß heißen: der) Eisenbahnüberführung der Ritterhuder Heerstraße hindurchging. Dann sollen die beiden Unbekannten das Mädchen in den Weg am Eisenbahndamm hineingezerrt haben. Danach hätten beide Männer das Mädchen vergewaltigt. Einer der beiden hätte dann mit einem Gegenstand auf das Mädchen eingestochen, und danach hätten beide das Mädchen in das Morastgelände geschleppt. Der Anonymus will die Tat beobachtet haben und nur aus ca. 12 m Entfernung zugesehen haben.

In der Bremer Tagespresse vom 28. 8. 1971 wurde der anonyme Anrufer aufgefordert, sich bei der Mordkommission zu melden, die ihm Vertraulichkeit zusicherte. Er meldete sich nicht. Ob er selbst der Mörder oder einer der Mörder war?

Daß es tatsächlich zwei Täter gab, hatte die Kripo als Möglichkeit erwogen. Dafür konnte der Umstand sprechen, daß das Mädchen tatsächlich die 200 Meter von dem Ort ihrer Mißhandlung am Fuße des Bahndamms bis zur Fundstelle im Morastgelände getragen worden sein muß, da Schleifspuren an der Kleidung fehlten. Vor allem aber wäre es eine Erklärung für die unterschiedlichen Täterbeschreibungen der Augenzeugen Stengel und Meisel. Aus dem Kripo-Bericht vom 20. 7. 1971:

In diesem Zusammenhang ist auf die Aussagen der Zeugen Stengel und Meisel hinzuweisen. Stengel hat eine Person mit dunklem Anzug und Meisel einen Mann mit heller bis beigefarbener Jacke am Tatort gesehen.

Auch die Staatsanwaltschaft ging in einer am 7. August 1971 veröffentlichten Zeitungsanzeige, in der sie Zeugen aufforderte, sich zu melden, und auf die Aussetzung einer Belohnung von 10000 DM hinwies, davon aus, daß es zwei Tatverdächtige gab. Die Formulierung »Bei dem Täter handelt es sich um einen Mann, der wie folgt beschrieben wird« signalisierte einen hohen Grad von Sicherheit, daß man dem Mörder auf der Spur war. Und was dann folgte, war die Personenbeschreibung, die von Zeugen für Carmen Kampas Begleiter in der »Parkgaststätte« gegeben worden war:

Ca. 20 bis 30 Jahre, ca. 180 cm groß, schlank, ovales Gesicht, fast schwarze Haare nach hinten gekämmt, Haare standen hinten leicht auf dem Kragen auf, dunkler Teint, Koteletten bis in Höhe der Ohrläppchen.

Bekleidung: dunkler Anzug, weißer Pullover leichterer Art.

Von dem zweiten Tatverdächtigen heißt es in der Zeitungsanzeige der Staatsanwaltschaft, daß er »in der Nähe des Tatortes bemerkt« worden sei. Was sich nur konstruieren ließ, wenn man die Angaben des zweiten Begleiters aus der »Parkgaststätte« mit der Täterbeschreibung des Zeugen Heinz Meisel kombinierte und dem Hinweis des mysteriösen anonymen Anrufers folgte, wonach es zwei Tatbeteiligte gab. Auch hier übernahm die Staatsanwaltschaft die Personenbeschreibung der »Parkgaststätten«-Zeugen:

Ca. 22 Jahre alt, ca. 175 cm groß, mittelblonde Haare, Haare über den Kragen stehend, breitschultrig, mittelblonder Oberlippen- und Kinnbart.

Bekleidung: Dunkelbraune Hose, beigefarbene Jacke, ziemlich große Armbanduhr (Art Taucheruhr) mit dunklem Zifferblatt, breites Armband mit großen Löchern.

Auch das Mädchen, das mit diesen beiden Männern in der »Parkgaststätte« gewesen war, wurde in der Tagespresse nochmals beschrieben (dunkelbraunes Haar, Hot Pants, Minisommermantel, Umhängetasche mit Fransen) und, ebenso wie die beiden Männer, aufgefordert, sich zu melden, falls es nicht mit Carmen Kampa identisch sein sollte. Ohne Erfolg. Was den Verdacht bestärkte, daß man auf der richtigen Spur war.

Ich weiß nicht, ob man auf der richtigen Spur war. Ich weiß nur, daß man aus der Fülle der Spuren die falsche ausgewählt und zur Anklage gebracht hat.

Diese falsche Spur begann mit einem Hinweis der Gastwirtin Katharina Wesler, die sich im August 1971 meldete und von einem Mann berichtete, der am 1. Mai in ihrer Gaststätte »Zum Bahnhof« gewesen und sich etwa um 23.00/23.30 Uhr mit dem Bemerken entfernt habe, er wolle etwas essen gehen und dann zurückkehren. Er sei aber nicht zurückgekommen und habe ein Schlüsselbund, das er beim Weggehen hinterlegt habe, bis heute nicht abgeholt. Er hatte behauptet, einen VW-Bus zu fahren, und wolle ihn, weil er Alkohol getrunken habe, stehenlassen. Der am Schlüsselbund befindliche Autoschlüssel gehörte aber, wie man später merkte, zu einem Opel-Kadett. Auch eine Zeche von 17 DM sei der Mann schuldig geblieben. Wenn das alles wirklich am 1. Mai 1971 gewesen war – und die Gastwirtin und ihr Ehemann, der ihre Aussage bestätigte, behaupteten, ihrer Sache sicher zu sein –, erschien der Mann verdächtig. Auch die Personenbeschreibung, die die Eheleute Wesler lieferten, paßte auf den Mann, den Roland Stengel am Fuße des Bahndamms gesehen hatte: 28 bis 30 Jahre alt, ca. 1,80 m groß, kräftig, dunkle Haare, voller Fassonschnitt, dunkler Anzug, weißer Pullover.

So kam man auf Otto Becker, einen Mann, dem das Leben ohnehin nicht leicht wurde. Aus alkoholkranker Familie stammend, war auch er alkoholabhängig geworden und verbrachte seine Abende regelmäßig in Kneipen. Diebstahl und Benutzung fremder Kraftfahrzeuge ohne Fahrerlaubnis und unter Alkoholeinfluß brachten ihn wiederholt ins Gefängnis. Seine homosexuelle Veranlagung brachte viele Probleme mit sich. Sie konnte ihn, wie sich zeigen sollte, nicht einmal vor dem Verdacht schützen, einen Lustmord an einem Mädchen begangen zu haben. Denn Otto Becker war der Mann, der in der Gaststätte »Zum Bahnhof« das Schlüsselbund hinterlassen und die Zeche geprellt hatte. Die Art, wie man ihn ermittelte, war ein kleines kriminalistisches Bravourstück und hätte die bisherige Erfolglosigkeit und vielen Fehler der Ermittlungsarbeit wettmachen können – vorausgesetzt, man hatte wirklich den richtigen.

Im Mai 1973 – seit dem Mord an Carmen Kampa waren zwei Jahre vergangen – fiel dem jungen Polizeimeister Horst-Fredo Bianchi beim Studium der Kampa-Akten ein, daß er im Dezember 1970 bei einer Verkehrskontrolle in Bremen einen Opel-Kadett mit Essener Kennzeichen überprüft hatte. Eine erstaunliche Gedächtnisleistung. Man hatte inzwischen festgestellt, daß der am Schlüsselbund befindliche Autoschlüssel von einer Essener Firma geliefert worden war. Nunmehr ermittelte man den Halter jenes Fahrzeugs und erfuhr, daß Becker ihm bei einem Lokalbummel das Schlüsselbund entwendet und mit dem Wagen eine Spritztour unternommen hatte. Dabei hatte Becker den Wagen, offenbar kurz nachdem er von Bianchi kontrolliert worden war, zu Schrott gefahren und stehenlassen. Das Schlüsselbund mit dem zu dem Schrottfahrzeug gehörenden Autoschlüssel hatte er behalten.

Es wäre angebracht gewesen, bei diesem Stand der Ermittlungen noch einmal darüber nachzudenken, ob die Preisgabe eines für Becker nutzlosen Schlüsselbundes, mit dem er den Besitz eines Autos und seine Kreditwürdigkeit vortäuschte, wirklich ein so starkes Indiz für seine Täterschaft in der Mordsache Carmen Kampa war, wie man ursprünglich vielleicht annehmen durfte. Lag es nicht näher, anzunehmen, er habe sich deshalb nicht mehr in der Gaststätte der Eheleute Wesler sehen lassen, weil er die Zeche geprellt hatte? Und wäre es nicht gerade für den Täter des Kampa-Mordes viel logischer gewesen, das Schlüsselbund wieder abzuholen, um nicht verdächtig zu erscheinen? Becker hatte in der Gaststätte viel über sich erzählt, was auch Anlaß zu allerdings erfolglosen Ermittlungen gab. Wäre er der Mörder gewesen, hätte er nichts Dümmeres tun können, als sich durch die Schlüsselgeschichte verdächtig zu machen. Aber solche Überlegungen wurden nicht angestellt, man glaubte, der Öffentlichkeit endlich den richtigen Täter präsentieren zu können. Es kam nur noch darauf an, ihn zum Geständnis zu bringen. Und darauf konzentrierten sich jetzt alle Bemühungen.

Am 4. Juni 1973 wurde Otto Becker zum erstenmal von der Kriminalpolizei vernommen. Bereitwillig erzählte er den Kriminalbeamten Ehrenberg und Struwe von seinen persönlichen Verhältnissen, seiner Alkoholkrankheit, seiner Homosexualität, seinen Vorstrafen wegen Kraftfahrzeugdiebstahls und Fahrens ohne Führerschein und gab auch sofort zu, daß er einem Essener Bekannten bei einem gemeinsamen Lokalbesuch ein Schlüsselbund entwendet und sodann mit dessen Wagen eine Fahrt unternommen hatte, die mit Unfall und Fahrerflucht endete. Auch daß er kurz vor dem Unfall von einem Polizeibeamten kontrolliert worden war, erinnerte Becker. Und er machte auch kein Hehl daraus, daß er irgendwann in der Gaststätte »Zum Bahnhof« das gestohlene Schlüsselbund hinterlassen hatte. Ob dies am 1. Mai 1971 gewesen sei, könne er nicht sagen. Aber bereitwillig und naiv bejahte er Fragen der Beamten, die davon ausgingen, daß vom 1. Mai 1971 die Rede sei. So die Frage, ob es sein könne, daß er am 1. Mai 1971 einen dunklen Anzug mit weißem Pullover getragen habe. Seine Antwort liest sich im Vernehmungsprotokoll so:

Es kann durchaus sein, daß ich am 1. 5. 1971 meinen blauen Anzug mit einem weißen Rollkragenpullover getragen habe.

Auf den Vorhalt, daß die Zeugen Wesler und ein weiterer Zeuge angegeben hätten, er habe am 1. 5. 1971 gegen 23 Uhr die Gaststätte verlassen, fällt ihm nur ein:

Ich kann nicht sagen, wohin ich nach Verlassen der Gaststätte ging.

Man hatte ihn schon fast da, wo man ihn haben wollte:

Herr Becker, Sie haben nach Ihren Angaben insgesamt zwei- bis dreimal die Gaststätte »Zum Bahnhof« aufgesucht. Wenn Sie am 1. 5. 1971 abends zum letzten Mal in der Gaststätte waren, müssen Sie doch sagen können, wohin Sie gegangen sind. Gingen Sie am Fuchsberg in Richtung Oslebshauser Heerstraße, Am Koppenberg oder die Sperberstraße entlang?

Wohlgemerkt, man fragte einen damals alkoholabhängigen Mann, der praktisch Abend für Abend in irgendwelchen Lokalen einzukehren pflegte, wo er an einem bestimmten Abend vor zwei Jahren gewesen und gegangen sei. Seine treuherzige Antwort:

Das weiß ich heute nicht mehr genau.

Die darauf folgende Frage der Vernehmer setzte bereits voraus, daß der von Becker eingeräumte Aufenthalt in der Gaststätte »Zum Bahnhof« am 1. Mai 1971 gewesen sei:

Als Sie am Abend des 1. 5. 1971 in der Gaststätte »Zum Bahnhof« waren, sollen Sie zwischenzeitlich die Gaststätte verlassen haben, um eine Bratwurst zu essen …

Darauf Becker:

Es kann sein, daß ich eine Bratwurst gegessen habe.

Otto Becker war diesen Vernehmungsbeamten in keiner Weise gewachsen. Aber immerhin blieb er auch nach stundenlanger Vernehmung dabei:

Ich habe mit der Mordsache Kampa nichts zu tun.

Die Kriminalbeamten verbuchten die Vernehmung gleichwohl als Erfolg. Aus einem Vermerk vom 5. 6. 1973:

Becker konnte überführt werden, am 1. 5. 1971 in der Gaststätte »Zum Bahnhof«, Am Fuchsberg, ein Schlüsselbund hinterlegt zu haben.

Und ihr größter Erfolg: Sie konnten den vertrauensseligen Mann davon überzeugen, daß es zu seinem Besten sei, der Veröffentlichung eines Fotos in der Tagespresse zuzustimmen. Vier Polizeifotos, Otto Becker zweimal mit und zweimal ohne Brille, verbunden mit einer Erinnerung an die für die Aufklärung des Verbrechens ausgesetzte Belohnung von 10000 DM, sollten Zeugen, die Becker in der Nacht vom 1. Mai 1971 gesehen hatten, ermuntern, sich zu melden.

Da meldete sich ein früherer Haftgenosse Otto Beckers, der Zeuge Waldhaus,* der behauptete, Becker habe einmal erzählt, daß er die Schreie der Carmen Kampa gehört habe. Da meldete sich eine Frau Koopmann,* die behauptete, Becker am Abend des 1. Mai 1971 im »Miramichi« getroffen zu haben. Und da meldete sich erneut Frau Weiß, der schon die Spur »aschblondes Schreckgespenst« zu verdanken war. Ihr war nun eingefallen, daß sie am 1. Mai 1971 gegen 23.50 Uhr auf der Ritterhuder Heerstraße ein Mann angesprochen habe, der nach der Uhrzeit fragte und wissen wollte, ob noch ein Zug nach Bremen fahre.

Als ich heute morgen das Bild im *Weser-Kurier* sah, war ich mir sicher, daß es sich an jenem Abend um den abgebildeten Mann handelte. Der Mann trug damals eine dunkle Brille. Das fiel mir besonders auf, weil der Mann, als er uns fragte, mit einer Hand immer an der Brille herumfummelte.

Daß Becker am Abend des 1. Mai 1971 eine Brille mit getönten Gläsern und schmalem Metallbügel getragen haben sollte, hatte schon am 28. 8. 1971 in der Zeitung gestanden. Frau Wesler hatte es ausgesagt. Nun hatte Frau Weiß sie auch gesehen. In einem kriminalpolizeilichen Vermerk vom 8. 6. 1973 klingen noch leise Zweifel an:

Es muß besonders darauf hingewiesen werden, daß Frau Weiß bereits im Mai 1971 einen Hinweis auf einen hellblonden Stadtstreicher gab (Spur Nr. 6), den sie einige Wochen vorher am Oslebshauser Bahnhof gesehen hat. In ihrer Vernehmung von damals erwähnte sie nichts von dem Mann in der Ritterhuder Heerstraße.

Später sollte Frau Weiß, der das Schwurgericht unter dem Vorsitz des Richters Crome »ein überdurchschnittliches

* Namen geändert

Personengedächtnis« bescheinigte, zur prozeßentscheidenden Zeugin werden. Sie selbst rühmte sich eines sogenannten eidetischen Gedächtnisses und verblüffte nicht nur die Kriminalbeamten durch die Sicherheit, mit der sie Jahre zurückliegende Detailwahrnehmungen ins Gedächtnis zurückrufen zu können vorgab. So beschrieb sie bei ihrer kriminalpolizeilichen Vernehmung vom 12. 6. 1973 den Handschuh, den Becker am 1. 5. 1971 getragen habe: »an der Innenseite vom Handgelenk her geschlitzt«, und bediente eine Frage der Vernehmer nach einem Kraftfahrzeug, mit der die Aussage einer anderen Zeugin überprüft werden sollte, mit der Mitteilung, »daß auf dem linken Gehweg der Ritterhuder Heerstraße, gleich hinter dem Tunnel, ein VW-Käfer stand«. Ein Wunder, daß man sie nicht nach dem amtlichen Kennzeichen des Wagens gefragt hat.

Immerhin schien die Gläubigkeit, mit der die Aussagen der Frau Weiß aufgenommen wurden, auch Chancen für Beckers Verteidigung zu bieten. Denn sie hatte an der Kleidung des Mannes, der ihr in der Nacht vom 1. Mai 1971 begegnet war, keine Verschmutzungen beobachtet, wie sie eigentlich nach Vergewaltigung und Mord im Morastgelände zu erwarten gewesen wären. Und damit entfiel auch das Argument, Becker habe das Schlüsselbund deshalb nicht abgeholt, weil dann seine verschmutzte Kleidung aufgefallen wäre. Aber solche Erwägungen, die Beckers Überführung als Täter hätten in Frage stellen können, wurden nicht angestellt.

Am 31. Oktober 1973 war Otto Becker erneut zur Kripo vorgeladen. Er war der Meinung, daß er bei ihm am 4. 6. 1973 sichergestellte Gegenstände abholen und anschließend zur Arbeit gehen könne. Er erschien kurz nach 8.00 Uhr und wurde zu einer Vernehmung dabehalten, die bis in die Abendstunden dauerte. Man hielt ihm die Aussagen der Zeugen Waldhaus, Koopmann und Weiß vor und stellte ihm diese Zeugen auch gegenüber. Becker bestritt Waldhaus' Aussage, ließ sich aber in einem nicht protokollierten Vorgespräch von den Kriminalbeamten dazu bringen, einzugestehen, er habe Carmen Kampas Hilferufe gehört. Es war ihnen gelungen, Becker zu suggerieren, daß eine solche Aussage seiner Entlastung diene. Wenn er – so lautete die Logik, mit der sich Becker fangen ließ – am 1. Mai 1971 kurz nach 23 Uhr die in der Nähe des Tatorts gelegene Gaststätte »Zum Bahnhof« verlassen habe, dann müsse er doch die Schreie des Mädchens gehört haben. Wenn er das bestreite, mache er sich verdächtig. Und Becker tappte in die

Falle. Statt endlich, wie er gehofft hatte, entlassen zu werden – es war inzwischen 14.30 Uhr – ging die Vernehmung jetzt erst richtig los. Wenn er Schreie gehört hatte, mußte er auch sagen können, wo er zu dieser Zeit war. Und Otto Becker, bemüht, alle Fragen der Beamten so gut wie möglich zu beantworten, verstrickte sich immer mehr in einem Netz von Aussagen, die ihn immer verdächtiger machten.

Da war die Aussage der Frau Gisela Koopmann, die ihn am 1. Mai 1971 im »Miramichi« gesehen haben wollte. Auch an der Aussage dieser Zeugin, die ihren Hinweis auf Becker, ebenso wie Frau Weiß, erst im Juni 1973 gegeben hatte, waren Zweifel erlaubt, ob sie wirklich eine Begegnung am 1. Mai 1971 schilderte. Später in der Hauptverhandlung machte sie den Zeitpunkt daran fest, daß am nächsten Tag die Polizei gekommen sei. Erst auf den Hinweis, daß die Polizei erst einige Tage später gekommen sei, kam sie auf eine andere angebliche Erinnerungsstütze zurück, die sie bei der Kripo genannt hatte. Becker blieb dabei, daß er noch nie im »Miramichi« gewesen sei. Aber auf die Frage, ob er meine, daß Frau Koopmann hier die Unwahrheit sage, antwortete er:

Ich glaube das nicht, dazu kenne ich Gila zu gut, sie würde in dieser Beziehung nicht lügen oder mich anschwärzen wollen. Wenn Gisela gesagt hat, sie hätte mich im Lokal »Miramichi« gesehen, so wird dieses stimmen. Ich kann mir jedenfalls nicht vorstellen, in diesem Lokal gewesen zu sein.

Auch auf die Zeugin Weiß reagierte Becker entgegenkommend:

Mir liegt in Erinnerung, daß ich eine Frau in der Nähe des Bahnhofs mal nach der Uhrzeit und nach der Abfahrt der Züge nach Bremen gefragt habe.

Und dann ließ er auch dies zu Protokoll nehmen (ab 15 Uhr waren die Kriminalbeamten vom »Vorgespräch« zur protokollierten Vernehmung übergegangen):

Ich kann mich erinnern, daß ich am Abend des 1. 5. 1971 vom Oslebshauser Bahnhof mit dem Zug zur Stadtmitte fahren wollte.

Auf Vorhalt der Aussage eines Zeugen Helmers, der am 1. 5. 1971 gegen 23.47 Uhr aus sechzig Meter Entfernung einen der Täterbeschreibung Roland Stengels entsprechenden Mann durch die Eisenbahnunterführung Ritterhuder Heerstraße in Richtung Oslebshauser Bahnhof hatte laufen sehen:

An dem bezeichneten Ort war ich, und in die angegebene Richtung bin ich auch gegangen. Ob die Uhrzeit stimmt, kann ich nicht beurteilen.

Frage: Schildern Sie dann bitte, wie Sie von der Gaststätte »Miramichi« zum Oslebshauser Bahnhof gekommen sind und was Sie dort erlebt haben.

Becker: Wie ich schon angab, kann ich nicht sagen, ob ich im Lokal »Miramichi« war. Ich weiß auch nicht, wie ich zum Oslebshauser Bahnhof gegangen bin. Vermutlich nahm ich den kürzesten Weg durch die Sperberstraße. Meine Erinnerung setzt erst wieder ein, als ich kurz in der Halle des Bahnhofs war und am Fahrplan die Abfahrtzeiten der Züge in Richtung Bremen suchte. Ich wollte mit dem Zug zur Stadtmitte fahren. Um welche Uhrzeit ich am Bahnhof eintraf, kann ich nicht sagen. Ich hatte mich dafür entschieden, mit dem Zug um ca. 23.30 Uhr nach Bremen zu fahren. Während ich den Fahrplan studierte, hörte ich eine Stimme mehrmals laut um Hilfe rufen ...

Nun hatte man drei zeitliche Fixpunkte, auf die man Becker festlegen konnte: Hilferufe: 23.25 Uhr, Zeuge Helmers: 23.47 Uhr, Zeugin Weiß: 23.58 Uhr. Und man wollte wissen, wo Becker in den dazwischenliegenden Zeiträumen gewesen war. Und dieser naive Mann, der in Wirklichkeit keinerlei Erinnerung daran hatte, wo er am 1. Mai 1971 gewesen war, erzählte in all seiner Hilflosigkeit und Angst lange Geschichten über die Wege, die er in jener Nacht gegangen sein wollte, alles in dem Glauben, sich damit ein Alibi für den Tatzeitraum zu verschaffen.

Irgendwann dämmerte ihm, was man mit ihm machte. Ich zitiere nach dem Vernehmungsprotokoll:

Frage: Warum haben Sie heute morgen bestritten, am Oslebshauser Bahnhof gewesen zu sein? Obwohl ich Ihnen die Zeugenaussagen vorgelesen habe.

Becker: Ihr wolltet mir eine Falle bauen.

Frage: Vor Ihrer Vernehmung wurden Sie von mir darüber belehrt, daß wir Ihnen keine Unwahrheiten vorhalten dürfen. Sie erklärten, dies zu wissen. Wie können Sie jetzt von einer Falle stellen sprechen?

Becker: ... (keine Antwort)

Am Schluß dieser Vernehmung beteuerte Becker noch einmal:

Ich kann die Tat nicht zugeben, weil ich die Tat niemals begangen habe.

Aber dann fügte er noch ein Trostpflästerchen für die Vernehmungsbeamten hinzu:

Mir fällt noch ein, daß die Zeugin (Weiß), welche ich nach der Uhrzeit fragte, richtig gesehen hatte, als sie sagte, ich hätte Handschuhe angehabt und eine getönte Brille getragen. In der Gaststätte »Zum Bahnhof« hatte ich die Handschuhe bei mir. Es waren schwarze Handschuhe, die an den Stulpen leicht geschlitzt waren. Auch trug ich an diesem Abend eine getönte Brille. Diese Brille gehörte eigentlich meiner Großmutter. Weiterhin trug ich an diesem Abend meinen dunklen Blazer und einen weißen Rollkragenpullover.

Nunmehr beantragte die Staatsanwaltschaft Haftbefehl. Aber der Richter Ritter lehnte am 1. 11. 1973 in zutreffender Einschätzung der Beweislage den Erlaß eines Haftbefehls ab. Erst auf Beschwerde der Staatsanwaltschaft erließ am 13. 11. 1973 das Landgericht Haftbefehl. Jetzt widerrief Becker bei einer richterlichen Vernehmung seine vor der Kriminalpolizei gemachten Angaben. Aber schon wenige Tage später machte Becker wieder kaum begreifliche Fehler. Trotz des Widerrufs seiner Phantasien über den Abend des 1. Mai 1971 wirkte er an zwei Tatrekonstruktionen mit, bei denen er nach der Regie der Kriminalpolizei den Täter spielte.

Bei der ersten Tatrekonstruktion, die am 19. 11. 1973 stattfand, ließ er sich zur Nachtzeit zusammen mit einer Kriminalbeamtin am Fuße des Bahndamms in Oslebshausen aufstellen und mimte gehorsam den Täter, während der Zeuge Roland Stengel zusammen mit einem Kriminalbeamten in dem von Bremen-Hauptbahnhof kommenden Zug saß und aus dem Fenster schaute, wie er es am 1. Mai 1971 getan hatte. Anschließend wurde in Gegenwart des Oberstaatsanwalts Dr. Janknecht eine Schau abgezogen – anders kann man das nicht nennen –, die als »Gegenüberstellung« bezeichnet wurde. Nach dem in den Akten befindlichen Bericht vom 20. 11. 1973 wurde der Zeuge Roland Stengel auf dem Schotter des Bahndamms dort aufgestellt, wo nach seinen Angaben sein Standort am 1. Mai 1971 war. Sodann wurden am Fuße des Bahndamms »nacheinander drei Kriminalbeamte und Becker zu Frau Laut (einer Kriminalbeamtin) geführt und legten dieser ihre Arme auf die Schulter. Die Beamten waren dunkel gekleidet und trugen überwiegend einen weißen Pullover«. Die Beteiligten wurden mit Nummernschildern gekennzeichnet, und der Zeuge Stengel sodann vernommen. Wie kaum anders zu erwarten, erkannte er Becker, der mit dem Schild Nummer 2 versehen war, wieder. Er hatte ihn gerade zuvor vom Fenster des Zuges aus in der Rolle des Täters in Augenschein nehmen dürfen. Eine »Gegenüberstellung«, deren Fehlerhaftigkeit kaum zu übertreffen ist. Sie entwertete auch alles, was der Zeuge Stengel in der zu erwartenden Hauptverhandlung zum Aussehen des Täters noch würde sagen können.

Die zweite Tatrekonstruktion fand drei Tage später statt. Diesmal trabte Becker bereitwillig die Umgebung des Oslebshauser Bahnhofs ab, so wie er es nach den Vorstellungen der Kripo in der Nacht vom 1. Mai 1971 getan haben mußte. Aus dem von der Kripo vorher erstellten Programm der Tatrekonstruktion:

23.25 Uhr schreit KMin Laut auf dem Bahnsteig. Nach dem Schrei verlassen die unter 2. genannten Personen die Bahnhofshalle und gehen den Weg, den Becker in seiner Vernehmung angegeben hat. Auf die von dem Zeugen Helmers (23.47 Uhr Fluchtrichtung des Tatverdächtigen von der Eisenbahnüberführung in Richtung Oslebshauser Bahnhof) angegebene Uhrzeit ist zu achten.

Weg des Beckers: Halle Oslebshauser Bahnhof bis zum Beginn der Kohlenstraße. Einlaufen des Zuges von Bremen Hauptbahnhof (23.26 Uhr) ist abzuwarten. Anschließend wird gegangen in Richtung Ritterhuder Heerstraße, durch die Eisenbahnüberführung bis ca. 5 m in den Tatortweg. 23.42 Uhr muß Becker allein aus diesem Weg herauskommen. Er muß allein die Ritterhuder Heerstraße überqueren, sowie einige Meter in Richtung Autobahn gehen. Es ist dann sofort kehrt zu machen, damit er 23.47 Uhr die Unterführung in Richtung Oslebshauser Bahnhof passiert …

Und Otto Becker machte alles mit. Er spielte die ihm zugedachte Rolle so gut, wie es sich die Kripo nur wünschen konnte. Und alles in dem Glauben, damit seine Unschuld zu beweisen. Für die Kriminalpolizei aber – und leider auch für die zur unabhängigen Prüfung polizeilicher Ermittlungsergebnisse

Lokaltermin am Fuße des Bahndamms in Bremen-Oslebshausen. In der Bildmitte Richter Crome (mit Bart und Brille) mit dem von einem Wachtmeister und mir als Verteidiger (ganz rechts) begleiteten Angeklagten.

zuständigen Juristen – war gerade dies ein untrüglicher Beweis, daß niemand anders als Otto Becker den Mord an Carmen Kampa begangen haben könne.

Am 14. Dezember 1973 erreichte mich Otto Beckers Hilferuf aus der Haft. Und nachdem ich mir ein Bild von seiner Persönlichkeit gemacht hatte, war ich überzeugt, daß er zu Unrecht des Mordes beschuldigt wurde. Ich ließ mich als Pflichtverteidiger beiordnen, denn der Mann hatte kein Geld, und begriff beim Studium der umfangreichen Akten, daß dieses Verteidigermandat mich vor eine ungeheuer schwere Aufgabe stellen würde, aber auch die Chance eines ganz großen Erfolges in sich barg.

Am 12. November 1974 begann die Hauptverhandlung gegen Otto Becker vor dem Schwurgericht in Bremen. Den Vorsitz führte der Richter Crome, ein Mann, der das juristische Handwerkszeug souverän beherrscht, die Akten kennt und seine Bereitschaft zu schneidigen Urteilen mit verbindlichen Umgangsformen zu verblenden weiß. Otto Becker schwärmte noch nach Jahren von der »netten Art«, mit der Herr Crome ihn behandelt habe. Ich hatte ihm geraten, von seinem Recht zu schweigen Gebrauch zu machen. Aber Herr Crome, für Becker eine Autoritätsperson, schaffte es spielend, ihn gegen den Widerspruch seines Verteidigers zum Reden zu bringen. Und Becker plauderte wieder drauflos, ohne zu merken, daß Crome am laufenden Band Punkte gegen ihn sammelte.

In der Hauptverhandlung wurden Beckers Aussagen vor der Kripo, wie nicht anders zu erwarten, breit erörtert. Becker hatte inzwischen begriffen, daß er sich selbst um Kopf und Kragen geredet hatte, aber seine unbeholfenen Versuche, sein damaliges Aussageverhalten zu erklären, stießen auf Unglauben. Ein Mensch mit geringer sprachlicher und logischer Kompetenz ist bei einer bestimmten Sorte Juristen verloren. Daß er Hilfeschreie gehört habe, habe er nur deshalb eingeräumt, weil ihm die Kriminalbeamten laufend gesagt hätten, sie bauten ihm eine Brücke, er brauche es nur zuzugeben, die Schreie gehört zu haben, dann könne er gehen. Natürlich beteuerten die Beamten, vom Gericht als Zeugen vernommen, daß sie es so nicht gesagt hätten. Aber immerhin gab einer der Vernehmungsbeamten, KHM Constabel, auf Befragen durch den Verteidiger zu – und so ist es auf meinen Antrag auch wörtlich protokolliert worden –:

Es kann sein, daß ich Becker vorgehalten habe, es sei verdächtig, daß er in Bahnhofsnähe gewesen ist und keine Schreie gehört haben will.

Im Urteil las man es später anders:

Insbesondere ist die Einlassung des Angeklagten widerlegt worden, er habe das Hören der Hilfeschreie nur deshalb zugegeben, weil man ihm eine Brücke habe bauen wollen und für den Fall dieses Einräumens ihn – den Angeklagten – habe gehen lassen wollen. Nach den glaubhaften Aussagen der Kriminalbeamten Ehrenberg, Struwe und Constabel ist ihm eine solche Zusicherung nicht gegeben worden. Der Zeuge Struwe hat glaubhaft bekundet, daß nur er die Frage gestellt habe, ob der Angeklagte die Hilfeschreie gehört habe, und daß ihm gegenüber der Angeklagte dies eingeräumt habe.

So einfach war das, wenn man dem Urteil glauben will. Ein Blick in die Akten zeigt, daß es anders war. Aus dem Vermerk des KHM Ehrenberg über die Vernehmung vom 31. 10. 1973, die um 8.00 Uhr mit einem nichtprotokollierten »Vorgespräch« begonnen hatte und nach siebenstündiger Dauer ab

15.00 Uhr in eine protokollierte »Vernehmung« übergeleitet worden war:

Erst gegen 15.00 Uhr gab er dann nach und nach zu:
1. am Oslebshauser Bahnhof gewesen zu sein,
2. die Hilfeschreie der Kampa gehört zu haben.

Und im Vernehmungsprotokoll selbst findet sich dieser Vorhalt:

Wie Ihnen bereits vorgehalten wurde, haben Sie von heute morgen 08.30 Uhr bis gegen 14.30 Uhr bestritten, überhaupt am Oslebshauser Bahnhof gewesen zu sein und die Hilferufe gehört (im Protokoll steht fälschlich: nicht gehört) zu haben. Erst als Sie bemerkten, daß die Zeugen fest bei ihren Angaben blieben, gaben Sie nach und nach zu, überhaupt am Bahnhof und der Umgebung gewesen zu sein.

Weiter im Urteil:

Die Einlassung des Angeklagten in diesem Punkt ist auch in sich unglaubhaft. Denn auch für den Angeklagten war klar, daß er weiter befragt werden würde, wenn er zugab, die Schreie gehört zu haben.

So formuliert ein Jurist, zu dessen Beruf es gehört, logisch zu denken und kriminalpolizeiliche Protokolle zu lesen. Otto Becker war beides nicht gewohnt. Ihn hatte man mit Aussagen von Zeugen, die ihn am 1. Mai 1971 in der Nähe des Oslebshauser Bahnhofs gesehen haben wollten, und mit der Belehrung, daß die Kriminalpolizei »keine Unwahrheiten vorhalten« dürfe, verblüffen können, so daß er nach fast siebenstündiger Vernehmung selbst an alles glaubte, was da behauptet wurde, und sich möglicherweise sogar schämte, daß er sich nicht mehr daran erinnern konnte (Alkoholiker!). Die Kriminalbeamten hatten die Grenzen Beckerscher Logik mit sicherem Instinkt erkannt und darauf ihre Vernehmungsstrategie aufgebaut. Daß ein solcher Mensch dann an Juristen geraten kann, die nicht fähig sind, die von ihrem eigenen logischen Apparat abweichenden Verständnishorizonte und Verhaltensmotivationen eines Otto Becker zu erkennen, gehört zu den ungeheuren Gefahren unserer Strafjustiz.

Mit Otto Becker, dem zu Unrecht der Mord an einem 17jährigen Mädchen vorgeworfen wurde, im Schwurgerichtssaal des Bremer Landgerichts.

Das Bremer Schwurgericht, damals noch mit drei Berufsrichtern und sechs Schöffen (Geschworenen) besetzt, sprach Becker des Mordes an Carmen Kampa schuldig. Das am 14. Januar 1975 verkündete Urteil lautete auf zwölf Jahre Freiheitsstrafe wegen Vergewaltigung in Tateinheit mit Mord. Daß nicht lebenslänglich herauskam, wurde damit begründet, daß der Angeklagte zur Tatzeit unter Alkohl gestanden habe.

Mit Beckers Homosexualität hatte das Gericht keine Schwierigkeiten. Hatte er doch selbst zugegeben, es anfangs, wie viele Homosexuelle, auch mit Frauen versucht zu haben – übrigens sehr sanft und rücksichtsvoll. Das Gericht unterstellte, daß seine »heterosexuellen Impulse durch den Alkohol gesteigert« worden seien und der »knabenhafte Wuchs« des Mädchens ihn besonders angesprochen habe. Und welche Beweise gab es für seine Täterschaft? Das Gericht hielt »zwei Eckpunkte« für erwiesen: daß der Angeklagte am 1. Mai 1971 gegen 23.00 Uhr im »Miramichi« gewesen sei (Zeugin Koopmann) und daß er kurz vor 24.00 Uhr in der Nähe des Oslebshauser Bahnhofs mit der Zeugin Weiß zusammengetroffen sei. Schon diese beiden »Eckpunkte« zweifelhaft genug, mindestens was den Tag angeht (war es wirklich der 1. Mai 1971, an den die Zeuginnen sich plötzlich im Juni 1973 erinnern wollten, oder hatten sie Becker, wenn überhaupt, an einem anderen Tag gesehen?). Für die Zeit zwischen 23.00 und 24.00 Uhr mußten die eigenen Einlassungen des Angeklagten bei der

Kriminalpolizei herhalten, aus denen sich ja nicht etwa ein Geständnis, sondern allenfalls ergab, daß er in der Umgebung des Oslebshauser Bahnhofs gewesen war und sich dies nach Vorhalt entsprechender Zeugenaussagen nach und nach hatte aus der Nase ziehen lassen. Das war nun wirklich zu wenig, um den Ausdruck »Indizienkette« zu verdienen.

Den Richtern und Schöffen mußte klar sein, daß ihr Urteil nur dann richtig sein konnte, wenn es in der Nacht vom 1. Mai 1971 zwischen 23.00 und 24.00 Uhr außer Otto Becker keinen anderen Mann in der Umgebung des Oslebshauser Bahnhofs gegeben hatte, auf den die dürftige Personenbeschreibung des Zeugen Stengel paßte. Und daß sie eben diese Feststellung nicht treffen konnten, hatten sie in den Urteilsgründen offen zugegeben. Sie hatten den Mann aus der »Parkgaststätte« als Täter ausgeschieden, obwohl auch er mit dunklem Anzug und weißem Pullover bekleidet war, und zwar mit der Begründung, es sei nicht sicher festzustellen, ob es sich bei dem Mädchen in seiner Begleitung um Carmen Kampa gehandelt habe. Daß damit dieser Mann aber nicht vom Erdboden verschwunden war, ist der Juristenlogik des Urteils entgangen. Sie hatten weiter ausgeschieden den Mann, den der Zeuge Helmers zwischen 23.47 und 23.50 Uhr aus der Eisenbahnunterführung Ritterhuder Heerstraße in Richtung Oslebshauser Bahnhof hatte eilen sehen, obwohl auch auf ihn die Täterbeschreibung Roland Stengel paßte und die Kripo sogar davon ausging – und Becker entsprechende Vorhalte machte –, daß es sich um den Täter, nach Meinung der Kripo also um Becker, handelte. Das Gericht begründete seine abweichende Meinung damit, daß Helmers seine Beobachtung aus sechzig Meter Entfernung gemacht habe. Vielleicht paßte auch die Aussage Helmers nicht so gut zu der Aussage der Zeugin Weiß, der Frau mit dem »eidetischen Gedächtnis«, die Becker wenige Minuten später in der Ritterhuder Heerstraße gesehen haben wollte, was zu der Annahme genötigt hätte, daß Becker zu einer Zeit, als der oder die Täter noch mit polizeilichen Fahndern rechnen mußten, in der Nähe des Tatorts hin und her gelaufen sein müßte. Aber wie auch immer: auch der Mann, den der Zeuge Helmers gesehen hatte, kam als Mörder in Frage und war dadurch, daß man ihn nicht mehr mit Becker identifizierte, nicht aus dem Kreis der Tatverdächtigen auszuscheiden. Aber das Gericht war weit davon entfernt, seine Juristenlogik auf diesen für Becker entlastenden Gedanken zu erstrecken. Man liest Urteilssätze wie diese nur mit Beklommenheit:

Es ist ohnehin nicht auszuschließen, daß an diesem Abend des 1. Mai auch noch andere Männer in Oslebshausen in ähnlicher Feiertagskleidung wie der Angeklagte sich aufgehalten haben, deren Alibi nicht oder nicht sicher genug überprüft worden ist. Die Fülle (welche Fülle? H. H.) der ineinander greifenden Glieder der Indizienkette, aus der sich der Nachweis der Täterschaft des Angeklagten ergibt, schließt es jedoch nach der Überzeugung des Schwurgerichts aus, daß diese Tat auch von einem anderen, dem Angeklagten nur in Gestalt und Kleidung ähnlichen Täter begangen worden ist.

Ich habe in meinem Strafverteidigerleben manches Fehlurteil erlebt, aber über dieses war ich wegen der unglaublichen Leichtfertigkeit seiner Indizienlogik besonders empört. Ich entschloß mich deshalb zu einem ungewöhnlichen Schritt. Ich lud zu einer Pressekonferenz ein, in der ich an die Öffentlichkeit appellierte, mir bei der Suche nach dem Mörder Carmen Kampas zu helfen, nachdem Oberstaatsanwalt Dr. Janknecht meine entsprechende Bitte als »Zumutung« zurückgewiesen hatte. Und das allgemeine Unbehagen an Verfahren und Urteil gegen Otto Becker verhalf meinem Appell zu einer überraschend großen Resonanz.

Der *Weser-Kurier* vom 13. 2. 1975 berichtete:

»Eine Justiz, die auf so schwache Indizien hin ein Urteil wegen Mordes ausspricht, kann jedem Bürger zum Verhängnis werden.« Das erklärte der Bremer Rechtsanwalt Heinrich Hannover gestern in einer Pressekonferenz, in der er die Öffentlichkeit aufforderte, ihm bei der Ermittlung des »wahren Mörders von Carmen Kampa« zu helfen. Das Schwurgerichtsurteil vom 14. Januar gegen seinen Mandanten Otto Becker beruhe auf einer »äußerst leichtfertigen Würdigung dürftiger Indizien«. Becker sei letztlich zum Verhängnis geworden, daß er »erst zu einer Zeit in Tatverdacht geriet, als er sich nicht mehr erinnern konnte, wo er tatsächlich am 1. Mai 1971 gewesen ist«. Er hätte deshalb keine Möglichkeit gehabt, ein glaubwürdiges Alibi für den Tatzeitpunkt zu erbringen.

In diese Gefahr, so Hannover, könne jeder kommen, der erst Jahre nach einer Mordtat aus irgendwelchen Gründen in Verdacht gerate und jetzt noch sein Alibi für den Zeitpunkt der Tat liefern solle …

Am folgenden Tag berichtete die Presse: »Hannovers Attacke wird wahrscheinlich Folgen haben.« Nämlich diese:

Die Generalstaatsanwaltschaft will prüfen, ob ein Ehrengerichtsverfahren gegen den Anwalt einzuleiten ist, »weil ein solches Verhalten standeswidrig sein könnte«.

Man nahm mir übel, daß ich von »äußerst leichtfertiger Würdigung dürftiger Indizien« gesprochen hatte. Aber sehr bald sollte sich zeigen, wie berechtigt der Vorwurf war. Und von dem Ehrengerichtsverfahren hat man nie wieder etwas gehört.

Ein Verteidiger muß auch Glück haben. Und nach dem Tiefpunkt des Schwurgerichtsurteils vom 14. 1. 1975 fiel mir das Glück gleich dreimal in den Schoß.

Als erstes entdeckte ein tüchtiger Referendar – Hans-Henning Adler, inzwischen selbst Rechtsanwalt in Oldenburg –, den ich zur Vorbereitung der Revision mit der Prüfung der Gerichtsbesetzung beauftragt hatte, daß zwei Schöffen vertauscht worden waren. Statt Lore Dinné, die laut Schöffenliste an der Reihe gewesen wäre, hatte ihr Ehemann Olaf Dinné am Becker-Prozeß mitgewirkt. Otto Becker war also seinem gesetzlichen Richter entzogen worden, ein absoluter Revisionsgrund. Noch bevor die schriftlichen Urteilsgründe abgesetzt waren, stand fest, daß das Urteil aufgehoben werden mußte.

Der zweite Glücksfall: Ich erfuhr von der Existenz einer Spurenakte, die auf einen anderen Tatverdächtigen hinwies. Die Staatsanwaltschaft hatte sie dem Gericht nicht als Beiakte vorgelegt. Der Sachbearbeiter und Sitzungsvertreter der Staatsanwaltschaft, Herr Dr. Janknecht, behauptete später, sie gar nicht gekannt zu haben, was mindestens für einen Organisationsmangel bei der Staatsanwaltschaft spricht. Einem jungen Staatsanwalt, der zu Ausbildungszwecken bei der Kriminalpolizei hospitierte, war, nachdem Becker verurteilt worden war, von dem Kriminalbeamten Lange die Spurenakte 59 gezeigt worden, die ursprünglich von Lange bearbeitet, dann aber während dessen Abwesenheit von einem anderen Sachbearbeiter weggelegt worden war. Bei einer privaten Geselligkeit erzählte der junge Staatsanwalt vom Inhalt dieser Akte, was ihm übrigens noch nachträglich die Mißbilligung seines Dienstvorgesetzten eintrug. Ein am Nebentisch sitzender Kollege bekam zufällig einige Gesprächsfetzen mit und informierte mich. So konnte ich gezielt die Spurenakte 59 anfordern, die ich andernfalls wohl kaum gefunden hätte, weil Oberstaatsanwalt Dr. Janknecht die Kriminalpolizei angewiesen hatte, mir keinerlei sachbezogene Auskünfte zu erteilen, und die Durcharbeitung aller 1 020 Spurenakten für einen auch sonst beschäftigten Anwalt ein Ding der Unmöglichkeit gewesen wäre.

Die Spurenakte 59 war eine Sensation.

Schon am 6. Mai 1971, also einen Tag nach den ersten Presseveröffentlichungen über den Mord an Carmen Kampa, hatte eine weibliche Person, die ihren Namen nicht nennen wollte, der Kripo einen Hinweis auf den arbeitslosen Hilmar Haerynk* gegeben, der, wie es im Aktenvermerk der Kripo heißt, aufgrund der Personenbeschreibung des 18jährigen Augenzeugen (Roland Stengel) als Täter in Frage kommen könnte. Die Hinweisgeberin machte präzise Angaben zu den Wohn- und gelegentlichen Arbeitsverhältnissen des Mannes, kannte ihn also offenbar sehr gut, teilte aber als verdächtigen Umstand nur mit, daß er einen schwarzen Anzug trage. Die Frau wußte wohl mehr, wie man nachträglich erkannte, sie ist jedoch nie ermittelt worden.

Die Kripo war dem Hinweis nachgegangen und hatte starke Verdachtsmomente gegen Haerynk ermittelt. Doch war es nicht gelungen, diesen Mann, der sich als ein mit allen Wassern gewaschener Rechtsbrecher erwies, im Wege kriminalpolizeilicher Vernehmungen zu einem Geständnis oder zu Selbstbelastungen zu bringen, die eine Anklage aussichtsreich erscheinen ließen. Und so schloß eines Tages, genauer: am 10. 8. 1972, der Kriminalbeamte Weinrich die Akte mit einem resignierenden Vermerk ab, in dem es hieß:

Bei der Persönlichkeit des H., der über tiefgründige Erfahrungen hinsichtlich der kriminalpolizeilichen Möglichkeiten in einem Ermittlungsverfahren verfügt, ist mit Sicherheit nicht mit einem Geständnis zu rechnen, so daß es ohne weitere Erkenntnisse über ihn in Bezug auf vorliegende Mordsache sinnlos erscheint, erneut an H. heranzutreten.

Es erschien offenbar einfacher, nach einem anderen Verdächtigen zu suchen, der mit den »kriminalpolizeilichen Möglichkeiten« nicht so gut Bescheid wußte.

Als ich die Akte las, wurde mir klar, daß Otto Becker gerettet war. Hier war eine Akte unter den Tisch gefallen oder geschoben worden, deren Kenntnis es auch der Crome-Kammer unmöglich gemacht hätte, Becker zu verurteilen. Ob es für eine Anklage und ein Urteil gegen Haerynk gereicht hätte, mag

* Name geändert

dahinstehen, eines aber war sicher: gegen diesen Mann sprachen sehr viel gewichtigere Indizien als gegen Becker. Daß es möglich war, diese Akte einfach verschwinden zu lassen, sie weder der Staatsanwaltschaft noch dem Gericht vorzulegen und sie auch in Berichten und Aktenvermerken zu verschweigen, das mußte jeden, der an die Sorgfalt kriminalpolizeilicher Ermittlungen und an die Zuverlässigkeit staatsanwaltlicher Überwachung dieser Arbeit geglaubt hatte, zutiefst enttäuschen und beunruhigen. Jürgen Serke, der im *Stern* vom 7. 11. 1974 unter dem Titel »Der Zeuge fuhr im Zug vorbei. Wie die Bremer Kripo für einen Mädchenmord doch noch einen Täter fand« über den Fall berichtet hatte, wußte noch nichts von der Spurenakte 59, als er schrieb:

Unter einem Dutzend Tatverdächtiger entschied sich die Staatsanwaltschaft für ihn (Otto Becker). Einen besseren fand sie nicht.

Nach dem Auffinden der Spurenakte 59 schrieb er (*Stern* vom 10. 4. 1975):

Die Hartnäckigkeit des Anwalts offenbarte einen Fall beispielloser Schlamperei bei den Bremer Ermittlungsbehörden.

In der neuen Hauptverhandlung, die vor einer anderen Kammer des Landgerichts Bremen unter Vorsitz des Richters Bartholomäi stattfand und am 28. Dezember 1976 mit Otto Beckers Freispruch endete, spielte die wiederaufgetauchte Spurenakte 59 eine entscheidende Rolle. Und Hilmar Haerynk, aus der Haft in anderer Sache vorgeführt, wurde zum wichtigsten Zeugen.

Haerynk war, wie er schon bei seiner ersten kriminalpolizeilichen Vernehmung am 9. August 1971 eingeräumt hatte, in den Abendstunden des 1. Mai 1971 im »Miramichi« gewesen und hatte dort Carmen Kampa, die er aus anderen nordbremischen Lokalen kannte, mit Handschlag begrüßt und mit ihr »einige belanglose Worte« gewechselt. Eigentlich habe er an diesem Abend im »Miramichi« kellnern sollen. Aber der Geschäftsführer Kirsch habe auf seine Mitarbeit verzichtet, weil sowieso schon eine Arbeitskraft zuviel anwesend gewesen sei. Er sei dann als Gast im Lokal verblieben und habe es erst nach Mitternacht verlassen. Er sei dann zur Haltestelle »Grüner Jäger« gegangen und etwa 0.45 Uhr mit dem Bus nach Hause, d.h. zu

Während einer Verhandlungspause im Schwurgerichtssaal des Landgerichts Bremen. Der Mordfall Carmen Kampa endete am 28. Dezember 1976 mit Otto Beckers Freispruch. Der wahre Täter wurde nie verurteilt.

seiner Tante Dora G. in Bremen-Vegesack gefahren, bei der er gelegentlich übernachtete. Haerynk räumte ohne weiteres ein, daß er am Abend des 1. Mai 1971 einen schwarzen Anzug und einen weißen Pullover getragen habe. Zeugen hatten darüber hinaus berichtet, daß er sich am 2. Mai, am Tage nach dem Kampa-Mord, entgegen seiner sonstigen Gewohnheit betrunken habe, und ebenso am Abend nach ihrer Beerdigung. Bei letzterer Gelegenheit soll er mehrfach unmotiviert gegrinst und gesagt haben, vielleicht sitze Carmen Kampas Mörder mit am Tisch. Die Frage, ob er jemals ein feststehendes Messer oder ein Klapp- oder Sprungmesser besessen habe, verneinte er. Als aus Zeugenaussagen bekannt wurde, daß er doch ein Klappmesser besessen hatte, gab er dies zu und erfand über den Verbleib dieses Messers eine abenteuerliche Geschichte, die in Einzelheiten durch umfangreiche Ermittlungen, die bis nach Rosenheim in Bayern führten, widerlegt werden konnte.

Auch Haerynks Angaben über die Dauer seines Aufenthalts im »Miramichi« und seine Heimfahrt mit dem Bus erwiesen sich als falsch. Der Geschäftsführer Kirsch erinnerte sich, daß er am 1. Mai 1971 etwa um 23 Uhr eine Bardame nach Hause gefahren habe, der schlecht geworden war. Als er wegfuhr, sei Haerynk noch dagewesen, als er kurz darauf zurückgekommen sei, hätte Haerynk das Lokal bereits verlassen gehabt. Haerynk gab bei einer Vernehmung am 12. 11. 1971 zu, sich an den Vorfall mit der Bardame zu erinnern, wodurch sein späterer Versuch, seinen Aufenthalt im »Miramichi« um einen Tag vorzuverlegen, als Schutzbehauptung erkennbar war. Auch wurde festgestellt, daß zu der von Haerynk angegebenen Zeit gar kein Bus mehr in Richtung Vegesack fuhr. Von vornherein war ihm entgegengehalten worden, daß man von Oslebshausen viel schneller mit dem Zug nach Vegesack kam, so daß sich die Vermutung aufdrängte, er habe den um 23.27 Uhr abfahrenden Zug benutzen wollen, den auch Carmen Kampa nehmen wollte.

Im August 1971 meldete sich der Mietwagenfahrer Walter Pielmann,* der am 29. 7. 1971 als Mitgefangener auf einem Transport von Stuttgart nach Cuxhaven den Haerynk kennengelernt und ein längeres Gespräch mit ihm geführt hatte, das er wie folgt wiedergab:

Wir sprachen dann von dem Lokal »Miramichi« in Bremen-Oslebshausen. Hier sollte dieser Mann als Aushilfskellner eingestellt werden. Bei seinem Erscheinen konnte er aber nicht mehr arbeiten, weil schon jemand eingestellt worden war. Er blieb im Lokal und hat vermutlich getrunken. Dann erkannte er ein Mädchen, das er aus Bremen-Vegesack kannte. Auch dieser Mann stammt aus dem genannten Ort. Beide haben sich dann unterhalten und dann später die Gaststätte verlassen. Während das Mädchen mit der Bahn fahren wollte, ging der Mann zur Bushaltestelle. An der Haltestelle will er dann festgestellt haben, daß kein Bus mehr fuhr, und so ist er dann diesem Mädchen nachgegangen.

Haerynk, der erst am 15. 11. 1971 hierzu befragt wurde, räumte ein, mit Pielmann über den Abend im »Miramichi« und seine Begegnung mit Carmen Kampa gesprochen zu haben, verneinte aber die Frage des Vernehmungsbeamten, ob es stimme, daß er gleichzeitig mit dem Mädchen das Lokal verlassen habe. Wann er das »Miramichi« verlassen hat, wollte er nicht mehr genau wissen. Er gehe von der Tatsache aus, daß er gegen 0.30 Uhr (früher hatte er 0.45 Uhr gesagt) an der Bushaltestelle »Grüner Jäger« gewesen sei. Dort habe er einen jungen Mann getroffen, der sich in einem Hauseingang untergestellt hatte. Diesen habe er gefragt, ob überhaupt noch ein Bus fährt. Das habe der bejaht. Mit diesem Bus sei er dann nach

* Name geändert

Hause gefahren. Eine Aussage, an der auffallen mußte, daß er niemand nach den Busabfahrtzeiten zu fragen brauchte, wenn er schon an der Haltestelle war und den dort befindlichen Fahrplan selbst lesen konnte. Vor allem aber: auch um 0.30 Uhr wäre er für den letzten Bus, der bereits um 0.19 Uhr fuhr, zu spät gekommen. Die Sache konnte also hinten und vorne nicht stimmen.

Bei einer erneuten Vernehmung am 18. 11. 1971 erklärte Haerynk nach einer Gegenüberstellung mit Pielmann:

Ich habe dem Pielmann nicht erzählt, daß ich einem Mädchen nachgegangen bin. Und schon gar nicht erzählt, daß ich Carmen Kampa nachgegangen bin. Ich habe dem Pielmann mitgeteilt, daß ich auf dem Wege vom »Miramichi« zur Bushaltestelle »Grüner Jäger« in der Oslebshauser Heerstraße drei Personen folgte. Diese Personengruppe bestand aus zwei männlichen und einer weiblichen Person. Ich kann aber nicht sagen, ob es sich bei dem Mädchen innerhalb dieser Gruppe um Carmen Kampa gehandelt hat.

Wieso erzählt man einem anderen ein solches Detail, wenn es sich wirklich auf dem Weg zur Bushaltestelle ereignet haben sollte? Hatte Haerynk hier ein Stück der wahren Geschichte preisgegeben? Hatte es diese Dreiergruppe auf dem Wege zum Oslebshauser Bahnhof gegeben? Und war Haerynk einer davon gewesen? Es paßte zu dem Bericht des anonymen Anrufers, der den Mord aus zwölf Meter Entfernung miterlebt haben wollte. Und einem fällt dazu auch wieder die Dreiergruppe aus der »Parkgaststätte« ein.

Die Kriminalpolizei hatte weiter ermittelt, daß Haerynk am 2. Mai 1971, also am Tage nach dem Mord an Carmen Kampa, und an den folgenden Tagen im »Miramichi« als Kellner arbeiten sollte, aber nicht erschien, obwohl er in Geldnot war (er konnte seine Miete nicht zahlen, hatte auf dem Sozialamt vorgesprochen und seinen Smoking zur Pfandleihe gebracht). Und es wurde ermittelt, daß Haerynk am 4. Mai 1971, also drei Tage nach dem Mord an Carmen Kampa, drei Anzüge, zwei dunkle und einen grauen, zur Reinigung gebracht und erklärt hatte, daß es mit der Durchführung der Reinigung dieser Anzüge sehr eilig sei. Bei der Reinigung wurde ein entsprechender Vermerk gemacht. Gleichwohl holte Haerynk die Anzüge dann erst drei Wochen später ab. War einer der Anzüge blutig und morastverschmutzt? Es war nicht mehr zu klären. Aber die Tatsache, daß einer, der wegen Mittellosigkeit seine Miete schuldig bleibt und das Sozialamt in Anspruch nehmen muß, drei Anzüge (warum gleich drei? Sollte die Aufmerksamkeit von einem blutigen abgelenkt werden?) als Eilauftrag zur Reinigung gibt und dann nicht abholt, war eigentlich verdächtig genug. Und warum er das Angebot, an den Tagen nach dem 1. Mai im »Miramichi« als Kellner zu arbeiten, nicht genutzt hat, blieb auch erklärungsbedürftig. Die Kriminalpolizei begnügte sich mit Haerynks unglaubwürdiger Ausrede, ihm sei das Lokal »nicht sauber genug« gewesen. Lag es nicht nahe, darauf zu schließen, er habe sich den zu erwartenden – und dann auch tatsächlich durchgeführten – Observationen und Befragungen der Gäste des »Miramichi« entziehen wollen?

Haerynk war kein unbeschriebenes Blatt. Nach den ED-Unterlagen der Kriminalpolizei war er mehrfach wegen Diebstahls, zuletzt zu hohen Strafen (einmal vier Jahre, einmal fünf Jahre Zuchthaus) und Sicherungsverwahrung verurteilt und einmal wegen eines Notzuchtverbrechens angeklagt, allerdings freigesprochen worden. Über einen weiteren, nicht angeklagten Vergewaltigungsversuch berichtete eine während des Ermittlungsverfahrens vernommene Zeugin. Daß Haerynk sehr junge Mädchen bevorzugte, aber regelmäßig abblitzte, kam ebenfalls heraus. Alles in allem ein Persönlichkeitsbild, das sich weit eher mit dem Kampa-Mord vereinbaren ließ als das des von einer Zeugin zutreffend als »feminin« beschriebenen Otto Becker, der überdies Gewalttätigkeiten glaubwürdig aus dem Wege ging, schon weil er befürchtete, daß eine vor Jahren erlittene, zum Teil nur durch Haut überdeckte Schädelverletzung erneut verletzt werden könnte.

Beckers Persönlichkeitsbild war in einem ausgezeichneten Gutachten des psychologischen Sachverständigen Dr. Herbert Maisch, dessen Beiziehung ich in der ersten Hauptverhandlung vergeblich beantragt hatte, dem Verständnis des Gerichts zugänglich gemacht worden. Er wies nach, daß Becker über eine extrem niedrige Aggressionsbereitschaft verfügte, wie sie für Gewalttäter ganz untypisch ist. Und er analysierte die Bedingungen der kriminalpolizeilichen Vernehmungen und erklärte Beckers unüberlegtes Aussageverhalten. Becker sei sich oft gar nicht im klaren darüber, weshalb bestimmte Fragen gestellt werden oder worauf bestimmte Fragen abzielen, und neige zu unreflektierten Antworten, oft nur deshalb, um sein Gegenüber irgendwie zufriedenzustellen. Dabei sei ihm die Tragweite seiner eigenen Antworten ebensowenig klar, da er die Situation nur vordergründig und naiv betrachte.

Man brauchte kein Psychologe zu sein, um zu erkennen, daß Haerynk ein ungleich härterer Brocken für kriminalpolizeiliche Vernehmungsversuche war. »Es ist zu bedenken«, hatte der Kriminalbeamte Lange in einem Aktenvermerk vom 27. 9. 1971 niedergelegt, »daß es sich bei Haerynk um einen mehrfach vorbestraften Rechtsbrecher handelt, welcher nur etwas zugibt, was man ihm auch beweisen kann«. Und ebenso gewieft trat er denn auch in der neuen Hauptverhandlung auf, nie um eine Antwort verlegen und auf nichts festzulegen.

Aber ich hatte einen Pfeil im Köcher, auf den er nicht vorbereitet war, und landete einen Volltreffer. Durch einen vertraulichen Hinweis aus dem Bekanntenkreis des Hilmar Haerynk wußte ich – und das war der dritte Glücksfall in diesem Verfahren –, daß Haerynk im Jahr 1969 in der Haft ein Romanmanuskript verfaßt hatte, das sich wie ein Drehbuch zum Kampa-Mord las. Kern der Handlung: ein Mädchen wird von zwei Männern mit einem Messer sexuell gefügig gemacht, vergewaltigt und ermordet. Als ich ihn zu diesem Manuskript befragte, trat im Gerichtssaal atemlose Stille ein. Er war überrascht, reckte den Hals, um zu sehen, ob ich eine Kopie des Textes vor mir liegen hatte, ging offenbar davon aus, daß es so sei, und gab zu, einen solchen Text zusammen mit einem Haftgenossen verfaßt zu haben. Über den Handlungsablauf des Romans war so viel aus ihm herauszuholen, daß es »zu irgendwelchen Szenen kam«, daß das Mädchen »irgendwie gequält« und von einem der beiden Männer sexuell mißbraucht wurde. War es die in der Phantasie vorweggenommene Szenerie des Kampa-Mordes? Auf jeden Fall war es das letzte Mosaiksteinchen, das zu Otto Beckers Freispruch noch fehlen mochte, wenn auch vielleicht nicht das gewichtigste, so doch sicher das unheimlichste der 21 Indizien, die ich in meinem Plädoyer gegen den anderen Tatverdächtigen zusammentrug.

Über neun Monate hatte Otto Becker in Untersuchungshaft verbringen müssen, bevor er durch einen Beschluß des Oberlandesgerichts aus der Haft entlassen worden war. Auch nach dem Auftauchen der Spurenakte 59 hatte eine Strafkammer des Landgerichts den Haftbefehl noch aufrechterhalten und damit dem Antrag des Oberstaatsanwalts Dr. Janknecht entsprochen, der sich vehement für Haerynk ins Zeug gelegt und gemeint hatte, dieser – und nicht etwa Otto Becker – sei bei der Vernehmung durch die Kriminalpolizei »in die Enge getrieben« worden. Erst als eine Blutuntersuchung ergeben hatte, daß Haerynk ebensowenig wie Becker als Verursacher des bei der Obduktion der Ermordeten aufgefundenen Spermas ausgeschlossen werden konnte, gab sich die Staatsanwaltschaft geschlagen und unterstützte meinen Antrag auf Haftentlassung. Becker wurde eine Haftentschädigung zugesprochen, die dem Mann in seinem damaligen Zustand, zusätzlich beschädigt durch die überstandenen Ängste und Nöte, schnell durch die Finger lief. Erst Jahre später hat sich Becker wieder gefangen, bekam Arbeit in seinem Beruf als Bauarbeiter, machte eine erfolgreiche Alkoholentziehungskur durch – er ist inzwischen seit mehr als zehn Jahren trocken – und fand in einer Wohngemeinschaft auch sehr ordentliche Wohnverhältnisse und verständnisvolle Freunde. Zu Ostern und zu Weihnachten bekommt sein Verteidiger regelmäßig Grußkarten von diesem lebenslang dankbaren Mann.

Der Mord an Carmen Kampa ist ungesühnt geblieben. Eine Anklage gegen Hilmar Haerynk hat es nicht gegeben. Herr Dr. Janknecht, inzwischen zum Generalstaatsanwalt befördert, ließ im Jahre 1996 eine Journalistin wissen, daß er nach wie vor Otto Becker für den Täter des Kampa-Mordes hält.

Haben Justiz und Gesetzgeber aus dem nur mit viel Glück bereinigten Fehlurteil gegen den Bauarbeiter Otto Becker Lehren gezogen? Nein, man hat nur Vorsorge getroffen, daß künftige Fehlurteile sich nicht, wie im Fall Becker, zu einer öffentlichen Justizblamage auswachsen können. Man hat die Möglichkeiten des Verteidigers, eine fehlerhafte Besetzung des Gerichts in der Revisionsinstanz zu rügen, beschnitten. Das Gesetz ist so geändert worden, daß der Verteidiger heute einen Besetzungseinwand spätestens bis zur Vernehmung des Angeklagten zur Sache vorbringen muß. Die Verwechslung von zwei Schöffen, eine Entdeckung, mit der 1975 die Rechtskraft des Fehlurteils gegen Otto Becker verhindert werden konnte, würde heute nur noch dann die Revision rechtfertigen, wenn der Verteidiger sich die Mühe gemacht hätte, die Generalakten schon vor der Hauptverhandlung einzusehen, wenn er sodann dem Gericht die fehlerhafte Schöffenladung mitgeteilt hätte und wenn trotzdem das Gericht sehenden Auges in falscher Besetzung verhandelt hätte. Mit anderen Worten: ein wichtiges Recht des Verteidigers ist praktisch abgeschafft worden, nachdem einer es erfolgreich genutzt hatte, um ein Fehlurteil aufheben zu lassen.

Hat man denn wenigstens Sorge getragen, daß künftig Spurenakten, die auf andere Tatverdächtige hinweisen, dem Gericht vorgelegt werden müssen? Mitnichten. Der BGH und das Bundesverfassungsgericht haben sich mit dem Glaubenssatz zufrieden gegeben, daß in aller Regel davon ausgegangen werden könne, »daß Staatsanwaltschaft und Polizei ihre Aufgaben gewissenhaft erfüllt haben« (so ein Beschluß des Bundesverfassungsgerichts vom 12. 1. 1983 NStZ 1983, 273). Nach wie vor kann es einem Verteidiger nur mit viel Glück und erheblichem Arbeitsaufwand gelingen, von der Existenz wichtiger Spurenakten zu erfahren und sich außerhalb des anhängigen Strafverfahrens Einblick zu verschaffen.

Wir müssen also weiterhin mit einer Strafjustiz leben, der, weil sie von Menschen gehandhabt wird, Fehler und Irrtümer unterlaufen, die aber, weil dies dem Ansehen der Justiz schaden könnte, möglichst nicht entdeckt und an die große Glocke gehängt werden sollten. Und wie bei allen Katastrophen, die nur einzelne betreffen, beruhigt sich die große von Nichtbetroffenen gebildete Öffentlichkeit denn auch bald wieder, wenn der Reiz der empörenden Sensation verflogen ist.

Rechtswege
(von unten nach oben zu lesen)

Anklage beim Amtsgericht (Einzelrichter)

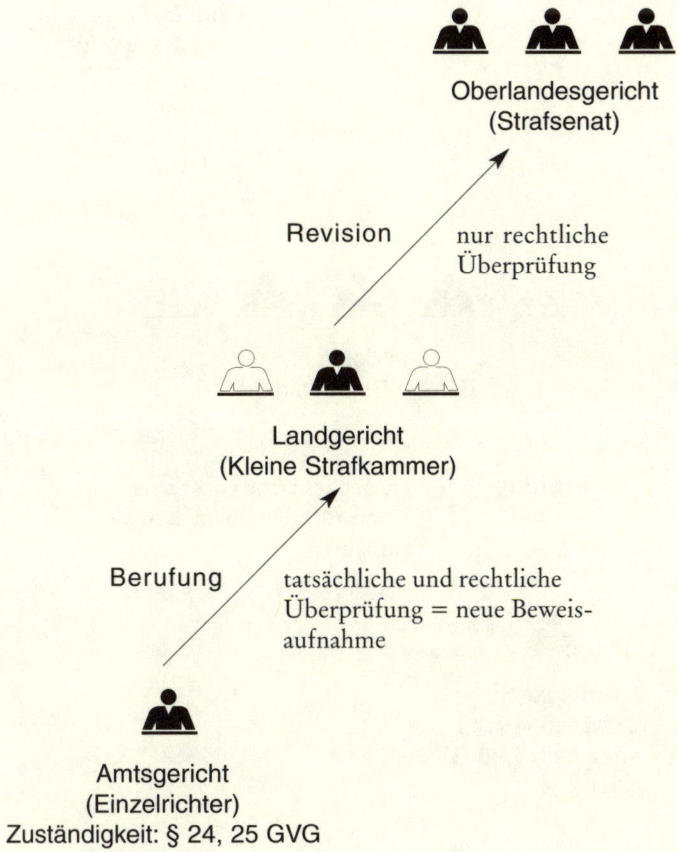

= Berufsrichter = Laienrichter (Schöffe)

Anklage beim Amtsgericht (Schöffengericht)

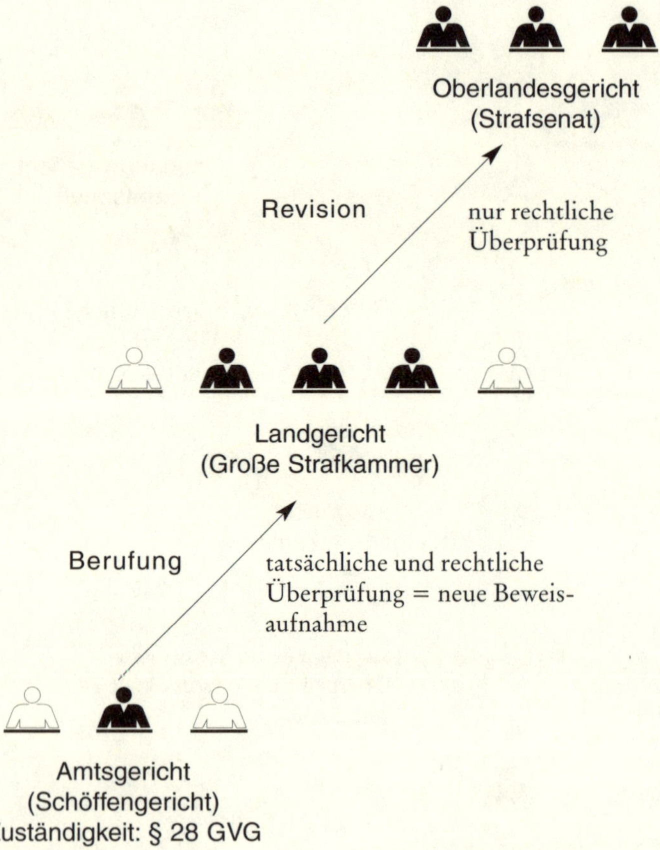

Anklage beim Landgericht

(Strafkammer oder Schwurgericht)

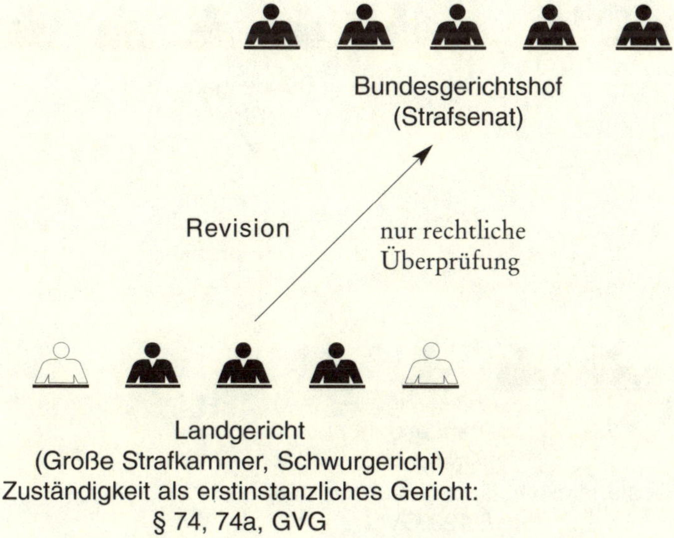

Anklage beim Oberlandesgericht

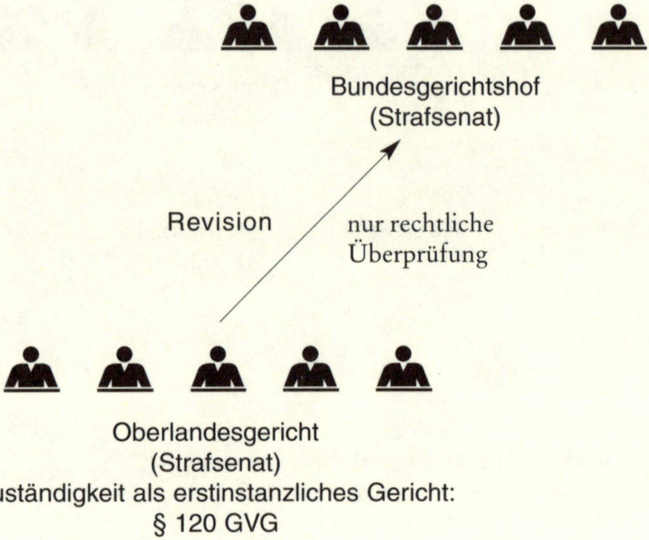

Glossar

Ablehnung von Richtern, Schöffen und Sachverständigen
Richter, Schöffen und Sachverständige können wegen »Besorgnis der Befangenheit« abgelehnt werden (daher auch: »Befangenheitsantrag«), wenn ein Grund vorliegt, der geeignet ist, Mißtrauen gegen ihre Unparteilichkeit zu rechtfertigen. Häufigster Anwendungsfall: Äußerungen während der Verhandlung, die auf eine Voreingenommenheit schließen lassen. In einem solchen Fall muß der Ablehnungsantrag »unverzüglich« gestellt werden, um nicht als verspätet zurückgewiesen zu werden. In der Praxis sieht das so aus, daß der Verteidiger nach einer angreifbaren Äußerung des Richters oder Schöffen eine Pause erbittet, um mit seinem Mandanten die Stellung eines Ablehnungsantrages zu beraten, denn nur dem Angeklagten (und dem Staatsanwalt) steht dieses Recht zu. Wenn der Angeklagte den Richter oder Schöffen für befangen hält, wird der Verteidiger einen schriftlich formulierten Antrag überreichen, in dem näher ausgeführt ist, welches Verhalten Anlaß zur Ablehnung des Richters oder Schöffen gibt. Ähnlich, wenn ein Sachverständiger abgelehnt werden soll, doch kann in diesem Fall der Antrag noch nach Erstattung des Gutachtens gestellt werden, ohne »verspätet« zu sein.

Über den Ablehnungsantrag entscheidet das Gericht, dem der Abgelehnte angehört, ohne dessen Mitwirkung. Der abgelehnte Richter wird dabei durch einen anderen Richter ersetzt. Der abgelehnte Richter gibt zu dem Ablehnungsantrag eine »dienstliche Erklärung« ab, die mitunter nur in dem Satz besteht: »Ich fühle mich nicht befangen.«

Wird einem Ablehnungsantrag gegen einen Richter stattgegeben, so scheidet er aus dem Verfahren aus. Bei Verhandlungen von längerer Dauer trifft der Vorsitzende Vorsorge gegen das vorzeitige Ausscheiden eines Richters (infolge Krankheit oder erfolgreicher Ablehnung), indem er die Zuziehung von »Ergänzungsrichtern« anordnet, die der Verhandlung von Anfang an beiwohnen und im Falle der Verhinderung eines Richters für ihn eintreten. Sind keine »Ergänzungsrichter« da, muß im Falle des Ausscheidens eines Richters die Verhandlung von vorne beginnen (Juristenslang: »die Verhandlung ist geplatzt«).

In der Praxis sind Ablehnungsanträge gegen Richter nur sehr selten erfolgreich.

Amnestie
Siehe Stichwort Gnade.

Aufruhr und Auflauf
Bis 1970 gab es die Tatbestände des »Aufruhrs« (§ 115) und des »Auflaufs« (§ 116).

Nach § 115 StGB wurde wegen Aufruhrs mit Gefängnis nicht unter sechs Monaten bestraft, »wer an einer öffentlichen Zusammenrottung, bei welcher eine der in §§ 113 und 114 bezeichneten Handlungen mit vereinten Kräften begangen wird, teilnimmt«. Die §§ 113 und 114 betrafen Widerstand gegen die Staatsgewalt und Beamtennötigung. Im zweiten Absatz des § 115 wurden »die Rädelsführer sowie diejenigen Aufrührer, welche eine der in §§ 113 und 114 bezeichneten Handlungen begehen«, mit Zuchthaus bis zu zehn Jahren bedroht.

Als »Auflauf« wurde in § 116 StGB folgender Tatbestand formuliert:

»Wird eine auf öffentlichen Wegen, Straßen oder Plätzen versammelte Menschenmenge von dem zuständigen Beamten oder Befehlshaber der bewaffneten Macht aufgefordert, sich zu entfernen, so wird jeder der Versammelten, welcher nach der dritten Aufforderung sich nicht entfernt, wegen Auflaufs mit Gefängnis bis zu drei Monaten oder mit Geldstrafe bestraft.«

Gegen diejenigen, die an gewaltsamem Widerstand teilgenommen haben, drohte der zweite Absatz der Vorschrift Zuchthaus bis zu zehn Jahren an.

Beide Straftatbestände wurden 1970 in der Zeit der SPD/FDP-Regierung aufgehoben.

Beleidigung, üble Nachrede und Verleumdung

Unter dem Oberbegriff »Beleidigung« werden in den §§ 185 ff. StGB unter Strafe gestellt:

1. die im Gesetz nicht näher definierte einfache Beleidigung (»Formalbeleidigung«; z.B. Schimpfworte wie »Scheißbulle« oder kränkende Vergleiche wie »Gestapo-Methoden«),
2. die üble Nachrede (nicht erweislich wahre Tatsachenbehauptungen, die einen anderen »verächtlich zu machen oder in der öffentlichen Meinung herabzuwürdigen geeignet« sind),
3. die Verleumdung (wenn die üble Nachrede wider besseres Wissen erfolgt).

Unter bestimmten Voraussetzungen können ehrenkränkende Äußerungen gerechtfertigt und mithin straflos sein. So bestimmt der schon seit 1871 unverändert geltende § 193 StGB, daß Äußerungen, die »zur Wahrnehmung berechtigter Interessen« gemacht werden, nur insofern strafbar sind, »als das Vorhandensein einer Beleidigung aus der Form der Äußerung oder aus den Umständen, unter welchen sie geschah, hervorgeht«. Darüber hinaus hat das Bundesverfassungsgericht in ständiger Rechtsprechung den Grundsatz entwickelt, daß bei Äußerungen »im geistigen Kampf in einer die Öffentlichkeit berührenden Frage« eine »Vermutung für die Zulässigkeit der freien Rede« gilt. »Angesichts der heutigen Reizüberflutung aller Art« seien einprägsame, auch starke Formulierungen hinzunehmen. In konkreten Fällen hat das Bundesverfassungsgericht wiederholt dem Grundrecht der freien Meinungsäußerung, das für eine freiheitliche Demokratie von grundlegender Bedeutung ist, den Vorrang gegenüber dem Recht der persönlichen Ehre eingeräumt. Die Beachtung dieser Gesichtspunkte, die den Beleidigungsparagraphen verfassungsrechtliche Grenzen setzen, muß bei vielen konservativ eingestellten Richtern immer wieder mühsam erkämpft werden. Jedenfalls dann, wenn es um die Ehre von Hitler-Generälen, Polizeipräsidenten und anderen Staatsträgern geht.

Bei den Paragraphen über üble Nachrede und Verleumdung kommt es darauf an, ob die behauptete Tatsache wahr ist. In politischen Strafsachen erlebt man immer wieder, daß Staatsanwälte und Richter versuchen, den Angeklagten an der Führung des Wahrheitsbeweises zu hindern, indem sie seine Äußerung als »Formalbeleidigung« einstufen, bei der es auf den Wahrheitsgehalt nicht ankomme. Ob beispielsweise der Ausdruck »Massenmörder« eine Formalbeleidigung oder eine zwar ehrenrührige aber zutreffende und deshalb straflose Bezeichnung bestimmter Generäle oder Staatenlenker ist, hängt aber von den konkreten Tatsachen ab, die dieser Einschätzung zugrunde liegen (vgl. den Fall Lorenz Knorr, Kapitel 9: »Die beleidigten Kriegsverbrecher«, und den Fall Hermann Sittner, Kapitel 17: »Der Völkermord in Vietnam und die Ehre der Politiker«). Der Wahrheitsbeweis durfte daher in diesen Fällen den Angeklagten nicht abgeschnitten werden, so peinlich er für die Betroffenen und die um deren Ehre besorgten Richter und Staatsanwälte auch sein mochte.

Berufung
Gegen Urteile des Amtsgerichts, also sowohl gegen Urteile des Amtsrichters als Einzelrichter als auch gegen Urteile des Schöffengerichts, gibt es das Rechtsmittel der Berufung. Sie muß binnen einer Woche nach Verkündung des Urteils schriftlich oder zu Protokoll der Geschäftsstelle eingelegt werden. Eine Begründung ist nicht nötig. Auch ein Rechtsanwalt braucht nicht mitzuwirken.

Vor dem Berufungsgericht – also vor der kleinen Strafkammer des Landgerichts, wenn ein Urteil des Amtsrichters als Einzelrichter angefochten wird, oder vor der großen Strafkammer des Landgerichts, wenn sich die Berufung gegen ein Urteil des Schöffengerichts richtet – wird die Sache noch einmal ganz neu verhandelt. Es findet also nochmals eine Beweisaufnahme statt, bei der auch die schon in erster Instanz vernommenen Zeugen und Sachverständigen erneut gehört werden, aber unter Umständen auch neue Beweismittel eingeführt werden können.

Es ist oft kritisiert worden, daß es in den weniger schwerwiegenden Fällen, die beim Amtsgericht beginnen, zwei Tatsacheninstanzen (also eine Wiederholung der Beweisaufnahme vor anderen Richtern) gibt, nicht aber in den Fällen, die beim Landgericht beginnen. Erstinstanzliche Urteile des Landgerichts und des Oberlandesgerichts (siehe Stichwort *Gerichte* Absätze 5 und 8) sind nur mit dem Rechtsmittel der Revision (s. d.) anfechtbar.

Beweisaufnahme
Das ist der wichtigste Teil der Hauptverhandlung (s. d.). Die Staatsanwaltschaft benennt schon in der Anklageschrift die Beweismittel (Zeugen, Sachverständige, Schriftstücke usw.), auf die es ihrer Meinung nach ankommt. Sie werden vom Gericht zur Hauptverhandlung geladen oder – soweit es sich um Schriftstücke, Fotos oder dergleichen handelt – befinden sich in den von der Polizei und der Staatsanwaltschaft zusammengestellten Akten. Auch der Angeklagte und sein Verteidiger können Beweismittel in die Verhandlung einführen. Das geschieht, wie ich aus einem Anfängerfehler bei meiner ersten Pflichtverteidigung gelernt habe, zweckmäßigerweise erst in der Hauptverhandlung, und zwar entweder durch Stellung von Beweisanträgen (z. B.: »Ich beantrage, den Zeugen X zum Beweise dafür zu vernehmen, daß der Angeklagte zur Tatzeit nicht am Tatort, sondern in Z war«) oder durch direkte Ladung von Zeugen oder Sachverständigen oder durch Vorlage von Schriftstücken (sogenannte »präsente Beweismittel«). Das Gericht entscheidet durch Beschluß, ob es dem Beweisantrag stattgibt, also die beantragten Zeugen oder Sachverständigen lädt oder eine beantragte Besichtigung des Tatorts (»Augenscheinseinnahme«) durchführt. Wenn es den Antrag ablehnt, muß es dies begründen und ist dabei an bestimmte Regeln gebunden (z. B.: »Der Beweisantrag wird abgelehnt, weil die Tatsache, die bewiesen werden soll, für die Entscheidung ohne Bedeutung ist« oder »die behauptete Tatsache wird als wahr unterstellt« oder – wenn die Vernehmung eines Sachverständigen beantragt war – »das Gericht besitzt selbst die erforderliche

Sachkunde«). Und dabei kann das Gericht Fehler machen, die der Verteidiger dann in der Revision (s. d.) rügen kann. Wenn der Verteidiger »präsente Beweismittel« (s. o.) in die Verhandlung einführt, also beispielsweise einen Zeugen durch den Gerichtsvollzieher laden läßt, der aussagebereit vor der Tür des Gerichtssaals steht, sind die Grenzen, innerhalb derer das Gericht die Vernehmung ablehnen kann, noch enger gezogen.

Beweiswürdigung
»Über das Ergebnis der Beweisaufnahme entscheidet das Gericht nach seiner freien, aus dem Inbegriff der Verhandlung geschöpften Überzeugung«, heißt es in § 261 StPO. Mit anderen Worten: es gibt keine verbindlichen Beweisregeln mehr, sondern die Richter (und Schöffen) können frei entscheiden, ob sie der »Einlassung« des Angeklagten glauben oder sie als »Schutzbehauptung« abtun, ob sie diesem oder jenem Zeugen glauben, ob sie diesem oder jenem Sachverständigengutachten folgen. In den schriftlichen Urteilsgründen bildet die Beweiswürdigung einen besonderen Abschnitt, in dem dargelegt wird, warum das Gericht diese oder jene Beweismittel für glaubwürdig und überzeugend gehalten hat.

Einstellung des Verfahrens
Die meisten Ermittlungsverfahren enden mit Einstellung des Verfahrens. Schon die Staatsanwaltschaft erledigt auf diese Weise den größten Teil der ihr von der Polizei gelieferten Akten und erhebt nur in den Fällen Anklage, in denen auch eine Verurteilung zu erwarten ist. Aber auch nach Erhebung einer Anklage wird in vielen Fällen von allen Verfahrensbeteiligten eine Einstellung des Verfahrens angestrebt, um die Justiz zu entlasten. Das kann unter bestimmten Voraussetzungen nach § 153 StPO geschehen, wenn die Schuld des Täters als gering anzusehen ist und kein öffentliches Interesse an der Verfolgung besteht. Häufig erfolgt die Einstellung gegen Zahlung einer Buße durch Gerichtsbeschluß (§ 153 a StPO).

Im Falle der Einstellung des Verfahrens gilt der Beschuldigte (so heißt er vor der Anklageerhebung) oder Angeschuldigte (so heißt er nach der Anklageerhebung) oder Angeklagte (so heißt er nach Eröffnung des Hauptverfahrens durch Gerichtsbeschluß) als nicht bestraft. Auch eine ihm auferlegte Buße gilt nicht als Strafe.

Mitunter dient die Einstellung des Verfahrens der Erledigung eines Falles, der bei Durchführung einer öffentlichen Hauptverhandlung unerwünschtes Aufsehen erregt oder irgendwelchen Respektspersonen Unannehmlichkeiten bereitet hätte (vgl. Kapitel 9 und 23).

Geheimbündelei
Die politische Arbeit kommunistischer Organisationen wurde von der politischen Justiz der 50er und 60er Jahre auch als »Geheimbündelei« (damaliger § 128 StGB) bestraft. Regelmäßig wurde dieser Paragraph kombiniert mit den damaligen §§ 90 a (Verfassungsfeindliche Vereinigung; s. d.), 129 (Kriminelle Vereinigung; s. d.) und 94, der eine Strafschärfung bei verfassungsfeindlicher Absicht vorsah. »Geheimbündelei« wurde im damaligen § 128, der fast wörtlich mit einem preußischen Edikt von 1798 zur Bekämpfung jakobinischer Vereinigungen übereinstimmt, wie folgt definiert:

»Die Teilnahme an einer Verbindung, deren Dasein, Verfassung oder Zweck vor der Staatsregierung geheimgehalten werden soll, oder in welcher gegen unbekannte Obere Gehorsam oder gegen bekannte Obere unbedingter Gehorsam versprochen wird, ist an den Mitgliedern mit Gefängnis bis zu sechs Monaten, an den Stiftern und Vorstehern der Verbindung mit Gefängnis von einem Monat bis zu einem Jahre zu bestrafen.«

Durch die Kombination mit § 94 (verfassungsfeindliche Absicht) erhöhte sich die Strafdrohung auf fünf Jahre Zuchthaus.

Die Rechtsprechung machte aus kommunistischen Organisationen, die ihr Dasein ja keineswegs verschwiegen, in der Weise »Geheimbünde«, daß sie behauptete, sie würden ihre »wahren Ziele« verheimlichen, nämlich die Absicht, die Verhältnisse der DDR auf die Bundesrepublik zu übertragen. Diese Absicht wurde aus Reden und Schriften von DDR-Größen gefolgert, war also, wenn man die Interpretation als richtig unterstellte, keineswegs geheim. Insbesondere der »Staatsregierung«, auf deren Wissen es ja nach dem Gesetzeswortlaut ankam, war diese Absicht offenbar nicht verborgen geblieben. Auch wurde angenommen, daß kommunistische Organisationen Teile ihrer Organisationsstruktur (z. B. die organisatorische Bedeutungslosigkeit des Präsidiums und finanzielle Zuschüsse aus der DDR) vor der Staatsregierung geheimgehalten hätten. Aber auch darüber glaubte ja gerade die »Staatsregierung« bestens Bescheid zu wissen.

Es ging offensichtlich auch hier in erster Linie darum, kommunistische Organisationen als Teil einer geheimnisvollen und angsterregenden Weltverschwörung zu diffamieren.

Gerichte

Die Zuständigkeit der Gerichte ist im Gerichtsverfassungsgesetz (GVG) geregelt.

Die Zuständigkeit des Amtsgerichts ist in § 24 GVG negativ umschrieben. Es ist nicht zuständig, wenn das Landgericht oder das Oberlandesgericht zuständig ist, wenn eine höhere Strafe als vier Jahre Gefängnis, Unterbringung in einem psychiatrischen Krankenhaus oder Sicherungsverwahrung zu erwarten ist oder wenn die Staatsanwaltschaft wegen der besonderen Bedeutung des Falles Anklage beim Landgericht erhebt.

Der Richter beim Amtsgericht entscheidet als Einzelrichter, wenn die Tat mit keiner höheren Strafe als sechs Monaten Gefängnis bedroht ist oder wenn der Staatsanwalt Anklage vor dem Strafrichter erhebt und keine höhere Strafe als zwei Jahre Gefängnis zu erwarten ist.

Bei den Amtsgerichten werden Schöffengerichte gebildet, die mit einem (in besonders umfangreichen Sachen auch mit einem zweiten) Berufsrichter und zwei Schöffen besetzt sind. Ihre Zuständigkeit ist in § 28 GVG wiederum negativ umschrieben: Sie sind zuständig, soweit nicht der Strafrichter (als Einzelrichter) entscheidet.

Beim Landgericht werden Strafkammern gebildet, die mit drei Berufsrichtern und zwei Schöffen besetzt sind. Als erstinstanzliche Gerichte sind die Strafkammern zuständig für besonders schwere Verbrechen, die in § 74 GVG aufgezählt sind (darunter Mord und Totschlag). Weitere Zuständigkeiten ergeben sich aus § 74a GVG für die beim Landgericht zu bildende »Staatsschutzkammer«.

Die Strafkammern sind weiter zuständig für die Verhandlung und Entscheidung über das Rechtsmittel der Berufung gegen Urteile des Amtsgerichts. Wenn es sich um ein Urteil des Amtsrichters als Einzelrichter handelt, entscheidet eine kleine Strafkammer (ein Berufsrichter und zwei Schöffen), wenn die Berufung sich gegen ein Urteil des Schöffengerichts richtet, entscheidet eine große Strafkammer (drei Berufsrichter und zwei Schöffen).

Wenn ein Jugendlicher (14 bis 17 Jahre) oder Heranwachsender (18 bis 20 Jahre) eine Verfehlung begeht, sind die Jugendgerichte zuständig. Jugendgerichte sind der Amtsrichter als Jugendrichter, das Jugendschöffengericht (ein Berufsrichter und zwei Schöffen) und die Jugendkammer (drei Berufsrichter und zwei Schöffen).

Das Oberlandesgericht (in Berlin: Kammergericht) entscheidet über die Revision gegen Berufungsurteile des Landgerichts (große und kleine Strafkammer), und zwar in der Besetzung mit drei Berufsrichtern. Als erstinstanzliches Gericht ist das Oberlandesgericht für die Verhandlung und Entscheidung in bestimmten, in § 120 GVG aufgezählten Fällen zuständig (dazu gehören Landesverrat und Bildung terroristischer Vereinigungen, sowie die im Rahmen solcher Vereinigungen begangenen Tötungsdelikte). In dieser Zuständigkeit ist das Gericht mit fünf Berufsrichtern besetzt.

Der Bundesgerichtshof, dessen Strafsenate mit fünf Berufsrichtern besetzt sind, entscheidet über das Rechtsmittel der Revision gegen Urteile der Oberlandesgerichte im ersten Rechtszug (siehe voriger Absatz) sowie gegen Urteile der Landgerichte im ersten Rechtszug (siehe oben 5. Absatz).

Sitz des Bundesgerichtshofs ist Karlsruhe. Nicht zu verwechseln mit dem Bundesverfassungsgericht (siehe Stichwort Verfassungsbeschwerde), das seinen Sitz ebenfalls in Karlsruhe hat. Einer der Senate des Bundesgerichtshofs sitzt in Berlin.

Das Reichsgericht, Vorgänger des Bundesgerichtshofs, mit Sitz in Leipzig, existierte nur bis 1945 (Zusammenbruch des Nazi-Reichs).

Im übrigen ist zur Veranschaulichung der etwas kompliziert geregelten Gerichtszuständigkeiten auf die Grafiken zu verweisen. Weitere Gerichtszuständigkeiten (z.B. Beschwerdeverfahren), die im Buch keine Rolle spielen, sind in diesem Glossar und in den Grafiken nicht berücksichtigt.

Gnade

Eine durch rechtskräftiges Urteil verhängte Strafe kann durch Begnadigung des Verurteilten erlassen oder zur Bewährung ausgesetzt werden. Träger des Gnadenrechts sind der Bundespräsident oder die Ministerpräsidenten der Länder. Inhaltlich kann Gnade ein »Akt der Barmherzigkeit, der Versöhnung und des Wohlwollens« sein, aber auch ein »Akt der Richtigstellung eines unerträglichen Fehlspruchs« (Carl Peters: Strafprozeß).

Während Gnade immer nur Einzelfälle betrifft, wird durch eine Amnestie eine ganze Kategorie von Staftaten nachträglich von Strafe freigestellt. Für Amnestien gibt es meistens feierliche Anlässe (Thronbesteigungen, Weihnachtsamnestie usw.) oder Gründe des politischen Kalküls (Besänftigung der Gemüter nach dem Abklingen unruhiger Zeiten). Zuständig für Amnestien (Straffreiheitsgesetze) ist der Gesetzgeber, also bei uns der Bundestag.

Grundrechte

Das Grundgesetz von 1949 gewährleistet, ähnlich wie schon die Weimarer Verfassung, Grundrechte (auch »Freiheitsrechte« genannt), die allen anderen Gesetzen vorgehen. Dazu gehören der Gleichheitssatz (Art. 3), die Glaubens- und Gewissensfreiheit und das Recht auf Kriegsdienstverweigerung (Art. 4), die Freiheit der Meinungsäußerung, die Pressefreiheit, das Zensurverbot und die Freiheit der Kunst, Wissenschaft, Forschung und Lehre (Art. 5), die Versammlungsfreiheit (Art. 8), die Vereinigungsfreiheit (Art. 9), das Brief- und Postgeheimnis (Art. 10), die freie Wahl des Berufs, des Arbeitsplatzes und der Berufsstätte (Art. 12), die Unverletzlichkeit der Wohnung (Art. 13), das Eigentum

(Art. 14) und das Asylrecht (Art. 16). Daß einige dieser Grundrechte inzwischen erheblich eingeschränkt worden sind, soll hier nicht erörtert werden. Auch der in Vergessenheit geratene Sozialisierungsartikel (Art. 15) gehört nicht zu meinem Thema.

Problematisch war schon in der Weimarer Republik das Verhältnis zwischen den Grundrechten und einfachem Gesetzesrecht. Da einige Grundrechte auf den Gesetzgeber verweisen (sogenannter »Gesetzesvorbehalt«; z.B. Art. 5 Absatz 2: »Diese Rechte finden ihre Schranken in den Vorschriften der allgemeinen Gesetze, den gesetzlichen Bestimmungen zum Schutze der Jugend und dem Recht der persönlichen Ehre«), hat die konservative, im obrigkeitsstaatlichen Denken verhaftete Verfassungsinterpretation zur Zeit der Weimarer Republik die mit einem Gesetzesvorbehalt versehenen Grundrechte für »leerlaufend« erklärt. Das Bundesverfassungsgericht war bemüht, die Wiederholung eines solchen Mißverständnisses zu verhindern. So hat es das Grundrecht auf freie Meinungsäußerung und Meinungsverbreitung als »für eine freiheitlich-demokratische Staatsordnung schlechthin konstituierend« erklärt. Die Verweisung auf die Schranken der »allgemeinen Gesetze« dürfe daher nicht dazu führen, daß der Geltungsanspruch des Grundrechts von vornherein auf den Bereich beschränkt wird, den ihm die Gerichte durch ihre Auslegung dieser Gesetze noch belassen. Die »allgemeinen Gesetze« müssen vielmehr in ihrer das Grundrecht beschränkenden Wirkung ihrerseits im Lichte der Bedeutung dieses Grundrechts gesehen und so interpretiert werden, daß der besondere Wertgehalt dieses Rechts auf jeden Fall gewahrt bleibt. Es finde daher, so hat das Bundesverfassungsgericht immer wieder betont, eine Wechselwirkung in dem Sinne statt, daß die »allgemeinen Gesetze« zwar dem Wortlaut nach dem Grundrecht Schranken setzen, ihrerseits aber so ausgelegt werden müssen, daß sie selbst wieder durch das Grundrecht eingeschränkt werden. Mindestens von einem Juristen wie dem in der Sache Volmerhaus (Kapitel 19 »Die ›Umtriebe‹ des Leutnants Volmerhaus«) tätigen Bundesanwalt, durfte man erwarten, daß ihm diese ständige Rechtsprechung des Bundesverfassungsgerichts bekannt ist. Aber man begegnet immer wieder Richtern und Staatsanwälten, die es versäumen, bestimmte Strafgesetze (z.B. die Beleidigungsparagraphen oder die Meinungsäußerungsdelikte des politischen Strafrechts) an den Maßstäben zu messen, die durch das Grundrecht auf freie Meinungsäußerung gesetzt sind. Auch dieses Buch enthält dafür viele Beispiele.

Wie schwer sich deutsche Gerichte damit getan haben, das Grundrecht auf Glaubens- und Gewissensfreiheit zu respektieren, ist im 10. Kapitel (»Die totale Kriegsdienstverweigerung der Zeugen Jehovas«) dargestellt.

Das Grundrecht auf Demonstrationsfreiheit ist aus den Grundgedanken der Meinungsäußerungsfreiheit und der Versammlungsfreiheit entwickelt worden.

Hauptverhandlung
So heißt nach unserer Strafprozeßordnung die – in der Regel öffentliche – Verhandlung vor dem zuständigen Gericht, die man volkstümlich meistens als »Prozeß« bezeichnet. Sie unterscheidet sich in manchem von den Bildern, die Fernsehspiele von Strafprozessen vermitteln. Weder gibt es den über dem Hickhack zwischen Ankläger und Verteidiger thronenden Richter, der ab und zu mit »Einspruch, Euer Ehren!« angerufen wird (das ist das Muster des angloamerikanischen Rechts, wo Ankläger und Verteidiger einem Richter, der keine Akten kennt, den gesamten Prozeßstoff aus gegensätzlicher Sicht vortragen), noch würde es in der Praxis geduldet, daß der Verteidiger sich, wie Manfred Krugs »Liebling Kreuzberg«, fotogen im Saale herumbewegt. Im deutschen

Strafprozeß kommt der Vorsitzende – und bei Kollegialgerichten noch ein weiterer Richter, der sogenannte »Berichterstatter« – mit voller Aktenkenntnis in die Verhandlung (was den Polizeiprotokollen eine ungeheure Bedeutung verleiht, obwohl deren Verlesung prinzipiell verboten ist) und leitet die Verhandlung. Er ist es, der als erster Fragen an Angeklagte, Zeugen und Sachverständige stellt, erst dann sind die beisitzenden Richter, der Staatsanwalt und der Verteidiger (in dieser Reihenfolge) an der Reihe.

Der oder die Angeklagten werden zu Beginn der Verhandlung belehrt, daß sie das Recht haben, keine Aussagen zur Sache zu machen. Wenn sie aussagen wollen, können sie nach Verlesung der Anklage durch den Staatsanwalt sich dazu äußern. Dann folgt die Beweisaufnahme mit der Vernehmung von Zeugen und Sachverständigen, der Verlesung von Schriftstücken (»Urkundenbeweis«) und mitunter einer »Augenscheinseinnahme« (z. B. Besichtigung des Tatorts, von Waffen und Fotos). Zu jedem Beweismittel können die Prozeßbeteiligten Stellung nehmen.

Am Ende der Hauptverhandlung folgen die Schlußvorträge (»Plädoyers«, Strafanträge) des Staatsanwalts und des Verteidigers. Sodann hat der oder die Angeklagte das letzte Wort.

Darauf zieht sich das Gericht zur Beratung zurück. Und dann kommt die Urteilsverkündung durch den Vorsitzenden Richter.

KPD-Verbot

Nach Artikel 21 des Grundgesetzes kann eine Partei nur durch Urteil des Bundesverfassungsgerichts verboten werden. Im Falle der Kommunistischen Partei Deutschlands (KPD) hatte die von Bundeskanzler Dr. Konrad Adenauer (CDU) geführte Bundesregierung den Verbotsantrag schon im Jahre 1951 gestellt. Die mündliche Verhandlung vor dem 1. Senat des Bundesverfassungsgerichts in Karlsruhe fand vom 23. November 1954 bis zum 14. Juli 1955 statt. Das Urteil wurde am 17. August 1956 verkündet und lautete:

»I. 1. Die Kommunistische Partei Deutschlands ist verfassungswidrig.

2. Die Kommunistische Partei Deutschlands wird aufgelöst.

3. Es ist verboten, Ersatzorganisationen für die Kommunistische Partei Deutschlands zu schaffen oder bestehende Organisationen als Ersatzorganisationen fortzusetzen.

4. Das Vermögen der Kommunistischen Partei Deutschlands wird zugunsten der Bundesrepublik Deutschland zu gemeinnützigen Zwecken eingezogen.

II. In den Ländern werden die Minister (Senatoren) des Innern mit der Durchführung der Entscheidung zu Ziffer I 2 und 3 beauftragt; insoweit stehen ihnen unmittelbare Weisungsbefugnisse gegenüber allen Polizeiorganen zu.

Die Einziehung des Vermögens wird dem Bundesminister des Innern übertragen, der sich der Hilfe der Minister (Senatoren) des Innern der Länder bedienen kann.

III. Vorsätzliche Zuwiderhandlungen gegen diese Entscheidung oder gegen die im Vollzuge dieser Entscheidung getroffenen Maßnahmen werden gemäß §§ 47, 42 des Gesetzes über das Bundesverfassungsgericht mit Gefängnis nicht unter 6 Monaten bestraft.«

Die Bestimmungen der §§ 47, 42 des Bundesverfassungsgerichtsgesetzes, wonach jede vorsätzliche Zuwiderhandlung gegen eine Entscheidung des Bundesverfassungsgericht mit Strafe bedroht war, wurden in den auf das Verbotsurteil folgenden Jahren zum zentralen Straftatbestand gegen alle, deren politisches Verhalten sich als Förderung weiterer Wirksamkeit der verbotenen Partei interpretieren ließ. Auch Nichtkommunisten waren betroffen (vgl. die Fälle Herbert Reich im 6. und Oleg von Brackel im 7. Kapitel), wenn ihnen im Wege der »freien Beweiswürdigung« ein »Förderungswille« unterstellt wurde. Die rechtsstaatliche Fragwürdigkeit dieses uferlosen Straftatbestandes ist damals oft, aber vergeblich kritisiert worden – auch von mir (»Politische Generalklauseln als Straftatbestand. Auflösung des Tatbestandsstrafrechts in der politischen Justiz« in: *Stimme der Gemeinde* 1963 Heft 6; auszugsweise wiederabgedruckt in Erhard Denninger (Hrsg.): *Freiheitliche demokratische Grundordnung II.* Frankfurt/Main 1977)

Kriminelle Vereinigung
Zu den Paragraphen, nach denen die politische Justiz der 50er und 60er Jahre Kommunisten bestrafte, gehörte der § 129 (Kriminelle Vereinigung). Man kombinierte ihn mit der Bestimmung des damaligen § 94, der bei verfassungsfeindlicher Absicht eine erhebliche Strafschärfung vorsah. § 129 Absatz 1 lautete:

»Wer eine Vereinigung gründet, deren Zwecke oder deren Tätigkeit darauf gerichtet sind, strafbare Handlungen zu begehen, oder wer sich an einer solchen Vereinigung als Mitglied beteiligt, sie sonst unterstützt oder zu ihrer Gründung auffordert, wird mit Gefängnis bestraft.«

Für Rädelsführer und Hintermänner erhöhte der 2. Absatz des Paragraphen die Strafe auf bis zu fünf Jahren Zuchthaus. Durch die Kombination mit § 94 konnten bis zu fünfzehn Jahre Zuchthaus herauskommen.

Die praktische Bedeutung der Vorschrift lag vor allem in ihrer diffamierenden Wirkung. Kommunistische Organisationen sollten in den Augen der Bevölkerung mit dem organisierten Verbrechen gleichgesetzt werden. Was den Kommunisten als »kriminell« vorgeworfen wurde, war höchst dürftig: in erster Linie ihre aggressive Sprache, die unter Mißachtung des auch Kommunisten zustehenden Rechts der freien Meinungsäußerung als beleidigend oder als »systematischer Hetzfeldzug« eingestuft wurde. Selbst wenn man diese Bewertung akzeptieren wollte, blieb es eine gewagte Konstruktion, die aggressive Sprache kommunistischer Organisationen zu ihrem »Zweck« zu erklären, wie es der Tatbestand des § 129 voraussetzte. Ihre Sprache war nur das Mittel, um andere, nämlich politische Zwecke zu erreichen.

Landfriedensbruch
Bis zur Reform des Demonstrationsstrafrechts im Jahre 1970 unter der SPD/FDP-Regierung hatte der Tatbestand des Landfriedensbruchs (§ 125 StGB) folgenden Wortlaut:

»Wenn sich eine Menschenmenge öffentlich zusammenrottet und mit vereinten Kräften gegen Personen oder Sachen Gewalttätigkeiten begeht, so wird jeder, welcher an dieser Zusammenrottung teilnimmt, wegen Landfriedensbruchs mit Gefängnis nicht unter drei Monaten bestraft.

Die Rädelsführer sowie diejenigen, welche Gewalttätigkeiten gegen Personen begangen oder Sachen geplündert, vernichtet oder zerstört haben, werden mit Zuchthaus bis zu zehn Jahren bestraft; auch kann auf Zulässigkeit der Polizeiaufsicht erkannt werden. Sind mildernde Umstände vorhanden, so tritt Gefängnisstrafe nicht unter sechs Monaten ein.«

Die heute gültige Fassung des Landfriedensbruchstatbestandes vermeidet den Ausdruck »Zusammenrottung« und stellt nur die Teilnahme an Gewalttätigkeiten und Bedrohungen mit Gewalttätigkeit sowie die Einwirkung auf die Menschenmenge, »um ihre Bereitschaft zu solchen Handlungen zu fördern«, unter Strafe.

Nebenklage
Grundsätzlich ist es Sache der Staatsanwaltschaft, in Strafsachen Anklage zu erheben. In bestimmten Fällen kann sich aber der oder die Verletzte der erhobenen öffentlichen Anklage als Nebenkläger oder Nebenklägerin anschließen. Das gilt z.B. für die Fälle der Beleidigung (vgl. Fall Sahm gegen von Fircks, Kapitel 23) und des Mordes (vgl. den im zweiten Band behandelten Thälmann-Mordprozeß).

Der Nebenkläger/die Nebenklägerin hat in der Hauptverhandlung alle wesentlichen Rechte des Staatsanwalts, kann also insbesondere Beweisanträge stellen, das Fragerecht ausüben und Erklärungen abgeben. Er bzw. sie kann auch als Zeuge/Zeugin vernommen werden. Schließlich kann der Nebenkläger/die Nebenklägerin auch Rechtsmittel gegen das Urteil einlegen.

Öffentlichkeit der Verhandlung
Die Hauptverhandlung in Strafsachen ist grundsätzlich öffentlich. Eine Verletzung der Vorschriften über die Öffentlichkeit kann als Revisionsgrund geltend gemacht werden und führt zur Aufhebung des Urteils.

Unter bestimmten Voraussetzungen kann das Gericht die Öffentlichkeit ausschließen. So z.B. wegen Gefährdung der Staatssicherheit, der öffentlichen Ordnung oder der Sittlichkeit oder soweit Umstände aus dem persönlichen Lebensbereich eines Prozeßbeteiligten, Zeugen oder durch eine rechtswidrige Tat Verletzten zur Sprache kommen, deren öffentliche Erörterung schutzwürdige Interessen verletzen würde, soweit nicht das Interesse an der öffentlichen Erörterung dieser Umstände überwiegt.

Pflichtverteidiger
Die Strafprozeßordnung (§ 140) schreibt vor, daß in bestimmten Fällen die Mitwirkung eines Verteidigers »notwendig« ist. Angeklagten, die noch keinen Verteidiger auf eigene Kosten beauftragt haben (»Wahlverteidiger«), muß deshalb vom Vorsitzenden Richter ein Verteidiger bestellt werden, der aus der Staatskasse (nach bescheidenen Gebührensätzen) bezahlt wird. Bei der Auswahl sollen die Wünsche der Angeklagten berücksichtigt werden, »wenn nicht wichtige Gründe entgegenstehen«. Da der Verteidiger in den Fällen »notwendiger Verteidigung« durch Verlassen des Gerichtssaals oder durch Nichterscheinen das Verfahren »zum Platzen bringen« kann, werden in politischen Prozessen Verteidiger, die von den Angeklagten ausgewählt wurden und deren Vertrauen genießen, seitens vieler Richter und Staatsanwälte mit Mißtrauen betrachtet. In diesen Fällen wird häufig ein weiterer Pflichtverteidiger beigeordnet, der das Vertrauen des Gerichts genießt. Was in der Regel Konflikte zwischen dem Angeklagten und diesem ihm aufgezwungenen Verteidiger (»Zwangsverteidiger«), aber auch Konflikte zwischen dem »Vertrauensanwalt des Angeklagten« und dem »Vertrauensanwalt des Gerichts« zur Folge hat und das in politischen Prozessen ohnehin gespannte Prozeßklima zusätzlich belastet und eine sachgemäße Verteidigung erschwert. Denn ein Verteidiger, mit dem der Angeklagte nicht spricht und der in die abgesprochene Verteidigungsstrategie nicht eingeweiht ist, kann, wenn er sich nicht auf schweigende Anwesenheit beschränkt, viel Schaden anrichten.

Da die gesetzlichen Gebühren für Pflichtverteidiger sehr niedrig sind und oft noch nicht einmal die Bürounkosten des Anwalts decken, gibt es für besonders umfangreiche Verfahren, in denen sich die Hauptverhandlung manchmal über viele Monate erstreckt und der Verteidiger kaum andere Verdienstmöglichkeiten wahrnehmen kann, eine sogenannte Pauschgebührenregelung.

In diesen Fällen kann das zuständige Oberlandesgericht über die gesetzlichen Gebühren hinausgehende Honorare festsetzen. Auch da herrschen bei den für die Entscheidung zuständigen Gehaltsempfängern oft recht unrealistische Vorstellungen, wie hoch die Kostenbelastung eines Anwalts mit gut organisiertem Büro- und Personalapparat ist. Langdauernde Verfahren können daher für einen als Pflichtverteidiger beigeordneten Anwalt zur materiellen Existenzgefährdung werden. Denn er kann auch aus einem Prozeß, der sich länger als erwartet hinzieht, nicht »aussteigen«, ohne enorme Schadensersatzforderungen der Staatskasse zu riskieren. Ein Anwalt, der sich aus sozialen Gründen bereiterklärt hat, in einem Großverfahren als Pflichtverteidiger, also auf Kosten der Staatskasse, tätig zu werden, kann deshalb, wenn er an ignorante oder böswillige Richter gerät, sein blaues Wunder erleben. Die als »Vertrauensanwälte des Gerichts« bestellten Verteidiger (»Zwangsverteidiger«) erhielten mitunter höhere Pauschgebührensätze als die Vertrauensverteidiger der Angeklagten, obwohl die eigentliche Verteidigerarbeit von den letzteren geleistet wurde (siehe z.B. den im zweiten Band behandelten Fall Karl Heinz Roth). Das Oberlandesgericht entscheidet über die Höhe der Pauschgebühr nach freiem Ermessen. Es gibt kein Rechtsmittel gegen seine Entscheidung.

Wird der Angeklagte verurteilt, so werden ihm auch die Kosten seines Pflichtverteidigers auferlegt. Die Staatskasse nimmt also nachträglich Regreß für die von ihr verauslagten Verteidigerkosten. Auch die Kosten des dem Angeklagten zusätzlich und gegen seinen Willen aufgezwungenen Verteidigers (»Zwangsverteidiger«) werden ihm in Rechnung gestellt.

Plädoyer

Am Ende der Hauptverhandlung, nachdem der (Vorsitzende) Richter die Beweisaufnahme für geschlossen erklärt hat, erhalten zunächst der Staatsanwalt und dann der Verteidiger das Wort zu ihren Schlußvorträgen (Plädoyers). Sie nehmen zum Beweisergebnis und zur Rechtslage Stellung und enden in der Regel mit einem bestimmten Antrag (z.B.: »Ich beantrage, den Angeklagten zu einer Freiheitsstrafe von drei Jahren Gefängnis zu verurteilen« oder »Ich beantrage Freispruch«).

An die in den Plädoyers gestellten Anträge des Staatsanwalts und des Verteidigers ist das Gericht selbstverständlich nicht gebunden. Es kann auch über den Strafantrag des Staatsanwalts noch hinausgehen oder entgegen seinem Antrag freisprechen.

Da der Staatsanwalt nach deutschem Prozeßrecht verpflichtet ist, auch das für den Angeklagten Entlastende zu ermitteln und vorzutragen – was in der Praxis oft vernachlässigt wird –, kann auch sein Antrag auf Freispruch lauten. Der Verteidiger wird auf Freispruch plädieren, wenn er den Angeklagten für unschuldig oder nicht überführt hält oder wenn aus rechtlichen Gründen freigesprochen werden muß (z.B. wenn das Verhalten des Angeklagten durch Grundrechte der Verfassung gerechtfertigt war).

In politischen Strafsachen bietet das Plädoyer dem Verteidiger Gelegenheit, auch auf das politische Anliegen seines Mandanten einzugehen, das oft untrennbar mit der rechtlichen Beurteilung verknüpft ist (Widerstandsrecht, Recht der freien Meinungsäußerung und der Versammlungsfreiheit usw.).

Revision

Gegen Urteile der Strafkammern des Landgerichts und gegen die im ersten Rechtszug ergangenen Urteile des Oberlandesgerichts (siehe Stichwort *Gerichte* 8. Absatz) ist das Rechtsmittel der Revision gegeben. Über die Revision entscheidet, wenn es sich um ein Berufungsurteil des Landgerichts handelt, das Oberlandesgericht, wenn es sich um erstinstanzliche Urteile (des Landgerichts und des Oberlandesgerichts) handelt, der Bundesgerichtshof.

Während mit dem Rechtsmittel der Berufung (s.d.) sowohl die rechtliche Beurteilung als auch die tatsächlichen Feststellungen des erstinstanzlichen Urteils angegriffen werden können, kann mit der Revision nur geltend gemacht werden, daß das angefochtene Urteil rechtliche Fehler enthalte (sogenannte »Sachrüge«) oder daß das Gericht gegen Verfahrensvorschriften verstoßen habe (sogenannte »Verfahrensrüge«). Die tatsächlichen Feststellungen des angefochtenen Urteils sind also für das Revisionsgericht prinzipiell verbindlich, es darf nicht in die Beweiswürdigung (s.d.) der »Tatsacheninstanz« (des »Tatrichters«) eingreifen.

Die Revision muß binnen einer Woche nach Verkündung des Urteils eingelegt werden. Die Revisionsbegründung muß innerhalb eines Monats nach Zustellung des schriftlichen Urteils erfolgen. Das kann nur durch den Verteidiger oder einen anderen Rechtsanwalt oder zu Protokoll der Geschäftsstelle geschehen.

Das Revisionsgericht kann das Rechtsmittel durch Beschluß verwerfen, wenn es die Revision einstimmig für »offensichtlich unbegründet« hält. Dieser Beschluß bedarf keiner näheren Begründung, man erfährt also nicht, warum die Richter das Rechtsmittel als unbegründet angesehen haben. Die meisten Revisionen, die zugunsten der Angeklagten eingelegt werden, werden in dieser Weise erledigt.

Das Revisionsgericht kann aber auch zugunsten des Angeklagten durch Beschluß – und das heißt: ohne Anberaumung einer Hauptverhandlung – entscheiden, wenn es die Revision einstimmig für begründet hält.

Nur in relativ seltenen Fällen findet vor dem Revisionsgericht eine Hauptverhandlung statt. Da es nur um Rechtsfragen geht, ist die Anwesenheit des Angeklagten nicht nötig, aber zulässig. In der Regel sind die Juristen unter sich.

Wenn die Revision für begründet erachtet wird, hebt das Revisionsgericht das angefochtene Urteil auf und verweist die Sache an eine andere Strafkammer oder einen anderen Senat des Gerichts, dessen Urteil aufgehoben wird, zurück (»Zurückverweisung«). Das Gericht, an das die Sache zu neuer Verhandlung und Entscheidung zurückverwiesen ist, ist an die Rechtsauffassung des Revisionsgerichts gebunden.

Das Revisionsgericht kann das Urteil auch nur teilweise aufheben, also z.B. die Strafzumessung beanstanden, aber die tatsächlichen Feststellungen aufrechterhalten.

Schließlich kann das Revisionsgericht auch in der Sache selbst entscheiden (»durchentscheiden«), wenn z.B. ohne weitere tatsächliche Erörterungen nur Freispruch in Betracht kommt.

Schöffen

Schöffen (Laienrichter) gibt es beim Amtsgericht (Schöffengericht) und beim Landgericht (Strafkammer). Sie wirken in der Hauptverhandlung und bei der Urteilsberatung mit gleichem Stimmrecht wie der oder die Berufsrichter mit. Da für die Entscheidung über die Schuldfrage eine Zweidrittelmehrheit vorgeschrieben ist (§ 263 StPO), können die beiden Schöffen (oder Schöffinnen), wenn sie einer Meinung sind, sowohl beim Schöffengericht (ein Berufsrichter und zwei Schöffen), als auch bei der Strafkammer (drei Berufsrichter und zwei Schöffen) einen Schuldspruch verhindern und einen Freispruch auch gegen die Meinung der Berufsrichter durchsetzen.

Die Schöffen werden alle vier Jahre von einem beim Amtsgericht gebildeten Schöffenwahlausschuß (bestehend aus einem Richter, einem Verwaltungsbeamten und zehn von der Gemeindevertretung bestimmten Vertrauensleuten) gewählt. Sie werden einer von der Gemeindevertretung erstellten Vorschlagsliste entnommen, die alle Gruppen der Bevölkerung nach Geschlecht, Alter, Beruf und sozialer Stellung angemessen berücksichtigen soll.

Die Schöffen erhalten für ihre ehrenamtliche Tätigkeit eine gesetzlich geregelte Entschädigung. Ein Schöffe (oder eine Schöffin) soll grundsätzlich zu nicht mehr als zwölf Sitzungstagen im Jahr herangezogen werden. In Großverfahren müssen die Schöffen allerdings an weit mehr als zwölf Sitzungstagen mitwirken. In diesen Fällen werden in der Regel Ersatzschöffen bestimmt, die vom Beginn der Hauptverhandlung an dabei sein müssen, aber erst einspringen, wenn einer der Hauptschöffen ausfällt. Das Gesetz regelt im einzelnen, unter welchen Voraussetzungen die Übernahme des Schöffenamtes abgelehnt werden kann und wer zum Schöffenamt unfähig oder ungeeignet ist.

Die Jury des amerikanischen Rechts, die unabhängig vom Richter über die Schuldfrage entscheidet und im Falle eines Schuldspruchs zu einem einstimmigen Ergebnis kommen muß, ist mit dem deutschen Prozeßrecht nicht vergleichbar. Anders als in den USA hat der Verteidiger keinen Einfluß auf die Auswahl der Schöffen. Nach deutschem Recht wird die Reihenfolge, in der die Schöffen an den Hauptverhandlungen teilnehmen, durch Auslosung bestimmt.

Bis 1974 gab es sogenannte Schwurgerichte, die mit drei Berufsrichtern und sechs Laienrichtern, die »Geschworene« genannt wurden, besetzt waren. Im Grunde handelte es sich aber schon damals um erweiterte Schöffengerichte, weil das klassische Schwurgericht, bei dem die Geschworenen allein über die Schuldfrage entschieden, schon 1924 abgeschafft worden ist. Vom Schwurgericht ist jetzt nur noch der Name übriggeblieben, aus den sechs Geschworenen sind zwei Schöffen geworden.

Strafbefehl

In Verfahren, die zur Zuständigkeit des Amtsgerichts (Einzelrichter und Schöffengericht) gehören, kann die Staatsanwaltschaft an Stelle einer Anklageschrift einen Antrag auf Erlaß eines Strafbefehls einreichen. Das Gericht kann daraufhin die beantragte Strafe ohne Hauptverhandlung festsetzen. Sie wird rechtskräftig, wenn der Angeklagte nicht innerhalb der in der Rechtsmittelbelehrung angegebenen Frist gegen den Strafbefehl Einspruch einlegt. Man muß also, wie auch sonst, das Kleingedruckte lesen, was mein Mandant Wolfgang Peters (Kapitel 15) versäumt hatte.

Legt der Angeklagte fristgemäß Einspruch gegen den Strafbefehl ein, so kommt es zu einer Hauptverhandlung.

Strafgesetzbuch, Strafprozeßordnung und Gerichtsverfassungsgesetz

Das *Strafgesetzbuch (StGB)* enthält die sogenannten »Straftatbestände« (oder einfach »Tatbestände«), in denen das für strafbar erklärte Verhalten möglichst präzise definiert ist und der Strafrahmen angegeben ist, innerhalb dessen das Gericht die »schuldangemessene« Strafe festsetzen kann. Zum Beispiel der Tatbestand des Diebstahls (§ 242 StGB):

»Wer eine fremde bewegliche Sache einem anderen in der Absicht wegnimmt, dieselbe sich rechtswidrig zuzueignen, wird mit Freiheitsstrafe bis zu fünf Jahren oder mit Geldstrafe bestraft.«

Weitere sozusagen klassische Tatbestände sind formuliert in den Paragraphen über Mord, Totschlag, Körperverletzung, Sachbeschädigung, Brandstiftung,

Hausfriedensbruch, Urkundenfälschung, Meineid, Beleidigung, Üble Nachrede, Verleumdung, Widerstand gegen die Staatsgewalt, Hochverrat, Landesverrat usw.

Die meisten Änderungen hat es seit 1871, dem Jahr, in dem das Strafgesetzbuch in seiner ursprünglichen Fassung in Kraft getreten ist, in den Abschnitten gegeben, deren »Rechtsgut« der Schutz des Staates, seiner Repräsentanten und seiner bewaffneten Macht ist. Begriffe wie »verfassungsfeindliche Vereinigung (Staatsgefährdung)« (siehe Glossar) oder »verfassungsverräterischer Nachrichtendienst« (siehe Fall Traugott Ostmann in Kapitel 7) dienten in der Zeit des kalten Krieges der Kommunistenverfolgung. Aus vordemokratischen Zeiten überkommene Tatbestände wie »Auflauf«, »Aufruhr« und »Landfriedensbruch« (siehe Glossar) wurden zur Bekämpfung der Volksbewegungen gegen Atomwaffen, Atomkraftwerke, Vietnamkrieg, Notstandsgesetze und andere Zumutungen der herrschenden Klasse eingesetzt.

Die *Strafprozeßordnung (StPO)* enthält Regeln, nach denen sich das Strafverfahren abspielen soll. Wichtig für den Angeklagten und seinen Verteidiger insbesondere die Regelung des Beweisantragsrechts (siehe Stichwort *Beweisaufnahme*), die Ablehnung von Gerichtspersonen (siehe Stichwort *Ablehnung von Richtern, Schöffen und Sachverständigen*) und die Rechtsmittel (siehe Stichworte *Berufung* und *Revision*).

Im *Gerichtsverfassungsgesetz (GVG)* findet man Vorschriften über die sachliche Zuständigkeit der Gerichte (die örtliche Zuständigkeit ist in der StPO geregelt), über die Zusammensetzung der Gerichte, über die Öffentlichkeit der Verhandlung und den Ausschluß der Öffentlichkeit (s. d.), über die dem Vorsitzenden obliegende Aufrechterhaltung der Ordnung in der Sitzung (sogenannte »Sitzungspolizei«) und die ihm zur Verfügung stehenden Maßnahmen bei Ungehorsam und Ordnungsmittel wegen Ungebühr (z. B. Räumung des Sitzungssaals oder Ordnungshaft und Ordnungsgeld).

Strafjustiz und andere Zweige der Justiz

Dieses Buch befaßt sich ganz überwiegend mit Fällen aus der Strafjustiz, in denen ich als Strafverteidiger tätig war. Das Berufsfeld eines Rechtsanwalts umfaßt aber auch andere Zweige der Justiz, die hier kurz erwähnt werden sollen, zumal sie einen Großteil auch meiner Praxis ausgemacht haben. So werden beispielsweise Ehescheidungen oder Schadensersatzforderungen vor den Zivilgerichten verhandelt; die Anfechtung von Verwaltungsakten (z. B. die Versagung einer Baugenehmigung oder das Verbot einer Demonstration) gehört vor die Verwaltungsgerichte; wer sich gegen die Kündigung eines Arbeitsverhältnisses wehren will, muß beim Arbeitsgericht klagen ...

Aus dem Bereich der Zivilgerichtsbarkeit enthält dieser Band ein Beispiel im 5. Kapitel (»Kriegsdienstverweigerung im Hitler-Staat als Widerstand? Der Fall Georg B.«), eine Klage auf Wiedergutmachungsleistungen. Ein weiterer zivilrechtlicher Fall ist im Rahmen des 26. Kapitels (»Eine schwierige Mandantin: Ulrike Meinhof«) erwähnt: das Verfahren auf Erlaß einer einstweiligen Verfügung gegen einen verleumderischen Zeitungsartikel. Das 19. Kapitel bringt einen Fall aus der Disziplinargerichtsbarkeit (»Die ›Umtriebe‹ des Leutnants Volmerhaus«). Im 27. Kapitel ist vom ehrengerichtlichen Verfahren gegen Rechtsanwälte die Rede (»Anwaltliche Redefreiheit auf dem Hauklotz. Die ehrengerichtliche Aburteilung von Justizkritik«).

Ein weiteres Buch hätte ich schreiben müssen, wenn ich über meine anwaltliche Tätigkeit in verwaltungsgerichtlichen Verfahren hätte berichten wollen. Ein paar tausend Fälle, in denen ich Kriegsdienstverweigerer, die um die Anerkennung ihres Grundrechts kämpfen mußten, vor Prüfungskammern und Verwaltungsgerichten vertreten habe. Die Aufhebung von Demonstrationsverboten oder schikanösen Auflagen (z.B. Verbot von Stellschildern oder Lautsprecherbenutzung) mußte gerichtlich durchgefochten werden. Ohne Erfolg blieben zahlreiche Verfahren, in denen es um Verbote sogenannter »kommunistischer Tarnorganisationen« ging (z.B. »Demokratischer Frauenbund Deutschlands«). Oder der Prozeß um das nach dem KPD-Verbot als angebliches Parteieigentum beschlagnahmte, nach einem von den Nazis hingerichteten kommunistischen Widerstandskämpfer benannte »Robert-Stamm-Haus« in Bremen.

Auch ein wichtiges Verfahren vor dem Bundesverfassungsgericht aus dem Jahr 1966, in dem es um die Frage der Zulässigkeit staatlicher Parteienfinanzierung ging, konnte wegen seines Umfangs in dieses Buch nicht aufgenommen werden. Ich habe damals als Prozeßbevollmächtigter der DFU (»Deutsche Friedens-Union«) vergeblich für die Zulässigkeit staatlicher Parteienfinanzierung gestritten (in der *Zeit* wurde in der Rubrik »Worte der Woche« mein Ausspruch zitiert: »Die staatliche Parteienfinanzierung kann man so wenig verhindern wie den außerehelichen Geschlechtsverkehr«). Meine damals geäußerte Befürchtung, daß andernfalls eine Abhängigkeit der Parteien vom Machtkartell des Industrie- und Bankenkapitals unvermeidlich sei, ist inzwischen bittere Wirklichkeit (vgl. das sehr lesenswerte Buch von Jürgen Bruhn: *Raubzug der Manager. Gegen einen Kapitalismus ohne Arbeit.* Berlin 1998). Der Skandal um die schwarzen Kassen der CDU und die ehrenwörtlich verheimlichten Sponsoren hat diesem Problemfeld endlich eine größere öffentliche Aufmerksamkeit verschafft.

Urteil

»Die Hauptverhandlung schließt mit der auf die Beratung folgenden Verkündung des Urteils«, heißt es in § 260 StPO. Die Urteilsformel (der »Urteilstenor«) wird von dem (Vorsitzenden) Richter stehend verlesen (z.B.: »Der Angeklagte wird wegen Beihilfe zum Mord zu einer Freiheitsstrafe von vier Jahren kostenpflichtig verurteilt« oder »Der Angeklagte wird auf Kosten der Staatskasse freigesprochen«). Auch die anderen Mitglieder des Gerichts, der Staatsanwalt, der Verteidiger, der Angeklagte und das Publikum hören sich diesen Teil der Urteilsverkündung stehend an. Früher – noch in den ersten Jahren meiner Verteidigertätigkeit – mußte der Angeklagte sich auch die dann folgende Urteilsbegründung stehend anhören. Heute darf auch er sich hinsetzen, wenn der (Vorsitzende) Richter mit der oft langdauernden mündlichen Begründung des Urteils beginnt. Am Schluß der mündlichen Urteilsbegründung wird der Angeklagte im Falle seiner Verurteilung über mögliche Rechtsmittel belehrt.

Die schriftliche Urteilsbegründung, die bei Kollegialgerichten von einem der beisitzenden Richter, dem sogenannten »Berichterstatter«, entworfen und oft vom Vorsitzenden korrigiert (manchmal auch verschlimmbessert) und sodann von allen Berufsrichtern (auch von einem etwa überstimmten Richter) unterschrieben wird, stimmt nicht unbedingt mit der mündlichen Urteilsbegründung überein. Die schriftliche Urteilsbegründung ist aber maßgebend für die Beurteilung durch das Revisionsgericht, das an die tatsächlichen Feststellungen des Urteils gebunden ist, auch wenn diese falsch sein sollten (siehe Stichwort »Revision«).

Die Zustellung des schriftlichen Urteils muß innerhalb bestimmter Fristen erfolgen, deren Länge von der Dauer der Hauptverhandlung abhängig ist. Erst mit der Zustellung des schriftlichen Urteils beginnt die Frist zur Begründung des Rechtsmittels der Revision.

Verfassungsbeschwerde
»Jedermann« (so der von feministischen SprachpuristInnen noch unbeeinflußte Wortlaut des Gesetzes) kann mit der Behauptung, durch die öffentliche Gewalt in einem seiner Grundrechte verletzt zu sein, Verfassungsbeschwerde beim Bundesverfassungsgericht in Karlsruhe erheben. Die Verfassungsbeschwerde kann erst »nach Erschöpfung des Rechtswegs« erhoben werden, zuvor müssen also alle Möglichkeiten, vor anderen Gerichten Recht zu bekommen, ausgeschöpft worden sein.

In der Praxis scheitern die meisten Verfassungsbeschwerden bereits bei den zur Entlastung des Gerichts eingerichteten Vorprüfungsausschüssen.

Verfassungsfeindliche Vereinigung (»Staatsgefährdung«)
Durch das 1. Strafrechtsänderungsgesetz vom 30. 8. 1951 wurde eine Reihe von Paragraphen in das Strafgesetzbuch eingefügt, die in den folgenden Jahren Grundlage einer intensiven justiziellen Kommunistenverfolgung wurden. Eine der wichtigsten Strafvorschriften wurde der § 90 a, dessen 1. Absatz folgenden Wortlaut hatte:

»Wer eine Vereinigung gründet, deren Zwecke oder deren Tätigkeit sich gegen die verfassungsmäßige Ordnung oder gegen den Gedanken der Völkerverständigung richten, oder wer die Bestrebungen einer solchen Vereinigung als Rädelsführer oder Hintermann fördert, wird mit Gefängnis bestraft.«

Der 2. Absatz betraf »besonders schwere Fälle« (Zuchthaus bis zu fünf Jahren). Der 3. Absatz bestimmte:

»Ist die Vereinigung eine politische Partei im räumlichen Geltungsbereich dieses Gesetzes, so darf die Tat erst verfolgt werden, nachdem das Bundesverfassungsgericht festgestellt hat, daß die Partei verfassungswidrig ist.«

Dieser 3. Absatz wurde in einem von den Rechtsanwälten Dr. Walther Ammann, Dr. Diether Posser und Dr. Gustav Heinemann betriebenen Verfassungsbeschwerdeverfahren am 12. 3. 1961 für nichtig erklärt. Denn unter Führung des BGH hatten die Gerichte auf Grund dieser Bestimmung KPD-Funktionäre rückwirkend auch für ihre Tätigkeit vor dem KPD-Verbot bestraft. Ein klarer Verstoß gegen das »Parteienprivileg«, das die mit allgemein erlaubten Mitteln arbeitende Tätigkeit der Funktionäre und Anhänger einer Partei auch dann vor Strafverfolgung schützen muß, wenn die Partei später verboten wird.

Der 1. Absatz des § 90 a blieb jedoch gültig und wurde erst 1964 aufgehoben. Mit Hilfe dieses Paragraphen wurden alle relevanten angeblich kommunistisch beeinflußten Organisationen zerschlagen und ihre leitenden Funktionäre kriminalisiert. Ein besonders trauriges Beispiel dafür, wie das Strafrecht politischen Zwecken dienstbar gemacht werden kann, bildet der Düsseldorfer Friedenskomitee-Prozeß von 1959/60 (Kapitel 4).

Personenregister

Abendroth, Wolfgang 140 243
Abramzik, Günter 213
Adenauer, Konrad 51 58f. 61 63f. 66 68–71 73f. 77 94 96 98 103f. 117 125 129 131 476
Adler, Hans-Henning 454
Adorno, Theodor W. 253
Albertz, Heinrich 181
Ammann, Walther 60 63f. 72 104 *135* 136 *137* 484
Anders, Günther 140f. 243
Argoud 195f.
Arndt, Karl 82
Arndt, Adolf 91
Arrau, Claudio 204
Ascher, Walther 83
Asmus, Uwe 382
Aust, Ernst 92 94 128

Baader, Andreas 371f. 392–394
Bachmann, Josef 250
Bakunin, Michail 341
Baldwin, James 243
Bartholomäi, Heinz-Günther 217f. 456
Bassler (Legationsrat) 196 205
Basso, Lelio 243
Bauer, Fritz 282
Baumöller, Peter *135*
Beardsley, Aubrey 224–226 234 236
Beauvoir, Simone de 243
Becher, Kurt 117f.
Beck, Kurt 283
Becker 43 46–48
Becker, Otto 439–457 460–462
Benda, Ernst 168 332f.
Berger, Emil 151
Bernal, John Desmond *69*
Bernbacher, Klaus 203
Bernheim, Kurt 24
Beu, Paul 87–90 128
Beyerle 218
Bianchi, Horst-Fredo 439
Bismarck, Otto von 17 121f.
Bissinger, Manfred 281
Blacher, Boris 203f.
Bley, Anna (Großmutter Heinrich Hannovers) *39*
Bley, Oskar (Großvater Heinrich Hannovers) 18f. 22 *39*
Bock, Hans-Georg 256
Bock und Polach, Erich von 214 223 bis 226 234–236
Bockenkamp 303
Böckermann, Bernhard 176
Bode, Thilo 201 205f.
Böhmer, Werner 151 168 333
Böll, Heinrich 253 314f. 378 410 426 bis 429
Boenisch, Peter 383
Boock, Peter-Jürgen 368 408
Borchert, Achim 176 178
Borchert, Wolfgang 31
Borger 176
Börner, Bertram 375f.
Bornheim, Johannes 223
Borris, Siegfried 203
Bortscheller, Georg 118
Böttcher, Hans-Ernst 331
Boulez, Pierre 203
Bour, Ernest 203
Brackel, Oleg von 97–100 102 128 477
Brandt, Willy 103f. 196f. 284 327
Broszat, Martin 322f. 326
Brox, Hans 89 168
Brückner, Peter 253 410
Bruhn, Jürgen 73 483
Bruneß, Martin 267
Brunner, Joachim 182
Bruns, Manfred 376
Buback, Siegfried 366

Buber, Martin 140
Büchner, Georg 409 420
Bücker 400
Bull, Hans Peter 282–284
Burhorn, Hans 221 f.
Busch, Günter 226

Cage, John 203
Canaris, Wilhelm 318
Cardenal, Ernesto 426 f.
Cardenas, Lazaro 243
Carganico 267
Carmichael, Stokeley 243
Choi, Duk Shin 187–189 194 206
Chruschtschow, Nikita 115
Cohn-Bendit, Daniel 274–284 305
Constabel 449
Crome, Berndt-Adolf 442 448 f. 455

Dales, Elisabeth *137*
Dallapiccola, Luigi 203 f.
Dedijer, Vladimir 243
Degenhardt, Franz Josef 337 381
Denninger 477
Depke 259
Desselmann 259
Deutscher, Isaac 243
Dibelius, Ulrich 203
Diehl, Walter 57–59 *61* 62 67 *72* 76 78–80
Dinné, Lore 454
Dinné, Olaf 454
Dippel 283
Dönhoff, Marion Gräfin 84
Donnepp, Inge 425 f. 428
Dose, Norbert 94 176 *178* 179
Dreher, Eduard 146 383
Düll 304
Dünnebier, Hanns 118
Dutschke, Rudi 180 228 239 f. 250 bis 252 262 339 369 f.

Ebert, Horst-Dieter 280 f.
Eckert, Erwin 57–60 *61* *72* 75 f.
Ehlers, Adolf 116 118
Ehrenberg 440 449
Eichhoff, Theodor 22
Eichmann, Adolf 116 f. 195 324
Einem, Gottfried von 203
Eisel, Lutz 424–426
Elfes, Wilhelm 68 77
Emmerich, Wolfgang 421
Engelschall, Manfred 382
Ensslin, Gudrun 392–394
Entelmann, Frieda 48
Enzensberger, Hans Magnus 185 224 226–228
Erbguth, Wolf 259
Erhard, Ludwig 247
Eschen, Klaus 413

Fabian, Walter 246
Faller, Hans Joachim 168 333
Figge, Heinz-Hermann 286–299
Fircks, Otto Freiherr von 316–332 334 478
Flechtheim, Ossip 426
Flick, Friedrich 271
Fortner, Wolfgang 203
Foertsch, Hermann 129 f. 133 f. 136 139
Franco, Francisco 57
Franke, Horst-Werner 421 423
Frenzel, Jürgen 173
Freud, Sigmund 295
Friedrich II. von Preußen 150

Gabel-Thälmann, Irma 37
Gaulle, Charles de 274
Gees, Sigfried 93 f.
Geiger, Willi 152 269–271
Geismar, Alain 274
Geißler, Christian 140 343 361
Geller, Gregor 152
Genscher, Hans-Dietrich 382
Genzmer, Harald 203
Gielen, Michael 203
Gies, Friedrich Wilhelm 310 312
Gil, Choi Jeung 207
Goebbels, Joseph 15 18 74 108 123
Goedecke, Heinz-Bernd 330
Gollwitzer, Helmut 140
Gorbatschow, Michail 103
Göring, Hermann 15 25 123 134
Goertz 258
Gössner, Rolf 127
Goethe, Johann Wolfgang 22
Graf, Georg 83
Graf, Ulrich 118
Griese, Willi 25
Grimm, Jacob 20 f.
Grimm, Wilhelm 20 f.
Groenewold, Kurt 381 f. 402
Grotewohl, Otto 34

Grotewold, Ludwig 48
Grün, Max von der 140 *315*
Grünwald, Gerald 202 208
Güde, Max 90
Günneberg, Herbert 159
Gysi, Gregor 388

Haager, Karl 89 151 168 333
Haas, Eberhard 408
Hacker 345 357 364
Haffner, Sebastian 227f.
Hagedorn, August 115
Halsell, Grace 312
Hamann 345 363
Hannover, Almut (Tochter Heinrich Hannovers) 379 385
Hannover, Alwine (Tante Heinrich Hannovers) 32
Hannover, Bettina (Tochter Heinrich Hannovers) 385
Hannover, Carl (Großvater Heinrich Hannovers) 39
Hannover, Carl (Onkel Heinrich Hannovers) 15 21
Hannover, Charlotte (geb. Bley, Mutter Heinrich Hannovers) 13 *14* *27* 32f. *39* 74 85
Hannover-Drück, Elisabeth (Ehefrau Heinrich Hannovers) 274
Hannover, Frieda (Großmutter Heinrich Hannovers) 19 *39*
Hannover, Hans-Jürgen (Cousin Heinrich Hannovers) 32
Hannover, Heinrich (Vater Heinrich Hannovers) 13 *14* 15 17f. 20–22 25 *27* 32f. 35–38 *39* 74
Hannover, Jantje (Tochter Heinrich Hannovers) 380
Haselhorst 363
Hecht 350 363
Heidekamp 294
Heilmann, Ernst 111
Heine, Heinrich 221 269
Heinemann, Gustav 60 64 67–70 74 77 80 90 131 197 202 272f. 366 387f.
Helmers 444f. 447 452
Henneka, Anton 152
Hentschel, Manfred W. 200 206
Henze, Hans Werner 203
Heß, Rudolf 24
Hesse, Konrad 333
Heusinger, Adolf 129f. 133–139
Heydrich, Reinhard 317
Hilpert, Heinz 140
Himmler, Heinrich 317f. 323 325f. 329
Hindenburg, Paul von 17f. 86
Hinsche, Max 22
Hirsch, Martin 420
Hitler, Adolf 15–21 23f. 29 35 51 bis 53 68 73 85f. 100 104 106 108f. 123 129–135 138–140 146 149 244 268 271 273 311
Höffler, Siegfried 218
Höhne, Heinz 326
Holliger, Heinz 203
Holst, Adolf 20
Holtfort, Werner 396
Hoppe, Werner 342–350 *351* *354* 357 bis 367 382 403
Hoereth-Menge, Edith 57–59
Huber, Ernst Rudolf 146
Hutten, Kurt 148

Ifeobu, Obi 169–176 179

Jacob, Berthold 195f. 308
Jagemann, Franz 319 323
Jaeger, Richard 224
Jagusch, Heinrich 86
Janknecht, Hans 446 453f. 461f.
Janßen, Lothar 361
Jarmer 402
Jens, Walter 253
Jensen, Henrik E. *137*
Jeserich 20
Jodl, Alfred 131
Johannsen, Kurt 83
Johnson, Hewlett *69*
Johnson, Lyndon B. 237 239 243f. 246f.
Jünschke, Klaus 386

Kagel, Mauricio 203
Kaisen, Wilhelm 116–118
Kammerer, Heinrich 194
Kammhuber, Josef 130 133f. 136 139
Kampa, Carmen 431–443 448 450 bis 453 455–462
Kang, Heidrun 196
Kapp, Wolfgang 267
Katzenstein, Dietrich 333
Kaul, Friedrich Karl 60 72
Kehr, Hans-Helmut 330

Keilberth, Joseph 203
Keitel, Wilhelm 131
Kennedy, John Fitzgerald 165
Kerr, Ann *135*
Kesselring, Albert 51–55
Kiesinger, Kurt-Georg 224 237 f. 240 bis 242 245–250
Kim, Hyung Wook 206 f.
Kim, Taik Hwan 198
King, Martin Luther 262
Kipphardt, Heinar 421
Kirchheimer, Otto 49
Kirsch 456
Kirst, H. H. 140
Klebe, Giselher 203
Kleinknecht, Theodor 402
Klemperer, Otto 203
Klischies, Waldemar 213
Klug, Ulrich 426 f.
Kluge, Alexander 421
Knoblich, Georg 376
Knorr, Elfriede *135 137*
Knorr, Lorenz 129–141 471
Kobold 259
Kogon, Eugen 148 253 261 305 f.
Köhler, Christoph 225 229
Köhler, Heinz 62
Kohlmann, Werner 82
Kompalla, Erich 57 f. *72* 76
Kontarski, Alfons 203
Kontarski, Aloys 203
Koschnick, Hans 213 224
Krahl, Hans-Jürgen 275
Kraschutzki, Heinz 64
Krebs, Herbert 52 f. 55
Krenek, Ernst 203
Kretschmar 294
Krins, Hubert 93
Krug, Manfred 475
Kruse 164
Kuby, Erich 73
Kühnert, Hanno 334
Kull, Leonhard 292 f.
Kullmann, Karsten 306
Kuntze, Klaus 421
Kurras, Karl-Heinz 180
Kurtz, Erich 93
Küster, Fritz 308
Kutscher, Hans 152
Küttner, Werner 171 176–179
Kutzer, Ernst 20
Lachmund, Hans 24 34
Lachmund, Margarethe 24 34
Lachmund, Peter 24 34
Lamm, Fritz 140
Landwehr, Ludwig 100
Lange 454 461
Lapp 26
Lausch, E. 401
Laut 447
Lautmann, Rüdiger 340
Lee, Byung Doo 207
Lee, Sukil 191 195 199
Lehmann, Lutz 104
Leibholz, Gerhard 152 269 271 f.
Lenin, Wladimir Iljitsch 40
Lessing, Gotthold Ephraim 22
Liebermann, Rolf 203
Liebknecht, Karl 122 339
Ligeti, György 203
Lisken 412 f.
Littmann 246
Löbert, Franz 223
Lübke, Heinrich 192 195 206 f. 243
Lücke, Paul 301
Luckner, Felix Graf 21 f.
Luckner, Gertrud 24
Luxemburg, Rosa 122 339

Maeffert 352
Mahler, Horst 372 385
Mahlo, Dietrich 127
Maisch, Herbert 361 365 460
Maiwald 258
Maler, Wilhelm 203
Mann, Golo 253
Mann, Thomas 72
Marcuse, Herbert 370 f.
Markert, Wilhelm 250
Martin, Ludwig 380
Maurois, André 20
May, Karl 21
Mayer, Albrecht 393
McCarthy, Joseph R. 99
Meinecke, Georg 312
Meinhof, Ulrike 343 362 368–377 379–382 384–394 399–402 404 409 482
Mende, Werner 393
Mertens 184
Mevissen, Annemarie 213
Meyer, Heinz 115 f.
Meyer-Buer, Wilhelm 105–107 110 bis 116 118–128

Mitscherlich, Alexander 253
Mohammed Reza Pahlawi 180–183
Mönch, Joachim 218
Monnerjahn, Rudolf 382
Monschau, Kurt 415–417 424 426
Mösl, Albert 402
Mozart, Wolfgang Amadeus 20f.
Müller, Arndt 379
Müller, Hans-Albertus 52f. 55f.
Müller, Hans-Erich 89 151
Müller, Ingo 271 383
Müller, Wolfgang 115
Müller, W.A. 393
Müller-Münch, Ingrid 241
Müller-Tupath, Karla 117
Munster, Margarethe 176
Myong, Chung Kyu 207

Nannen, Henry 251
Naeve 356
Negt, Oskar 252f.
Nenni, Pietro 140
Neumann, Konrad *135*
Neuß, Wolfgang 366
Neven-DuMont, Reinhold 366
Newerla, Armin 379
Nicolet, Aurèle 203
Niebler, Engelbert 420
Niemöller, Martin 6f. 77 140 239
Nölke 250
Noske, Gustav 267
Noß, Peter 387
Noth 267

Oberhof, Johannes 57–59 *72* 76 79
Oberländer, Theodor 117
Öffner, Fabian 218
Ohnesorg, Benno 180 182 339 369f.
Ok, Park Seung 193
Ossietzky, Carl von 112 122 134f. 140 195 211 306
Otte, Hans 203

Palm, Siegfried 203
Papper, William 242
Parin, Paul 417
Park, Chung Hee 187 192 206 210
Pauling, Linus 140
Peters 474
Petzel 317
Pfeiffer 248
Pfromm, Werner 241
Picht-Axenfeld, Edith 203
Platon 298f.
Pollmann 412 414
Posser, Diether 60 64 66f. 71f. 80 90 387–390 402 424f. 484
Preuß, Ulrich 387 396 400–402
Prinzing, Theodor 393
Pritt, Denis Nowell 60 *61* *72*
Proll, Astrid 368 387f. 399–401
Pross, Helge 253

Rademann, Hermann 213
Rameken, Hans 93 95
Rasch, Wilfried 393
Raske, Gert 83
Rasmussen, Herluf *135*
Raspe, Jan-Carl 392–394
Rau, Johannes 418–420 426–429
Rebmann, Kurt 408
Reemtsma, Jan Philipp 404
Reich, Herbert 86f. 128 477
Reinhard, Wolf Dieter 343–346 *351* 362 381f.
Reisse, Inge 93
Reuter, Fritz 426
Ribbentrop, Joachim von 241
Richter, Willi 99
Ridder, Helmut 202 253
Riemeck, Renate 371f.
Rinser, Luise 188 200
Ritter, Paul 446
Ritterspach, Theodor 89 151 168
Röhl, Bettina 372 385f.
Röhl, Regine 372 385f.
Roling, Friedrich 24 33 36
Roling, Günter 15 *17* 24 33
Roling, Helmut *17* 24 33
Röpke 113f.
Rose, Erich 303
Rosenfeld, Else 24
Rosenkranz, Frieda 48
Roth, Karl Heinz 73 479
Ruge, Friedrich 130 134 136 139
Rühmkorf, Peter 421 *422*
Ruhnau, Heinz 173
Rupp, Hans 152
Rupp-von Brünneck, Wiltraut 89 151 168 333
Ruß, Uwe 219—221
Russell, Bertrand 140 169 243–245 248f.

Saalmann, Jürgen 267 272f.
Sack, Fritz 180 410
Sahm, Arthur 316 318 324 327–334
Sartre, Jean-Paul 243–245 249 274
Sauvageot, Jacques 274
Scharpenseel, Carlhans 393 414
Schauenburg, Horst 393
Scheck, Gustav 203
Scheel, Walter 327
Schelm, Petra 342–345 *346* 347 350 bis 357 361 363f.
Scherübl 267
Scheufler 46f.
Schiesches, Wolfgang 214
Schiller, Friedrich 22 154
Schily, Otto 403
Schlabrendorff, Fabian von 269–271
Schlamm, William 72
Schleich, Carl Ludwig 36
Schmid, Richard 282
Schmidt, Hans 109
Schmidt, Josef 328
Schmidt-Iserstedt, Hans 203
Scholz 310
Schröder 294
Schröder, J. 393
Schüler-Springorum, Horst 402
Schultz, Michael 225 229
Schumacher, Kurt 34f.
Schumann, Claus-Dieter 382
Schumann, Karl 312–314
Schuster 431
Schütter, Bonno 212 *213*
Schütz, Klaus 224
Schwede-Coburg, Franz *21*
Schweiger, Karl 267
Seifert, Jürgen 261
Sellier 425
Sempell, Hellmut 176
Senfft, Heinrich 382
Senghor, Léopold Sédar 275 *277*
Serke, Jürgen 456
Seuffert, Walter 152
Seydlitz, von 286 290
Sigrist, Christian 401
Silbermann, Cläre 24
Silbermann, Erich 24
Simon, Helmut 167f. 333
Simpson, Christopher 73
Sittner, Hermann 237 *238* 240–242 245f. 248 471
Speidel, Hans 129f. 133f. 136–138
Springer, Axel Cäsar 343 369 382f.
Staal 294
Staff, Curt 282f.
Stahlhut, Walter 220 222
Stalin, Jossif Wissarionowitsch 229
Staempfli, Edward 203
Steenbock 173
Steger, Lothar 329
Stein, Erwin 89 151
Steinert, Heinz 410
Steinberg 319
Stelljes, Heinrich 52f. 55
Sterzel, Dieter 261
Stockhausen, Karlheinz 203
Straetmans, Ludwig 314
Strauß, Franz Josef 130 427
Strawinsky, Igor 203
Streese, Jörg 213 225 228f. 232f.
Street, Lady Jessy 77
Struwe 440 449
Stüwe, Teo 48

Terstegen, Wolfgang 253
Teufel, Fritz 228
Teuns, J.P. 401
Thalheimer, August 252
Thälmann, Ernst 17 37 241
Thiefes, Gustav 57f. *72* 76
Tholen, Eckhard 82
Tiegs, Bruno 13 85f.
Timm, Uwe 421
Travis, Francis 197 203
Tucholsky, Kurt 31 134 140

Uchmann, Wolfgang 275–280
Uhde, Heinrich 328f.
Ulbricht, Walter 86 149
Unger, Walter 218

Vack, Klaus 239
Vesper-Triangel, Bernward 249
Vogel, Hans-Jochen 393
Volmerhaus, Hartmut 261 264–272 475 482

Wallace, George C. 291
Wallraff, Günter 300–315
Walser, Martin 366
Wand, Walter Rudi 420
Warich, Robert 109f.
Wassermann, Erna 48
Weber, Kurt 88

Wegener, Doris *430*
Wegener, Joachim 172
Weidig, Ludwig 421
Weinrich 455
Weisbecker, Thomas 386
Weiss, Peter 243
Weiß 173
Welke, Erwin 112 f. 117
Wesler (Gastwirt) 438–440
Wesler, Katharina 438–440 442
Wick, von 256 f.
Widera, Werner 259
Wilhelm II. 19
Willmann 304
Winter, Klaus 172 176 f. 179 181 bis 185
Wöbbekind, Hildegard 290 294 f.
Wohlrath, Gerhard 57 f. *72* 76
Wolff, Karl 426
Wolff, Karl-Dietrich 278 280 305
Wolters, Hermann 116 118
Wüstenberg (Bundesrichter) 83
Yang 199
Yun, Isang 186–211 388
Yun, Su Ja 189 f. 199 208

Zacher, Gerd 203
Zahl, Peter-Paul 409–430
Zeidler, Wolfgang 89
Zeis, Peter 408
Zender, Hans 198 203
Zengel, Leopold 176
Zimmer, Dieter E. 421
Zimmermann, Alois 203
Zweig, Arnold 140
Zwerenz, Gerhard 366

Quellennachweis

Bildnachweis

S. 14: privat
S. 17: privat
S. 19: *Der Angriff*, 2. August 1937
S. 21: privat
S. 26: privat
S. 27: privat
S. 39: privat
S. 54/55: *Münchner Illustrierte* vom 25. Juni 1955
S. 58: Foto: Anton Tripp/Archiv Ruhrlandmuseum Essen
S. 61: Foto: Anton Tripp/Archiv Ruhrlandmuseum Essen
S. 69: Foto: Anton Tripp/Archiv Ruhrlandmuseum Essen
S. 72: Foto: Anton Tripp/Archiv Ruhrlandmuseum Essen
S. 93: *Blinkfüer* vom Oktober 1963
S. 114: *Wir geben Rechenschaft. Aus der Tätigkeit der KPD-Fraktion der Bürgerschaft*
S. 133: Foto: Anton Tripp/Archiv Ruhrlandmuseum Essen
S. 135: Foto: Anton Tripp/Archiv Ruhrlandmuseum Essen
S. 135: Foto: Anton Tripp/Archiv Ruhrlandmuseum Essen
S. 157: Foto: Walter Schumann/privat
S. 158: Foto: Anton Tripp/Archiv Ruhrlandmuseum Essen
S. 160: Foto: Anton Tripp/Archiv Ruhrlandmuseum Essen
S. 170: Studentendemonstration gegen den Krieg in Vietnam in Hamburg. Foto: dpa
S. 178: Foto: Kunz
S. 183: dpa
S. 188: dpa
S. 209: dpa
S. 213: Foto: Jochen Stoss/Weser-Kurier Archiv
S. 215: Foto: Jochen Stoss/Weser-Kurier Archiv
S. 225: Schülerzeitung *a* von 1968 (Zeichnung von Aubrey Beardsley aus *Lysistrata*)
S. 238: Foto: Manfred A. Tripp
S. 245: Foto: Manfred A. Tripp
S. 247: Foto: Kunz
S. 251: Ullstein Bilderdienst – Berlin-Bild
S. 254/255: *Stern* Heft Nr. 17 vom 28. April 1968, S. 18/19. Foto: Peterhofen
S. 257: Ullstein Bilderdienst. Foto: Joachim G. Jung
S. 263: *Stern*-Titelblatt Heft Nr. 17 vom 28. April 1968. Foto: Fred Ihrt
S. 270: *Stern* Heft Nr. 17 vom 19. April 1970, S. 226. Foto: Kunz
S. 277: Ullstein Bilderdienst – AP
S. 278: dpa

S. 279: Foto: Manfred A. Tripp
S. 283: Daniel Cohn-Bendit nach seiner Festnahme vor der Paulskirche in Frankfurt am 22. September 1968
S. 287: *Bremer Nachrichten* vom 16. April 1968
S. 313: dpa
S. 315: Foto: Helmut Jüliger
S. 328: dpa
S. 346: dpa
S. 351: dpa
S. 354: Foto: Ebeler
S. 363: AP
S. 367: privat
S. 373: dpa
S. 377: dpa
S. 398: Foto: Kai Greiser
S. 422: dpa
S. 423: Foto: Ludger Grunwald
S. 430: privat
S. 434/435: *Stern* Heft Nr. 46 vom 7. November 1974, S. 70/71
S. 448: Foto: Jochen Stoss/Weser-Kurier Archiv
S. 451: Foto: Roland Pfaff
S. 457: Foto: Roland Pfaff

Leider ist es uns nicht in allen Fällen gelungen, die Fotografen oder Rechteinhaber der Fotos zu ermitteln. Wir bitten daher Rechteinhaber, die hier keine Erwähnung gefunden haben, sich mit ihren Forderungen an den Verlag zu wenden.

Heinrich Hannover

Die Republik
vor Gericht 1975-1995

Erinnerungen eines unbequemen
Rechtsanwalts

Mit 60 Abbildungen
496 Seiten, gebunden
ISBN 3-351-02481-9

»Wenn die radikalen Kritiker der Bundesrepublik vor Gericht kamen, stand ihnen Heinrich Hannover als Anwalt zur Seite. Die Liste seiner Mandanten spiegelt ein Stück bundesdeutscher Geschichte wider: die Verfahren gegen Günther Wallraff, Ulrike Meinhof, das Wiederaufnahmeverfahren für Carl von Ossietzky wegen Landesverrats und der Wahlfälschungsprozeß gegen Hans Modrow nach der deutsch-deutschen Wiedervereinigung.«

Rechtsdatenbank
Neuerscheinungen für Juristen

»Ein Stück notwendiger Zeitgeschichte.«

Junge Welt

»Heinrich Hannover, ein furchtloser Mann von Anstand und Gesittung, hat ein sehr wichtiges und spannendes Buch geschrieben.«

Die Zeit

Aufbau-Verlag

Heinrich Hannover

Die untreue Maulwürfin

Mit Illustrationen von Manfred Bofinger

160 Seiten, Halbleinen
ISBN 3-351-04008-3

Wer kennt sie nicht, die charmant-witzigen Kindergeschichten und O-Bibbele-Reime von Heinrich Hannover, die man sich so wunderbar vorlesen lassen kann. Zum Beispiel die Geschichte von der Opernsängerin Aida Butterfeld und ihrem singenden Hotelpersonal oder vom Pferd Huppdiwupp, das sich plötzlich in Omas Küche wieder findet, oder von dem Herrn namens Schreivogel, der so laut schreit, daß er sogar als Kirchturmglocke einen Job findet. Zu diesen und vielen anderen Lachgeschichten hat Manfred Bofinger, »Meister der spitzen Feder«, mit seinen Zeichnungen genau den richtigen Ton getroffen. Entstanden ist eine Sammlung der schönsten Kindergeschichten Heinrich Hannovers.

Aufbau-Verlag

Kahlschlag
Das 11. Plenum
des ZK der SED 1965
Studien und Dokumente

Herausgegeben
von Günter Agde

Mit 27 Fotos
432 Seiten
Band 8045
ISBN 3-7466-8045-X

Auf dem 11. Plenum statuierten Dogmatiker in Partei und Regierung Exempel gegenüber Künstlern und Intellektuellen. 12 Filme des DEFA-Jahrgangs 1965 wurden verboten, Theaterstücke, Radio- und Fernsehsendungen abgesetzt, die sich formierende Beat-Generation der DDR zerschlagen, Autoren und Verlage erhielten für kritisierte literarische Werke keine Druckgenehmigung. Der »Kahlschlag« blockte die tendenzielle Demokratisierung nach dem Bau der Mauer und die begonnenen Wirtschaftsreformen ab. Die DDR wurde »ein sauberer Staat« (Erich Honecker).

Der in der Neuauflage erweiterte Dokumententeil enthält Materialien aus dem ZK-Apparat, Tagungsreden von Walter Ulbricht, Erich Honecker und Christa Wolf, Protestschreiben von Fritz Cremer, Günter Kunert, Peter Weiss und Konrad Wolf sowie einen Briefwechsel zwischen Kurt Maetzig und Walter Ulbricht zur »Schadensbegrenzung«.

AtV
Aufbau Taschenbuch Verlag